本书获教育部人文社会科学研究青年基金项目
（13YJC51012）资助

郭 丽◎著

唐代教育与文学

中国社会科学出版社

图书在版编目(CIP)数据

唐代教育与文学/郭丽著. —北京：中国社会科学出版社，2020.10
ISBN 978-7-5203-7439-2

Ⅰ.①唐… Ⅱ.①郭… Ⅲ.①教育史—研究—中国—唐代②中国文学—古代文学史—文学史研究—唐代　Ⅳ.①G529.42②I209.42

中国版本图书馆 CIP 数据核字(2020)第 209869 号

出 版 人	赵剑英
责任编辑	郭晓鸿
特约编辑	杜若佳
责任校对	师敏革
责任印制	戴　宽

出　　版	中国社会科学出版社
社　　址	北京鼓楼西大街甲 158 号
邮　　编	100720
网　　址	http://www.csspw.cn
发 行 部	010-84083685
门 市 部	010-84029450
经　　销	新华书店及其他书店
印　　刷	北京明恒达印务有限公司
装　　订	廊坊市广阳区广增装订厂
版　　次	2020 年 10 月第 1 版
印　　次	2020 年 10 月第 1 次印刷
开　　本	710×1000　1/16
印　　张	32
插　　页	2
字　　数	525 千字
定　　价	188.00 元

凡购买中国社会科学出版社图书，如有质量问题请与本社营销中心联系调换
电话：010-84083683
版权所有　侵权必究

目　录

序一 ……………………………………………………… 卢盛江（1）
序二 ……………………………………………………… 李　浩（6）

绪论 ………………………………………………………………（1）

上　编

第一章　唐代教育资源社会化与文人群体的扩大 ………………（11）
　第一节　唐代教育资源社会化的两个表现 …………………（11）
　第二节　唐代教育资源社会化的成因及影响 ………………（20）
　第三节　唐代教育资源社会化下文人受教育状况考察 ……（34）

第二章　唐代经学教育对文学的影响 ……………………………（49）
　第一节　初唐经学教育内容统一对文学的影响 ……………（49）
　第二节　盛唐经学教育的新诉求与文学新风貌 ……………（66）
　第三节　中晚唐经学教育与文学创新 ………………………（81）

第三章　唐代文学教育与文学创作 ………………………………（101）
　第一节　唐代文学教育兴盛的原因 …………………………（101）
　第二节　唐代文学教育的内容及方式分析 …………………（107）
　第三节　唐代文学教育成效在创作中的显现 ………………（125）

第四章　唐代重要文学现象教育背景分析 (157)
　　第一节　唐初文教政策与四杰文学理想的建构 (157)
　　第二节　景龙文学盛况出现的教育背景分析 (180)
　　第三节　盛唐帝王师式诗人出现的教育背景分析 (192)
　　第四节　中唐古文运动的教育背景分析 (210)

下　编

第五章　唐代童蒙教育与儿童诗 (227)
　　第一节　唐代蒙书考述 (227)
　　第二节　唐代中原与敦煌童蒙教育的比较 (274)
　　第三节　唐代中原儿童诗与敦煌学郎诗异同及教育成因分析 (296)

第六章　唐代女性教育与女性诗歌创作 (315)
　　第一节　唐代女教书考论——兼论唐代女性教育的内容 (315)
　　第二节　唐代女性教育与女性诗歌创作 (344)
　　第三节　唐代女性教育成效的别样展示方式 (364)

第七章　唐代留学生教育与留学生的文学活动 (378)
　　第一节　唐代教育的开放性与留学生教育管理制度 (378)
　　第二节　唐代留学生与宾贡科 (402)
　　第三节　留学生与唐代文人的诗歌交往 (417)
　　第四节　唐代留学生群体的文化作用 (443)

第八章　书院初兴与中晚唐士人转型及儒学复兴 (462)
　　第一节　书院起源名与实 (462)
　　第二节　书院与中晚唐士人转型 (469)
　　第三节　书院与儒学复兴 (476)

参考文献 (483)
后记 (499)

序 一

卢盛江

郭丽书稿《唐代教育与文学》将出版，要我写序。

郭丽是我的博士生，书稿是她的博士学位论文。从她博士入学迄今，已有十一年了。

2009年，郭丽考上了我的博士生。初时没有特别的印象，漂亮、活泼、伶俐、口快而已。上课讨论发言，跟其他学生无大异。南开的学生，一般说来，都是不错的。

后来慢慢发现她能干。有事交给她办，总能很利索地做好。特别是第二年，2010年，我接下了承办唐代文学年会的任务。我没有任何职务，手下没有可支派的人，繁杂的会务全靠我的研究生。研究生们全力以赴，郭丽尤其显示出很强的办事能力。凡事只要轻轻一点，她就领会，立马井井有条办好，还能提前给你想着一些事。真是省心。当然，那次天津年会，她也给唐代文学学会诸位留下了很好的印象。

进入论文写作。她报来选题《唐代教育与文学》，我没有太惊讶。选题自然好，但好的选题要看你怎么写。我一般性地说了一些注意事项，但有一句话我没有说，这么大的选题，涉及多少问题，要看多少材料，她能驾驭吗？

接下来，就有些惊讶了。她抱着打印出来的厚厚两大本材料来找我。那是她搜集到的关于唐代教育与文学的原始材料，一一作了整理归类。做论文，搜集材料，深入材料，深入问题，是第一位的。我带了不少学生，做论文也都要搜集材料，但像郭丽这样不但搜集材料整理出来，而且打印出来，送到老师这里，却还没有过。这看得出她的认真。厚厚的两大本，打印出来的，当然只能是材料的一部分。这可以看出她在材料上下了多大的功夫。

　　毕业论文完成时我在台湾客座，没能参加答辩。这时惊讶的不是我，而是答辩委员。六十多万字，厚厚的一大本。一起答辩的有好几个博士生，唯郭丽身材纤弱。传有答辩委员说，这次参加答辩的学生中，身材最纤弱的是郭丽，但答辩论文最厚重最有分量的也是郭丽。

　　非常不巧，那一年停止评选全国优秀博士论文。郭丽的论文最终只获得了天津市优秀博士学位论文。

　　但是，真正让我惊讶的不是论文本身。毕业时填报读博期间所发表的成果，她一下子填报了二十篇论文。这些论文，除个别的我做过指导，其他基本上是她独立选题，独立写成，并且直接投稿。要知道，博士生发表一篇论文有多难，有些博士生，拼了命，三年也发不了几篇，特别是发不了核心刊物。而郭丽一下子发了那么多，其中《文学遗产》一篇，其他核心刊物六篇，台湾刊物两篇。三年，完成六十多万字的博士论文，还发表了二十篇论文，我确实有点惊讶了。

　　当然，我深知她付出了多少。读博三年，她全身心扑在学问上。每天宿舍—食堂—图书馆三点一线。天津市近在咫尺的景点她都没有去过，甚至连名字也生疏。有好几个假期包括寒假春节都没有回家，没有休息。她还只是一个娇弱的女孩子啊！

　　作为导师，有几个担心。学生基础不好，担心论文做不出来，毕不了业，送不出去。学生优秀的，担心自己的能力不能帮他们提升一步，才能不能得到充分展示，特别是担心不能找到发挥他们才能的好平台。对郭丽，我就只有后一种担心。

　　我想让她留校，但是未果。幸亏学界朋友讲情义，惜才爱才。吴相洲教授为她联系了首都师范大学。进了北京，有这样一个好的学术平台，我才彻底放心了。

　　接下来，她在首都师范大学跟随吴相洲教授作乐府学研究。吴教授成立了乐府学会，主持国家社科基金重大项目"《乐府诗集》整理与补编"。郭丽进入了一个新的研究领域，并且取得了一系列成果。七八年当中，她完成了《乐府续集》（宋辽金元卷）的编纂，三百多万字，将于今年出版。她承担了两项国家社科基金项目，两项教育部项目，四项北京市和其他省部级项目。她还发表了四十多篇论文，其中权威和核心刊物二十余篇。当然,还有本科生和研究生的教学,她早已经是副教授、硕士生导师了。她还是乐府学会和唐代文学学会的理事,负责《唐代文学研究年鉴》的编辑、组稿、编稿。唐代文学学会作为国家一级学会,每年要按规定准备相关材料,向教育部和民政部报送,郭丽到首都师范大学工作后,这个任务也落到了她身上。上级部门对材料的要求很细,政策不断变化。有时一份材料送一次,打回来,再送一次,再打回来,要反复送多次。这都是她的事。她的三百多万字的著作,那么多的项目和论文,就是在这之余的时间里完成的。

我看到她对学术的执着和热爱。这一做,又是八年。这是她又一个拼命做事的八年。把这些忙过之后,她才有时间回头来修订她的博士论文,联系出版。我也才得以重读八年前就完成了的这部著作。

选题当然重要。唐代文学的繁荣是大家所知道的,唐代文学繁荣的原因,大家也分析了很多。但有一点,唐代文学与当时教育的关系,大家似乎注意不多。事实上,这是一个不可忽视的重要问题。李商隐在国子监教太学生为文章,张简、曹宪为乡学教授《文选》,诗家夫子王昌龄教士子学诗,杜甫在家教儿诵《文选》,章八元、灵彻从严维学诗,韩愈教贾岛为文,贾岛又教庄南杰为诗,朱昼从孟郊学诗格,白居士诗为人们交口相授,徐凝教方干为诗,方干又教李频为诗,都是直接以文学教学的例子。至于郭丽著作中所论述的童蒙教育与童蒙诗,女性教育与女性文学活动,留学生教育和书院教育,更是值得注意的现象。从这一方面入手,确实可以提出很多问题。比如,唐诗何以受《文选》影响那么深?应该与《文选》是唐代乡学家学教育的重要内容、在唐代士子中得到广泛普及有重要关系。比如唐代文学流派的形成,也应该考虑作诗法私下传授的原因。唐代文学特别到了中晚唐,已逐渐显现它的地域性特点,文学的地域性,也应该可以从地域教育找到原因。

作者提出了很多问题,这当中有些是人们不太注意而又比较重要的。作者努力对这些问题进行细致清理。比如,注意到唐代教育资源社会化的问题。作者比较汉魏南北朝到唐代的教育情况,指出唐代虽以祖辈官爵确定子孙进入官学的资格,但也一定程度上允许庶民子弟入学,较之南朝门阀士族子弟独占朝廷官学教育资源,是一大进步,而州、县、乡、里均有学校,说明官学普及、教育受众范围扩大。比如,提出经学教育问题,分析初唐统一经学教育内容的努力，盛唐经学教育的新诉求，中晚唐官学中经学教育的衰落和私学中经学教育的发展。比如，考述唐代《蒙求》《太公家教》《兔园策府》等蒙书，考论《女孝经》《女论语》等女教书，一一清理相关材料，排比诸家之说，在此基础上对这些著作的作者、作年、命名、卷数、性质与编纂特点、创作背景、传播流行等问题提出自己的看法，进而考察唐代童蒙教育的特点，特别是比较中原内地与敦煌地区童蒙教育的不同，考察唐代女性教育的内容，考察唐代留学生教育，考察书院教育。作者提出并清理了这些问题。

　　作者努力探讨教育相关的这些问题与文学的联系，对文学发展的影响。作者探讨唐代教育资源社会化背景下的文人受教育实况和由此导致的文人群体扩大，唐代经学教育对文人和文学的影响，考察中原儿童诗与敦煌学郎诗的异同及教育成因，考察女性教育下的女性诗歌创作和其他文学活动，考察留学生教育下的留学生诗歌创作。作者还专章考察唐代文学教育与文学的发展，分析唐代文学教育兴起的原因，文学教育的内容与方式，以及这种文学教育在唐代文人创作中留下的印迹。又拈出唐代不同时期几个重要的文学现象，分析其教育背景。这些丰富了我们对唐代教育与文学的认识。

　　作者在史料清理上下了不少功夫。对相关问题，作者尽可能将相关材料搜罗完备。比如为考察唐代教育资源社会化背景下的文人实况，作者从史传、笔记、诗文、小说、墓志碑刻中翻检出上百条文学家受教育的材料，对一百多位文学家接受教育的途径以及他们的出身、阶层，列表进行细致分析。为考察女教问题，一一搜集整理寡母教孤及寡母受教育情况。考述唐代各种蒙书和女教书，作者将所能找到的原始材料和各家之说一一论列。作者论述的每一个问题，几乎都在材料上下了很大功夫。作者善于利用已有成果，从中寻找问题和材料的线索，同时自己也深入到原始文献中搜集和整理史料，清理问题，展开论述。作者努力用一些新材料来说明问题。比如，注意到敦煌写本材料，利用这些材料，结合传统文献记载，说明唐代教育普及面扩大的问题和敦煌童蒙教育及诗歌创作问题。

　　选题宏大，体现了作者敢于驾驭宏观大局的胆量和勇气。应该说，值得注意的问题基本提出来了。作者对很多问题的分析和探讨作了可贵的尝试，不少问题很深入，有独立见解。但是，问题毕竟太多太大，而且很多问题难度极大，企望每一个问题都做得深入，这么多复杂的问题，企望一部著作完全解决，是不现实的。从事研究，当然要穷尽材料，但聪明而成熟的学者，一般不会过多地罗列材料，而是善于从材料中提出问题，并将材料融入问题，用问题统摄材料，通过分析和论述性的行文，自然地体现作者对材料和问题的掌握程度。这一点，随着学术上不断成熟，相信也是不难解决的。

我的学生对我都很好，郭丽是他们中的一个。作为导师，没能给学生创造更好的条件，一切只能靠他们自己。人生的路很长，会遇到各种各样的事情。愿他们的路走得更好，学术的路和生活的路。

2020 年 2 月 28 日于南开大学

序 二

李 浩

郭丽副教授的博士学位论文修订稿即将出版，问序于我。按理说我应该婉拒，因为论文主要是由卢盛江先生指导，我无尺寸之功。之所以还愿意再次拜读并做点绍介，一是郭丽曾随我读过硕士研究生，二是我当时曾担任她博士论文的外审专家，故我乐于写几句话，向学界推荐。

郭丽对学业的踏实认真，我至今记忆犹新。我记得她硕士毕业那一年，既要写论文，又要准备考博，寒暑假都没有回家，住在学校的宿舍备战。西安的冬天寒冷，夏天奇热，她能克服这些困难，很好地完成了硕士论文，顺利地考取南开的博士研究生，成了我随后每年教育新入学研究生的典型材料。

盛江兄序中提及的一点，我也非常赞同：学生基础不好，担心论文做不出来，毕不了业；学生优秀的，担心自己的能力不能够帮他们提升一步，才能不能得到充分展示，特别是担心不能找到能发挥他们才能的好的平台。我自己也忝列导师多年，故很能理解卢兄的这种真诚而复杂的心情。我先后将自己的多位优秀硕士生推荐给境内外的名校名师，也是出于同样的心理。我有一个比喻，我将学生毕业比作嫁女儿，娘家太寒微，又没有体面的嫁妆给女儿添置，父母的心情也不好。即便女儿嫁入豪门，但小日子如过得不好，做父母的也没有什么值得夸耀。当然，衡之以现代伦理，我和卢兄的想法都太迂腐、太落后。连儿女都不是父母的私有财产，更遑论仅仅授业的学生？但我想华人的父母和教师都会很纠结，因为我们的传统牌位上，除天地君亲外，还有师道一伦。

郭丽还有一个优点，就是勇于任事。她在南开帮盛江兄办唐代文学年会、在首都师范大学帮相洲兄办乐府学年会，这些我都是旁观者。但她为唐代文学学会秘书处的工作与教育部、民政部多年来反复联系，上传下达，不厌其烦，花费了许多时间和精力。由于全国性的学会是跨地域跨单位的，秘书处的同人均兼职，没有办法在单位记工作量。他们与部委的对口单位联系，人微言轻，门难开、人难见、脸难看是常事，郭丽任劳任怨，从没有诉过苦。

本书是郭丽八年前的成果，她没有在毕业后很快推出，除了教学科研工作的紧张繁忙外，按我的理解，也含有给自己留出时间，比较从容地打磨修订的意思。我结合自己看初稿时的印象，谈谈自己的阅读感受。

以唐代教育与文学的关联性作为研究课题（包括学位论文的选题），进行深入开拓是一种富有理论意义和实践价值的积极尝试，近年来在海内外偶有所见，各具胜义，如高明士先生将唐时的整个东亚教育视为整体进行考察，刘海峰先生从科举制度史进行梳理。本书所构建的体系与所进行的开拓，在广泛吸收已有成果的基础上独出机杼，守正创新，大处着眼，小处下笔。从章节设计到具体内容的论述均有新意，主要表现在：

拈出唐代教育资源社会化作为关键词进行立论，并将其与文人群体的扩大化、文学的繁荣发展建立事实与逻辑的联系，在很大程度上巧妙地回应了唐代文学之所以繁荣兴盛的时代问题。教育资源的普及、教育受众的增加、诗赋教育的下行，与文学的盛唐气象秘响旁通，这显示出唐代文学研究的不断深入，在细致化、专门化的道路上又对学术史上的大主题不断回应。

本书上编就唐代教育资源社会化与文人群体扩大、唐代经学教育与文学、唐代文学教育的深入发展、教育内容在创作中的印迹、唐代重要文学现象的教育背景等论题，广事搜罗，爬梳整理，有分析，有阐发，史论结合，抓住了本论题的主要内容。下编内容更加精彩，分别就童蒙教育、女性教育、留学生教育、书院教育与文学建立联系，搜集新材料、解决新问题，为唐代文学研究开拓出许多新的领域。

本书对相关材料进行深入处理，从量化的层面进行统计，不光显示出方法论上的特色，而且使其立论建立在坚实的基础上。作者还娴熟地运用比较的方法，文学与教育、官学与私学、中原与敦煌、留学生与本土士人，在在进入作者比较的视域中，移形换步，光景常新，但又都紧扣全书的论题。

总之，本书选题有新意，对本学科的基本文献和相关领域的成果有较好的综述和引用。资料富赡，涉猎广泛。方法多样，运用娴熟，且能尊重已有成果，引用符合规范，是一部颇多开拓的优秀著作。郭丽毕业那一年，全国优博论文评选已经停止，但学校推荐参加天津市优博论文评审，顺利入围。这也从另外一个侧面说明，大家对本书开拓的肯定。

当然，书中也有一些可进一步深入讨论之处，比如，唐代士庶所受教育有何不同，对其创作又有何不同的影响？从时间上说，唐初到中晚唐教育有变迁；从空间上说，关中、山东、江南三大地域不同，对教育的重视也不同，这些差别是否也投射在文学创作上？另外，书中从正面肯定唐代教育处极多，但按照教育史家的看法，唐代教育也有明显的弊处，对后代也造成持续的影响，作者对这些看法似应该有所回应。还有，近几十年陕西、河南新出土文献极多，作者应该注意搜罗与运用。

郭丽在学术上已有很好的积累，本书也说明她能厚植学养，勇于创新。以她的勤奋踏实，相信在未来的研究中会有更多的新创获。作为她的老师，我希望郭丽和她这一代年轻朋友对学术和人生都能有更通透智慧的理解，也有更全面圆融的践行。

2020 年 3 月 6 日于西北大学居安路寓所

绪　论

　　文学不是一种孤立的现象，它总是与特定的社会政治、经济背景、时代风气、文化氛围有着千丝万缕的联系，它与社会生活的各个领域是相通的。这些领域中的政治、经济、宗教、民俗等其他文化因素都会影响到文学活动。这是唐代文学，乃至于整个中国古代文学诞生的实际境地。要在唐代文学研究中取得突破，就必须要有社会学、历史学、宗教学、民俗学等多学科的参与，在对复杂文化背景的综合研究和相关学科的渗透中，寻求文学与其他学科之间的联系，从而对文学发展的历史品性与原理做出阐释。

　　20世纪80年代以来，学者们已敏锐地注意到了这一点，其研究已遍及唐代社会的方方面面。他们联系社会变革、文人生活、科举推行、艺术宗教影响等，来探讨其对唐代文学创作及发展所起的作用和所产生的影响，澄清了许多误解，使唐代文学的背景更加清晰，也由此诞生了一大批厚重扎实的唐代文学跨学科研究成果，使跨学科研究被认为是20世纪最后20年学术界最引人注目的现象。但综观这些成果，作为社会生活重要内容且与文学关系密切的教育，却未能引起学人足够重视，探讨教育与文学关系的成果寥寥无几。文学是人类的高级生活方式，享受文学生活必须具备文化素养，文化素养形成离不开教育。唐代教育和文学都取得了长足发展，教育走向定型，文学空前繁盛，这两项社会活动一定有某种关联。探讨唐代教育和文学的关系，揭示唐代文学现象的教育成因，是本书的主要内容。

一　前人研究回顾

　　前人与本课题相关的研究成果主要集中在两个方面：一是唐代教育研

究；二是唐代教育与文学关系研究。

（一）唐代教育研究

教育学研究领域一直把古代教育作为重要研究内容。有关唐代教育研究的成果主要有以下几个方面。

1. 综合研究

综合研究包括教育通史、教育断代史、教育思想史、教育体制几个方面。通史如毛礼锐、瞿菊农、邵鹤亭主编的《中国古代教育史》，分时段描述了从原始社会到鸦片战争前的教育状况，有关隋唐五代教育的部分，论及文教政策、科举制度、学校设置和教育思想。[①] 孙培青主编的《中国教育史》考察了古今教育制度，教育思想发生、发展、演变过程，古代部分论述较为详细，对了解唐代教育发展情况具有参考价值。[②] 类似著作还有毛礼锐、沈灌群主编的《中国教育通史》，[③] 孙培青主编的《中国教育史研究·隋唐分卷》以及李国钧、王炳照主编的《中国教育制度通史》。[④] 后者详细描述了教育制度的形成演变过程，对唐代教育制度的利弊得失评价客观。王炳照、阎国华的《中国教育思想通史》以孔颖达、韩愈、李翱、柳宗元等几个教育家为中心论述唐代教育思想。[⑤]

专门研究唐代教育的成果较少。国外以日本学者多贺秋五郎《唐代教育史的研究——日本学校教育的源流》出现最早，[⑥] 国内仅唐群的《唐代教育研究》一书论述了唐代官学、私学、实科、专科、女子、留学生教育的情况。[⑦]

2. 专题研究

专题研究主要集中在教育体制、教育资源、敦煌教育、书院教育、女性教育、儿童教育、留学生教育等方面。

教育体制，如宋大川的《唐代教育体制研究》从体制上考察唐代教

[①] 毛礼锐、瞿菊农、邵鹤亭：《中国古代教育史》，人民教育出版社1983年版。
[②] 孙培青：《中国教育史》，华东师范大学出版社1992年版。
[③] 毛礼锐、沈灌群：《中国教育通史》，山东教育出版社1986年版。
[④] 孙培青：《中国教育史研究·隋唐分卷》，华东师范大学出版社2009年版；李国钧、王炳照：《中国教育制度通史》，山东教育出版社2000年版。
[⑤] 王炳照、阎国华：《中国教育思想通史》，湖南教育出版社1994年版。
[⑥] ［日］多贺秋五郎：《唐代教育史的研究——日本学校教育的源流》，不昧堂1953年版。
[⑦] 唐群：《唐代教育研究》，西安出版社2009年版。

育，具体分析了尊圣崇儒教育指导思想、政教合一教育体制的建立、官学的管理和特点、私学的类型及特点、养士和取士相结合的选举制度等。①刘海峰的《唐代教育与选举制度综论》和《科举考试的教育视角》两部专著专门研究教育和科举考试关系。② 前书将唐代教育与选举制度置于唐代历史发展的背景下加以考察，尤重教育、选举与政治、文化关系的分析。后书涉及唐代科举与学校教育的互动关系。

教育资源，如宋社洪的《唐代士子的教育资源研究》分唐代官学资源、家庭及家族内部教育资源以及家庭和家族以外私学教育资源几个部分，全面分析了不同阶层士子占有教育资源的情况。③

敦煌教育，如姚崇新的《唐代西州的官学——唐代西州的教育（之一）》和《唐代西州的私学与教材——唐代西州的教育之二》，④ 高明士的《唐代敦煌的教育》，⑤ 李正宇的《敦煌学郎题记辑注》和《唐宋时代的敦煌学校》，⑥ 郑阿财、朱凤玉的《敦煌蒙书研究》和《开蒙养正——敦煌的学校教育》⑦ 等对唐代敦煌官学教育进行研究，涉及教材、学郎题记、蒙书等内容。

书院教育，如王炳照的《中国古代书院》、⑧ 邓洪波的《中国书院史》、⑨ 李国钧的《中国书院史》、⑩ 陈元晖等《中国古代的书院制度》等，⑪ 对唐代书院均有涉及。严耕望的《唐人习业山林寺院之风尚》详细

---

① 宋大川：《唐代教育体制研究》，山西教育出版社1998年版。
② 刘海峰：《唐代教育与选举制度综论》，文津出版社1991年版；刘海峰：《科举考试的教育视角》，湖北教育出版社1996年版。
③ 宋社洪：《唐代士子的教育资源研究》，博士学位论文，华东师范大学，2009年。
④ 姚崇新：《唐代西州的官学——唐代西州的教育（之一）》，《新疆师范大学学报》2004年第1期；姚崇新：《唐代西州的私学与教材——唐代西州的教育之二》，《西域研究》2005年第1期。
⑤ 高明士：《唐代敦煌的教育》，《汉学研究》1986年第4卷第2期。
⑥ 李正宇：《敦煌学郎题记辑注》，《敦煌学辑刊》1987年第1期；李正宇：《唐宋时代的敦煌学校》，《敦煌研究》1986年第1期。
⑦ 郑阿财、朱凤玉：《敦煌蒙书研究》，甘肃人民出版社2002年版；郑阿财、朱凤玉：《开蒙养正——敦煌的学校教育》，甘肃教育出版社2007年版。
⑧ 王炳照：《中国古代书院》，中国国际广播出版社2009年版。
⑨ 邓洪波：《中国书院史》，东方出版中心2004年版。
⑩ 李国钧：《中国书院史》，湖南教育出版社1994年版。
⑪ 陈元晖、尹德新、王炳照：《中国古代的书院制度》，上海教育出版社1981年版。

考察了唐人读书于山林寺院风尚的由来、原因以及地域分布，对探讨书院起源很有帮助。①

女性教育，如雷良波、陈阳凤、熊贤军的《中国女子教育史》和杜学元的《中国女子教育通史》，② 有部分章节涉及唐代女性教育。

儿童教育，如乔卫平、程培杰的《中国古代幼儿教育史》和廖其发的《中国幼儿教育史》，③ 对唐代儿童教育均有涉及。

留学生教育，如高明士的《东亚教育圈形成史论》论及唐代教育对日本、新罗等东亚国家的影响。④ 严耕望的《新罗留唐学生与僧徒》、⑤ 谢海平的《唐代诗人与在华外国人之文字交》和党银平的《唐与新罗文化关系研究》等著作从不同角度论述了唐代留学生教育问题。⑥

3. 资料汇编

资料汇编，如孙培青的《隋唐五代教育论著选》对唐五代教育资料收集详尽。⑦ 程舜英的《隋唐五代教育制度史资料》在专题下以编年形式排列了隋唐五代教育制度资料，并对资料做了简要说明。⑧ 尹德新的《历代教育笔记资料·魏晋南北朝隋唐五代》对唐代笔记小说中的教育资料有详尽钩稽。⑨

上述成果主要来自教育史学界。这些成果为本书研究的展开提供了三方面支持：一是知识支持。教育和文学分属两个学科，教育史学者以专业的观念、方法、术语描述唐代教育活动，有助于笔者从整体上了解唐代教育活动概况和使用行业用语讨论唐代教育问题。二是开启思路。教育史学者关注的教育制度、教育思想、书院、蒙学、女性、留学生等问题，有助

---

① 严耕望：《严耕望史学论文选集》，中华书局2006年版。
② 雷良波、陈阳凤、熊贤军：《中国女子教育史》，武汉出版社1993年版；杜学元：《中国女子教育通史》，贵州教育出版社1995年版。
③ 乔卫平、程培杰：《中国古代幼儿教育史》，安徽教育出版社1989年版；廖其发：《中国幼儿教育史》，山西教育出版社2006年版。
④ 高明士：《东亚教育圈形成史论》，上海古籍出版社2003年版。
⑤ 严耕望：《唐史研究丛稿》，香港新亚研究所1969年版。
⑥ 谢海平：《唐代诗人与在华外国人之文字交》，文史哲出版社1981年版；党银平：《唐与新罗文化关系研究》，中华书局2007年版。
⑦ 孙培青：《隋唐五代教育论著选》，人民教育出版社1993年版。
⑧ 程舜英：《隋唐五代教育制度史资料》，北京师范大学出版社1998年版。
⑨ 尹德新：《历代教育笔记资料·魏晋南北朝隋唐五代》，中国劳动出版社1990年版。

于开启考察唐代教育与文学关系的思路。三是资料线索。教育史学者的研究成果中不仅资料汇编为本书研究提供了便利，其他成果征引的文献也为笔者查找相关文献提供了线索。

除了古代教育史研究成果以外，现代教育学论著也为本书提供了宝贵的理论借鉴。如南京师范大学教育系主编的《教育学》，唐文忠的《教育学》，①常春元的《教育原理》，②美国学者大卫·G. 阿姆斯特朗等的《教育学导论》，③罗伯特·斯莱文的《教育心理学：理论与实践》等。④

（二）唐代教育与文学关系研究

唐代文学与文化的交叉研究始自20世纪80年代，导风气之先的著作是程千帆的《唐代进士行卷与文学》和傅璇琮的《唐代科举与文学》。⑤之后类似研究相继涌现，论题涉及宗教、士族、地域、园林、幕府、交通、文馆、乐舞等方面。⑥但唐代教育与文学关联性的研究就显得较为欠缺。就笔者所见，尚无专著出现，仅有三部著作中的部分章节涉及这一问题。如邓小军的《唐代文学的文化精神》首次辟专章"唐代的教育与文学"，讨论唐代自学风气及其成因。⑦李浩的《唐代关中士族与文学》有专章"唐代关中士族与教育"，讨论唐代关中士族的教育情况。⑧郭英德主编的《中国古代文学与教育之关系研究》中有"唐代私学教育的文学性特征""柳宗元永州时期的文学教育活动""唐传奇与进士科的文学教育"和"沈亚之的文学教育与小说创作"四节论及唐代教育与文学关系。⑨

值得注意的是，近十几年来一些学位论文开始以教育与文学关系为选

---

① 唐文忠：《教育学》，黑龙江人民出版社1983年版。
② 常春元：《教育原理》，湖北教育出版社1986年版。
③ ［美］大卫·G. 阿姆斯特朗、肯奈斯·T. 汉森、汤姆·V. 赛威治撰：《教育学导论》，李长华、李剑、汤杰琴译，中国人民大学出版社2007年版。
④ ［美］罗伯特·斯莱文撰：《教育心理学：理论与实践》，姚海林等译，人民邮电出版社2004年版。
⑤ 程千帆：《唐代进士行卷与文学》，上海古籍出版社1980年版；傅璇琮：《唐代科举与文学》，陕西人民出版社1986年版。
⑥ 笔者另有专文论述，见拙文《21世纪唐代文学与其他学科的交叉研究回顾——兼论跨学科学术研究方法》，《山西大学学报》2011年第1期。
⑦ 邓小军：《唐代文学的文化精神》，文津出版社1993年版。
⑧ 李浩：《唐代关中士族与文学》，中国社会科学出版社2003年版。
⑨ 郭英德：《中国古代文学与教育之关系研究》，北京大学出版社2012年版。

题。如戴军的《唐代寺院教育与文学》探讨了唐代官学衰落的原因、唐代寺院教育的环境、寺院教育与文学三个问题，论及寺院题诗形态、寺院讲经对习业士子的影响、佛教对唐人丧葬仪式的影响以及与小说之关系。①该文所论寺院教育属于唐代的私学教育的一部分，文体也只限于寺院题诗和小说。童岳敏的《唐代的私学与文学》选取私家讲学、家学、隐居读书、书院习业以及私塾教育几个专题，探讨教育现象与文学的关系，从教育角度对一些文学现象做出了阐释。②赵楠的《唐代的教育和教育诗》论及唐代教育政策与选才方式、教育历程和教育诗等问题，③唐代训蒙诗、家训诗和格言诗是其研究重点。

在探讨私学与文学关系方面如康震的《唐代私学教育的文学性特征》，该文分析了唐代私学教育繁荣与科举制度关系，课程体系、教育内容从经史向辞章转变等问题，认为私学教育具有多元化、个体化、自由化的特征，私学学生来源多样、教学形式多样有益于文学接受和传播。④

上述成果为本书的研究提供了有益借鉴，但也留下了开掘空间：其一，基本探讨唐代教育活动某个侧面与文学的关系，对唐代教育与文学发展关系的整体把握不够充分；其二，对私学与文学关系的讨论较多，对官学与文学关系的研究较少；其三，专题研究挖掘不够深入，更多问题尚待发掘。

二 思路与方法

教育和文学都是社会活动，各自由很多因素构成，找到两种活动的哪些层面、哪些部分、哪些要素发生了确切关联，是决定研究成败的关键。因此本书不对唐代教育与文学关系做概论性描述，只选取两种活动之间有确切关联的一些视角，证明唐代教育活动对文学活动确实产生了影响，以期从更多确切关联中真切揭示唐代教育与文学关系的存在。

本书分上、下两编共八章展开：前四章视角略微宏观，分析唐代教育制度、教育内容对文人和文学的影响以及唐代重要文学现象的教育背景；

---

① 戴军：《唐代寺院教育与文学》，博士学位论文，中国社会科学院，2003年。
② 童岳敏：《唐代的私学与文学》，博士学位论文，苏州大学，2007年。
③ 赵楠：《唐代的教育和教育诗》，博士学位论文，南京师范大学，2006年。
④ 康震：《唐代私学教育的文学性特征》，《陕西师范大学学报》2006年第6期。

后四章则从微观入手，探讨唐代童蒙教育、女性教育、留学生教育以及书院教育与文学文化的关系。

教育包含教育制度、教育内容、教育对象、教材等基本要素。在教育制度方面，本书选择从教育资源配置角度出发，拈出教育资源社会化这一关键词立论，讨论唐代教育资源社会化促使文人群体扩大这一问题。

教育内容方面，本书选取了经学和文学两个角度。经学教育随社会发展不断变化，因此分初唐、盛唐和中晚唐三个时段讨论。每个时段从经学教育的变化入手，探究经学教育对文人思想和文学创作的影响。唐代文学教育内容丰富，文学教育就是依托于类书、《文选》、诗格、韵书等教材传承文学知识和创作经验，形成从语言材料到声律规则再到表达技巧层级不断提升的知识技能培养体系。文人从阅读积累到模仿练习再到体会感悟等各个阶段，都有教育活动参与。文学教育在唐人创作中留下了或深或浅的印迹，从内容借鉴、题材取资、典故吸纳、对偶采用几个方面都可以看出文学教育对唐人创作的影响。唐代文学教育兴盛，是唐前文学的高度发展、唐代君主的大力提倡和科举取士的诱导刺激三方面合力促成的。

唐代有些重要文学现象的产生与教育有着直接或间接联系，本书选取了有唐一代不同时期的几个文学现象，分析其出现的教育背景。具体围绕唐初文教政策与四杰文学理想建构、景龙文学盛况出现的教育背景、盛唐帝王师式诗人出现的教育背景、中唐古文运动的教育背景几个问题展开。

唐代之所以出现众多杰出文学家，与他们自幼接受过良好教育密不可分，这就关涉到了唐代的童蒙教育。本书从蒙书出发进行考察，分别讨论了唐代具有代表性的三部蒙书：《蒙求》《太公家教》和《兔园策府》，力图通过对蒙书的考察进一步透视唐代童蒙教育的状况，如童蒙教育中对道德教育的重视和强烈的应试性倾向等。唐王朝幅员辽阔，各地童蒙教育差异很大，本书从教育内容、教育途径、教育者三个方面对比中原和敦煌两地的童蒙教育，进而分析因教育差异导致的儿童诗歌创作的不同。

唐代很多女性接受教育，涌现出许多女诗人。本书从《女孝经》和《女论语》两部女教书入手，考察唐代女性教育的内容，进而分析这些教育内容对女性诗歌创作的影响。唐代女性接受教育的成效除了直接体现在诗歌创作上外，也有其他展示方式，歌伎传唱和寡母教孤就是与唐代文学传播与传承密切相关的两种展示方式。

唐代是当时的世界文化中心，在教育上也表现出了鲜明的开放性特征，形成了留学生这一特殊受教育群体。本书分析了唐代教育开放性特征形成的时代背景、具体表现以及唐代成熟的留学生教育管理制度。唐王朝除满足外邦学子渴望学习大唐先进文化的要求之外，还特设宾贡科照顾外域士子在唐及第的愿望。本书对宾贡科相关问题进行了专题讨论，对"宾贡"一词意涵的演变和丰富、学界关于宾贡科存在与否的争议、宾贡科及第留学生之去向等问题作了考察。唐代的留学生大多被安排在中央官学六学馆习业，因此接触到了文坛核心的文人并与他们酬唱往来，诞生了一批诗文作品。对他们的诗歌交往和此种交往之于双方文学创作的影响也是本书讨论的内容之一。留学生回国以后，大都能积极参与到本国教育体制的构建之中，在唐代先进教育文化被异域借鉴吸收过程中起到了重要作用。同时，他们归国时带回的典籍以及他们自身的汉文学创作，也促进了海外汉文学的发展和繁荣。

书院肇端于唐，盛于宋，经元明清各代，至清末式微，亘千年之久，是融藏书、教育、学术研究为一体的文化教育机构，是中国古代教育史上的光辉一页。唐代是书院的萌芽时期，由于史料记载的缺乏，书院与唐代文学的关系尚难做出深入分析。然而根据现存史料，却可以发现唐五代书院与中晚唐士人转型和儒学复兴的密切关联，这反映出唐五代书院与当时学术思想潮流的联系。

在研究方法上，本书力图把教育与文学关系放置在唐代社会发展总体背景之中，与政治、经济、文化发展状况进行综合考察。同时努力将史实考辨与理论阐发相结合，将综合考察与具体问题分析相结合，将定量分析与定性分析相结合。还运用比较的方法，将唐代与唐前、唐代不同时期、官学与私学、中原与敦煌、留学生与本土文人相比较，在比较中凸显各自特点，呼应论题。此外，教育的作用并非都是显性的，很多时候教育效果是潜移默化的，往往较难界定，因此本书在论述中还采用了辩证分析方法，合理适度地解读教育对文人产生的影响和对文学所起的作用。

上 编

第一章　唐代教育资源社会化
与文人群体的扩大

　　创作者、接受者、组织者、传播者，是文学活动的主体。参与文学活动必须具备相应的文化素养，教育是获得文化素养的主要途径。唐代教育资源社会化，使更多人获得了教育机会，文学活动主体空前扩大，为唐代文学繁荣奠定了坚实基础。

第一节　唐代教育资源社会化的两个表现

　　"教育资源"一词在国内大约出现于1982年，"指社会为进行各种教育所提供的财力、人力、物力条件"。[①] 近20多年来，"教育资源"已成为教育经济学的核心概念，其含义也被重新界定，"是指教育领域通过社会总资源配置所取得的所有人力资源、物力资源和财力资源的总和"。[②] 这仅是从经济学角度给"教育资源"所下定义。其实教育资源还应包括信息、技术、文化、课程、制度等资源。[③] 也就是说，"教育资源"是在教育过程中投入的一切要素和条件的总称。教育资源社会化程度直接反映一个社会的教育普及水平。在唐代，接受教育、读书就学已不再是少数特权阶级的专利，而是大面积普及于整个社会的一种现象，具有显著的社会化特征。衡量古代教育资源是否实现社会化有两个指标：一是官学是否向平民开放，二是私学是否足够发达。唐代恰好在这两方面做出了成绩。

[①] 韩宗礼：《试论教育资源的效率》，《河北大学学报》1982年第4期。
[②] 王善迈：《教育经济学简明教程》，高等教育出版社2000年版，第122页。
[③] 参看王卓《教育资源配置问题的理论研究——教育学的立场与观点》，博士学位论文，东北师范大学，2005年，第7页。

一　官学的适度开放

在孔子授学以前，只有贵族才能接受教育。《尚书》《周礼》中都有贵胄子弟教育的记载。秦朝统一天下，奉行法家思想，韩非"明主之国，无书简之文，以法为教；无先王之语，以吏为师"[1]是秦朝制定教育政策的思想基础。秦朝的教育内容仅限于法令，教育者仅限于官吏。就受教育者而言，李斯云："今天下已定，法令出一，百姓当家则力农工，士则学习法令辟禁。"[2] 可见，在秦朝，只有士才有接受教育的权利，才能享有教育资源。简言之，秦朝的教育资源和教育受众情况为：法令之外无学，官吏之外无师，士之外无受教育者。

汉代提倡儒学，官学大兴。武帝置五经博士，并"为博士官置弟子五十人"，[3] 博士弟子就是太学生，标志着太学正式设立。之后太学人数不断增加，昭帝时有100人，宣帝时有200人，元帝时有1000人，成帝时有3000人。太学生入学资格有二：一是太常"择民年十八以上仪状端正者"[4]；二是从地方（郡、国、县）择"好文学，敬长上，肃政教，顺乡里，出入不悖"[5] 者。前一种是正式生，后一种"得受业如弟子"，[6] 为非正式生。到东汉，情况发生了变化，朝廷规定一定等级的官员子弟享有入太学学习的特权。《后汉书·孝质帝本纪》载："（本初元年）夏四月庚辰……自大将军至六百石，皆遣子受业。"[7] 汉代虽然有一些出身寒微而有志于学者被送入太学读书，如太学生倪宽、翟方进等，[8] 但这样的例子较少。此外又有鸿都门学，生员皆是"州、郡、三公举召能为尺牍辞赋及工书鸟篆者"。[9] 这些被征召的生员没有明确的身份等级限定，其中或有

---

[1]《韩非子·五蠹》，（战国）韩非撰，陈奇猷校注：《韩非子新校注》卷一九，上海古籍出版社2000年版，第1112页。
[2]《史记·秦始皇本纪》，（汉）司马迁：《史记》卷六，中华书局1959年版，第255页。
[3]《汉书·儒林传》，（汉）班固：《汉书》卷八八，中华书局1962年版，第3594页。
[4]《汉书·儒林传》，《汉书》卷八八，第3594页。
[5] 同上。
[6] 同上。
[7]（南朝·宋）范晔：《后汉书》卷六，中华书局1965年版，第281页。
[8]《史记·倪宽传》，《史记》卷一二一，第3125页；《汉书·翟方进传》，《汉书》卷八四，第3411页。
[9]《后汉书·孝灵帝本纪》，《后汉书》卷八，第340页。

出身寒微者。汉代又有四姓小侯学，专为外戚樊氏、郭氏、阴氏、马氏诸子弟设立。汉代州郡官学多有名无实。总体说来，汉代官学最初开放程度较高，之后等级性渐强。

魏时学官不受重视，一般学子入学只为躲避徭役，士族子弟以与寒族子弟同学为耻，不愿入太学受业，① 教育资源未被充分利用。晋承魏制，延续了太学制度。到武帝泰始八年（272），太学生员已增至7000余人，后诏令裁减，生员仍有3000人之多。西晋为了区分士庶，设立专门培养贵族子弟的国子学，五品以上官员子弟才有资格入学。

南朝近170年间，学校教育时兴时废。宋文帝元嘉时期官学教育繁荣，开儒学、玄学、史学、文学四馆，② 又兴复国子学。南齐设立国学，生员有一二百人，基本为贵胄子弟。梁武帝时中央官学有五馆、集雅馆、国子学、士林馆，生员亦多为贵胄子弟。陈朝享国年短，教育日趋没落。

北朝各代政权都重视教育。据《北史·儒林传序》载："魏道武初定中原……便以经术为先。立太学，置五经博士生员千有余人。天兴二年春，增国子太学生员三千人。"③ 生员都是贵胄子弟。北魏州郡学规定：大郡学生100人，次郡学生80人，中郡学生60人，下郡学生40人。朝廷规定录取原则为："学生取郡中清望，人行修谨，堪循名教者，先尽高门，次及中等。"④ 地方官学生员先高门士族子弟，后中等阶层子弟，寒门庶族子弟很难获得受教育机会。北齐有国子寺，计划招收学生50名，太学生200人，四门学生300人。实际上唯置国子一学，学生数十人而已。中央官学尚且如此，州郡之学更是有名无实。北周除太学以外设麟趾学，令在朝有艺文者，皆可预听，其中或有出身寒门者。

唐代中央官学有六学馆：国子学、太学、四门学、书学、律学和算学。规定不同出身学子入不同学馆。《新唐书·选举志》载：

> 凡学六，皆隶于国子监：国子学，生三百人，以文武三品以上子

---

① （晋）陈寿：《三国志·魏书》卷一五，中华书局1982年版，第464页。
② 《宋书·雷次宗传》，（南朝·梁）沈约：《宋书》卷九三，中华书局1974年版，第2293页。
③ （唐）李延寿：《北史》卷八一，中华书局1974年版，第2704页。
④ 《北史·高允传》，《北史》卷三一，第1126页。

孙若从二品以上曾孙及勋官二品、县公、京官四品带三品勋封之子为之；太学，生五百人，以五品以上子孙、职事官五品期亲若三品曾孙及勋官三品以上有封之子为之；四门学，生千三百人，其五百人以勋官三品以上无封、四品有封及文武七品以上子为之，八百人以庶人之俊异者为之；律学，生五十人，书学，生三十人，算学，生三十人，以八品以下子及庶人之通其学者为之。①

尽管唐代中央官学生员入学身份规定仍带有等级特征，但也有两点进步：其一，唐代以官爵确定子孙入学资格，相比魏晋南北朝时期中央官学教育资源多为门阀士族子弟占据是一大进步；其二，明确规定中央官学中，四门学、律学、书学和算学允许庶民子弟入读，说明唐朝在中央官学教育资源享有者身份限制上较前代宽松了许多。

唐代地方官学有州、县、乡、里四级学校，分三种类型：经学、医学和崇玄学。唐代对地方官学的学生名额做了明文规定："京都学生八十人，大都督、中都督府、上州各六十人，下都督府、中州各五十人，下州四十人，京县五十人，上县四十人，中县、中下县各三十五人，下县二十人。"② 学生大多是庶民子弟。玄宗开元二十一年（733）还规定，地方官学学生可以升入中央官学中的四门学读书。《唐会要·学校》载："诸州县学生，年二十五已下，八品九品子。若庶人生年二十一已下，通一经已上，及未通经，精神通悟，有文词史学者。每年铨量举选，所司简试，听入四门学，充俊士。"③《新唐书·选举志》又载："诸学生通二经、俊士通三经已及第而愿留者，四门学生补太学生，太学生补国子学。"④ 这样的层级进补政策，使庶民子弟通过努力获得更优质的官学教育资源成为可能。这在此前任何朝代都是没有过的。

与前代地方官学多有名无实不同，唐朝地方官学举办持续而稳定，范围一直延伸至乡、里。唐代敦煌地区设沙州，领有敦煌、寿昌两县。法国

---

① 《新唐书·选举志》，（宋）欧阳修、宋祁：《新唐书》卷四四，中华书局1975年版，第1159页。
② 《新唐书·选举志》，《新唐书》卷四四，第1159页。
③ 《唐会要·学校》，（宋）王溥：《唐会要》卷三五，上海古籍出版社1991年版，第634页。
④ 《新唐书·选举志》，《新唐书》卷四四，第1159页。

第一章 唐代教育资源社会化与文人群体的扩大

巴黎藏 P. 2005 的敦煌写本《沙州都督府图经》（见图 1）残卷，记载了沙州府官学设置情形：

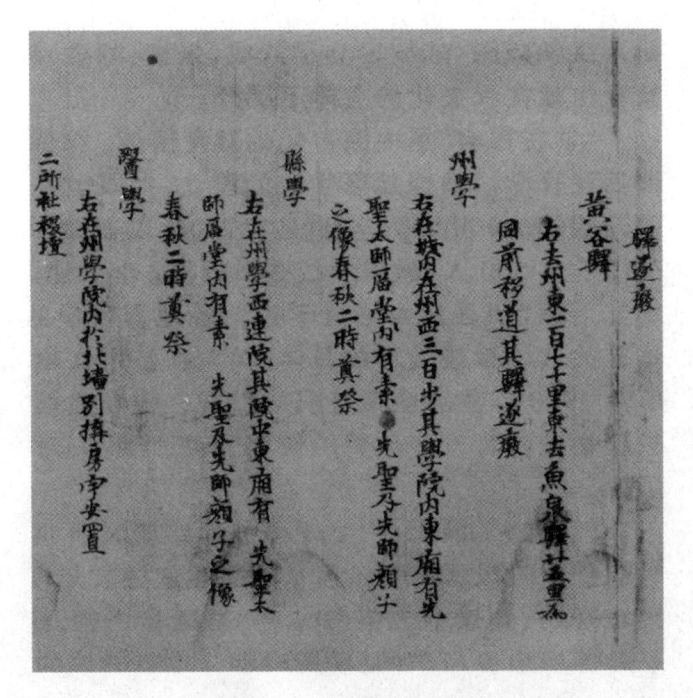

图 1 法藏 P. 2005《沙州都督府图经》残卷

资料来源：郑阿财、朱凤玉：《开蒙养正——敦煌的学校教育》，第 2 页。

州学

　　右在城内，在州西三百步。其学院内，东厢有先圣太师庙堂，堂内素（塑）先圣及先师颜子之像。春秋二时奠祭。

县学

　　右在州学西连院。其院中，东厢有先圣太师庙堂，堂内有素（塑）先圣及显示颜子之像。春秋二时奠祭。

医学

　　右在州学院内。于北墙别构房宇安置。①

---

① 上海古籍出版社、法国国家图书馆编：《法藏敦煌西域文献》第 1 册，上海古籍出版社 1995 年版，第 122—134 页。

从中可以清楚看出唐代敦煌地区沙州地方官学不仅有州学和县学，而且有医学。从敦煌莫高窟第 12 窟东壁门所绘当地学堂图像中还能更直观地看到学堂具体规制（见图 2）。画面中学堂为一座院落，院中心有一座单檐庑殿建筑，是学堂正房，供教师使用。图正中有一人持书端坐，仆役毕恭毕敬献茶，持书者当是博士。博士右边另有一人持书侍坐，当为助教。院内两侧是学郎学习场所，课桌由木板支成，学郎坐方形土墩，课本展开平铺桌上。

图 2　敦煌莫高窟第 12 窟东壁门

资料来源：郑阿财、朱凤玉：《开蒙养正——敦煌的学校教育》，第 6 页。

再看另一份敦煌文书《唐西州某乡户口帐》中的一件残卷：

（前缺）

1.　　　　　人——
2.　合 当乡归朝总——
3.　　　　六人并——
4.　　　　四人　男

5.　　　　二人　妇女
6. 合当乡良贱总四百廿七
7.　　四　百　廿　七　　　良
8.　　一百六十九　男夫
9.　　二百五十八　妇女
10. □　+　人　贱
11. □当乡白丁卫士三百卌五人
12. □　十　七　人　卫士队□
13. 　　□　人　校尉旅帅队副已上
14. 　　　四　人　侍　　　　丁
15. 　　　六十人　见　　　　在
16. 　二　百　六　十　八　人　白丁
17. 　○　○　杂　　　　　任
18. 　二　人　医　　　学　　生
19. 　七　□　州　　　学　　生
20. □　人　县　　　□　生

（后略）①

该文书是唐灭高昌后，西州某乡原高昌旧臣民首次向唐朝申报户口的文书。其中第18、19、20行涉及西州地方官学，可见其中有医学生、州学生和县学生。有学者认为这一残卷产生年代当在唐灭高昌后的一二年间，② 这说明唐朝十分重视州县官学，灭高昌后在西州地区很快设立了官学。从学生数量和所占人口比例推算，西州地方官学还很发达。依唐令，西州当为下州，③

---

① 国家文物局古文献研究室、新疆维吾尔自治区博物馆、武汉大学历史系编：《吐鲁番出土文书》第4册，文物出版社1983年版，第7—9页。
② 王永兴：《唐灭高昌及置西州、庭州考论》，北京大学历史系编：《北大史学》，北京大学出版社1994年版，第71页。
③ 《唐六典·三府督护州县官吏》"下州官吏"条载："户不满二万者为下州。"（唐）李林甫撰，陈仲夫点校：《唐六典》卷三〇，中华书局1992年版，第746页。

西州诸县中高昌、天山为上县，柳中、交河、蒲昌为中下县。① 唐制，下州官学规模是"经学博士一人，正九品下。助教一人，学生四十人。医学博士一人，从九品下；学生一十人"。② 诸州县学规模是"诸州上县……博士一人，助教一人，学生四十人。诸州中县……博士一人，助教一人，学生二十五人。诸州中下县……博士一人，助教一人，学生二十人。诸州下县……博士一人，助教一人，学生二十人"。③ 有学者根据这些规定和文书残卷中最后三行关于州县学的记载推测，该地医学生、县学生、州学生总数当在10人以上，远远高出西州学生数占总人口数的平均值0.5%。④ 这说明西州地方官学教育很发达。

从上述例证可以看出，唐代地方官学教育不仅有名有实，并且遍布各地，敦煌地区官学教育尚且如此发达，其他地区官学教育的繁荣情况就可想而知了。

二 私学的高度发达

私学是官学的补充机制，尤其在蒙学阶段，教育活动主要靠私学完成。

孔子开始私人授学，"有教无类"，使更多平民子弟得以享受教育。秦朝"以吏为师"，压制私学。汉代私学兴起，汉代私学除了教授蒙学以外，还有更高一级设置，即经馆，又叫精舍或精庐。教师是没有从政或任博士机会的经师，或者边做官边讲学的官员，或者罢官后讲学授徒的学者。私学使更多平民子弟得以接受教育。魏晋南北朝社会动荡，虽有私学，但却未能持续和普及。

唐代社会稳定，经济繁荣，为私学发展提供了良好条件，私学得以空前繁荣。从类型上而言，唐代私学主要有隐居读书、私人讲学、私塾、家学、寺学五种类型。⑤ 就学子身份而言，无论是贵族豪门子弟，还是庶民

---

① （唐）李吉甫：《元和郡县图志》卷四〇，中华书局1983年版，第1032页。
② 《唐六典·三府督护州县官吏》"下州官吏"条，《唐六典》卷三〇，第747页。
③ 《唐六典·三府督护州县官吏》"诸州属县"条，《唐六典》卷三〇，第752—753页。
④ 参看姚崇新《唐代西州的官学——唐代西州的教育（之一）》，《新疆师范大学学报》2004年第1期。
⑤ 宋大川：《唐代教育体制研究》，第168—206页。书院应当也是唐代私学的一种重要类型，宋著未列。笔者将辟专章讨论这一问题，详见本书第八章。

百姓子弟，都可利用私学资源，拥有同等受教育权利。唐代私学教育方式灵活，士子可以学兼多门，教师可以四处授业。有书生少年寻师访学于深山古刹，有鸿学硕儒广招门徒于全国各地。唐代私学教育继孔子之后，再次打破"学在官府"的限制，将孔子"有教无类"的教育思想卓有成效地贯彻到教育实践中。本书将于下一节"制度的完善"中具体申述唐代私学高度发达的状况。

总之，无论是官学开放程度，还是私学发达程度，都证明唐代教育资源已经高度社会化。有学者曾这样概括唐代教育："就教育的普及程度而言，隋唐时期，尤其是唐朝教育的普及程度较高，学校的覆盖面较广，这是以前任何朝代难以比拟的。唐朝中央有中央官学，地方有州县学，甚至在乡、里这样的基层组织也鼓励人们创办学校，还有无数的私学和家学，共同负担培养人才、传播文化的重任。"[1]

唐代教育资源高度社会化，使更多人获得了文化素养，使唐代文学活动主体规模得以空前扩大。白居易《与元九书》曾谈到其诗被广为传诵的情形：

> 日者又闻亲友间说，礼吏部举选人，多以仆私试赋判传为准的。其余诗句，亦往往在人口中。仆恧然自愧，不之信也。及再来长安，又闻有军使高霞寓者，欲娉倡妓。妓大夸曰："我诵得白学士《长恨歌》，岂同他妓哉？"由是增价。又足下书云："到通州日，见江馆柱间有题仆诗者，复何人哉？"又昨过汉南日，适遇主人集众乐娱他宾，诸妓见仆来，指而相顾曰："此是《秦中吟》《长恨歌》主耳。"自长安抵江西，三四千里，凡乡校、佛寺、逆旅、行舟之中，往往有题仆诗者。士庶、僧徒、孀妇、处女之口，每每有咏仆诗者。此诚雕虫之戏，不足为多。然今时俗所重，正在此耳。[2]

白居易诗被到处题写，在"士庶、僧徒、孀妇、处女"各类人群中广泛咏

---

[1] 孙培青：《中国教育史》，第160页。
[2] （唐）白居易撰，朱金城笺校：《白居易集笺校》卷四五，上海古籍出版社1988年版，第2793页。

唱，说明这些人具备较高文化素养，由此足见唐代教育资源社会化对文学繁荣贡献之大。

第二节　唐代教育资源社会化的成因及影响

唐代教育资源高度社会化是唐代社会繁荣的重要体现。换言之，唐代整个社会政治、经济、文化的繁荣为教育资源社会化提供了条件。具体说来，唐代教育资源社会化主要有四点成因：帝王的重视、制度的完善、经济的繁荣、书籍的流通。

一　帝王的重视

政治是社会生活的主导力量，帝王是主导力量的核心。唐代教育资源社会化与帝王提倡有着直接关系。

高祖开国后，鉴于隋代"周孔之教，阙而不修，庠序之仪，泯焉将坠"的状况，于武德七年（624）颁布《兴学敕》曰："自古为政，莫不以学为先。学则仁、义、礼、智、信五者俱备，故能为利深博。朕今敦本息末，崇尚儒宗，开后生之耳目，行先王之典训。"[1]

太宗即位后也表示："朕今所好者，惟在尧、舜之道，周、孔之教，以为如鸟有翼，如鱼依水，失之必死，不可暂无耳。"[2] 他还从人性培养角度强调教育的作用："夫人虽禀定性，必须博学以成其道，亦犹蜃性含水，待月光而水垂；木性怀火，待燧动而焰发；人性含灵，待学成而为美。是以苏秦刺股，董生垂帷。不勤道艺，则其名不立。"[3] 尤为重要的是，太宗将对教育的重视落实在了当时的教育建设实践中。贞观二年（628），太宗诏令停止以周公为先圣，改立孔子为先圣，立孔子庙堂于国学。[4] 同时大征天下儒士为学官，增盖校舍1200间，由此国学之内，"鼓箧而升讲筵者，八千余人，济济洋洋焉，儒学之盛，古昔未之有也"。[5]

---

[1] （宋）宋敏求：《唐大诏令集》卷一〇五，中华书局2008年版，第537页。
[2] （唐）吴兢撰，谢保成点校：《贞观政要集校》卷六，中华书局2003年版，第331页。
[3] 《贞观政要集校》卷七，第385页。
[4] 《旧唐书·儒学传》，(后晋) 刘昫：《旧唐书》卷一八九，中华书局1975年版，第4940页。
[5] 《旧唐书·儒学传》，《旧唐书》卷一八九，第4941页。

太宗还鉴于经籍文字错讹和经典阐释各执一端的情况，诏令孔颖达与诸儒撰定《五经正义》，以为士子习经统一教材和科举考试依据，令天下传习。①

高宗在位前期，也致力于学校教育。他下令重新审定《五经正义》，作为明经科考试依据；颁布了《律疏》，作为明法科考试标准；显庆元年（656）恢复了算学，以《十部算经》为教学内容；显庆三年（658）改革学校教育管理体制，把书学、律学和算学划归各专职行政机构。这些举措使教育在继续发展基础上又有所创新。中宗复位以后，恢复唐初所建教育体系，修葺学堂，广招生员，学校教育再度复兴。

玄宗在东宫时，"亲幸太学，大开讲论，学官生徒，各赐束帛"。② 即位后，兴复国学，建立了从中央到地方的学校教育机构，允许私人办学，设立了左右教坊进行艺术教育，创办了广文馆和崇玄学。并要求参加科举考试必须经过学校学习，进一步紧密了学校教育和科举取士之间的联系，对提高学校教育的地位有重要作用。开元二十六年（738），"敕：'诸州乡贡见讫，令引就国子监谒先师，学官为之开讲，质问疑义，有司设食。弘文、崇文两馆学生及监内举人，亦听预焉。'其日，祀先圣已下，如释奠之礼。青宫五品已下及朝集使，就监观礼。遂为常式，每年行之至今。"③ 开元、天宝年间，唐代学校教育发展臻于鼎盛，学校种类齐全、形式多样，管理制度、教学内容、生员数量都有很大提升。

顺宗也十分重视教育，他"为人宽仁，喜学艺，善隶书，礼重师傅，见辄先拜"。④

此外，太宗、睿宗、玄宗、代宗还都曾于国学释奠，发扬和继承了先祖重教兴学的传统。

总之，唐代多位帝王对教育的重视，使这一时期教育事业得到了很大发展，这是促成唐代教育资源社会化的一个重要因素。

二　制度的完善

在隋唐以前，教育制度始终没有成为独立的国家政治制度，而只是国

---

① 《旧唐书·儒学传》，《旧唐书》卷一八九，第4941页。
② 同上书，第4942页。
③ 《旧唐书·礼仪志》，《旧唐书》卷二四，第919页。
④ 《新唐书·顺宗本纪》，《新唐书》卷七，第205页。

家礼制的组成部分，在培养目标、教育思想以及教育教学上均没有明确的方向和制度保障。① 唐代教育制度周详完备，尤其是中央和地方的官学两级制，私学的合法化和多样化，都是此前任何一个朝代所不具备的。

（一）完备的中央地方两级官学制度

唐代在官学教育制度上实行中央和地方两级制，对教师员额、品级、生员人数、入学资格、学习内容、考课制度都有详细规定。

唐代中央官学和地方官学均隶属于国子监。国子监最高长官是祭酒，另有司业、丞、主簿、录事、府、史、亭长、掌固。上述教员品级和执掌各有明确规定。据《旧唐书·职官志》，祭酒1人，从三品。司业2人，从四品下。祭酒、司业之职，掌邦国儒学训导之政令。丞1人，从六品下。主簿1人，从七品下。录事1人，从九品下。府7人，史13人，亭长6人，掌固8人。丞掌判监事，凡六学生每岁有业成上于监者，以其业与祭酒、司业试所习业，上尚书礼部。②

中央官学有六学馆，《旧唐书·职官志》载："一国子学、二太学、三四门、四律学、五书学、六算学也。"③ 六学馆的必修课是《孝经》和《论语》。此外，前三馆需选修九经。《旧唐书·职官志》亦载："凡教授之经，以《周易》《尚书》《周礼》《仪礼》《礼记》《毛诗》《春秋左氏传》《公羊传》《穀梁传》各为一经。"④ 每馆又设有博士和助教。博士和助教的职责是"分经授诸生，未终经者无易业"。⑤ 中央官学学生年龄"限年十四以上，十九以下；律学十八以上，二十五以下"。⑥ 六学馆中还设有其他人员，均职掌明确，每馆学生名额、入学资格也有明文规定。

其中国子学教职人员有"国子博士二人，助教二人……典学四人，庙干二人，掌固四人。博士掌教文武官三品已上、国公子孙，二品已上曾孙为学者。……典学掌抄录课业，庙干掌洒扫学庙。"⑦ 学生考课办法

---

① 参看李国钧、王炳照《中国教育制度通史》第二卷，第233页。
② 《旧唐书》卷四四，第1890页。
③ 同上书，第1891页。
④ 同上。
⑤ 《新唐书·选举志》，《新唐书》卷四四，第1160页。
⑥ 同上。
⑦ 《旧唐书·职官志》，《旧唐书》卷四四，第1891页。

是"每岁生有能通两经已上求出仕者,则上于监。堪秀才进士者,亦如之"。①

太学教员较少,《旧唐书·职官志》载:"博士三人,正六品上。助教三人,从七品上。学生五百人。大学博士掌教文武五品已上及郡县公子孙,从三品曾孙之为生者。"② 太学教法与国子学相同。

四门学教员员额少。《旧唐书·职官志》载:"四门博士三人,助教三人。四门博士掌教文武七品已上及侯伯子男子之为生者,若庶人子为俊士者,教法如太学。直讲四人,掌佐博士助教之职"。③ 四门学学生人数多,入学要求相对较低。

律学、书学和算学教员和生徒员额都较少,所学内容也是各科专门知识。《旧唐书·职官志》载:"律学博士一人,助教一人,学生五十人。博士掌教文武官八品已下及庶人子为生者。以律令为专业,格式法例亦兼习之。书学博士二人,学生三十人。博士掌教文武官八品已下及庶人之子为生者。以《石经》《说文》《字林》为专业,余字书兼习之。算学博士二人,学生三十人。博士掌教文武八品已下及庶人子为生者。二分其经,以为之业。习《九章》《海岛》《孙子》《五曹》《张邱建》《夏侯阳》《周髀》十五人,习《缀术》《缉古》十五人。其《纪遗》《三等数》亦兼。"④ 律学、书学、算学生员入学的准入门槛也很低,文武八品以下及庶人之子都可入学习业。

中央官学直系学馆还有天宝九载(750)设立的广文馆,广文馆生徒为准备参加进士考试者,人数无定员,设有博士二人,助教一人。《旧唐书·职官志》载:"广文馆博士二人。正六品上。天宝九载置,试附监修进士业者。置助教一人。"⑤ 广文馆存在时间不长,至德二载(757)废罢。

唐代中央官学还设置了一批专习某项技艺的学馆,归各专职行政机构管辖。如《新唐书》所载附设于太医署之医学、太卜署之卜筮、太乐署之艺术、司天台之天文历数、太仆寺之兽医、门下省之弘文馆、东宫之崇文

---

① 《旧唐书》卷四四,第1891页。
② 同上。
③ 同上。
④ 同上书,第1892页。
⑤ 同上。

馆、尚书省祠部之崇玄学。医学又分医科、针科、按摩、咒禁、药园五个专业。针科设学生20人，按摩科设学生15人，咒禁科设学生10人，药园科设学生8人，卜筮学设学生45人，太乐署之教坊学生一度达到2000人。天文历数分三科：天文、历数、漏刻，分别设学生90人、55人、40人。兽医学设学生100人，弘文馆设学生30人，崇文馆设学生20人。崇玄学学生"京、都各百人"。① 太医署、司天台、太卜署、太乐署、崇文馆和弘文馆兼有行政、研究和学校三重性质。从行政机构中派生出教育研究机构，是唐代教育制度的一大特色。由此可见，唐代中央官学十分发达，种类之繁、人数之众、学业之专，超过以往任何一个朝代。

除中央官学以外，唐代还设有地方官学。地方官学与中央官学一起构成了唐代完整的官学体系。唐代地方官学教育制度的设立始于高祖武德元年（618），其年五月高祖敕令："上郡学置生六十员，中郡五十员，下郡四十员。上县学并四十员，中县三十员，下县二十员。"② 这是唐代发布的第一份设立地方官学的诏令。武德七年（624），高祖再次诏令设立州县学校："诸州有明一经以上未仕者，咸以名闻；州县及乡皆置学。"③ 这是唐代大规模发展地方官学教育的开始。直到开元末，唐代的地方官学教育仍是州、县、乡三级制。开元二十六年（738）正月，唐玄宗"令天下州、县、里别置学"。④ 从此，唐代地方官学形成了州、县、乡、里四级建制。

在组织管理和教育教学上，唐代地方官学也有具体制度。在组织管理上，唐代地方官学由州县长史主管。《新唐书·选举志》载："州县学生，州县长官补，长史主焉。"⑤ 负责州级学校管理的官员为功曹司功参军事，负责县级学校管理的官员为司功佐。⑥

在教育教学上，根据各州府县辖区大小的不同规定了不同的学生员

---

① 《新唐书》卷四四，第1164页。
② 《旧唐书·儒学传》，《旧唐书》卷一八九，第4940页。
③ （宋）司马光撰，（元）胡三省音注：《资治通鉴》卷一九〇"高祖武德七年二月"，中华书局1956年版，第5976页。
④ 《资治通鉴》卷二一四"玄宗开元二十六年正月"，第6832页。
⑤ 《新唐书》卷四四，1160页。
⑥ 《旧唐书·职官志》，《旧唐书》卷四四，第1919页。《新唐书·百官志》，《新唐书》卷四九，第1312页。

额、教师和助教数量。《新唐书·选举志》载:"京都学生八十人,大都督、中都督府、上州各六十人,下都督府、中州各五十人,下州四十人,京县五十人,上县四十人,中县、中下县各三十五人,下县二十人。"①地方各级官学教师员额也有规定:京都府学设经学博士1人,助教2人,医学博士和助教各1人。大都督府学设经学博士1人,助教2人,医学博士和助教各1人。中都督府学设经学博士1人,助教2人,医学博士和助教各1人。下都督府学设经学博士和助教各1人,医学博士和助教各1人。上州学设经学博士1人,助教2人,医学博士和助教各1人。中州学设经学博士和助教各1人,医学博士和助教各1人。下州学设经学博士和助教各1人,医学博士1人。京县(包括万年、长安、河南、洛阳、奉先、太原、晋阳)设博士和助教各1人。畿县(包括京兆、河南、太原诸县)、上县、中县、中下县和下县均设博士和助教各1人。②

唐代以前,只有北魏短暂运行过中央和地方两级官学体制,但像唐代地方官学这样,具备州、县、乡、里四级建制,覆盖全国,且管理严格,是北魏远不能及的。这一整套制度和举措,有力地保障了唐代教育资源的社会化,使各个阶层学子都有机会进入相应官学学馆习业。

(二)私学的合法化和多样化

唐代明确规定准许百姓设立私学。《唐会要·学校》载:"开元二十一年五月敕……许百姓任立私学,欲其寄州县受业者亦听。"③ 这无疑是教育史上的一大进步。私学合法化使唐代私学教育得到了充分发展,出现了各种类型、各种层次的私学教育。主要有隐居读书、私人讲学、塾学、家学、佛寺教育五种类型。④

隐居读书是士人的一种生活方式,在唐代却演变成一种教育机制。隐居读书者除了自己修文习业,有的还会招收学生弟子。唐代诗人刘得仁《送车涛罢举归山》云:"要路知无援,深山必遇师。"⑤ 执教者和就学者一同隐居读书,建立临时的师生关系。《唐摭言》"海叙不遇"条载:"段

---

① 《新唐书》卷四四,第1160页。
② 《唐六典》卷三〇,第742—753页。
③ 《唐会要》卷三五,第635页。
④ 宋大川:《唐代教育体制研究》,第168页。
⑤ (清)彭定求:《全唐诗》卷五四四,中华书局1960年版,第6293页。

维,或云忠烈之后,年及强仕,殊不知书,一旦自悟其非,闻中条山书生渊数,因往请益。众以年长犹未发蒙,不与授经。或曰,以律诗百余篇,俾其讽诵。翌日维悉能强记,诸生异之。复授八韵一轴,维诵之如初,因授之《孝经》。自是未半载,维博览经籍,下笔成文,于是请下山求书粮。……咸通、乾符中,声名籍甚。"① 可见隐居读书建立起的师生关系,具有临时性、随机性和开放性的特点。类似记载还有很多,如河阳人韦安之欲往少室山读书,路遇张道,约为兄弟,同入少室山师事李潜。② 又如进士庞式肄业于嵩阳观之侧,少年薛生入山寻师遇庞式而师之。③

唐代隐居读书者,既有饱学儒生,也有及第进士,还有致仕官员,几乎涵盖了唐代的整个知识分子阶层。隐居读书的意图,或是逃避现实,追求清静;或是安心习业,以备科考;或是博取声誉,待价而沽,不一而足。读书地点既有名山寺观,又有乡野茅屋、庄园别墅。尽管身份背景各异,目的意图不同,地点区域有别,但都把私学教育带到了乡野林间,扩大了教育的覆盖面和知识传播范围。而且,教授者和求学者之间没有义务的束缚和影响,知识传播是开放式的。隐居读书者参加科举考试或应辟出山后,新的士子又会不断涌来,隐读者的队伍便会循环往复,替换更新,打破了唐前隐居读书的封闭和自我禁锢的固化格局,使隐居读书与整个社会相结合,进一步促进了教育资源的社会化。这种因教育资源自我整合而带来的教育新模式,或许对唐人通达的思想性格、文学创作自由开放艺术品格的形成有一定影响。

私人讲学与私人塾学既有相同之处,又有很大区别。私人塾学偏重于启蒙和基本知识传授,而私人讲学则注重学问精进,是求学者具备一定学养之后的提高性教育。唐代私人讲学分三种情况:经师硕儒讲学、致仕官员开筵、在任官员指导慕名求教者。

经师硕儒讲学有的是隐居山林指导读书,有的是居住乡里开办讲筵。学生来源既有本地人士,也有远方慕名而来者。如学问精博、贞观中被召

---

① (五代)王定保撰,姜汉椿校注:《唐摭言校注》卷一〇,上海社会科学院出版社2003年版,第207页。
② 《太平广记》卷三四七,第2751页。
③ 《太平广记》卷三一三,第2480页。

拜太学博士的王恭,"少笃学,教授乡间,弟子数百人"。① 咸通中,荆州书生号唐五经者,"学识精博,实曰鸿儒,旨趣甚高,人所师仰,聚徒五百辈,以束脩自给。优游卒岁,有西河、济南之风"。②

致仕官员开筵讲学是唐代私学的一个显著特点。先秦两汉时虽也有官员归田讲学,但并不普遍。唐代官员由科举入仕者较多,致仕后讲学者也较多。贞观初,越王东阁祭酒马嘉运,"退隐白鹿山,诸方来受业至千人"。③ 高宗朝侍御史王义方秩满后,"家于昌乐,聚徒教授"。④ 在致仕官员开筵讲学的教育方式中,官员身份和私学教师的转化,能为习业士子提供较多的人脉资源,这同时也赋予了私学教育以丰富的活力。

在任官员指导慕名求教者。在唐代,不论京官还是地方官,凡是学问知名者,皆有书生士子慕名求教。如蔡州朗山人袁滋,"强学博记。少依道州刺史元结,读书自解其义,结重之。后客荆、郢间,起学庐讲授"。⑤ 柳宗元为柳州刺史,"衡湘以南为进士者,皆以子厚为师,其经承子厚口讲指画为文词者,悉有法度可观"。⑥ 在任官员指授后学,有利于青年士子获得文名,从而有助于提高他们科举考试的成功率,增加进入官场的机会。

上述三种教育方式有很大机动性。教师和学生之间没有地域界限,且可以学兼多门。如吕温从陆质治《春秋》,从梁肃为文章。⑦ 李玄植学《三礼》于贾公彦,习《春秋左氏传》于王德韶,受《毛诗》于齐威。⑧ 这说明唐代私人授学具有博采众学、兼容并包的特点,突破了前代专于一师、习一家之言的传统。这与两汉时期因学派之争导致政治对立有着本质区别,更有利于知识的传播。

塾学和家学是唐代私学教育的另外两种类型,这两类私学形式主要承

---

① 《新唐书·王恭传》,《新唐书》卷一九八,第5645页。
② (宋)孙光宪撰,贾二强点校:《北梦琐言》卷三"不肖子三变"条,中华书局2002年版,第60页。
③ 《新唐书·马嘉运传》,《新唐书》卷一九八,5645页。
④ 《旧唐书·王义方传》,《旧唐书》卷一八七,第4876页。
⑤ 《新唐书·袁滋传》,《新唐书》卷一五一,第4823页。
⑥ 韩愈:《唐柳州刺史柳子厚墓志铭》,(唐)韩愈撰,屈守元、常思春校注:《韩愈全集校注》,四川大学出版社1996年版,第2392页。
⑦ 《新唐书·吕温传》,《新唐书》卷一六〇,第4967页。
⑧ 《旧唐书·李玄植传》,《旧唐书》卷一八九,第4950页。

担启蒙教育职责。本书第五章第二节有详细论述，兹不赘言。

佛寺教育是唐代私学教育的一种特殊形式。佛寺作为社会生活公共空间，为了吸引信众，求得香火，除了宣传佛家教义外，还传播文化知识，于是出现了颇有特色的佛寺教育。佛寺儒学教育，有童蒙教育（又称寺学），也有层次较高的经典教育。前者主要存在于敦煌地区，详见本书第五章第二节。后者主要存在于中原内地，此处所论重点集中于后者。

唐代许多寺院开展教育活动。《唐语林》"栖逸"条载："宣州当涂隐居山岩，即陶贞白炼丹所也，炉迹犹在。后为佛舍。有僧名彦范，俗姓刘，虽为沙门，而通儒学，邑人呼为'刘九经'。颜鲁公、韩晋公、刘忠州、穆监宁、独孤常州皆与之善，各执经受业者数十人。"① 僧彦范以精通儒学而被当代名公尊之为师，这是中原内地寺院中较高层次儒学教育存在的明证。颜真卿在《泛爱寺重修记》中称："予未仕时，读书讲学，恒在福山，邑之寺有类福山者，无有无予迹也。始僦居，则凡海印、万福、天宁诸寺，无有无予迹者。既仕于昆，时授徒于东寺，待客于西寺。"② 颜真卿曾在泛爱寺讲学，说明佛寺中确有儒学教育。唐代佛寺儒学教育的形式是印度佛寺招收弟子与唐朝私学相结合而演化形成的，它不限定教育对象，有丰富的藏书和学问精深的高僧大德，甚至还能提供免费食宿，这些都吸引着唐代的求学士子，尤其对出身寒微的士子更有吸引力。

综上所述，唐代官学教育制度相较唐前明显宽松，官学入学制度虽有一定准入限制，但以父祖官爵品级为限而非以士庶出身为限是个巨大进步。中央官学中四门学和律学、书学、算学均为庶民子弟提供了一定就学机会，而且学业优异者可升入太学和国子学习业，这种层级进补政策使官学教育资源得以优化利用。唐代私学合法化和多样化为更多出身寒微的庶民子弟提供了受教育机会，私学办学灵活、形式多样、内容丰富、覆盖面广，是唐代教育的有机组成部分。它与官学相互补充、相互影响，共同构成了唐代中央和地方并行的两级教育体制。唐代官学和私学的良好运作，普及了文化教育，扩大了受教育者数量，提升了受教育者素质，为受教育者获得文学创作素养并进而加入文学创作队伍准备了条件。

---

① （宋）王谠撰，周勋初校证：《唐语林校证》卷四，中华书局1987年版，第393页。
② （清）董诰：《全唐文》卷三三七，中华书局1983年版，第3419页。

三 经济的繁荣

教育属于上层建筑，它建立在一定的社会经济基础之上。经济是教育的基本物质保障，教育也会随着经济基础的变化而变化。因此，在考察唐代教育资源社会化的原因时，就不得不考虑到当时社会经济的发展变化。

隋唐易代，战争残酷，人口锐减，土地荒芜。高祖武德七年（624）三月，朝廷颁布均田令和赋税令，实行均田制和租庸调制，社会经济得以恢复和发展。均田令规定：丁男（二十一岁至五十九岁）、中男（十六岁至二十岁），每人授田一百亩，其中二十亩为永业田，八十亩为口分田。口分田到了丁男年老时（六十岁），由政府收回五十亩，保留永业田二十亩，口分田三十亩。① 身死，口分田也由朝廷全部收回，另行分配。"诸永业田皆传子孙，不在收授之限。即子孙犯除名者，所承之地亦不追。"② 非户主之"老男、笃疾、废疾各给口分田四十亩，寡妻妾各给口分田三十亩，先永业者，通充口分之数。黄、小、中、丁男女及老男、笃疾、废疾、寡妻妾当户者，各给永业田二十亩，口分田二十亩"。③ "诸以工商为业者，永业口分田各减半给之，在狭乡者并不给。"④ 除田地之外，还授给自耕农园宅地，"良口三口以下给一亩，每三口加一亩，贱口五口给一亩，每五口加一亩，并不入永业口分之限"。⑤ 其"户内永业田，每亩课植桑五十根以上，榆、枣各十根以上。土地不宜者，任依乡法"。⑥ 均田制实现了经济资源平均化，使自耕农得到了土地资源，为教育发展奠定了

---

① 唐王朝在高祖武德七年（624）颁布均田令，玄宗开元二十五年（737）再次颁布均田令。但玄宗颁布均田令时，均田制已濒临崩溃。唐代史料对于武德七年的均田制叙述较略，而对于开元二十五年的均田制记载则较详。本来开元时的均田令，是武德以来朝廷实施各种均田补充措施的总汇，所以它不仅代表开元时期，同时在一定程度上也反映了整个唐前期的均田制度。为全面介绍唐前期实施均田制的各种制度，本节有些地方会把两次令文内容合在一起讲述。
② （唐）杜佑撰，王文锦等点校：《通典》卷二，中华书局1988年版，第30页。
③ 《通典》卷二，第29页。
④ 同上书，第31页。
⑤ 同上书，第30页。
⑥ （唐）长孙无忌等编撰，刘俊文笺解：《唐律疏议笺解》卷一三，中华书局1996年版，第994页。

良好基础,很接近孟子设计的先"制民之产"再"谨庠序之教"的理想蓝图。①

赋税是举办教育的财政来源。太宗大力推行均田制,轻徭薄赋、裁减冗员,节省官员俸禄和军费支出。贞观时期全国年租、调总量为粟 368 万石、绢 92 万匹,官员俸禄开支"每年转运不过一二十万石,所用便足"。②财政收入增加使朝廷有足够的力量发展教育。太宗就曾大盖校舍,征召天下鸿儒硕学担任讲席,招四方学子入国学习业,使国学生员达到洋洋八千余人。到了盛唐,经济更加繁荣,财政更加宽裕。全国户口增长 500 万户,人口 5000 万。国民经济总收入为钱 200 余万贯,粟 2500 万石,布绢棉 2700 万匹。③ 雄厚的财政实力为发展教育提供了坚实的经济基础。开元初年,玄宗便致力于教育发展,着手复兴中央和地方官学。他扩大了国子监各学馆规模,选拔优秀学者担任讲席,并为修习文辞举进士业者设立广文馆,职业教育和实科教育也蓬勃发展。有学者统计,当时全国各级官学共有学生 64047 人。④ 尽管这一数字和实际员额可能会有些许出入,但盛唐时期教育发展速度之快和规模之大确是不争的事实。

安史之乱使教育赖以生存的经济基础发生了巨变:均田制土崩瓦解,庄园经济迅速发展,自耕农沦为地主佃客,租庸调制已无法支撑国家财政。唐德宗采纳了杨炎的建议,于建中元年(780)二月公布了新税法——两税法。这种新的财政体制尽管使教育经费在一定程度上有了保障,但在国家总体经济衰颓的大趋势下,对教育的财政投入仍然捉襟见肘。元和二年(807),国子监对各学馆学生人数做了重新规定:"两京诸馆学生,总六百五十员。"⑤ 数额比贞观年间缩减了不少。即使如此,朝廷还是无力对教育投入大量财力。元和十四年(819),宰相兼国子祭酒郑余庆奏请宪宗抽取现任文官俸料钱以助办学:"文官一品以下,九品以上,

---

① 《孟子注疏》卷一《梁惠王》:"五亩之宅,树之以桑,五十者可以衣帛矣;鸡豚狗彘之畜,无失其时,七十者可以食肉矣;百亩之田,勿夺其时,八口之家可以无饥矣;谨庠序之教,申之以孝悌之义,颁白者不负戴于道路矣。"(清)阮元校刻:《十三经注疏》,中华书局1980年版,第2671页。
② 《旧唐书·裴耀卿传》,《旧唐书》卷九八,第3081页。
③ 李国钧、王炳照:《中国教育制度通史》第二卷,第390页。
④ 同上书,第362页。
⑤ 《唐会要·东都国子监》,《唐会要》卷六六,第1160页。

及外使兼京正员官者，每月所请料钱，请率计每贯抽一十文，以充国子监修造先师庙，及诸室宇缮壁。"① 在经济颓败的整体局势下，这样的努力也是杯水车薪，难以解决根本问题。

就在官学教育因朝廷财政紧张而颓败时，私学教育却在庄园经济基础上日渐发展。均田制瓦解以后，土地买卖日趋频繁，庄园经济日益发展。《册府元龟·邦计部·田制》载："王公百官，及富豪之家，比置庄田，恣行吞并，莫惧章程。"② 中唐以后庄园经济更加发达，土地自由兼并已经合法化。大土地所有者，自然是皇室、宦官、将帅、大臣、寺院，一般官僚士人属中小地主，也皆有庄田。如懿宗朝宰相韦宙，江陵城东庄园积谷七千堆，号称"足谷翁"。③ 在庄园制经济发展的背景下，私学教育日渐兴旺，显示出巨大发展活力，很多官员文士依庄园授徒讲学。如德宗贞元初年，工部员外郎胡珦以刚直忤权贵，被贬为献陵令。他"居陵下七年，市置田宅，务种树为业以自给，教授子弟"。④ 大历十四年（779），窦常进士及第，不乐仕宦，"居广陵之柳杨。结庐种树，不求苟进，以讲学著书为事，凡二十年不出"。⑤ 隋末大儒王通五世孙王质，于德宪之际"寓居寿春，躬耕以养母，专以讲学为事，门人受业者大集其门"。⑥ 与此相应，很多士子也依庄园读书习业。如"唐崔昌在东京庄读书"。⑦ 汝南人周济川"有别墅在扬州之西。兄弟数人俱好学，尝一夜讲授罢，可三更，各就榻将寐"。⑧ 这说明，中唐以降庄园经济的发展极大促进了私学教育的繁荣，中晚唐就读私学的士子成为国家取士的主要来源。这进一步刺激了中小地主阶级子弟求学受教育的积极性。与官学教育相对严格的等级性相比，私学的勃兴无疑扩大了教育受众，促进了教育资源的进一步社会化。

---

① 郑余庆：《请抽京外官俸料修孔子庙堂奏》，《全唐文》卷四七八，第4886页。
② （宋）王钦若：《册府元龟》卷四九五，中华书局1989年版，第5623页。
③ 《太平广记》卷四九九，第4095页。
④ 韩愈：《唐故中散大夫少府监胡良公墓神道碑》，《韩愈全集校注》，第2335页。
⑤ 《旧唐书·窦常传》，《旧唐书》一五五，第4122页。
⑥ 《旧唐书·王质传》，《旧唐书》卷一六三，第4266页。
⑦ 《太平广记》卷四五一"崔昌"，第3685页。
⑧ 《太平广记》卷三四二"周济川"，第2715页。

四　书籍的流通

书籍是知识的主要载体，也是重要的教育资源，书籍能否便利流通是影响教育资源社会化的重要因素。纸张的大量使用和雕版印刷术的发明为唐代教育资源社会化提供了助力。纸张发明是人类文化史上的一件大事，它为手抄和印刷书籍提供了极大便利。一般认为，纸张发明于东汉。[①] 用纸抄书、印书，大大降低了书籍成本，经过东汉的试用期和魏晋南北朝的接受期，到唐代纸张已经成为社会上普遍使用的书写材质。《太平广记》"钜鹿守"载："唐文德戊申岁，钜鹿郡南和县街北有纸坊，长垣悉曝纸。忽有旋风自西来，卷壁纸略尽，直上穿云，望之如飞雪焉。"[②] 从中可见中唐纸坊造纸盛况。

纸张流通使抄书、印书更为便利，为教材和其他书籍流通提供了助力，有效地促进了教育资源的社会化。裴铏《传奇》"文箫"载：

> 大和末岁，有书生文箫，海内无家，因萍梗抵钟陵郡。……睹一姝，幽兰自芳……姝遂号泣，与生携手下山而归钟陵。……生素穷寒，不能自赡。姝曰："君但具纸，吾写孙愐《唐韵》。"日一部，运笔如飞，每鬻获五缗。缗将尽，又为之。如此仅十载，至会昌二年，稍为人知，遂与文生潜奔新吴县越王山侧百姓郡举村中，夫妻共训童子数十人。[③]

《唐韵》为士子习诗必备韵书，文箫之妻在纸张之上抄写《唐韵》售卖，每每售罄，持续十年，这无疑大大方便了士子购买《唐韵》和学习作诗。纸张流通为唐人习业和接受教育带来的便利由此可见一斑。此外，《唐摭言》"韦庄奏请不及第人近代者"条还载有顾蒙抄写《千字文》售卖事：

> 顾蒙，宛陵人，博览经史，慕燕许刀尺，亦一时之杰。余力深究

[①]《后汉书·蔡伦传》载："自古书契多编以竹简，其用缣帛者谓之为纸。缣贵而简重，并不便于人。伦乃造意，用树肤、麻头及敝布、渔网以为纸。元兴元年奏上之，帝善其能，自是莫不从用焉，故天下咸称'蔡侯纸'。"《后汉书》卷七八，第2513页。

[②]《太平广记》卷一四五，第1042页。

[③]（唐）裴铏撰，穆公校点：《传奇》，上海古籍出版社编：《唐五代笔记小说大观》，上海古籍出版社2000年版，第1151—1152页。

内典,繇是屡为《浮图碑》,仿欧阳率更笔法,酷似前人。庚子乱后,萍梗江浙间。无何,有美姬为润帅周宝奄有;蒙不能他去,而受其豢养,由此名价减薄。甲辰淮浙荒乱,避地至广州,人不能知,困于旅食,以至书《千字文》授于聋俗,以换斗筲之资。①

《千字文》是唐代童蒙教育教材,也是大众识字课本。顾蒙抄写售卖《千字文》只能换取"斗筲之资",说明书价不高,普通民众可以方便获得,这是纸张盛行导致书籍大范围流通的又一例证。

可以看出,唐代纸张的流通使得抄写书籍极为方便,这极大地便利了士子和民众获取教材和其他书籍,从而使作为教育资源之一的教材和其他书籍的读者群增加,加速了教育资源的社会化进程。

雕版印刷术的发明也是书籍广泛流通的重要因素。雕版印刷术的发明最早可以追溯到贞观年间,②刻印技术到咸通年间达到很高水平。③雕版印刷术遍布陕西、河南、四川、江苏、浙江、江西,长安、成都更是当时印书业中心。④手抄一部书籍费时费力,特别是大部头书籍,抄写更是不易。有了雕版印刷,可以迅速印成上百部、上千部书籍,广大士子获取书籍更为容易,这加速了书籍流通的步伐。长庆四年(824),元稹在《白氏长庆集序》小注中写道:"扬、越间多作书模勒乐天及予杂诗,卖于书肆之中也。"⑤这是唐时雕版印刷盛行、书籍流通的真实写照。雕版印刷术使书籍获取更为便捷,在当时出现了不少藏书家,如"苏户部并、刘长侍伯刍,皆聚书至二万卷"⑥,蒋乂"家藏书一万五千卷",⑦李繁"家多书,插架三万轴",⑧韦处厚"聚书逾万卷",⑨杜牧"万卷书满堂",⑩陆

---

① 《唐摭言校注》卷一〇,第219页。
② 张绍勋:《中国印刷史话》,山东教育出版社1991年版,第17页。
③ 魏隐儒:《中国古籍印刷史》,印刷工业出版社1988年版,第36页。
④ 《中国印刷史话》,第17页。
⑤ (唐)元稹撰,冀勤点校:《元稹集》卷五一,中华书局2010年版,第642页。
⑥ (唐)佚名撰,恒鹤校点:《大唐传载》,《唐五代笔记小说大观》,第896页。
⑦ 《旧唐书·蒋乂传》,《旧唐书》卷一四九,第4028页。
⑧ 韩愈:《送诸葛觉往随州读书》,《韩愈全集校注》,第941页。
⑨ 《旧唐书·韦处厚传》,《旧唐书》卷一五九,第4187页。
⑩ 杜牧:《冬至日寄小侄阿宜诗》,(唐)杜牧撰,吴在庆点校:《杜牧集系年校注》卷一,中华书局2008年版,第80页。

龟蒙"居于姑苏,藏书万余卷"。① 江西陈氏、章乙族塾,拥有大量藏书,不仅供本族子弟阅读,还对外来士子开放。

唐代雕版印刷术发明之后书籍流通的盛况与汉代形成鲜明对比。汉代独尊儒术,儒家经典成为士子必读书籍,但"书皆竹简,得之甚难""训诂句读皆由口授",② 教材流通困难导致教育资源掌控在少数书籍拥有者手中,直接影响到教育的普及。唐代雕版印刷术使书籍得以广泛流通,书籍拥有者数量增加,从而使教育资源社会化程度得到大幅提高。

第三节 唐代教育资源社会化下文人受教育状况考察

唐代教育资源社会化,必然会对享有这些教育资源的受教育者——文人产生影响,其影响是什么?这就是本节所要回答的问题,在本节中,笔者拟对有史料记载的唐代文人受教育状况进行考察,试图通过对考察结果的分析找到上述问题的答案。而至于考察对象,即本节所论"文人",指的是《中国文学家大辞典》(唐五代卷)中所列而又有明确受教育情况记载的唐代文学家。③

一 唐代文人接受教育途径及阶层分布统计

笔者从史传、笔记、诗文、墓志碑刻中翻检出数百例唐代文人接受教育的记载,属于《中国文学家大辞典》(唐五代卷)中文学家之列的为以下百余例。为了能够更加清晰直观地显示唐代教育资源社会化下文人接受教育的状况,亦即考察唐代文人通过哪些途径接受教育,这些接受教育的文人是何种出身的问题。笔者将有史料记载的唐代文人接受教育的途径和他们的出身阶层分布列表如下:

(一)官学教育及受教育文人阶层

文人	学校	阶层	史料记载
裴行俭	弘文馆	士族	"行俭幼以门荫补弘文生。"(《旧唐书》卷八四《裴行俭传》,P2801

---

① 《唐摭言校注》卷一〇"韦庄奏请不及第人近代者"条,第217页。
② (清)皮锡瑞撰,周予同注释:《经学历史》,中华书局2004年版,第88页。
③ 周祖譔主编:《中国文学家大辞典》(唐五代卷),中华书局1992年版。

续表

文人	学校	阶层	史料记载
房琯	弘文馆	士族	"房琯,河南人,天后朝正议大夫、平章事融之子也。琯少好学,风仪沉整,以门荫补弘文生。性好隐遁,与东平吕向于陆浑伊阳山中读书为事,凡十余岁。"(《旧唐书》卷一一一《房琯传》,P3320)
薛元超	弘文馆	士族	崔融《大唐故中书令兼检校太子左庶子户部尚书汾阴男赠光禄大夫使持节都督秦城武渭四州诸军事秦州刺史薛公(元超)墓志铭并序》:"六岁,袭汾阴男。受《左传》于同郡韩文汪,便质大义,闻天王狩于河阳,乃叹曰:'周朝岂无良相,得以臣召君。'文汪异焉,宰辅之器,基于此矣。八岁,善属文,时house玄龄、虞世南试公咏竹,援毫立就,卒章云:'别有邻人笛,偏伤怀旧情。'玄龄等即公之父党,深所感叹。名流竦动,始揖王公之孙;明主殷勤,俄称耀卿之子。九岁,以莫府子弟,太宗召见与语。十一,弘文馆读书,一览不遗,万言咸讽,通人谓之颜冉,识者知其管乐。"(《全唐文补遗》第一辑,P70)
崔泰之	昭文馆①	士族	崔沔《大唐故银青光禄大夫守工部尚书赠荆州大都督清河郡开国公上柱国崔公(泰之)墓志铭并序》:"文典以丽,雅善缘情。学精而博,尤深经济。年十有二,游昭文馆,对策高第。"(《全唐文补遗》第一辑,P107)
萧昕	崇文馆②	不明	"萧昕,河南人。少补崇文进士。"(《旧唐书》卷一四六《萧昕传》,P3961)
张敬之	成均馆③	小姓	(天授042)《唐将仕郎张君墓志铭并序》:"君讳敬之,字叔謇,功曹府君之第五子也。耿介不群,文藻贯世,年十一,中书舍人王德本闻其俊材,当时有制举天下奇侠,召与相见,赋《城上乌》,勒'归''飞'二字,仍遣七步成篇。君借书于手,不盈跬息。其诗曰:'灵台自可依,爰止竟何归?只由城上冷,故向日轮飞。'王公嗟昧,乃推为举首。文昌以其年幼,第不入科,以门荫补成均生高第,授将仕郎,非其好也。遂与诸兄紬校经史,专以述作为务。"(《唐代墓志汇编》,P823)
韦希损	国子学	小姓	(开元095)《大唐故朝议郎京兆府功曹上柱国韦君墓志铭并序》:"君讳希损,字又损……学则不固主忠信,□有余力而亲仁。□岁□□□马迁之史,廿而冠,同先儒之经,起家国子生擢第,补梁州城固主簿。"(《唐代墓志汇编》,P1219)

① 《新唐书·百官志》载:"武德四年,置修文馆于门下省;九年,改曰弘文馆。……神龙元年,改弘文馆曰昭文馆,以避孝敬皇帝之名;二年曰修文馆。……景云中,减其员数,复为昭文馆。开元七年曰弘文馆。"见《新唐书》卷四七,第1209页。

② 崇文馆置于贞观十三年,《新唐书·选举志》载:"(贞观)十三年,东宫置崇文馆。"见《新唐书》卷四四,第1163页。

③ 《新唐书·百官志》载:"垂拱元年,改国子监曰成均监。"见《新唐书》卷四八,第1266页。

续表

文人	学校	阶层	史料记载
李元轨	国子学	小姓	（永淳009）《唐故秘书省校书郎赵郡李君墓志铭并序》："君讳元轨，字玄哲，赵郡栾城人也。……年廿四，补国子生，居义窟而析经，希马郑而同志，究词场而振藻，庶潘陆以齐风。"（《唐代墓志汇编》，P690）
苏颋	太学	士族	韩休《唐金紫光禄大夫礼部尚书上柱国赠尚书右丞相许国文宪公苏颋文集序》："（苏颋）五岁便措意于文……至于八九岁，则有若大成焉。一览诵千言，有若素习。十七游太学，对策甲科。"（《全唐文》卷二九五，P2987）
刘如璿	太学	小姓	（长安007）《大周故兖州都督彭城刘府君墓志铭并序》："五岁诵骚、雅，七岁读诗、书，兼解缀文，每有奇句。……十三游太学，虽篇章绝妙，取贵文场，而思理精微，更专儒术。寻而州乡推择，以明经充赋，射策甲科，选授益州唐隆县尉。"（《唐代墓志汇编续集》，P392）
萧颖士	太学	小姓	"颖士四岁属文，十岁补太学生。观书一览即诵，通百家谱系、书籀学。开元二十三年，举进士，对策第一。（《新唐书》卷二〇二《萧颖士传》，P5767）
韩思彦	太学	士族	"韩思彦字英远，邓州南阳人。游太学，事博士谷那律。"（《新唐书》卷一一二《韩思彦传》，P4163）
张柬之	太学	小姓	"张柬之字孟将，襄州襄阳人也。少补太学生，涉猎经史，尤好《三礼》，国子祭酒令狐德棻甚重之。"（《旧唐书》卷九一《张柬之传》，P2937）
魏元忠	太学	寒素	"魏元忠，宋州宋城人也。本名真宰，以避则天母号改焉。初，为太学生，志气倜傥，不以举荐为意，累年不调。"（《旧唐书》卷九二《魏元忠传》，P2945）
田游岩	太学	寒素	"田游岩，京兆三原人。永徽时，补太学生。"（《新唐书》卷一九六《田游岩传》，P5594）
薛稷	太学	不明	"郭震字元振，魏州贵乡人，以字显。长七尺，美须髯，少有大志。十六，与薛稷、赵彦昭同为太学生。"（《新唐书》卷一二二《郭元振传》，P4360）
赵彦昭	太学	寒素	同上
韩琬	太学	士族	"唐韩琬与张昌宗、王本立，同游太学。"（《太平广记》卷二五九"韩琬"，P2021）
张昌宗	太学	不明	同上
王本立	太学	不明	同上

续表

文人	学校	阶层	史料记载
张轸	太学	小姓	（开元382）《唐故河南府参军范阳张府君墓志铭并序》："君讳轸，字季心，其先范阳方城人也。……所以曳长裾，游太学，不馅不黩，为宠为光。寻以进士甲科，拜河南府参军事。"（《唐代墓志汇编》，P1421）
蔡希周	太学	小姓	张阶《唐故朝请大夫尚书刑部员外郎骑都尉蔡公（希周）墓志铭并序》："公即吴房府君第四子也。少为诸生，已知名太学。天质开朗，瞻于文词。于群籍泛为敏达，颇概意于知己。"（《全唐文补遗》第六辑，P74）
韦承庆	太学	士族	（神龙019）《大唐故黄门侍郎兼修国史赠礼部尚书上柱国扶阳县开国子韦府君墓志铭并序》："公讳承庆，字延休，京兆杜陵人也。……年甫廿有三，太学进士，对策高第。"（《唐代墓志汇编续集》，P420）
陈子昂	乡校	小姓	"子昂十八未知书，以富家子，尚气决，弋博自如。它日入乡校，感悔，即痛修饬。文明初，举进士。"（《新唐书》卷一〇七《陈子昂传》，P4067）

（二）隐居读书及受教育文人阶层

文人	类型	阶层	史料记载
符载	山林	寒素	"唐符载字厚之，蜀郡人，有奇才。始与杨衡、宋济栖青城山习业。"（《太平广记》卷一九八"符载"，P1489）
李华	山庄	士族	"唐吏部员外李华，幼时与流辈五六人，在济源山庄读书。"（《太平广记》卷三七二"李华"，P2956）
李泌	寺观	士族	"懒残者，唐天宝初衡岳寺执役僧也。……时邺侯李泌寺中读书，察懒残所为曰：'非凡物也。'"（《太平广记》卷九六"懒残"，P640）
张翃	寺观	士族	张士源《唐故郴州刺史赠持节都督洪州诸军事洪州刺史张府君（翃）墓志铭并序》："童年以门荫补斋郎，立志不就。读书于侯山玉泉寺，道业大成。"（《全唐文补遗》第一辑，P210）
房琯	山林	士族	"房琯，河南人，天后朝正议大夫、平章事融之子也。琯少好学，风仪沉整，以门荫补弘文生。性好隐遁，与东平吕向于陆浑伊阳山中读书为事，凡十余岁。"（《旧唐书》卷一一一《房琯传》，P3320）
吕向	山林	不明	同上

续表

文人	类型	阶层	史料记载
李渤	山林	小姓	"李渤字濬之,后魏横野将军申国公发之后。祖玄珪,卫尉寺主簿。父钧,殿中侍御史,以母丧不时举,流于施州。渤耻其家污,坚苦不仕,励志于文学,不从科举,隐于嵩山,以读书业文为事"。(《旧唐书》卷一七一《李渤传》,P4437)
裴休	别墅	小姓	"休志操坚正。童龀时,兄弟同学于济源别墅。休经年不出墅门,昼讲经籍,夜课诗赋。"(《旧唐书》卷一七七《裴休传》,P4593)
柳璨	山林	士族	"柳璨,河东人。曾祖子华。祖公器,仆射公绰之再从弟也。父遵。璨少孤贫好学,僻居林泉。昼则采樵,夜则燃木叶以照书。"(《旧唐书》卷一七九《柳璨传》,P4669)
崔署	山林	不明	"署,宋州人。少孤贫,不应荐辟,志况疏爽,择交于方外。苦读书,高栖少室山中。与薛据友善。工诗,言词款要,情兴悲凉,送别、登楼,俱堪泪下。集传于今也。"(《唐才子传校笺》卷二"崔署",P276—277)
刘长卿	山林	寒素	"长卿字文房,河间人。少居嵩山读书,后移家来鄱阳最久。"(《唐才子传校笺》卷二"刘长卿",P311)
阎防	寺观	小姓	"防,河中人。开元二十二年李琚榜及第。颜真卿甚敬爱之,欲荐于朝,不屈。为人好古博雅,诗语真素,魂清魄爽,放旷山水,高情独诣。于终南山丰德寺结茅茨读书,百丈溪是其隐处。"(《唐才子传校笺》卷二"阎防",P345;又见《全唐诗》卷二五三阎防《百丈溪新理茅茨读书》,P2530;《全唐诗》卷二五六刘眘虚《寄阎防防时在终南丰德寺读书》,P2869)
张諲	山林	寒素	"諲,永嘉人。初隐少室下,闭门修肄,志甚勤苦,不及声利。"(《唐才子传校笺》卷二"张諲",P359;《王维集校注》卷二《戏赠张五弟諲三首》亦及其隐居读书事,P198)
丘为	山林	寒素	"为,嘉兴人。初累举不第,归山读书数年。天宝初,刘单榜进士。王维甚称许之,尝与唱和。"(《唐才子传校笺》卷二"丘为",P375)
张谓	山林	寒素	"谓,字正言,河内人也。少读书嵩山,清才拔萃,泛览流观,不屈于权势。"(《唐才子传校笺》卷四"张谓",P137—138)
伍乔	山林	寒素	"乔,少隐居庐山读书,工为诗。与杜牧之同时擢第。"(《唐才子传校笺》卷七"伍乔",P258)

第一章　唐代教育资源社会化与文人群体的扩大 | 39

续表

文人	类型	阶层	史料记载
李频	山林	寒素	"频，字得新，睦州寿昌人。少秀悟，长，庐西山。多记览，于诗特工，与同里方干为师友。"（《唐才子传校笺》卷七"李频"，P380）
薛令之	山林	不明	薛令之《灵岩寺》："草堂栖在灵山谷，勤苦诗书向灯烛。柴门半掩寂无人，惟有白云相伴宿。"（《全唐诗》卷二一五，P2248；又见《全唐诗补编》卷一一，题作《草堂吟》，P815）
李骘	寺观	不明	李骘《慧山寺肄业送怀坦上人》："流水何山分，浮云空中遇。我生无根株，聚散亦难固。忆昨斗龙春，岩栖侣高步。清怀去羁束，幽境无滓污。日落九峰明，烟生万华暮。兹欢未云隔，前笑俟已故。四时难信留，百草换霜露。离襟一成解，怅抱将何愉。惊泉有余哀，永日谁与度。缅思孤帆影，再往重江路。去去忽凄悲，因风暂回顾。"（《全唐诗》卷六〇七，P7006）
顾况	寺观	寒素	顾况《题元阳观旧读书房赠李范》："此观十年游，此房千里宿。还来旧窗下，更取君书读。"（《全唐诗》卷二六七，P2959）
李范	寺观	不明	同上①
李颀	山林	寒素	李颀《缓歌行》："小来托身攀贵游，倾财破产无所忧。暮拟经过石渠署，朝将出入铜龙楼。结交杜陵轻薄子，谓言可生复可死。一沈一浮会有时，弃我翻然如脱屣。男儿立身须自强，十年闭户颍水阳。业就功成见明主，击钟鼎食坐华堂。二八蛾眉梳堕马，美酒清歌曲房下。文昌宫中赐锦衣，长安陌上退朝归。五侯宾从莫敢视，三省官僚揖者稀。早知今日读书是，悔作从来任侠非。"（《全唐诗》卷一三三，P1348）
苏源明	山林	寒素	杜甫《故秘书少监武功苏公源明》："武功少也孤，徒步客徐兖。读书东岳中，十载考坟典。时下莱芜郭，忍饥浮云巘。负米晚为身，每食脸必泫。夜字照熭薪，垢衣生碧藓。庶以勤苦志，报兹劬劳愿。学蔚醇儒姿，文包旧史善。"（《杜诗详注》卷一六，P1403）
陈沆	山林	寒素	齐己《贻庐岳陈沆秀才》："为儒老双鬓，勤苦竟何如。四海方磨剑，空山自读书。石围泉眼碧，秋落洞门虚。莫虑搜贤僻，征君此旧居。"（《全唐诗》卷八四二，P9505）

---

① 《顾况诗注》云"千里宿"指李范千里之外来观投宿。诗中又云"君书"，则李范或与顾况同在云阳观读书。见（唐）顾况撰，王启兴、张虹注《顾况诗注》卷四，上海古籍出版社1994年版，第196页。

续表

文学家	类型	阶层	史料记载
王传	寺观	寒素	"(王)传,登大中三年进士第。初贫窭,于中条山万固寺入院读书。家庙碑云:'随僧洗钵。'"(《唐诗纪事》卷四八"王传",P731)
段文昌	别业	士族	"文昌,字墨卿,有别业在广都县之南龙华山,尝杜门力学于此,俗谓之'段公读书台'。"(《唐诗纪事》卷五〇"段文昌",P757)
顾云	山林	寒素	"(顾)云,字垂象,池州鹾贾之子也,风韵详整。与杜荀鹤、殷文圭友善,同肄业九华。"(《唐诗纪事》卷六七"顾云",P1012)
杜荀鹤	山林	不明	同上
殷文圭	山林	不明	同上

(三) 私人授学及受教育文人阶层

文人	授学者	阶层	史料记载
马怀素	李善	寒素	"马怀素,润州丹徒人也。寓居江都,少师事李善。家贫无灯烛,昼采薪苏,夜燃读书,遂博览经史,善属文。"(《旧唐书》卷一〇二《马怀素传》,P3163)
刘太真	萧颖士	寒素	"刘太真,宣州人。涉学,善属文,少师事词人萧颖士。天宝末,举进士。"(《旧唐书》卷一三七《刘太真传》,P3762)
窦威	徐文远	士族	"(徐)文远方正纯厚,有儒者风。窦威、杨玄感、李密皆从其受学。"(《旧唐书》卷一八九《徐文远传》,P4943)
杨玄感	徐文远	士族	同上
李密	徐文远	士族	同上
陆质	赵匡	寒素	"陆质,吴郡人,本名淳,避宪宗名改之。质有经学,尤深于《春秋》,少师事赵匡,匡师啖助。助、匡皆为异儒,颇传其学,由是知名。"(《旧唐书》卷一八九《陆质传》,P4977)
赵匡	啖助、萧颖士	士族	同上 "天宝初,颖士补秘书正字。于时裴耀卿、席豫、张均、宋遥、韦述皆先进,器其材,与钧礼,由是名播天下。奉使括遗书赵、卫间,淹久不报,为有司劾免,留客濮阳。于是尹征、王恒、卢异、卢士式、贾邕、赵匡、阎士和、柳并等皆执弟子礼,以次授业,号萧夫子。"(《新唐书》卷二〇二《萧颖士传》,P5767—5768)

续表

文人	授学者	阶层	史料记载
贺德仁	周弘正	小姓	"贺德仁,越州山阴人也。父朗,陈散骑常侍。德仁少与从兄德基俱事国子祭酒周弘正,咸以词学见称,时人语曰:'学行可施贺德基,文质彬彬贺德仁。'"(《旧唐书》卷一九〇《贺德仁传》,P4987)
卢照邻	曹宪、王义方	寒素	"卢照邻字升之,幽州范阳人也。年十余岁,就曹宪、王义方授《苍》《雅》及经史,博学善属文。"(《旧唐书》卷一九〇《卢照邻传》,P5000)
员半千	王义方	小姓	"员半千,本名余庆,晋州临汾人。少与齐州人何彦先同师事学士王义方,义方嘉重之,尝谓之曰:'五百年一贤,足下当之矣!'因改名半千。"(《旧唐书》卷一九〇《员半千传》,P5014)
唐彦谦	温庭筠	不明	"彦谦博学多艺,文词壮丽,至于书画音乐博饮之技,无不出于辈流。尤能七言诗,少时师温庭筠,故文格类之。"(《旧唐书》卷一九〇《唐彦谦传》,P5063)
宋璟	李元恺	小姓	"李元恺者,博学善天文律历,然性恭慎,口未尝言人之过。乡人宋璟,年少时师事之。"(《旧唐书》卷一九二《李元恺传》,P5122)
元结	元德秀	士族	"结少不羁,十七乃折节向学,事元德秀。天宝十二载举进士,礼部侍郎阳浚见其文,曰:'一第恩子耳,有司得子是赖!'果擢上第。复举制科。"(《新唐书》卷一四三《元结传》,P4682)
李翱	韩愈	士族	"愈性明锐,不诡随。与人交,终始不少变。成就后进士,往往知名。经愈指授,皆称'韩门弟子',……其《原道》《原性》《师说》等数十篇,皆奥衍闳深,与孟轲、扬雄相表里而佐佑《六经》云?至它文,造端置辞,要为不袭蹈前人者。然惟愈为之,沛然若有余,至其徒李翱、李汉、皇甫湜从而效之,遽不及远甚。"(《新唐书》卷一七六《韩愈传》,P5265) "时又有贾岛、刘叉,皆韩门弟子。"(《新唐书》卷一七六《卢仝传》,P5268)
李汉	韩愈	士族	同上
皇甫湜	韩愈	不明	同上
贾岛	韩愈	小姓	同上
刘叉	韩愈、卢仝	寒素	同上 "初,玉川子履道守正,反关著述,《春秋》之学,尤所精心,时人不得见其书,惟叉慊愿,曾授之以奥旨,后无所传。"(《唐才子传校笺》卷五"刘叉",P280)

续表

文人	授学者	阶层	史料记载
李商隐	令狐楚	小姓	"商隐初为文瑰迈奇古,及在令狐楚府,楚本工章奏,因授其学。"(《新唐书》卷二〇三《李商隐传》,P5793)
贾邕	萧颖士	小姓	"天宝初,颖士补秘书正字。于时裴耀卿、席豫、张均、宋遥、韦述皆先进,器其材,与钧礼,由是名播天下。奉使括遗书赵、卫间,淹久不报,为有司劾免,留客濮阳。于是尹征、王恒、卢异、卢士式、贾邕、赵匡、阎士和、柳并等皆执弟子礼,以次授业,号萧夫子。"(《新唐书》卷二〇二《萧颖士传》,P5767—5768)
尹征	萧颖士	不明	同上
王恒	萧颖士	不明	同上
卢异	萧颖士	不明	同上
卢士式	萧颖士	不明	同上
阎士和	萧颖士	不明	同上
柳并	萧颖士	不明	同上
包何	孟浩然	士族	"何字幼嗣,润州延陵人,包融之子也。与弟佶,俱以诗鸣,时称'二包'。天宝七年杨誉榜及第。曾师事孟浩然,授格法。"(《唐才子传校笺》卷三"包何",P460—461)
严维	灵彻	不明	"灵彻,姓汤氏,字澄源,会稽人。自童子辞父兄入净,戒行果洁。方便读书,便觉勤苦,授诗法于严维,遂藉藉有声。及维卒,乃抵吴兴,与皎然居何山游讲。"(《唐才子传校笺》卷三"灵澈上人",P612—613)
陆羽	李齐物	不明	陆羽《陆文学自传》:"天宝中,郢人酺于沧浪道,邑吏召子为伶正之师。时河南尹李公齐物出守,见异,捉手拊背,亲授诗集。于是汉沔之俗亦异焉。"(《全唐文》卷四三三,P4221)
章八元	严维	不明	"八元,睦州桐庐人。少喜为诗。尝于邮亭偶题数语,盖激楚之音也。宗匠严维到驿,见而异之,问八元曰:'尔能从我授格乎?'曰:'素所愿也。'少顷遂发,八元已辞亲矣。维大器之,亲为指谕,数岁间,诗赋精绝。"(《唐才子传校笺》卷四"章八元",P109—110)
朱昼	孟郊	寒素	"昼,广陵人。贞元间慕孟郊之名,为诗格范相似,曾不远千里而访之。不厌勤苦,体尚奇涩。"(《唐才子传校笺》卷五"朱昼",P312)
庄南杰	贾岛	寒素	"南杰,与贾岛同时,曾从受学。"(《唐才子传校笺》卷五"庄南杰",P336)

续表

文人	授学者	阶层	史料记载
戴叔伦	萧颖士	寒素	"戴叔伦字幼公，润州金坛人。师事萧颖士，为门人冠。"（《唐诗纪事》卷二九"戴叔伦"，P455）
方干	徐凝	寒素	"凝，睦州人。元和间有诗名。方干师事之。与施肩吾同里闬，日亲声调。"（《唐才子传校笺》卷六"徐凝"，P93）"徐凝初有诗名，一见干器之，遂相师友，因授格律。"（《唐才子传校笺》卷七"方干"，P373）
李频	方干	寒素	"初李频学干为诗，频及第，诗僧清越贺云：'弟子已折桂，先生犹灌园。'"（《唐才子传校笺》卷七"方干"，P376）
卢延让	薛能	寒素	"延让师许下薛尚书为诗，词意入僻，不竞纤巧，且多健语，下士大笑之。"（《唐才子传校笺》卷一〇"卢延让"，P408）
沈传师	权德舆	小姓	"传师，字子言，既济之子。材行有余，权德舆门生七十人，推为颜子。"（《唐诗纪事》卷三九"沈传师"，P590）
刘昭禹	林宽	寒素	"昭禹，字休明，婺州人也。少师林宽，为诗刻苦，不惮风雪。"（《唐诗纪事》卷四六"刘昭禹"，P702）

（四）家学及受教育文人阶层

文人	授学者	阶层	史料记载
元希声	（母）	小姓	崔湜《故吏部侍郎元公碑》："母氏鞠育，备于典训，三岁便善草隶书……七岁属文，邈有高致。十四通五经大旨，百家之言。"（《全唐文》卷二八〇，P2840）
柳宗元	（母）卢氏	士族	柳宗元《先太夫人河东县太君归祔志》："先夫姓卢氏，讳某，世家涿郡……某始四岁，居京城西田庐中，先君在吴，家无书，太夫人教古赋十四首，皆讽传之。"（《柳宗元集》卷一三，P325）
权德舆	（母）李氏	小姓	梁肃《著作郎赠秘书少监权公夫人李氏墓志铭》："有子德舆，七岁而孤。夫人茹未亡之哀，躬徙宅之教。故德舆也，十五文章知名，二十典秘书。"（《全唐文》卷五二一，P5297）
白居易	（母）陈氏	小姓	白居易《襄州别驾府君事状》："夫人颍川陈氏……及别驾府君即世，诸子尚幼，未就师学，夫人亲执诗书，昼夜教导，恂恂善诱，未尝以一呵一杖加之。十余年间，诸子皆以文学仕进，官至清近，实夫人慈训所致也。"（《白居易集笺校》卷四六，P2838）
李景让	（母）郑氏	小姓	"（李景让）母郑，治家严，身训勤诸子。"（《新唐书》卷一七七《李景让传》，P5290）

续表

文人	授学者	阶层	史料记载
刘蜕	（母）姚氏	小姓	（大中130）刘蜕《先妣姚夫人权葬石表》："姚为得姓……讳憬……太夫人归刘氏，生一子，始稚孺，坐于膝，手持《孝经》，点句以教之。"（《唐代墓志汇编》，P2353）
颜真卿	（母）殷氏（姑）颜真定	士族	"颜真卿字清臣，秘书监师古五世从孙。少孤，母殷躬加训导。既长，博学，工辞章，事亲孝。"（《新唐书》卷一五三《颜真卿传》，P4854） 颜真卿《杭州钱塘县丞殷府君夫人颜君神道碣铭》："君号真定……真卿童孺时，特蒙君教言辞音剖□延寿《王孙赋》、崔氏《飞龙篇》、江淹《造化篇》《五都赋》。"（《全唐文》卷三四四，P3494）
吕让	（伯父）	士族	（大中107）《唐故中散大夫秘书监致仕上柱国赐紫金鱼袋赠左散骑常侍东平吕府君墓志铭并序》："先府君讳让，字逊叔，其先炎帝之胤也。……府君七岁在潭州，继失怙恃，号慕如成人。……既祥，念《春秋左氏传》，日五百字。……衡州伯父抚其首……亲授文章意气，经传宗旨。"（《唐代墓志汇编》，P2334）
杨收	（母）长孙夫人	士族	"收长六尺二寸，广颡深颐，疏眉秀目，方于事上，博闻强记。初家寄浔阳，甚贫。收七岁丧父，居丧有如成人，而长孙夫人知书，亲自教授。十三，略通诸经义，善于文咏，吴人呼为'神童'。"（《旧唐书》卷一七七《杨收传》，P4597）
孔若思	（母）褚氏	士族	"绍安孙若思。若思孤，母褚氏亲自教训，遂以学行知名。"（《旧唐书》卷一九〇《孔若思传》，P4983）
姚思廉	（父）姚察	小姓	"姚思廉，本名简，以字行，陈吏部尚书察之子。陈亡，察自吴兴迁京兆，遂为万年人。思廉少受《汉书》于察，尽传其业。寡嗜欲，惟一于学，未尝问家人生赀。"（《新唐书》卷一〇二《姚思廉传》，P3978）
白敏中	（兄）白居易	小姓	"敏中字用晦，少孤，承学诸兄。"（《新唐书》卷一一九《白居易传》，P4305）
刘知几	（父）刘藏器	士族	"刘子玄名知几，以玄宗讳嫌，故以字行。年十二，父藏器为授《古文尚书》，业不进，父怒，楚督之。及闻为诸兄讲《春秋左氏》，冒往听，退辄辨析所疑，叹曰：'书如是，儿何倦！'父奇其意，许授《左氏》。逾年，遂通览群史。"（《新唐书》卷一三二《刘子玄传》，P4519）
杨凭	（母）	寒素	"杨凭字虚受，一字嗣仁，虢州弘农人。少孤，其母训道有方。长善文辞，与弟凝、凌皆有名，大历中，踵擢进士第，时号'三杨'。"（《新唐书》卷一六〇《杨凭传》，P4970）

续表

文人	授学者	阶层	史料记载
杨凝	（母）	寒素	同上
杨凌	（母）	寒素	同上
柳仲郢	（母）韩氏	小姓	"仲郢字谕蒙。母韩，即皋女也，善训子，故仲郢幼嗜学，尝和熊胆丸，使夜咀咽以助勤。长工文，著《尚书二十四司箴》，为韩愈咨赏。元和末，及进士第，为校书郎。（《新唐书》卷一六三《柳仲郢传》，P5023）
元稹	（母）郑氏	士族	"元稹字微之，河南河内人。六代祖岩，为隋兵部尚书。稹幼孤，母郑贤而文，亲授书传。九岁工属文，十五擢明经，判入等，补校书郎。元和元年举制科，对策第一，拜左拾遗。"（《新唐书》卷一七四《元稹传》，P5223）
李绅	（母）卢氏	士族	"李绅字公垂，中书令敬玄曾孙。世宦南方，客润州。绅六岁而孤，哀等成人。母卢，躬授之学。为人短小精悍，于诗最有名，时号'短李'。苏州刺史韦夏卿数爱之。"（《新唐书》卷一八一《李绅传》，P5347）

（五）私塾及受教育文人阶层

文人	私塾	阶层	史料记载
刘邺	李德裕家私塾	寒素	"邺六七岁能赋诗，李德裕尤怜之，与诸子同砚席师学。大中初，德裕贬逐，邺无所依，以文章客游江、浙。每有制作，人皆称诵。"（《旧唐书》卷一七七《刘邺传》，P4617）
郑畋	西门思恭家私塾	小姓	"郑文公畋，字台文。父亚，曾任桂管观察使。畋生于桂州，小字桂儿。时西门思恭为监军，有诏征赴阙，亚饯于北郊，自以衰年，因以畋托……思恭志之。及为神策军中尉，亚已卒，思恭使人召畋，馆之于第，年未及冠，甚爱之，如甥侄，因选师友教导之。"（《太平广记》卷一六八"郑畋"，P1225）

由表中所列可见，在笔者目力所及范围内，有明确受教育状况记载而又属于《唐代文学家大辞典》（唐五代卷）中所列文学家范围的唐代文人总数为112人。其中，在官学接受教育者24人，在私学接受教育者90人。在私学接受教育者当中，通过隐居读书接受教育者29人，通过私人授学接受教育者38人，通过家学接受教育者19人，通过私塾接受教育者2人。

上述统计有几点需要说明：

第一，表中所用阶层中士族、寒素和小姓的概念采用毛汉光的定义。士族既包括柳芳所说郡姓、虏姓、吴姓，也包括正史提及之大族，还包括一切三世中有二世居官五品以上的家族，当然也包括皇室在内。寒素指素士、农、工、商、兵、其他半自由民，以及非自由民如奴婢、门客等。小姓包括县姓、地方豪族、酋豪、部落酋长、洞主、累世低品、累世校尉、或曾有一世五品以上等家族。①

第二，为概念清楚起见，表中还采用了毛汉光关于士族、寒素和小姓的几点补充说明：所谓父祖，系包括从父、从祖；从其他证据中确知其为士族，但其父祖已不可考者，仍归于士族；父祖皆为六品或七品者，列为小姓；父祖有一代五品以上者，列为小姓；超过三代以上远祖为士族，但该族已趋衰微，间仕间歇者，列为小姓。②

第三，表中所载私学几种类型，隐居读书（包括隐居读书的三种类型：习业山林、习业寺观、习业别业）、私人授学、家学、私塾，采用李国钧、王炳照《中国教育制度通史》（第二卷）中对唐代私学的分类。③

二　唐代文人接受教育途径及阶层分布的统计结果分析

从统计结果可以看出，唐代教育资源社会化背景下文人接受教育有如下特点：

（一）小姓和寒素出身的文人就学于中央官学

如前所述，唐前中央官学的招生多以士庶出身来作为入学标准，小姓和寒素绝少有进入中央官学习业的机会。而在唐代，中央官学则一改以士庶之别招生的惯例，变为以父祖官爵品级确定其子孙习业学馆的招生办法。这样的招生标准，虽然仍有一定等级约束，但却使很多并非士族出身的官员子孙具备了进入中央官学习业的资格。加之四门学和律学、书学、算学都招收庶民子弟，使得小姓和寒素出身的学子得以进入中央官学，且

---

① 毛汉光：《中国中古社会史论》，上海书店2002年版，第37—38页。
② 同上书，第146页。
③ 其中，《中国教育制度通史》（第二卷）中所列私学类型尚有寺观中的儒学教育，亦即习称的寺学。寺学在敦煌地区较为发达，主要侧重儿童的启蒙教育。而在笔者所搜检到的唐代文学家接受教育的途径中，未见到此类记载，故而这一类在表中没有涉及。此外，本节所指的私人授学，是一种提高性的再教育，而非基础启蒙教育。

这些学子还可以通过层级进补政策进入中央官学更高一级学馆习业,从而出现了一批曾就读于中央官学而又出身小姓和寒素的文学家。根据上表统计,唐代在官学接受教育的文人共有 24 人,除陈子昂在地方官学接受教育以外,其他 23 位文人均在中央官学接受教育。这 23 人中,太学 15 人,国子学 3 人,弘文馆 4 人,崇文馆 1 人。从出身看,士族 8 人,小姓 8 人,寒素 3 人,出身不明者 4 人。换言之,唐代曾就读于中央官学的 23 位文人中,除去出身记载不明者 4 人,出身小姓和寒素的文人共 11 人,数量甚至超过了出身士族的文人。唐代中央官学向出身寒微的学子开放,说明唐代中央官学学生出身阶层明显下移。

(二)官学中通过太学接受教育的文人较多

根据上表统计,唐代通过中央官学各学馆接受教育的 23 位文人中,在太学习业者 15 人,在国子学习业者 3 人,在弘文馆习业者 4 人,在崇文馆习业者 1 人。以在太学接受教育的文人数量最多,表现出重太学、轻国子学和两馆的特征。据《新唐书·选举志》记载,唐代中央官学六学两馆之中,两馆对学生父祖官爵品级要求最高。六学之中,国子学对学生父祖官爵品级要求最高。又据唐制,州县官学学生可升入四门学,四门学生可升入太学,州县官学学生根据这样的升学制度进入中央官学中的太学,实际上是使小姓和寒素出身的学子流入了中央官学。唐代文学家在中央官学接受教育多由太学正好说明了这一状况。唐代受教育者阶层从士族子弟向小姓寒素子弟下移是显而易见的事实。

(三)私学为广大小姓和寒素出身的文人提供了更多就学机会

唐代各类私学不限制学子身份,完全开放,大量小姓和寒素出身的文人得到了更多就学机会,通过私学接受教育的文人数量极多。而且,私学类型丰富,途径多样,都是完全没有任何身份准入限制的教育资源,为士族、小姓和寒素子弟提供了公平的受教育机会。开元年间朝廷承认私学教育的合法性,更从制度上保障了私学的繁荣,这也使私学成为唐代培养文人的重要途径。在统计表中所列 112 位唐代文人中,在私学接受教育者 88 人,在官学接受教育者 24 人,前者是后者的近 4 倍。这对比鲜明的数字,说明唐代私学教育在培养文人方面所起的作用远远大于官学教育。从就学于各类私学文人的出身看,隐居读书类中,除了出身不明的 7 人以外,出身士族者 6 人,小姓者 3 人,寒素者 13 人。出身寒素的文人由此途接受教育的最多，而寒素和小姓的文人数量之和更是远远多于出身士族的文人。在私人授学类中，除出身不明的 11 位文人以外，出身士族者 8 人，小姓者 7 人，寒素者 12 人，仍是寒素文人借由此途接受教育的最多。在家学教育类中，出身士族者 8 人，小姓者 8 人，寒素者 3 人，寒素文人家庭教育资源较为欠缺，远不及出身士族者和小姓者，但出身小姓和寒素者之和仍然大于出身士族者。私塾类中，小姓和寒素均为 1 人。从以上数字可以看出，无论是哪种类型的私学教育，其学生出身既有士族，也有小姓和寒素，而且小姓和寒素出身的文人数量极多，大大超出士族出身的文人数量。由此可以看出：唐代私学教育中大部分受教育者出身小姓和寒素，私学教育的繁荣为广大出身寒微的文人提供了更多就学机会。

此外，在私学教育中，择师授徒有很大随机性和偶然性，不受门派和身份约束。如赵匡不仅师事啖助，而且求学于萧颖士。刘叉不仅师从韩愈，而且师事卢仝。这种师教形式有利于出身小姓和寒素的文人享有更多优质师资，也有利于他们在这样的教育模式中博采众家之所长，快速获得文学创作才能。

综上所述，唐代文人接受教育的所有特点都指向一个结论，即唐代受教育阶层呈现出明显的下移态势。大量出身小姓和寒素者获得受教育机会，从而催生出一大批文学家，直接导致了唐代文人群体的扩大。换言之，唐代官学教育的适度宽松和私学教育的高度发达使得唐代教育资源进一步社会化，这使大量出身寒素和小姓者得到了更多受教育机会，使受教育者数量大幅增加，从而催生了大批具有较高文学修养并从事文学创作的文人，导致了唐代文人群体的扩大，为唐代文学的繁荣奠定了坚实基础。

第二章　唐代经学教育对文学的影响

经学是唐代教育的一项重要内容，对文学影响巨大。本章集中探讨唐代经学教育与文学的关系，寻找经学教育与文学创作之间的关联。因经学教育在有唐一代随社会发展不断变化，故而本章分初唐、盛唐和中晚唐三个时段分别讨论。在每个时段，都从经学教育的主要变化、内容侧重入手，探究其对文人思想和文学创作的影响。

第一节　初唐经学教育内容统一对文学的影响

统一的意识形态是大一统帝国存在的必要条件。正如葛兆光所说："在一统的帝国中需要有一个经典与解释系统，这不仅对于知识与思想的清理有益，对于确定教育和选拔官员也有意义，因为教育尤其是早期教育，毕竟是确立每一个知识人的思想倾向的基础，而选拔特别是伴随着实际利益的官员选拔，更是激励知识和思想取向的最有力的导向。"[①] 高祖开国以后就重视文教，太宗即位后便着手在文教领域进行统一思想和教育内容的努力，其中的一项重要举措就是统一经学教育文本。

一　《五经正义》的编纂与经学教育的课程设置

初唐统一经学教育内容的主要举措是编纂《五经正义》。《贞观政要》记载了《五经正义》的编纂过程：

[①] 葛兆光：《中国思想史》，复旦大学出版社2010年版，第460页。

贞观四年，太宗以经籍去圣久远，文字讹谬，诏前中书侍郎颜师古于秘书省考定五经。及功毕，复诏尚书左仆射房玄龄集诸儒重加详议。时诸儒传习师说，舛谬已久，皆共非之，异端蜂起。师古辄引晋、宋以来古本，随方晓答，援据详明，皆出其意表，诸儒莫不叹服。太宗称善者久之，赐帛五百匹，加授通直散骑常侍，颁其所定书于天下，令学者习焉。太宗又以儒学多门，章句繁杂，诏师古与国子祭酒孔颖达等诸儒，撰定五经疏义，凡一百八十卷，名曰《五经正义》，付国学施行。①

其实早在高祖年间，编纂《五经正义》的先声就已开启。《旧唐书·令狐德棻传》载：

时承丧乱之余，经籍亡逸，德棻奏请购募遗书，重加钱帛，增置楷书，令缮写。数年间，群书略备。②

购募并缮写亡佚经籍，为太宗时"考定五经"及"撰定五经义疏"做了准备。而《五经正义》的撰写和修订，则一直持续到高宗初年。《旧唐书·马嘉运传》载："嘉运以颖达所撰《正义》颇多繁杂，每掎摭之，诸儒亦称为允当。"③ 当时《五经正义》虽已付国学施行，但朝廷仍下令重新核审裁定，除原有参编各经人员以外，还增派了不少学官参与讨论审核，务求完善。到唐高宗永徽二年（651），又令长孙无忌等再次刊定《五经正义》，永徽四年（653）刊定缮写完成，颁于天下。《旧唐书·高宗本纪》载："每年明经令依此考试。"④《五经正义》从开始编纂到颁布天下历时20多年。

作为一部由最高统治者提议，由当世著名学者集体编纂的经学书籍，《五经正义》不仅初步解决了经学注疏和传承文本不一的问题，而且确立了经学教材的编纂模式，即综合南北学术所长，形成统一文本，以朝廷名义在官学推广。此后，唐代官学中的经学教材就成了一个体系，并据此建

---

① 《贞观政要集校》卷七，第384页。
② 《旧唐书》卷七三，第2597页。
③ 同上书，第2603页。
④ 《旧唐书》卷四，第71页。

立起一套完整的教育和考试制度。

唐代官学中的经学教育指弘文馆、崇文馆、国子学、太学、四门学以及州县官学等机构的经学教育。经学教育课程包括必修课、专修课和选修课。唐代经学教育的必修课为《孝经》和《论语》，《新唐书·选举志》亦载："《孝经》《论语》皆兼通之。凡治《孝经》《论语》，共限一岁。"[①]也就是说，作为必修课的《孝经》和《论语》总共修习年限为一年。专修课有《春秋左氏传》《礼记》《毛诗》《周礼》《仪礼》《周易》《尚书》《春秋公羊传》《春秋穀梁传》，共九经。选修课有《史记》《汉书》《后汉书》《三国志》《国语》《说文》《字林》《三仓》《尔雅》。现据《新唐书·选举志》和《唐六典》记载，将各门课程及修习年限列表如下：

类别	课程	修习年限		备注
		《新唐书·选举志》	《唐六典》	
必修课	《孝经》	共一年	共一年	
	《论语》			
专修课	《春秋左氏传》	三年	三年	大经
	《礼记》	三年	三年	
	《毛诗》	二年	二年半	中经
	《周礼》	二年	二年半	
	《仪礼》	二年	二年半	
	《周易》	二年	二年半	
	《春秋公羊传》	一年半	一年	小经
	《春秋穀梁传》	一年半	一年	
	《尚书》	一年半	一年	
选修课	《史记》			
	《汉书》			
	《后汉书》			
	《三国志》			
	《国语》			
	《说文》			

[①] 《新唐书》卷四四，第1160页。

续表

类别	课程	修习年限		备注
		《新唐书·选举志》	《唐六典》	
选修课	《字林》			
	《三仓》			
	《尔雅》			

在专修课儒学九经中，大经《左传》和《礼记》修习年限最长，各为三年，其余经学课程依据各经容量大小也规定了相应修习年限。唐代学制规定，生徒在学时间最长为九年。《新唐书·选举志》载："其不第则习业如初，三岁而又试，三试而不中第，从常调。"① 三年一试，三试恰好九年。

唐代习经学生业成标准有通二经、通三经、通五经三种情况。通二经为最低限度。《唐六典》"国子监"载："每岁，其生有能通两经已上求出仕者，则上于监。"② 通二经、三经和五经具体所指也各不相同。《新唐书·选举志》载："通二经者，大经、小经各一，若中经二。"③ 以《新唐书》和《唐会要》所列五经为例，《左传》《礼记》为大经，《毛诗》《周礼》《仪礼》为中经，《周易》《公羊》《穀梁》《尚书》为小经。再以《新唐书》规定的修业年限来看，大经修习年限为三年，中经修习年限为两年，小经中除《周易》需修习两年以外，其余均为一年半。据此，生徒若想通二经出仕，则有两种习业方案：一种是在大经和小经中各选一经修习；一种是选择两部中经修习。这两种方案都可实现通二经出仕。就修习时间而言，读通一部大经和一部小经需四年半时间，读通两部中经需四年时间，外加一年时间读通必修课《孝经》和《论语》，生徒在"三岁而试"时间段内读通一大一小二经外加《孝经》《论语》，或者两中经外加《孝经》《论语》，便可以通二经及第。也就是说，通二经及第需要在三年时间内读通原本需读五年或五年半的课程。生徒若想通三经入仕，则需通"大经、中经、小经各一"，④ 外加必修课《孝经》《论语》。大经三年，

---

① 《新唐书》卷四四，第1163页。
② 《唐六典》卷二一，第559页。
③ 《新唐书》卷四四，第1160页。
④ 同上。

中经二年，小经一年半，《孝经》《论语》共一年。故而通三经即指在三年时间内读通理论上需要读七年半的课程。通五经者，"大经皆通，余经各一，《孝经》《论语》皆兼通之"。① 大经共有两部，各需修习三年。"余经各一"意即一中经和一小经，总共需三年半时间，外加修习必修课《孝经》《论语》一年，则通五经及第需要在三年时间内读通按规定需要读十年半的课程。可见所谓通二经、通三经、通五经及第，其所学内容和备考难度是逐级递增的。就出仕及第的快捷省时而言，当以通二经及第最为容易。

在以上所列经书中，《周易》《尚书》《毛诗》《礼记》《左传》五经是核心。因为从经书内容上看，《公羊》《穀梁》是对《春秋》不同角度的阐述，目的在于阐释圣人"微言大义"，在比较重视史传的唐代，其受欢迎程度不如《左传》。且《左传》附经较早，在"春秋三传"传承中一直蔚为大宗，地位高于其他两传。《周礼》和《仪礼》为周代典章制度，因时代久远无法实行，在经学教育中不受重视。而《礼记》阐述礼的原则和日常行为规范，具有理论性和实用性，受重视程度超过《周礼》和《仪礼》。从实际教学角度看，大经中的《礼记》、中经中的《毛诗》、小经中的《周易》和《尚书》是生徒选择的热门课。原因是与其他几种经书相较，这几种经书的文字较少。《礼记》《左传》虽同为大经，但《礼记》文字比《左传》少一倍。《毛诗》《周礼》《仪礼》都为中经，《毛诗》文字却比后二者少很多。《公羊》《穀梁》《周易》《尚书》虽同属小经，但前二者文字却约是后二者文字的五倍。《礼记》《毛诗》《周易》文字较少，诵习费时较短，方便生徒及早通经入仕，因此修习这三部经书的生徒较多。《唐会要》"三传"条记载这种情况云："伏以《左传》卷轴文字，比《礼记》多校一倍，《公羊》《穀梁》，与《尚书》《周易》多校五倍。是以国朝旧制，明经授散，若大经中能习一传，即放冬集。然明经为传学者，犹十不一二。今明经一例冬集，人之常情，趋少就易，三传无复学者。"② 可见唐代生徒选习经书有明显的趋少避多倾向。

---

① 《新唐书·选举志》，《新唐书》卷三四，第1160页。
② 《唐会要》卷七六，第1398页；又见殷侑《请试三传奏》，《全唐文》卷七五七，第7855页，"校"作"较"。

这种倾向到玄宗开元年间已相当严重。开元二十六年（728），国子祭酒杨玚上奏曰："且今之明经，习《左传》者十无二三……又《周》《仪礼》及《公羊》《穀梁》殆将废绝……望请能通《周礼》《仪礼》《公羊》《穀梁》者，亦量加优奖。"①《唐会要》"三传"对此也有记载："三传无复学者……伏请置三传科。"②从杨玚所奏和《唐会要》所载可以清晰看出唐代经学教育在课程设置中存在明显弊端：其一，生徒多期望通二经出仕，通三经和通五经形同虚设。其二，生徒多选择大经中的《礼记》和小经中的《周易》或《尚书》，以图快速通二经入仕。文字较多难以在短时间内记诵的《左传》《周礼》《仪礼》《公羊》《穀梁》修习者极少，造成了经学教育和生徒习业过程中的偏科现象。其三，朝廷为了扭转这种倾向，不得不设立三传科并对选择修习《周礼》《仪礼》和三传者进行奖励，通过科举及第和优奖办法加以补救。

除了儒家经典以外，唐代经学教育还有其他选修课，如《史记》《汉书》《后汉书》《三国志》《国语》《说文》《字林》《三仓》《尔雅》，生徒可依个人爱好有选择修习。但自从史科作为专门学科设立以后，也有生徒将史科作为专攻学科。史科设立于唐穆宗长庆二年（822），时谏议大夫殷侑有感于史学都废的状况，上疏建言在科举考试中专门设立史科。其《请试史学奏》云：

> 历代史书，皆记当时善恶，系以褒贬，垂谕劝戒。其司马迁《史记》，班固、范蔚宗两《汉书》，旨义详明，惩恶劝善，亚于六经，堪为代教。伏惟国朝故事，国子学有文史直者，宏文馆宏文生并试以《史记》、两《汉书》、《三国志》。又有一史科，近日已来，史学都废。至于有身处班列，朝廷旧章，昧而莫知者。况乎前代之载，焉能知之？伏请量前件史科，每史问大义一百条、策三道，义通七、策通二以上为及第。能通一史者，白身请同五经一传例处分。其有出身及前资官应者，请同学究一经别处分。其有出身及前资官，稍优与处分。其三史皆通者，请录奏闻，特加奖擢。仍请班下两都国子监，任

---

① 《旧唐书·杨玚传》，《旧唐书》卷一八五，第4820页。
② 《唐会要》卷七六，第1398页。

生徒习。①

殷侑所奏得到了朝廷批准，史科得以正式设立。从殷侑的奏章可以看出，当时所设史科有两种：一为三史科，所习内容为《史记》、两《汉书》和《三国志》；一为一史科，即能通前述三史中任何一史。史科及第者待遇较高，能通一史即"同五经一传例处分"。这就是说，通一史等同于通"五经"或"一传"。若能"三史"皆通，更是"特加奖擢"。到了文宗朝，甚至"惟三史则超一资授官"。② 史科的设置和朝廷对史科及第的特别优待，使不少生徒将本是选修课的史科作为专攻对象。《太平广记》"三史王生"引唐人李玫《纂异记》载："有王生者，不记其名，业三史，博览甚精。"③（咸通 105）《唐故朝议郎河南府户曹参军柱国长乐贾府君墓志铭并序》亦载："公幼有节概，聪敏过人，弱岁诣太学，入举登三史第。"④ 这样，对于应考史科的士子来说，选修课史科就变成了专修课。

二　经学教育内容统一与初唐诗文语言

《五经正义》的颁布对经学教学方式和教育形态有着重要影响：记诵成为主要教学方式，教师重要性有所下降，学生主体地位得到强化。这些变化对文学创作产生了很大影响。

经学教材统一其实是经学简单化和规范化。汉代"推明孔氏，抑黜百家"，促进了经学发展，但也使经学流于烦冗和保守。汉初经学重在训诂，力求阐明经书本义，博士众多，解经日趋烦琐。《汉书·房凤传》载："自武帝立五经博士，开弟子员，设科射策，劝以官禄，讫于元始，百有余年，传业者浸盛，支叶蕃滋，一经说至百余万言，大师众至千余人。"⑤由此也可看出，从汉武帝开始，阐释经书成为经学主流。至东汉，由于古文经书的发现，经学又和谶纬联系起来。《后汉书·张衡传》载："初，光武善谶，及显宗、肃宗因祖述焉。自中兴之后，儒者争学图纬，兼复附

---

① 《全唐文》卷七五七，第 7855 页。
② 《唐会要·贡举》，《唐会要》卷七七，第 1401 页。
③ 《太平广记》卷三一〇，第 2456 页。
④ 周绍良：《唐代墓志汇编》，上海古籍出版社 1992 年版，第 2459 页。
⑤ 《汉书》卷八八，第 3620 页。

以妖言。"① 经学支脉繁多，解经更为烦琐，士子无所适从。《后汉书·郑玄传》曰："及东京，学者亦各名家。而守文之徒，滞固所禀，异端纷纭，互相诡激，遂令经有数家，家有数说，章句多者或乃百余万言，学徒劳而少功，后生疑而莫正。"② 概括起来，汉代经学教育大抵有三个特点：一是章句之学繁盛，注经解经成为儒者重要功课，繁复者一词释义多达数万言。二是家派较多，各家各派多有斗争。《汉书》所载治经学者共15家，是举其大要而言。其实仅《易》而言，就有施、孟、梁丘之学，（施家）有张、彭之学，（孟家）有翟、孟、白之学，（梁丘）有士孙、邓、衡之学。此外还有京氏之学，高氏之学。③ 经学教育，家派林立，且"汉时之争请立学者，所见甚陋，各怀其私。一家增置，余家怨望"。④ 三是汉人治经，各守家法，博士教授，专主一家。师之所传，生之所受，一字勿敢出入，背弃师说即不被任用。这最初或许是为了防止经学流传出现错讹，后来却加深了门户之见。

这些特点对经学发展造成了很大损害，也使士人精神被束缚在烦琐训诂之中。而唐代提出尊圣崇儒时，儒家思想已经成为公认的正统思想，经学著作对封建政权和社会统治秩序合理性的解释功能已经基本完备，这时以国家权威统一经学内容，将代表较高水平的《五经正义》颁行天下，对经学进行规范，杜绝学者个人对儒家原典再行解释和补充，避免出现像汉代那样家派林立、各依所学、枝叶繁滋、浸失其本的状况。所以唐代经学阐释始终以《五经正义》为主，学者很少有私人著述。可以用作比较的是，隋代享国不到40年，《隋书·儒林传》记载的14位学者，11人有经学著述存世，这表明汉儒注疏经书的风气到隋时有所恢复并臻于兴盛。但两《唐书》所载儒者自贞观以后很少有经书注疏著作。清人皮锡瑞也说："唐人经说传今世者，惟陆淳本啖助、赵匡之说，作《春秋纂例》《微旨》《辨疑》。"⑤ 事实上有唐一代还有一些经学著作，如王恭义证《三礼》。《旧唐书·王恭传》记载其"贞观初，征拜太学博士，其所讲《三礼》，

---

① 《后汉书》卷五九，第1911页。
② 《后汉书》卷三五，第1212—1213页。
③ 《汉书·儒林传》，《汉书》卷八八，第3598—3601页。
④ 《经学历史》，第50页。
⑤ 同上书，第152页。

皆别立义证,甚为精博"①。但王恭贞观初即为太学博士,其义证亦当在贞观初年。而《五经正义》中以《礼记正义》成就最高,《四库全书总目》称其"采撼旧闻,词富理博,说礼之家,钻研莫尽",②则王说可能已被吸纳,或因《礼记正义》颁行而不传于世。同时期徐文远著有《左传义疏》六十卷,《左传音》三卷。陆德明著有《周易文句义疏》二十四卷,《周易文外大义》二卷,《经典释文》三十卷,《老子疏》十五卷。此二人年岁较孔颖达为长,其书亦出于《五经正义》之前,当与王恭《三礼义证》相类。武后时王玄感为四门博士,著有《尚书纠谬》十卷、《春秋振滞》二十卷、《礼记绳愆》三十卷,是为唐代经学私人著述一大宗,且很受武后赏识,下诏称王玄感为"儒宗",但其书最多不过是"官给纸笔,写上秘书阁",③并没有广泛流传。可以说在有唐一代,经学理解和应用基本以《五经正义》为准,《五经正义》规范了唐代的经学阐释。

经书规范导致记诵成为经学教育的主要方式。《五经正义》的编纂保证了经典注疏阐释的唯一性,强化了国家对儒家经典的解释权,这对教育和选举都产生了重要影响。就在编纂《五经正义》的同时,科举也在声势浩大地恢复和发展。初唐前期科举考试中明经科较受重视,《五经正义》定稿后即颁行天下,"明经令依此考试"。唐代明经科又分为通二经、通三经和通五经三种。通经标准是"文、注精熟,辨明义理"。④明经考试最初方法是试策,"其(明经、进士)初止试策,贞观八年,诏加进士试读经史一部。至调露二年,考工员外郎刘思立始奏二科并加帖经"。⑤调露二年(680)刘思立奏章今不可见,但次年即永隆二年(681)唐高宗即颁布《严考试明经进士诏》,敕令"明经试帖,取十帖得六已上者。进士试杂文两首,识文律者,然后并令试策"。⑥所以一般认为帖经是调露二年才开始施行。《通典》载帖经方法曰:"凡举司课试之法,帖经者,以

---

① 《旧唐书》卷七三,第2603页。
② (清)纪昀、陆锡熊、孙士毅等:《四库全书总目》卷二一,中华书局1997年版,第265页。
③ 《旧唐书·王元感传》,《旧唐书》卷一八九,第4963页。
④ 《唐六典》卷二,第45页。
⑤ 《通典》卷一五,第354页。
⑥ 《全唐文》卷一三,第161页。

其所习经掩其两端，中间惟开一行，裁纸为帖，凡帖三字，随时增损，可否不一。"① 这是考察士子对经典是否"文、注精熟"的简便方式。但也存在疑问：一是虽然"试帖"一词最早出现在《严考试明经进士诏》中，但并不能认为"试帖"作为一种考试方式在该诏令颁布后才开始实行。因为该诏令没有只言片语解释何为"试帖"（帖经），且《唐会要》载此诏为"明经每经，帖十得六已上者"，似乎可以推断"试帖"这种方式前已有之。二是据《登科记考补正》引《广东通志》称："高宗显庆四年己未，岭南初举进士、明经，张弘雅及第。唐志，刘思立奏加进士杂文、明经填帖，从之，曲江张弘雅首举明经及第。"② 又引同书曰："张弘雅，晋司空张华之后。……高宗显庆四年，岭南帅府举弘雅明经，填帖皆中，首得及第。粤俗自是郁郁多经学士矣。"③ 说明帖经这种方式显庆四年（659）就有。三是《唐语林》有"唐朝初，明经取通两经，先帖文，乃案章疏试墨策十道"④ 的记载，"帖文"同于"帖经"，通二经是明经科考试最基本的要求，据此则"帖经"这种方式出现或者更早。由这三点可以想见，唐初经学尚未统一，战乱使教育受到破坏，士子知识水平较低，明经考试只能试策，以求通其大义。之后随着教育发展，士子学识水平有所提高，对经典考察也就越来越具体。加之《五经正义》的编纂又为教育和考试提供了规范文本，使考试内容更加具体到文注章句是否精熟，于是出现了"填帖""帖经"这种方式并逐渐被广泛采用。

由于帖经要求默写经典原文，就使记诵经典章句成为经学教育的主要方式。这也带来了一些问题：一方面，由于整本经书文注记诵比较困难，为了应试，士子往往抽取经典部分内容，以韵文形式编在一起以便于记诵，这也反过来证明这一时期记诵是经学教育的主要方式。另一方面，经典文本的规范表明记诵范围已经确定，考生只需用功，就能记住经典普通章句，考试时为了提高区分度，往往考一般人不注意的"孤经绝句"。开元十六年（728）国子祭酒杨玚奏章云：

---

① 《通典》卷一五，第356页。
② （清）徐松撰，孟二冬补正：《登科记考补正》卷二，北京燕山出版社2003年版，第55页。
③ 同上。
④ 《唐语林校证》卷八，第713页。

第二章 唐代经学教育对文学的影响 | 59

> 窃见今之举明经者,主司不详其述作之意,曲求其文句之难,每至帖试,必取年头月日,孤经绝句。且今之明经,习《左传》者十无二三,若此久行,臣恐左氏之学,废无日矣。……又《周礼》《仪礼》及《公羊》《穀梁》殆将废绝,若无甄异,恐后代便弃。①

这段记载看似讨论科举,实际上意在改革教育。同时也说明唐代经学教育以熟读经句为主,且明经考试已到了务求孤僻的地步。直至天宝年间,这样的考试方式仍然存在。天宝十一载七月,玄宗有诏曰:"礼部举人,比来试人,颇非允当。帖经首尾,不出前后,复取者也之乎,颇相类之处下帖,为弊已久,须有厘革。"②由诏书可见,专考"孤经绝句"的帖经方式一直存在。总之,在相当长的时间里,士子学习经学的方式就是记诵,只要记诵得熟练,考试就可能通过。还有一则记载也能反映出唐代经学教育以诵习章句为主的特点。《旧唐书·刘宪传》载:

> 玄宗在东宫,留意经籍,宪因上启曰:"自古及今,皆重于学。至于光耀盛德,发扬令问,安静身心,保宁家国,无以加焉。殿下居副君之位,有绝人之才,岂假寻章摘句,盖资略知大意,用功甚少,为利极多。伏愿克成美志,无弃暇日,上以慰至尊之心,下以答庶僚之望。侍读褚无量经明行修,耆年宿望,时赐召问,以察其言,幸甚。"玄宗甚嘉纳之。③

此事比杨玚奏请要早,从中可以看出,玄宗留意经籍,不过是"寻章摘句",身为太子没有考试压力,自然不必着力于记诵章句。但就玄宗把章句作为学习重点来看,当时记诵章句的经学教育方式影响很大,是读书人学习经典的普遍方式。可以说,"帖经"这种考试方式使记诵经典成为一门必备的功夫,这种关联存在的前提是必须有一个统一规范的经典文本,否则"帖经"就没有标准。正是《五经正义》对经学文本的统一,使

---

① 《旧唐书·杨玚传》,《旧唐书》卷一八五,第4820页。
② 《唐会要·帖经条例》,《唐会要》卷七五,第1377页。
③ 《旧唐书》卷一九〇,第5016页。

"帖经"这种考试方式和记诵这种教育学习方式大为盛行。

记诵的特点是熟记对象并在需要的时候快速反应出来,它只需要一般性的理解对象即可,并不需要对其内涵过分深究。为了应对帖经考试,士子必须熟背经典。这对于完整理解经典不见得是好事,但对于为文学创作积累素材却不见得是坏事。士子们把注意力放在章句上,而不去体味微言大义,只见树木,不见森林,势必把凝聚历史经验和政治智慧的儒家经典降解为一般性的文本和语句。这样做有一个好处,就是把儒家经典变成了语言资源库。经典表述都是美文,字字珠玑,通过记诵把经典话语存入大脑,成为创作素材,随时可以调取利用,从而成为文学话语。这样的经学教育方式使儒家经典首先作为语言资源被士人的诗文创作所汲取。

初唐很多诗人的作品经常出现经典语句。例如王勃《送杜少府之任蜀州》名句"海内存知己,天涯若比邻"就是从《论语》中"德不孤,必有邻"化用而来。① "送送多穷路,遑遑独问津"中"问津"一词也出自《论语》。② 《滕王阁序》中的"佩玉鸣鸾罢歌舞"一句出自《礼记·玉藻》:"君子在车,则闻鸾、和之声,行则鸣佩玉。"③《麻平晚行》中的"百年怀土望,千里倦游情"出自《论语·里仁》:"君子怀德,小人怀土。"④

在语言上袭用或化用儒家经典的不止王勃一人。下面就以虞世南、李百药、李峤、苏味道为例略作分析。此四人都是著名宫廷诗人,历仕台阁,地位很高,但因所受经学教育不同而使诗文中使用的经典话语也不相同。虞世南在陈朝接受教育,师从顾野王,顾野王"幼好学,七岁读五经,略知大旨。九岁能属文,尝制《日赋》,领军朱异见而奇之。十二,随父之建安,撰《建安地记》二篇。长而遍观经史,精记默识,天文地理,蓍龟占候,虫篆奇字,无所不通",⑤ 所学颇为庞杂。当时经学不受

---

① [美]宇文所安撰:《初唐诗》,贾晋华译,广西人民出版社 1987 年版,第 75 页。
② 王勃:《别薛华》,(唐)王勃撰,(清)蒋清翊注:《王子安集注》卷三,上海古籍出版社 1995 年版,第 80 页。
③ 《礼记正义》卷三〇,第 1482 页。
④ 《论语注疏》卷四,《十三经注疏》,第 2471 页。
⑤ (唐)李延寿:《南史》卷六九,中华书局 2013 年版,第 1688 页。

重视，虞世南从顾野王学习，所学也不限于儒家经典。《旧唐书·虞世南传》载其"少与兄世基受学于顾野王，经十余年，精思不倦，或累旬不盥栉。善属文，常祖述徐陵，陵亦言世南得己之意"。① 李百药在北周接受教育，北朝比较重视经学，李百药所受教育应该受到了这一时代风气影响。《旧唐书·李百药传》载："七岁解属文。父友齐中书舍人陆乂、马元熙尝造德林宴集，有读徐陵文者，云'既取成周之禾，将刈琅邪之稻'，并不知其事。百药时侍立，进曰：'《传》称"鄅人藉稻"。'杜预《注》云'鄅国在琅邪开阳。'乂等大惊异之。"② 可见其有一定经学功底。李峤、苏味道接受教育在初唐中期，当时高度重视经学学习，他们二人诗中化用经典频率明显高于虞世南、李百药。《全唐诗》所收李峤诗中，除《百咏》以外的85首诗，用经典语句49处，平均1.7首用到1次。《全唐诗》收苏味道16首诗，用经典语句10处，平均1.6首用到1次。而《全唐诗》所收虞世南31首诗中，除1首专门咏儒经道理外，其余30首诗用到儒经语句者8处，平均3.75首用到1次。《全唐诗》所收李百药26首诗中，用到儒经语句者10处，平均2.6首用到1次。李峤、苏味道引用经典语句频率明显高于虞世南和李百药，这不能不说与其所受教育有密切关系。

在帖经这种考试方式和记诵这种教育方式下，士子只重章句，不求大义，一定程度上背离了圣人培养君子人格的教育宗旨，经典教育最应该传承的孔门之道被忽视了。但这使儒家经典语汇作为文学话语资源进入唐代诗文创作，又在一定程度上避免了儒家文学观念对唐人文学观念的束缚。从这个角度看，记诵未尝不是儒家经典教育的一种较好方式。

首先，经典影响力并没有因此而破坏。儒家经典本身自有其魅力，过分强调其神圣性，反而领会不到其本身的魅力。五经都是优秀的文学作品，但经汉儒注释，成了"经夫妇、厚人伦、美教化、易风俗"的教科书，文学色彩被大大遮蔽。唐人将其作为记诵对象阅读，多少回避了其作为经典的神圣意味，而在一定程度上恢复了其文学属性。

其次，记诵使经典教育更为包容和开放。儒家思想有一定排他性，汉

---

① 《旧唐书》卷七二，第2565页。
② 《旧唐书》卷七六，第2571页。

人"独尊儒术",更强化了这种意识。《五经正义》颁布以后,结束了门户之见,士子们只需记诵经典章句,不必关心教材之外还有什么其他解释,少了分别之心,更容易接受其他各家思想。换言之,经典对于他们来说不过是应试教材,而非不敢越雷池一步的神圣训示。唐人思想开放而多元,不能不说与这种教育方式有关。例如杜甫,出生于"奉儒守官"之家,受过良好的经学教育,但他却"读书破万卷",所学从不以儒家自限。

如果以上分析不错,那么就对文学的影响而言,经学教育文本统一致使记诵成为主要的经学教育方式,这既使文人从经学语言中获得了丰富营养,也使文人思想上既尊重儒家又与之保持了适当距离,使唐代文学活动始终在开放健康的思想环境中进行。

三 经学教育内容统一与初唐文士人生道路

岑仲勉认为:"唐代学术,是多面性而光辉的,然积学之士,率致力诗文,两者相衡,殊有逊色。"① 这段话指出唐代文士人生事业与前代文士,尤其是汉代文士的差别:文学成就强而学术成就弱。其实这种现象还可以从经学统一导致的经学教育变化的角度来解释。

经学统一导致经学教育中师承关系淡化,名儒声望降低。汉代学者多有严格师承。《汉书·儒林传》记载汉代学者,即以五经传承关系为线索,"师"多为"名儒",以解经成一家之言,如此才具备为"师"的资格而立学传经,这就是所谓师法和家法。擅自改变师承会受到惩罚,如《汉书·孟喜传》记载孟喜晚年,"博士缺,众人荐喜。上闻喜改师法,遂不用喜"。② 汉代经学教育师法和家法严格的原因可能有三个:一是知识传播媒介的落后。在纸张不盛行、印刷术不发达的年代,书籍获取不易。商周时期书籍在官府,学亦在官府。西汉纸张尚未发明,东汉虽然发明了纸张但印刷术尚不发达,致使书籍稀少,作为知识载体的书籍大抵存在师门,学者受学非至师门抄书诵读不可。汉初经学数家,都是以书立学,有记载经典之书才能立为一派学问,客观上限制了士子独自阅读成就学问的

---

① 岑仲勉:《隋唐史》,河北教育出版社2000年版,第607页。
② 《汉书》卷八八,第3599页。

可能性。二是社会文化水平较低，非从师无以治学。像字音字义释读，只能从师处获得，无法通过其他途径获取。三是汉代官吏实行荐举制。荐举的一个必要条件是有名声，经学博士生徒众多，显然对形成良好而广泛的社会声誉极为有利。相比之下，唐代颁行《五经正义》，作为科举考试的标准教材，博士不必再自行注解经书，教师和教材可以分离，瓦解了师法和家法存在的基础，所以唐代教育不重师承，贞观之后儒者大多言学不言师。如：

> 邢文伟，滁州全椒人也。少与和州高子贡、寿州裴怀贵俱以博学知名于江、淮间。咸亨中，累迁太子典膳丞。(《旧唐书》卷一八九《邢文伟传》)
>
> 高子贡者，和州历阳人也。弱冠游太学，遍涉《六经》，尤精《史记》。(《旧唐书》卷一八九《高子贡传》)
>
> 余令少以博学知名，举进士。(《旧唐书》卷一八九《郎余令传》)
>
> 敬淳与季弟敬潜俱早知名。敬淳尤勤学，不窥门庭，遍览坟籍，而孝友笃敬。(《旧唐书》卷一八九《路敬淳传》)

上引诸人均以博学著名，但从谁受学并不清楚，可见"师"的重要性在逐渐减弱。同时由于经济和文化发展，知识的传播已较为便利，当时像音义训诂之类书籍已经不难获得，学经不必师从专人，甚至自学也可成才。如《旧唐书·徐文远传》载："其(徐文远)兄休，鬻书为事，文远日阅书于肆，博览五经，尤精《春秋左氏传》。时有大儒讲于太学，听者常千余人。文远就质问，数日便去。或问曰：'何辞去之速?'答曰：'观其所说，悉是纸上语耳，仆皆先已诵得之。至于奥赜之境，翻似未见。'有以其言告重者，重呼与议论，十余反，重甚叹服之。"① 自学于书肆即可精通经典，无须受学于大儒，这在汉代是难以想象的事情。师承关系淡化使士人投入毕生精力成就儒学事业的愿望大为降低，于是转而留心文学，在翰墨场上获得成就感。

---

① 《旧唐书》卷一九三，第 4942—4943 页。

两汉时期师法严明,师者掌握了经书的解释权,所以儒者地位很高,①甚至因通经拜相封侯。但在唐代,名儒已经不是知识传承中的重要环节,文人也不再把通经大儒作为效仿对象。唐朝初年,高祖和太宗曾大力招纳前朝宿儒和文学之士,如王珪、岑文本、杜正伦、虞世南、李百药、褚亮、薛收、姚思廉、颜师古、令狐德棻、马嘉运、孔颖达、司马才章、王恭、邓世隆等。这些人或以儒学著名,或以史才著名,或以文学著名,但最终得到重用的却是政治才能突出者。而政治才能突出者大都有文学才能,如虞世南、王珪、岑文本、杜正伦、薛收等。以儒学闻名者如颜师古、孔颖达、马嘉运、司马才章、王恭等人基本没有进入政权核心,这说明对政权建设的重要性而言,硕学通儒作用有限,他们的影响力也随之下降。

名儒影响力的降低,影响了很多文士人生道路的选择。任何教育系统都不仅仅是靠一套硬性制度在维持,教育系统内部的成功人士对后来者的榜样作用也是教育体系赖以维持的必要条件。汉代名儒在政治上的成功使一代又一代士子对经学学习趋之若鹜。《汉书·儒林传序》载:"公孙弘以治《春秋》为丞相封侯,天下学士靡然向风矣。"②唐代名儒影响力下降且很难进入朝廷权力中心的现实,使后学把精力投向其他学习内容。以李峤为例,《新唐书·李峤传》较为详细地叙述了其早年的学习经历:"李峤字巨山,赵州赞皇人。早孤,事母孝。为儿时,梦人遗双笔,自是有文辞,十五通五经,薛元超称之。二十擢进士第,始调安定尉。举制策甲科,迁长安。时畿尉名文章者,骆宾王、刘光业,峤最少,与等夷。"③《旧唐书·李峤传》亦云:"为儿童时,梦有神人遗之双笔,自是渐有学业。"④李峤早慧,十五岁即学通五经,但给他赢得名声的却不是经学,除了薛元超对其学习能力表示赞赏以外,更多人看重的是其文学才能。如果在汉代的教育环境下,他即使拥有文学方面的超人天赋,也会首先选择

---

① 《后汉书·蔡玄传》载:"其服儒衣,称先王,游庠序,聚横塾者,盖布之于邦域矣。若乃经生所处,不远万里之路,精庐暂建,赢粮动有千百,其著名高义开门受徒者,编牒不下万人,皆专相传祖,莫或讹杂。至有分争王庭,树朋私里,繁其章条,穿求崖穴,以合一家之说。"《后汉书》卷七九,第2588页。
② 《汉书》卷八八,第3593页。
③ 《新唐书》卷一三六,第4367页。
④ 《旧唐书》卷九四,第2992页。

成为一个通经大儒。但在唐代，通经却并不足以带来仕途的荣耀，所以李峤显然在诗文方面用了更多的功夫，他后来赖以成名的也正是这些。

王勃也作了相同的人生选择。王勃出生于一个"世代以儒辅仁，述作存者八世"①的家族，祖父是隋末大儒王通，他本人少年时接受的是传统的儒家教育，所谓"文史足用，不读非道之书"。②更难能可贵的是他在经学方面表现出的过人天赋："九岁读颜氏《汉书》，撰《指瑕》十卷。十岁包综六经，成乎期月，悬然天得，自符音训。时师百年之学，旬日兼之；昔人千载之机，立谈可见。"③若生活在汉代，以其家学条件和过人天赋，因经学成就名世应该不难。除《汉书指瑕》外，他还作《周易发挥》和《次论》，又用阴阳五行学说论证唐王朝统治的合理性，与汉儒事业正相一致。他又作《平台秘论》十篇，引经据传，深合儒家道德规范。但因唐代儒者影响力下降，最终使王勃成名的仍是其"才情"和"词藻"。

像李峤、王勃这样早年在经学上颇有天赋者最后都选择了以文学为业，其他青年学子成为儒学之士的愿望和积极性肯定也就大为降低了。中唐时韩愈曾感叹"师道之不存也久矣"。他所说的"师"，就是博通典籍，传授大义的"传道"之"师"。这样的"师"，早在初唐就已经被排斥在经学教育传承之外了。开成年间刊刻石经，因舛误较多，致有"开成石经，名儒不窥"之论。④清人皮锡瑞进而说："当时并无名儒，窥不窥无足论。"⑤经学文本统一，一方面给经学教育带来了便利，一方面也限制了经学研究。"世无名儒"的确是唐代经学教育传承中的尴尬问题。但是经学的尴尬却不一定是文学的尴尬，儒学之不幸，却成了文学之幸。青年学子放弃以博通经籍、阐发圣人微言大义而名世的人生道路之后，开始发挥文学方面的潜能，进行诗文创作，作为经学副业的"辞赋"反倒成了晋身求名的主业，文学领域出现了人才济济的盛况，这无疑有助于文学的繁荣。

---

① 王勃：《送劼赴太学序》，《王子安集注》卷八，第251页。
② 王勃：《山亭兴序》，《王子安集注》卷九，第261页。
③ 杨炯：《王勃集序》，(唐)杨炯撰，祝尚书笺注：《杨炯集笺注》卷三，中华书局2016年版，第264页。
④ 《旧唐书·文宗本纪》，《旧唐书》卷一七，第571页。
⑤ 《经学历史》，第150页。

综上所述,《五经正义》的编纂作为朝廷主持的一项大型文化工程,统一了南北经学,规范了经学文本,使记诵章句成为经学教育的主要方式,使经学的词句作为语言材料被文学创作所汲取,丰富了初唐诗文的语言。而统一经学教育文本使教师和教材得以分离,名儒社会影响力大为降低,促使大批饱学之士踏上了诗文创作的道路,从而促进了文学的繁荣。

第二节 盛唐经学教育的新诉求与文学新风貌

《新唐书·文艺传序》云:"玄宗好经术,群臣稍厌雕瑑,索理致,崇雅黜浮,气益雄浑,则燕、许擅其宗。是时,唐兴已百年,诸儒争自名家。"[①] 时至盛唐,以唐玄宗为主的统治阶层对经术的偏好,使其又在一定程度上受到了重视,并对文学产生了影响。此前学界对盛唐文儒与文学的关系多有探讨,但还没有人从经学教育这一角度讨论这一影响。其实在经学影响文学的过程中,教育从来都是重要环节。盛唐对经术的偏好首先体现在经学教育内容上,并借由经学教育内容的变化影响到文人的人生理想和精神风貌,最终影响到文学创作。

一 经学教育的"明理"目标

经学教育到盛唐发生了一些变化:强调经学的理性精神,明确把"明理"作为经学教育的目标。

唐朝初年形成的经学教育传统,经过武周革命,许多内容得到改造。武则天为了巩固政权,先是提倡道教,后又提倡佛教,提倡儒学也只是为了强调君臣秩序的观念。唐玄宗拨乱反正,有意追效贞观,他在着力恢复初唐教育传统的同时,调整了经学教育的重点。太极元年(712)二月,玄宗尚为太子,[②] 就在国学释奠礼上颁布太子令曰:

> 夫谈讲之务,贵于名理,所以解疑辩惑,凿瞽开聋,使听者闻所未闻,视者见所未见。爰自近代,此道渐微,问礼言诗,惟以篇章为

[①] 《新唐书》卷二〇一,第 5725 页。
[②] 《旧唐书·礼仪志》载:"丁巳,皇太子释奠于太学。"《旧唐书》卷二四,第 919 页。

主，浮词广说，多以嘲谑为能，遂使讲座作俳优之场，学堂成调弄之室……寡人今既亲行齿胄，躬诣讲筵，思闻启沃之谈，庶叶温文之德。其侍讲等，有问难释疑，不得别构虚言，用相凌忽。如有违者，所司量事纠弹。①

太子令就国学中的经学教育而发，讲了三层意思：一是提出"谈讲之务，贵于明理"。这和唐初经学教育目标有很大不同。高祖、太宗关于教育的多份诏令重在强调经学教育"化民成俗"的作用，仅仅把教育当作教化的有效工具，对教育本身没有明确的要求。而这份太子令直接把规范的对象指向具体教育活动"讲谈之务"，并且提出了明确的要求："贵于明理。"所谓"贵于明理"，诏令解释是"解疑辩惑，啟聋开聋，使听者闻所未闻，视者见所未见"。虽然"闻所未闻，见所未见"的内容不够明确，但从诏令后面反对"惟以篇章为主"等文字看，这个"理"已经超出了章句疏解范围，而关涉到圣人的微言大义，这和唐初颁布《五经正义》旨在厘正章句的学术方向已经不一致了。二是对教育风气提出了明确要求。太子令严厉批评当时"浮词广说，多以嘲谑为能，遂使讲座作俳优之场，学堂成调弄之室"的状况，警告释奠侍讲者"不得别构虚言，用相凌忽"。这既是对高宗后期和武后时期经学教育不受重视、中央官学教育废弛状况所做的纠正，也是在经学教育中树立严肃学风，为经学教育的"明理"目标营造适合的环境。三是以国家权威强力介入教育活动。太子令最后指出"如有违者，所司量事纠弹"，这不仅是一个严厉的态度，更为重要的是，它表明教育处于朝廷权力监督和管理之下。释奠时国学侍讲均是当时硕学大儒，高祖、太宗、高宗对这些人礼敬有加。玄宗以太子身份初临国学，即指出要对违反诏令的侍讲者"量事纠弹"，这一定程度上反映出盛唐统治者已经彻底摆脱了其先辈在文化上相对自卑的心态，而代之以主导甚至统御的心态。这种心态使朝廷越来越主动地对教育进行引导和干预。

玄宗登基后，还多次颁发过类似规范和干预教育教学活动的诏令。如：

古之教人，盖有彝训，必在劝学，使其知方。故每月释菜之时，

---

① 元宗：《将行释奠礼令》，《全唐文》卷二〇，第234页。

常开讲座,用以发明圣旨,启迪生徒。待问者应而不穷,怀疑者质而无惑,宏益之致,不其然欤?或有凡流,矜于小辩,初虽论难,终杂诙谐,出言不经,积习成弊。自今已后,除问难经典之外,不得辄请。宜令本司长官严加禁止,仍委御史纠察。①

从中可以看出,玄宗关注国学教育,熟悉情况,对国学的教学活动和存在的问题很了解。尤其值得注意的是,在这份诏令中,教育的目的被阐述为"发明圣旨,启迪生徒","使其知方"。所谓"知方",就是明理,并以义理来规范和约束个人行为。这是对太子令中提出的"明理"要求的深化,表明盛唐时期对经学教育的要求是一致的。这份诏令同样批评教育教学活动出现中的问题,如"矜于小辩""终杂诙谐"的现象。虽然由于史料所限,已无从知道所谓"小辩""诙谐"究竟指当时教育的何种具体情况,但从"初虽论难,终杂诙谐"可以看出,"小辩""诙谐"偏离了对经典的正常讨论和学习,妨碍了经典教育的严肃性,所以规定"除问难经典之外,不得辄请",明令予以禁止。

上述诏令没有提到教育内容方面的问题,但在另一份有关科举考试的诏令中,玄宗对经学教育和学习内容提出了严格要求:

至理兴化,必在得贤,强识博闻,可以从政,且今之明经、进士,则古之孝廉、秀才。近日以来,殊乖本意,进士以声韵为学,多昧古今;明经以帖诵为功,罕穷旨趣,安得为敦本复古,经明行修?以此登科,非选士取贤之道也。②

这里指出了两种不理想的教育倾向:一是"以声韵为学",即进士考试过分看重声律,对于古往今来治国之理多不知晓;一是"以帖诵为功",即明经考试过分重视帖经,致使经学教育以背诵章句注疏为能,忽视了经典真正旨趣的学习。玄宗认为,这样的教育根本达不到"敦本复古""经明行修"的目标。

---

① 元宗:《禁止生徒问难不经诏》,《全唐文》卷三一,第353页。
② 元宗:《条制考试明经进士诏》,《全唐文》卷三一,第344页。

"贵于明理"的要求反映出经学教育调节社会内部关系的功能定位。从先天二年(713)开始，历经开元，直到天宝前期，玄宗一直在诏令中强调这一定位。可见在盛唐时期，"明理"一直是玄宗为经学教育树立的目标。唐初确立尊圣崇儒教育思想和盛唐恢复经学地位，因社会状况的变化，两个时期在具体诉求上有明显差别。唐初教育的目的在于证明王朝的合法性，抢占文化制高点，而盛唐则需要以经学来维护皇帝权威，强化政治伦理，调节社会秩序。所以盛唐经学教育明确提出的"贵在明理"的"理"，就是某种原则和基于原则的关于社会秩序的构想。正如马克斯·韦伯所说："儒教所要求的是对俗世及其秩序与习俗的适应，归根结底，它只不过是为受过教育的世人确立政治准则与社会礼仪的一部大法典。"[1]

盛唐时期至少在两个方面需要儒家学说提供这种政治准则：一是在帝位的传承方面，武周代唐不仅打断了李唐王室的帝位传承次序，更重要的是破坏了传承规则。所以中宗复辟以后，安乐公主数次请求立自己为皇太女，韦氏集团失败以后，太平公主又炙手可热，干预朝政，睿宗朝宰相中半数以上自托于太平公主门下，这不仅是具体的政治斗争形势使然，深层原因还在于社会观念的混乱。玄宗不仅要在政治斗争中取得胜利，还要从观念上做深度清理，确立自己地位的合法性，这只能借重于儒家学说。所以先天二年的兴学诏令实际有着复杂的政治斗争背景，这也体现出封建时代教育作为国家意识形态的传声筒，其调整统治阶级内部关系的功能得到重视。二是在唐玄宗的统治地位巩固以后，开元年间广泛存在的社会矛盾，也需要借助于儒家经学教育来解决。开元、天宝年间是唐王朝的鼎盛时期，也是社会矛盾逐渐深化的时期。由于朝廷掌握的土地数量不足，均田制已无法进行还授，而朝廷仍旧向授田不足的农民征收以足额均田亩数计算的租调，所以府库虽丰，闾阎困矣，这迫使农民不得不放弃土地踏上流亡道路。均田制既遭破坏，府兵制也难以维持，农民授田不足，还要缴纳足额租调并服繁重的兵役，于是应为府兵者大量逃匿。至天宝八载(749)，折冲府已无兵可交。维系唐王朝经济基础和国防安全的基本制度均受到严重挑战。上层奢侈之风的盛行，更进一步加重了社会下层的负担。而这一

---

[1] [德]马克斯·韦伯撰：《儒教与道教》，洪天富译，江苏人民出版社2008年版，第178页。

时期统治者还没有认识到这些问题的新特点和严重性，也没有有效措施去解决这些盛世危机，只是企图从表面上去修补或恢复原有制度。这种相对保守的对策需要保守的社会思想舆论来阐述原有社会秩序的合理性，儒家的经学体系正好符合这一要求。"孝"的一些教义甚至可以劝导人们不要轻易离开故土，这当然对于维护现行社会管理制度有用。所以在另外一些诏令中涉及教育时，唐玄宗更为明确地强调了教育调整社会关系的功能：

> 故能崇四术之科，为万国之本。长幼君臣之序，齿胄知归；温文恭敬之风，群生攸属。古之制也，其在兹乎？（《全唐文》卷二一元宗《立郢王嗣谦为皇太子制》）
>
> 古之学士，始入小学见小节，入大学见大节，知父子长幼之序，君臣上下之位，然后师逸功倍，化人成俗，莫不由之。（《全唐文》卷二六元宗《令举实才诏》）

玄宗明确了教育的目标就是知"长幼君臣之序""父子长幼之序，君臣上下之位"，这种明确的阐述，使教育更深地介入了社会生活。

二 御注《孝经》与经学教育伦理性的强化

盛唐经学教育中特别重视《孝经》，意在借此强调经学教育实现"明理""敦本"的目标。

《孝经》严格来说并不是儒家原典，据《史记·仲尼弟子列传》记载，《孝经》是曾参所作，"孔子以为能通孝道，故授之业。作《孝经》，死于鲁"。[1] 但现代学者对此却另有看法，如徐复观在《两汉思想史》中便说："《孝经》一书，乃成书于《孟子》以后，《吕氏春秋》以前之书。已为《吕氏春秋》及陆贾《新语》所称引。这是战国中期以后，由一位今日无法知道其姓名的儒生，所编的一部适应当时社会需要的通俗教孝之书。……至武帝时……渐通行于社会，为人所尊重……至东汉，乃与《论语》及《诗》《书》《易》《礼》《春秋》并称为'七经'。"[2] 虽然对《孝

---

[1] 《史记》卷六七，第 2205 页。
[2] 徐复观：《两汉思想史》第一卷，华东师范大学出版社 2001 年版，第 194—195 页。

经》作者存在争议,但对其为教孝之书的性质却并无疑义。《孝经》从汉代开始就受到重视的记载屡见于史籍:

(始元元年)诏曰:"朕以眇身获保宗庙,战战栗栗,夙兴夜寐,修古帝王之事,通《保傅传》《孝经》《论语》《尚书》,未云有明。"(《汉书》卷七《昭帝本纪》)

乡曰庠,聚曰序。序、庠置《孝经》师一人。(《汉书》卷一二《平帝本纪》)

元康元年冬十二月,上以皇太子富于春秋,而人道之始莫先于孝悌,初命讲《孝经》于崇正殿。实应天纵生知之量,微言奥义,发自圣问,业终而体达。(《晋书》卷五五《潘尼传》)

孝武帝尝讲《孝经》,仆射谢安侍坐,尚书陆纳侍讲,侍中卞眈执读,黄门侍郎谢石、吏部郎袁宏执经,胤与丹阳尹王混摘句,时论荣之。(《晋书》卷八三《车胤传》)

太兴初,议欲修立学校,唯《周易》王氏、《尚书》郑氏、《古文》孔氏、《毛诗》《周官》《礼记》《论语》《孝经》郑氏、《春秋左传》杜氏、服氏,各置博士一人。其《仪礼》《公羊》《穀梁》及郑《易》,皆省不置博士。(《宋书》卷一四《礼乐志》)

魏齐王正始二年三月,帝讲《论语》通……晋武帝泰始七年,皇太子讲《孝经》通,咸宁三年,讲《诗》通,太康三年,讲《论语》通。元帝大兴三年,皇太子讲《论语》通……穆帝升平元年三月,帝讲《孝经》通,孝武宁康三年七月,帝讲《孝经》通,并释奠如故事。(《宋书》卷一七《礼乐志》)

周武帝时,世长年十余岁,上书言事。武帝以其年小,召问读何书,对曰:"读《孝经》《论语》。"武帝曰:"《孝经》《论语》何所言?"对曰:"《孝经》云:'为国者不敢侮于鳏寡。'《论语》云:'为政以德。'"武帝善其对,令于兽门馆读书。(《旧唐书》卷七五《苏世长传》)

从这些记载可以看出,即使在经学衰落的魏晋南北朝,《孝经》受重视程度也并未受到影响,其地位一直与《论语》并列,一度超过了《礼

《易》和《春秋》三传,在社会上的流传也较其他经典广泛。史载郑玄、王肃、马融、何休都曾为之作注,可见围绕《孝经》的教育和学术活动一直很繁荣。唐初对《孝经》的重视仍在延续,《五经正义》中虽不包括《孝经》,但孔颖达曾单独为《孝经》做过注疏。《旧唐书·孔颖达传》载:"庶人承乾令撰《孝经义疏》,颖达因文见意,更广规讽之道,学者称之。"① 所以也可以说,唐初对经学文本的统一中,应该也包括对《孝经》的整理和改造。唐太宗唯一一次亲自到国子学参加释奠礼,孔颖达所讲的就是《孝经》。此外,《孝经》也是官学士子习经的必修经典之一,②之后武则天出于政治斗争需要,在诸经中单独推重《孝经》,当时名儒王玄感、尹知章都曾为之作注。盛唐时期,有关《孝经》的学术争论还受到朝廷关注:

  刘子玄名知几……开元初,迁左散骑常侍。尝议《孝经》郑氏学非康成注,举十二条左证其谬,当以古文为正;《易》无子夏传,《老子》书无河上公注,请存王弼学。宰相宋璟等不然其论,奏与诸儒质辩。博士司马贞等阿意,共黜其言,请二家兼行,惟子夏《易传》请罢。诏可。③

刘知几考证《孝经》的注疏历史,认为郑玄注《孝经》不太可靠,世间假托的郑玄注本"言语鄙陋,义理乖疏,固不可以示彼后来,传诸不朽",但基本上肯定了《古文孝经》孔传"语甚详正,无俟商榷"。④ 这实际是在清理《孝经》的学术渊源。但宰相宋璟等"不然其论",理由有二:一是《孝经》虽然被认为是先儒著作,但实际是一般儒生所作,比起其他经典,内容上存在先天不足,如果否定郑注,可能影响其权威性。二是《孝经》是官学教育的主要教材,否定其注疏体系会破坏教育内容的稳定性。一个学术问题,却将当时宰相和著名学者都牵涉其中且由玄宗下诏裁定争论,《孝经》在盛唐教育中的地位可见一斑。

---

① 《旧唐书》卷七七,第 2602 页。
② 《旧唐书》卷四四,第 1891 页。
③ 《新唐书·刘子玄传》,《新唐书》卷一三二,第 4522 页。
④ 刘子玄:《孝经老子注易传议》,《全唐文》卷二七四,第 2785 页。

唐玄宗亲自注疏《孝经》是为了强调经学教育的伦理化。《孝经》一直受到重视，似乎没有必要由最高统治者作注以强调其重要性，但唐玄宗不仅亲自作注，而且两次颁行天下：开元十年"六月辛丑，上训注《孝经》，颁于天下"。① 天宝二载十二月，又"诏天下民间家藏《孝经》一本"。② 一个已经备受重视的经典，却由最高统治者一再强调推广，这显然已经超出了经典本身的意义，而是在有意引导经学教育向新的方向发展。玄宗《孝经注序》曰：

> 朕闻上古，其风朴略。虽因心之孝已萌，而资敬之礼犹简。及乎仁义既有，亲誉益著，圣人知孝之可以教人也，故因严以教敬，因亲以教爱。于是以顺移忠之道昭矣，立身扬名之义彰矣。子曰："吾志在《春秋》，行在《孝经》。"是知孝者，德之本欤！《经》曰："昔者，明王之以孝理天下也，不敢遗小国之臣，而况于公、侯、伯、子、男乎！"朕尝三复斯言，景行先哲，虽无德教加于百姓，庶几广爱刑于四海。……近观《孝经》旧注，踳驳尤甚。至于迹相祖述，殆且百家；业擅专门，犹将十室。……且传以通经为义，义以必当为主。至当归一，精义无二。安得不翦其繁芜而撮其枢要也？……今故特举六家之异同，会五经之旨趣。约文敷畅，义则昭然；分注错综，理亦条贯。写之琬琰，庶有补于将来。且夫子谈经，志取垂训。虽五孝之用则别，而百行之源不殊。是以一章之中，凡有数句；一句之内，意有兼明；具载则文繁，略之又义阙，今存于疏，用广发挥。③

将其与唐初《五经正义》序文相比较，就会发现有两个主要不同：一是《五经正义》序文重在讲述各经传承和注疏历史，以及《正义》所用注本及采用原因。而《孝经》注疏序文则对《孝经》以前注疏仅稍作概括，重点强调注疏的根本目的在于明达义理。"传以通经为义，义以必当为主。至当归一，精义无二。安得不翦其繁芜而撮其枢要也？"为了明达义理，

---

① 《旧唐书·玄宗本纪》，《旧唐书》卷八，第183页。
② 《旧唐书·玄宗本纪》，《旧唐书》卷九，第218页。
③ 元宗：《孝经注序》，《全唐文》卷四一，第444页。

有必要对以前各种注疏进行清理。所谓"特举六家之异同""约文敷畅",不过是对以前注家表示应有尊重,而使《孝经》的义理"归一","会五经之旨趣",实现与儒家五经在基本教义上的融合,共同维护纲常,规范臣民行为,这才是注疏的根本原则。二是序文对"孝"做了较多阐发,认为"孝"既是人的基本情感,即"因心之孝已萌",也是道德体系的立足点,即"孝者,德之本矣",更是社会根本伦理规范,即"昔者,明王之以孝理天下"。而且这三者之间有着不可分割的联系,这就是"因严以教敬,因亲以教爱。于是以顺移忠之道昭矣,立身扬名之义彰矣"。注疏《孝经》,就是阐发社会伦理规范与个人道德修养以及人的基本情感之间的联系,使受教育者从"因心之孝"出发,理解"父父子子"的家庭伦理关系,并由家庭伦理关系推广至"君君臣臣"的社会秩序关系,最终实现"以顺移忠之道"。在颁示《孝经》的诏令中,玄宗再次阐述了这个问题:

> 化人成俗,率由于德本;移忠教敬,实在于《孝经》。朕思畅微言,以理天下,先为注释,寻亦颁行,犹恐至赜难明,群疑未尽。近更探讨,因而笔削,兼为叙述,以究源流,将发明于大顺,庶开悟于来学。宜付所司,颁示中外。①

无论是"以顺移忠"还是"移忠教敬",都是在阐述"忠"和"孝"的关系,"忠"是君主对臣民的要求,"孝"是家庭伦理,"君子务本,本立而道生。孝悌也者,其为仁之本欤"!② "孝"是被儒家特别看重的伦理。《孝经》是"教孝之书",马一浮说:"《孝经》一篇,实六艺之总归,所以谓之至德要道,以顺天下也。"③ 马一浮认为六艺之要在于《论语》,而《论语》有三大问目:一问仁,一问政,一问孝。玄宗重注和颁示《孝经》,就是要把社会秩序的基本守则建立在家庭伦理之上,将化人成俗的目标落实到臣民个人"敦本明理"上。

盛唐对《孝经》的重视还反映出教育中"人"的因素的强化。虽然

---

① 元宗:《颁重注孝经诏》,《全唐文》卷三二,第354页。
② 《论语注疏》卷一《学而》,《十三经注疏》,第2457页。
③ 马一浮:《论语大义》,见氏著《复兴书院讲录》,江苏教育出版社2005年版,第64页。

从汉代开始，《孝经》就备受重视，但很长一个时期对"孝"的认识多杂以天命五行之说。董仲舒解释"孝"是"天有五行，木火土金水是也。木生火，火生土，土生金，金生水。水为冬，金为秋，土为季夏，火为夏，木为春。春主生，夏主长，季夏主养，秋主收，冬主藏。藏，冬之所成也。是故父之所生，其子长之；父之所长，其子养之；父之所养，其子成之。诸父所为，其子皆奉承而续行之，不敢不致如父之意，尽为人之道也。故五行者，五行也。由此观之，父授之，子受之，乃天之道也。故曰，夫孝者，天之经也，此之谓也"。① 又说："君臣之义，孝子之行，取之土"，"是故孝子之行，忠臣之义，皆法于地也。"②《孝经纬·孝经钩命诀》中有"情生于阴，欲以时念也。性生于阳，以就理也。阳气者仁，阴气者贪，故情有利欲，性有仁也"。③《孝经纬·孝经援神契》也有"情生于阴以计念，性生于阳以理契"。④ 这是董仲舒天命五行说的推演。将阴阳纳入人生命之内以言情性，可见当时以阴阳解释"孝"的观念影响很大。虽然认为阴阳也是人之气，但阴阳本之于天，所以这些观念实质是用上天的意志来解释"孝"。而唐玄宗《孝经注序》认为"因心之孝已萌"，把"孝"当作"人"的自然情感，抛弃了阴阳五行观念，把"孝"从"天"的绝对命令变成"人"的自觉行为，从而凸显了在孝道教育中"人"的主观能动性。

以《孝经》为核心的伦理教育在现实中也收到了一定成效。《旧唐书·韦景骏传》云：

> 景骏明经举。……开元中，为贵乡令。县人有母子相讼者，景骏谓之曰："吾少孤，每见人养亲，自恨终天无分，汝幸在温清之地，何得如此？锡类不行，令之罪也。"因垂泣呜咽，仍取《孝经》付令习读之，于是母子感悟，各请改悔，遂称慈孝。⑤

---

① （汉）董仲舒撰，朱方舟整理：《春秋繁露》卷十，上海书店出版社2012年版，第163页。
② 《春秋繁露》卷一一，第166页。
③ （清）赵在翰辑，钟肇鹏、萧文郁点校：《七纬》卷三七，中华书局2012年版，第728页。
④ 《七纬》卷三六，第693页。
⑤ 《旧唐书》卷一八五，第4797页。

"清官难断家务事",读《孝经》却可以化解母子诉讼。法律上难以解决的问题,通过一本《孝经》就轻而易举地解决了!这个事例为玄宗提倡以孝治天下提供了一个生动例证。同时也说明,以《孝经》为代表的儒家经典具有顺利解决社会矛盾的力量,反映出当时社会对以《孝经》为代表的儒家经典高度自信的乐观心态。这必然会增强人们对以阅读研习儒家经典为主的教育的信服和期望。大唐盛世延续了四十余年,可以说这种乐观的情绪越来越得到巩固和渲染。在这种教育体制下培养出来的士人,对自身的自信和乐观是根深蒂固的。

三 经学教育的"明理"诉求与文风新变

"夫物之所宗也,莫善乎德行;道之所明也,莫先乎文学。"[1] 经学教育的目的在于培养人的德行,从而调和社会矛盾,即"明理"。文学是人的思想意识和社会状况的反映,经学教育的"明理"诉求必然也对文学产生重要影响。

最显著的影响是由"孝悌"而"忠义"的思想在文学中得到反映。经学教育彰显孝悌,其初级目标是和睦家庭,终极目标则是由孝悌而至于忠义,忠于朝廷、忠于帝王统治。这也是盛唐很多人的共识。吴兢就说:"且臣闻在家称孝,居国必忠,苟违斯理,实亏礼教。"[2] 时人诗歌中就经常表现这一道理。玄宗《游兴庆宫作》云:"所希覃率土,孝弟一同规。"[3] 张说、苏颋、张九龄在诗中也写道:

> 周狩因岐礼,秦都辨雍名。献禽天子孝,存老圣皇情。(《张说集校注》卷三《奉和幸凤汤泉应制》)
>
> 重华升宝历,轩帝眇闲居。政成天子孝,俗返上皇初。(《张说集校注》卷五《东都酺宴五首》其二)
>
> 下辇崇三教,建碑当九门。孝思敦至美,亿载奉开元。(《全唐诗》卷七三苏颋《奉和圣制过晋阳宫应制》)

---

[1] 张九龄:《大唐故光禄大夫右散骑常侍集贤院学士赠太子少保东海徐文公神道碑铭》,《全唐文》卷二九一,第2953页。
[2] 吴兢:《让夺礼表》,《全唐文》卷二九八,第3021页。
[3] 《全唐诗》卷三,第39页。

兴逐蒹葭变，文因棠棣飞。人伦用忠孝，帝德已光辉。(《全唐诗》卷四九张九龄《和苏侍郎小园夕霁寄诸弟》)

他们每每把"孝"道和国家大政相联系，反映出对"孝"道的重视既是伦理建设的重点，也是当时调整社会关系的政治需要。张说、苏颋、张九龄是文章领袖，创作倾向会对士人产生极强的号召力，明人黄佐《唐音类选序》即谓："盛唐之诗，玄宗为主，而张说、苏颋世称'燕许'者鸣于馆阁"。① 研习经典，躬行孝道，强调伦理，已成为时人共识，也成为与士人身份相关的一种生活方式。如杜甫诗"丈夫正色动引经，酆城客子王季友。群书万卷常暗诵，《孝经》一通看在手"（《可叹》)中的王季友，就是经常引用包括《孝经》在内的儒家经典来规范自己的日常生活。孟浩然叙述自己作为一个信奉儒家学说的士人生活云："予复何为者，栖栖徒问津。中年废丘壑，上国旅风尘。忠欲事明主，孝思侍老亲。"(《仲夏归汉南园寄京邑耆旧》)"忠""孝"是生活的两个方面，在未出仕时，对老亲的"孝"就是对明主"忠"的准备。类似诗句还有：

多君骋逸藻，掩映当时人。舒文振颓波，秉德冠彝伦。(《李太白全集》卷一二《陈情赠友人》)

礼闱通政本，文昌总国均。调风振薄俗，清教叙彝伦。(《全唐诗》卷四四任希古《和左仆射燕公春日端居述怀》)

相门韦氏在，经术汉臣须。时议归前烈，天伦恨莫俱。(《杜诗详注》卷一《赠韦左丞丈济》)

川广不可泳，墓久狐兔邻。宛彼汉中郡，文雅见天伦。(《杜诗详注》卷一六《八哀诗·赠太子太师汝阳郡王琎》)

可以看出，敦叙彝伦是当时诗歌中经常表现的主题。这说明经学教育中重视"孝"、重视伦理的倾向在文学中有着清晰反映。

---

① （明）潘光统：《唐音类选》，见张宏生、于景祥《中国历代唐诗书目提要》第四编，辽海出版社2015年版，第288页。

盛唐经学教育在提高诗人精神境界上发挥了重要作用。有学者认为盛唐人高尚的精神境界是盛唐之音四项内涵赖以形成的关键因素，[①] 但并没有分析盛唐人普遍具有高尚精神境界的原因。笔者认为，盛唐经学教育可能是一个重要原因。

《论语》云："孝悌也者，其为仁之本欤！"孟子进而解释说："仁之实，事亲是也。"[②] 儒家把人与生俱来的美好情感看作建立理想社会的根本。孟子曰："人皆有不忍人之心。先王有不忍人之心，斯有不忍人之政矣；以不忍人之心，行不忍人之政，治天下可运之掌上。……恻隐之心，仁之端也；羞恶之心，义之端也；辞让之心，礼之端也；是非之心，智之端也。"[③] 恻隐之心，与生俱来，儒家将自身修养的基石放在这些人伦日用之上。但儒家重视人伦日用却不仅限于个人修养，而将这一情感推而广之。《孟子》云："老吾老，以及人之老；幼吾幼，以及人之幼，天下可运于掌"。[④]《孝经》云："孝悌之至，通于神明，光于四海，无所不通。"[⑤] 盛唐人对儒家孝悌和为政关系的论述耳熟能详，又由于盛唐伦理教育中人的因素得到强化，所以在知识阶层的个体人格建构中，"为仁"是一个当然的命题，他们也自觉把仁孝当作理想人格要素。按照玄宗对《孝经》的解释，"为仁"不必借助于天命阴阳，在日常伦理实践中就可以实现。"为仁"可以齐家，可以治国，可以实现兼济天下的理想。把仁孝之心扩展到社会、扩展到天下，自觉天地万物皆与自身痛痒相关，就是具备了高尚精神境界。

士人习经修德会得到鼓励。张说曾称赞四门助教尹守贞"为仁由己，三月不违。谦成德柄，学也身基。辟雍洋洋，可以疗饥。环林之下，可以栖迟。我实道贵，人言位微。修文地下，先哲同归"。[⑥] 个人道德修养可以在教育学习和日常伦理实践中得到提高，"人言位微"固然遗憾，但与

[①] 吴相洲：《从系统论看盛唐之音》，《北京大学学报》1995年第3期。
[②] 《孟子注疏》卷七《离娄》，《十三经注疏》，第2717页。
[③] 《孟子注疏》卷三《公孙丑》，《十三经注疏》，第2690—2691页。
[④] 《孟子注疏》卷一《梁惠王》，《十三经注疏》，第2670页。
[⑤] 《孝经注疏》卷八《感应章》，《十三经注疏》，第2559页。
[⑥] 张说：《四门助教尹先生墓志铭（并序）》，（唐）张说撰，熊飞校注：《张说集校注》卷二二，中华书局2013年版，第1081页。

"先哲同归"却足慰平生。张九龄也常以"致君尧舜,齐衡管乐,行之在我,何必古人"①自负,"行之在我"就是强调自己的修养作为,这道出了盛唐人自信张扬特性的根基。

张说和张九龄是盛唐士人领袖,他们这样的精神境界和思想情怀对士人有着引导作用。孟浩然表示:"维先自邹鲁,家世重儒风。诗礼袭遗训,趋庭沾末躬。昼夜常自强,词翰颇亦工。"(《书怀贻京邑同好》)杜甫"平居孝义称""学业醇儒富"(《赠特进汝阳王二十二韵》),把"致君尧舜上,再使风俗淳"(《奉赠韦左丞丈二十二韵》)当作人生目标,远大的人生理想和豪壮情怀正是源于儒者的坚实修养。在杜诗中,人伦日用、得意失意、家国情怀,高度融合。盛唐以伦理为主的经学教育对诗人人生理想的建立精神境界的形成产生了重要影响。

以伦理为主的经学教育也使盛唐文风发生了重要变化。《新唐书·文艺传序》云:"唐有天下三百年,文章无虑三变。……玄宗好经术,群臣稍厌雕瑑,索理致,崇雅黜浮,气益雄浑,则燕、许擅其宗。"②这就是说,由于玄宗好经术,使文学发生了重大变化:去掉浮华成分,掺入治国义理,格调趋向文雅,风骨趋于振作,燕许文章是其代表。

从玄宗提倡经术到引发文风新变有一个过程。玄宗虽然很早就倡导儒术,但即位之初主要致力于稳定政治,发展经济,赞其业者是姚崇、宋璟等实干家,朝廷的重要文诰,仍然沿袭以往的传统,文采有余,义理不胜。之后张说、苏颋等人为相,情况发生了重大变化。张说是盛唐文化的总设计师,他既有文采,又有干才。他向玄宗建议实行"文治",得到玄宗支持。当时唐王朝国力强盛,文化发达,一派彬彬之盛的景象。在这彬彬之盛当中,就包括张说、苏颋的大手笔制作。③他们为朝廷草拟重要文诰,不仅气势宏大,而且引经据典,把当下朝廷所作所为与儒家经典教义相联系,所昭示的便是:今人之事业,就是圣人之理想。这就是所谓"厌雕瑑,索理致"。所谓"理致",就是儒家治国理政之道。文章有了"理致",犹如水泥植入钢筋,大大强化了思想力度。加之他们的文章经常使

---

① 徐浩:《唐尚书右丞相中书令张公神道碑》,《全唐文》卷四四〇,第 4491 页。
② 《新唐书》卷二〇一,第 5725 页。
③ 《新唐书·苏颋传》:"颋性廉俭,奉禀悉推散诸弟亲族,储无长货。自景龙后,与张说以文章显,称望略等,故时号'燕许大手笔'。"见《新唐书》卷一二五,第 4402 页。

用经典话语，使文风趋于文雅，这就是"崇雅黜浮，气益雄浑"。典型者如张说的大手笔制作《大唐祀封禅颂》：

> 皇帝六叶，开元神武皇帝再受命，致太平，乃封岱宗，禅社首，凿石纪号，天文焕发，儒臣志美，立碣祠坛。曰：厥初生人，俶有君臣，其道茫昧，其风朴略。因时而欻起，与运而纷落，泯泯没没，无闻焉尔。后代圣人，取法象，立名位，衣裳以等之，甲兵以怛之，于是礼乐出而书记存矣。反其源，致敬乎天地；报其本，致美乎鬼神。则封禅者，帝王受天命、告成功之为也。阅曩圣之奥训，考列辟之通术，畴若天而不成，曷背道而靡失？由此推之，封禅之义有三，帝王之略有七。七者何？传不云，道德仁义礼智信乎？顺之称圣哲，逆之号狂悖。三者，一位当五行图箓之序；二时会四海升平之运；三德具钦明文思之美，是谓与天合符，名不死矣。有一不足，而云封禅，人且未许，其如天何！言旧史者，君莫盛于陶唐虞舜，臣莫德于皋陶稷契。三臣备德，皆有天下。仲尼叙帝王之书，系鲁秦之誓，明鲁祀周公用王礼，秦承伯益接周统。孔圣微旨，不其效欤！然秦定天下之功高，享天禄之日浅，天而未忘庭坚之德也，故大命复集于皇家。天之赞唐，不惟旧矣。①

封泰山是帝王的盛世大典，秦皇汉武都曾到泰山封禅。当时很多人反对玄宗封泰山，但张说力排众议，积极促成此事。他亲自操刀撰写诰文，文中引经据典，陈述封禅意义，气势充沛，无可辩驳，使人感到这就是圣人功业。《旧唐书·张说传》记张说大手笔制作云：

> 前后三秉大政，掌文学之任凡三十年。为文俊丽，用思精密，朝廷大手笔，皆特承中旨撰述，天下词人，咸讽诵之。尤长于碑文、墓志，当代无能及者。喜延纳后进，善用己长，引文儒之士，佐佑王化，当承平岁久，志在粉饰盛时。其封泰山，祠脽上，谒五陵，开集贤，修太宗之政，皆说为倡首。②

---

① 《张说集校注》卷一二，第607—608页。
② 《旧唐书》卷九七，第3057页。

"粉饰"出自汉代儒者公孙弘辅佐武帝故事。所谓"粉饰盛时",就是从儒术中寻找施政依据,以儒家话语描述盛世之治。从记载可以看出,张说辅政,起用文儒以佐佑王化,把玄宗提倡经术之举落实到治国理政当中。

"气益雄浑"在盛唐诗歌创作中表现更为明显。玄宗"好经术",使诗人的"兴寄"有了具体内容。陈子昂把"兴寄"当作诗歌写出风骨的关键,但诗中到底寄托哪些东西,陈子昂没有具体说明。到盛唐,经学教育教导人们重视"人伦""日用",强调将内在道德外化为社会行动,鼓励士人积极投身社会实践,从而造就了盛唐诗人的群体性性格,即:不做社会的旁观者,而做社会的参与者。他们漫游、求仕、出塞、入幕,积极参与其间,又保持独立人格,诗中洋溢着丰沛情感。他们喜爱驱使高远意象,黄河、长江、泰山、落日,是他们诗中的常见语汇。这种丰沛的情感,阔大的境界,就是气益雄浑,骨力遒劲。盛唐之音的第一项内涵就是由此而来。

第三节　中晚唐经学教育与文学创新

安史之乱以后,随着社会环境变化,经学教育重心下移,儒学的现实意义越来越明显,文风随之发生了变化。

一　中央官学中经学教育的衰落

《新唐书·儒学传序》曾这样描述安史之乱以后中央官学中经学教育的衰落情景:

> 禄山之祸,两京所藏,一为炎埃,官膺私褚,丧脱几尽,章甫之徒,劫为缦胡。于是嗣帝区区救乱未之得,安暇语贞观、开元事哉?自杨绾、郑余庆、郑覃等以大儒辅政,议优学科,先经谊,黜进士,后文辞,亦弗能克也。文宗定《五经》,镵之石,张参等是正讹文,寥寥一二可纪。①

---

① 《新唐书》卷一九八,第5637页。

经学教育在初盛唐主要由国家掌控,中央官学聚集了当世名儒,主导经学研究和教育方向。安史之乱后,中央官学衰落,经学教育式微,旧时盛况一去不返。

首先是中央官学经学教育的严肃性受到冲击。除高宗后期和武后时期以外,初盛唐时期中央官学一直深受朝廷重视。朝廷延揽名儒担任学官,皇帝、太子经常亲赴国学参加释奠礼,屡次颁发诏令整饬教学风气,这些都使中央官学的经学教育具有很强的严肃性,在朝廷政治体系和士人心中享有崇高地位。安史之乱后,经学教育的严肃性受到破坏,最突出的事件就是鱼朝恩赴国子学讲学。《旧唐书·鱼朝恩传》载:

> 朝恩性本凡劣,恃勋自伐,靡所忌惮。时引腐儒及轻薄文士于门下,讲授经籍,作为文章,粗能把笔释义,乃大言于朝士之中,自谓有文武才干,以邀恩宠。上优遇之,加判国子监事,光禄、鸿胪、礼宾、内飞龙、闲厩等使。赴国子监视事,特诏宰臣、百僚、六军将军送上,京兆府造食,教坊赐乐。大臣群官二百余人,皆以本官备章服充附学生,列于监之廊下,侍诏给钱万贯充食本,以为附学生厨料。①

此事发生在大历元年(766)二月。这是安史之乱后首次在国学释奠,本应成为重振儒学的良好开端,却变成了一场活脱脱的闹剧。鱼朝恩身为太监本不应任职国学,加之他并无学养,品行恶劣,且善于玩弄权术,与儒家教育所要造就的君子人格完全对立。但他视学之日,不仅场面十分壮观,宰相以下附送,而且"大臣群官二百余人,皆以本官备章服充附学生",还得到皇帝褒奖。开元年间玄宗屡次强调的官学教育严肃性至此荡然无存,教育者和读书人的尊严受到空前蔑视。另据《旧唐书·礼仪志》载:"(永泰二年八月)四日,释奠,宰相、常参官、军将尽会于讲堂,京兆府置食,讲论。军容使鱼朝恩说《易》,又于论堂画《周易》镜图。"②可知是年八月,国子监重修后举行释奠礼,又由鱼朝恩主讲《周易》。其讲《周易》事《资治通鉴》记载甚详:"(大历元年)秋,八月,

---

① 《旧唐书》卷一八四,第4763—4764页。
② 《旧唐书》卷二四,第923页。

国子监成；丁亥，释奠。鱼朝恩执《易》升高座，讲'鼎覆𫗧'以讥宰相。王缙怒，元载怡然。朝恩谓人曰：'怒者常情，笑者不可测也。'"①鱼朝恩不仅在国子监讲学，还借讲学讥讽宰相，把严肃的经学教育活动又一次变成了一出闹剧。

　　从鱼朝恩的上述活动中可以清楚地看出中晚唐经学教育地位的变化：第一，经学教育已经从严肃的学术传承和意识形态宣讲变成了政治斗争的附庸。代宗使鱼朝恩判国子监事，只是为了"优遇之"，是宠幸笼络权臣的一种手段。而鱼朝恩大张旗鼓地到国子监判事讲学，只是为了显示自己才兼文武，满足凌驾于读书人之上的虚荣心。第二，经学教育的意义和功能被弃之不顾。大历元年国子学重新修缮，讲学和释奠昭示着中央官学教育的新开始，朝廷本应高度重视，为此后教育树立标杆，但每次都让"粗能把笔释义"的鱼朝恩唱主角，把严肃的讲学释奠活动变成闹剧且无人质疑，可见当时的最高统治者并不重视经学教育。第三，儒者地位陷入尴尬。鱼朝恩在国学肆意妄为，使圣人之学蒙羞，儒者应该深以为耻，群起而攻之。但惧于鱼朝恩淫威，只有常衮在鱼朝恩领国子监事上"上疏以为不可"，②大多数在朝士人均沉默以对。这说明在当时朝局中，儒者话语权极其有限。初盛唐时，太宗、玄宗延请儒者至宫中讲经，尊为帝师，充当顾问，地位何其尊贵，而中晚唐儒者则只能在权力斗争的夹缝中苟全性命。

　　其次是经学教育的主要阵地中央官学逐步荒废。安史之乱以前，科举偏重诗赋，经学在教育中的受重视程度有所下降，但其仍然是中央官学教育的主要内容，即使教学情况偶有不济，但毕竟聚集了当世名儒，在士人心目中仍有很高地位。安史之乱以后，朝廷权威失坠，中央官学衰落，以官学为依托的经学教育每况愈下。永泰二年（766）代宗发布的《增修学馆制》云：

　　　　顷以戎狄多虞，急于经略，太学空设，诸生盖寡。弦诵之地，寂寥无声，函丈之间，殆将不扫。上庠及此，甚用闵焉。③

---

① 《资治通鉴》卷二二四"代宗大历元年"，第7191页。
② 《旧唐书·常衮传》，《旧唐书》卷一一九，第3445页。
③ 《全唐文》卷四六，第504页。

由此可见经安史之乱破坏后中央官学的凋敝状况。《资治通鉴》记载当时"国子监室堂颓坏,军士多借居之"。① 大历元年(766)三月,经国子祭酒萧昕建议,朝廷修缮国子监,八月竣工。② 从工期上看,工程规模应该有限。到十多年后的德宗时期,中央官学校舍仍然一片破败:

> 至有博士、助教,耕犁其中,播五稼于三时,视辟雍如农郊。堂宇颓废,磊砢属联,终朝之雨,流潦下淳。既夕之天,列宿上罗,群生寂寥,攸处贸迁。③

馆舍颓坏,难避风雨,博士志气衰堕,耕犁其中,堂堂中央官学,已俨然如农郊一般。到唐宪宗元和年间,官学更加颓败。郑余庆《请抽京外官俸料修孔子庙堂奏》云:

> 陛下文德武功,勘乱除暴,事超历代,道贯百王。国学毁坏荒芜,盖以兵戎日久,而修葺未暇也。今寇难涤荡,天下砥平,爰俾耆臣,叨领儒职,臣兢于受命,敢不肃恭。伏念旬时,莫过于此。伏望天恩,便赐允许。仍令户部每月据数并以实钱付国子监。其东都留司京官,亦准数率钱,便充东都国子监修理。④

这封奏疏虽然没有直言国学馆舍颓坏的具体状况,但从中可以看出国学荒芜日久,未加修缮。穆宗长庆以后,中央官学濒于崩溃。文宗虽存重振官学理想,但因财政拮据,官学"化为废地""尽垦为圃",⑤ 从此一蹶不振。到唐末,林宽《穷冬太学》云:"投迹依槐馆,荒亭草合时。雪深鸢啸急,薪湿鼎吟迟。默坐同谁话,非僧不我知。匡庐瀑布畔,何日副心期。"⑥ 官学已然成为荒野。教育活动依赖于一定的硬件设施,反过来,

---

① 《资治通鉴》卷二二四"代宗永泰元年",第 7188 页。
② 同上书,第 7188—7191 页。
③ 李观:《请修太学书》,《全唐文》卷五三二,第 5402 页。
④ 《全唐文》卷四七八,第 4886 页。
⑤ 舒元舆:《问国学记》,《全唐文》卷七二七,第 7492 页。
⑥ 《全唐诗》卷六〇六,第 6999 页。

硬件设施的状况也能反映教育受重视程度。中晚唐中央官学逐步衰颓，几至化为荒野，其地位、作用、影响也就十分有限了，经学教育的受重视程度由此可见。

最后是中央官学教育水平和教学风气每况愈下。照唐制，国子学、太学生员主体是贵胄子弟，管理本身就有困难。唐前中央官学管理基本上依靠三种力量维持：一是官学自身管理制度；二是国家政令；三是教育者学术声望。三者当中教育者学术声望尤其重要。在初盛唐，国学教席基本上由有声望和学行的儒者担任，朝廷重视教育，国学能起到阐扬风教的作用。到中唐，教育严肃性受到破坏，国学地位急转直下，担任国子祭酒、助教、博士的学官虽有韩愈等名士，但多数学官的学问和品行不孚众望。如贞元年间国子祭酒乔琳，虽然"少孤贫志学，以文词称"，① 其实只是粗有才学，朱泚乱中竟然附逆，任伪政权吏部尚书。有些国学学官根本不具备学问优长。如韩愈《唐故国子助教河东薛君墓志铭》所载国子助教薛公达：

> 君讳公达，字大顺，薛姓。……君少气高，为文有气，力务出于奇，以不同俗为主。始举进士，不与先辈揖，作《胡马》及《圜丘》诗，京师人未见其书，皆口相传以熟。及擢第，补家令主簿，佐凤翔军。军帅武人，君为作书奏，读不识句，传一幕以为笑，不为变。后九月九日大会射，设标的，高出百数十尺，令曰："中，酬锦与金若干。"一军尽射，莫能中。君执弓，腰二矢，指一矢以兴，揖其帅曰："请以为公欢。"遂适射所，一座皆起随之。射三发，连三中，的坏不可复射。中辄一军大呼以笑，连三大呼笑。帅益不喜，即自免去。后佐河阳军，任事去害兴利，功为多。拜协律郎，益弃奇与人为同。今天子修太学官，有公卿言，诏拜国子助教，分教东都生。②

从墓主薛公达的履历和特点看，他是一个武人，文章非其所长，连句读也写不通，在才学完全不能胜任的情况下却"诏拜国子助教，分教东都生"。

---

① 《旧唐书·乔琳传》，《旧唐书》卷一二七，第 3576 页。
② 《韩愈全集校注》，第 1762 页。

韩愈另有《太学博士李君墓志铭》，墓主太学博士李于除了进士出身外，也没有什么突出才能。国子监学官用人之滥由此可见一斑。

由于这些因素的变化，导致国学的教育水平和教学风气越来越差。以下两个事例可为佐证：一是柳宗元《与太学诸生书喜诣阙留阳城司业书》所述国学见闻：

> 始仆少时，尝有意游太学，受师说，以植志持身焉。当时说者咸曰："太学生聚为朋曹，侮老慢贤，有堕窳败业而利口食者，有崇饰恶言而肆斗讼者，有凌傲长上而诟骂有司者，其退然自克，特殊于众人者无几耳。"仆闻之，泚骇怛悸，良痛其游圣人之门，而众为是嗒嗒也。遂退托乡闾家塾，考厉志业，过太学之门而不敢局顾，尚何能仰视其学徒者哉！①

柳宗元生于大历八年，立志求学应该在德宗贞元年间。他有意"游太学"，说明太学在当时士人心目中还有一定影响。但从记载中可以看出，当时太学学风极差，真正立志求学者寥寥无几。另外一例是著名的"开成石经"刊刻事。《旧唐书·郑覃传》载：

> 文宗即位，改左散骑常侍。三年，以本官充翰林侍讲学士。四年四月，拜工部侍郎。覃长于经学，稽古守正，帝尤重之。覃从容奏曰："经籍讹谬，博士相沿，难为改正。请召宿儒奥学，校定六籍，准后汉故事，勒石于太学，永代作则，以正其阙。"从之。……时太学勒石经，覃奏起居郎周墀、水部员外郎崔球、监察御史张次宗、礼部员外郎温业等校定《九经》文字，旋令上石。……又进《石壁九经》一百六十卷。②

刊刻石经的本意是为了解决当时经学教育中"经籍讹谬"问题。在此之前经学史上出现同样问题是在唐初，原因是历史上的南北分裂，使经学的学

---

① （唐）柳宗元：《柳宗元集》卷三四，中华书局1979年版，第868页。
② 《旧唐书》卷一七三，第4490—4491页。

术研究和教育交流被阻隔。而至开成年间，国家是统一的，各种文化交流方式也有了很大进步，几十年间就又出现"经籍讹谬"问题，只能理解为经籍交流的动力不足，也就是经籍没有受到普遍重视，这才是当时经学教育的实际问题。然而，"开成石经"也未能解决这一问题，"石经立后数十年，名儒皆不窥之。"① 可见石经的内容并没有得到广泛认同。清代经学家皮锡瑞甚至认为是"世无名儒，无所谓窥与不窥"。② 一个时代竟然没有为人称道的名儒，经学和经学教育衰敝凋零到了何种地步便可以想见了。

二 私学中经学教育的发展

中央官学中经学教育的急剧衰落并不意味着经学教育的全面颓败，相反，在这一时期的私学中，一批士人主动承担起经学研究和教育传承任务，"大义"和"主旨"取代"章句"成为经学研究和教育的重心，由此导致经学教育的主要诉求和组织方式都发生了变化，对后世影响极其深远。

私学中最有影响的经学教育个例是春秋学派的兴起。春秋学派的开山人物是啖助。《新唐书·啖助传》载："啖助字叔佐，赵州人，后徙关中，淹该经术。天宝末，调临海尉、丹阳主簿。秩满，屏居，甘足疏粝。善为《春秋》，考三家短长，缝袒漏阙，号《集传》，凡十年乃成，复摄其纲条，为例统。"③ 此外春秋学派的代表人物还有赵匡和陆质。赵匡、陆质两《唐书》均有传，另有柳宗元《唐给事中皇太子侍读陆文通先生墓表》和吕温《代国子陆博士进集注春秋表》记陆质行止。从这些文献中可以看到春秋学派有以下特点：

首先，啖助、赵匡和陆质对经学有浓厚兴趣且进行了长期研究，有自己的学术见解和成果。《新唐书·啖助传》载："助爱公、穀二家，以左氏解义多谬，其书乃出于孔氏门人。"④ 啖助自述云："予辄考核三传，舍短取长，又集前贤注释，亦以愚意裨补阙漏，商榷得失，研精宣畅，期于

---

① 《旧唐书·文宗本纪》，《旧唐书》卷一七，第 571 页。
② 《经学历史》，第 150 页。
③ 《新唐书》卷二〇〇，第 5705 页。
④ 同上书，第 5706 页。

浃洽，尼父之志，庶几可见。疑殆则阙，以俟君子。谓之《春秋集传集注》。又撮其纲目，撰为《统例》二卷，以辅集传，通经意焉。"[1] 可知啖助有《春秋集传集注》和《春秋统例》三卷。陆质曾裒录纂会啖助的《春秋集注总例》。《新唐书·啖助传》载："质与其子异裒录助所为《春秋集注总例》，请匄损益，质纂会之，号《纂例》。"[2] 陆质的著述，《旧唐书·陆质传》云其著有《集注春秋》二十卷。吕温《代国子陆博士进集注春秋表》谓其"辄集注《春秋》经文，勒成十卷"。[3] 柳宗元《唐给事中皇太子侍读陆文通先生墓表》谓其"为《春秋集注》十篇，《辩疑》七篇，《微指》二篇"，[4] 则陆质著述十分丰富。另据王应麟《玉海艺文校证》于《唐春秋义统》下所引章拱之《春秋统微》序："赵氏集啖氏《统例》《集注》二书及己说可以例举者，为《阐微义统》十二卷，第三、四卷亡逸。"[5] 可知赵匡著有《阐微义统》二十卷。

其次，春秋学派有明确师承关系和教育活动。《旧唐书·陆质传》载陆质"少师事赵匡，匡师啖助。助、匡皆为异儒，颇传其学，由是知名"。[6]《新唐书·啖助传》载："助门人赵匡、陆质，其高第也。"[7] 两说虽略异，但却都认可三人之间存在师承关系。啖助的教育活动自不待言，陆质也长期从事教育活动。柳宗元《唐故给事中皇太子侍读陆文通先生墓表》称："先生字某，既读书，得制作之本，而获其师友。于是合古今，散同异，联之以言，累之以文。盖讲道者二十年，书而志之者又十余年，其事大备。"[8] 陆质曾任国子博士，但很快转任州刺史，所以他的讲学大部分时间可能是私人讲学。

最后，春秋学派的学术取向和当时经学研究方向有很大不同。啖助等人总结汉唐以来春秋传注疏解的历史，对《春秋三传》提出批评："传已

---

[1] 啖助：《春秋统例自序》，《全唐文》卷三五三，第3582页。
[2] 《新唐书》卷二〇〇，第5706页。
[3] 《全唐文》卷六二六，第6322页。
[4] 《全唐文》卷五八八，第5941页。
[5] （宋）王应麟撰，武秀成、赵庶洋校证：《玉海艺文校证》卷六，凤凰出版社2013年版，第264页。
[6] 《旧唐书》卷一八九，第4977页。
[7] 《新唐书》卷二〇〇，第5706页。
[8] 《柳宗元集》卷九，第209页。

互失经指,注又不尽传意,《春秋》之义,几乎泯灭。"①他们质疑汉唐以来的各种注疏:"《春秋》之文,简易如天地焉。其理著明,如日月焉。但先儒各守一传,不肯相通,互相弹射,仇雠不若,诡辞迂说,附会本学,鳞杂米聚,难见易滞,益令后人不识宗本,因注迷经,因疏迷注,党于所习。其俗若此,老氏曰大道甚夷而人好径,信矣!"②他们提出了"但以通经为意"的解经原则,啖助说:"予所注经传,若旧注理通,则依而书之;小有不安,则随文改易。若理不尽者,则演而通之;理不通者,则全削而别注;其未详者,则据旧说而已。"③前人注疏对啖助来说仅有参考价值而非权威见解,他要舍弃前人理不通之传注,别出新注,探求经典大义,这是春秋学派的学术和教育主张。啖助、赵匡的著作均已失传,但陆质的著作大部分流传了下来。从《春秋集传纂例》来看,啖助的主张得到了较好的贯彻。

春秋学派的经学教育所传不是章句注疏,而是对大义的探求。这不仅和《五经正义》统一经学文本以来经学教育的方向大不相同,而且和汉晋以来的经学传统也大异其趣。啖助等人的《春秋》学研究体现了汉学向宋学的过渡。他们在当时被看成"异儒",受到不少学者推崇。柳宗元曾师事陆质。大和二年(828)刘蕡对贤良方正策问,极言《春秋》大义,观点与啖助、陆质类似。④陈商、陆龟蒙等人也都信服陆质的学说。啖助等人的《春秋》学是《春秋》学史上一个转折点,带动了经学蜕变,使经学更加关注社会现实。

春秋学派在当时影响很大。啖助以后,私家经学研究和教育有了一定发展。《新唐书·啖助传》载:"助、匡、质以《春秋》,施士丐以《诗》,仲子陵、袁彝、韦彤、韦茝以《礼》,蔡广成以《易》,强蒙以《论语》,皆自名其学,而士丐、子陵最卓异。"⑤这些人都以经学著名于当时,但数人之中只有施士丐曾担任国子博士十九年,其他人都没有在官学担任过教职,因此他们的经学研究成果并未对官学的经学教育起到促进作用,他

---

① (唐)陆淳撰,吴人整理:《春秋集传纂例》卷一,上海书店出版社2012年版,第161页。
② 同上。
③ 同上。
④ 《旧唐书·刘蕡传》,《旧唐书》卷一九〇,第5064—5077页。
⑤ 《新唐书》卷二〇〇,第5707页。

们的学说也只能在私学传布。

春秋学派虽然学术传承较为紧密，但扩展范围并不大。除了春秋学派以外，当时还有很多著名士人在私学从事教育活动。如《旧唐书·李德裕传》载：

> 德裕幼有壮志，苦心力学，尤精《西汉书》《左氏春秋》。……东都于伊阙南置平泉别墅，清流翠筱，树石幽奇。初未仕时，讲学其中。①

李德裕是贵族子弟，精于经史，不急于求仕，而先于家中讲学。再如《旧唐书·阳城传》载：

> 阳城字亢宗，北平人也。代为宦族。家贫不能得书，乃求为集贤写书吏，窃官书读之，昼夜不出房，经六年，乃无所不通。既而隐于中条山，远近慕其德行，多从之学。②

阳城后曾任国子司业，深受太学生爱戴。从"远近慕其德行，多从之学"可以看出，他早年隐居授学也很受学子欢迎。又如《新唐书·袁滋传》载：

> 袁滋字德深，蔡州朗山人，陈侍中宪之后。强学博记。少依道州刺史元结，读书自解其意，结重之。后客居荆、郢间，起学庐讲授。③

袁滋少年时即跟随名士学习，学成后又结庐讲学，教授弟子。像这种著名士人在私学授学的例子还有很多，如：

> （杨收）父遗直，位终濠州录事参军。家世为儒，遗直客于苏州，讲学为事，因家于吴。（《旧唐书》卷一五七《杨收传》）

---

① 《旧唐书》卷一七四，第 4509—4528 页。
② 《旧唐书》卷一九二，第 5132 页。
③ 《新唐书》卷一五一，第 4824 页。

> 唐咸通中，荆州书生号"唐五经"，学识精博，实曰鸿儒，旨趣甚高，人所师仰。聚徒五百，以束脩自给。优游卒岁，有西河济南之风，幕僚多与之游。（《太平广记》卷二五六"唐五经"）

这些著名士人的授经活动，是经学教育出现的新变化。虽然这些授学者不像啖助那样有明确的学术观点，但是他们饱读经书、学识渊博、德行高尚，赢得了学子的信任和认可。这说明在中唐时期，经学教育中私学的作用在上升，这与初盛唐时期经学教育在官学和私学中并行不悖又以官学为主的格局大不相同，中晚唐经学教育的重心由官学下移至私学已是显而易见的事实。

三 经学教育重心下移与中唐文学的创新

经学教育重心下移，不仅是教育格局的变化，也是整个社会文化格局的变化，中唐文学的许多新变，都可以在这里找到或隐或显的原因。

首先，私学中的经学教育延续并强化了士人以学干政意识，凸显了学术教育与社会现实问题的联系，对中唐文体革新运动有一定影响。

春秋学派的出现不是学术本身发展演进的结果，而是与中唐政局有着密切关系。安史之乱后，藩镇割据，藩镇"擅署吏，以赋税自私，不朝献于廷。效战国，肱髀相依，以土地传子孙，胁百姓，加锯其颈，利怵逆污，遂使其人自视由羌狄然。一寇死，一贼生，讫唐亡百余年，卒不为王土"。① 啖助等人宣扬"王纲""贤君"的重要性，否定霸业，实际上是抨击藩镇割据，希望恢复朝廷权威。啖助认为《春秋》是孔子伤于周王室威权不行而作，其《春秋宗旨议》曰："夫子伤主威不行，下同列国，首王正以大一统，先王人以黜诸侯，不书战以示莫敌，称天王以表无二尊；唯王为大，邈矣崇高"。② 这是啖助作《春秋集传》的目的，也是春秋学派的学术宗旨，其要旨就在于尊崇周王室。方之以当时政局，就是尊崇唐王朝权威。所以吕思勉说啖助之学"实为宋人言学志在经世之先驱"。③ 赵

---

① 《新唐书·藩镇魏博传序》，《新唐书》卷二一〇，第5921页。
② 《春秋集传纂例》卷一，第160页。
③ 吕思勉：《隋唐五代史》，上海古籍出版社2005年版，第1089页。

匡论《春秋》宗旨时也有与啖助相似的观点，他认为"《春秋》因史制经，以明王道"。其方法大略有二：兴常典，著权制。赵匡抨击诸侯会盟曰："若王政举，则诸侯莫敢相害，盟何为焉？贤君立，则信著而义达，盟可息焉。观春秋之盟，有以见王政不行，而天下无贤侯也。"① 陆质则通过编纂《春秋集传纂例》保存和宣扬啖助、赵匡的思想。他另著有《春秋微旨》《春秋集传辨疑》二书，以啖、赵之说为宗判断是非，在当时很有影响。② 陆质对他的学生吕温寄予厚望。吕温《祭陆给事文》云：

> 良时未来，吾老子少。异日河图出、凤鸟至，天子咸临泰阶，清问理本，其能以"生人为重，社稷次之"之义，发吾君聪明，跻盛唐于雍熙者，子若不死，吾有望焉。③

明确表示治学之义就在于"发吾君聪明"，使唐王朝重致"雍熙"之盛世。可见在春秋学派中，以学干政意识十分明显并得到较好的传承和发扬。

以学干政是当时经学教育的普遍追求，并非春秋学派的独家学术取向。吕思勉论及施士丐的经学研究时说："可见诸人治经，皆有新说矣。此派之以意说经，似亦与前派无异，然而有大异焉者，前派之意，仅在明经，此派之志，则本在经世。"④ 贞元十八年（802）到二十一年（805），权德舆掌贡举，在策问中评议三传得失，追问三代之弊，与春秋学派以学干政宗旨相仿。作为选拔性考试，命题者固然可以在其中显示自己的学术理念和志趣，但同时也必须注意公平性，照顾到大多数应试者平素所习。权德舆这个命题，反映出在当时经学教育中，对现实问题的关注已经占据主导地位，以学干政已经成为一种普遍风气。前述李德裕、阳城、袁滋等，都不是传统意义上的宿儒，他们或别有政见，或别有性情，或另有旨趣，其讲学授徒，绝不是为了传承章句之学，而是为了使经学对现实产生影响。

以学干政是从现实政治问题出发，在经典中寻找解决问题的理论依

---

① 《春秋集传纂例》卷四，第 203 页。
② 《春秋集传纂例》朱维铮序，第 151 页。
③ 《全唐文》卷六三一，第 6369 页。
④ 吕思勉：《隋唐五代史》，第 1089 页。

据，其志不在治学，而在于干政，在于经世致用。《新唐书·啖助传》评论这一时期的儒学说：

> 《春秋》《诗》《易》《书》，由孔子时师弟子相传，历暴秦，不断如系。……啖助在唐，名治《春秋》，摭诎三家，不本所承，自用名学，凭私臆决，尊之曰"孔子意也"，赵、陆从而唱之，遂显于时。呜呼！孔子没乃数千年，助所推著果其意乎？其未可必也。以未可必而必之，则固；持一己之固而倡兹世，则诬。诬与固，君子所不取。助果谓可乎？徒令后生穿凿诡辨，诟前人，舍成说，而自为纷纷，助所阶已。[①]

如果仅从学术角度考虑，啖助所说"孔子意也"，显然有很大推测成分，并非严谨之论证。但是啖助等人追求的是以学干政，他们治学的核心在于把对经典的解释和现实问题结合起来，从这个角度考虑，他的做法就可以理解了。

以学干政的学术取向对中唐文学有显著影响。从社会现实的需要去解经，在思想层面强化了对现实问题的重视，推动了文学和社会现实的结合，最直接的就是古文运动。古文运动的代表人物柳宗元、吕温和春秋学派有明显师承关系。柳宗元曾师从陆质，其《答元饶州论春秋书》云："恒愿扫于陆先生之门。及先生为给事中，与宗元入尚书同日，居又与先生同巷，始得执弟子礼。未及讲论，会先生病，时闻要论，尝以易教诲见宠"。[②] 后又研读《春秋宗指》《春秋辨疑》《春秋集注》，对春秋学派很是服膺。他疑经的治学理路，和啖助责难三传颇有相通之处。柳宗元主张"文以明道"，但明道还不是目的，明道以后要解决现实问题，即所谓"道之及，及乎物而已耳"。"及乎物"，就是以"道"来理解分析乃至规范现实，判断社会种种是非，使整个社会中人人行为有所依归。他作《封建论》指出分封制不过是历史上某一时期的产物，并非永久不变之真理，郡县制有利于维护朝廷权威。从表面上看和孔子"天子治天下，诸侯治本

[①] 《新唐书》卷二〇〇，第5707页。
[②] 《柳宗元集》卷三一，第818页。

国"说法不一致,不能算是"明道",实际上是以新的学说发展了儒家主张统一的传统观点,使后世顽固的分封制拥护者在理论上从此彻底破产,也为反对当时的藩镇割据提供了坚实理论根据,具有强烈干预现实的目的。其《段太尉逸事状》通过叙述段秀实逸事,彰表忠烈,对当时藩镇武人专横,唐王朝凝聚力下降,世态人心涣散无疑会起到警示作用。其《贞符》《六逆论》等文针砭时弊,扬善惩恶,和春秋学派学术宗旨一致。

吕温幼承家学,随族兄吕皋学习《春秋》,后师从陆质,得春秋学派精髓。他主张"文者,盖言错综庶绩,藻绘人情,如成文焉,以致其理"。①认为作文要以现实"庶绩""人情"为基本内容,探求其中蕴含的道理。他的古文多针砭时弊,提倡法治,具有强烈的现实主义精神。其《三受降城碑铭》,既文采斐然,又切于史实,从历史叙述中阐发构筑受降城的意义,呼吁朝廷加强边防,显示出对现实问题的深切关怀。柳宗元称赞吕温道:

> 尧、舜之道,至大以简;仲尼之文,至幽以默。千载纷争,或失或得,俾乎吾兄,独取其直。贯于化始,与道咸极。推而下之,法度不忒,旁而肆之,中和允塞。道大艺备,斯为全德。②

"道大艺备,斯为全德",意即吕温的文章思想文采都粲然可观。关于"道",柳宗元认为吕温能凌越千载之得失,"独取其直",说明吕温的论述深得春秋学派宗旨。可见在柳宗元看来,吕温所受春秋学派经学教育对其文学创作的成功有着重要影响。

韩愈也深受当时以学干政经学教育思潮的影响。韩愈童年时从兄长韩会学习,韩会亡故后随寡嫂避难宣州,经过几年苦读,至长安参加科考,因考试不顺,长期滞留京城。韩愈求学时啖助已卒,陆质在朝任左拾遗。十年以后权德舆掌贡举时即在策问中问及《春秋》三传,说明经学教育变化正在进行。韩愈虽未师从名师,但辗转求学,想必已经感知到这一变

---

① 吕温:《人文化成论》,《全唐文》卷六二八,第6342页。
② 柳宗元:《祭吕衡州温文》,《柳宗元集》卷四〇,第1052页。

化。他在论述"道"时曾与"学"相联系,有几段文字值得注意:

> 将蕲至于古之立言者,则无望其速成,无诱于势利。养其根而俟其实,加其膏而希其光。根之茂者其实遂,膏之沃者其光晔,仁义之人,其言蔼如也。(《韩愈全集校注》贞元十七年《答李翊书》)
> 夫所谓文者,必有诸其中,是故君子慎其实。实之美恶,其发也不掩。本深而末茂,形大而声宏,行峻而言厉,心醇而气和。(《韩愈全集校注》贞元十七年《答尉迟生书》)

从这两段文字看,韩愈认为立言为文,必须以"学"为基础,"无望其速成,无诱于势利",即"学"要经过长时间的艰苦努力,而且不能被外界短暂的诱惑所左右。只有学得其实,才能"气和""声宏",也就是说教育对文章创作有重要影响,这是韩愈学习的经验总结。他表示:

> 读书以为学,缵言以为文,非夸多而斗靡也,盖学所以为道,文所以为理耳。苟行事得其宜,出言适其要,虽不吾面,将信其富于文学也。①

韩愈认为,为学作文,是为了彰明道理,而不能徒夸言辞。学问是为了证"道",作文是为了明"理"。而是否有"道"和"理",标准在于"行事得其宜,出言适其要"。一个人若能如此,即使我没有见过他,我也认为他有文学成就。韩愈强调的作文明道和中唐经学教育取向正好一致。

中唐士人大多和柳宗元、吕温、韩愈一样,认为作文要阐扬圣人之道,以道衡量是非,从而彰显正义,指斥邪恶,使社会恢复秩序,人人各得其所,有明显的贯道于文,以道衡文的思想。其核心在于士人以儒学精神为内在依托,以文章为手段表达个人对时局的态度和应对之思考。本道、宗经、重政教之用,他们把所明之道和社会现实与政治问题联系了起来。他们要明的道,实际上也就是他们所要宣扬的社会政治主张。

---

① 韩愈:《送陈秀才彤序》,《韩愈全集校注》,第 1668 页。

其次，私学中经学教育的创新精神对中唐文学革新也有开启作用。中唐士人在尊圣宗经前提下，试图创立一家之言，因此在经学研究和教育中弥漫着创新之风。正如蒙文通所说："中国学术，建安、正始而还，天宝、大历而还，正德、嘉靖而还，并晚周为四大变局，皆力推旧说，别启新途。……先生于唐推韩愈先后与并时之人，以见古文流派之盛。又因文见道之说，而寻其思想，以见孟、荀、扬雄、王通所以为世尊仰，而佛老所逢诃斥，六朝唐初之风，于此丕变，以下开两宋。"① 前述春秋学派就充满创新精神，啖助反对董仲舒"天不变，道亦不变"的说法，主张"反经合道""变而得中"，肯定变革的意义。韩愈、柳宗元等人在解释儒家经典时也都充满了创新精神。

学术思想上的创新势必引起教育内容的创新，为了适应内容变化和形势需要，经学教育方式也在创新。《新唐书·阳城传》载：

（阳城）坐是下迁国子司业。引诸生告之曰："凡学者，所以学为忠与孝也。诸生有久不省亲者乎？"明日谒城还养者二十辈，有三年不归侍者斥之。简孝秀德行升堂上，沈酗不率教者皆罢。躬讲经籍，生徒斤斤皆有法度。②

阳城认为学习忠孝之道，就应付诸实际行动。他要求国子生员回家省亲，对生员品行进行奖惩，然后亲自授课，"生徒斤斤皆有法度"。说明在原有国学教育中习业与品行脱节，阳城改革教育方法予以纠正，收到了较好的教育效果。此事被吕思勉称为"矫伪"之行，确实有一定道理。但即便出于"矫伪"的目的，毕竟改变了过去国子生员空谈孝义却久不省亲的状况，由此也可以看出原来教育中的一些做法正在发生变化。

阳城在太学生中有很高声誉。《新唐书·阳城传》载："薛约者，狂而直，言事得罪，谪连州。吏捕迹，得之城家。城坐吏于门，引约饮食讫，步至都外与别。"③ 此事之后，阳城被贬为道州刺史，太学生二百多

---

① 蒙文通：《评〈学史散篇〉》，见蒙默编《蒙文通文集》卷三，巴蜀书社2015年版，第471页。
② 《新唐书》卷一九四，第5771页。
③ 同上。

人诣阙乞留。《旧唐书·阳城传》载：

> 太学生王鲁卿、季偿等二百七十人诣阙乞留，经数日，吏遮止之，疏不得上。①

柳宗元认为太学生群体诣阙乞留事件堪与东汉末年太学生声援李膺、陈蕃，魏时太学生声援嵇康相提并论。从中可以看出作为教育者的阳城与受教育者声气相通，感情深厚，他除了传授知识，还和生徒一起关心政治，以实际行动践行儒家之道。这也是当时教育的新变化。师生间这种紧密关系和深厚情感在当时较为普遍。陆质"秉笔持简，侍于啖先生左右十有一年"。② 啖助去世后，陆质不辞劳苦，"与其子异哀录助所为《春秋集注总例》，请匡损益，质纂会之，号《纂例》"。③ 陆质和啖助，陆质和赵匡，吕温与陆质，柳宗元与吕温之间感情都非同一般。而韩愈、柳宗元周围都有一些士人和他们既是师生又是朋友，可见这种情况在当时比较普遍，这应该是当时教育组织方式的新变。

在教学活动中讨论着新观念，在师生关系间沐浴着新情感，这使求新植根于学子思想深处，也使求新求变的精神体现在了作文上。柳宗元在《杨评事文集后序》中云："文之用，辞令褒贬，导扬讽谕而已。虽其言鄙野，足以备于用。然而阙其文采，固不足以竦动时听，夸示后学。立言而朽，君子不由也。故作者抱其根源，而必由是假道焉。作于圣，故曰经；述于才，故曰文。"④ 韩愈在《答刘正夫书》中也说："若圣人之道不用文则已，用则必尚其能者。能者非他，能自树立，不因循者是也。"⑤ 言之不文，行之不远，讲清道理易，传之久远难。作为古文运动的领袖，韩、柳认为作文贵在"能自树立"，要"足以竦动时听，夸示后学"。韩门弟子皇甫湜《答李生第二书》对作文要求新求奇的道理做了详细阐发：

---

① 《旧唐书》卷二九二，第 5133 页。
② 《春秋集传纂例》卷一，第 166 页。
③ 《新唐书·啖助传》，《新唐书》卷二〇〇，第 5706 页。
④ 《柳宗元集》卷二一，第 578—579 页。
⑤ 《韩愈全集校注》，第 2051 页。

> 夫谓之奇，则非正矣，然亦无伤于正也。谓之奇，即非常矣。非常者，谓不如常者；谓不如常，乃出常也。无伤于正而出于常，虽尚之亦可也。此统论奇之体耳，未以文言之失也。夫文者非他，言之华者也，其用在通理而已，固不务奇，然亦无伤于奇也。使文奇而理正，是尤难也。生意便其易者乎？夫言亦可以通理矣，而以文为贵者非他，文则远，无文即不远也。以非常之文，通至正之理，是所以不朽也……夫绘事后素，既谓之文，岂苟简而已哉？①

皇甫湜认为，非常之文，通至正之理，圣人文章多奇，所以传之久远。

中唐诗歌创作也深受这一思潮影响。皎然《诗式》"复古通变体"云："作者须知复变之道，反古曰复，不滞曰变。若惟复不变，则陷于相似之格，其状如驽骥同厩，非造父不能辨。能知复变之手，亦诗人之造父也。……在儒为权，在文为变，在道为方便。"② 皎然认为诗的生命在于通变。韩孟诗派就深谙此理，作诗奇崛险怪，刻意求变。盛唐诗歌重"自然"，中唐诗歌重"锻炼"，在求新求变思潮影响下，诗风发生了深刻变化。

求新、尚奇来自经典解释中的"自我作古"精神。经学教育重心下移，突破了初盛唐依托于官学教育的经学阐释的统一性，而寻求适应现实需要的新的经学解释。正如冯友兰所说："经典都需要真正是新的解释和发挥，才能解决新时代的问题。"③ 虽然这种动向最初的动机是巩固国家统一和朝廷权威，但士人被迫在规范的经学阐释系统之外寻求新资源，激发了他们重新思考古今、兴衰、穷通等问题，造就了士人追求立一家之言的学术志趣。在教育上促进了教育者渗透并传承自身学术和政治观念，形成有自身风格的教育团体。此时的士人兼具学者、官员、诗人等多重身份，诗歌创作之中多见关于天人之际、古今之变的思考，出现了很多说理成分。如韩愈《从仕》：

> 居闲食不足，从仕力难任。两事皆害性，一生恒苦心。黄昏归私

---

① 《全唐文》卷六八五，第7021页。
② （唐）皎然撰，李壮鹰校注：《诗式校注》卷五，人民文学出版社2003年版，第330页。
③ 冯友兰撰：《中国哲学简史》，涂又光译，北京大学出版社1985年版，第297页。

室,惆怅起叹音。弃置人间世,古来非独今。①

此诗全篇以议论构成,抒发居闲、从仕与损害心性的矛盾,表达古今怀才不遇者的共同感叹。再如柳宗元《曲讲堂》:

> 寂灭本非断,文字安可离!曲堂何为设?高士方在斯。圣默寄言宣,分别乃无知。趣中即空假,名相与谁期?愿言绝闻得,忘意聊思惟。②

从设置曲讲堂的必要性落笔,指出默然的妙语也要假托言语的宣讲,将圣默与宣讲分开是无知的做法,并认为中道与空相、假名本是一回事,不必区分"名""相"之别,最后希望能弃绝听闻所得到的东西,通过认真思维得到佛之真谛。全诗多用佛教术语,基本上全是议论,与东晋玄言诗风已无差异。

古今成败之理,人世沧桑之叹,成为时人诗中的常见主题。如刘禹锡《西塞山怀古》:

> 西晋楼船下益州,金陵王气漠然收。千寻铁锁沉江底,一片降幡出石头。人世几回伤往事,山形依旧枕寒流。今逢四海为家日,故垒萧萧芦荻秋。③

山河依旧,人事全非,如今四海一家,江山一统,像六朝那样的分裂,已经一去不复返,诗人于深沉的历史感慨中也暗寓着对割据者的严正警告。再如吕温《岳阳怀古》:

> 晨飙发荆州,落日到巴丘。方知剡剡利,可接鬼神游。二湖豁南浸,九派驶东流。襟带三千里,尽在岳阳楼。忆昔斗群雄,此焉争

---

① 《韩愈全集校注》,第 78 页。
② 《柳宗元集》卷四三,第 1235 页。
③ (唐)刘禹锡撰,陶敏、陶红雨校注:《刘禹锡全集编年校注》卷五,岳麓书社 2003 年版,第 330 页。

上游。吴昌屯虎旅，晋盛鹜龙舟。宋齐纷祸难，梁陈成寇雠。钟鼓长震耀，鱼龙不得休。风雪一萧散，功业忽如浮。今日时无事，空江满白鸥。①

诗人由荆州向巴陵，途经岳阳，面对"可接鬼神游""襟带三千里"的洞庭湖水，不禁想起南朝往事。"风雪一萧散，功业忽如浮"，人世万千功业，皆随时间飘散，唯有山水得以久存。但毕竟"今日"还不是真正"无事"，诗人并不甘心徒然瞩目"空江满白鸥"，似乎还是希望在怀古的思索中把握兴替之缘由。诗人在时间和空间两个维度中思考当今问题，化理入景，借景抒情，经学之理念，文学之情感，合而为一。明人陆时雍《诗境》云："中唐诗近收敛，境敛而实，语敛而精。势大将收，物华反素。盛唐铺张已极，无复可加，中唐所以一反而之敛也。"② 时代风云重压，个人遭际多变，促使诗人们对社会和人生进行深入思考，诗中的理性成分明显增加。

化理入诗，融情入理，是中唐很多诗人的创作特点。如柳宗元《零陵春望》："平野春草绿，晓莺啼远林。日晴潇湘渚，云断岣嵝岑。仙驾不可望，世途非所任。凝情空景慕，万里苍梧阴。"③ 做不了仙人，做不了能臣，诗人试图在山水之中感受归于自然的人生乐趣，同时也在赏景之中包含了一己关于人生之道的体悟。

总之，中唐诗人在观照自然、反思自我、总结历史等过程中化理入情而融情理为一，使儒家经学的理致渗透到诗歌之中，虽然有时也因为佛教思想的融入而最终落笔在"空""无"上，但对历史的深切感怀却是儒家经世致用思想的体现。

---

① 《全唐诗》卷三七一，第4165页。
② （明）陆时雍选评，任文京、赵冬岚点校：《诗镜》，河北大学出版社2010年版，第11页。
③ 《柳宗元集》卷四三，第1218页。

第三章　唐代文学教育与文学创作

唐代教育中除经学及其他内容之外，文学也是极为重要的一部分，我们将之称为文学教育。具体说来，文学教育是教育者指导学习者阅读作品、练习写作，以求丰富情感、提高审美能力、掌握创作技巧的行为。①唐代文学教育兴盛，内容丰富，形式多样，为唐代文学繁荣做出了重要贡献。唐代文学教育兴起的原因是什么？唐代文学教育包含哪些具体内容，采用了哪些教育方式？唐代文学教育对唐人文学创作产生了哪些影响？都是本章所要讨论的问题。

第一节　唐代文学教育兴盛的原因

唐代文学教育兴盛的原因有很多。泛而论之，与政治稳定、经济发达、文化繁荣有关；具体而言，又与经验积累、帝王好尚、诗赋取士有关。

一　唐前文学的高度发展

"诗者，志之所之也，在心为志，发言为诗。"② 从本质上说，文学是人内心情志的自然表达，但是任何表达都需要一定的形式，形式的发展带动文学表现技巧的进步，而前人的技巧可以作为经验供后人学习借鉴，这是文学教育发展的动力。唐前文学家尝试写作各种文体，表现丰富题材，抒写多样主题，涌现出不少名家，也留下了许多名篇，积累了丰富的资

---

① 郭英德：《古代中国文学教育的基本特点》，《陕西师范大学学报》2006 年第 6 期。
② 《毛诗正义》卷一，《十三经注疏》，第 563 页。

源。尤其是魏晋南北朝时期，诗歌形式和表现技巧更是有了长足发展。所有这些都使唐代文人一开始就必须学习前人创作经验，从而站在一个较高的起点上。

《诗经》中"国风"和"小雅"，善用比兴，以朴素简净的语言描摹事物、抒发感情。屈原的辞赋文采绚丽，想象奇特，带有浓烈的浪漫色彩和鲜明个性。汉乐府作为宫廷音乐作品文本，叙事、抒情都别有特色。《古诗十九首》言近旨远、语短情长，被誉为"可谓几乎一字千金"。建安诗志深笔长，梗概多气，曹操诗"如幽燕老将，气韵沉雄"。曹植诗"骨气奇高，词采华茂"。此后诗家各有所长，各领风骚。正如清人叶燮《原诗》所云：

> 建安、黄初之诗，大约敦厚而浑朴，中正而达情。一变而为晋，如陆机之缠绵铺丽，左思之卓荦磅礴，各不同也。其间屡变而为鲍照之逸俊，谢灵运之警秀，陶潜之澹远，又如颜延之藻绩，谢朓之高华，江淹之韶妩，庾信之清新：此数子者，各不相师，咸矫然自成一家。①

陶诗自然朴素，平淡而又淳厚，讲究意境营造，语言迭经锻炼却不见炉火之迹。谢灵运描摹山水，"情必极貌以写物，辞必穷力而追新"。② 齐梁诸家讲求词采、声律、对偶、用事，工于炼字造境，用语精警流丽，状物纤密细巧。尤其是小谢、阴、何等人，大量写作山水诗，提高了诗歌描摹自然的能力。诗歌语言较之汉魏，更精练、更灵活、形象性大大增强。

唐前诗人们在诗歌体裁上也多有开创。中国诗歌发展到汉代，四言体和骚体日趋式微，五言诗日臻成熟。七言诗从柏梁体，到张衡《四愁诗》，再到曹丕《燕歌行》，直到鲍照乐府，基本上得以确立。曹植、王粲等人作诗已经讲究声律，陆机说"诗缘情而绮靡"，至沈约等人创立永明体，清楚地揭示出诗歌声律的奥秘，方有初唐近体诗体式的最后定型。时人少数作品，篇制、对偶、声律结合得相当完美，已是标准的五言律诗。五排、五绝、七绝形成过程，与五律大抵相当，孕育于齐梁，定型于初唐。

---

① （清）叶燮撰，蒋寅笺注：《原诗笺注》内篇上，上海古籍出版社2014年版，第16页。
② 范文澜：《文心雕龙注》卷二，人民文学出版社1958年版，第67页。

在庾信、隋炀帝个别作品中,七言八句当中已有两联对偶。除了诗歌,赋体、骈文等各种文体也都有成功创作。

总之,唐前文学家为唐人文学创作积累了丰富经验,留下了充足的教育资源,也为唐代诗歌的高度繁荣铺平了道路。

二 唐代帝王的大力提倡

唐人崇尚文学,这一风气的形成与君主的大力提倡有关。李唐立国以后,虽然高祖没有特别的文学才能和爱好,但太宗爱好文学,并聚集了一批文学之士。此后唐王朝的历位帝王,虽然贤愚有别,但基本上把对文学的好尚之风继承了下去。明人胡震亨《唐音癸签》总结唐诗繁荣原因时说:

> 有唐吟业之盛,导源有自。文皇英姿间出,表丽缛于先程;玄宗材艺兼该,通风婉于时格。是用古体再变,律调一新;朝野景从,谣习浸广。重以德、宣诸主,天藻并工,赓歌时继;上好下甚,风偃化移,固宜于喝遍于群伦,爽籁袭于异代矣。……于时文馆既集多材,内庭又依奥主,游宴以兴其篇,奖赏以激其价。谁氅律宗,可遗功首?[①]

帝王的喜好往往会在整个社会产生重大影响。太宗爱好文学既顺应了当时崇尚文学的社会潮流,也有很深的政治用意。太宗兼有文韬武略,知道创业守成均需人才。他在为天策上将时就起文学馆以待四方之士,时称学士者有十八人。李唐开国的政治骨干主要来自关陇,这对控制关陇固然重要,但对山东、江南的控制力无疑相对较弱,需要笼络山东、江南人士。太宗即位后即多方招纳山东、江南人才,他以来自山东的李世勣等人为将,以来自江南的岑文本为相。其他如来自江南的虞世南,《旧唐书·虞世南传》称其"善属文,常祖述徐陵,陵亦言世南得己之意"。[②]来自山东的李百药,《大唐新语》载其与父李德林"才行相继,海内名流

---

① (明)胡震亨:《唐音癸签》卷二七,上海古籍出版社1981年版,第281页。
② 《旧唐书》卷七二,第2565页。

莫不宗仰"。① 这些人本就才名高著，收拢这些人，尤其要使他们心悦诚服，故而他们所擅长的文学便成为一种政治笼络手段。太宗大力提倡文学，可以联络山东、江南地区文士感情，使他们对新朝有归属感。

　　太宗提倡文学还与其偃武修文的国策有关。太宗历经战阵，本就喜欢武功。据《唐语林》记载，其即位多年后还在苑内擒射猛兽。唐俭进谏道："汉祖以马上得之，不以马上理之，陛下以神武定四方，岂复逞雄心于一兽。"② 搏杀一兽乃是小节，不值得郑重劝谏，但若因猎兽而生尚武好战之心，开边不已，就关系到王朝安危了。魏徵也多次进言，要太宗偃武修文，才可得致太平。太宗从善如流，把偃武修文作为国策，开学校以崇儒学，制科举以取才士，立史馆以修史书。听朝之间，他常与学士诗人"讨论典籍，杂以文咏"。③ 这一举措收到了很好成效。吕思勉说："两晋、南北朝政治之一坏，一由贵人淫侈，一则胡俗之粗犷。唐高祖之怠荒，何异于晋武帝？使元吉而得志，亦何异于齐文宣哉？故知五代之弊风，至唐初犹未殄也。幸其末年风气稍变，右文者渐多，而太宗即其人，故获致一时之治焉。"④ 事实上岂止"一时之治"，太宗这一举措开启了新传统，由帝王而至朝廷，由朝廷而至天下，使整个社会兴起了崇尚文学的风气。

　　帝王崇尚文学从三个方面促进了文学教育：一是文化建设上有鲜明的文学倾向。唐初编纂《艺文类聚》，"摘其菁华，采其旨要"，"使家富隋珠，人怀荆玉"，辑录历代典籍中有文学色彩的部分以成书。高宗武后时编纂《瑶山玉彩》，也是秉承这一思路。这些将知识专门化的类书，既是文化建设指标，也为文学教育的拓展打下了基础。从初唐直至五代，专门化的类书都在文学教育中起到了重要作用，这点下文还要论及。

　　二是引发文学教育需求。唐代宫廷经常举行文学活动。或为庆典作诗，或为娱乐作诗，或命全员参加，或只命文士写作，或按固定节日进行，或因帝王一时兴起，内容丰富，形式多样。有些活动本身就是作诗比赛。而诗作好坏，不仅事关作者声名高低，而且关乎官爵升降，大臣们想

---

① （唐）刘肃撰，许德楠、李鼎霞点校：《大唐新语》卷八，中华书局1984年版，第123页。
② 《唐语林校证》卷一，第34页。
③ 《全唐诗》卷一，第1页。
④ 吕思勉：《隋唐五代史》，第71页。

在这样一种政治生态中生存和发展，就不得不在诗歌创作上下些功夫。宫廷里的这种文学活动自然令廷外士人羡慕不已，人人都向往这种生活方式，人人都期待进入这个圈子。要进入这个圈子，就需要学习他们的程式，就要在文学创作上做好准备，于是文学教育就成了一种实实在在的社会需求。当这些社会需求越来越广泛的时候，文学教育就成了大范围内的自觉行为。

三是优秀诗人主动承担起文学教育角色。宫廷诗坛汇聚了一批优秀诗人，其创作自然成了人们学习的榜样。宫廷诗人也主动承担起诗歌教育者的角色，写下了《笔札华梁》《诗髓脑》《唐朝新定诗格》等一系列诗格著作，以供后进学诗所用。上官仪的"上官体"，引起很多人效仿。《新唐书·上官仪传》称："仪工诗，其词绮错婉媚。及贵显，人多效之，谓为'上官体'。"[1] 上官仪毫无保留，作《笔札华梁》传授诗歌创作经验。李峤作咏物组诗《百咏》，是现今公认的唐代诗歌教育启蒙教材，它介乎理论总结与纯粹创作之间，可边读诗边学习创作法式，对当时的文学教育有很大推动作用。可以看出，当时的著名诗人主观上很乐意把文学经验传承下去，他们主动担负起了文学教育的职责。

三　科举取士的诱导刺激

"唐王朝设进士科，以诗赋取士，于是诗歌一门，便成为封建阶级知识分子的必修科目。"[2] 作为一种以考试来衡量和选拔人才的特定活动，唐代科举与文学关联紧密，从一开始就是推动和引导文学教育发展的重要因素。

唐代科举考试科目有帖经、墨义、策问和诗赋四种。帖经上一章已有论述。墨义是简单笔试问答，与帖经类似，考察经典文句熟悉程度。策问是政论性问答，要求应试者对现实社会中各种问题提出建议。诗赋是后出的一种方式，最早在高宗开耀元年出现，要求考生作诗、赋各一篇，但仅是加试而已。直至天宝十三载才正式成为制度，于策问之外更试诗赋，诗赋开始在科举考试中具有了重要地位。表面上看，诗赋真正被列入考试科

---

[1] 《新唐书》卷一〇五，第4035页。
[2] 王仲荦：《隋唐五代史》，上海人民出版社1986年版，第1018页。

目是在盛唐后期，帖经、墨义、策问都与文学无关，但文学才能仍是考试成败的关键。帖经和墨义属于达标项目，通过者很多，实际选拔意义不大，在诗赋被列入考试项目之前，各科考试最终去取都决定于策问。① 策问本意在于考查考生对社会问题的见解，但考生所答大多空洞无物，考官只能在文采上分出优劣。加之策问使用骈文书写，讲究声律对偶，文学才能就显得更为重要。如上官仪《对求贤策》：

  对：凤德方亨，必资英辅，龙光未聘，实俟明君。既藏器以须时，亦虚襟而待物，莫不理符灵应，道叶冥通。类霜降而钟鸣，同云蒸而础润，秘策赴之如投水，神心应之若转规，用能感会一时，抑扬千古。是以沈鳞暂跃，遂游泳于天汉；坠羽才迁，乃腾骧于日陆。弘心体之妙旨，播舟水之嘉谋，义列丹青，德融金璧。迨乎时钟季叔，化渐浇讹，拔萃之惠罕流，因地之阶愈笃。使西都金子，奕叶称荣；东国袁生，八公为贵。廷尉之明穷识理，十载无知；黄门之妙极摛文，八迁宁进。徒使千星秀气，永翳穷尘；照虎奇光，长湮幽石。自可循风市马，袭轨画龙，三反不亏，七年无废。戋戋束帛，指邱园而毕陈；翘翘车乘，望林泉而载辖。则材摽海若，雾集丹墀，德表星精，云飞紫阙。岂直高尚之士，遥集于台司；衡泌之俦，乔迁于鼎识。谨对。②

这篇策问 300 多字，多为歌功颂德，真正回答问题的不到 50 字。就这 50 字也是毫无新意，无非是要"礼贤"而已，可谓见识平平。但在当时却称得上是一篇较好的策问，原因是其符合骈文标准，而且辞藻华丽。从《全唐文》所存唐人策问看，绝大多数有和这篇策问一样的特点。所以说，策问归根结底考的是文学才能。至天宝十三载，科举才正式加试诗赋。此后，文学在考试中所占的比重就更大了。

  唐代科举考试面向全民，对应试者身份没有过多限制，无论士庶皆可自由报考，因此激发了下层士人的参与热情，而这正是以往教育的盲区。

---

① 参看陈飞《唐代试策考述》，中华书局 2002 年版，第 3 页。
② 《全唐文》卷一五五，第 1584 页。

"朝为田舍郎，暮登天子堂"的梦想具有极大的诱惑力，进士及第的荣耀也会在一定程度上抵消寒窗苦读的艰辛，许多人想通过科举改变命运。而科举考试考的是有特定形式技巧的文学，士子们要适应这种考试，就必须通过学习方能掌握，文学教育也因此得以蓬勃展开。其盛况如中唐沈既济所云："父教其子，兄教其弟，无所易业。"[1] 文学既有趣又易教，还与科举要求紧密相关，所以文学教育往往容易推广。元稹曾在乡间听闻童子称："先生教我乐天、微之诗。"[2] 唐宣宗《吊白居易》云："童子解吟长恨曲，胡儿能唱琵琶篇。"[3] 可见唐代文学教育之普遍。

第二节 唐代文学教育的内容及方式分析

认识唐代文学教育与文学创作的关系，须先了解唐代文学教育的内容和方式。文学教育是一种活动，可以分析出很多层面。从教育机构来说，有蒙学、乡学、县学、州学、中央官学；从教学内容来说，有《文选》等文学范本，名家别集等文学读本，诗法等写作教程；从教学形式来说，有系统讲授、偶然指点、评介诗集、书信讨论。教育机构中蒙学和乡学童蒙教育一章将会论及，其他已见前述。下面就从教学内容入手，分析唐人获得文学知识和创作技能的方式。

一 唐代文学教育的内容

唐代文学教育的内容，大体说来主要有四个方面：第一，《文选》被作为文学阅读与文学写作的范本；第二，前代和当代著名诗人的诗文被作为教育教学的读本；第三，各种诗法、诗格、韵书等被作为教授文学写作知识的教材；第四，类书作为文学教育和士子习文的课本，尤其是《蒙求》《兔园策府》和随身卷子等小型类书以及一些大型咏物组诗，这些不仅是童蒙教育的教材，也是成年士子文学教育的便携式袖珍课本。

《文选》在隋末唐初便作为文学教材广为流行，当时研习《文选》已

---

[1]《通典·选举三》，《通典》卷一五，第357—358页。
[2] 元稹：《白氏长庆集序》，《元稹集》卷五一，第642页。
[3]《全唐诗》卷四，第49页。

是一门学问,称作"选学"。据《旧唐书·曹宪传》载,扬州江都人曹宪仕隋为秘书学士,"每聚徒教授,诸生数百人","所撰《文选音义》,甚为当时所重。初,江淮间为《文选》学者,本之于宪,又有许淹、李善、公孙罗复相继以《文选》教授,由是其学大兴于代"。①《新唐书·曹宪传》又言魏模也曾以《文选》教授生徒:"(曹)宪始以梁昭明太子《文选》授诸生,而同郡魏模、公孙罗、江夏李善相继传授,于是其学大兴。"②曹宪教授《文选》在隋,许淹、李善、公孙罗、魏模教授《文选》在初唐。关于李善教授《文选》,《旧唐书·李善传》《旧唐书·李邕传》和《新唐书·李邕传》都有记载。③上述各家教授《文选》属于私人讲学。也就是说,在初唐,《文选》是被作为私学教育的教材传授。换言之,在初唐,至少在私学中已经出现了文学教育的内容。

盛唐以后文学教育活动更趋普遍,《文选》仍被当作首选教材。杜甫称"诗是吾家事",教育儿子宗武"熟精《文选》理"(杜甫《宗武生日》)。清人李重华《贞一斋诗说》评论说:"子美家学相传,自谓'熟精《文选》理',由唐以诗赋取士,得力《文选》,便典雅宏丽;犹今之习八股业,先须熟五经耳。昭明虽词章之学,识力不甚高,所选却自一律,无俗文字。子美天才既雄,学力又破万卷,所得岂直《文选》?持以教儿子,自是应举捷径也。"④"应举捷径",一语道破《文选》与科举之关系。可见《文选》既是考试用书,也是文学教育用书。《新唐书·选举志》载李德裕语曰:"郑肃、封敖子弟皆有才,不敢应举。臣无名第,不当非进士。

---

① 《旧唐书》卷一八九,第4945页。
② 《新唐书》卷一二三,第5640页。
③ 《旧唐书·李善传》:"李善者,扬州江都人。……尝注解《文选》,分为六十卷,表上之。赐绢一百二十匹,诏藏于秘阁。除潞王府记室参军,转秘书郎。乾封中,出为经城令。坐与贺兰敏之周密,配流姚州。后遇赦得还,以教授为业,诸生多自远方而至。"见《旧唐书》卷一八九,第4946页。《旧唐书·李邕传》:"李邕,广陵江都人。父善,尝受《文选》于同郡人曹宪。后为左侍极贺兰敏之所荐引,为崇贤馆学士,转兰台郎。敏之败,善坐配流岭外。会赦还,因寓居汴、郑之间,以讲《文选》为业。"见《旧唐书》卷一九〇,第5039页。《新唐书·李邕传》:"李邕字泰和,扬州江都人。父善,有雅行,淹贯古今……为《文选注》,敷析渊洽,表上之,赐赉颇渥。……居汴、郑间讲授,诸生四远至,传其业,号'文选学'。"见《新唐书》卷二〇二,第5754页。
④ (清)李重华:《贞一斋诗说》,见丁福保编《清诗话》,上海古籍出版社1963年版,第936页。

然臣祖天宝末以仕进无他岐,勉强随计,一举登第。自后家不置《文选》,盖恶其不根艺实。"① 说明天宝年间参加科举考试需熟悉《文选》。李方舟《唐故陇州汧阳县尉太原王府君（升）墓志铭并序》称墓主王升"志学,长六尺七,而言质行方,偏好《礼记》及《文选》"。② 墓主卒于元和七年,享年71岁,其事当在盛唐到中唐之间。《唐才子传》称独孤及"尝读《选》中沈、谢诸公诗"。③ 韩愈《唐故中大夫陕府左司马李公墓志铭》记李郱"年十四五,能暗记《论语》《尚书》《毛诗》《左氏》《文选》"。④ 说明中唐士人普遍学习《文选》。《唐故岭南节度使右常侍杨公女子书墓志》称杨子书"诸兄所习史氏经籍子集《文选》,必从授之,览不再绎,尽得理义",⑤ 事在乾符年间。可见终有唐一代,《文选》始终是文学教育教材。《文选》兼收众体,颇多名作,篇幅适中,是理想的文学教育范本。当时的科举考试没有如今考试大纲之类的资料,考官和考生共同选择一部内容适中且为大众熟悉的作品选集作为备考教材,《文选》因此中选,作为考试用书而更加普及则是情理中事了。

名家别集也往往成为文学教育读本,其中既包括前代著名文人的诗文,也包括当代著名文人的诗文。只是名家随教学者和习业者偏好自由选择,阅读普遍性远不及《文选》。又因梁代以前名家作品有些已被选入《文选》,所以名家别集实际上只是学习者的延伸阅读教材。

前代名家最常见者为屈原、司马相如、庾信、王延寿、江淹等人。屈原《离骚》在唐人文学教育中最为常用。《大周故兖州都督彭城刘府君墓志铭并序》载刘璿"五岁诵骚、雅,七岁读诗、书,兼解缀文,每有奇句"。⑥《故银青光禄大夫秘书监兼昭文馆学士侍读上柱国常山县开国公赠润州刺史马公墓志铭并序》称马怀素"十五,遍诵诗、礼、骚、雅,能属文"。⑦《唐故朝议大夫给事中上柱国戴府君墓志铭并序》载墓主戴令言

---

① 《新唐书》卷四四,第1169页。
② 吴钢:《全唐文补遗》第八辑,三秦出版社2005年版,第116页。
③ （元）辛文房撰,傅璇琮等校笺:《唐才子传校笺》卷三,中华书局1995年版,第586页。
④ 《韩愈全集校注》,第2454页。
⑤ 《唐代墓志汇编》,第2491页。
⑥ 周绍良、赵超:《唐代墓志汇编续集》,上海古籍出版社2001年版,第392页。
⑦ 《唐代墓志汇编》,第1205页。

"垂髫能颂《离骚》及《灵光》《江》《海》诸赋"。① 可见唐人习业往往将《离骚》与《诗》《礼》并列。司马相如赋在唐人文学教育中也居于重要位置。陶翰《送孟大入蜀序》云:"翰读古人文,见《长杨》《羽猎》《子虚赋》,壮哉!"② 李白幼年父亲教其诵《子虚赋》。其《秋于敬亭送从侄耑游庐山序》云:"余少时,大人令诵《子虚赋》,私心慕之。"③《大唐故越国太妃燕氏墓志铭并序》载:"(太妃)兄敬嗣时因禀训读《上林赋》于前,太妃一览斯文,便诵数纸,太夫人善其聪令,抚而异之。"④ 说明司马相如赋是唐人学习作赋的重要范本。此外,庾信、王延寿、江淹等人的赋作也是唐人文学教育的内容。《新唐书·蒋乂传》载:"乂性锐敏,七岁时,见庾信《哀江南赋》,再读辄诵。"⑤ 颜真卿幼时,姑母曾为其讲授王延寿、江淹等人赋作。颜真卿《杭州钱塘县丞殷府君夫人颜君神道碣铭》称:"真卿童孺时,特蒙君教言辞音剖(阙)延寿《王孙赋》,崔氏《飞龙篇》,江淹《造化篇》《五都赋》。"⑥

当代名家名作也是唐代文学教育的内容,许多著名诗人的作品常常被儿童诵习。王维诗曾被皇亲贵戚子弟诵读,《太平广记》"王维"载:"维则出献怀中诗卷呈公主。公主既读,惊骇曰:'此皆儿所诵习,常谓古人佳作,乃子之为乎?'因令更衣,升之客右。"⑦ 在被诵习者当中,元、白诗最为典型。元稹《白氏长庆集序》曰:"予尝于平水市中,见村校诸童,竞习歌咏,召而问之,皆对曰:'先生教我乐天、微之诗。'"⑧ 这条材料常被学者用来说明元、白诗歌传播流布之广,这同时也说明元、白诗是当时的文学读本。杜牧《唐故平卢军节度巡官陇西李府君墓志铭》引李戡语说:"尝痛自元和已来有元、白诗者,纤艳不逞,非庄士雅人,多为其所破坏,流于民间,疏于屏壁,子父女母,交口教授,淫言媟语,冬寒

---

① 《唐代墓志汇编》,第1157页。
② 《全唐文》卷三三四,第3381页。
③ 《李太白全集》卷二七,第1267页。
④ 《唐代墓志汇编续集》,第193页。
⑤ 《新唐书》卷一三二,第4531页。
⑥ 《全唐文》卷三四四,第3493页。
⑦ 《太平广记》卷一七九,第1332页。
⑧ 《元稹集》卷五一,第555页。

夏热,入人肌骨,不可除去。"① 这也从反面说明元、白诗是当时人们"交口教授"的内容。而元稹少年时曾读陈子昂和杜甫的诗作。其《叙诗寄乐天书》云:

> 仆时孩骏,不惯闻见,独于书传中初习,理乱萌渐,心体悸震,若不可活,思欲发之久矣。适有人以陈子昂《感遇》诗相示,吟玩激烈,即日为《寄思玄子》诗二十首。故郑京兆于仆为外诸翁,深赐怜奖,因以所赋呈献。京兆翁深相骇异,秘书少监王表在座,顾谓表曰:"使此儿五十不死,其志义何如哉!惜吾辈不见其成就。"因召诸子训责泣下。仆亦窃不自得,由是勇于为文。又久之,得杜甫诗数百首,爱其浩荡津涯,处处臻到,始病沈、宋之不存寄兴,而讶子昂之未暇旁备矣。②

元稹自叙曾经学习陈子昂《感遇》诗,并在其激发下自创诗作,后又习杜甫诗并从中发现沈、宋等人创作弊端。此外如戎昱诵习岑参诗,③ 刘得仁念诵顾非熊诗,④ 郑谷吟习司空图诗,⑤ 太学生习读杜牧诗,⑥ 都是唐人以当代名家诗文作品作为文学教育内容的例证。

唐代文学教育内容除前代和当代名家名作以外,一般性的泛称教授诗文的例证就更多了。如张籍授诗于韩昶,韩昶《自为墓志铭并序》载其幼时,"张籍奇之,为授诗,时年十余岁,日通一卷,籍大奇之,试授诸童,

---

① 《杜牧集系年校注》卷九,第744页。
② 《元稹集》卷三〇,第351页。
③ 戎昱《赠岑郎中》曰:"童年未解读书时,诵得郎中数首诗。"《全唐诗》卷二七〇,第3008页。
④ 刘得仁《贺顾非熊及第其年内索文章》曰:"愚为童稚时,已解念君诗。"《全唐诗》卷五四四,第6289页。
⑤ 《唐诗纪事》"郑谷":"谷,字守愚,袁州人,故永州刺史之子。幼年,司空图与刺史同院,见而奇之曰:'曾吟得丈丈诗否?'曰:'吟得。'"(宋)计有功《唐诗纪事》卷七〇,上海古籍出版社2008年版,第1040页。
⑥ 《太平广记》"杜牧"载:"武陵曰:'侍郎以峻德伟望,为明天子选才俊,武陵敢不薄施尘露。向者偶见大学生数十辈,扬眉抵掌读一卷文书。就而观之,乃进士杜牧《阿房宫赋》。若其人,真王佐才也。侍郎官重,恐未暇披览。'于是缙笏,朗宣一遍。邺大奇之。"《太平广记》卷一八一,第1349页。

皆不及之。能以所闻，曲问其义，籍往往不能答。受诗未通两三卷，便自为诗"。① 韩愈教贾岛为文："（贾岛）字浪仙，范阳人。初为浮屠，名无本。能诗，独变格入僻，以矫浮艳于元、白。来洛阳，韩愈教为文。去浮屠，举进士，终普州司户。"② 其他如朱昼从孟郊学诗，③ 章八元从严维学诗，④ 刘昭禹从林宽学诗，⑤ 方干学诗于徐凝。⑥ 李齐物亲授诗集于陆羽，⑦ 萧颖士授文史于戴叔伦，⑧ 韦淳学文于许孟容，⑨ 令狐楚指授李商隐作骈文，⑩ 等等。这些在教育中明确记载教授诗文等文学内容的例证，事多在盛唐以后。这就是说，在盛唐以后，文学教育更为普及。

诗格、韵书等写作教程是唐代文学教育的又一项重要内容。⑪ 诗格作为专有名词是古代文学批评中某一类书的名称，包括"诗格""诗式""诗法"等在内的文学写作教程。内容主要是阐述声律、对偶、用字、取景、构思等作诗法度和规则，为习诗者所必需。如包何"曾师事孟浩然，授格法"。⑫

---

① 《全唐文》卷七四一，第7666页。
② 《唐诗纪事》卷四〇，第610页。
③ 《唐才子传校笺》"朱昼"："昼，广陵人。贞元间慕孟郊之名，为诗格范相似，曾不远千里而访之。不厌勤苦，体尚奇涩。"《唐才子传校笺》卷五，312页。
④ 《唐诗纪事》"章八元"："高仲武云：八元尝于邮亭偶题数句，盖激楚之音也。会稽严维到驿，问八元曰：'尔能从我学诗乎？'曰：'能。'少顷遂发，八元已辞家。维大异之，遂亲指喻，数年词赋擢第。至如'雪晴山脊见，沙浅浪痕交'，得山水状貌也。"《唐诗纪事》卷二六，第398页。
⑤ 《唐诗纪事》"刘昭禹"："昭禹，字休明，婺州人也。少师林宽，为诗刻苦，不惮风雪。诗云：'句向夜深得，心从天外归。'"《唐诗纪事》卷四六，第702页。
⑥ 《唐诗纪事》"徐凝"："凝之操履不见于史，然方干学诗于凝，赠之诗曰：'吟得新诗草里论。'戏反其辞谓村里老也。方干，世所闻简古者，且能讥凝，则凝之朴略椎鲁，从可知也。"《唐诗纪事》卷五二，第791页。
⑦ 陆羽《陆文学自传》："天宝中，郢人酾于沧浪道，邑吏召子为伶正之师。时河南尹李公齐物出守，见异，捉手拊背，亲授诗集。于是汉沔之俗亦异焉。"《全唐文》卷四三三，第4421页。
⑧ 梁肃《戴叔伦神道碑》："公少聪明好学，能属辞。兰陵萧茂挺名重一时，罕能推挹，拔公于诸生之上，授以文史，由是令闻益炽。"见《唐才子传校笺·补正》卷五，第246页。
⑨ 刘禹锡《唐故中书侍郎平章事韦公集纪》："公本名淳，举进士，登贤良，既仕，方更名处厚，字德载。汉丞相扶阳侯之裔孙，后周逍遥公夐之八代孙，江陵节度参谋、监察御史里行、赠右仆射某之元子。生而聪明绝人，在孩提，发言成诗，未几能赋。受经于先君仆射，学文于伯舅许公孟容。"《刘禹锡全集编年校注》卷一九，第1220页。
⑩ 《旧唐书·李商隐传》，《旧唐书》卷一九〇，第5078页。
⑪ 张伯伟指出，诗格是为了适应初学者或应举者的需要而写的。见张伯伟《全唐五代诗格汇考》，凤凰出版社2002年版，第4页。
⑫ 《唐才子传校笺》"包何"："何，字幼嗣，润州延陵人，包融之子也。与弟佶，俱以诗鸣，时称'二包'。天宝七载杨誉榜及第。曾师事孟浩然，授格法。"《唐才子传校笺》卷三，第460—461页。

灵彻上人"授诗法于严维"。① 徐凝授格律于方干。② 这说明唐人在文学教育中已十分注重对士子进行诗歌创作法度、规则的指导和传授。可以说，诗格的出现是律诗趋于成形的表现，而文学教育中普遍教授诗格的内容则是促使律诗更加圆熟的重要推动力。唐代文学教育中诗格的传授在初盛唐时就已存在，最为典型的例证是王昌龄。《唐才子传》载："昌龄工诗，缜密而思清，时称'诗家夫子王江宁'，盖尝为江宁令。"③ 王昌龄之所以被称为"诗家夫子"，就因为他曾为士子授诗，如孔夫子一样授徒讲学。王昌龄授诗主要在为江宁丞时，被贬龙标尉之后仍为士子授诗。他所讲授的，主要是作诗法。④ 他的《诗格》，很多内容就是他所讲授的作诗法。

韵书是诗、赋、骈文创作的工具书。王国维曾评论唐写本《唐韵》说："唐人盛为诗赋，韵书当家置一部，故陆孙二韵，当时写本当以万计。……传写既多，故名称部目不能尽同。"⑤ 在唐代，韵书也是文学教育用书。本书第一章第二节引唐裴铏《传奇》"文箫"所载大和末书生文箫夫妇先以抄写贩卖《唐韵》为生，后以教授童子为业事，⑥ 他们的授业内容中或许就包含《唐韵》。

唐代有些类书也被用于教学。如《初学记》就是玄宗为了皇子们学习作文方便才命张说等人编纂的。刘肃《大唐新语》载："玄宗谓张说曰：'儿子等欲学缀文，须检事及看文体。《御览》之辈，部秩既大，寻讨稍难。卿与诸学士撰集要事并要文，以类相从，务取省便。'"⑦ 这至少说明两点：第一，尽管翻检不便，《御览》等大型类书也曾充当过文学教育教

---

① 《唐才子传校笺》"灵彻"："灵彻，姓汤氏，字澄源，会稽人。自童子辞父兄入净，戒行果洁。方便读书，便觉勤苦。授诗法于严维，遂籍籍有声。及维卒，乃抵吴兴，与皎然居何山游讲。……贞元中，西游京师，名振辇下。"《唐才子传校笺》卷三，第612页。
② 《唐才子传校笺》"方干"："徐凝初有诗名，一见干器之，遂相师友，因授格律。干有赠凝诗云：'把得新诗草里论。'时谓反语为村里老，疑干讥诮，非也。"《唐才子传校笺》卷七，第373页。
③ 《唐才子传校笺》卷二，第258页。
④ 参见卢盛江《王昌龄〈诗格〉考》，《江西师范大学学报》2008年第2期。张伯伟认为："王氏曾向其后学传授诗律，因而有《诗格》之书。"《全唐五代诗格汇考》，第146页。
⑤ 王国维：《书吴县蒋氏藏唐写本〈唐韵〉后》，见王国维撰，彭林整理《观堂集林》卷八，河北教育出版社2003年版，第182页。
⑥ 《唐五代笔记小说大观》，第1151—1152页。
⑦ 《大唐新语》卷九，第137页。

材；第二，《初学记》是为皇子"学缀文"而编。《新唐书·艺文志》于《初学记》下注云："张说类集要事以教诸王，徐坚、韦述、余钦、施敬本、张烜、李锐、孙季良等分撰。"①"以教诸王"更说明了《初学记》的文学教育教材性质。《初学记》最初用来教诸王作文，流行开来后，便成为儿童习文教材。《旧五代史·梁书·成汭传》按语云："后因汭生辰，淮南杨行密遣使致礼币之外，仍贶《初学记》一部，准欻然以为不可，谓汭曰：'夫《初学记》，盖训童之书尔，今敌国交聘，以此书为贶，得非相轻之甚耶！宜书责让。'"②可见一直到五代，《初学记》仍然作为训蒙之书使用。唐代科举试题多出自类书，③科考用书必然就会成为教学用书。

唐代作为童蒙教材的小型类书，如《蒙求》《太公家教》《兔园策府》等，都是用骈辞俪语将经史知识编写成册，④这些书籍有时也会作为成年士子的文学读本。类似的还有随身卷子，是从古今诗中摘录出来的秀句。⑤《文镜秘府论》南卷"论文意"引王昌龄语云："凡作诗之人，皆自抄古今诗语精妙之处，以为随身卷子，以防苦思。作文兴若不来，即须看随身卷子，以发兴也。"⑥可见随身卷子是习诗者常备用书。童蒙教材有时可以作为随身卷子。如唐代蒙书《杂抄》，现存有两则题记 P.3393 与 P.3649，P.3393 题记曰："辛巳年十一月十一日三界寺学士郎梁流庆书记之也。"P.3649 题记曰："丁巳年正月十八日净土寺学仕郎贺安住自手书写读诵过记耳。""学士郎""学仕郎"，简称"学郎"，在金山国以后用来称州县官学与寺学学生。三界寺、净土寺是敦煌地区僧寺。从两条题记来看，《杂抄》被当时敦煌地区州县官学和私学用作教材。又《杂抄序》云："《杂抄》一卷，一名《珠玉抄》，二名《益智文》，三名《随身宝》。"名曰《随身宝》，说明有随身卷子性质。联系王昌龄所言随身卷子

---

① 《新唐书》卷五九，第 1563 页。张说以宰相知集贤院事，为学士之首，故注文言张说"类集要事"。而实际工作，则以副知院事徐坚为首。

② 《旧五代史·梁书》卷一七，第 230 页。

③ 参见张振谦《唐代三部类书对唐诗的影响》，《中华文化论坛》2008 年第 1 期。

④ 详见本书第五章《唐代童蒙教育与儿童诗》。

⑤ 如宋人萧元登的《古今诗材》被《四库全书总目》列入类书类，《总目》云："是书取唐宋人诗分类编辑。或录全篇，或割取一二联及数句。惟绝句则全载。"见《四库全书总目》卷一三七，第 1803 页。

⑥ ［日］遍照金刚撰，卢盛江校考：《文镜秘府论汇校汇考》，中华书局 2006 年版，第 1331 页。

为作诗之人抄古今诗语精妙处以防苦思的用途,可知随身卷子应当也是文学教育的教材。

具有类书性质的咏物组诗在唐代也是文学教育的教材。最典型的要数李峤的《百咏》。《百咏》分乾象、坤仪、芳草、嘉树、灵禽、祥兽、居处、服玩、文物、武器、音乐、玉帛十二部,每部十首诗。葛晓音将李峤《百咏》与《初学记》对比后认为:"'百咏'从类目、物名到典故的编排方面,都带有类书的特色。"①《四库全书总目》也将李峤《百咏》归于类书。《百咏》虽有类书性质,但形式上却是诗歌作品,是类书式的咏物组诗。《百咏》作为教材可从张庭芳《故中书令郑国公李峤杂咏百二十首序》中找到证据:"于是欲罢不能,研章摘句,辄因注述,思郁文繁,庶有补于琢磨,俾无至于疑滞,且欲启诸童稚,焉敢贻于后贤?"②张庭芳晚于李峤几十年,他注杂咏诗是为了"启诸童稚"。张庭芳为"新安郡博士",是州郡学官,他注杂咏意在使学生学习时"无至于疑滞"。刘克庄诗话云:"鹤相(丁谓)在海外,效唐李峤为单题诗,一句一事,凡一百二十篇,寄洛中子孙,名《青衿集》,徐坚《初学记》之类也。……且篇篇用李韵。"③丁谓《青衿集》创作完全模仿李峤《百咏》,写后寄给"洛中子孙",以便习诗之用,可知《百咏》到宋代仍是教材范本。日本平安朝中期就将李峤《百咏》、李瀚(翰)《蒙求》和白居易《白氏新乐府》当作幼学蒙书。④林述斋《佚存丛书》本跋论及《百咏》时云:"皇朝中叶,甚喜此诗,家传户诵,至使童蒙受句读者亦必熟背焉。"⑤

上述各类文学教育内容多见于私学,在官学使用的记载不多。《太平广记》"张简"载唐国子监助教张简"曾为乡学讲《文选》"。⑥此条出自《朝野佥载》,作者张鷟卒于玄宗开元年间,故书中所记多半为武则天到玄

---

① 葛晓音:《创作范式的提倡和初盛唐诗歌的普及》,见氏著《诗歌高潮与盛唐文化》,北京大学出版社 1998 年版,第 236—251 页。
② 《全唐文》卷三六四,第 3693 页。
③ (宋)刘克庄撰,辛更儒笺校:《刘克庄集笺校》卷一七五,中华书局 2011 年版,第 6791 页。
④ [日]川口久雄:《平安朝日本汉文学史的研究》,明治书院 1964 年版。
⑤ (唐)李峤撰,张庭芳注,胡志昂编:《日藏古抄本李峤咏物诗注》,上海古籍出版社 1998 年版,第 21 页。
⑥ 《太平广记》卷四四七,第 3658 页。

宗朝前期事，则张简为乡学讲授《文选》事当在初盛唐。按唐代教育体制，乡学属于地方官学。由此可知，初盛唐时期地方官学也教授《文选》一类的文学内容。但总体来看，相较官学而言，唐代私学中的文学教育更为普遍。

二 唐人文采获取方式

唐代文学教育内容一般性地反映了文学教育的基本知识。但是，文学知识不同于经学知识，有一个从原典到注、笺、疏、证的内在联系较强的知识体系，文学知识比较驳杂，教育方式也相对灵活。从现有材料判断，唐代在文学教育知识的基础上，形成了一些相对固定且互相之间有紧密联系的教育方式，这些方式也是唐人文采的获取方式。①

一是语言的积累和研习。这是依托类书和《文选》形成的一种文采获取方式，以记诵和比较揣摩语言为主。盛唐编辑了多部文学类书，体例一般是按类收集有辞采的诗文全篇或警句。如《艺文类聚》序云：

> 夫九流百氏，为说不同。延阁石渠，架藏繁积，周流极源，颇难寻究。披条索贯，日用宏多，卒欲摘其菁华，采其旨要，事同游海，义等观天。皇帝命代膺期，抚兹宝运，移浇风于季俗，反淳化于区中。戡乱靖人，无思不服。偃武修文，兴开庠序。欲使家富隋珠，人怀荆玉。以为前辈缀集，各抒其意。流别《文选》，专歌其文；《皇览》遍略，直书其事。文义既殊，寻检难一。爰诏撰其事，且文弃其浮杂，删其冗长，金箱玉印，比类相从，号曰《艺文类聚》，凡一百卷。②

《艺文类聚》是唐代最早出现的大型文学类书。编者试图从藏书中辑录出文句精华按类编排，即所谓"摘其菁华，采其旨要"。书名"艺文"，取《汉书·艺文志》之意，意谓包综"九流百氏"，但"类聚"所成，并非百科全书，实为丽辞萃编。书中选萧纲诗文310篇，沈约诗文228篇，曹

---

① "文采"指唐人的文学创作才能，包括知识、技能、艺术等多个层面。
② 欧阳询：《〈艺文类聚〉序》，《全唐文》卷一四六，第1478—1479页。

植诗文 200 篇，其他多为齐梁作品，作品多以辞藻华丽见长。除《艺文类聚》外，初盛唐官修类书还有太宗时的《文思博要》1300 卷，高宗时的《瑶山玉彩》500 卷、《累璧》400 卷，武后时的《玄览》100 卷、《三教珠英》1300 卷，玄宗时的《事类》130 卷、《初学记》30 卷，等等。这些类书如今多已散佚，但从名称和现存史籍记载看，大多和《艺文类聚》一样，是以辞藻为标准，辑录文学性较强的诗文或词句。如《瑶山玉彩》"博采古今文集，摘其英词丽句，以类相从"。[①] 文学是语言艺术，写作需要言语资料，类书提供话语资源，初学者可以从中选取诵读，成熟者可以翻阅取用。

唐人对文学语言的学习积累有较高的自觉性。王昌龄教导弟子学诗时曾说："凡作诗之人，皆须自抄古今词语精妙之处。"[②] 这里所说的"自抄古今词语精妙之处"就是抄录积累精妙的语言，其目的在于帮助自己的创作。王昌龄还以谢灵运、鲍照为例说明语言积累的重要性："若谢康乐语，饱肚意多，皆得停泊，任意纵横。鲍照言语逼迫，无有纵逸，故名狭腹之语。以此言之，则鲍公不如谢也。"[③] 谢灵运饱学，语言积累富足，所以表达自由，任意纵横。而鲍照学狭，语言储备不足，故而表述窄迫，不及谢灵运。积累文学话语对初学者来说至关重要，对成熟作家来说也很重要，文学话语储备多寡会直接影响到创作格局宽狭。而文学语言积累最直接有效的方式就是记诵类书或者其他名家名篇。《艺文类聚》等大型类书，卷帙繁多，翻检、购买、携带都有一定困难，于是民间出现了一些小型类书，如《文场秀句》《兔园策府》《类林》等。这些书与大型类书性质相同但篇幅有限，便于学习者诵读携带，于是很快流传开来。

《文选》也是唐人积累文学话语的资源库。《文选》选文注重文学性，"昭明所选，名之曰'文'，盖必文而后选也"。[④] 而"文"的标准就是"藻翰"，即所谓"事出于沉思，义归乎藻翰"。[⑤] 可以说《文选》本身是

---

① 《旧唐书·孝敬皇帝弘传》，《旧唐书》卷八六，第 2828 页。
② 《文镜秘府论汇校汇考》南卷"论文意"，第 1331 页。
③ 同上书，第 1332 页。
④ 阮元：《书梁昭明太子文选序后》，（清）阮元撰，邓经元点校：《揅经室》三集卷二，中华书局 1993 年版，第 608 页。
⑤ 《文选序》，（南朝·梁）萧统编，（唐）李善注：《文选》，中华书局 1977 年版，第 2 页。

一个语言和表现手法方面的极好教材,而李善注《文选》尤其注意发掘辞藻价值,其注释方式可以引导学习者仔细揣摩和研习文学语言。

李善注《文选》有两个特点:其一是"释字忘义"。注重解释字词来历和含义,不注重阐发文章主旨和大意。这样就把《文选》变成了工具书,学习者无论秉持什么样的文学观念,有什么样的风格爱好,都可以把《文选》作为基本教材。其二是"征引释义"。"征引"就是"引文释义",同"以形索义""因声求义""比较互证"一样,不直言"某做某解",而是征引他书作解,通过比较、类比释意。如谢惠连《泛湖归出楼中玩月》诗句"日落泛澄瀛"中的"瀛"字,李善注:"《楚辞》曰:'倚沼畦瀛兮遥望博。'王逸曰'楚人名池泽中曰瀛'。"① 先引《楚辞》句类比,后引王逸注解。这样看上去是在解释谢惠连的诗句,实际上是为谢诗用词找到了一个使用例证,学习者可以比较该词在不同诗句当中的含义、形象,以扩展形象思维。又如谢灵运《登石门最高顶》诗句"嗷嗷夜猿啼"中的"嗷"字,李善注为:"《楚辞》曰:'声嗷嗷以寂寥。'《广雅》曰:'嗷,鸣也。'"② 也是先引《楚辞》诗句,后引《广雅》解释含义。这样《楚辞》诗句和谢灵运诗句在意蕴上就可以互相发明。谢诗中"嗷嗷"并无"寂寥"之意,征引了《楚辞》句后,学习者就可以联想到《楚辞》句中"寂寥"二字。李善注大多照此方式进行,有意沟通本句和例句,以加深对该句的理解,扩展艺术思维。据清人汪师韩统计,《文选》李善注引书1582种,是古代引书最多的四个注本之一。其中引集部书798种,集部中又以引诗、赋类书目最多,赋208种,诗154种。③ 经、史、子、集四部书中,集部占50.44%,集部中,诗、赋类又占了总数的45.36%。

如此一来,《文选》及其注释就形成了一个文学词汇扩展群。而且,互相类比对照也在互相解释的情况下形成比较和鉴别,使不同文句斑斓互映,更能显示出词语内涵的不同侧面和意义的细微差别,有助于增强文学作品运用词语摹情状物的准确性,进一步体现了文学词汇群落的特征。所

---

① 《文选》卷二二,第312页。
② 同上书,第315页。
③ (清)汪师韩撰,(清)孙志祖辑:《文选理学权舆》,续修四库全书,第1581册,上海古籍出版社2002年版,第3页。

以唐人对《文选注》十分推重，杜甫称"熟精《文选》理"，一个"精"字，道出对《文选》的学习，须以精心揣摩体会为主这一精髓。

语言的积累和研习对文学的影响是巨大的。首先，初盛唐诗歌语言摹情状物的表现力更强。如"临""逐""笼""流""碧"等字，魏晋诗歌当中还很少用到，南朝诗人开始大量使用，到唐代被继承下来，使用频率进一步提高。宇文所安说这些字是唐诗中"反复出现的高雅的字"。① 其次，唐人的语言运用技巧大大增强。如唐代诗歌中实词大为增加，多用"山""云""飞""生"等字，表明初盛唐人在遣词造句方面已经能更好地把具有较强表现力的词汇组织在一起，而不必像以往那样借助虚词连缀以成诗句。最后，使唐诗的语言既丰富又生动。如对色彩的描写，唐前人多以青、白为基本色调写景，唐人在"青""白"等字之外，还能用"素""淡""暗"等字来表现同一色调下色彩的不同层次。唐前人描写同一色彩层次几乎没有区分。如阮籍诗中经常用到"薄""暗"，嵇康诗中经常用到"暗""黑"，即使像陶渊明这样的写景大家也不甚留意景物色彩。再如描写阳光，唐人有"映""照""临""晖""明"等词语，细腻地写出不同时段阳光的特点，而同样的内容阮籍、嵇康也往往只用"照"和"映"两字。杨炯《从军行》八句中有五句各用一个动词，"照""辞""绕""暗""杂"，成功地渲染了军情之紧张和情感之激越。后人摘句评诗多选唐代及唐以后诗，也表明诗歌词汇运用自唐代起发生了较大变化。而这不能不说与初盛唐人频繁编纂类书促进了习文者吸收文学话语有关。

积累文学话语是学习文学创作的基础，但如果只停留在这个基础阶段而不能超越这个阶段，创作时沉浸于华辞丽句当中，过分注重词语安排以求超过前人，也会拖累文学创作质量。正如杨炯《王勃集序》对龙朔初年文坛的批评："尝以龙朔初载，文场变体。争构纤微，竞为雕刻。糅之金玉龙凤，乱之朱紫青黄。影带以狥其功，假对以称其美。骨气都尽，刚健不闻。"② 过于注重文辞，把全部精力放在文辞安排上，一篇作品，但见文辞，不见性情，也不是理想作品。

---

① 《初唐诗》，第5页。
② 《杨炯集笺注》卷三，第273页。

二是诗歌属对和声韵规则的习得。这是依托于诗格类知识所进行的教育活动，方式上以模仿为主。对初唐习文者而言，学会声律、对偶等规则是首要大事。这些知识主要通过学习诗格等著作完成。诗格一般是著名诗人总结创作经验写成，旨在指导后学掌握写作常识。空海《文镜秘府论》天卷序云："阅诸家格式等，勘彼同异，卷轴虽多，要枢则少，名异义同，繁秽尤甚。"① 从"卷轴虽多"可以看出，当时这类著作有很多。

这些著作无多高深理论，却有很强的操作性，习文者可以按照其中所示学习写作。例如属对，上官仪《笔札华梁》归纳出 11 种，后来作者不断丰富，增至 20 余种。当然新增并非都是新创，有些是将原有规则细化。如"的名对"，元兢《诗髓脑》从中细分出"平对"和"奇对"。原来解释"的名对"时并未给定一个标准，而是给出一些例子。细分不但没有增加限制，反而给学习者以更多提示。如解释"奇对"：

> 奇对者，若马颊河、熊耳山也，此"马""熊"是兽名，"耳""颊"是形名，既非平常，是为奇对。……又如漆沮、四塞，"漆"与"四"是数名，又两字各是双声对。又如古人名，上句用曾参，下句用陈轸，"参"与"轸"者，同是二十八宿名。若此者，出奇而取对，故谓之奇对。②

这里实际上是给习诗者指出了一些不常见的对偶方法，如果没有例句提示，习诗者很难想到"四塞"对"漆沮"和"陈轸"对"曾参"。这种方法来自对语言的灵活理解。"漆"原本是"物"，现在被当作"数"。有学者指出："初唐人对诗文对偶方式的研究已是十分细密了，差不多包括了从词性、词义到声韵、字形等各个方面。这些对偶充分利用、展示了汉语的特性，表现出相当的文字技巧。"③ 声律和对偶充分利用了汉语特性，是在全面掌握汉语规律基础上形成的表达技巧。

掌握此类知识主要靠模仿。《笔札华梁》《文笔式》等诗格类著作解

---

① 《文镜秘府论汇校汇考》天卷序，第 24 页。
② 《文镜秘府论汇校汇考》东卷"论对"，第 760 页。
③ 张海明：《关于初唐文学思想的几个问题》，《北京师范大学学报》2000 年第 2 期。

释某一规则时都使用了"如……""他皆仿此"一类句式,提示习诗者模仿例句写作。由于模仿成为主要学习方式,著名诗人很容易受人推重。如《旧唐书·乔知之传》载:"(乔)知之与弟侃、备,并以文词知名。知之尤称俊才,所作篇咏,时人多讽诵之。"①《旧唐书·贺知章传》载:"神龙中,(贺)知章与越州贺朝、万齐融,扬州张若虚、邢巨,湖州包融,俱以吴、越之士,文词俊秀,名扬于上京。"② 上官仪、李峤、苏味道、王维、王昌龄等人都因文辞出众而受到时人追捧。似此因文辞优长而驰名于世的现象也会刺激其他文人的创作热情,从而在创作中注意锤炼文辞。

诗格中所载文体创作知识有利于习诗者写出具有美感的诗文。例如使用对偶后上下两句就构成了一个表达整体,语意结构和表意功能因此发生了变化,或相互生发,或相互照应,从而提升了诗句表达能力。具体而言,将两组关系紧密的词语排列在一起,形成语义并列而词义相近或相反关系,变单线叙述为双线叙述,从而形成一个表达整体,或渲染某种情绪,或构成某一画面,给人以深刻印象。如:"渡头余落日,墟里上孤烟。"(王维《辋川闲居赠裴秀才迪》)从"渡头"到"墟里",由远及近,撑起了景物的基本空间。"落日""孤烟"相对,不仅在形状、动静、虚实、色彩等多个方面构成对比映衬,还使意境具有立体感,景物就由"面"发展到"体",既浑融一体而又层次磊落。再如"大漠孤烟直,长河落日圆"(王维《使至塞上》),"明月松间照,清泉石上流"(王维《山居秋暝》),画面中展示了多个维度。而正是运用对偶,才使这种多维度展示成为可能。章太炎以李白和杜甫为例区别对偶与不对偶时说:"据我看来,李诗是成线的,杜诗是成面的。"③ 李白诗多古风,少对偶,因而成线;杜甫诗多律诗,对仗严整,因而成面。成面之诗句更适合构筑意境的需要,律诗在造境上更容易浑然一体。

对偶两句之间还有一种特殊张力。前句虽然意思完整,但仿佛对下句有所提示和期待,下句回应补充上句,或者"正中下怀",或者"出人意表",使上句期待得到满足,形成一种新的审美感受。正如高友工所说,

---

① 《旧唐书》卷一九〇,第5012页。
② 同上书,第5035页。
③ 章太炎:《国学概论》,巴蜀书社1987年版,第107页。

就读者阅读而言,"普通阅读是线性向前的,对仗结构的阅读使线性的阅读进程暂时中断。像流水一样前进的运动过程停了下来,产生一种不断回顾和旁观的运动,逗留于对仗的两个诗句所构成的封闭空间里,形成一个循环。这种阅读方式完全吻合了诗歌所具有的'空间性'和'循环性'"。① 也就是说,对偶在联内形成的张力,在联与联之间构成的停顿,可以使诗意呈示上具有成"面"的"空间性",有助于意境营造。通常情况下,一联表述一事,下联另言他事,每句高度凝练,意思表达完整。各联表意分工大体上是:首联起句,颔联、颈联展开,尾联收束,形成一个蓄势、发力、收拢或提升的表达过程。每句意义完整,两句紧密相连,互相补充照应,形成新的语义完整的表达单位,为诗歌整体服务。简言之,声律、对偶等规则对唐诗营造兴象玲珑的意境起到了技术保障作用。

三是创作技巧的引导。这主要依托于一些展示技巧的专门知识,如李峤《百咏》、王昌龄《诗格》等,依靠习文者在模拟中领悟获得。李峤《百咏》以具体作品教示后学就某一物事联类构思。这组诗虽然以物为题,但目的不在于咏物,而是教示学诗者如何构思、如何用典、如何表达。如《宅》:

    寂寞蓬蒿径,喧喧湫隘庐。屡逢长者辙,时引故人车。孟母迁邻罢,将军辞第初。谁怜草玄处,独对一床书。②

住宅是极普通之物象,给这一普通物象赋予诗情画意有相当难度。作者将与宅有关之人事发掘出来,变物象描写为故事讲述,把古代发生的与住宅有关的故事串联起来,选一两个场景,一一叙述出来。故事人所熟知,不必完整讲述,场景展示画面,可以增强表达的形象感。所以诗只有八句,却用了七个典故。《百咏》一百二十首几乎都是这样,将用典、对偶、体物交织在一起,供后学学习体会。③

---

  ① [美]高友工:《律诗美学》,见乐黛云、陈珏选编《北美中国古典文学研究名家十年文选》,江苏人民出版社1996年版,第89页。
  ② 《全唐诗》卷五九,第704页。
  ③ 参见葛晓音《创作范式的提倡和初盛唐诗的普及》,《诗国高潮与盛唐文化》,第238页。

王昌龄《诗格》直接讲述创作技巧。《诗格》是王昌龄指导弟子学诗的教学记录。其中对具体创作方法的指授，如"十七势"，讲如何进入题意、如何使结尾含蓄有余味、如何使景与意交融。每一"势"先做解释，再举诗句作例，唯恐学生不能得其门而入。甚至还讲诗句内容安排，如"诗有上句言物色，下句更重拂之体"，"诗有上句言意，下句言状，上句言状，下句言意"，[①] 等等。这些教导看似琐细，但对初学诗者而言却极为实用。

《诗格》中最有价值之处是指导学诗者构思，如云：

> 夫置意作诗，即须凝心，目击其物，便以心击之，深穿其境。如登高山绝顶，下临万象，如在掌中。以此见象，心中了见，当此即用。如无有不似，仍以律调之定，然后书之于纸。会其题目，山林、日月、风景为真，以歌咏之。犹如水中见日月，文章是景，物色是本，照之须了见其象也。（《文镜秘府论汇校汇考》南卷"论文意"）

> 夫文章兴作，先动气，气生乎心，心发乎言，闻于耳，见于目，录于纸。意须出万人之境，望古人于格下，攒天海于方寸，诗人用心，当于此也。（《文镜秘府论汇校汇考》南卷"论文意"）

意象是诗歌构件，把"意"和"象"结合起来，对学诗者至关重要。王昌龄告诉学生，关键要用心观物，将客观之物象变成心中之意象。物象是客观的，人心是主观的，"以心观物"，在"象"中注入"意"，才能变物象为意象。融情入景活动叫"兴"。王昌龄详细描述了"兴"的活动过程："夫文章兴作，先动气，气生乎心，心发乎言，闻于耳，见于目，录于纸。"兴会真实存在却难以言表，王昌龄将其清晰地描述出来，学诗者可以真切感受到其活动过程。《诗格》还指导学生调整心理活动，以便进入兴会状态：

> 凡诗人，夜间床头明置一盏灯。若睡来任睡，睡觉即起。兴发意

[①] 《文镜秘府论汇校汇考》南卷"论文意"，第1337—1338页。

生，精神清爽，了了明白，皆须身在意中。(《文镜秘府论汇校汇考》南卷"论文意")

凡神不安，令人不畅无兴，无兴即任睡，睡大养神。常须夜停灯任自觉，不须强起，强起即昏迷，所览无益。(《文镜秘府论汇校汇考》南卷"论文意")

连主体具体创作状态的调整都告诉学生，唯恐他们不会，颇似禅宗所说的"老婆心切"。

获得创作技巧的关键在于练习和体悟。明人谢榛说："学诗者当如临字之法……久而不悟，不假临矣。"① 模仿是基础，领悟是关键。《诗格》所述已经接近作诗的核心机密，是一种"高峰体验"，学诗者如果不能勤学苦练，悉心体会，即使把教授者所讲听得明明白白，也无法真正掌握这些经验。所以王昌龄特别强调苦练和领悟：

凡文章体例，不解清浊规矩，造次不得制作。制作不依此法，纵令合理，所作千篇，不堪施用。……故《论语》曰："学而时习之"，此谓也。若"思而不学，则危殆"也。又云："思之者，得之深也。"②

所谓"解"是"领悟"，所谓"习"就是"练习"。既要"时习之"，又要"深思之"。领悟不仅是学习方式，更是思维锻炼，是创作主体对自身状态、能力和价值不断认知、确认和超越的一种方式。

在《诗格》中，"诗人""作者"等字眼经常出现，就是意在强调学习者发挥主观能动作用，省察自身，感受外界，进入艺术构思当中。学诗者不再向词语和规则寻求帮助，而是向自己的智慧、情感、生活经验寻找灵感，不断体验、不断感悟、不断激发自身潜能。一旦掌握了这种思维方

---

① (明)谢榛：《四溟诗话》卷二，丁福保：《历代诗话续编》，中华书局1983年版，第1164页。
② 《文镜秘府论汇校汇考》南卷"论文意"，第1391页。

式，就可以超越诗歌种种外在规则，以心灵直接去感悟生命的神秘、自然的博奥、艺术的瑰丽。王昌龄把进入这种阶段叫作"气高出于天纵，不傍经史，卓然为文"。[1] 李白曾在诗中描述这种状态："梦得春草句，将非惠连谁。"（《感时留别从兄徐王延年从弟延陵》）"昨梦见惠连，朝吟谢公诗。东风引碧草，不觉生华池。"（《书情寄从弟邠州长史昭》）"他日相思一梦君，应得池塘生春草。"（《送舍弟》）所谓"梦得"，就是无所凭借，领悟而得。盛唐人天才极致，作诗没有约束，冲口而出，随意而作，笔下呈现的却是那样美妙奇异。初唐学者和诗人精心准备的话语资料在盛唐转化为对语言的直觉和自由支配，规则让位于对美感的直接表达。兴会是盛唐人作诗的普遍构思方式，盛唐之音兴象玲珑内涵的形成，就与盛唐人普遍采用这种构思方式作诗有关。[2] 王昌龄在《诗格》中所传授的正是盛唐人作诗的普遍经验。

总之，依托于唐代文学教育的文学知识是一个内容丰富又有一定层次的完整体系。文学知识从语言材料到声律规则再到技巧门径，呈现出明显上升的层次性。每一层次的文学知识，又影响到唐人的文采获取方式，形成了从阅读积累到模仿熟练再到体会感悟逐级提升的阶段。而每一层次文学知识的构建、文采获取方式的变化又对文学创作中语言词汇的选择、美感的形成、主体状态的调整和超越思维的形成有重要影响。

第三节　唐代文学教育成效在创作中的显现

作家接受文学教育，将通过教育传输的文学内容变为了自身的知识储备和创作经验，在他们从事文学创作时，这些知识储备和创作经验便自然而然地显现出来，从而折射出文学教育的影子。本节以类书、《文选》、诗格为线索，尝试从内容的借鉴、题材的取资、典故的吸纳、对偶的采用四个方面去探索这些文学教育内容在唐人创作中留下的印迹。

---

[1] 《文镜秘府论汇校汇考》南卷"论文意"，第1283页。
[2] 参看吴相洲《从系统论看盛唐之音》，《北京大学学报》1995年第3期。

一　内容的借鉴

《文选》在唐代是非常普及的文学教育内容,[①] 唐人创作深受其影响。黄侃称:"唐人诗皆自《选》出。"[②] 唐人创作借鉴《文选》可分为三个层次:诗语的借鉴、诗句的借鉴、诗意的借鉴。下面以卢照邻、李白、杜甫、白居易、李德裕为例进行分析。

卢照邻、李白、杜甫、白居易、李德裕都曾学习过《文选》。《旧唐书·卢照邻传》载:"年十余岁,就曹宪、王义方授苍、雅及经史,博学善属文。"[③] 曹宪是唐代《文选》学创始人,卢照邻随其学习可能就包括《文选》在内。段成式《酉阳杂俎》云:"李白名播海内……白前后三拟《文选》,不如意,悉焚之,唯留《恨》《别赋》。"[④] 王琦《李太白全集》《拟恨赋》题下注云:"古《恨赋》,齐梁间江淹所作……太白此篇,段落句法,盖全拟之,无少差异。"[⑤] 周勋初《李白"三拟"〈文选〉说阐微》一文将李白《拟恨赋》与江淹《恨赋》进行对比,证明了李作的模拟性质。李白诗经常化用前人诗句,其中就包含《文选》中所选诗篇。如张翰《杂诗》云:"青条若总翠,黄花如散金。"[⑥] 李白《金陵送张十一再游东吴》云:"张翰黄花句,风流五百年。"[⑦] 谢朓《晚登三山还望京邑》云:"余霞散成绮,澄江静如练。"[⑧] 李白《金陵城西月下吟》云:"解道澄江静如练,令人长忆谢玄晖。"[⑨] 杜甫《水阁朝霁奉简严云安》云:"呼婢取

[①] 刘鹏从实用便捷和书籍印刷流通两方面分析了唐代《文选》普及的原因:"唐代的一些词臣任职秘府并编纂多部类书、总集,其全面接触和阅读前代文献的机会较多,但贫寒士子和勋贵大臣,或不具备物质条件,或不具备时间和文化条件,想要遍览《文选》中所收历代作家别集是不可能的事,而阅读和钻研萧统'历观文囿,泛览辞林'之余所选的文苑精华,则是自然而然的。"他同时也指出,在具体作家的研究中,对许敬宗一类人以及某些大作家别集流传较为广泛的事实也应稍加注意。见刘鹏《〈昭明文选〉与初盛唐诗歌》,博士学位论文,中国社会科学院,2010年。
[②] 骆鸿凯:《文选学》证故第七,中华书局1989年版,第223页。
[③] 《旧唐书》卷一九〇,第4987页。
[④] (唐)段成式撰,许逸民校笺:《酉阳杂俎校笺》前集卷一二,中华书局2015年版,第900页。
[⑤] (唐)李白撰,(清)王琦注:《李太白全集》卷一,中华书局1977年版,第11页。
[⑥] 《文选》卷二九,第420页。
[⑦] 《李太白全集》卷一七,第822页。
[⑧] 《文选》卷二七,第385页。
[⑨] 《李太白全集》卷七,第403页。

酒壶，续儿诵《文选》。"《宗武生日》云："诗是吾家事，人传世上情。熟精《文选》理，休觅彩衣轻。"① 杜甫熟悉《文选》，所以当儿子背诵《文选》中断时他能够接续。他希望儿子"熟精《文选》理"，以继承家族作诗传统。宋人张戒《岁寒堂诗话》云："杜子美云'续儿诵《文选》。'又云'熟精《文选》理。'然则子美教子以《文选》欤？……子美不独教子，其作诗乃自《文选》中来，大抵宏丽语也。"② 杜甫作诗得益于《文选》，并将这一经验传授给儿子，这种推测很有道理。白居易《偶以拙诗数首寄呈裴少尹侍郎蒙以盛制四篇一时酬和重投长句美而谢之》云："《毛诗》三百篇后得，《文选》六十卷中无。"③ 将《文选》与《毛诗》并称，且以超越《文选》范围赞誉"盛制四篇"，可见对《文选》内容十分熟悉。李德裕祖父李栖筠对《文选》有自己的看法，考中进士后家中不备此书，但这似乎没有影响李德裕对《文选》的喜好。其《文章论》中有两处夹注，其一云："曹植《七哀诗》有徊、泥、谐、依四韵，王粲诗有攀、原、安三韵，班固《汉书·赞》及当时辞赋多用协韵，'猗于元勋、包田举信'是也。"其二云："《文选》诗有五韵、七韵、十一韵、十三韵、二十一韵者。今之文字四韵、六韵以至百韵，无有只者。"④ 其一所举诗文，均见于《文选》，其二详细分析《文选》用韵之规律，可见李德裕对《文选》极为精熟。有学者甚至指出，李德裕诗文中明显借鉴《文选》者不下百余处。⑤

卢照邻、李白、杜甫、白居易、李德裕诗作都曾借用《文选》诗语。卢照邻诗直接借用《文选》中作品诗语者极多。其《明月引》云："浮云卷霭，明月流光。"⑥ "明月""流光"二词均源自《文选》卷二三曹植《七哀诗》"明月照高楼，流光正徘徊"。⑦ 诗写怨妇思念远方良人，以"兴"的手法带出女主角背景：明月高照，思妇倚楼，对影自怜，思念夫

---

① （唐）杜甫撰，（清）仇兆鳌注：《杜诗详注》卷一四，中华书局1979年版，第1248页。
② （宋）张戒：《岁寒堂诗话》卷上，见《历代诗话续编》，第456页。
③ 《白居易集笺校》卷三一，第2094页。
④ 李德裕：《文章论》，《全唐文》卷七〇九，第7280页。
⑤ 参看刘鹏《〈昭明文选〉与初盛唐诗歌》附录《李德裕与〈文选〉》，博士学位论文，中国社会科学院，2010年。
⑥ （唐）卢照邻撰，李云逸校注：《卢照邻集校注》卷二，中华书局1998年版，第84页。
⑦ 《文选》卷二三，第329页。

君。卢诗借用曹诗中"明月""流光"二词描写襄州景色,借以抒发思乡之情。卢照邻诗中借用《文选》作品语词的例子还有很多,如"腾沙起狎鸥"(《晚渡渭桥寄示京邑游好》)中"腾沙""狎鸥"二词均来自鲍照《还都道中作》"腾沙郁黄雾,翻浪扬白鸥"(《文选》卷二七);"陇阪长无极"(《入秦川界》)中"长无极"一词来自扬雄《甘泉赋》"子子孙孙,长无极兮"(《文选》卷七);"琴尊长若斯"(《宴梓州南亭得池字》)中"长若斯"一词来自曹植《公宴诗》"千秋长若斯"(《文选》卷二〇),等等。

李白很多诗语也源自《文选》。《梦游天姥吟留别》"身登青云梯"①中"青云梯"一词取自《文选》卷二二谢灵运《登石门最高顶》中"共登青云梯","日月照耀金银台"中"金银台"一词取自《文选》卷二一郭璞《游仙诗》中"但见金银台"。李善在谢灵运诗下引张湛《列子注》曰:"云梯,可以陵虚。"②"青云梯"指仙人登天的阶梯,也指高峻入云的山路,比喻谋取高位之途径。谢灵运诗以"青云梯"指登石门山的入云小路。李白诗袭用原意,写梦游天姥所见奇情幻景以及自己脚着谢公之履,攀登天姥山路的情景。"金银台"指仙人所住楼台。李善在郭璞诗下引《汉书》注曰:"齐威宣燕昭,使人入海,求蓬莱方丈瀛洲,此三神山者,仙人及不死之药皆在焉,而黄金白银为宫阙。未至,望之如云。"③郭璞诗用"金银台"指仙人居所。李白借用该词直用原意,指所见仙界洞天。又如《赠饶州张司户燧》"何当共携手,相与排冥筌"④中"排冥筌"一词出自《文选》卷三一江淹《杂体诗三十首·许征君》中"一时排冥筌,冷然空中赏"。李善注曰:"筌,捕鱼之器。言鱼之在筌,犹人之处尘俗;今既排而去之,超在埃尘之外,故冷然涉空,得中而留也。"⑤据唐制,上州之佐有司户参军事二人,从七品下。张燧沉沦下僚,郁郁不得志,有心用世而无人识引,故李白借用"排冥筌"一语作诗劝张燧和自己超脱尘世以外。李白诗中直接借用《文选》中作品语词的例证还有很

---

① 《李太白全集》卷一五,第 706 页。
② 《文选》卷二二,第 315 页。
③ 《文选》卷二一,第 308 页。
④ 《李太白全集》卷九,第 496 页。
⑤ 《文选》卷三一,第 450 页。

多，如"能取聊城功"（《五月东鲁行答汶上君》）中"聊成功"一词取自鲍照《拟古》中"耻受聊城功"（《文选》卷三一），"蹉跎凋朱颜"（《游泰山六首》）中"凋朱颜"一词来自王康琚《反招隐诗》中"凝霜凋朱颜"（《文选》卷二二），等等。

杜甫诗中援用《文选》诗语的例证也有很多。《文选》卷二九《古诗十九首·今日良宴会》中有"先登要路津"① 句，意为仕途上捷足先登，占领显要职位。杜甫《奉赠韦左丞丈二十二韵》借用该词云："自谓颇挺出，立登要路津。"② 诗人向韦济陈情，本想凭借自身才华取得高位。又如"决眦"一词出自《文选》卷七司马相如《子虚赋》："弓不虚发，中必决眦。"李善注曰："《说文》曰：'眥，目匡也。'眦、眥俱同。"③ "决眦"即眼珠突出，眼眶决裂之意。杜甫《望岳》借用该词，有"荡胸生层云，决眦入归鸟"④ 句，写目送飞鸟远去。杜诗中直接借用《文选》中的语词还有很多。如《赠别贺兰铦》"自古鼻酸辛"句中"鼻酸辛"一词来自《文选》卷一九宋玉《高唐赋》中"感心动耳，回肠伤气。孤子寡妇，寒心酸鼻"⑤，"谁能叫帝阍"（《塞芦子》）中"帝阍"一词出自《文选》卷七扬雄《甘泉赋》"选巫咸兮叫帝阍"，"加餐可扶老"（《暂往白帝复往东屯》）、"衰疾惭加餐"（《水会渡》）、"此足代加餐"（《营屋》）中"加餐"一词出自《文选》卷二九《古诗十九首·行行重行行》"努力加餐饭"，等等。

白居易诗不少诗语也来自《文选》。如"金堤"一词出自《文选》卷二张衡《西京赋》中"周以金堤，树以柳杞"句。李善注曰："金堤，谓以石为边隒，而多种杞柳之木。善曰：金堤，言坚也。"⑥ 则"金堤"意为坚固之水堤。白居易《有木诗八首》其一借用该词，有"可怜金堤地，栽之徒尔为"⑦ 句，意为可惜坚固的水堤，被弱柳占据了好位置，喻指那

---

① 《文选》卷二九，第410页。
② 《杜诗详注》卷一，第73页。
③ 《文选》卷七，第121页。
④ 《杜诗详注》卷六，第485页。
⑤ 《文选》卷一九，第266页。
⑥ 《文选》卷二，第44页。
⑦ 《白居易集笺校》卷三，第127页。

些无益于朝廷政事之人占据高位。可见"金堤"在白诗中含义又发生了变化,喻指高位。又如"春违采兰期"中"采兰"一词出自《文选》卷一九束皙《补亡诗六首·南陔》"循彼南陔,言其采兰"。李善注曰:"以自芬香也,循陔以采香草者,将以供养父母,喻人求珍异以归。"① 后因以"采兰"谓孝养父母之意。白居易《思归》中借用该词且袭用原意,表达因游宦在外不能及时奉养双亲的歉疚心情。白居易诗借用《文选》中作品语词的例证再如"火不热贞玉,蝇不点清冰"(《反鲍明远白头吟诗》)中"清冰"一词来自鲍照《白头吟》中"清如玉壶冰"(《文选》卷二八)句,同诗"吞悲仍抚膺"句中"抚膺"一词来自鲍照《白头吟》中"非君独抚膺"(《文选》卷二八)句,"妓乐分晔煜"(《和梦游春诗一百韵》)中"晔煜"一词来自班固《两都赋》中"管弦晔煜"(《文选》卷一)句,等等。

　　李德裕诗中也有不少直接借用《文选》的语词。如"知止足"一词出自《文选》卷二一张协《咏史》中"达人知止足"②。张诗意谓通达之人能知足不辱,知止不殆。李德裕在《思归赤松村呈松阳子》中借用该词,有"顾余知止足,所乐在归休"③。此诗为开成二年在淮南节度使任上怀念平泉山居而作,④ 李德裕借用"知止足"一词表示,自己深知知止之道,愿意远离俗世和名利,以辞官休归为乐。又如"仁智居"一词出自《文选》卷二一应璩《百一诗》中"所占于此土,是谓仁智居",李善注曰:"言今所占之土,是谓仁者之所居乎。……《论语》曰:'智者乐水,仁者乐山。'"⑤ 后遂称山水宜人之住处为"仁智居"。《百一诗》中"所占于此土,是谓仁智居"为问者之词,意谓并无功德,副此重望,为皇帝近臣,隐居之所岂可称作仁者、智者之居?李德裕《忆平泉山居赠沈吏部一首》向友人沈传师倾诉渴望退隐和怀念山居的心情,其中"虽抱山水

---

　　① 《文选》卷一九,第272页。
　　② 《文选》卷二一,第298页。
　　③ 《全唐诗》卷四七五,第5401页。
　　④ 开成元年三、四月间,甘露之变刚过,打击李德裕的政治势力李训、郑注等朋党已经瓦解。其年冬,李德裕由洛阳改浙西,赴润州,开成二年五月又由浙西观察使改为淮南节度使,代牛僧孺。他在淮南所作诗,大多为怀念平泉山居之作。傅璇琮:《李德裕年谱》,河北教育出版社2001年版,第267—273页。
　　⑤ 《文选》卷二一,第305页。

癖，敢希仁智居"借用"仁智居"一词又直用原意，谦称自己虽喜好山水，但所念平泉山居不敢称仁者、智者居处。其他直接借用《文选》语词处还如"檀栾披层阜，萧瑟荫清渠"（《春暮思平泉杂咏二十首·竹径》）中"檀栾""萧瑟"二词来自左思《吴都赋》中"蓊茸萧瑟，檀栾婵娟"（《文选》卷五），"秀色濯清露，鲜辉摇惠风"（《春暮思平泉杂咏二十首·花药栏》）中"清露""惠风"二词来自嵇康《琴赋》"清露润其肤，惠风流其间"（《文选》卷一八），等等。

借鉴《文选》的另一种方法是借用诗句。卢照邻诗中有些佳句直接借用《文选》中的作品。如《文选》卷二一左思《咏史八首》其四中有"寂寂扬子宅，门无卿相舆"。李善注曰："《说文》曰：寂寂，无人声也。《汉书》扬雄自叙曰：雄家素贫，嗜酒，人稀至其门。"① 卢照邻《长安古意》借用该句云："寂寂寥寥扬子居，年年岁岁一床书。"② 意为人世间所有热闹繁华都是过眼云烟，扬雄虽穷愁著书却有桂花相伴，著作永久流传。再如"昔余与子"句出自《文选》卷二四潘岳《为贾谧作赠陆机》。西晋时皇太子好宴集，经常聚宴歌咏，潘岳代贾谧作诗，以"昔余与子"句领起，回忆贾谧与陆机共同侍奉东宫时的快乐生活。卢照邻《酬张少府柬之》借用潘岳句，有"昔余与夫子"句，回忆任邓王府典签时与张柬之结识的情景。其他如《西使兼送孟学士南游》中"相看万余里"来自《文选》卷二九《古诗十九首·行行重行行》中"相去万余里"，《羁卧山中》中"倘遇浮丘鹤"来自《文选》卷二五谢灵运《登临海峤与从弟惠连》中"倘遇浮丘公"等，都直接借用了《文选》中作品原句。

李白诗也经常借用《文选》作品原句。如《留别贾舍人至二首》中"谁念刘越石，化为绕指柔"借用自《文选》卷二五刘琨《重赠卢谌》"何意百炼钢，化为绕指柔"，《梁园吟》中"因吟渌水扬洪波"借用自《文选》卷二三阮籍《咏怀诗·徘徊蓬池上》中"绿水扬洪波"，《古风五十九首》其一九中"迢迢见明星"借用自《文选》卷二九《古诗十九首·迢迢牵牛星》中"迢迢牵牛星"，《自广平乘醉走马六十里至邯郸登城楼览古书怀》中"萧萧白杨声"借用自《文选》卷二九《古诗十九首·驱

---

① 《文选》卷二一，第297页。
② 《卢照邻集校注》卷二，第78页。

车上东门》中"白杨何萧萧",《赠从弟南平太守之遥二首》中"梦得池塘生春草,使我长价登楼诗"和《送舍弟》中"他日相思一梦君,应得池塘生春草"均直接借用《文选》卷二二谢灵运《登池上楼》中"池塘生春草",等等。

杜甫诗借用《文选》作品原句者尤多。如《送高三十五书记十五韵》中"各在天一涯"借用《文选》卷二九《古诗十九首·行行重行行》中"相去万余里,各在天一涯",《赠蜀僧闾丘师兄》中"而无车马喧"借用《文选》卷三〇陶渊明《杂诗二首》其一"而无车马喧","少壮几时奈老何"(《渼陂行》)借用《文选》卷四五刘彻《秋风辞》"少壮几时兮奈老何","西北有孤云"(《九日五首》)借用《文选》卷二九曹丕《杂诗二首》其二"西北有浮云","众宾皆醉我独醒"(《醉歌行》)借用《文选》卷三三屈原《渔父》"众人皆醉我独醒",等等。杜诗借鉴《文选》之例,已有学者详细列举,兹不赘述。①

李德裕诗直接借用《文选》作品原句的也有很多。如《文选》卷二〇曹植《责躬诗》中有"迟奉圣颜,如渴如饥",李德裕《怀山居邀松阳子同作》中有"我有爱山心,如饥复如渴"。李诗作于开成二年冬淮南节度使任上,借用"如渴如饥"来表达对平泉山居的思念。《杂咏十一首·海上石笋》中"何以慰我心"来自《文选》卷三一江淹《杂体诗三十首·魏文帝游宴》中"众宾还城邑,何以慰我心"。李诗以海石孤高正直比喻自身品德,"何以慰我心"在自我品德和海石特点之间搭建起沟通之桥,十分恰切。

唐人有时还间接化用《文选》诗句。如《文选》卷一四鲍照《舞鹤赋》中有"更惆怅以惊思",卢照邻《失群雁》化用该句,作"惆怅惊思悲未已",借失群孤雁,感叹仕途艰难:孤雁从北地南迁,先在湘水滞留,后至帝乡盘旋,但帝台"鹓鹭成行",无孤雁容身之所,只好在上林苑传递书信。但又有"虞人"赠缴逼迫,"齐客"弓箭伤害,以致"毛翎频频飞无力,羽翮摧颓君不识",幸得庄周救护,才得以活命。他如《芳树》中"思君君不知"化用《文选》卷三三宋玉《九辩》中"思君兮不可化,君不知兮可奈何"句意,《哭明堂裴主簿》中"潘杨称代穆"化用《文

---

① 李详:《李审言文集》,江苏古籍出版社1989年版,第69—140页。

选》卷五六《潘岳杨仲武诔》中"潘杨之穆",《酬张少府柬之》中"飞泉如散玉"化用《文选》卷二二陆机《招隐》中"飞泉漱玉",《绵州官池赠别同赋湾字》中"荒池春草斑"化用《文选》卷三〇谢朓《和伏武昌登孙权故城》中"荒池秋草遍",等等。

　　李白诗间接化用《文选》诗句的也有很多。《文选》卷一九谢朓《述祖德》中有"贞观丘壑美",李善注曰:"贞,正也。观,视也。言正见丘壑之美。"① 李白《题元丹丘山居》化用此句云:"故人栖东山,自爱丘壑美。"② 言元丹丘于隐居之处,尽享山水丘壑之美。《文选》卷三〇谢朓《和王主簿怨情》中有"生平一顾重,宿昔千金贱",写女子怨旷之情,意为往昔一顾千金之情已经不复存在。李白《酬岑勋见寻就元丹丘对酒相待以诗见招》中"一顾轻千金"便由此化用而来,形容与岑勋相知相得,尽管只有一面之交,但情谊远超千金之重。他如《赠崔侍郎》中"虚弹落惊禽"源于《文选》卷三六王融《永明十一年策秀才文》中"惊禽易落"句意,《梦游天姥吟留别》中"对此欲倒东南倾"出自《文选》卷三〇陆机《拟明月皎夜光》中"天汉东南倾",《东海有勇妇》中"捐躯报夫仇"来自《文选》卷二八鲍照《出自蓟北门行》中"投躯报明主",如此等均化用《文选》诗句为己句。

　　杜诗中化用《文选》的句例更是俯拾即是。如《咏怀古迹五首》其二"摇落深知宋玉悲"中"宋玉悲"一词来自《文选》卷三三宋玉《九辩》:"悲哉,秋之为气也,萧瑟兮草木摇落而变衰。"③ 诗人至宋玉宅故迹,深切体味到宋玉面对"草木摇落"时的悲凉心情。他如《秋日荆南送石首薛明府辞满告别奉寄薛尚书颂德舒怀斐然之作三十韵》中"枪櫐失储胥"化用《文选》卷九扬雄《长杨赋》中"木拥枪櫐,以为储胥",《秦州杂诗二十首》其二〇"应门幸有儿"化用《文选》卷三七李密《陈情表》"内无应门五尺之僮",《梦李白二首》其二中"浮云终日行,游子久不至"化用《文选》卷二九《古诗十九首·行行重行行》中"浮云蔽白日,游子不顾反",《地隅》中"丧乱秦公子"化用《文选》卷三〇谢

---

① 《文选》卷一九,第 274 页。
② 《李太白全集》卷二五,第 1146 页。
③ 《文选》卷三三,第 470 页。

灵运《拟魏太子邺中集诗八首·王粲》诗序中"家本秦川,贵公子孙",等等。均巧手点窜,推陈出新。

白居易诗化用《文选》诗句的例证也有不少。《文选》卷二三王粲《赠蔡子笃》有"风流云散,一别如雨",① 汉献帝初平三年(192),王粲与蔡子笃从长安至荆州避乱,不久蔡子笃归返故里,王粲作诗赠别,抒发伤感惜别之情。白居易《寓意诗五首》其三作"云雨一为别,飞沉两难并",② 意为离别如风吹浮云,顷刻离散,又如天降雨水,再难返回。诗作于元和十年(815)被贬江州司马时,他因在朝直言得罪执政,加之杨虞卿卖友求荣,遭致贬谪,故借此讽刺杨氏出卖好友而青云得志。"云雨一为别,飞沉两难并"被赋予新意:"飞"和"云",喻杨虞卿;"沉"与"雨",比喻自己,一飞一沉,际遇相反,前者青云得志,鹏程万里,后者沉沦下僚,为小人所困。再如《文选》卷二九《古诗十九首·孟冬寒气至》有"置书怀袖中,三岁字不灭"③,诗写妻子思念远方丈夫,将三年前丈夫捎回之书信置于怀袖,随时观看。白居易在《将发洛中枉令狐相公手札兼辱二篇宠行以长句答之》中化用该句云:"收藏便做终生宝,何啻三年怀袖间。"④ 诗作于大和二年(828),时白居易奉使洛阳,宣武节度使令狐楚作诗文送别,白居易作诗回赠。诗中化用《古诗十九首》句意,感谢令狐楚送别的情谊,虽用《文选》旧句,却十分契合当时情境。类似例证还有很多,如《城上夜宴》中"惜夜相将秉烛游"化用《文选》卷二九《古诗十九首·生年不满百》中"昼短苦夜长,何不秉烛游",《古意》中"衣带何由窄"化用《文选》卷二九《古诗十九首·客从远方来》中"相去日已远,衣带日已缓",《过颜处士墓》中"悲风不许白杨春"化用《文选》卷二九《古诗十九首·去者日已疏》中"古墓犁为田,松柏摧为薪。白杨多悲风,萧萧愁杀人"。

李德裕化用《文选》作品中的诗句大都能够融入己诗,传达新意。如《杂咏二十首·竹径》中"田家故人少,谁肯共焚鱼"⑤,取自《文选》

---

① 《文选》卷二三,第334页。
② 《白居易集笺校》卷二,第100页。
③ 《文选》卷二九,第412页。
④ 《白居易集笺校》卷二五,第1748页。
⑤ 《全唐诗》卷四七五,第5408页。

卷二一应璩《百一诗》："田家无所有，酌醴焚枯鱼。"李善注曰："《汉书·杨恽传》曰：田家作苦。蔡邕《与袁公书》曰：酌麦醴，燔干鱼，欣然乐在其中矣。"① 应璩诗写诗人预感前途险恶，弃官返乡隐退，生活自得其乐。李德裕化用此句，表现知音难觅、向往隐居的心情。再如《夏晚有怀平泉林居》中"眷阙悲子牟"化用《文选》卷二二谢灵运《游赤石进帆海》中"子牟恋魏阙"。谢诗触景生情，想起战国时魏公子子牟隐居岩穴，自谓"身在江海之上，心居魏阙之下"。李德裕诗作于大和九年（835）夏末袁州贬所，用谢诗成句表达心迹：虽远窜荒蛮，仍心念朝廷。其他如"无因共沮溺，相与事岩耕"（《忆平泉杂咏·忆春耕》）化用王粲《从军行》中"不能效沮溺，相随把锄犁"（《文选》卷二七），"薄暮柴扉掩，谁知仲蔚园"（《杂咏二十首·书楼晴望》）化用江淹《杂体诗·左记室思》中"顾念张仲蔚，蓬蒿满中园"（《文选》卷三一），"不是见羁者，何劳如顿缨"（《杂咏一十首·似鹿石》）化用嵇康《与山巨源绝交书》中"长而见羁，则狂顾顿缨"（《文选》卷四三），"步忆莓苔滑"（《怀山居邀松阳子同作》）化用孙绰《游天台山赋》中"践莓苔之滑石"（《文选》卷一一），等等，点窜前人成句而又别出心裁。

用古人语意又别出机杼是唐人创作借鉴《文选》的又一种形式。诗人从《文选》原句中提炼诗文意涵，融入自己诗句当中。具体形式有多种：或整体取境，或沿用原意，或引申原意，或悖逆原意。这样化用不如借鉴诗语诗句明显，但更能显示出《文选》对唐人创作影响之深远。全篇化用《文选》诗作诗意，白居易《续古诗十首》其四便是一个突出例证。诗曰：

> 雨露长纤草，山苗高入云。风雪折劲木，润松摧为薪。风摧此何意，雨长彼何因？百丈涧底死，寸茎山上春。可怜苦节士，感此涕盈巾。②

宋洪迈《容斋随笔》云："左太冲《咏史》诗曰：'郁郁涧底松，离离山上苗。以彼径寸茎，荫此百尺条。世胄蹑高位，英俊沉下僚。地势使之

---

① 《文选》卷二一，第305页。
② 《白居易集笺校》卷二，第77页。

然，由来非一朝。'白乐天《续古》一篇全用之。曰：'雨露长纤草，山苗高入云。……'语意皆出太冲。"① 左诗中以"山上苗"比"世胄"，以"涧底松"比"寒士"，白诗用"雨露长纤草"比"世胄"，用"风雪折劲木"比"寒士"。主旨和手法都模仿左作，只是含蓄不及左诗。

李德裕也有整首化用《文选》作品的诗作。如《东郡怀古二首·阳给事》一诗就是化用《文选》卷五七颜延之《阳给事诔》之意。李诗云：

> 宋氏远家左，豺狼满中州。阳君守滑台，终古垂英猷。数仞城既毁，万夫心莫留。跳身入飞镞，免胄临霜矛。毕命在旗下，僵尸横道周。义风激河汴，壮气沦山丘。嗟尔抱忠烈，古来谁与俦。就烹感汉使，握节悲阳秋。颜子缀清藻，铿然如素璆。徘徊望故垒，尚想精魂游。②

颜诔云：

> 惟永初三年十一月十一日，宋故宁远司马、濮阳太守彭城阳君卒。……永初之末，佐守滑台。值国祸荐臻，王略中否，獯虏间衅，劘剥司、兖，幽、并骑弩，屯逼巩、洛，列营缘戍，相望屠溃。瓒奋其猛锐，志不违难，立乎将卒之间，以缉华裔之众，罢困相保，坚守四旬。上下力屈，受陷勍寇，士师奔扰，弃军争免。而瓒誓命沉城，佻身飞镞，兵尽器竭，毙于旗下。……追宠既彰，人知慕节，河、汴之间有义风矣。……忠壮之烈，宜自尔先，旧勋虽废，邑氏遂传。③

李诗与颜诔在文字、文意、叙述顺序上都很一致。如"阳君守滑台"取自颜诔"佐守滑台"，"跳身入飞镞"取自颜诔"佻身飞镞"，"毕命在旗下"取自"毙于旗下"，"义风激河汴"取自颜诔"河、汴之间，有义风矣"，"嗟尔抱忠烈，古来谁与俦"取自颜诔"忠壮之烈，宜自尔先"。先

---

① （宋）洪迈撰，孔凡礼点校：《容斋随笔》卷一五，中华书局2005年版，第408页。
② 《全唐诗》卷四七五，第5393页。
③ 《文选》卷五七，第788页。

写刘宋时阳瓒,佐守滑台;次写强虏攻城,城毁众溃;再写阳瓒孤身杀敌,阵前捐躯;最后歌颂阳瓒的英勇气概。整首诗意也完全出自颜诔,都是歌颂阳瓒坚守滑州危城的英勇事迹。诗末尾两句"颜子缀清藻,铿然如素璆"直接点明模拟颜作。

杜甫诗作中也有在诗意上借鉴模仿《文选》中作品的篇章,其前后《出塞》即借鉴《文选》卷二七王粲《从军行五首》而来。《白丝行》整体化用《文选》卷二五郭泰机《答傅咸》而反用其意。郭泰机《答傅咸》曰:

> 皎皎白素丝,织为寒女衣。寒女虽妙巧,不得秉杼机。天寒知运速,况复雁南飞。衣工秉刀尺,弃我忽如遗。人不取诸身,世士焉所希。况复已朝餐,曷由知我饥。①

诗用比兴手法写怀才不遇之怨愤。诗人自比有才华之寒女,把傅咸等出身高门秉持权势者比作衣工。寒女地位卑贱,虽有巧手,无由做衣,以此讽刺以出身选拔人才制度的不合理。杜甫《白丝行》曰:

> 缫丝须长不须白,越罗蜀锦金粟尺。象床玉手乱殷红,万草千花动凝碧。已悲素质随时染,裂下鸣机色相射。美人细意熨帖平,裁缝灭尽针线迹。春天衣著为君舞,蛱蝶飞来黄鹂语。落絮游丝亦有情,随风照日宜轻举。香汗轻尘污颜色,开新合故置何许。君不见才士汲引难,恐惧弃捐忍羁旅。②

诗借白丝的遭遇抒情:白丝染上花色,失去原有颜色,刚刚织作成锦,又被从机上撕下,尺量刀剪,熨烫裁缝,成为舞衣,美人穿上,君前一舞,便不知被弃置何处。诗意全然取自郭泰机《答傅咸》,都以白素丝起兴。郭诗以白丝寒女自喻,致憾于衣工之我弃,希冀傅咸引荐。杜诗反用其意,谓白丝素质,随时染裂,有香汗清尘之污,有开新合故之置,故深思汲引之难,恐遭捐弃之悔,宁愿忍受羁旅之苦。

---

① 《文选》卷二五,第353页。
② 《杜诗详注》卷二,第144—145页。

唐代以《文选》为文学教育内容，举凡士子，必读《文选》，既读《文选》，必然会在创作中有所借鉴。除了上述诸家，很多诗人作品中都能看到《文选》作品的影子。南宋樊汝霖于韩愈《秋怀诗》下注曰：

> 《秋怀诗》十一首，《文选》诗体也。唐人最重《文选》学，公以六经之文为诸儒唱，《文选》弗论也。独于《李郱墓志》曰："能暗记《论语》《尚书》《毛诗》《左氏》《文选》。"而公诗如"自许连城价"、"傍砌有红药"、"眼穿长讶双鱼断"之句，皆取诸《文选》，故此诗往往有其体。①

李审言《韩诗证选序》亦云："唐以诗赋取士，无不精熟《文选》，杜陵特最著耳。韩公之诗，引用《文选》亦多。……韩公精熟《选》理，与杜陵相亚。"②

唐代很多诗人和韩愈一样，虽然研习《文选》的经历未见记载，但诗作中借鉴《文选》的印迹却清晰可见。其中有借用《文选》作品语词者，有借用《文选》作品成句者，有正面化用《文选》作品诗意者，有反用原意另出机杼者，不一而足。

借用《文选》作品语词，如岑参《送许子擢第归江宁拜亲因寄王大昌龄》中有"崩腾集百灵"句，"崩腾"一词来自《文选》卷一九谢灵运《述祖德》"崩腾永嘉末"。贾至《寓言二首》"欲寄双玉盘"中"双玉盘"一词来自《文选》卷二九张衡《四愁诗四首》之二中"美人赠我金琅玕，何以报之双玉盘"。顾况《送友人失意南归》"衣挥京洛尘"中"京洛尘"一词来自《文选》卷二四陆机《为顾彦先赠妇二首》其一中"京洛多风尘"。皎然《送梁拾遗肃归朝》"金闺籍先通"中"金闺"一词来自《文选》卷三〇谢朓《始出尚书省》中"既通金闺籍"，等等。

借用《文选》中作品成句，如杨炯《途中》"郁郁园中柳"来自《文选》卷二九《古诗十九首·青青河畔草》"青青河畔草，郁郁园中柳"，同诗"亭亭山上松"来自《文选》卷二三刘桢《赠从弟三首》之二中

---

① 《韩愈全集校注》，第367页。
② 《李审言文集》，第35页。

"亭亭山上松"。《和石侍御山庄》中"酌醴焚枯鱼"来自《文选》卷二一应璩《百一诗》中"酌醴焚枯鱼"。骆宾王《早发诸暨》中"征夫怀远路"来自《文选》卷二九苏武《诗四首》其四中"征夫怀远路,游子恋故乡"。寒山《玉堂挂珠帘》中"容华若桃李"来自《文选》卷二九曹植《杂诗》中"南国有佳人,容华若桃李"。陈子昂《万州晓发放舟乘涨还寄蜀中亲友》中"江海事多违"来自《文选》卷三〇沈约《学省愁卧》中"缨佩空为忝,江海事多违"。孟浩然《寻香山湛上人》中"身世两相弃"来自《文选》卷二一鲍照《咏史》中"君平独寂寞,身世两相弃",其《闲园怀苏子》中"感念同怀子"来自《文选》卷二四陆机《为顾彦先赠妇二首》其一中"修身悼忧苦,感念同怀子"。钱起《穷秋对雨》中"时信宣城守,乘流畏曝鳃"引自《文选》卷三〇谢朓《观潮雨》中"戢翼希骧首,乘流畏曝鳃"。

正面化用《文选》作品诗意者,如王勃《郊兴》中"泽兰侵小径"出自《文选》卷二二谢灵运《游南亭》中"泽兰渐被径"之意。王维《春中田园作》中"屋上春鸠鸣"源于《文选》卷二四曹植《赠徐干》中"春鸠鸣飞栋"之意。王昌龄《芙蓉楼送辛渐》中"一片冰心在玉壶"出自《文选》卷二八鲍照《乐府八首·白头吟》中"清如玉壶冰"。于濆《古征战》中"燕赵多娉婷"出自《文选》卷二九《古诗十九首·东城高且长》中"燕赵多佳人,美者颜如玉",等等。

反用《文选》作品原意另出机杼者,如骆宾王《望乡西泛》中"今夜南枝鹊,应无绕树难"反用《文选》卷二七魏武帝《短歌行》中"月明星稀,乌鹊南飞。绕树三匝,无枝可依"句意,孟浩然《仲夏归南园寄京邑旧游》中"中年废丘壑"反用《文选》卷三〇谢灵运《斋中读书》中"昔余游京华,未尝废丘壑"句意,王维《山居秋暝》中"随意春芳歇,王孙自可留"反用《文选》卷三三刘安《招隐士》中"王孙兮归来,山中兮不可以久留"句意。

唐代没有哪部书像《文选》这样被诗人大范围地借鉴,唐代文人普遍研习《文选》,从而在他们诗作中留下了清晰可循的印迹是真真切切存在的事实。

二 题材的取资

每种文学题材都有一套表达惯例，这套表达惯例是采用该题材的文学作品共同积淀而成。作家选择了某一题材，就会接受某一表达惯例。关于这一点，古罗马作家贺拉斯《诗艺》中有一段形象表述：

> 帝王将相的业绩、悲惨的战争，应用什么诗格来写，荷马早已做了示范。长短不齐的诗句搭配成双，起先用来作为哀歌的格式，后来也用它表示感谢神恩的心情，但是这种短小的挽歌是哪个作家首创的，学者们还在争辩，没有定案。阿喀罗科斯用他自创的短长格来表达激情；（演员穿着平底鞋的）喜剧，（演员穿着高底鞋的）悲剧，也都采用了这种诗格，因为这种诗格用于对话最为适宜，又足以压倒普通观众的喧嚣，又天生能配合动作。诗神规定竖琴是颂扬神和神的子孙、拳赛胜利者、赛跑第一的骏马、青年人的情思，以及饮酒的消遥。如果我不会遵守，如果我不懂得这些规定得清清楚楚的、形式不同的、色调不同的诗格，那么人们为什么还称我为诗人呢？为什么我由于一种错误的自尊心，宁肯保持无知而不愿去学习呢？喜剧的主题决不能用悲剧的诗行来表达；同样，堤厄斯忒斯的筵席也不能用日常的适合于喜剧的诗格来叙述。每种题材都应该遵守规定的用处。①

贺拉斯的诗格与中国古代文学批评术语中的诗格截然不同，反倒与我们所讲的题材的表达惯例极为相似。这段论述是说各种题材因优秀诗人的精彩书写，形成了相对固定的表达模式，这种模式已经深入人心，人们在遇到这种题材时，习惯于接受这种表达模式，诗人创作也应该主动沿用这种模式。

在唐人文学教育的内容中，类书对唐人文学创作中题材的影响最为显著。众所周知，类书最典型的特点是分类编纂，每一个分类其实就是一个题材。也就是说，类书的分类实则对应着文学创作的题材。一般来说，类书都是二级目录：先分天、地两大类，再将日月星辰、山川州府等小类安

---

① ［古希腊］亚里斯多德、［古罗马］贺拉斯撰：《诗学　诗艺》，罗念生、杨周翰译，人民文学出版社 1962 年版，第 141 页。

排在天、地类之下。题材就是二级目录上的小类。如隶属于天部的日、月、星、辰、风、霜、雨、雪等，既是自然界的事物名称，也是类书中的小类名称，对应着文学创作中某类题材。类书在小类目下荟萃相关辞藻、典故、作品，形成了以某个题材为中心的辞藻群、典故群和作品群。后学从中学会了创作经验，也不知不觉地接受了前人的思维定式和表达惯例。如前所述，类书是唐人文学教育的内容，因此类书对唐人文学创作的影响也就是唐人文学教育对他们创作影响的反映。下面就对类书在唐人创作中留下的印迹略作分析。

首先，类书为作家表现某一题材提供了丰富的语汇，这些语汇有助于诗歌意象的营造。意象是构建诗歌的基本要素，唐人很多诗歌意象可以看到类书的影响。白居易曾编纂《白氏六帖事类集》（以下简称《六帖》），在他的《涧底松》中，可以看到他参考借鉴《六帖》中语汇以构造意象的清晰痕迹：

《涧底松》	《白氏六帖事类集》
《涧底松》	卷三〇"松柏"：郁郁涧底松，离离山上苗
涧深山险人路绝，老死不逢工度之	卷二四"木材"：三有木，工则度之
金张世禄原宪贫，牛衣寒贱貂蝉贵	卷七"贵"：金张、貂蝉、金貂七代 卷七"贫"：非病（小注：原宪居蓬户之中，并日而食。子贡连骑诣之，宪杖藜而出。子贡曰："先生何病？"宪曰："今贫也，非病。"子贡惭之。）又蒿莱（小注：且甘原宪之贫），牛衣（小注：王章贫，卧牛衣）
君不见沉沉海底生珊瑚，历历天上种白榆	卷一"星"：天上何所有，历历种白榆

诗题《涧底松》取材于《六帖》卷三〇"松柏"类所收左思《咏史》中"郁郁涧底松"一句。《六帖》卷二四"木材"类中"三有木，工则度之"被改造为诗歌意象"工度之"。《六帖》卷七小类"贵"中的语汇"金张"、"貂蝉"和小类"贫"中的语汇"原宪"、"牛衣"更是直接被用作诗歌意象。卷一大类"天"下小类"星"中所收古诗句"历历种白榆"，也略加改造变成了"天上白榆"。可以说，《六帖》简直就是白居易这首《涧底松》的诗语仓库。

此外，在白居易的其他诗作中也可以很清楚地看出借鉴《六帖》中语汇以营造意象的痕迹。他描写月亮的意象很多就取自《六帖》中的"月"

类语汇。如《首夏同诸校正游开元观，因宿玩月》"须臾金魄生"句中"金魄"，就是《六帖》卷一"月"类语汇"金波"和"三日成魄"的组合。《客中月》"三见清光圆"句，取材于《六帖》卷一"月"类语汇"三辰三光七曜"。《酬梦得早秋夜对月见寄》"池色澹金波"中"金波"直接取自《六帖》卷一"月"类语汇。其他选用《六帖》中语汇以营构意象的例证如《画竹歌》"婵娟不失筠粉态"中的"婵娟""筠粉态"均取材于《六帖》卷三〇"竹"类语汇"婵娟青翠"和"有筠"。《对琴酒》"油油春云心，一杯可致之"中之"油油"取自《六帖》卷五"酒"类语汇"三爵油油以退"。《和大觜乌》"虽生八九子，谁辨其雌雄"中"八九子""雌雄"取自《六帖》卷二九"鸟兽"类中语词，"飞来庭树上"又化用《六帖》中语词"集庭树"，"得食将哺母"和"慈乌求母食"两句也是由《六帖》中"反哺日未足"化用而来。可见这些备科考、助文思的类书，深深影响着唐代诗人的创作。

其次，类书为诗人创作中表达某种主题提供了参照。类书按题材汇集经典作品，对表现某一主题往往有提示作用。以《初学记》中七夕题材作品为例，该书列此类作品21篇，其中赋2篇，诗19首，基本表现了两个主题：一是怨别；一是乞巧。如谢朓《七夕赋》写怨别，庾信《七夕赋》写乞巧。在19首诗中，除潘尼《七月七日侍皇太子宴玄圃园诗》写七夕宴游和谢灵运《七夕咏牛女诗》写牛郎织女相会情景外，梁简文帝《七夕穿针诗》、柳浑《七夕穿针诗》、刘遵《七夕穿针诗》、刘孝威《七夕穿针诗》4首写乞巧，其他15首均写怨别。[①] 受这些作品影响，唐人七夕诗也主要写怨别和乞巧。如写怨别：

> 天衢启云帐，神驭上星桥。初喜渡河汉，频惊转斗杓。余霞张锦幛，轻电闪红绡。非是人间世，还悲后会遥。（《刘禹锡全集编年校注》卷一二《七夕二首》其二）

> 烟霄微月澹长空，银汉秋期万古同。几许欢情与离恨，年年并在此宵中。（《白居易集笺校》外集卷上《七夕》）

> 河耿月凉时，牵牛织女期。欢娱方在此，漏刻竟由谁。定不嫌秋

[①] （唐）徐坚：《初学记》卷四，中华书局1962年版，第76—79页。

驶，唯当乞夜迟。全胜客子妇，十载泣生离。（《全唐诗》卷四七〇卢殷《七夕》）

　　一道鹊桥横渺渺，千声玉佩过玲玲。别离还有经年客，怅望不如河鼓星。（《全唐诗》卷四七四徐凝《七夕》）

诗写牛郎织女难得相见和后会无期，进而抒发人间寻常夫妻之怨别。如写乞巧：

　　闰女求天女，更阑意未阑。玉庭开粉席，罗袖捧金盘。向月穿针易，临风整线难。不知谁得巧，明旦试相看。（《全唐诗》卷一三一祖咏《七夕》）

　　今日云軿渡鹊桥，应非脉脉与迢迢。家人竞喜开妆镜，月下穿针拜九霄。（《全唐诗》卷三二九权德舆《七夕》）

诗写民间女子七夕向织女乞巧：或手捧金盘，向月穿针，临风整线；或喜开妆镜，月下穿针，对月遥拜。

　　怨别和乞巧两个主题有时会被糅合在一起。如刘言史《七夕歌》和罗隐《七夕》。前者云："星寥寥兮月细轮，佳期可想兮不可亲。云衣香薄妆态新，彩軿悠悠度天津。玉幌相逢夜将极，妖红惨黛生愁色。寂寞低容入旧机，歇著金梭思往夕。人间不见因谁知，万家闺艳求此时。碧空露重彩盘湿，花上乞得蜘蛛丝。"① 后者云："络角星河菡萏天，一家欢笑设红筵。应倾谢女珠玑箧，尽写檀郎锦绣篇。香帐簇成排窈窕，金针穿罢拜婵娟。铜壶漏报天将晓，惆怅佳期又一年。"② 虽然将两个主题绾结在一起，但仍然未离开《初学记》示范的怨别、乞巧两大主题。

　　当然，天才的唐朝诗人不可能把诗思全部停留在前人划定的范围之内，有时也会翻新出奇，在同一题材中表现更多主题。如杜甫《牵牛织女》：

　　牵牛出河西，织女处其东。万古永相望，七夕谁见同。神光竟难

---

① 《全唐诗》卷四六八，第 5322 页。
② 《全唐诗》卷六五六，第 7539 页。

候,此事终蒙胧。飒然精灵合,何必秋遂逢。亭亭新妆立,龙驾具层空。世人亦为尔,祈请走儿童。称家随丰俭,白屋达公宫。膳夫翊堂殿,鸣玉凄房栊。曝衣遍天下,曳月扬微风。蛛丝小人态,曲缀瓜果中。初筵裛重露,日出甘所终。嗟汝未嫁女,秉心郁忡忡。防身动如律,竭力机杼中。虽无舅姑事,敢昧织作功。明明君臣契,咫尺或未容。义无弃礼法,恩始夫妇恭。小大有佳期,戒之在至公。方圆苟龃龉,丈夫多英雄。①

诗以质疑牛郎织女七夕相会故事的真实性开端,劝诫女子不要以七夕乞巧而涉私情,要勤于女红,遵守礼法,这样才会得到幸福婚姻,才不会发生像牛郎织女那样的悲剧。言外之意是织女下凡私嫁牛郎,违背了天庭礼法,夫妻分离乃应得之结果。仇兆鳌评论此诗曰:"牛女渡河,说既荒唐,旧俗乞巧,原涉私情,故以夫妻人伦之道讽喻世人。"② 其他如崔涂《七夕》:"年年七夕渡瑶轩,谁道秋期有泪痕?自是人间一周岁,何妨天上只黄昏。"③ 以天上人间时间长度不同,将一年只有一次的悲情相聚转变成夜夜相守,悲剧变成了喜剧。罗隐《七夕》:"月帐星房次第开,两情惟恐曙光催。时人不用穿针待,没得心情送巧来。"④ 写织女忙于欢会,无暇送巧人间。有的诗还在七夕题材中加入了思乡主题。如孟浩然《他乡七夕》和徐铉《驿中七夕》。前者云:"他乡逢七夕,旅馆益羁愁。不见穿针妇,空怀故国楼。绪风初减热,新月始临秋。谁忍窥河汉,迢迢问斗牛。"⑤ 后者云:"七夕雨初霁,行人正忆家。江天望河汉,水馆折莲花。独坐凉何甚,微吟月易斜。今年不乞巧,钝拙转堪嗟。"⑥ 但像这样的诗并不多。

贺拉斯曾说:"在一个题目上乱翻花样,就像在树林里画上海豚,在

---

① 《杜诗详注》卷一五,第 1320—1322 页。
② 同上书,第 1322 页。
③ 《全唐诗》卷六七九,第 7786 页。
④ (唐)罗隐撰,雍文华校辑:《罗隐集·甲乙集》,中华书局 1983 年版,第 144—145 页。
⑤ 《全唐诗》卷一六〇,第 1653 页。
⑥ 《全唐诗》卷七五四,第 8574 页。

海浪上画条野猪。"① 此论未必尽是，但不乏合理性。一个题材可承载的主题是有限的，逸出这一范围，难免弄巧成拙。唐人创作的实际情况是，遵守前人传统者多，突破前人传统者少。

三　典故的吸纳

清人沈德潜《说诗晬语》云："作诗专尚隶事，看诗专重出典，慎勿以知诗许之。"② "专尚""专重"虽不足取，但诗歌中运用典故，有时却是必不可少的。典故把丰富生动的故事浓缩成一个词或一个短语，使作品在有限篇幅中承载了更多内容，读之含蓄、洗练，易于引发联想。能否熟练运用典故是衡量一个作家水平高低的重要指标。唐人获取典故的来源大致有三：一是阅读古籍；二是翻阅类书；三是熟读《文选》。唐代印刷术尚不发达，获得大量古籍对普通士子来说并非易事，即使获得古籍，典故湮没其中，也不便寻检。而类书和《文选》则解决了这一问题，类书检索方便且一目了然，小型类书还可随身携带，随时翻阅，使用极为便利。《文选》汇集历代优秀诗文于一书，获取容易。所以类书和《文选》就成了士子积累典故的重要来源。从唐人使用典故的情况看，典故至少起到三点作用。

首先，提高了表达的形象性。《文选》卷二张衡《西京赋》云："凤骞翥于甍标，咸溯风而欲翔。"薛综注："甍，栋也。标，末也。溯，向也。谓作铁凤凰，令张双翼，举头敷尾，以函屋上，当栋中央，下有转枢，常向风如将飞者焉。"③ 杜甫《大云寺赞公房四首》其三云："天黑闭春院，地清栖暗芳。玉绳迥断绝，铁凤森翱翔。"④ 杜诗借"铁凤"典写大云寺楼阁边角上翘，如同铁凤张翅欲飞，生动形象。《文选》卷一二木华《海赋》："其垠则有天琛水怪，鲛人之室。"⑤ 鲛人是传说中水里的人鱼，终日流泪，能以泪线织绡，鲛馆是鲛人的水中居室。杜甫《雨》云：

---

① 《诗学　诗艺》，第138页。
② （清）沈德潜：《说诗晬语》，见《清诗话》，第521页。
③ 《文选》卷二，第40页。
④ 《杜诗详注》卷四，第333页。
⑤ 《文选》卷一二，第179页。

"鲛馆如鸣杼,樵舟岂伐枚。"① 用鲛馆之典形容雨声札札有如鲛人织绡,雨丝细密有如鲛人织绡之泪线,雨声和雨丝两个寻常物象因典故使用显得形象生动。

白居易《赠元稹》云:"自我从宦游,七年在长安。所得唯元君,乃知定交难。岂无山上苗,径寸无岁寒。岂无要津水,咫尺有波澜。之子异于是,久要誓不谖。"② 写诗人与元稹的友谊与世俗人情不同。诗中用了两个典故,一为山上苗,一为要津水。前者出自《文选》卷二一左思《咏史八首》其二:"郁郁涧底松,离离山上苗。以彼径寸茎,荫此百尺条。"③ 后者出自《文选》卷二九《古诗十九首·今日良宴会》中"何不策高足,先据要路津"。④ 诗人用这两个典故来比喻出身显贵者和官居高位者,形象地表达了宦游长安七年深切体会到的与人相交相知之难,而这些根本不会影响他和元稹的交情。这些感触直说出来,难免枯燥乏味,使用两个典故,变人情世故之言说为山水形象之描写,既契合了诗人表情达意的需要,也提高了诗歌话语的形象性。

其他如"警露"出自《艺文类聚》卷九〇"鸟部上·鹤类"所引晋周处《风土记》:"鸣鹤戒露,此鸟性警,至八月白露降,流于草上,滴滴有声,因即高鸣相警,移徙所宿处,虑有变害也。"⑤ 白居易《池鹤八绝句》其一《鸡赠鹤》中"一声警露君能薄"借用这一典故形象地描摹鹤的机警。元稹《五弦弹》中"辞雄皓鹤警露啼"同样使用了这一典故,形容赵璧弹奏的琴曲如同警鹤鸣叫一样清越高亢。"仁寿镜"出自《初学记》卷二五"器物部·镜第九"所引《西京杂记》:"高祖初入咸阳宫,有方镜,广四尺九寸,表里有明,人来照之则倒见,以手掩心来,即肠胃五脏,历然无碍。"⑥ 仁寿殿前大铜镜即仁寿镜,当时被视为新奇之物,诗中常用作歌咏宫中景物的典故。温庭筠《投翰林萧舍人书》中"万象

---

① 《杜诗详注》卷一六,第1332页。
② 《白居易集笺校》卷一,第20页。
③ 《文选》卷二一,第296页。
④ 《文选》卷二九,第410页。
⑤ (唐)欧阳询撰,汪绍楹校:《艺文类聚》卷九〇,上海古籍出版社1999年版,第1564页。
⑥ 《初学记》卷二五,第608页。

晚归仁寿镜"运用这一典故,借以形象表现萧舍人身处宫廷。

其次,增强了表达的含蓄性。诗歌语言讲究韵味,以典故中的古代故事类比当下,将难以言说之情,难以描写之事表达出来,可以增强诗歌的韵味。如《六帖》卷二一"县令七十六":"潘岳为河阳令,令树桃李花,人号曰河阳一县花。"① 白居易《正月十五夜东林寺学禅偶怀蓝田杨主簿因呈智禅师》曰:"花县当君行乐夜,松房是我坐禅时。"② 诗中化用"花县"之典,将蓝田主簿杨汝士比作潘岳,想象正月十五之夜,诗人僧房坐禅之时,杨主簿正在蓝田欢度节日。"花县"既契合了杨主簿的身份,又渲染了节日的欢乐气氛。

"相思字"之典出自《文选》卷二九《古诗十九首·客从远方来》:"客从远方来,遗我一札书。上言长相思,下言久离别。"③ 韩愈《除官赴阙至江州寄鄂岳李大夫》云:"公其务贳过,我亦请改事。桑榆倘可收,愿寄相思字。"④ 诗人用"相思字"之典类比书信,婉转地表达了在桑榆暮景之年,用书信向朋友李程表达衷心祝愿之意。

宋人张戒《岁寒堂诗话》说:"诗以用事为博,始于颜光禄,而极于杜子美。"⑤ 杜诗用典极其丰富。《文选》卷二八鲍照《白头吟》:"直如朱丝绳,清如玉壶冰。"⑥ 杜甫《送韦讽上阆州录事参军》曰:"韦生富春秋,洞澈有清识。操持纲纪地,喜见朱丝直。"⑦ 赞美韦讽年富力强而又清明通达,身为录事参军,执掌纠察职责,是个正直廉洁之人。诗用"朱丝"之典比喻韦讽为人正直,用语形象而婉转。

类似的例证在唐人诗作中还有很多,如用"心膂"⑧ 之典类比朋友间的心灵契合(白居易《赠杓直》)、用"神圣物"⑨ 之典比喻酒(白居易

---

① (唐)白居易:《白氏六帖事类集》卷二一,文物出版社1987年版,第62页。
② 《白居易集笺校》卷一六,第1032页。
③ 《文选》卷二九,第412页。
④ 《韩愈全集校注》,第822页。
⑤ (宋)张戒:《岁寒堂诗话》,丁福保:《历代诗话续编》,中华书局1983年版,第449页。
⑥ 《文选》卷二八,第404页。
⑦ 《杜诗详注》卷一三,第1156页。
⑧ 《艺文类聚》卷九九"比肩"类引郭璞《尔雅图赞》:"有若自然,同心共膂。"第1717页。
⑨ 《艺文类聚》卷七二"酒"类引《魏略》:"太祖(曹操)禁酒,而人窃饮之,故难言酒,以白酒为贤者,清酒为圣人。"第1247页。

《久雨闲闷对酒偶吟》)、用"三径"① 比喻隐者之居（李德裕《平泉杂咏二十首·花药栏》)、用"高驾"② 类比高才（韩愈《县斋有怀》)，等等。唐人在创作中能准确地选用切合当前情境的典故，用这些典故委婉地传达出诗人所要表达的意蕴。

最后，提高了表达的文雅性。文学是高质量的言说，提升言说质量的一个有效方法是将表达内容审美化，赋予凡近事物以文化内涵。典故正好能起到这一作用。古代事物通过典故记录下来，形成了人类的文化记忆，诗文创作使用这些典故，就使当下事物和古代事物联系起来，言说对象因此获得了文化意味，言说也因此变得巧妙文雅。如白居易《和微之听妻弹别鹤操因为解释其义依韵加四句》云："听其悲咽声，亦如不得已。青田八九月，辽城一万里。"③ 元妻弹奏琴曲《别鹤操》，白居易不直言琴曲名，而使用"青田"典故代之。《初学记》卷三〇引《永嘉郡记》云："有沭沐溪，去青田九里，此中有一双白鹤，年年生子，长大便去，只惟余父母一双在耳，精白可爱，多云神仙所养。"④ 白诗表面上是在描绘曲中意境，其实是以青田之典呼应曲名，行文典雅而有品位。

杜甫《题张氏隐居二首》其二云："杜酒偏劳劝，张梨不外求。"⑤ 诗写与友人欢宴游赏。一联中用了两个典故，一是杜康造酒事，一是张公梨事。《文选》卷一六潘岳《闲居赋》："张公大谷之梨，梁侯乌椑之柿。"⑥ 杜甫用张公梨典故，既写实情又契合主人姓氏，意为酒是我家祖上发明，今天劳您殷勤相劝；梨是府上特产，用不着到外面去买。酒和梨两件寻常事物都因典故运用而和古人联系起来，既亲切自然，又风雅成趣。《艺文类聚》卷四"岁时中·九月九日"引檀道鸾《续晋阳秋》云："陶潜尝九月九日无酒，宅边菊丛中，摘菊盈把，坐其侧久，望见白衣至，乃王弘送

---

① 汉末蒋诩归隐后于宅中辟三径，唯与知交往来，后以三径喻隐者所居。事见《文选》卷四五陶渊明《归去来辞》李善注引《三辅决录》，第636页。
② 高驾指高车良马，比喻高才。《文选》卷二九《古诗十九首·今日良宴会》："何不策高足，先据要路津。"第410页。
③ 《白居易集笺校》卷二一，第464页。
④ 《初学记》卷三〇，第727页。
⑤ 《杜诗详注》卷一，第8页。
⑥ 《文选》卷一六，第224页。

酒也。即便就酌，醉而后归。"① 皮日休《军事院霜菊盛开因书一绝寄上谏议》云："已过重阳三十日，至今尤自待王弘。"② 院中菊花盛开，希望友人前来饮酒，便用王弘给陶渊明送酒的典故，含蓄地表达了盼友人送酒之意。约请友人饮酒这样的寻常之事，因用典变成了名士的风流雅事。

其他如"啄菢"之典为鸡、鸟等孵卵的雅化表达，③ "恻庭闱"之典为父母思念游子的典雅说法，④ 等等。唐人创作中类似使用《文选》和类书中典故的例子很多，或为直接使用典故原意，或据原意稍加变通。这些典故被唐人自然地融入诗作之中，不觉其刻意用典，而语言实有典据，使诗歌在质朴中散发着典雅庄重之感。

当然用典太多也是一弊。李商隐自编类书《金钥》，他的有些诗作写法就颇似类书。如《泪》："永巷长年怨绮罗，离情终日思风波。湘江竹上痕无限，岘首碑前洒几多。人去紫台秋入塞，兵残楚帐夜闻歌。朝来灞水桥边问，未抵青袍送玉珂。"⑤ 除诗题有"泪"字以外，正文八句均不言"泪"字，而用若干古代悲戚洒泪故事串联成诗：戚夫人被囚永巷、尧女哭舜、羊祜堕泪、昭君出塞、霸王别姬、灞桥送别。这样的写法与类书将表现同一题材的典故抄撮汇集在一起的方法相同。再如其《人日即事》："文王喻复今朝是，子晋吹笙此日同。舜格有苗句太远，周称流火月难穷。镂金作胜传荆俗，翦彩为人起晋风。独想道衡诗思苦，离家恨得二年中。"⑥ 也是一一排列古代与人日相关的故事。范晞文《对床夜语》批评道："诗家病使事太多，盖皆取其与题合者类之，如此那是编事，虽工何益也。李商隐《人日诗》……正合前语。"⑦ 清人屈复《玉溪生诗意》也

---

① 《艺文类聚》卷四，第81页。
② 《全唐诗》卷六一五，第7098页。
③ 韩愈《荐士》有"鹤翎不天生，变化在啄菢"。典出《文选》卷九曹大家《东征赋》注："《尸子》曰：'卵生曰啄，胎生曰乳。'"第144页。
④ 韩愈《送区弘南归》中有"朝暮盘羞恻庭闱"句，指区弘之母在家想念儿子而忧伤。典出《文选》卷一九束皙《补亡诗·南陔》："眷恋庭闱，心惶不安。"李善注："庭闱，亲之所居。"第272页。
⑤ （唐）李商隐撰，刘学锴、余恕诚集解：《李商隐诗歌集解》，中华书局1998年版，第1636页。
⑥ 《李商隐诗歌集解》，第698页。
⑦ （宋）范晞文：《对床夜语》，《历代诗话续编》，第405页。

批评此诗说:"此首乃獭祭之最下者。"①

四 对偶的采用

对偶和声律是近体诗的两大要素,唐代文学教育十分重视对偶技巧,很多诗格著作将其作为知识重点加以传授,对对偶的种类也有详细的划分。《文镜秘府论》东卷掇取上官仪《笔札华梁》、元兢《诗髓脑》、皎然《诗议》、崔融《唐朝新定诗格》等诗格著作,汇集对偶种类,共列二十九种:一曰的名对、二曰隔句对、三曰双拟对、四曰连绵对、五曰互成对、六曰异类对、七曰赋体对、八曰双声对、九曰叠韵对、十曰回文对、十一曰意对、十二曰平对、十三曰奇对、十四曰同对、十五曰字对、十六曰声对、十七曰侧对、十八曰临近对、十九曰交络对、廿曰当句对、廿一曰含境对、廿二曰背体对、廿三曰偏对、廿四曰双虚实对、廿五曰假对、廿六曰侧对、廿七曰双声侧对、廿八曰叠韵侧对、廿九曰总不对对。②《文镜秘府论》还详细解释了各种对法。如的名对的具体做法是:"上句安天,下句安地;上句安山,下句安谷;上句安东,下句安西;上句安南,下句安北;上句安正,下句安斜;上句安远,下句安近;上句安倾,下句安正。如此之类,名为的名对。初学作文章,须作此对。"或曰:"天、地,日、月,好、恶,去、来,轻、重,浮、沉,长、短,进、退,方、圆,大、小,明、暗,老、少,凶、佞,俯、仰,壮、弱,往、还,清、浊,南、北,东、西。如此之类。"③可见唐人诗格对诗歌创作中如何使用对偶有详细指导。

晚唐诗人李商隐是对偶高手。《旧唐书·李商隐传》载:"商隐能为古文,不喜偶对。从事令狐楚幕,楚能章奏,遂以其道授商隐,自是始为今体章奏。博学强记,下笔不能自休,尤善为诔奠之辞。"④ 李商隐开始不喜偶对,而令狐楚所教授的骈文,恰好对对偶极为强调。自从跟随令狐楚学作骈文以后,他开始留心对偶,并成为他的一个强项。他有《当句有对》云:

---

① 《李商隐诗歌集解》,第 700 页。
② 《文镜秘府论汇校汇考》东卷"论对",第 678 页。
③ 同上书,第 687—688 页。
④ 《旧唐书》卷一九〇,第 5078 页。

密迩平阳接上兰，秦楼鸳瓦汉宫盘。池光不定花光乱，日气初涵露气干。但觉游蜂绕舞蝶，岂知孤凤忆离鸾。三星自转三山远，紫府程遥碧落宽。①

当句对是对偶中比较困难的一种，李商隐有意挑战这一困难，写了这首诗。诗中每句都有两个词语组成一组对仗，第一句"平阳"对"上兰"，第二句"秦楼"对"汉宫"，第三句"池光"与"花光"，第四句"日气"与"露气"，第五句"游蜂"对"舞蝶"，第六句"孤凤"对"离鸾"，第七句"三星"与"三山"，第八句"紫府"对"碧落"。三、四、七句，各有一字相同，白璧微瑕，其他五句工稳贴切。李商隐使用当句对的诗作还有很多。如："由来碧落银河畔，可要金风玉露时"（《辛未七夕》），"虎踞龙蹲纵复横"（《乱石》），"碧鹦鹉对红蔷薇"（《日射》），"龙山晴雪凤楼霞"（《寄恼韩同年二首》），"相思树上合欢枝，紫凤青鸾共羽仪"（《相思》），如是者甚多。

像连绵对和双声对这些不常见的对偶方法在李商隐诗中也有使用。连绵对指的是"一句之中，第二字、第三字是重字，即名为连绵对。但上句如此，下句亦然。……又曰：'霏霏敛夕雾，赫赫吐晨曦。轩轩多秀气，奕奕有光仪。'……或曰：朝朝、夜夜、灼灼、菁菁、赫赫、辉辉、汪汪、落落、索索、萧萧、穆穆、堂堂、巍巍、诃诃，如此之类，名连绵对"。②如其《菊》曰："暗暗淡淡紫，融融冶冶黄。"③"暗暗淡淡""融融冶冶"形成连绵对。《忆梅》云："定定住天涯，依依向物华。"④"定定""依依"也构成连绵对。双声对是同性质的两个词的连续之处可以看到对偶性，例如"秋露香佳菊，春风馥丽兰。佳菊双声，系之上句之尾；丽兰叠韵，陈诸下句之末"。⑤李商隐《落花》曰："参差连曲陌，迢递送斜晖。"⑥"参差"双声，"迢递"叠韵，二词相对恰好构成双声对。《春雨》

---

① 《李商隐诗歌集解》，第 1675 页。
② 《文镜秘府论汇校汇考》东卷"论对"，第 713 页。
③ 《李商隐诗歌集解》，第 469 页。
④ 同上书，第 1263 页。
⑤ 《文镜秘府论汇校汇考》东卷"论对"，第 739—741 页。
⑥ 《李商隐诗歌集解》，第 505 页。

云:"远路应悲春婉晚,残宵犹得梦依稀。"① "婉晚"双声,"依稀"叠韵,"婉晚"与"依稀"构成精工的双声对。

　　唐代很多诗人精于偶对。例如贾岛曾撰有诗格《二南密旨》,② 他往往能把对偶句写出新意。其《暮过山村》第二联"怪禽啼旷野,落日恐行人",深受后人推许。欧阳修称此联"意新语工,得前人所未道"。③ 元人方回《瀛奎律髓》曰:"'怪禽'、'落日'一联,善言羁旅之味,诗无以复加。"④ 清人叶矫然《龙性堂诗话续集》云:"贾岛'怪禽啼旷野,落日恐行人',夕阳驴背上,真有此景,想之心怦怦然而动。"⑤ "怪禽"、"落日"和"啼"、"恐"准确传达了诗意:诗人拖着疲惫的身子行走于荒芜幽寂的旷野,怪禽鸣叫,心中焦急,夕阳西下,夜幕降临,更加恐怖,行走之劳顿、投宿之急迫、念远之愁苦、荒野之恐惧,种种情感都通过"怪禽"之"啼"、"落日"之"恐"传达出来。这一联备受后人称誉,句意新奇而又对仗工稳是主要原因。晚唐诗人齐己也有诗格著作《风骚旨格》,⑥ 他的诗中也经常有对偶警句。如《新秋雨后》云:"篱声新蟋蟀,草影老蜻蜓。"⑦ "新蟋蟀"与"老蜻蜓"相对逸出常规思维,极为新颖,尤为后人称赏。清人许印芳即评价曰:"三四佳在'新'字、'老'字,若用'闻'、'见'等字,便是小儿语。"⑧ 又如其《听泉》云:"落石几万仞,冷声飘远空。高秋初雨后,半夜乱山中。只有照壁月,更无吹叶风。几曾庐岳听,到晓与僧同。"⑨ 第三联中"照壁月"和"吹叶风"的对偶堪称妙绝,这一组佳对所营造的泉水淙淙,有月照映而无风吹拂的美妙诗境,使得后人激赏此一联为唐人咏泉诗之最有真气者。明人唐汝询即称赞此诗曰:"起峻爽,结想头几穷。综观唐人咏泉诗,多有入妙者……若此诗五六,结思沉细,即刘得仁《听夜泉》'寒助空山月,复畏有风

---

① 《李商隐诗歌集解》,第1769页。
② 《全唐五代诗格校考》,第370—383页。
③ (宋)欧阳修:《六一诗话》,人民文学出版社1962年版,第101页。
④ (元)方回撰,李庆甲汇评:《瀛奎律髓汇评》,上海古籍出版社2000年版,第51页。
⑤ (清)叶矫然:《龙性堂诗话续集》,《历代诗话续编》,第10111页。
⑥ 《全唐五代诗格校考》,第397—416页。
⑦ 《全唐诗》卷八三八,第9444页。
⑧ 《瀛奎律髓汇评》,第437页。
⑨ 《全唐诗》卷八四三,第9528页。

生'，皆借神风月有味，尤（犹）不及此二语，一片真气在内。"①

对偶与类书的关系也很密切，编纂类书原本就为了方便对偶取材。黄侃《文心雕龙札记》云："爰至齐梁，而后声色对偶之文大兴，用事采言，尤关能事。其甚者，捃拾细事，争疏僻典，以一事不知为耻，以字有来历为高。……浅见者临文而踌躇，博闻者裕之于平素。天资不足，益以强记，强记不足，助以抄撮。……后世《类苑》《书钞》，则输资于文士，效用于搜闻，以我搜辑之勤，祛人翻检之剧，此类书所以日众也。"② 清楚地剖析了齐梁以后诗歌创作讲求用事与类书编纂之间的关系。类书在每一小类下汇聚相关对偶范例，作者能从中快速取材，短时间内构成诗篇，于科举应试，唱和酬赠，十分便利。所以类书编纂越到后来越重视对偶，《兔园策府》（龙朔二年至麟德元年之间成书）"皆偶俪之语"，《初学记》（开元中成书）将叙事、事对和诗文汇集在一起，形成对偶资料库。《文心雕龙·丽辞》云："言对为易，事对为难。"③ 类书中"事对"的事例恰恰十分丰富，唐人创作取用印迹也十分明显。且以《初学记》中"虫"部"蝉"类、"天"部"露"类、"天"部"星"类中提供的对偶范例与唐人同类题材诗歌中所用对偶做一对比：

《初学记》	唐诗
卷三〇"虫"部"蝉"类有事对："饮露"对"聆风"	"心由饮露静，响为逐风清"（沈鹏《寒蝉树》） "饮露身何洁，吟风韵更长"（戴叔伦《画蝉》） "难嘿吟风口，终清饮露肠"（齐己《寺居》）
卷二"天"部"露"类有事对："金掌"对"铜盘"	"魏宫铜盘贮，汉帝金掌持"（岑参《尹相公京兆府中棠树降甘露诗》） "铜盘贮珠露，仙掌抗金茎"（徐敞《赋得金茎露》）
卷一"天"部"星"类有事对："天孙"对"婺女"	"灵泉巧凿天孙渚，孝笋能抽帝女枝"（赵彦昭《奉和幸安乐公主山庄应制》） "河汉天孙合，潇湘帝子游"（吴兢《永泰公主挽歌二首》其一）

在以上《初学记》不同部类中所示范的对偶与唐人相同题材诗歌的对偶中，《初学记》卷三〇"虫"部"蝉"类中的事对"饮露"对"聆

---

① （明）周敬、周珽：《唐诗选脉汇通评林》，见陈伯海《唐诗汇评》，浙江教育出版社1995年版，第3121页。
② 黄侃：《文心雕龙札记》，上海古籍出版社2000年版，第188页。
③ 《文心雕龙注》卷七，第588页。

风"。在唐人沈鹏《寒蝉树》中是"饮露"对"逐风",在戴叔伦《画蝉》中是"饮露"对"吟风",在齐己《寺居》中是"吟风"对"饮露"。他们或将《初学记》所示范的"饮露"对"聆风"稍作调整,将"聆风"变为"吟风"或"逐风";或将对偶次序颠倒,以"吟风"对"饮露"。但这样的微调都没有脱离《初学记》所示范的用"露"与"风"的相对来表现"蝉"类题材的基本对偶模式。《初学记》卷二"天"部"露"类提供了"金掌"对"铜盘"的示范。岑参《尹相公京兆府中棠树降甘露诗》中直接挪用了这一对偶,徐敞《赋得金茎露》则将其稍作变化,将"金掌"变为"仙掌"与"铜盘"相对,另又以"珠露"与"金茎"相对,但这样的变化还是没有逸出《初学记》所示范的事对范围。《初学记》卷一"天"部"星"类有事对"天孙"对"婺女"。赵彦昭《奉和幸安乐公主山庄应制》将"天孙"对"婺女"改为"天孙"对"帝女",恰好贴合应制诗中安乐公主的身份。吴兢《永泰公主挽歌二首》其一以"天孙"对"帝子",亦符合永泰公主的身份。这样的细微变动,仍然是在《初学记》所示范的"天孙"对"婺女"基础上的微调。

如前所述,类书按主题罗列语汇和偶对,这些语汇和偶对是惯常描写某一主题的文学传统和惯例。但有时诗人也会跳脱出来,用同样的偶对表达其他主题,但这样的例子较少。如《初学记》卷四"岁时"部"三月三日"类有事对"南涧"对"东堂",主题是岁时节日三月三。唐人除了表现这一主题,还用此偶对表现送别、思乡、酬赠等主题。如王建《送薛蔓应举》:"子去东堂上,我归南涧滨",① 表达送别;罗隐《思归行》:"不耕南亩田,为爱东堂桂",② 表达思乡;张说《酬崔光禄冬日述怀赠答》:"迎宾南涧饮,载妓东城嬉",③ 表达酬赠。总之,类书所示范的偶对事例已经通过文学教育进入诗人记忆,在很多诗人的创作中可以清晰看到类书的影子。

唐代文人还编有私人类书,如白居易《六帖》、李商隐《金钥》等。

---

① 《全唐诗》卷二九七,第 3371 页。
② 《罗隐集·甲乙集》,第 103 页。
③ 《全唐诗》卷八八,第 970 页。

宋人吴炯在《五总志》中论及李商隐作文之法时说："李商隐为文，多检阅书史，鳞次堆积左右，时谓为獭祭鱼。"① 骈文、律诗创作最重对偶，类书方便查找资料，李商隐《金钥》大概就是"多检阅书史"而成，所以谢伋《四六谈麈》说："四六全在编类古语，唐李义山有《金钥》，宋景文有一字对至十字对。"②

温庭筠与李商隐齐名，他作诗也善于对偶。温诗中有不少佳对，如《送崔郎中赴幕》：

> 一别黔巫似断弦，故交东去更凄然。心游目送三千里，雨散云飞二十年。发迹岂劳天上桂，属词还得幕中莲。相思休话长安远，江月随人处处圆。③

第二联"心游目送三千里，雨散云飞二十年"中"心游"、"目送"和"雨散"、"云飞"成当句对，十分精工。第三联中"发迹"、"属词"和"天上桂"、"幕中莲"成的名对，尤其是以"天上桂"对"幕中莲"，十分契合崔郎中远赴莲幕又渴望折桂成名的心境。温诗中还有双声对，如《芙蓉》云："刺茎淡荡碧，花片参差红。"④ "淡荡"与"参差"构成了双声对。与李商隐"多检阅书史"不同，温庭筠善于对偶的故事，最为著名的是如下两例。《太平广记》"温庭筠"记载：

> 会昌毁寺时，分遣御史检天下所废寺，及收录金银佛像。有苏监察者不记名，巡检两街诸寺，见银佛一尺已下者，多袖之而归。人谓之"苏扛佛"。或问温庭筠：将何对好？遽曰：无以过"密陀僧"也。⑤

---

① （宋）吴炯：《五总志》，影印文渊阁四库全书，第 863 册，台湾商务印书馆 1986 年版，第 812 页。
② （宋）谢伋：《四六谈麈》，影印文渊阁四库全书，第 1480 册，台湾商务印书馆 1986 年版，第 22 页。
③ （唐）温庭筠撰，曾益笺注：《温飞卿诗集笺注》，上海古籍出版社 1998 年版，第 102 页。
④ 同上书，第 64 页。
⑤ 《太平广记》卷一七四，第 1291 页。

《北梦琐言》"温李齐名"记载：

> 宣宗尝赋诗，上句有"金步摇"，未能对，遣未第进士对之，庭筠乃以"玉条脱"续也。宣宗赏焉。又药有名"白头翁"，温以"苍耳子"为对，他皆此类也。①

"苏扛佛""密陀僧""金步摇""玉条脱""白头翁""苍耳子"，或为新造词语，或为生活用语，或为药物名称，这些工整精巧的对偶，展示了温庭筠高超的对偶技巧和丰富渊博的知识储备。而巧的是，善于偶对的温庭筠也编有一部私人类书《玉海》，《玉海》一书已佚，虽然没有直接史料证明温庭筠的诗歌创作与《玉海》有关联，但唐人编纂类书用以取诗材、助文思却是普遍现象。据此推测，温庭筠高妙的对偶应该不能排除其私撰类书《玉海》的影响。

唐代诗人作有大量偶句，形式精巧，意蕴丰富，唐诗的神奇魅力，往往就体现于其中。诗格为对偶提供了理论指导，类书为对偶提供了具体示范，诗格和类书作为文学教育教材，在指引唐人诗文创作上发挥了重要作用。

---

① 《北梦琐言》卷四，第89页。

第四章 唐代重要文学现象教育背景分析

唐代有些重要文学现象的出现也有潜在的教育因素,本章拟在前几章基础上对其进行分析。选择唐初文教政策与四杰文学理想的建构、景龙文学盛况出现的教育背景、盛唐帝王师式诗人出现的教育背景、中唐古文运动的教育背景四个论题具体考察,力图使唐代教育与文学关系的揭示更加真实可感。

第一节 唐初文教政策与四杰文学理想的建构

李唐开国以来,高祖、太宗十分重视文教。贞观年间,朝廷制定了一整套文教政策,在文学上提出了融合南北文风的设想。初唐四杰高度认同这一设想,并描绘出他们理想中的文学图景。下面就对贞观君臣文教政策对四杰建构理想文学图景的作用展开分析。

一 唐初文教政策与文学理想图景

《礼记·学记》曰:"建国君民,教学为先。"[①] 唐朝自高祖、太宗以来,特别强调文教作用,把"尊圣崇儒"作为教育指导思想。高祖于武德二年(619)"六月戊戌,令国子学立周公、孔子庙,四时致祭,仍博求其后"[②]。其《令国子学立周公孔子庙诏》云:

---

① 《礼记正义》卷四〇,《十三经注疏》,第1521页。
② 《旧唐书·儒学传序》,《旧唐书》卷一八九,第4940页。

盛德必祀，义存方策；达人命世，流庆后昆。建国君人，弘风阐教，崇贤彰善，莫尚于兹。自八卦初陈，九畴攸叙；徽章既革，节文不备。爰始姬旦，匡翊周邦，创设礼经，大明典宪。启生人之耳目，穷法度之本源。化起《二南》，业隆八百；丰功茂德，冠于终古。暨乎王道既衰，颂声不作，诸侯力争，礼乐陵迟。粤若宣父，天资睿哲，经纶齐、鲁之内，揖让洙、泗之间，综理遗文，弘宣旧制。四科之教，历代不刊；三千之徒，风流无斁。惟兹二圣，道济群生，尊礼不修，孰明褒尚？朕君临区宇，兴化崇儒；永言先达，情深绍嗣。宜令有司于国子学立周公、孔子庙各一所，四时致祭。仍博求其后，具以名闻，详考所宜，当加爵土。①

高祖从政治文化建设的高度阐发绍周继孔、兴化崇儒的重要性。彼时高祖已受隋禅，但窦建德、王世充等人仍称王称帝，天下尚未彻底一统，需要向世人表明唐王朝的政治取向，树立文化优势，以收拢天下士子之心。数年后高祖又颁布了一系列诏令，将兴化崇儒落实到教育活动当中。如《令诸州举送明经诏》云：

六经茂典，百王仰则；四学崇教，千载垂范。是以西胶东序，春诵夏弦，说礼敦诗，本仁祖义；建邦立极，咸必由之。②

《赐学官胄子诏》云：

自古为政，莫不以学为先，学则仁、义、礼、智、信五者俱备，故能为利博深。朕今欲敦本息末，崇尚儒宗，开后生之耳目，行先王之典训。③

诏令的基本思路是强调治理国家必须施行文教：国家通过发展教育传播儒

---

① 《全唐文》卷一，第25页。
② 《全唐文》卷三，第35页。
③ 同上书，第36页。

家思想，弘扬礼乐伦理，培养士民品格，以臻王道之治。

太宗登基后，继续强调这一思想。其《封孔德纶为褒圣侯诏》云：

> 宣尼以大圣之德，天纵多能，王道借以裁成，人伦资其教义。故孟轲称：生人以来，一人而已。自汉氏驭历，魏室分区，爰及晋朝，暨于隋代，咸相崇尚，用存禋祀。朕钦若前王，宪章故实，亲师宗圣，是所庶几。存亡继绝，抑惟通典。可立孔子后为褒圣侯，以隋故绍圣侯孔嗣悊嫡子德伦为嗣，主者施行。①

贞观二年（628），宰相房玄龄和国子博士朱子奢等人上书，建议专奉孔子为先圣。房玄龄《请尊孔子为先圣议》曰：

> 武德中，诏释奠于太学，以周公为先圣，孔子配享。臣以周公尼父俱称圣人，庠序置奠，本缘夫子，故晋宋梁陈及隋大业故事，皆以孔某为先圣，颜回为先师。历代所行，古今通允，伏请停祭周公，升夫子为先圣，以颜回配享。②

唐太宗采纳了这一建议。贞观二十一年（647），又以左丘明、卜子夏、公羊高、梁赤、伏胜、高堂生、戴圣、毛苌、孔安国、刘向、郑众、杜子春、马融、卢植、郑元、服虔、何休、王肃、王弼、杜元凯、范宁等二十一人，与颜子一起配享孔子庙堂。③ 周公思想因孔子而传承后世，贞观君臣独尊孔子为先圣，意在肯定孔子的"先师"地位，变周公制礼作乐为礼乐教化，"崇儒兴化"也就从政治理念变成了教育方针。

以儒家思想治国是唐初君臣的共识，发扬文教是教育思想，也是文学理想。教育和文学分属，是现代人的学科概念。在古人那里，文学和教育都是文化。文学是"文"，以"文"化人就是文化，这点贞观史臣有清楚的表述。如魏徵《隋书·文学传序》云：

---

① 《全唐文》卷四，第54页。
② 《全唐文》卷一三七，第1398页。
③ 唐太宗：《左丘明等二十一人配享孔子庙诏》，《全唐文》卷八，第99页。

《易》曰:"观乎天文,以察时变,观乎人文,以化成天下。"《传》曰:"言,身之文也,言而不文,行之不远。"故尧曰则天,表文明之称,周云盛德,著焕乎之美。然则文之为用,其大矣哉!上所以敷德教于下,下所以达情志于上,大则经纬天地,作训垂范,次则风谣歌颂,匡主和民。或离谗放逐之臣,途穷后门之士,道轗轲而未遇,志郁抑而不申,愤激委约之中,飞文魏阙之下,奋迅泥滓,自致青云,振沈溺于一朝,流风声于千载,往往而有。[1]

魏徵对文的作用的多方位阐释中就包括了以文化人的看法,可谓有良史之目。[2]

令狐德棻在《周书·庾信传》中也论及"文",他说:

两仪定位,日月扬晖,天文彰矣;八卦以陈,书契有作,人文详矣。若乃坟索所纪,莫得而云,《典谟》以降,遗风可述。是以曲阜多才多艺,鉴二代以正其本;阙里性与天道,修《六经》以维其末。故能范围天地,纲纪人伦。穷神知化,称首于千古;经邦纬俗,藏用于百代。至矣哉!斯固圣人之述作也。[3]

可以看出,文学和文化在令狐德棻和魏徵那里统称为"文"。"文"在人类社会生活中有着巨大作用,"上所以敷德教于下,下所以达情志于上,大则经纬天地,作训垂范,次则风谣歌颂,匡主和民","能范围天地,纲纪人伦。穷神知化,称首于千古;经邦纬俗,藏用于百代"。君主以"文"化育万民,臣民以"文"抒情言志。文学就是文化,文教施行,就是文以化之。文教既是唐代教育的基本方针,也是文学的核心内容。

---

[1] (唐)魏徵:《隋书》卷七六,中华书局1999年版,第1729页。
[2] 《旧唐书·魏徵传》就称赞他为良史:"徵性非习法,但存大体,以情处断,无不悦服。初,有诏遣令狐德棻、岑文本撰《周史》,孔颖达、许敬宗撰《隋史》,姚思廉撰《梁》《陈史》,李百药撰《齐史》。徵受诏总加撰定,多所损益,著为简正。《隋史》序论,皆徵所作,《梁》《陈》《齐》各为总论,时称良史。史成,加左光禄大夫,进封郑国公,赐物二千段。"《旧唐书》卷七一,第2549—2550页。
[3] (唐)令狐德棻:《周书》卷四一,中华书局2003年版,第742页。

在这种认识下,贞观君臣设计出了理想的文学图景。这种理想的文学图景包含两个层面:

一是强调文学的教化作用。文学一旦偏离这一主题就应该受到批评。追溯起来,文学偏离教化主题受到批评早在高祖时期就已经开始。其《令诸州举送明经诏》云:

> 六经茂典,百王仰则;四学崇教,千载垂范。是以西胶东序,春诵夏弦,说礼敦诗,本仁祖义;建邦立极,咸必由之。自叔世浇讹,雅道沦缺,爰历岁纪,儒风莫扇。隋季以来,丧乱滋甚,眷言篇籍,皆为煨烬。周、孔之教,阙而不修;庠塾之仪,泯焉将坠。非所以阐扬徽烈,敦尚风范,训民调俗,垂裕后昆。①

在他看来,前代政治丧乱与文化建设不力有密切关系。贞观史臣继承了这一看法,也指出前代文化局面不够理想。魏徵《隋书·文学传序》云:

> 梁自大同之后,雅道沦缺,渐乖典则,争驰新巧。简文、湘东,启其淫放,徐陵、庾信,分路扬镳。其意浅而繁,其文匿而彩,词尚轻险,情多哀思。格以延陵之听,盖亦亡国之音乎!周氏吞并梁、荆,此风扇于关右,狂简斐然成俗,流宕忘反,无所取裁。高祖初统万机,每念斫雕为朴,发号施令,咸去浮华。然时俗词藻,犹多淫丽,故宪台执法,屡飞霜简。②

魏徵把梁代以来背离儒家教化理念的文学直接贬斥为亡国之音。令狐德棻《周书·庾信传》虽然肯定"庾信奇才秀出,牢笼于一代",但也批评道:

> 然则子山之文,发源于宋末,盛行于梁季。其体以淫放为本,其词以轻险为宗。故能夸目侈于红紫,荡心逾于郑、卫。昔扬子云有言:"诗人之赋,丽以则;词人之赋,丽以淫。"若以庾氏方之,斯又

---

① 唐高祖:《令诸州举送明经诏》,《全唐文》卷三,第35页。
② 《隋书》卷七六,第1730页。

词赋之罪人也。①

令狐德棻对以庾信为代表的南朝文风的批评用语与魏徵相似并且更加严厉。

二是根据儒家文质彬彬要求，提出了融合南北文风的文学设想。魏徵《隋书·文学传序》云：

> 江左宫商发越，贵于清绮，河朔词义贞刚，重乎气质。气质则理胜其词，清绮则文过其意，理深者便于时用，文华者宜于咏歌，此南北词人得失之大较也。若能掇彼清音，简兹累句，各去所短，合其两长，则文质彬彬，尽善尽美矣。②

魏徵看到了唐初南北文风各有差异，提出融合南北，以达于文质彬彬。这是贞观君臣关于融合南北文风的经典表述，多被后人援引。其实，令狐德棻也提出了相似观点，其在《周书·庾信传》中云：

> 原夫文章之作，本乎情性。覃思则变化无方，形言则条流遂广。虽诗赋与奏议异轸，铭诔与书论殊途，而摄其指要，举其大抵，莫若以气为主，以文传意。考其殿最，定其区域，摭《六经》百氏之英华，探屈、宋、卿、云之秘奥。其调也尚远，其旨也在深，其理也贵当，其辞也欲巧。然后莹金璧，播芝兰，文质因其宜，繁约适其变，权衡轻重，斟酌古今，和而能壮，丽而能典，焕乎若五色之成章，纷乎犹八音之繁会。③

令狐德棻提出"文质因其宜"的文学理想，相当于魏徵说的"文质彬彬，尽善尽美"。而且他还指出了融合文、质的具体途径，即"以气为主，以文传意"，"权衡轻重，斟酌古今"，不仅学习《六经》，而且学习百家之言，还要学习"屈、宋、卿、云之秘奥"。

---

① 《周书》卷四一，第744页。
② 《隋书》卷七六，第1730页。
③ 《周书》卷四一，第745页。

魏徵和令狐德棻所描述的文学理想图景，上合儒家经典，下符文坛实际，很有历史眼光和指导意义。他们在对待文学的教化作用与文学艺术特征的关系问题上，持一种比较全面、比较平稳的有利于以后文学发展的观点。初唐文学演进正是沿着这样的方向一路向前，到开元十五年终于迎来了文质彬彬的局面。

二 初唐四杰对贞观君臣文学理想的认同

初唐四杰对贞观君臣提出的文学理想表示高度认同。他们都认可文学应该具备教化功能。王勃《上吏部裴侍郎启》云：

> 夫文章之道，自古称难。圣人以开物成务，君子以立言见志。遗雅背训，孟子不为；劝百讽一，扬雄所耻。苟非可以甄明大义，矫正末流，俗化资以兴衰，国家由其轻重，古人未尝留心也。自微言既绝，期文不振。屈宋导浇源于前，枚马张淫风于后。谈人主者，以宫室苑囿为雄；叙名流者，以沈酗骄奢为达。故魏文用之而中国衰，宋武贵之而江东乱。虽沈、谢争骛，适足兆齐梁之危；徐、庾并驰，不能止周陈之祸。于是识其道者，卷舌而不言；明其弊者，拂衣而径逝。《潜夫》《昌言》之论，作之而有逆于时；周公孔氏之教，存之而不行于代。天下之文，靡不坏矣。①

王勃认为，文学的作用在于经世教化，关乎民俗厚薄，系乎国运兴衰，所谓"甄明大义，矫正末流，俗化资以兴衰，国家由其轻重"。从屈宋到徐庾，作文者偏离文教，致使"天下之文，靡不坏矣"。王勃列出的负面文学家清单比贞观史臣所列还长。他高度肯定了朝廷施行的文教政策，其《上吏部裴侍郎启》亦云：

> 国家应千载之期，恢百王之业，天地静默，阴阳顺序。方欲激扬正道，大庇生人，黜非圣之书，除不稽之论。牧童顿颡，思进皇谟；

---

① 《王子安集注》卷四，第129—131页。

樵夫拭目，愿谈王道。①

他认为在"国家应千载之期，恢百王之业，天地静默，阴阳顺序"的时期，文章应该"激扬正道"。他所谓的正道，就是朝廷施行的儒家之策。为避免重蹈前代文学偏离文教的覆辙，王勃甚至主张慎用文章之士。他向裴行俭建议：

> 君侯受朝廷之寄，掌镕范之权，至于舞咏浇淳，好尚邪正，宜深以为念者也。伏见铨擢之次，每以诗赋为先，诚恐君侯器人于翰墨之间，求材于简牍之际，果未足以采取英秀，斟酌高贤者也。徒使骏骨长朽，真龙不降。衔才饰智者，奔驰于末流；怀真蕴璞者，栖遑于下列。②

王勃指出，诗赋是文教的载体，本没有错误。但诗赋不发挥文教作用，就有可能本末倒置，使人舍本逐末。他认为，那些不能有助于教化的诗文只是雕虫小技而已，断不可取。其《平台秘略论十首·艺文略三》即云："故文章经国之大业，不朽之能事。而君子所役心劳神，宜于大者远者，非缘情体物，雕虫小技而已。"③

与王勃所论相类似的表述也见于杨炯《王勃集序》：

> 大矣哉！文之时义也。有天文焉，察时以观其变；有人文焉，立言以重其范。历年滋久，递为文质，应运以发其明，因人以通其粹。仲尼既没，游、夏光洙泗之风；屈平自沈，唐宋弘汨罗之迹。文儒于焉异术，词赋所以殊源。逮秦氏燔书，斯文天丧。汉皇改运，此道不还。贾马蔚兴，已亏于雅颂；曹王杰起，更失于风骚。俪偲大猷，未忝前载。洎乎潘陆奋发，孙许相因，继之以颜谢，申之以江鲍，梁魏群材，周隋众制，或苟求虫篆，未尽力于丘坟；或独徇波澜，不寻源于礼乐。④

---

① 《王子安集注》卷四，第131页。
② 王勃：《上吏部裴侍郎启》，《王子安集注》，第131—132页。
③ 《王子安集注》卷一一，第302—303页。
④ 《杨炯集笺注》卷三，第249—250页。

杨炯序文与魏徵《隋书·文学传序》开头相似，引用《周易》话语给文学定位，表明文学就是文化。随后批评秦汉以来文学每况愈下，皆因作文者忘记了儒者身份，未能在文中发挥文教所致。这一表述与王勃的文学观念如出一辙。

骆宾王也经常以儒家思想继承者示人。他在《上瑕丘韦明府启》中说："是以祈安阳之捧檄，拟毛义之清尘，思鲁国之执鞭，蹈孔丘之余志。"① 在《上兖州刺史启》中又说："宾王淹中故俗，体朴厚之弘规；稷下遗甿，陶礼义之余化。"② 明确表示自己要继承孔子余志，注重礼义教化。卢照邻在《驸马都尉乔君集序》中也用"衣冠礼乐，重闻三代之风；玉帛讴歌，无坠六经之业"③ 来强调文学的教化功能。可以说，在激扬儒家正道，强调文学社会教化作用上，四杰的认识是不约而同的。

在融合南北文风上，初唐四杰不仅高度认同贞观史臣的文学理想，而且在这一融合进程中发挥了重要作用。他们大胆批评不理想的文学现象，努力创作符合理想的文学作品。杨炯的《王勃集序》云：

> 尝以龙朔初载，文场变体。争构纤微，竞为雕刻。糅之金玉龙凤，乱之朱紫青黄。影带以徇其功，假对以称其美。骨气都尽，刚健不闻。思革其弊，用光志业。薛令公朝右文宗，托末契而推一变；卢照邻人间才杰，览清规而辍九攻。知音与之矣，知己从之矣。于是鼓舞其心，发泄其用。八纮驰骋于思绪，万代出没于毫端。契将往而必融，防未来而先制。动摇文律，宫商有奔命之劳；沃荡词源，河海无息肩之地。以兹伟鉴，取其雄伯，壮而不虚，刚而能润，雕而不碎，按而弥坚。大则用之以时，小则施之有序。徒纵横以取势，非鼓怒以为资。长风一振，众萌自偃。遂使繁综浅术，无藩篱之固；纷绘小才，失金汤之险。积年绮碎，一朝清廓；翰苑豁如，词林增峻。④

---

① （唐）骆宾王撰，（清）陈熙晋笺注：《骆临海集笺注》卷八，上海古籍出版社 1995 年版，第 270 页。
② 《骆临海集笺注》卷七，第 241 页。
③ 《卢照邻集校注》卷六，第 301 页。
④ 《杨炯集笺注》卷三，第 273—274 页。

杨炯认为龙朔以来的文风，徒有华丽外表，缺少内在风骨，决心以实际创作纠正这种局面。他的努力得到了薛元超、卢照邻等人的认可。而他在序文中论及的"壮而不虚，刚而能润，雕而不碎，按而弥坚"，实际上就是"文质彬彬"。

卢照邻也表达了类似看法，他在《南阳公集序》中云：

> 圣人方士之行，亦各异时而并宜；讴歌玉帛之书，何必同条而共贯。文质再而复，殷周之损益足徵；骊翰三而始，虞夏之兴亡可及。美哉焕乎！斯文之功大矣。自获麟绝笔，一千三四百年，游、夏之门，时有荀卿、孟子；屈、宋之后，直至贾谊、相如。两班叙事，得丘明之风骨；二陆裁诗，含公干之奇伟。邺中新体，共许音韵天成；江左诸人，咸好瑰姿艳发。精博爽丽，颜延之急病于江、鲍之间；疏散风流，谢宣城缓步于向、刘之上。北方重浊，独卢黄门往往高飞；南国轻清，惟庾中丞时时不坠。嗟乎！古今文士，递相毁誉，至有操我戈矛，启其墨守。《三都》既丽，徵夏熟于《上林》；《九辩》已高，责《春歌》于《下里》。蹉驳之论，纷然遂多。①

卢照邻不愿像古人那样"递相毁誉"，也没有像王勃、杨炯那样激烈批评前代作家。但实际上他对南朝作家过分讲究文采也不认同，他在序文中所说的"八病爰起，沈隐侯永作拘囚；四声未分，梁武帝长为聋俗。后生莫晓，更恨文律烦苛；知音者稀，常恐词林交丧。雅颂不作，则后死者焉得而闻乎？"②就是针对这一问题而发。他发掘自孔子以后一千三四百年来各家文学优长，以使后人从中取长补短。他承认南北文风存在不同："北方重浊，独卢黄门往往高飞；南国轻清，惟庾中丞时时不坠。"他心中理想的文学是：

> 非夫妙谐钟律，体会风骚，笔有余妍，思无停趣；作龟作镜，听歌曲而知亡，为龙为光，观礼容而识大。齐鲁一变之道，唐虞百代之

---

① 《卢照邻集校注》卷六，第311—317页。
② 同上书，第321页。

文，悬日月于胸怀，挫风云于毫翰。含今古之制，扣宫徵之声，细则出入无间，粗则弥纶区宇。逶迤绰约，如玉女之千娇；突兀峥嵘，似灵龟之孤朴。①

卢照邻理想中的文学样貌与杨炯《王勃集序》的描述极为相似。所谓"妙谐钟律，体会风骚"，就是声律风骨兼备，就是融合南北文风。

王勃和骆宾王也表示了相似看法。王勃在《山亭思友人序》中说："文章可以经纬天地，器局可以畜泄江河，七星可以气冲，八风可以调合。""得宫商之正律，受山川之杰气。"②可见在王勃看来，文章既要能经天纬地，又要得宫商正律。即要创造出既雄放刚健，又音律协畅的文学。骆宾王在《和学士闺情诗启》中也说："若乃子建之牢笼群彦，士衡之藉甚当时，并文苑之羽仪，诗人之龟镜。爰逮江左，讴谣不辍。非有神骨仙材，专事元风道意。颜、谢特挺。戎代典丽。自兹以降，声律稍精。其间沿改，莫能正本。天纵明眷，卓尔不群。听新声鄙师涓之作，闻古乐笑文侯之睡。以封鲁之才，追自卫之迹。宏兹雅奏，抑彼淫哇。"③他高度肯定了建安诗歌，在批评六朝诗歌时说其"莫能正本"，在要求其"宏兹雅奏，抑彼淫哇"的同时，也充分肯定了颜、谢以降"声律稍精"的艺术成就。这事实上也是在表达声律风骨兼备的看法。

可以看出，初唐四杰的文学观点，与贞观君臣一脉相承，是从贞观君臣到陈子昂之间不可或缺的环节。他们对风骨的追求，对声律的认可，更是为唐诗发展指出了正确方向，为盛唐诗的灿烂辉煌奠定了基础。

三 初唐四杰文学观念形成的教育背景探寻

王勃、杨炯、卢照邻、骆宾王认同贞观君臣的文学理想，也就是认同唐初君臣的文教思想。这种认同感是否源于他们所接受的教育值得探寻。

王勃所受教育，主要来自家学。王勃出生于有着深厚儒学渊源的家庭。据王勃《倬彼我系》所述，王氏家族在晋代之前，历朝官居要职。晋

---

① 《卢照邻集校注》卷六，第 317—321 页。
② 《王子安集注》卷九，第 273—274 页。
③ 《骆临海集笺注》卷七，第 222—223 页。

以后，虽宦迹不显，但以诗礼传家。据王通《中说》、王绩《与陈叔达重借隋纪书》《游北山赋并序》《负笈者传》《答处士冯子华书》、王福畤《录唐太宗与房魏论礼乐事》《王氏家书杂录》、杜淹《文中子世家》、吕才《王无功文集序》、陈叔达《答王绩书》、薛收《隋故征君文中子碣铭》、杨炯《王勃集序》、王勃《倬彼我系》《续书序》、蒋清翊《王子安年谱》等史料可知，王氏家族从王勃的八世祖王玄则开始，每代都有著述行世，确实是"礼乐咸若，诗书具草"①的书香大族。特别是其祖父王通，更是隋朝声名显赫的大儒，在河汾聚徒讲学，世称"河汾之学"，贞观名臣或出其门下，或曾随其问学。②王通曾仿孔子而作《续六经》，另有《中说》一书传世。王通之弟王绩和王凝，前者是隋末唐初著名诗人，后者早年曾随王通问学，整理过《续六经》，并将《中说》传授给了王勃之父王福畤。王福畤也颇有学识，撰写过《王氏家语杂录》，杨炯《王勃集序》称其"绝六艺以成能，兼百行而为德。司马谈之晚岁，思弘授史之功；扬子云之暮年，遂起玄元之叹"。③可以想见，王勃所受教育，当与如此深厚的家学渊源密不可分。

王勃在《送劼赴太学序》中说："吾被服家业，霑儒庭训，切磋琢磨，战兢惕厉者，二十余载矣。"④其《秋晚入洛于毕公宅别道王宴序》亦云："早师周礼，偶爱儒宗。"⑤可知王勃早年就开始接受家传的儒学教育，学习《周礼》等儒学典籍，且时间长达二十余年。其《续书序》云："勃兄弟五六冠者，童子六七，祗祗怡怡，讲问伏渐之日久矣。躬奉成训，家传异闻，犹恐不得门而入，才之不逮至远也。是用励精激愤，宵吟昼咏，庶几乎学而知之者。其修身慎行，恐辱先也；岂声禄是殉，前人之不继是惧。"⑥为了接续良好的家学传统，不辱没祖先，其家学教育十分严苛，以至到了"宵吟昼咏"的地步。而至于其学习效果，杨炯《王勃集

---

① 王勃：《倬彼我系》，《王子安集注》卷三，第66页。
② 参见邓小军《唐代文学的文化精神》，文津出版社1993年版；拙文《河汾之学几个问题新探》，《文学遗产》2012年第5期。
③ 《杨炯集笺注》卷三，第258页。
④ 《王子安集注》卷八，第253页。
⑤ 同上书，第255页。
⑥ 《王子安集注》卷九，第278—279页。

序》载：

> 九岁读颜氏《汉书》，撰《指瑕》十卷。十岁包综六经，成乎期月，悬然天得，自符。音训。时师百年之学，旬日兼之；昔人千载之机，立谈可见。居难则易，在塞咸通于术无所滞，于词无所假。幼有钧衡之略，独负舟航之用。年十有四，时誉斯归。太常伯刘公巡行风俗，见而异之，曰："此神童也。"因加表荐。对策高第，拜为朝散郎。①

可以看出，严格的家学教育带来了出人意料的效果，王勃读书广博且贯通经史。他以九岁幼龄便能撰写学术著作，颇有其祖父王通之遗风，这样的教育效果带着鲜明的家学渊源印记。

杨炯还记述了王勃的治学情况，也能折射出他所受的儒学教育情况。其《王勃集序》云：

> 君以为摛藻雕章，研几之余事；知来藏往，探赜之所宗。随时以发，其惟应变；稽古以成，其殆察微。循紫宫于北门，幽求圣律；访玄扈于都洛，响像天人。每览韦编，思弘《大易》。周流穷乎《八索》，变动该乎四营。为之《发挥》，以成注解。尝因夜梦，有称孔夫子，而谓之曰："《易》有太极，子其勉之。"寤而循环，思过半矣。于是穷蓍蔡以像告，考爻象以情言。既乘理而得玄，亦研精而徇道。虞仲翔之尽思，徒见三爻；韩康伯之成功，仅逾两系。君之所注，见光前古。与夫发天地之秘藏，知鬼神之情状者，合其心矣。君又以幽赞神明，非杼轴于人事；经营训导，乃优游于圣作。于是编《次论语》，各以群分；穷源造极，为之诂训。仰贯一以知归，希体二而致远。为言式序，大义昭然。……呜呼！天道何哉？所注《周易》，穷乎《晋卦》；又注《黄帝八十一难》，幸就其功。撰《合论》十篇，见行于世。君平生属文，岁时不倦，缀其存者，才数百篇。嗟乎促

---

① 《杨炯集笺注》卷三，第264页。

龄，材气未尽；殁而不朽，君子贵焉。①

王勃志在究天人之际，专研《周易》，且多有心得。序中交代其"所注《周易》，穷乎《晋卦》；又注《黄帝八十一难》，幸就其功。撰《合论》十篇，见行于世"。可见其专注于学术研究，且研究内容有以《周易》为代表的儒家经典，这样的研究内容与其早年的受教育内容密切相关。而王勃治经显然又志在继承其祖父王通事业。《王勃集序》云：

> 文中子之居龙门也，睹隋室之将散，知吾道之未行，循叹凤之远图，宗获麟之遗制，裁成大典，以赞孔门。讨论汉、魏，迄于晋代，删其诏命，为百篇以续《书》。甄正乐府，取其雅奥，为三百篇以续《诗》。又自晋太熙元年，至隋开皇九年平陈之岁，褒贬行事，述《元经》以法《春秋》。门人薛收窃慕，同为《元经》之传，未就而殁。君思崇祖德，光宣奥义，续薛氏之遗传，制《诗》《书》之众序，包举艺文，克融前烈。陈群禀太丘之训，时不逮焉；孔伋傅司寇之文，彼何功矣。《诗》《书》之序，并冠于篇；《元经》之傅，未终其业。命不与我，有涯先谢，春秋二十八，皇唐上元三年秋八月。不改其乐，颜氏斯殂；养空而浮，贾生终逝。②

序文中称王勃治学意在"思崇祖德，光宣奥义，续薛氏之遗传，制《诗》《书》之众序，包举艺文，克融前烈"。其志在于弘教，而其学则源于祖传。

王勃文学才能的获得也当来自家学。王勃有两位兄长王勔和王勮，均才华横溢，早获文名。《旧唐书·王勃传》载：

> 勃六岁解属文，构思无滞，词情英迈，与兄勔、勮，才藻相类。父友杜易简常称之曰："此王氏三珠树也。"③

---

① 《杨炯集笺注》卷三，第281—287页。
② 同上书，第286—287页。
③ 《旧唐书》卷一九〇，第5005页。

从王勃六岁撰文且"构思无滞，词情英迈"以及其与两位兄长"才藻相类"看，父辈对他们的早年教育中已经渗透了诗书熏陶，以至于才藻均为时人所称。这样的文学才能当源自家学教育无疑。从上述情形看，王勃依据儒家思想建构文学理想，就是顺理成章的事了。

杨炯幼年即受过儒学教育。《旧唐书·杨炯传》载："炯幼聪敏博学，善属文。神童举，拜校书郎，为崇文馆学士。"① 《新唐书·杨炯传》载："炯，华阴人。举神童，授校书郎。"② 其童子科及第时间两《唐书》均未记载。《唐才子传校笺》考杨炯生年为永徽元年（650），又据四部丛刊影印明万历童氏刊本《杨盈川集》所附评述资料知其童子科及第时间为显庆四年（660），时年杨炯十岁。③ 与杨炯《浑天赋并序》中"显庆五年，炯时年十一，待制弘文馆。上元三年，始以应制举，补校书郎"④ 所记年岁相契合。据《新唐书·选举志》："凡童子科，十岁以下能通一经及《孝经》《论语》，卷诵文十，通者予官；通七，予出身。"⑤ 由此可以看出两点：第一，参选童子科年龄需在十岁以下；第二，童子科考试内容是诵经，在规定的九经中选诵一经，《孝经》《论语》为必诵科目。杨炯能在十岁举神童，则说明其时他已熟读九经中的一部以及《孝经》和《论语》，其在十岁之前接受过良好的儒学教育当无疑问。

杨炯作有《卧读书架赋》，描述了其躺卧于床、挂书于架的读书情形：

> 儒有传经在乎致远，力学在乎请益。士安号于书淫，元凯称于传癖。高眠孰可，讵贻边子之嘲；甘寝则那，宁耻宰予之责。伊国工而尝巧，度山林以为格。既有奉于诗书，固无违于枕席。……不劳于手，无费于目。开卷则气杂香芸，挂编则色联翠竹。风清夜浅，每待蘧蘧之觉；日永春深，常偶便便之腹。股因兹而罢刺，膚由是而无伏。庶思罩于下帏，岂遽留而更读。其利何如。其乐只且。巾遂挂于帘幌，履谁曳于阶除。每偶草玄之字，不亲非圣之书。比角枕而嗟

---

① 《旧唐书》卷一九〇，第5000页。
② 《新唐书》卷二〇一，第5741页。
③ 《唐才子传校笺》卷一，第36页。
④ 《杨炯集笺注》卷一，第1页。
⑤ 《新唐书》卷四四，第1162页。

若,匹瑶琴而病诸。尔其临窗有风,闭户多雪。自得陶潜之性,仍秉袁安之节。既幽独而多闲,遂凭兹而遍阅。读《易》则期于索隐,习《礼》则防于志悦。倘叔夜之神交,固周公之梦绝。其始也一木所为,其用也万卷可披。墨沼之前,谓江帆之乍至;书林之下,若云翼之新垂。动静随于语默,出处任于挽推。必欲事于所事,实斯焉而取斯。①

从文中可见,其所读书目有《易》《礼》等儒家经典。"边子"即汉代边韶。《后汉书·边韶传》载:"边韶字孝先,陈留浚仪人也。以文章知名,教授数百人。韶口辩,曾昼日假卧,弟子私嘲之曰:'边孝先,腹便便。懒读书,但欲眠。'韶潜闻之,应时对曰:'边为姓、孝为字。腹便便,五经笥。但欲眠,思经事。寐与周公通梦,静与孔子同意。师而可嘲,出何典记?'嘲者大惭。韶之才捷皆此类也。"② 杨炯能用边韶典,说明他读过《后汉书》。"宰予"乃孔子弟子,善辩,因昼寝被孔子斥为"朽木不可雕"。宰予事《论语》《史记》皆载。前已言及杨炯读过《论语》,此处仅看《史记·仲尼弟子列传》的记载:"宰予字子我。利口辩辞。……宰予昼寝。子曰:'朽木不可雕也,粪土之墙不可圬也。'"③ 杨炯能用宰予典,说明他可能也读过《史记》。

又,张说《赠别杨盈川炯箴》称赞杨炯"君服六艺,道德为尊"。④ "六艺"有两种含义:一指礼、乐、射、御、书、数六种科目;一指《易》《书》《诗》《礼》《乐》《春秋》六种儒家经典。张说将"六艺"与道德相提并论,将学习的功能与价值归结为提高人的道德品质,此"六艺"当指六种儒家经典。又,《新唐书·艺文志》著录杨炯《家礼》十卷,亦证杨炯精熟于《礼》。综观前考杨炯所读典籍,基本是儒家经史,这些都反映出杨炯接受的是儒学教育。

除儒学教育外,杨炯早年还接受过良好的文学教育。前引《卧读书架赋》云:"既有奉于诗书,故无违于枕席。"则其所读,不惟儒家经典,亦有诗文类典籍。据有学者考证,杨炯此赋所写卧读书架的童稚憨态,当

---

① 《杨炯集笺注》卷一,第66—71页。
② 《后汉书》卷八〇,第2623页。
③ 《史记》卷六七,第2194—2195页。
④ 《张说集校注》卷一三,第694页。

是其幼年作品。① 这同时也说明，在写作此赋之前，杨炯已经接受过文学教育，从而具备了创作此赋的能力。他能在写作过程中，将读过的经史典故熟练融入，更印证了这一点。

关于杨炯所受文学教育，还可从其从弟杨去溢身上间接反映出来。其《从弟去溢墓志铭》曰：

> 若夫羽陵遗策，汲冢残书，倚相之八索九丘，张华之千门万户，莫不山藏海纳，学无所遗。至如白雪回光，清风度曲，崔亭伯真龙之气，扬子云吐凤之才，莫不玉振金声，笔有余力。远心天授，高兴生知，尽江海之良图，得烟霞之秘算。贞不绝俗，从容于名教之场；道由人弘，坐卧于羲皇之代。于时朝廷之上，山林之下，英儒赡闻之士，洪笔丽藻之客，希末光而影集，听余声而响和者，犹藩篱之望天地，鳞介之宗龟龙也。②

杨炯称赞杨去溢学无所遗，饱读诗书，作文如东汉崔骃、扬雄一般，且能担负起"道由人弘"的儒家重任。"英儒赡闻之士，洪笔丽藻之客"典出郭璞《尔雅序》，指学识渊博的儒士和辞藻华丽、笔力雄健的文士，可见杨去溢兼具儒士和文士的这些特点，这无疑是其接受良好教育的结果。而杨氏家族本是宦门望族，从杨炯伯父到曾祖父都居官显赫，唯有杨炯之父未有官职。③ 据此推测，杨炯应该是和他的从兄弟一起在家学接受过这些训练。这篇墓志铭虽不乏溢美之词，但从中也反映出杨炯本人对儒家精神的深刻体悟和在此基础上对风骨文辞兼备文学观念的高度认可。这样看来，其文学思想的形成不无有因。

卢照邻出身于一个"衣冕之族"的"燕地高门"，早年家口兴旺，经济富裕，咸亨后家道迅速衰落。④ 卢照邻所受教育，《旧唐书·卢照邻传》载："年十余岁，就曹宪、王义方授《苍》《雅》及经史，博学善属

---

① 骆祥发：《初唐四杰研究》，东方出版社1993年版，第113页。
② 《杨炯集笺注》卷九，第1319页。
③ 《初唐四杰研究》，第110—111页。
④ 同上书，第45页。

文。"①《新唐书·卢照邻传》载:"照邻,字升之,范阳人。十岁从曹宪、王义方授《苍》、《雅》。"② 两《唐书》记载略有差异,《旧唐书》言"十余岁"从学于曹宪、王义方,《新唐书》言"十岁"从学于曹宪、王义方。综合二书可以判断,卢照邻所受教育至少以十岁为分界线,十岁之前当主要来自家庭教育,十岁之后从学于曹宪、王义方。

卢照邻《释疾文·粤若》对其早年求学经历记载较详:

> 皇考庆予以弄璋兮,肇锡予以嘉词,名余以照邻兮,字余以昇之。余幼服此殊惠兮,遂阅礼而闻诗。于是裹粮寻师,褰裳访古,探旧篆于南越,得遗书于东鲁,意有缺而必刊,简无文而咸补。入陈适卫,百舍不厌其栖遑;累茧重胝,千里不辞于劳苦。③

可以看出,卢照邻的出生让家人十分喜悦,父母对他宠爱有加,给他取的字都是希望他步步高升的意思。因为对他寄予厚望,所以很早就让他"阅礼而闻诗",进行启蒙教育。从前述卢照邻出身看,这样的家庭完全可以提供高质量的启蒙教育。启蒙教育完成后,便让他"裹粮寻师",甚至"入陈适卫",开始了"千里不辞于劳苦"的负笈求学生活。

其"裹粮寻师"寻到的第一人,便是曹宪。曹宪是位饱学之士,精通两门学问:一是《文选》学;一是古文字学。《旧唐书·李善传》:"李邕,广陵江都人。父善,尝受《文选》于同郡人曹宪。"④ 唐初以统一各家《文选》注释写成科举考试官方指定教材《文选注》闻名的李善,早年便是从曹宪习《文选》,可知曹宪对《文选》极为精通。卢照邻随曹宪问学,亦当学过《文选》。

曹宪又精通古文字学。《旧唐书·曹宪传》载:

> 曹宪,扬州江都人也。仕隋为秘书学士。每聚徒教授,诸生数百人。当时公卿已下,亦多从之受业。宪又精诸家文字之书,自汉代杜

---

① 《旧唐书》卷一九〇,第 5000 页。
② 同上书,第 5742 页。
③ 《卢照邻集校注》卷五,第 245—246 页。
④ 《旧唐书》卷一九〇,第 5039 页。

林、卫宏之后，古文泯绝，由宪，此学复兴。①

《新唐书·曹宪传》亦载：

> 曹宪，扬州江都人。仕隋为秘书学士，聚徒教授凡数百人，公卿多从之游。于小学家尤邃，自汉杜林、卫宏以后，古文亡绝，至宪复兴。炀帝令与诸儒撰《桂苑珠丛》，规正文字。又注《广雅》，学者推其该，藏于秘书。贞观中，扬州长史李袭誉荐之，以弘文馆学士召，不至，即家拜朝散大夫，当世荣之。太宗尝读书，有奇难字，辄遣使者问宪，宪具为音注，援验详复，帝咨尚之。卒，年百余岁。②

综合两《唐书》所载，从"精诸家文字之书""于小学家尤邃"，撰写字书《桂苑珠丛》，又注释训诂学著作《广雅》，为唐太宗解答奇难字等事迹看，曹宪是当时古文字领域的泰斗级学者。卢照邻从其受学，所学当为此类知识。《旧唐书·卢照邻传》记载其从曹宪所学乃《苍》《雅》，即《三仓》和《尔雅》。《三仓》指《仓颉》《爰历》《博学》，都是秦统一文字之后介绍小篆楷范的字书，汉代合三书为一书，统称《仓颉篇》，亦称《三仓》。《尔雅》则为辞书之祖，收录了丰富的古汉语词汇。这些都是曹宪精通的学问。前引卢照邻《释疾文·粤若》自言"探旧篆于南越"，"旧篆"亦当指这些学习内容而言，南越即指曹宪所在地扬州江都一带。有学者认为，卢照邻跟随曹宪读书的时间不会太短，应该有几年时间。③这说明他跟随曹宪很深入地学习了《文选》和古文字学。在求学于曹宪之后，卢照邻还曾游学于孔孟故乡东鲁，并仿得"遗书"，做过刊补工作，即其《释疾文》所云"得遗书于东鲁，意有缺而必刊，简无文而咸补"。这也从一个侧面说明通过长期跟随曹宪学习，卢照邻已经具备了扎实的学业基础。

卢照邻"裹粮寻师"寻到的又一人，是王义方。王义方精通五经，

---

① 《旧唐书》卷一八九，第4945页。
② 《新唐书》卷一九八，第5640页。
③ 《初唐四杰研究》，第50—51页。

《旧唐书·王义方传》载："王义方，泗州涟水人也。少孤贫，事母甚谨，博通五经，而謇傲独行。"①《旧唐书·卢照邻传》载其从曹宪、王义方授《苍》《雅》及经史。更准确地说，应该是从曹宪习《苍》《雅》，从王义方习经史，王义方精通的五经自然是卢照邻的必学内容。

王义方不仅博通五经，更为重要的是人品刚正，以操守自持闻名。《新唐书·王义方传》载其事更详，可见其品格：

> 王义方，泗州涟水人，客于魏。孤且婺，事母谨甚。淹究经术，性謇特，高自标树。举明经，诣京师，客有徒步疲于道者，自言："父宦远方，病且革，欲往省，困不能前。"义方哀之，解所乘马以遗，不告姓名去，由是誉振一时。不肯造请贵势，太宗使宰相听其论。于是尚书外郎独孤悊以儒显，给事中许敬宗推悊确论，义方引逮百家异同，连挂悊，直出其上。左右为悊不平，辄罢会。补晋王府参军，直弘文馆。魏徵异之，欲妻以夫人之侄，辞不取。俄而徵薨，乃娶。人问其然，曰："初不附宰相，今感知己故也。"②

王义方的学识人品，很受时人推重。其高标人格，在儒者中颇具代表性。以其博学，对卢照邻经学知识的指授自不待言。而其作为师者，特立迥出的人格魅力和凛然风骨，对卢照邻潜移默化的影响也不容忽视。

经过数从名师之后，卢照邻自认为才情学识均已大成。其《释疾文·粤若》描述学习效果云：

> 既而屠龙适就，刻鹄初成，下笔则烟飞云动，落纸则鸾回凤惊。通李膺而窃价，造张华而假名。郭林宗闻而心服，王夷甫见而神倾。俯仰谈笑，顾盼纵横。自谓明主以令仆相待，朝廷以黄散为轻。③

写文章能做到"下笔则烟飞云动，落纸则鸾回凤惊"，其学识才情，就连

---

① 《旧唐书》卷一八七，第 4874 页。
② 《新唐书》卷一一二，第 4159 页。
③ 《卢照邻集校注》卷五，第 246 页。

东汉名震朝野的李膺、博通群书且善于品评人物的郭泰、西晋文采华丽的张华、清谈领袖王衍都为之倾倒。这虽不无矜夸之词，但也说明通过学习，他的学识才华已经出类拔萃。至此，卢照邻已"屠龙适就，刻鹄初成"，练就了一身本领。

从卢照邻的求学经历可见，他所学既有文学和古文字学知识，也有经史知识。从其所学内容可以想见，其对声律的认可，当源自对《文选》和古文字学的研习；其对风骨的提倡，当出于对儒家经典精髓的深刻领悟，其师王义方的品格熏陶，也是潜在原因。他的受教育经历，清晰地折射出了其文学思想赖以形成的根基。

骆宾王所受教育，早年来自家庭。关于其家庭及亲属情况，史传未见记载。骆宾王在《与博昌父老书》中称："昔吾先君，出宰斯邑，清芬虽远，遗爱犹存。"① 则其父做过博昌（今山东博兴）县令。义乌《骆氏宗谱》所存《唐博昌县令申一府君梅所先生传》云：

> 义务骆氏讳履元，字申祐，号梅所，行申一。……其先世积忠厚，自东汉逮本朝，皆以学业相承，修德行义以培根脉。公承先绪益慎，励志进修，范经书子史，微词奥旨，务悉通其枢要而后已。武德间，仕为青州博昌令。②

可知骆宾王祖上虽不显达，但却以"学业相承"，重视"修德行义"，是典型的儒者之家。其父骆履元在武德年间担任青州博昌县令，他秉承家族传统，读书广博，"经书子史""微词奥旨"，都能做到"通其枢要"。骆宾王早年所受教育当来自其父，其父精通的经书子史应该就是骆宾王的学习内容。

《新唐书·骆宾王传》："宾王，义乌人。七岁能赋诗。"③ 该诗收录于《全唐诗》卷七九。④ 以七岁之幼龄熟练写出了形、声、色俱备的白鹅戏水景象，说明骆宾王在七岁之前就已经从其父处学习了基本的文学知识。

---

① 《骆临海集笺注》卷八，第292页。
② 转引自《初唐四杰研究》，第2—3页。
③ 《新唐书》卷二一〇，第5742页。
④ 《全唐诗》卷七九，第864页。

贞观二年（628）前后，骆宾王十岁时即随父母前往父亲任所，寓居于博昌。直至贞观九年（635），骆宾王十七岁时，其父死于任上。①在此期间，骆宾王一直在博昌读书。其《上瑕丘韦明府启》记载当时学习情形云：

> 某纬萧末品，拾芥幽人。寓迹雩坛，挹危直之秘说；托根磬渚，戢战胜之良图。幸以奉训趋庭，束情田于理窟；从师负笈，私默识于书林。至于九流百氏，颇总辑异端；万卷五车，亦研精其奥旨。②

清人陈熙晋在《续补唐书骆侍御传》中亦云：

> 骆宾王，婺州义乌人。父为青州博昌令，有遗爱。宾王七岁能属文，目为神童。随父至博昌，与其邑之张学士、辟闾公游。趋庭奉训，负笈从师，学问得于齐、鲁者为多。③

综合以上两则记载，可知骆宾王在寓居博昌期间，一方面继续接受家庭教育，另一方面也负笈从师，接受齐鲁之学的熏染。与之游从的张学士、辟闾公，其《与博昌父老书》亦曾提及，可知骆宾王与当地学者颇多交游。其中"雩坛""磬渚"，比喻孔孟故乡，"九流百氏"犹言诸子百家，"万卷五车"极称读书之多。则骆宾王在齐、鲁期间读书广博富赡，包综诸子百家。

至于其所读百家之书的具体所指，其《上郭赞府启》记载较详：

> 又以家传素业，戈书林而骋志；少奉庭训，驰文圃以渔魂。至于缥卷青箱，颇测探其奥旨；竹书石记，亦幽求其邃原。虽未能叫彻帝阍，声驰宰府，而颇亦见推里闾，誉浃乡闾。④

---

① 骆祥发：《初唐四杰年谱摘要》，《浙江师范大学学报》1989年第3期。
② 《骆临海集笺注》卷八，第269—270页。
③ 《骆临海集笺注》附录，第387页。
④ 《骆临海集笺注》卷八，第274页。

"缥卷"典出《后汉书·襄楷传》："初，顺帝时，琅邪宫崇诣阙，上其师干吉于曲阳泉水上所得神书百七十卷，皆缥白素朱介青首朱目，号《太平清领书》。其言以阴阳五行为家，而多巫觋杂语。有司奏崇所上妖妄不经，乃收藏之。后张角颇有其书焉。"① 则"缥卷"指《太平清领书》，又称《太平经》，是东汉道教典籍，以阴阳五行为宗，多巫觋杂语。"青箱"指江左典章文物制度，典出《宋书·王淮之传》："王淮之，字元曾，琅邪临沂人。高祖彬，尚书仆射。曾祖彪之，尚书令。祖临之，父纳之，并御史中丞。彪之博闻多识，练悉朝仪，自是家世相传，并谙江左旧事，缄之青箱，世人谓之'王氏青箱学'。"② "竹书"典出《晋书·束皙传》："初，太康二年，汲郡人不准盗发魏襄王墓，或言安釐王冢，得竹书数十车。其《纪年》十三篇，记夏以来至周幽王为犬戎所灭，以事接之，三家分，仍述魏事至安釐王之二十年。盖魏国之史书，大略与《春秋》皆多相应。其中经传大异，则云夏年多殷；益干启位，启杀之；太甲杀伊尹；文丁杀季历；自周受命，至穆王百年，非穆王寿百岁也；幽王既亡，有共伯和者摄行天子事，非二相共和也。其《易经》二篇，与《周易》上下经同。《易繇阴阳卦》二篇，与《周易》略同，《繇辞》则异。《卦下易经》一篇，似《说卦》而异。《公孙段》二篇，公孙段与邵陟论《易》。《国语》三篇，言楚、晋事。《名》三篇，似《礼记》，又似《尔雅》《论语》。《师春》一篇，书《左传》诸卜筮，'师春'似是造书者姓名也。《琐语》十一篇，诸国卜梦妖怪相书也。《梁丘藏》一篇，先叙魏之世数，次言丘藏金玉事。《缴书》二篇，论弋射法。《生封》一篇，帝王所封。《大历》二篇，邹子谈天类也。《穆天子传》五篇，言周穆王游行四海，见帝台、西王母。《图诗》一篇，画赞之属也。又杂书十九篇：《周食田法》，《周书》，《论楚事》，《周穆王美人盛姬死事》。大凡七十五篇，七篇简书折坏，不识名题。冢中又得铜剑一枚，长二尺五寸。漆书皆科斗字。初发冢者烧策照取宝物，及官收之，多烬简断札，文既残缺，不复诠次。武帝以其书付秘书校缀次第，寻考指归，而以今文写之。皙在著作，得观

---

① 《后汉书》卷三〇，第1084页。
② 《宋书》卷六〇，第1623—1624页。

竹书，随疑分释，皆有义证。迁尚书郎。"① 则七十五篇竹书中，包综儒典、卜筮、天文、弋射、小说、画赞、杂书等多种典籍。"石记"典出《文选》左思《吴都赋》："鸟策篆素，玉牒石记。"注曰："石记，刻石书传记也。"②

综上可知，骆宾王在博昌期间所读诸子百家，具体包括道教典籍、典章制度、囊括诸家的竹书和刻石传记。这似乎说明骆宾王所学并非儒学一家。但换个角度可以发现，骆宾王在启文中述及这些学习内容时，所用典故皆出自儒家经史和《文选》。这说明，骆宾王所学虽然博杂，但仍以儒家学说为主。他在《上瑕丘韦明府启》中即云"蹈孔丘之余志"，③ 在《上兖州刺史启》中亦云"陶礼义之余化"，④ 均可证。而这在他的文学创作中也有表现，其《萤火赋并序》曰："应节不愆，信也；与物不竞，仁也；逢昏不昧，智也；避日不明，义也；临危不惧，勇也。"⑤ 他称赞萤火虫品格所用仁、义、信、智、勇基本接近儒家"五常"观念，可见儒家思想已经深入地渗透到他的认识和创作之中，同时也成为他文学思想形成的基石。

第二节 景龙文学盛况出现的教育背景分析

初唐百年文学创作出现过三次高潮，即贞观年间、龙朔年间、景龙年间。景龙年间，文章四友、沈宋等大量优秀作家活跃于文坛，将初唐文学创作推向高潮，是盛唐文学高潮出现之前的一次预演。唐中宗景龙年号只持续了四年，景龙文学盛况的出现可追溯至武则天时期特殊的政治原因和由此导致的教育转变。

一 文学之士登场的政治契机和教育环境

李唐开国以来就重视文章，朝廷一直有文学活动。贞观年间虞世南、

---

① （唐）房玄龄：《晋书》，中华书局 1974 年版，第 1432—1433 页。
② 《文选》卷五，第 82 页。
③ 《骆临海集笺注》卷八，第 270 页。
④ 《骆宾王集笺注》卷七，第 241 页。
⑤ 《骆临海集笺注》卷六，第 200 页。

李百药等前朝耆宿活跃于诗坛，龙朔年间上官仪、许敬宗等人以文学擅场。但总体说来，能文之士数量有限。自武后时期到中宗景龙年间，局面发生了很大变化，大批能文之士聚集于朝廷，文学创作盛况空前。武则天为巩固政权起用大批文士，是文学盛况出现之主因。《新唐书·则天顺圣武皇后纪》载：

> 高宗自显庆后，多苦风疾，百司奏事，时时令后决之，常称旨，由是参豫国政。后既专宠与政，乃数上书言天下利害，务收人心，而高宗春秋高，苦疾，后益用事，遂不能制。①

早在武则天被立为皇后伊始就遭到很多大臣反对，成为皇后以后又数次遭遇被废黜的危险，为了巩固地位，她对李唐宗室和勋旧大臣大开杀戒。独揽大权后，诛杀更为严酷，反对或参与废后计划的褚遂良、长孙无忌、上官仪、来护儿等人都被陷害。因反对她而遭到诛杀的宰相还有"河东裴炎、临淮刘祎之、金城骞味道、京兆韦待价、京兆张光辅、常山魏玄同、京兆韦方质、永阳邢文伟、河内范履冰、河东裴居道、溧阳史务滋、清河傅游艺、南阳岑长倩、陈留格辅元、长沙欧阳通、京兆乐思晦、赵郡李元素、乐安孙元亨、陇西李昭德"。②《资治通鉴》载："太后自垂拱以来，任用酷吏，先诛唐宗室贵戚数百人，次及大臣数百家，其刺史、郎将以下，不可胜数。"③

这样大规模的官场清洗必然造成吏员缺乏，而朝廷政务管理又需要人才，所以大量起用新人便成为当务之急。《资治通鉴》载："太后引见存抚使所举人，无问贤愚，悉加擢用，高者试凤阁舍人、给事中，次试员外郎、侍御史、补阙、拾遗、校书郎。"④ 不论贤愚一概擢用，很大程度上与官吏队伍亟须补充有关。《资治通鉴》亦载："太后虽滥以禄位收天下人心，然不称职者，寻亦黜之，或加刑诛。挟刑赏之柄以驾御天下，政由

---

① 《新唐书》卷四，第81页。
② 王仲荦：《隋唐五代史》，第129页。
③ 《资治通鉴》卷二〇五"则天后长寿元年"，第6485页。
④ 同上书，第6477页。

己出，明察善断，故当时英贤亦竞为之用。"① 可见武后主政时期的用人特点是旋用旋黜，更新较快。摒弃旧人，起用新人，增加了仕进机会，使更多士人得以厕身朝廷甚至升迁高位，增强了政权对知识阶层的吸引力。所以，"虽滥以禄位收天下人心"，然"当时英贤亦竞为之用"之说并非毫无道理。而朝廷选士规模的迅速扩大，也颇能说明问题。据有学者统计，高宗在位33年，共录取进士587人，每年的平均录取额是17.79人。中宗嗣圣元年的进士录取额是49人。武则天在位21年，共录取进士518人，每年的平均录取额是24.67人。② 从高宗、武则天到中宗，取士明显呈现出前少后多的趋势。除科举取士外，还有荐举取士，武后时期曾令九品以上官员荐士。虽然举荐录用的总体规模难以确知，但可以看出这一时期唐王朝对士人的吸附能力增强。

唐高祖和太宗时期教育领域的尊圣崇儒政策，很大程度是为了在意识形态领域获得对唐王朝统治的认同，而这种认同一旦获得，儒家思想就成为维护其正统地位的工具。武后在攫取李唐政权的过程中，一直遭到不少坚持儒家思想朝廷大员的反对。被武后诛杀的宰相中，上官仪、裴炎就坚持儒家正统思想，反对武后干政或临朝，这表明武后改制面临着很大思想阻力。所以她从开始攫取李唐政权时起，就有意识地采取措施消除这种阻力。在她所采取的一系列措施中，大量起用文学之士尤值得注意：

> 天后多引文学之士著作郎元万顷、左史刘祎之等，使之撰《列女传》《臣轨》《百僚新戒》《乐书》，几千余卷。朝廷奏议及百司表疏，时密令参决，以分宰相之权，时人谓之"北门学士"。③

"北门学士"是被武则天起用的新人当中最为显眼的一个群体。他们不仅撰述新著，制造有利于武则天的文化舆论，而且直接参与政治管理，甚至可以分宰相之权。这与高宗时有很大不同，显庆以后直至高宗去世，宰相班子的任命权一直掌握在高宗手中，军队高级将领仍由高宗直接调派任

---

① 《资治通鉴》卷二○五"则天后长寿元年"，第6478页。
② 王仲荦：《隋唐五代史》，第527页。
③ 《资治通鉴》卷二○二"高宗上元二年"，第6376页。

命，大的军事行动也由高宗决定。宰相班子和军队高级将领在高宗去世前和去世后大多反对过武则天。武则天上位后集中学士智慧讨论政务，从而提高了施政能力，树立了政治威望。

武则天还采取了很多其他措施，对当时的思想文化和教育领域都产生了直接影响。如：

> （永隆元年八月）天后尝命北门学士撰《少阳正范》及《孝子传》以赐太子。（《资治通鉴》卷二〇二"高宗永隆元年"）
>
> （上元元年十一月）壬寅，天后上表，以为："国家圣绪，出自玄元皇帝，请令王公以下皆习《老子》，每岁明经，准《孝经》《论语》策试。"又请"自今父在，为母服齐衰三年。又，京官八品以上，宜量加俸禄。"……及其余便宜，合十二条。诏书褒美，皆行之。（《资治通鉴》卷二〇二"高宗上元元年"）
>
> （天授二年）四月癸卯，制以释教开革命之阶，升于道教之上。（《资治通鉴》卷二〇四"则天顺圣皇后天授二年"）
>
> （长寿二年），罢举人习《老子》，更习太后所造《臣轨》。（《资治通鉴》卷二〇五"则天顺圣皇后长寿二年"）

从以上记载看，武则天在意识形态建设上进行了有目的的干预。她以《孝子传》赐太子，延长为母丧服制时间，以提高女性地位。称制后又令举人由习《老子》改习《臣轨》，不仅树立了她作为君主的绝对权威，而且由此影响到了教育和学习内容。但面对男尊女卑这一强大传统，武则天还是觉得底气不足，于是又提倡佛教，声称自己是菩萨化身，将自身神圣化。作为政治家的武则天很清楚，仅凭权谋杀戮不足以战胜对手，必须占领舆论制高点，为自己继承帝位找到充足理由。在这一过程中，文学之士发挥了重要作用。

从上元年间建立北门学士这一群体开始，其间经过武后改制，直到中宗恢复大唐国号，唐代教育的社会环境和基本制度等方面发生了很大变化。《旧唐书·韦嗣立传》载：

> 国家自永淳已来，二十余载，国学废散，胄子衰缺，时轻儒学之

官,莫存章句之选。贵门后进,竞以侥幸升班;寒族常流,复因凌替弛业。考试之际,秀茂罕登,驱之临人,何以从政?①

这是韦嗣立在圣历二年的上书。从中可以看出,短短二三十年间,唐代教育领域发生了剧烈变化:国学废散,胄子衰缺,儒学之官被轻视。教育领域"尊圣崇儒"的表述虽然没有改变,但唐初的内涵显然已被搁置。高门后进,竞以侥幸升班,出仕已统领了知识学习和人格修养。

二 教育内容和学习风气的重大转变

武后在唐政权中居于主导地位是广开文人仕进之途的开始,也是进士科逐渐占据优势的开始,并由此影响了唐代教育内容和学习风气。

唐武德年间是先办教育后设科举,虽然高祖兴学诏令中要求对生员"明设考课,各使励精,琢玉成器,庶其非远",②但因为科举取人太少,且制度不完备,科举对教育的影响很小。太宗贞观年间,科举取人渐多,与教育关系逐渐密切,但仍未能全面左右教育。高祖和太宗时期,科举取士大抵以明经科为主,考察内容基本不出儒家五经和《史记》《汉书》范围,③ 这和唐初教育强调"尊圣崇儒"有关,也和唐初选任官员的标准有关,"正像唐太宗注意到的那样,在选择合适官员的时候,必须以德行、学识为本"。④ 此时士人习业也以儒学经典为主体,史载裴炎"少补弘文生,每遇休假,诸生多出游,炎独不废业。岁余,有司将荐举,辞以学未笃而止。在馆垂十载,尤晓《春秋左氏传》及《汉书》。擢明经第,寻为濮州司仓参军"。⑤ 以"学未笃"而辞荐举,足见对学习本身的重视。狄仁杰童时"间坐读书",不接对县吏,"吏责之,仁杰曰:'黄卷之中,圣贤备在,犹不能接对,何暇偶俗吏,而见责耶!'"⑥ "黄卷之中,圣贤备

---

① 《旧唐书》卷八八,第 2866 页。
② 高祖:《令诸州举送明经诏》,《全唐文》卷三,第 35 页。
③ 《新唐书》卷四四,第 1159 页。
④ [美] 包弼德撰:《斯文:唐宋思想的转型》,刘宁译,江苏人民出版社 2000 年版,第 17 页。
⑤ 《旧唐书·裴炎传》,《旧唐书》卷八七,第 2843 页。
⑥ 《旧唐书·狄仁杰传》,《旧唐书》卷八九,第 2885 页。

在"和后世的"书中自有黄金屋"比起来，显然是两种截然不同的态度。其他如高宗、武后朝名臣裴行俭、张文瓘等，少年求学在高祖、太宗秉政时期，裴行俭贞观二年举明经，张文瓘贞观初举明经，所学内容也不出儒家经典樊篱且多有孝行。① 可见，高祖、太宗时期，教育内容中儒家经典占主要地位，士人对个人学识和道德修养的重视甚于对功名的追求，科举对教育的导向作用相对较弱。

武后大量起用文学之士之时，是进士科逐渐占据优势的开始，同时也是教育内容发生变化之时。关于具体时间，中唐时沈既济作了详尽记述：

> 国家自显庆以来，高宗圣躬多不康，而武太后任事，参决大政，与天子并。太后颇涉文史，好雕虫之艺，永隆中始以文章选士。及永淳之后，太后君天下二十余年，当时公卿百辟无不以文章达，因循遐久，浸以成风。……故太平君子唯门调户选，征文射策，以取禄位，此行已立身之美者也。父教其子，兄教其弟，无所易业。大者登台阁，小者任郡县，资身奉家，各得其足，五尺童子，耻不言文墨焉。②

从中可以看出，武则天任用文士，不是一时兴起，而是一项长期政策，并且还把这一政策落实到科举取士当中。科举考试对教育具有强大的导向作用，"文章"在科举考试中的优势地位确立以后，教育内容随之向文学倾斜。从"父教其子，兄教其弟，无所易业"可以看出时人重视文学教育的程度。这同时也反映出，科举"以文章选士"，是受到文学地位逐步上升的影响，武后用事，"好雕虫之艺"在前，科举"始以文章选士"在后。

尽管沈既济称"永隆中，始以文章选士"，但实际时间可能更早。《资治通鉴》载：

> 是岁（上元元年），有刘晓者，上疏论选，以为："今选曹以检勘为公道，书判为得人，殊不知考其德行才能。况书判借人者众矣。又，礼部取士，专用文章为甲乙，故天下之士，皆舍德行而趋文艺，

---

① 《旧唐书·张文瓘传》载："（张文瓘）事母兄以孝友闻。"《旧唐书》卷八五，第2814页。
② 《通典》卷一五，第357—358页。

有朝登甲科而夕陷刑辟者，虽日诵万言，何关理体！文成七步，未足化人。况尽心卉木之间，极笔烟霞之际，以斯成俗，岂非大谬！夫人之慕名，如水趋下，上有所好，下必甚焉。陛下若取士以德行为先，文艺为末，则多士雷奔，四方风动矣！"①

可见早在上元元年（674），就有士人注意到礼部选士以文章为主的特点。这个特点应该在当时就已对教育产生了影响，而不是像沈既济所说的直到开元天宝以后，可能只是因为开元天宝年间文学极为繁荣，所以才显得更为明显而已。

由于科举倾向于文学，从见载于史书的当时科举及第士人的才能看，文学在教育中的比重也已经加大：

> （薛）稷举进士，累转中书舍人。时从祖兄曜为正谏大夫，与稷俱以辞学知名，同在两省，为时所称。（《旧唐书》卷七三《薛稷传》）
>
> （崔）湜少以文辞知名，举进士，累转左补阙，预修《三教珠英》，迁殿中侍御史。（《旧唐书》卷七四《崔湜传》）
>
> （卢）藏用少以辞学著称。初举进士选，不调，乃著《芳草赋》以见意。（《旧唐书》卷九四《卢藏用传》）
>
> （韦）承庆字延休。少恭谨，事继母以孝闻。弱冠举进士，补雍王府参军。府中文翰，皆出于承庆，辞藻之美，擅于一时。（《旧唐书》卷八八《韦承庆传》）

以上诸人都是进士出身，及第时间基本在上元年间以后。从记载看，文学才能是他们受到称道的主要才能。

严耕望说："唐代科举本以明经与进士为两大要途，唐初此两种出身在政治上均不居重要地位。自武后擅权，广开文士仕进之路，进士科第逐渐占优势。此种情形，愈演愈烈。中叶以后，政治上之势力几为出身进士科第之文士所独占，明经出身转为时人讽讥之口实，文学经学之盛衰于此

---

① 《资治通鉴》卷二〇二"高宗上元元年"，第 6374—6375 页。

可见。此种情形对于教育大有影响。"① 此论极有见地,也恰好与前述事实相合。武后擅权,广开文士仕进之路,既是唐代科举中进士与明经优劣有别的分水岭,也是唐代教育内容上经学与文学盛衰沉降的分界线。

在文学才能备受称道的风气影响之下,士人纷纷以文学相矜。才子员半千上书扬言:"请陛下召天下才子三五千人,与臣同试诗、策、判、笺、表、论,勒字数,定一人在臣先者,陛下斩臣头,粉臣骨,悬于都市,以谢天下才子。"② 在史上以儒学著称的员半千却求试文学,且声称自己擅长各种文体,自信不论哪一种文体,都可以在比试中胜出。这种以文才自矜的现象在当时并非个例,杜审言以文学自傲的故事更为典型。《唐才子传》载:

> 审言,字必简,京兆人,预之远裔。咸亨元年宋守节榜进士,为隰城尉。恃高才,傲世见疾。苏味道为天官侍郎,审言集判,出谓人曰:"味道必死。"人惊问何故。曰:"彼见吾判,当羞死耳!"又曰:"吾文章当得屈、宋作衙官,吾笔当得王羲之北面!"其矜诞类此。坐事贬吉州司户。及武后召还,将用之,问曰:"卿喜否?"审言舞蹈谢。后令赋《欢喜诗》,称旨,授著作郎。为修文馆直学士,卒。初,审言病,宋之问、武平一往省候,曰:"甚为造化小儿相苦,尚何言!然吾在,久压公等,今且死,但恨不见替人也。"少与李峤、崔融、苏味道为"文章四友"。③

苏味道是这次人才选拔的主司,宋之问、武平一均为颇负盛名的文士,杜审言对他们一概出言不逊。他认为自己的文学才能不仅当下无人能及,即使像屈原、宋玉、王羲之那样的才子,也当居于他之下,对自身文才的评价已经超越自信而到了极度狂傲自负的地步!

学习风气的这一转变多受人诟病,不断有人批评重视文学忽视经学的倾向。《旧唐书·儒学传序》曰:"因是生徒不复以经学为意,唯苟希侥幸。"④ 高宗也曾表示:"如闻明经射策,不读正经,抄撮义条,才有数

---

① 严耕望:《唐人习业山林寺院之风尚》,《严耕望史学论文选集》,第265—266页。
② 员半千:《陈情表》,《全唐文》卷一六五,第1682页。
③ 《唐才子传校笺》卷一,第66—74页。
④ 《旧唐书》卷一八九,第4942页。

卷。进士不寻史传,惟诵旧策,共相模拟,本无实才。"① 但此风愈演愈烈,到玄宗开元年间,"国子司业李元瓘上言:《三礼》《三传》及《毛诗》《尚书》《周易》等,并圣贤微旨,生徒教业,必事资经远,则斯文不坠。今明经所习,务在出身。咸以《礼记》文少,人皆竞读。《周礼》经邦之轨则,《仪礼》庄敬之楷模,《公羊》《穀梁》,历代宗习,今两监及州县,以独学无友,四经殆绝"。② 虽然两人都是对开元时期的状况表示担忧,但问题的肇端实在高宗武后时期。数年之后,国子祭酒杨玚又上疏云:"今之举明经者,主司不详其述作之意,曲求其文句之难,每至帖试,必取年头月日,孤经绝句。且今之明经,习《左传》者十无二三。若此久行,臣恐左氏之学,废无日矣。"③ 这表明经学在广大士子那里已经彻底丧失了吸引力,即使勉强学习,也是偷工减料,避重就轻,应付考试而已。

三 景龙文学创作的盛况及意义

　　武后时文学之士受到重用,整个社会倾心于文学,文才杰出者均集于朝廷。中宗复位以后,延续了这一做法,其在景龙年间所主导的文馆学士们的诗歌集会更是将初唐文学创作推向高潮。

　　景龙文学创作盛况出现最具标志性的事件是景龙二年四月增置修文馆学士。随后中宗与学士们频繁地在宴游中唱和,从而开启了文学创作的盛况,修文馆学士是这一时期文学创作的主力。关于参与其中的学士,《景龙文馆记》《唐会要》《唐诗纪事》《新唐书·李适传》《玉海》《资治通鉴》等史料均有记载。《新唐书·李适传》的记载较为清晰:

> 初,中宗景龙二年,始于修文馆置大学士四员、学士八员,直学士十二员,象四时、八节、十二月。于是李峤、宗楚客、赵彦昭、韦嗣立为大学士,适、刘宪、崔湜、郑愔、卢藏用、李乂、岑羲、刘子玄为学士,薛稷、马怀素、宋之问、武平一、杜审言、沈佺期、阎朝

---

① 高宗:《严考试明经进士诏》,《全唐文》卷一三,第161页。
② 《唐会要·帖经条例》,《唐会要》卷七五,第1375页。
③ 《旧唐书·杨玚传》,《旧唐书》卷一八五,第4820页。

隐为直学士，又召徐坚、韦元旦、徐彦伯、刘允济等满员。其后被选者不一。凡天子飨会游豫，唯宰相及学士得从。春幸梨园，并渭水祓除，则赐细柳圈辟疠；夏宴蒲萄园，赐朱樱；秋登慈恩浮图，献菊花酒称寿；冬幸新丰，历白鹿观，上骊山，赐浴汤池，给香粉兰泽，从行给翔麟马，品官黄衣各一。帝有所感即赋诗，学士皆属和。当时人所歆慕，然皆狎猥佻佞，忘君臣礼法，惟以文华取幸。若韦元旦、刘允济、沈佺期、宋之问、阎朝隐等无它称，附篇左云。[①]

《新唐书·李适传》对学士员额的记载为此后史料所本，流传深广。然而依"大学士四员、学士八员、直学士十二员"的标准计算，大学士4人、学士8人，皆有具体对应，直学士本应12人，却只对应11人，少了1人。考察各类文献，学士员额记载多有偏差，诸文献或云"置"，或云"始置"或云"增置"，情形各不相同，学士种类亦有分歧，其间颇多抵牾之处。综合各类史料可考知，景龙年间修文馆学士总数为29人。分别是：李峤、宗楚客、刘宪、崔湜、岑羲、郑愔、李适、卢藏用、李乂、刘子玄、薛稷、马怀素、宋之问、武平一、杜审言、赵彦昭、苏颋、沈佺期、阎朝隐、韦湑、李迥秀、徐坚、韦元旦、韦嗣立、徐彦伯、褚无量、崔日用、张说、刘允济。其中，前23人是景龙二年（708）入选，韦嗣立、徐彦伯、褚无量、崔日用、张说5人是景龙三年（709）入选，刘允济为景龙四年（710）入选。三年中入选修文馆的学士总数是29人，与《玉海》所记的"学士二十九人"相吻合。而《新唐书》等典籍中所说"大学士四人，学士八人，直学士十二人"只是景龙二年设置修文馆时的计划员额，在随后的实际操作过程中，三类学士的实际员额都与原计划不符。[②] 从学士名单可以看出，中宗召集任命了当时几乎所有的著名诗人为学士，既有前朝耆宿，又有当时俊彦，李峤、杜审言、沈佺期、宋之问、张说、苏颋等著名诗人尽在其中。他们的主要任务就是频繁参加中宗主导的诗会活动，而修文馆实质上也从前代兼修典籍的机构变成了一个纯粹从事文学创作的机构。

[①] 《新唐书》卷二〇二，第5748页。
[②] 参看胡旭、胡倩《唐景龙修文馆学士及文学活动考论》，《文史哲》2017年第6期。

从《新唐书·李适传》所载还可看出中宗和学士们从事文学活动的盛况。据贾晋华统计，从景龙二年（708）四月增置修文馆学士起，到景龙四年（710）六月唐中宗被鸩杀止，短短两年时间文学活动多达六十多次。① 而且每游必赋，群臣属和，留下大量应制奉和之作，内容涵盖了聚会宴饮、游览观赏、节日庆典、四时风光等。这些诗歌多达近四百首，数量超过了此前八十多年宫廷诗人诗作数量的总和。

景龙年间众学士与中宗之间的频繁诗会，引起了时人的普遍艳羡，而在这种"人所歆慕"心理的作用下，"惟以文华取幸"则成为文人的一致追求，也成为仕进的不二法门。正如《资治通鉴》所云："于是天下靡然争以文华相尚，儒学忠谠之士莫得进矣"。② 文学之士的地位被无限推高，儒学之士仕进无门。这与自武后时期就开始大量起用文士以致教育领域乃至整个社会重文学轻儒学的现象如出一辙。从这个角度看，景龙文学创作盛况出现的根源实始自武后大量起用文士。

在景龙年间的诗会上，还有对作品高下进行评判的环节，优胜者会得到褒奖。如："（景龙）三年人日，清晖阁登高遇雪。宗楚客诗云'蓬莱雪作山'是也。因赐金彩人胜。"③ 再如《新唐书·上官婉儿传》载中宗时，数赐宴赋诗，君臣赓和，婉儿常"差第群臣所赋，赐金爵，故朝廷靡然成风"。④《景龙文馆记》"立春日内出彩花树应制"载武平一在诗会上获赐簪花事更具趣味性：

> 唐景龙四年正月八日立春，上令侍臣自芳林门经苑东度入仗，至望春宫迎春，内出彩花树，人赐一枝，令学士赋诗。正月八日，立春，内出彩花赐近臣。武平一应制云："銮辂清旗下帝台，东郊上苑望春来。黄莺未解林间啭，红蕊先从殿里开。画阁条风初变柳，银塘曲水半含苔。欣逢睿藻光韶律，更促霞觞畏景催。"是日，中宗手敕批云："平一年虽最少，文甚警新，悦红蕊之先开，讶黄莺之未啭。循环吟咀，赏叹兼怀。今更赐花一枝，以彰其美。"所赐学士花并令

---

① 贾晋华：《唐代集会总集与诗人群研究》，北京大学出版社 2001 年版，第 43—63 页。
② 《资治通鉴》卷二九〇"中宗大和大圣大昭孝皇帝下"，第 6622 页。
③ （唐）武平一撰，陶敏辑校：《景龙文馆记》卷二，中华书局 2015 年版，第 46 页。
④ 《新唐书》卷七六，第 3488 页。

插在头上，后所赐者，平一左右交插，因舞蹈拜谢。时崔日用乘酣饮欲夺平一所赐花。上于帘下见之，曰："日用何为夺卿花？"平一跪奏曰："读书万卷，从日用满口虚张；赐花一枝，学平一终身不获。"上及侍臣大笑，因更赐酒一杯，当时叹美。①

在这样的群体性赋诗活动中，能获得皇帝赏赐既是对诗人作诗水平的肯定，更是无上的荣耀。武平一赋诗新警获赐簪花反遭崔日用抢夺就能说明这一点。

作为娱乐活动的环节，有奖励就会有惩罚。景龙三年九月九日，幸临渭亭登高，众皆赋诗，成诗慢者罚饮满杯。中宗《九月九日幸临渭亭登高诗序》云："陶潜盈把，既浮九酝之欢；毕卓持螯，须尽一生之兴。人题四韵，同赋五言。其最后成，罚之引满。"② 很显然，无论褒奖还是惩罚，都是为了增加诗会的趣味性，但这在无形中也起到了诗歌竞赛的作用，刺激了诗人们的创作热情，促进了诗人对诗歌技巧的探索，张说所云"大臣以无文为耻"③ 就颇能说明问题。有赏有罚的举措同时也为宫廷活动增加了些许民间情味，使诗人们"皆狎猥佻佞，忘君臣礼法"，能够一定程度上忽略君臣之间的森严壁垒，在轻松愉悦的氛围中创作，较好地展示自己的才华。④

在景龙众学士中，张说是在武后中宗时成长起来，先后任珠英学士、修文馆学士，又是唯一一位生活到开元中期且辅佐玄宗开创盛世的文人。他在《中宗上官昭容集序》中回忆景龙年间的文学盛况云：

　　自则天久视之后，中宗景龙之际，十数年间，六合清谧，内峻图书之府，外辟修文之馆，搜英猎俊，野无遗才。右职以精学为先，大

---

① 《景龙文馆记》卷三，第111—112页。
② 《景龙文馆记》卷二，第72页。
③ 张说：《中宗上官昭容集序》，《张说集校注》卷二八，第1318页。
④ 杜晓勤在论及武后中宗朝宫廷诗人们的创作时也说："他们不像龙朔唐人那样自要靠辞藻的繁缛、富丽来粉饰太平，沈功颂风，而是开始直接面对具体的场景，注重气势，渲染气氛，写出皇帝气派，盛世气象，以及自己幸逢明时，春风得意的真实感受。"参看杜晓勤《初盛唐诗歌的文化阐释》，东方出版社1997年版，第256页。

臣以无文为耻。每豫游宫观，行幸河山，白云起而帝歌，翠华飞而臣赋。雅颂之盛，与三代同风。岂惟圣后之好文，亦云奥主之协赞者也。古者有女史记功书过，复有女尚书决事宫阁，昭容两朝专美，一日万机，顾问不遗，应接如响。虽汉称班嫒，晋誉左嫔，文章之道不殊，辅佐之功则异。……独使温柔之教，渐于生人；风雅之声，流于来叶。非夫玄黄毓粹，贞明助思，众妙扶识，群灵挟志，诞异人之宝，授兴王之瑞，其孰能臻斯懿乎！①

在张说看来，上官婉儿是协助武则天和唐中宗实现"雅颂之盛"的重要人物，而"雅颂之盛"正是理想社会的标志。他在序文开头也阐述了文学的意义：

臣闻：七声无主，律吕综其和；五彩无章，黼黻交其丽。是知气有壹郁，非巧辞莫之通；形有万变，非工文莫之写。先王以是经天地，究人神，闻寂寞，鉴幽昧，文之辞义大矣哉！②

张说认为，文学是经纬天地、沟通人神、发现人才、明白事理的重要工具。他在盛唐帮助玄宗积极推行的"文治"，与他作为中宗朝文学繁盛亲历者有直接关系。③

第三节 盛唐帝王师式诗人出现的教育背景分析

以帝王师自许是盛唐诗人行为风范的突出特点。这一行为风范是盛唐诗歌昂扬向上、乐观开朗风格形成的主要原因，吴相洲《中唐诗文新变》对此有过揭示。但该书重在分析盛唐人这一行为风范进入中唐被改造后对诗歌风格新变产生的影响，对这一风范的形成原因揭示尚不充分，④ 因此

---

① 《张说集校注》卷二八，第1318—1319页。
② 同上书，第1318页。
③ 参看吴相洲《上官婉儿主持诗坛的意义》，《中国唐代文学学会第十七届年会暨唐代文学国际学术研讨会论文集》，2014年。
④ 吴相洲：《中唐诗文新变》，学苑出版社2006年版，第7页。

本节拟从政治和教育背景入手对盛唐帝王师式诗人行为风范产生的原因进行分析。

一 帝王师式诗人行为风范之表现与盛唐之音

帝王师是士人理想的社会角色,但很少有人能实现这一理想。所以自秦汉以来,只有少数时期少数人以帝王师自期。但这种情况到唐代发生了变化,尤其是贞观年间和开元、天宝年间,涌现出一批帝王师式的人物,他们以帝王师自许,积极投身到政治生活当中,成为最有理想、最有能力、最有境界、最具活力的一批人。这一期许和实践,深深地影响到了他们的生活阅历、知识结构、思想深度、精神境界以及诗歌想象,从而写出了唐代最有感召力的诗篇。

以帝王师自许的士人有其独特的行为风范,关于此点,史料中有很多记载:

> 窃少好三皇五帝霸王之经,历观丘坟,旁览代史,原其政理,察其兴亡,自伏羲神农之初,至于周隋之际,驰骋数百千年,虽未得其详,而略可知也。(《陈子昂集校注》卷九《谏政理书》)

> 故能羽翼圣后,丹青元化,陈皋陶之谟谋,尽仲山之夙夜,道因虑于文武,业惟永于王霸。(《全唐文》卷二九三张九龄《祭张燕公文》)

> (高)适负气敢言,权幸惮之。……适喜言王霸大略,务功名,尚节义。逢时多难,以安危为己任,然言过其术,为大臣所轻。(《旧唐书》卷一一一《高适传》)

> (李白)喜纵横术,击剑,为任侠,轻财重施。……白尝侍帝,醉,使高力士脱靴。……白自知不为亲近所容,益骜放不自修。(《新唐书》卷二〇二《李白传》)

> (杜)甫旷放不自检,好论天下大事,高而不切。(《新唐书》卷二〇一《杜甫传》)

> (畅)璀廓落有口才,好谈王霸之略,居职责成属吏,龊龊无过而已。(《旧唐书》卷一一一《畅璀传》)

> (李泌)少聪敏,博涉经史,精究《易象》,善属文,尤工于诗,

以王佐自负。张九龄、韦虚心、张廷珪皆器重之。泌操尚王霸，耻随常格仕进。天宝中，自嵩山上书论当世务，玄宗召见，令待诏翰林，仍东宫供奉。（《旧唐书》卷一三〇《李泌传》）

张镐，博州人也。风仪魁岸，廓落有大志，涉猎经史，好谈王霸大略。……镐为人简澹，不事中要。……善谈论，多识大体。（《旧唐书》卷一一一《张镐传》）

（贺兰进明曰：）"琯性疏阔，徒大言耳，非宰相器也。"（《旧唐书》卷一一一《房琯传》）

从上述记载可以看出，陈子昂、张说、高适、李白、杜甫、畅璀、李泌、张镐、房琯等人具有一些共同特征：好谈王霸大略、喜言天下大事、务功名、尚节义、轻钱财、工诗文。与此相对应，这些人往往兼有思想家、纵横家、游侠、诗人等多种社会角色。

思想家 像先秦诸子那样，盛唐诗人对社会政治文化往往都有一整套看法。如李白以孔子自期，希望效圣人事业。其《古风》其一写道："大雅久不作，吾衰竟谁陈。王风委蔓草，战国多荆榛。……废兴虽万变，宪章亦已沦。自从建安来，绮丽不足珍。圣代复元古，垂衣贵清真。……我志在删述，垂辉映千春。希圣如有立，绝笔于获麟。"[1] 他对战国以来的文化沉沦表示深深忧虑，要像孔子那样做一番删述事业，使朝廷文化建设复归正道。这很像文中子接续六经。所不同者：文中子通过"述"接续六经，李白通过"作"接续六经。

纵横家 这些诗人普遍认为自己身怀谋略，文能安邦，武能定国。辛文房《唐才子传》论及李白、杜甫云："观李、杜二公，崎岖板荡之际，语语王霸，褒贬得失，忠孝之心，惊动千古。"[2] 李、杜口中之论，都是王霸大略。崔宗之《赠李十二白》这样描述李白："清论既抵掌，玄谈又绝倒。分明楚汉事，历历王霸道。"[3] 李颀《答高三十五留别便呈于十一》曾这样描述高适："韩康虽复在人间，王霸终思隐岩窦。"[4] 他们把

---

[1] 《李太白全集》卷二，第87页。
[2] 《唐才子传校笺》卷二，第396页。
[3] 《全唐诗》卷二六一，第2906页。
[4] 《全唐诗》卷一三三，第1351页。

纵横之术、王霸大略当作看家本事。高适《效古赠崔二》云："我惭经济策，久欲甘弃置。君负纵横才，如何尚憔悴。"①"纵横才"就是"经济策"。

游侠 他们普遍崇尚游侠节义。《新唐书·李白传》称其"喜纵横术，击剑，为任侠，轻财重施"。②李白《上安州裴长史书》也说自己曾散尽千金接济落拓公子，千里归葬死去友人。他在《与韩荆州书》中表示："十五好剑术，遍干诸侯。三十成文章，历抵卿相。虽长不满七尺，而心雄万夫。王公大人，许与气义。"③他向往侯嬴、朱亥、鲁仲连那样急人危难的侠士。在《侠客行》中他对侠客的描述和歌颂更为详尽："十步杀一人，千里不留行。事了拂衣去，深藏身与名。闲过信陵饮，脱剑膝前横。将炙啖朱亥，持觞劝侯嬴。三杯吐然诺，五岳倒为轻。眼花耳热后，意气素霓生。救赵挥金槌，邯郸先震惊。千秋二壮士，烜赫大梁城。纵死侠骨香，不惭世上英。"④诗中写了侠客高超的武艺和淡泊名利的行藏，借信陵君和侯嬴、朱亥的故事来进一步歌颂侠客，写侠客结识明主，明主借助侠客的勇武谋略成就一番事业，侠客也得以功成名就。即使侠客的行动没有达到目的，但侠客的骨气依然会流芳后世，丝毫不逊于那些功成名就的英雄。在盛唐，讴歌侠士在其他诗人笔下也经常可以看到。如王维《少年行四首》其一："新丰美酒斗十千，咸阳游侠多少年。相逢意气为君饮，系马高楼垂柳边。"⑤其二："出身仕汉羽林郎，初随骠骑战渔阳。孰知不向边庭苦，纵死犹闻侠骨香。"⑥等等。

诗人 他们无不以文学才能自负。李白《赠张相镐二首》其二云："十五观奇书，作赋凌相如。"⑦杜甫《奉赠韦左丞丈二十二韵》云："读书破万卷，下笔如有神。赋料扬雄敌，诗看子建亲。李邕求识面，王翰愿卜邻。"⑧李、杜都认为自身文学才能在司马相如、扬雄之上。高适、王

---

① 《全唐诗》卷二一一，第2190页。
② 《新唐书》卷二〇二，第5762页。
③ 《李太白全集》卷二六，第1240页。
④ 《李太白全集》卷三，第216页。
⑤ （唐）王维撰，陈铁民校注：《王维集校注》卷一，中华书局1997年版，第33页。
⑥ 同上书，第34页。
⑦ 《李太白全集》卷一一，第599页。
⑧ 《杜诗详注》卷一，第74页。

之涣、王昌龄"旗亭画壁",以梨园弟子所歌诗作检验诗名高下,说明他们都很在乎文学才能。

然而,上述这几种社会角色所具备的特质又都可以统合到帝王师身上。换言之,帝王师式人物几乎兼具思想家、纵横家、游侠、诗人诸种社会角色之特征。作为帝王之师,必须对政治、经济、文化、军事等有独特看法,为君主描述出一个理想社会图景;必须具备处理政务、纵横捭阖的才能,为君主分忧;必须有侠士一样的独立人格,以赢得君主的信任和敬重。与此同时,他们又都有过人文采,具备杰出的诗歌创作才能。他们具备了帝王师的素质,期待成为帝王师,同时又是诗人。我们姑且称他们为帝王师式诗人。

盛唐很多诗人将成为帝王师作为人生理想。如张说云:"道为帝王师,言为天下利。"[1] 李白也明确表示:"如逢渭水猎,犹可帝王师。"[2] 盛唐帝王师式诗人文韬武略,知识渊博,从没有谋权篡位取而代之的野心,只有齐家治国平天下的壮志。齐家靠自身,治国平天下就要靠明主了,他们就是期望通过自身对君主的影响,间接地完成治国平天下的宏愿。他们希望和君主之间建立起类似战国时期君主和士人之间的主客关系,而非秦汉以来君主与士人之间的君臣关系。他们认为自己治理国家的智慧超过君主,君主如能待之以礼,他们就倾其所能,为君主筹谋策划。君主若不能待之以礼,他们就会毅然离开,终结这种关系。他们经常表示要"功成身退",如李白在《代寿山答孟少府移文书》中就表示:"申管、晏之谈,谋帝王之术。奋其智能,愿为辅弼,使寰区大定,海县清一。事君之道成,荣亲之义毕,然后与陶朱、留侯,浮五湖,戏沧洲,不足为难矣。"[3] 李颀《答高三十五留别便呈于十一》亦云:"累荐贤良皆不就,家近陈留访耆旧。韩康虽复在人间,王霸终思隐岩窦。清泠池水灌园蔬,万物沧江心澹如。妻子欢同五株柳,云山老对一床书。昨日公车见三事,明君赐衣遣为吏。怀章不使郡邸惊,待诏初从阙庭至。散诞由来自不羁,低头授职尔何为。故园壁挂乌纱帽,官舍尘生白接䍦。寄书寂寂于陵子,蓬蒿没身胡不

---

[1] 张说:《唐故瀛洲河间县丞崔君神道碑(铭并序)》,《张说集校注》卷一九,第924页。
[2] 李白:《赠钱征君少阳》,《李太白全集》卷一二,第630页。
[3] 《李太白全集》卷二六,第1225页。

仕。藜羹被褐环堵中，岁晚将贻故人耻。"① 诗中详细阐述了帝王师式诗人的心理：既主张积极进取，又准备功成身退；居庙堂之高，又不忘江湖之远。

总之，盛唐帝王师式诗人是一群有谋略、有担当、有节义、有文采、积极进取而又看重自由的人。他们的乐观开朗精神给盛唐诗歌染上了明亮的底色。吴相洲《从系统论看盛唐之音》曾论及这个问题道："盛唐是一个开放的社会，士人的精神得到了巨大的解放，表现出和以往任何时代都不相同的行为风范。旗亭画壁、饮中八仙、吹台怀古、林泉优游，都展示着一代诗人志向远大、潇洒自由的风采。给人的印象，他们是高谈王霸之略的帝王师，超凡脱俗的游仙客，任性使气的游侠，啸傲山林的隐士。他们指点江山，激扬文字，以古代英雄人物自期，以拯救天下为己任。他们放声歌唱清明的政治，坦率抗议现实的不平，确如林庚先生所说，表现出一种'蓬勃的朝气，青春的旋律'。盛唐之音，即盛唐诗的雄伟壮丽、神采飘逸、明朗昂扬的风格，首先是这种行为风范在诗中的表现。"② 这段论述清楚地揭示了盛唐帝王师式诗人的行为风范与盛唐之音的关系。

二 帝王师式诗人出现的政治背景分析

盛唐帝王师式诗人的行为风范与初唐后期宫廷诗人明显不同。这一诗人群体风范的出现有多种原因，张说等人的示范和唐玄宗的用人政策，是主要原因。

首先，张说等人的示范。张说是盛唐文化建设的总设计师和领导者，主张推行"文治"。然而这一治国方略开始进展得并不顺利，他先凭借武功赢得玄宗信任，最后才得以推销"文治"方略。③ 在推行文治过程中，他与姚崇等人周旋，三进三退，显示出高超的政治谋略。他以文臣身份安定边防，以文儒身份推行文治，能文能武，能屈能伸，大雅之风范，君子之人格，令无数诗人倾倒。他奖掖后进，不遗余力，更使当时诗人看到了进取的希望。

---

① 《全唐诗》卷一三三，第1351页。
② 吴相洲：《从系统论看盛唐之音》，《北京大学学报》1985年第3期。
③ 参看曾智安《张说与盛唐文学的关系》，硕士学位论文，首都师范大学，2003年。

张说的政治理想和智慧概括起来就是王霸大略。张九龄《故开府仪同三司行尚书左丞相燕国公赠太师张公（说）墓志铭并序》曾这样评价张说的文治武功：

> 公志玄远而性高亮，未尝自异。会节乃有立，何所不可。体道以为宗，既定国于一言，亦保身之大雅。其于经理世务，杂以军国，决事如流，应物如响，纷纶辐辏，其犹指掌。及夫先圣微旨，稽古未传，缺文必补，坠礼咸甄。与经籍为笙簧，于朝廷为粉泽，固不可详而载也。始公之从事，实以懿文，而风雅陵夷已数百年矣。时多吏议，摈落文人，胾引雕虫，沮我胜气，丘明有耻，子云不为，乃未知宗匠所作，王霸尽在。及公大用，激仰后来，天将以公为木铎矣。斯文岂丧，而今也则亡。①

张说志向高远，性格高亮忠正，体道为国，立身高雅，善于处理军国政务，又以儒术缘饰盛世文明，终于成就一番王霸事业。张九龄在《祭张燕公文》中又说："故能羽翼圣后，丹青元化，陈皋陶之谟谋，尽仲山之夙夜。道因虑于文武，业惟永于王霸。"② 崔日用《奉和圣制送张说巡边》云："庙谋能允迪，韬略又纵横。"③ 可见在时人眼中，张说是一个胸怀王霸之术，纵横韬略的大雅君子。实际上，张说的角色就是帝王师。

帮助帝王成就非凡功业，盛唐人称为"致君尧舜"。君主有成为尧舜的潜质，但君主不能自成尧舜，需要有人帮助才行。"致君尧舜"者智慧要高于君主，是引导君主做事的老师，所以叫作"帝王师"。张说以这一角色自许，说话作文经常使用"致君尧舜"。其《唐故瀛洲河间县丞崔君神道碑（铭并序）》云："道为帝王师，言为天下利。"④《兵部尚书代国公赠少保郭公行状》亦云："公少负气纵横，遣意磊落……言行忠正，居处俭约。理体杂于皇王，致君期于尧舜。"⑤《赠太尉裴公神

---

① 《全唐文补遗》第八辑，第 24 页。
② 《全唐文》卷二九三，第 2974 页。
③ 《全唐诗》卷四六，第 559 页。
④ 《张说集校注》卷一九，第 924 页。
⑤ 《张说集校注》补遗，第 1592 页。

道碑（铭并序）》曰："辅政邕熙，致君尧舜。"①《故开府仪同三司上柱国赠扬州刺史大都督梁国公姚文贞公（姚崇神道）碑（铭并序）》亦曰："致君尧舜，何代无人？"② 可以看出，致君尧舜是他评价人臣的最高标准。

张说的事业风范令士人仰慕不已，他们也期望像张说那样能够致君尧舜。张说的继任者张九龄就是这样。徐浩《唐尚书右丞相中书令张公神道碑》云："常以致君尧舜，齐衡管乐，行之在我，何必古人？"③ 萧昕《唐银青光禄大夫岭南五府节度经略采访处置等使摄御史中丞赐紫金鱼袋殿中监南康县开国伯赠扬州大都督长史张公神道碑》曰："及曲江公翊赞庙谟，盐梅鼎实，讲德论道，求贤审官。以识量通明，与闻其议，故能致君尧舜，克济忠贞，公之佐也。"④ 可见在时人心目中，张九龄为相，就是在致君尧舜。

张说很欣赏那些渴望致君尧舜，具有才能和个性的文士。《新唐书·王翰传》载：

> 王翰字子羽，并州晋阳人。少豪健恃才，及进士第，然喜蒱酒。张嘉贞为本州长史，伟其人，厚遇之。翰自歌以舞属嘉贞，神气轩举自如。张说至，礼益加。复举直言极谏，调昌乐尉，又举超拔群类。方说辅政，故召为秘书正字，擢通事舍人、驾部员外郎。家畜声伎，目使颐令，自视王侯，人莫不恶之。说罢宰相，翰出为汝州长史，徙仙州别驾。日与才士豪侠饮乐游畋，伐鼓穷欢，坐贬道州司马，卒。⑤

王翰发言自比王侯，个性狂放，人皆恶之。最能体现他狂妄举止的是其在进士登第后赴吏部铨选时，将海内文士分为九等，于吏部东街张榜公布，第一等中仅有三人，除了被誉为"一代文宗"的张说和大名士李邕之外，

---

① 《张说集校注》卷一四，第 725 页。
② 同上书，第 742—743 页。
③ 《全唐文》卷四四〇，第 4489 页。
④ 《全唐文》卷三五五，第 3598 页。
⑤ 《新唐书》卷二〇二，第 5759 页。

剩下一人就是他自己,自负得近于狂妄。① 其恃才傲物的程度简直到了令人难以忍受的程度,但张说、张嘉贞两位宰相却都欣赏其才能而宽容其个性。

崇尚异才,宽容个性,是当时的一种社会风气。李泌以神童身份被玄宗召见,引起玄宗、张说、张九龄的极大兴趣。安史之乱爆发,李泌出入肃宗、代宗、德宗三朝宫廷,帮助帝王谋划军国大事,深得信任。每当帝王需要时,他总能在第一时间出现;一旦感到帝王对自己有怠慢之意或不信任,就会主动离去。他的行止和心理,完全符合帝王师的特点。李白、杜甫、高适等人,理想都是做张说、李泌那样的帝王师。

其次,玄宗的求贤政策。盛唐帝王师式诗人行为风范的出现,既有张说的引领示范作用,也有玄宗的提倡之功。玄宗即位以来奉行求贤而治的治国方略,他在诗歌和诏令中都表达过这一观点:

> 夫抱器怀才,含仁蓄德,可以坐而论道者,我于是乎辟重门以纳之;作捍四方,折冲万里,可以运筹帷幄者,我于是乎悬重禄以待之。是故外无金革之虞,朝有缙绅之盛。(《全唐诗》卷三明皇帝《春中兴庆宫酺宴序》)

> 每渴贤良,无忘鉴寐。顷虽虚伫,未副旁求。其或才有王霸之略,学究天人之际,知勇堪将帅之选,政能当牧宰之举者,五品以上清官及军将、都督、刺史各举一人。孝悌力田乡间推挹者,本州刺史长官各以名闻。(《全唐文》卷三〇元宗《举贤良诏》)

> 朕自临天下,二纪于兹,不敢荒宁,日加兢业。而灾眚未弭,黎人未康,若有由而然,则在予之责。有能直言极谏者,具以状闻。每渴贤良,无忘鉴寐,顷虽虚伫,未副旁求。其才有王霸之略,学究天人之际,智勇堪将帅之选,政能当牧宰之举者,五品已上清官、将军、都督、刺史各举一人。(《全唐文》卷二八七张九龄《藉田赦书》)

---

① (唐)封演撰,赵贞信校注:《封氏闻见记校注》卷三"铨曹",中华书局2005年版,第22页。

玄宗希望有伊尹、姜尚、管仲、乐毅那样的帝王师在自己身边，坐而论道、运筹帷幄，辅佐自己治理天下。

类似举荐人才的诏令前朝君主也曾发布过，如高宗《令州县举人诏》云："宜令河南、河北、江淮以南州县，或纬俗之英，声驰管乐；或济时之器，价轶萧张；学可帝师，材堪栋辅者，必当任之不次。可明加采访，务尽才杰，州县以礼发遣。"① 但这些诏令只是帝王一时之意，并没有制度保障。玄宗不仅号召，而且有制度作为保障。在玄宗时，朝廷设科取士，就设置有才膺管乐科、王伯科、将帅科、哲人奇士科、逸人屠钓科、高材沉沦草泽自举科等制举科目。从这些制举科目的命名也能看出玄宗对帝王师式人才的渴望。朝廷的这些政策自然会引起士人注意。李白《秋日于太原南栅饯阳曲王赞公贾少公石艾尹少公应举赴上都序》即云："今年春，皇帝有事千亩，湛恩八埏，大搜群才，以缉邦政。而王公以令宰见举，贾公以王霸升闻。"② 可见当时士人也很明了玄宗的用意。

盛唐这批帝王师式诗人也不同程度地受到朝廷赏识而得以一展才华。如李白被召入宫，玄宗欲委以制诰之任，因小人谗毁，未能实现。安史之乱爆发，李白进入永王幕府，借鞭筹划："试借君王御马鞭，指挥戎虏坐琼筵"（《永王东巡歌十一首》其十一），帝王师神采可以想见。高适经宋州刺史张九皋荐"有道科"，③ 先做封丘县尉，后入哥舒翰幕府，安史之乱爆发，随哥舒翰平叛。因分析潼关败亡形势受到玄宗赏识，寻迁侍御史，任命制书云："侍御史高适，立节贞峻，植躬高朗，感激怀经济之略，纷纶赡文雅之才。长策远图，可云大体；谠言义色，实谓忠臣。"④ 安史之乱起，杜甫先在京城参加保护宗室和递送信息等活动，后逃到肃宗平叛大营任左拾遗。他高谈阔论，所议都是天下大事。其《北征》云：

> 至尊尚蒙尘，几日休练卒。仰观天色改，坐觉妖氛豁。阴风西北来，惨澹随回纥。其王愿助顺，其俗善驰突。送兵五千人，驱马一万匹。此辈少为贵，四方服勇决。所用皆鹰腾，破敌过箭疾。圣心颇虚

---

① 《全唐文》卷一二，第146页。
② 《李太白全集》卷二七，第1273页。
③ 《旧唐书·高适传》，《旧唐书》卷一一一，第3328页。
④ 同上书，第3329页。

仵,时议气欲夺。伊洛指掌收,西京不足拔。官军请深入,蓄锐可俱发。此举开青徐,旋瞻略恒碣。昊天积霜露,正气有肃杀。祸转亡胡岁,势成擒胡月。胡命其能久,皇纲未宜绝。①

杜甫强烈建议肃宗不要向回纥借兵,认为这些人虽然能够打仗但不好约束。后来果然不出所料,回纥兵打败叛军后,大肆抢掠唐朝百姓。杜甫还建议肃宗暂不收复两京,而是派一支部队直捣叛军老巢,使叛军首尾不能相顾,使官军在运动中消灭敌人。这些建议和李泌给肃宗的建议一致,可惜未被采纳。元结在乱前作《元子》十篇,阐述治国之道。乱中为肃宗出谋划策,多被采纳,"降剧贼五千……全十五城。"② 其《时议三篇》第三篇以帝王常道教授肃宗:"天子能行已言之令,必将来之法,杂徭弊制,拘忌烦令,一切蠲荡,任天下贤士,屏斥小人,然后推仁信威令,谨行不惑。此帝王常道,何为不及?"③ 其他如萧颖士在战乱中四处献纵横之策,多有先见之明。李华也向朝廷"上诛守之策"。④ 总之,这批身怀王霸大略的帝王师式诗人,都在一定程度上展现了他们的政治和军事才能。

三 帝王师式诗人出现的教育背景分析

帝王师式诗人在盛唐集中出现与他们的受教育背景有直接关系。在家学、私学教育中成长,深受文中子学派学术思想影响,是帝王师式诗人出现的重要原因。

首先,私学教育。初唐诗人大体由宫廷诗人和廷外诗人两大群落组成,虞世南、李百药、上官仪、许敬宗、沈宋、文章四友是宫廷诗人,王绩、初唐四杰、陈子昂、张若虚、刘希夷等人是廷外诗人。尽管是张说将景龙宫廷文学风气带到了盛唐,但推动盛唐文学走向彬彬之盛的却是廷外诗人。盛唐帝王师式诗人继承了初唐四杰、陈子昂等廷外诗人的行为风范,所受教育情况也更接近四杰和陈子昂。

初唐廷外诗人很多人受到了文中子学统影响。据杜淹《文中子世家》

---

① 《杜诗详注》卷五,第402—403页。
② 《新唐书·元结传》,《新唐书》卷一四三,第4684页。
③ 同上。
④ 《新唐书·李华传》,《新唐书》卷二〇三,第5776页。

记载，文中子王通自六代祖"始称儒门，世济厥美"，到文中子父子开始践行帝王师事业：

> 安康献公生铜川府君，讳隆，字伯高，文中子之父也，传先生之业，教授门人千余。隋开皇初，以国子博士待诏云龙门。时国家新有揖让之事，方以恭俭定天下。帝从容谓府君曰："朕何如主也？"府君曰："陛下聪明神武，得之于天，发号施令，不尽稽古，虽负尧、舜之姿，终以不学为累。"帝默然，曰："先生朕之陆贾也，何以教朕？"府君承诏著《兴衰要论》七篇。每奏，帝称善，然未甚达也。府君出为昌乐令，迁猗氏、铜川，所治著称，秩满退归，遂不仕。开皇四年，文中子始生。……遂名之曰通。开皇九年，江东平。铜川府君叹曰："王道无叙，天下何为而一乎？"文中子侍侧，十岁矣，有忧色……遂告以《元经》之事，文中子再拜受之。……文中子于是有四方之志。盖受《书》于东海李育，学《诗》于会稽夏琠，问《礼》于河东关子明，正《乐》于北平霍汲，考《易》于族父仲华，不解衣者六岁，其精志如此。仁寿三年，文中子冠矣，慨然有济苍生之心，西游长安，见隋文帝。帝坐太极殿召见，因奏《太平策》十有二，策尊王道，推霸略，稽今验古，恢恢乎若运天下于指掌矣。帝大悦曰："得生几晚矣，天以生赐朕也。"下其议于公卿，公卿不悦。时将有萧墙之衅，文中子知谋之不用也，作《东征之歌》而归。……乃续《诗》《书》，正《礼》《乐》，修《元经》，赞《易》道，九年而《六经》大就。门人自远而至，河南董常、太山姚义、京兆杜淹、赵郡李靖、南阳程元、扶风窦威、河东薛收、中山贾琼、清河房玄龄、巨鹿魏徵、太原温大雅、颍川陈叔达等咸称师北面，受王佐之道焉。其往来受业者，不可胜数，盖千余人。隋季文中子之教兴于河汾，雍雍如也。①

可惜文中子的父亲和他本人遭遇隋代文、炀二帝，虽有机会推销王霸之术，但终因帝王资质有限，致使他们未能尽展其才。文中子王通立功不

---

① 张沛：《中说译注》，上海古籍出版社 2011 年版，第 262—264 页。

成，遂以立言育人为务，回到家乡河汾授徒讲学，著书立说，培养了大量人才，于是出现了河汾之学，成为久负盛名的私学教育现象。文中子的思想在李唐王朝建立兴盛过程中发挥了重要作用。杜淹、李靖、薛收、房玄龄、魏徵、陈叔达等初唐开国重臣，都曾随文中子学习"王佐之道"，他们在唐朝政治文化草创阶段发挥了设计者的作用，以实际行动扩大了文中子学统的影响。

这些人不是寻章摘句的腐儒，他们主张将所学运用到具体实践当中。他们以帝王师方式推销王霸之道，"恢恢乎若运天下于指掌"，俨然"运筹帷幄之中，决胜千里之外"的张良和在隆中献三分天下大计的诸葛亮。推销王霸大略是他们的主业。刘肃《大唐新语》载："魏徵有大志，大耻小节，博通群书，颇明王霸之术。"[①] 魏徵《述怀》诗，可见其心志：

> 中原初逐鹿，投笔事戎轩。纵横计不就，慷慨志犹存。策杖谒天子，驱马出关门。请缨系南粤，凭轼下东藩。……岂不惮艰险，深怀国士恩。季布无二诺，侯嬴重一言。人生感意气，功名谁复论。[②]

魏徵精通王霸之术，胸怀纵横之策，欲效侠士故事，积极投身到隋末政治活动当中。《旧唐书·魏徵传》对这首诗的写作背景有详细记载：

> 大业末，武阳郡丞元宝藏举兵以应李密，召徵使典书记。密每见宝藏之疏，未尝不称善，既闻徵所为，遽使召之。徵进十策以干密，虽奇之而不能用。及王世充攻密于洛口，徵说密长史郑颋曰："魏公虽骤胜，而骁将锐卒死伤多矣；又军无府库，有功不赏，战士心惰，此二者难以应敌。未若深沟高垒，旷日持久，不过旬月，敌人粮尽，可不战而退，追而击之，取胜之道。且东都食尽，世充计穷，意欲死战，可谓穷寇难与争锋，请慎无与战。"颋曰："此老生之常谈耳！"徵曰："此乃奇谋深策，何谓常谈？"因拂衣而去。及密败，徵随密来

[①] （唐）刘肃：《大唐新语》卷一一"褒锡"，中华书局1957年版，第163页。
[②] 《全唐诗》卷三一，第441页。

降，至京师，久不见知，自请安辑山东，乃授秘书丞，驱传至黎阳。①

动荡之际，魏徵四处游走，替人出谋划策，虽然不太顺利，但仍坚持不懈。几经辗转之后，得入太宗麾下。他犯颜直谏，太宗虚心纳谏，成就了君臣遇合的千古佳话。

而房玄龄，在吏部铨选时就已名噪一时。《唐语林》载："隋吏部侍郎高孝基主选，见梁公房玄龄、蔡公杜如晦，愕然降阶，与之抗礼。延入内厅，食甚恭，曰：'二贤当为王霸佐命，位极人臣，然杜年寿稍减于房耳。愿以子孙相托。'贞观初，杜薨于左仆射，房位至司徒，秉政二十余年。"② 可见房玄龄等人的非凡气度在未正式入仕时就已惊动了考官。

魏徵、房玄龄等人所成就的功业，令后代士人羡慕不已。唐太宗以"致君尧舜"赞扬魏徵，后人遂把"致君尧舜"当作人生目标。连武将也仰慕魏徵为人，《旧唐书·李晟传》载："晟在凤翔，谓宾介曰：'魏徵能直言极谏，致太宗于尧、舜之上，真忠臣也，仆所慕之。'"③ 魏徵、房玄龄等人以策士身份建立功业，以儒士身份致君尧舜，文中子的志向在他们身上得以实现。他们还能时刻保持谦退之风。《旧唐书·魏徵传》载其晚年"自以无功于国，徒以辩说，遂参帷幄，深惧满盈，后以目疾频表逊位"。④ 盛唐帝师式诗人普遍把功成身退当作行为准则，很可能就是受到了魏徵等人的影响。

魏徵等人的行为风范在初唐四杰那里得到了延续。四杰虽以文学知名，但都志存高远，不以文学自限，颇有策士之风。《新唐书·王勃传》载："勃既废，客剑南。尝登葛愦山旷望，慨然思诸葛亮之功，赋诗见情。"⑤ 王勃不仅要像祖父那样接续六经，而且要像诸葛亮那样建功立业。四杰中的骆宾王更是如此，他的《上吏部裴侍郎书》云：

仆诚鄙人也。颇览前事，每读古书，见高堂九仞，曾参负北向之

---

① 《旧唐书》卷七一，第2545页。
② 《唐语林·品藻》，《唐语林校证》卷三，第299页。
③ 《旧唐书》卷一三三，第3674页。
④ 《旧唐书》卷七一，第2550页。
⑤ 《新唐书》卷二〇一，第5739页。

悲，积粟万钟，季路起南游之叹，未尝不废书辍卷，流涕沾襟。何者？情蓄于中，事符则感；形潜于内，迹应斯通。是用布腹心，沥肝胆，庶大雅含宏之量，矜小人悃款之诚，惟君侯察焉。宾王一艺罕称，十年不调。进寡金、张之援，退无毛、薛之游。亦何尝献策干时，高谈王霸，衒才扬己，历抵公卿？不汲汲于荣名，不戚戚于卑位，盖养亲之故也，岂谋身之道哉？不图君侯忽垂过听，礼以弓招之恩，任以书记之事。似人则多惭阮瑀，入幕则高谢郤超。昔聂政、荆轲，刺客之流也；田光、豫让，烈士之分也。咸以势利相倾，意气相许，尚且捐躯燕、赵，甘死秦、韩。今君侯无求于下官，见接以国士，正当陪麾后殿，奉节前驱，贾余勇以求荣，效轻生而答施。所以逡巡于成命，踌躇于从事者，徒以凤遭不造，幼丁闵凶，老母在堂，常婴羸恙。藜藿无甘旨之膳，松槚阙迁厝之资。抚躬存亡，何心天地？故寝食梦想，噬指之恋徒深；岁时蒸尝，崩心之痛罔极。①

骆宾王向裴行俭表示，没有"献策干时，高谈王霸"，皆因"养亲之故"，古代刺客杀身以报知己，自己更不在话下。策士之议论，游侠之神采，跃然纸上。李敬业起兵讨伐武则天，骆宾王作《代李敬业传檄天下文》，向天下人陈说成败利害，颇似战国策士之议论。

魏徵等人不拘小节，四杰恃才傲物，行为方式与魏徵等人相似。《旧唐书·王勃传》："勃恃才傲物，为同僚所嫉。"② 《旧唐书·骆宾王传》载："骆宾王……落魄无行，好与博徒游。"③ 张鷟《朝野佥载》云："唐衢州盈川县令杨炯词学优长，恃才简倨，不容于时。每见朝官，目为麒麟楦许怨。人问其故？杨曰：'今舖乐假弄麒麟者，刻画头角，修饰皮毛，覆之驴上，巡场而走。及脱皮褐，还是驴马。无德而衣朱紫者，与驴覆麟皮何别矣！'"④ 盛唐王翰等人的狂傲之风，在这里或可找到渊源。

四杰的教育背景都很特殊，他们都有神童之称，而神童教育多是出自家学。如王勃九岁能作《指瑕》批评颜师古所注《汉书》，以如此之幼龄

---

① 《骆临海集笺注》卷八，第283—286页。
② 《旧唐书》卷一九〇，第5004页。
③ 同上书，第5006页。
④ （唐）张鷟撰，赵守俨点校：《朝野佥载》补辑，中华书局1979年版，第163页。

而有如此之高的学术修养，很大程度上应是家学教育的结果。四杰还都曾师事牛腾，接受过私学教育。《太平广记》引《纪闻》云："唐牛腾字思远，唐朝散大夫郏城令，弃官从好，精心释教，从其志者终身，常慕陶潜'五柳先生'之号，故自称'布衣公子'。……公子沉静寡言，少挺异操，河东侯器其贤，朝廷政事皆访之。公子清俭自守，德业过人，故王勃等四人，皆出其门下。"① 牛腾是世外高人，有过人智慧，慕陶渊明志业，效陶弘景山中宰相故事，四杰都曾向他学习。

陈子昂的行为做派很像四杰。卢藏用《陈子昂别传》对其"王霸之才，卓荦之行"② 有这样的描述：

> 陈子昂字伯玉，梓州射洪县人也。……奇杰过人，姿状岳立。始以豪家子驰侠使气，至年十七八未知书。……年二十一，始东入咸京，游大学，历抵群公，都邑靡然属目矣，由是为远近所籍甚。以进士对策高第。属唐高宗大帝崩于洛阳宫，灵驾将西归，子昂乃献书阙下。时皇上以太后居摄，览其书而壮之，召见问状。子昂貌寝寡援，然言王霸大略，君臣之际，甚慷慨焉。……工为文而不好作，其立言措意，在王霸大略而已，时人不之知也。尤重交友之分，意气一合，虽白刃不可夺也。③

尽管没有证据表明陈子昂接受了文中子学统，但他的行为做派很像文中子的弟子们：慷慨仗义，高谈王霸。他的学习经历很特殊：没有接受过严格的蒙学教育，但博览群书，曾在太学游学，考中过进士。其学业受家学影响很深，卢藏用《陈子昂别传》称其家"世为豪族。父元敬，瑰伟倜傥，年二十，以豪侠闻。属乡人阻饥，一朝散万钟之粟而不求报。于是远近归之，若龟鱼之赴渊也。以明经擢第，授文林郎。因究览坟籍，居家园以求其志，饵地骨炼云膏四十余年"。④ 结合其父明经及第、任文林郎、究览

---

① 《太平广记》卷一一二，第778页。
② 卢藏用《右拾遗陈子昂文集序》："故粗论文之变而为之序。至于王霸之才，卓荦之行，则存之别传，以继于终篇云耳。"《全唐文》卷二三八，第2403页。
③ 《全唐文》卷二三八，第2412页。
④ 同上。

坟籍的经历可以推测陈子昂应该或多或少受到过家学影响，而他豪侠而又散淡的性格则可以明显看到其父不以仕进为意的影子。

其次，学宗百家。学宗百家是帝王师式诗人知识结构的共同特点。《旧唐书·房玄龄传》载："玄龄幼聪敏，博览经史，工草隶，善属文。"①《新唐书·房玄龄传》载："玄龄幼警敏，贯综坟籍，善属文，书兼草隶。"②《旧唐书·魏徵传》载："徵少孤贫，落拓有大志……好读书，多所通涉，见天下渐乱，尤属意纵横之说。"③ 房玄龄、魏徵熟悉儒家经典，又能博览通涉，广泛学习。学宗百家，不专一门是他们知识结构的共同特点。

初唐四杰与此相似，他们或出自家学，或师事私人，或博览群书，知识也相当广泛。《旧唐书·卢照邻传》载："卢照邻字升之，幽州范阳人也。年十余岁，就曹宪、王义方授《苍》《雅》及经史，博学善属文。"④《新唐书·卢照邻传》载："照邻字升之，范阳人。十岁从曹宪、王义方授《苍》《雅》。……照邻自以当高宗时尚吏，己独儒；武后尚法，己独黄老；后封嵩山，屡聘贤士，己已废。"⑤ 可见卢照邻于儒、道诸家都有涉猎。《旧唐书·杨炯传》载："炯幼聪敏博学，善属文。"⑥ 骆宾王《上吏部裴侍郎书》云："仆诚鄙人也。颇览前事，每读古书，见高堂九仞，曾参负北向之悲，积粟万钟，季路起南游之叹，未尝不废书辍卷，流涕沾襟。"⑦ 杨、骆二人都曾博览群书。

陈子昂所学更为广博。卢藏用《陈子昂别传》说他折节读书后，"因谢绝门客，专精坟典。数年之间，经史百家，罔不该览"。⑧ 而且，陈子昂尤其醉心于纵横之术。其《赠严仓曹乞推命录》云："少学纵横术，游楚复游燕。栖遑长委命，富贵未知天。闻道沈冥客，青囊有秘篇。九宫探万象，三算极重玄。愿奉唐生诀，将知跃马年。非同墨翟问，空滞杀

---

① 《旧唐书》卷六六，第2459页。
② 《新唐书》卷九六，第3854页。
③ 《旧唐书》卷七一，第2545页。
④ 《旧唐书》卷一九〇，第5000页。
⑤ 《新唐书》卷二〇一，第5742页。
⑥ 《旧唐书》卷一九〇，第5000页。
⑦ 《骆临海集笺注》卷八，第283页。
⑧ 《全唐文》卷二三八，第2412页。

龙川。"① 《卧病家园》亦云："世上无名子，人间岁月赊。纵横策已弃，寂寞道为家。"② 他在《谏理政书》中表示："窃少好三皇五帝王霸之经，历观丘坟，旁览代史，原其政理，察其兴亡，自伏羲神农之初，至于周隋之际，驰骋数百千年，虽未得其详，而略可知也。"③

盛唐帝王师式诗人也大都学宗百家，不以儒家自囿。如高适《东平留赠狄司马》云："谁谓纵横策，翻为权势干。"④ 《塞上》云："常怀感激心，愿效纵横谟。"⑤ 《三君咏·郭代公》云："纵横负才智，顾盼安社稷。"⑥《新唐书·高适传》载："适尚节义，语王霸衮衮不厌。遭时多难，以功名自许，而言浮其术，不为搢绅所推。然政宽简，所莅，人便之。年五十始为诗，即工，以气质自高。"⑦ 高适以诗人著称，但他更愿意把自己当作纵横家。李白也学宗百家，其《上安州裴长史书》云："少长江汉，五岁诵六甲，十岁观百家。轩辕以来，颇得闻矣。常横经籍书，制作不倦，迄于今三十春矣。"⑧ 刘全白《唐故翰林学士李君碣记》曰："君名白，广汉人。性倜傥，好纵横术。"⑨ 可知李白专门学习过纵横术。其习纵横术师事赵蕤。赵蕤著有《长短经》，述王霸大略，其《长短经叙》云："夫霸者，驳道也。盖白黑杂合，不纯用德焉。期于有成，不问所以；论于大体，不守小节。虽称仁义不及三王，而扶颠定倾，其归一揆。恐儒者溺于所闻，不知王霸殊略，故叙以长短术，以经纶通变者。创立题目，总六十三篇，合为十卷，名曰《长短经》。大旨在乎宁固根蒂，革易时弊，兴亡治乱。具载诸篇，为沿袭之远图，作经济之至道，非欲矫世夸俗，希声慕名。辄露见闻，逗机来哲。凡厥有位，幸望详焉。"⑩ 杜甫知识也很广博，他自言"读书破万卷，下笔如有神"。可以推知，他所读的万卷书

---

① （唐）陈子昂撰，彭庆生校注：《陈子昂集校注》卷二，黄山书社2015年版，第295页。
② 同上书，第485页。
③ 《陈子昂集校注》卷九，第1375页。
④ 《全唐诗》卷二一一，第2191页。
⑤ 同上书，第2189页。
⑥ 《全唐诗》卷二一二，第2208页。
⑦ 《新唐书》卷一四三，第4678页。
⑧ 《李太白全集》卷二六，第1243页。
⑨ 《全唐文》卷六一九，第6247页。
⑩ 《全唐文》卷三五八，第3636页。

籍绝不限于诗文。正是这种特殊的受教育方式使盛唐帝王师式诗人得以博览群书，杂取百家，从而养成了通达的性格。

第四节　中唐古文运动的教育背景分析

中唐古文运动分为前后两个时期，前期以萧颖士、李华古文集团为代表，后期以韩愈、柳宗元古文集团为代表。天宝以降，朝政日非，社会矛盾不断积累，终于酿成安史之乱。为了扭转政局，平定叛乱，一些士人大力提倡儒学，希望以此解决社会问题。他们认为当下的儒学教育很不理想，培养不出合格人才，因此提出一系列改革主张。他们提倡义理之儒，反对章句之儒。古文运动正与这一思潮互为表里。

一　义理儒学思潮引领者行止考察

天宝后期到中唐前期，义理儒学思潮兴起。这一思潮的主要内容是：反对章句之学，强调义理之学，主张以儒道指导社会生活，解决现实中出现的种种问题。这一思潮的引领者刘秩、刘迅兄弟以学术闻名，元德秀、元结兄弟以道德闻名，萧颖士、李华以古文闻名。他们各有师承，各有成就，特点各异。但仔细观察就会发现他们有个共同点：都以帝王师自许，和李白、高适、杜甫、房琯等人属于同一类型。

刘秩、刘迅兄弟是刘知几之子，同时也是刘知几学派的后进。刘知几学派主要有朱敬则、刘允济、薛谦光、元行冲、吴兢、裴怀古和刘知几本人。他们大都生活在初唐末年至盛唐初年，吴兢一直活到天宝八载（749）。他们治学主张"独断"，反对因循古人，反对章句之学。在当时被称为"儒宗"的元行冲说："唯草野生以专经自许，不能究览异义，择从其善。徒欲父康成，兄子慎，宁道孔圣误，讳闻郑、服非。然于郑、服甚愦愦，郑、服之外皆雠也。"[①] 他们主张治学要有通识之才，引前代故事以指导现实政治。如吴兢就曾劝玄宗引贞观故事，虚心纳谏，并撰写了《贞观政要》。总之，他们主张通识达才，强调独断，以古例今，关心时政，反对章句之儒，对盛唐学风影响极大。

---

① 《旧唐书·元行冲传》，《旧唐书》卷一〇二，第 3181 页。

刘知几有六子，贶、𬤇、汇、秩、迅、迥，皆知名于时。其中刘贶"好学，多所通解"。① 刘滋"通儒术，喜持论"。② 刘浃"亦有学称"，③ 刘秩曾为国子祭酒，撰《政典》《止戈记》《至德新议》《指要》，论"改制国学"事。④ 刘迅续《诗》《书》《礼》《乐》《春秋》为《五说》，⑤ 与王通《续六经》相似。刘氏兄弟喜谈王霸之道，深受时人推崇。

　　刘知几学派中，刘迅、刘秩、元德秀、萧颖士都有著述阐扬儒道，道德文章在当时享有盛誉，有名望者皆争相与之相知相交。其中就包括房琯、高适等帝王师式人物。房琯和刘秩的密切交往史书有载。《旧唐书·房琯传》载：

> 琯好宾客，喜谈论，用兵素非所长，而天子采其虚声，冀成实效。琯既自无庙胜，又以虚名择将吏，以至于败。琯之出师，戎务一委于李揖、刘秩，秩等亦儒家子，未尝习军旅之事。琯临戎谓人曰："逆党曳落河虽多，岂能当我刘秩等。"及与贼对垒，琯欲持重以伺之，为中使邢延恩等督战，苍黄失据，遂及于败。⑥

房琯把军务交给刘秩，说明刘秩平素在房琯面前谈论军事问题，深得房琯器重。所憾房琯、刘秩只是纸上谈兵，缺少实战经验，致使陈陶、青坂两役惨败。

　　但是，并非所有儒生的议论都是纸上谈兵，元结等人就表现出杰出的政治军事才能。《新唐书·元结传》载：

> 时史思明攻河阳，帝将幸河东，召结诣京师，问所欲言，结自以

---

① 《新唐书·刘贶传》，《新唐书》卷一三二，第 4522 页。
② 《新唐书·刘滋传》，《新唐书》卷一三二，第 4523 页。
③ 《新唐书·刘浃传》，《新唐书》卷一三二，第 4523 页。
④ 《旧唐书·刘秩传》，《旧唐书》卷一〇二，第 3174 页。
⑤ 《新唐书·刘迅传》载："迅续《诗》《书》《春秋》《礼》《乐》五说，书成，语人曰：'天下滔滔，知我者希。'终不以示人云。"《新唐书》卷一三二，第 4525 页。李华《三贤论》云："刘名儒史官之家，兄弟以学著称，乃述《诗》《书》《礼》《乐》《春秋》为《五说》，条贯源流，备今古之变。"《全唐文》卷三一七，第 3214 页。
⑥ 《旧唐书》卷一一一，第 3321—3322 页。

始见轩陛，拘忌讳，恐言不悉情，乃上《时议》三篇。……帝悦曰："卿能破朕忧。"擢右金吾兵曹参军，摄监察御史，为山南西道节度参谋。募义士于唐、邓、汝、蔡，降剧贼五千，瘗战死露骸于泌南，名曰哀丘。史思明乱，帝将亲征，结建言："贼锐不可与争，宜折以谋。"帝善之，因命发宛、叶军挫贼南锋，结屯泌阳守险，全十五城。以讨贼功迁监察御史里行。荆南节度使吕諲请益兵拒贼，帝进结水部员外郎，佐諲府。又参山南东道来瑱府……瑱诛，结摄领府事。①

元结安史之乱前作《元子》十篇，阐述治国理政之道。安史之乱平定过程中，他积极为肃宗出谋划策，肃宗多有采纳。其《皇谟》三篇详细阐释为君之道。《二风诗》《补乐歌十首》阐述明君如何兴国和昏君如何丧亡之情形。其《时议》第三篇云："天子能行已言之令，必将来之法，杂徭弊制，拘忌烦令，一切蠲荡，任天下贤士，屏斥小人，然后推仁信威令，谨行不惑。此帝王常道，何为不及？"② 明确教导天子免徭役、除弊制、任贤士、斥小人，行"帝王常道"。

萧颖士在《赠韦司业书》中说："丈夫生遇升平时，自为文儒士，纵不能公卿坐取，助人主视听，致俗雍熙，遗名竹帛，尚应优游道术，以名教为己任，著一家之言，垂沮劝之益，此其道也。"③ 他仿照《春秋》重编历史，阐扬儒家之道。安史之乱中，他四处献纵横之策。《新唐书·萧颖士传》载：

安禄山宠恣，颖士阴与柳并曰："胡人负宠而骄，乱不久矣。东京其先陷乎！"即托疾游太室山。已而禄山反，颖士往见河南采访使郭纳，言御守计，纳忽不用，叹曰："肉食者以儿戏御剧贼，难矣哉！"闻封常清陈兵东京，往观之，不宿而还。因藏家书于箕、颍间，身走山南，节度使源洧辟掌书记。贼别校攻南阳，洧惧，欲退保江陵，颖士说曰："官兵守潼关，财用急，必待江、淮转饷乃足，饷道

---

① 《新唐书》卷一四三，第 4682—4685 页。
② 同上书，第 4685 页。
③ 《全唐文》卷三二三，第 3275 页。

由汉、沔，则襄阳乃今天下喉襟，一日不守，则大事去矣。且列郡数十，人百万，训兵攘寇，社稷之功也。贼方专崤、陕，公何遽轻土地，欲取笑天下乎？"洞乃按甲不出。亦会禄山死，贼解去。洞卒，往客金陵，永王璘召之，不见。时盛王为淮南节度大使，留蜀不遣，副大使李承式玩兵不振。颖士与宰相崔圆书，以为："今兵食所资在东南，但楚、越重山复江，自古中原扰，则盗先起，宜时遣王以捍镇江淮。"俄而刘展果反。贼围雍丘，胁泗上军，承式遣兵往救，大宴宾客，陈女乐。颖士曰："天子暴露，岂臣下尽欢时邪？夫投兵不测，乃使观听华丽，一旦思归，谁致其死哉？"弗纳。崔圆闻之，即授扬州功曹参军。①

可以看出，萧颖士颇有见地，安史之乱爆发前他就料定安禄山必反，反时必先攻陷东都洛阳。他积极向平叛将帅进言献策，虽然他的建议或被采纳，或未被采纳，但凡所议论，均多有先见之明。

与萧颖士有机会四处献策相比，李华明显时运不济。《新唐书·李华传》载：

> 华少旷达，外若坦荡，内谨重，尚然许，每慕汲黯为人。累中进士、宏辞科。天宝十一载，迁监察御史。宰相杨国忠支姬所在横猾，华出使，劾按不桡，州县肃然。为权幸见疾，徙右补阙。安禄山反，上诛守之策，皆留不报。②

从记载可以看出，李华根本没有机会向将帅进言，安禄山叛乱后，他直接向皇帝进言，可惜所"上诛守之策"又被"皆留不报"，根本未能达于圣听。

综上所述，安史之乱前后，义理儒学倡导者、古文运动代表人物与盛唐帝王师式人物本就是一批人，高谈王霸大略的是他们，阐扬义理儒学的是他们，写作古文的还是他们。

---

① 《新唐书》卷二〇二，第5769页。
② 同上书，第5775—5776页。

二 义理儒学引发的教育变革

天宝后期，朝政日非，安史之乱后，国势日蹙，许多士人认为必须以儒术来解决社会问题。为了将这一思想贯彻到现实生活中，他们主张从改革现有教育制度入手。代表人物有刘秩、杨绾、贾至、柳冕、权德舆等人。刘秩作《选举论》，主张选拔"精通秀颖之士""慷慨通方之士"，反对"章句之儒"，① 反对以诗赋取士。杨绾上《条奏贡举疏》云："国之选士，必藉贤良，盖取孝友纯备，言行敦实，居常育德，动不违仁。体忠信之资，履谦恭之操，藏器则未尝自伐，虚心而所应必诚。夫如是，故能率己从政，化人镇俗者也。"② 主张以策论取士，反对以文词和帖经取士。贾至作《议杨绾条奏贡举疏》，认为"杨绾所奏，实为正论"。③ 也指出明经、进士考试选不出能治国理政之才："今试学者以帖字为精通，而不穷旨义，岂能知迁怒贰过之道乎？考文者以声病为是非，而惟择浮艳，岂能知移风易俗化天下之事乎？"④ 帖经只能检验士子的记诵能力，无法检验士子对儒学整体要义的掌握；进士考试以辞藻声律为评判标准，难以看出真正的文学才能。

杨绾从端正士风角度反思现行科举制度，他发现安史之乱中不少进士、明经出身的官员投敌，说明现行科举制度无法检验出士子道德的好坏。他严厉批评士子为考试热衷于奔竞扬名之举，其《条奏贡举疏》云：

> 幼能就学，皆诵当代之诗；长而博文，不越诸家之集。递相党与，用致虚声，六经则未尝开卷，三史则皆同挂壁。况复征以孔孟之道，责其君子之儒者哉！祖习既深，奔竞为务。矜能者曾无愧色，勇进者但欲凌人，以毁誉为常谈，以向背为己任。投刺干谒，驱驰于要津；露才扬己，喧腾于当代。古之贤良方正，岂有如此者乎！朝之公卿，以此待士，家之长老，以此垂训。欲其返淳朴，怀礼让，守忠

---

① 《全唐文》卷三七二，第3785页。
② 《全唐文》卷三二一，第3356页。
③ 《全唐文》卷三六八，第3736页。
④ 同上书，第3735页。

信，识廉隅，何可得也！①

士子热衷奔竞，炒作名声，士风由此走向颓坏。不读经史，难以养成高尚品行，也难以获得治国经验。有鉴于此，他提出的改革办法是停止进士和明经取士，而代之以汉代察举制，先由县和州推荐，然后由朝廷举行考试。具体做法是：

> 其所习经，取《左传》《公羊》《穀梁》《礼记》《周礼》《仪礼》《尚书》《毛诗》《周易》，任通一经，务取深达奥旨，通诸家之义。试日，差诸司官有儒学者对问，每经问义十条，问毕对策三道。其策皆问古今理体及当时要务，取堪行用者。其经义并策全通为上第，望付吏部便与官；其经义通八、策通二为中第，与出身；下第者罢归。②

在另一封奏疏中，他又希望对考试方式做出更为严格的规定。其《上贡举条目疏》指出：

> 孝廉举人，请取精通一经，每经问义二十条，皆须旁通诸义，深识微言。试策三道，每日问一道，问古今理体，取堪行用者。经义及策全通为上第，望付吏部便与官；义通七、策通二为中第，与出身；下第者罢之。③

他认为孝廉应该精通一经，对经典义理有深刻理解，对诸家解释能融会贯通。这和帖经只考经文记诵大不相同。而且，应试者在事前经过了州县的严格审查，除了"在家有孝义廉耻，谦恭之行，好学不倦"以外，还要"精通经义并堪对策"。④ 总之，他希望此举能使士子研习经典，掌握要义；研读历史，获得经验；砥砺品行，持正操守。杨绾的着眼点虽在改革科举，但是他的根本目的是变革教育，他希望教育以儒家经典为主要内

---

① 《全唐文》卷三三一，第3356页。
② 杨绾：《条奏贡举疏》，《全唐文》卷三三一，第3357页。
③ 《全唐文》卷三三一，第3357页。
④ 杨绾：《上贡举条目疏》，《全唐文》卷三三一，第3357页。

容，教育内容和士人品节修养结合起来，以考试引导士风，以教育培养士风，应该说他的主张是对唐初"尊圣崇儒"教育思想的继承和深化。

大乱之时士人投靠安禄山者众多，士节成了大问题，杨绾的这些主张得到了很多士大夫的支持。《旧唐书·杨绾传》载："给事中李廙、给事中李栖筠、尚书左丞贾至、京兆尹兼御史大夫严武所奏议状与绾同"。① 贾至进一步指出，现行取士只考小道，无法将士子引向大道："夫一国之事，系一人之本，谓之风。赞扬其风，系卿大夫也，卿大夫何尝不出于士乎？今取士，试之小道，不以远者大者，使干禄之徒，趋驰末术，是诱导之差也。"② 柳冕考察了唐前历朝取士成败，所得结论和杨绾相同。他在《与权侍郎书》中说：

> 有司之政，在于举士。是以三代尚德，尊其教化，故其人贤。西汉尚儒，明其理乱，故其人智。后汉尚章句，师其传习，故其人守名节。魏晋尚姓，美其氏族，故其人矜伐。隋氏尚吏道，贵其官位，故其人寡廉耻。唐承隋法，不改其理，此天所以待圣主正之。何者？进士以诗赋取人，不先理道。明经以墨义考试，不本儒意。选人以书判殿最，不尊人物。故吏道之理天下，天下奔竞而无廉耻者，以教之者末也。③

唐以前历代取士，各有特点，但唐代取士却使人寡廉鲜耻，原因就在于进士、明经取士"以教之者末也"，即考试本末倒置，教育引导的方向背离了"儒意"和"理道"而取其末流。

杨绾等人的主张也得到了在野士子的拥护。如黎逢《人不学不知道赋》云：

> 君子之为道也，敦诗书，说礼乐，俾其润身而浴德，克己而志学。亦犹嘉肴在器，良玉抱璞，肴之知味，既因于尝；玉之成功，必

---

① 《旧唐书》卷一一九，第3432页。
② 《旧唐书·贾至传》，《旧唐书》卷一九〇，第5030页。
③ 《全唐文》卷五二七，第5353页。

由于琢。物既肖旃，士亦宜然，知此道者，必勤学焉。若夫即其讲肆，齿以胄筵，儒风是习，素业斯传。①

黎逢两《唐书》无传，《唐摭言》载其曾为状元，②此后行迹不闻，很可能一生未居显位，所以他的这篇赋反倒可以看作是个人对教育目的的认识，是在社会普遍以教育为仕进工具风气下的一种自觉。他在赋中所谈都是如何学习儒家经典，如何践行君子之道，他认为教育的目标就应该以儒家经典培养人的品德。和黎逢有相同认识的还有周存，其《观太学射堂赋》云：

> 观射堂之攸设，知射侯之有以。非取善于主皮，盖绎心而正己。故王用制之，而诸侯是务，择以习焉。而射宫观美，莫不比乎礼乐，和其容止，将申明于德行……是用外直诸体，内正乎志。循声而发彼有的，得祭而益乎尔地。苟斯义罔取，或承之羞，既于德可观，则无不利。岂徒称善者五，举正者四。诚有国之恒规，而择贤之盛事。③

赋文敷陈太学射堂的象征意义："外直诸体，内正乎志"，"绎心而正己"，"申明于德行"。"射"是孔子教学的一项内容，后来儒家常以"射"之"正"引申为"正心"。在太学置射堂，意在强调教育的目的在于品德培养。这就是周存赋文所论的要点。他的这篇赋反映出普通士人对教育培养品德这一目标的认同。

同一时期李观在《请修太学疏》中也指出：

> 伏思太学之为道也，厥惟大哉。实所以德宇于国家，教源于万方，辨齐于人伦，亲亲而尊尊。……然后乃可以陈四代之礼，兴无穷之风，开素王之堂，削《青衿》之篇。人懋廉隅，俗捐争端，天下之仁，人相则焉。是以德由此泽，教由此流，若水之润下，泽涌植物，

---

① 《全唐文》卷四八二，第4922页。
② 《唐摭言校注》卷五"以其人不称才试而后惊"，第115页。
③ 《全唐文》卷五一一，第5195页。

利不浩哉！①

李观阐述太学的教化意义，即所谓"辨齐于人伦，亲亲而尊尊"，"人懋廉隅，俗捐争端"。他认为太学是育德之所，"德由此泽，教由此流"，"德宇于国家，教源于万方"，意即太学教育应该培养人的品德，使之成为德行的源泉。可见，认为教育应该培养人的品行的观点在中唐前期具有一定普遍性。

权德舆也已意识到杨绾等人提出的问题，他主盟文坛二十年，曾多次主持科举考试，对科举和教育都比较熟悉。贞元年间权德舆知贡举时，在策问中提出了这样的问题：

> 育材造士，为国之本。修辞待问，贤者能之。岂促速于俪偶，牵制于声病之为耶？但程试司存，则有拘限。音韵颇叶者，或不闻于轶响；珪璋特达者，亦有累于微瑕。欲使楚无献玉之泣，齐无吹竽之滥，取舍之际，未知其方。子曰："盍各言尔志。"赵孟亦请七子皆赋，以观郑志。又古人有述祖德，叙家风之作。众君子藏器而含章者久，积善而流庆者远，各言心术，兼叙代德，鄙夫虚伫，以广未闻。②

权德舆的看法比杨绾全面一些，虽然他认为诗赋取士不合于"育材造士，为国之本"的原则，但是他注意到诗赋言志也是著于儒典，经过圣人肯定的。他不主张回到汉代察举制，但却认为有司提出的置五经博士，使"经有师道，学皆颛门"③ 的建议可以讨论，并且认为九流百家可以辅助经术而施行教化。可见，无论如何儒家思想应该在教育中占主要地位还是权德舆的主导思想。

权德舆除了和杨绾一样关心科举对教育和士风造成的影响以外，还提出了个人德行与现实遭遇不一致的问题：

---

① 《全唐文》卷五三二，第 5401 页。
② 权德舆：《进士策问五道》，《全唐文》卷四八三，第 4935 页。
③ 同上书，第 4934 页。

孔门达者，列在四科。颜子不幸，伯牛恶疾，命之所赋，诚不可同。至若攻冉求以鸣鼓，比宰我于朽木，言语政事，何补于斯？七年可以即戎，百年可以去杀，固弛张之有异，曷迟速之相悬？为仁由己，无信不立。拜阳货则时其亡也，辞孺悲则歌使闻之，圣人之心，固当有为。鄙则未达，子其辨欤？①

《论语》分德行、言语、政事、文学四科谈论孔子弟子中才能突出者，但孔子最称赏的颜回却短命而亡，伯牛患有恶疾。冉有和宰我虽在德行方面遭到孔子严厉批评，却具有较高的外交和行政才能，而且出仕为政，颇有成绩。这些人都是"孔门达者"，但他们的命运各不相同，即"命之所赋，诚不可同"，这样的矛盾如何对待？在另两道策问中，权德舆又以另外一种方式提出同样的疑问：

问：作《易》者其有忧患乎？又曰："乐天知命，故不忧。""鼓天下之动者存乎辞。"又曰："吉人之辞寡。""寂然不动，则感而遂通。""见几而作，乃不俟终日。"岂各有所趣？幸备言其方。（《全唐文》卷四八三权德舆《明经策问八道》）

问：《大学》有明德之道，《中庸》有尽性之术，阙里弘教，微言在兹。圣而无位，不敢作礼乐；时当有开，所以先气志。然则得甫、申之佐，犹曰降神；处定、哀之时，亦尝闻政。政知自当乎格物，梦奠奚叹于宗子？必若待文王之无忧，遭虞帝之大德，然后凝道，孰为致君？尔其深惟，以判斯惑。（《全唐文》卷四八三权德舆《明经策问七道》）

道德修养高，作为人格典范的觉悟者，其自身境遇都存在不能对应的情况，普通人如何对待道德修养和人生境遇之间的矛盾？更进一步，似乎经典对此的阐述也存在矛盾，究竟是"寂然不动"，还是"见几而作"，是安于"无位"，还是效仿"处定、哀之时，亦尝闻政"，做怎样的选择才算是符合"明德"和"尽性"？权德舆认为，"《大学》有明德之道，《中

---

① 权德舆：《明经策问七道》，《全唐文》卷四八三，第4937页。

庸》有尽性之术",解决这一矛盾要从自身的"德"和"性"出发。他还以圣人为例进行引导,"圣而无位,不敢作礼乐",说明圣人也有不如意之时,士人应该效法圣人,安于无位,不妄作为,只要"乐天知命",就会收获快乐。

事实上,个人德行和现实境遇不一致问题与杨绾所提问题属于一个问题的两个方面:一方面是在教育目标上企图革除浮薄风气,端正士风;另一方面是在社会现实中,品行端正和个人境遇并不一致。这是当时社会的一个突出矛盾,也是教育面对的一大难题。而这个难题似乎从教育和社会两个方向都是无解的。从教育的方向来讲,杨绾等人的观察确实符合实际,进士科在一定程度上加剧了士人的浮薄竞进风气,以教育端正士人品行也是儒家教育的本意。虽然朝野内外的有识之士也赞同杨绾的建议,但最终仍然未能施行。《新唐书·选举志》载:"大臣以为举人循习,难于速变,请自来岁始。帝以问翰林学士,对曰:'举进士久矣,废之恐失其业。'乃诏明经、进士与孝廉兼行。"[1] "兼行"只是一种说法,事实上,科举依然占有绝对优势,察举并没有真正实行。唐文宗就明确表示:"敦厚浮薄,色色有之,进士科取人二百年矣,不可遽废。"[2] 而就国家选拔人才的制度来说,察举制亦有其不可克服的缺陷,"举秀才,不知书。察孝廉,父别居"。[3] 察举也不能保证士人品行端正,这是被两汉选人实践证明了的事实。更进一步,即使在科举和教育上对士风有所纠正,就真的能解决社会问题吗?史载权德舆掌贡举,号为"得人",[4] 所取多为经学修明之士,且有七人后来位至卿相。陆贽、权德舆、李宗闵、李德裕和经学优长的郑覃执政时间都不短,尤其是唐文宗本人也"好学嗜古",[5] 但这些并没有带来士林和官场风气的好转,更没有影响到政局。从社会的方向来看,藩镇割据、朋党之争、宦官专权是当时社会的主要问题。这些问题如何解决,不要说当时的士人没有良策,即使千载之下身处现代的我们

---

[1] 《新唐书》卷四四,第1167页。
[2] 《新唐书·选举志》,《新唐书》卷四四,第1168页。
[3] 《后汉桓灵时谣》,(宋)郭茂倩编撰,聂世美、仓阳卿校点:《乐府诗集》卷八七,上海古籍出版社1998年版,第926页。
[4] 《旧唐书·权德舆传》,《旧唐书》卷一四八,第4003页。
[5] 《新唐书·选举志》,《新唐书》卷四四,第1168页。

也难以提出一个合理方案。

尽管如此，当时的士人不仅把问题提了出来，同时也很自信地给出了答案。虽然他们的答案现在看来并不是解决问题的有效方法，像杨绾提出的重新实行察举制一样，但是他们回答问题的方向正表明他们努力要使教育发生变化。权德舆的策问，在某种意义上也是对策题的解答，其自身也具有一定的论述性和发明性。因此在提出问题的同时也就意味着某种程度的解决问题，[①] 至少是某种程度的回答问题。

值得注意的是，同样是士人品德问题，杨绾和权德舆的不同解答却耐人寻味。杨绾认为士人品德系于国家制度，应该改革科举引导士风。权德舆则认为士人本身应该"明德""尽性"，在不公正的际遇面前"乐天知命"，保持品节的高洁。显然，在杨绾看来，解决这个问题需要依赖国家选士制度。而到权德舆的时候，国家的影响已经弱化，际遇不平等已经成了社会现实，士人需要从自己所拥有的知识资源中找到理解这个现实的依据，并由此找到自身存在和进步的道路。

三 韩愈教育思想对前代的继承和发展

中唐前期的教育大讨论也影响到了中唐后期的古文家，尤其是韩愈。韩愈贞元年间曾为四门博士，元和年间两居国子博士，元和十五年任国子祭酒。他长期从事教育工作，对儒家思想、教育和人才培养问题有直接经验和全面思考，从他的议论中能够看到中唐前期士人观点的影响和他的新看法。

韩愈认为教育的宗旨在于"明先王之道"。[②] 人的"性之品有三"，"上焉者，善焉而已矣；中焉者，可导而上下焉；下焉者，恶焉而已矣。……上之性，就学而明；下之性，畏威而寡罪。是故上者可学，而下者可制也"。[③] "'乐得天下之英才而教育之'，此皆圣人贤士之所极言至论，古今之所宜法者也"。[④] 他从传承儒道的需要出发，提出了振兴教育和师道的思想：

[①] 陈飞：《唐代策问的表达体式》，《文学遗产》2008 年第 1 期。
[②] 韩愈：《原道》，《韩愈全集校注》，第 2665 页。
[③] 韩愈：《原性》，《韩愈全集校注》，第 2686—2687 页。
[④] 韩愈：《上宰相书》，《韩愈全集校注》，第 1238—1239 页。

> 古之学者必有师。师者，所以传道授业解惑也。人非生而知之者，孰能无惑？惑而不从师，其为惑也终不解矣。生乎吾前，其闻道也固先乎吾，吾从而师之；生乎吾后，其闻道也亦先乎吾，吾从而师之。吾师道也，夫庸知其年之先后生于吾乎？是故无贵无贱，无长无少，道之所存，师之所存也。①

振兴师道是韩愈教育思想的落脚点和着力点，他的"明先王之道"，引导和发明人的"品性"都要靠师道振兴来实现。

如果结合当时的社会政治情况和唐代教育思想的发展历史，可以看出韩愈"振兴师道"思想有三个较为明显的特点。

一是"师道之不传也久矣，欲人之无惑也难矣"。② 这反映出和杨绾、权德舆等当世大儒一样，韩愈也在观察当时社会问题和教育之间的联系。他发现当时社会有很多问题，"欲人之无惑也难矣"，"师"的责任在于"解惑"，也就是说通过振兴师道可以解决社会问题。这是对杨绾、权德舆等人教育反思的继承。《进学解》既可以理解为他对自身遭遇的"不平"之"鸣"，也可以理解为他对学生"惑"的解答，他强调一个人要着眼于"业精"和"行成"，即在学业上做到"精"，在品德上做到"成"，着重完善自身。他教育学生要"不患"，即不应用心于用人者的"公""明"与否，当求之于己，不必诿责于人。这实际上是秉承了权德舆的思路，进一步明确解答了权德舆提出的问题。他批评士人对师道的偏见，"士大夫之族曰师曰弟子云者，则群聚而笑之。问之则曰：'彼与彼年相若，道相似也，位卑则足羞，官盛则近谀。'呜呼！师道之不复，可知矣。"③ 希望通过振兴师道来改变这一现实。更进一步，他振兴"师道"是为了弘扬儒家道统，排斥佛老，尊奉王权，希望"君""臣""民"各行其道，恢复社会秩序，也是希望通过改进教育来改变士人风气进而解决社会问题，这和杨绾的思路一致。

二是儒道传承被置于核心地位。韩愈认为"师"的职能第一位是传

---

① 韩愈：《师说》，《韩愈全集校注》，第1508页。
② 同上。
③ 同上书，第1509页。

道,其次是授业,最后是解惑。三者中以传道为本,以授业、解惑辅之。"道之所存,师之所存也"。既可以理解为"师"应该像"道"一样普遍存在,也可以认为"道"是"师"存在的前提和依据,是"师"的根本价值所在。在《原道》中,韩愈具体解释了"道"的内涵:

> 博爱之谓仁,行而宜之之谓义,由是而之焉之谓道,足乎己无待于外之谓德。仁与义为定名,道与德为虚位。故道有君子小人,而德有凶有吉。①

这是韩愈为"仁""义""道""德"下的定义。他认为,"仁""义"有特定的内容,为儒家所独有。"道""德"的意义比较宽泛,各家所言不同。君子所由之路,可以叫作"道",小人所由之路也可以叫作"道";好的品质,可以叫作"德",不好的品质也可以叫作"德"。如果和《原性》结合起来,"仁""义"是人的"性"中的内容,"性也者,与生俱生也",是人天生的品质。性有上、中、下三品,上品之"性"可以"就学而益明",中品之性可以"导之而上下焉"。②"道"是达到"仁""义"的"所由之路","就学"和"导之"都是"所由之路"。而这里的"就学"和"导之"明显指"教育"而言,所以教师的"传道",就是引导人改善"性"的教育活动或过程,是对个人内在属性的改善和修炼。这些表述较之权德舆试题中关于品行培养的论述细致了许多。

韩愈很注意把这些思想贯彻到教育活动当中。《进学解》可以视为其对一次"传道"教育活动的记述,国子先生与诸生所议论的不是具体的儒经,而是勤学之道:"业精于勤,荒于嬉;行成于思,毁于随。……诸生业患不能精,无患有司之不明;行患不能成,无患有司之不公。"③他所强调的"业精"与"行成"问题、"公"与"明"问题,重点都在于对自身的完善。再如《送李愿归盘谷序》《送董邵南序》《送陈秀才序》等文,虽然揭露世道不公,但都劝导士子正确对待。落脚点都在个人提高自

---

① 《韩愈全集校注》,第 2662 页。
② 韩愈:《原性》,《韩愈全集校注》,第 2686 页。
③ 韩愈:《进学解》,《韩愈全集校注》,第 1909 页。

身认识，正确看待社会不平等现象上。这些也是具体的传道教育。韩愈在教育上所传之"道"，其核心是"仁义道德"，这明显具有"内视"的特点，倾向于个人的道德修养。这诚然是对儒家早期"怨而不怒"精神的继承，但也表明在韩愈的"传道"中，个人的自身修养被放在了重要位置。

三是将复兴师道的依靠力量寄托于儒家传统而不是借重当代行政资源。韩愈在阐述了"师"的职能以后，还认为应该振兴"师道"的一个重要原因是"古之学者必有师"，即古代有从师求学的传统，并以孔子从学多人为例来论述这个问题，使"师道"的振兴具有不可辩驳的真理性。在中唐初期杨绾等人变革科举和教育的奏章中，都是以国家为主导，但是到权德舆以《大学》和《中庸》中的"明理"和"尽性"来引导士子看待个人德行和人生际遇不一致的问题以后，国家逐渐退居次要地位。在韩愈《师说》中没有提到国家对振兴师道的作用。在《马说》中，很明显"伯乐"只能是国家和执政者，但他偏不点破，在最后还用"策之不以其道，食之不能尽其材，鸣之而不能通其意。执策而临之曰：'天下无马。'呜呼！其真无马耶？其真不知马邪？"① 对代表国家的执政者进行了批评。《进学解》中所说的"方今圣贤相逢，治具毕张，拔去凶邪，登崇俊良"，②经之后生徒的驳议，很明显可以看出是徒托空言。由此可以看出，韩愈对国家的作用和力量是怀疑的。他仅以孔子从师事迹阐述师道应该振兴，显然认为儒家的传统更有说服力。

从杨绾到权德舆再到韩愈，中唐教育思想存在明显的传承和发展关系：从扭转士林风气到尽性知命再到"传道"，从在外围向教育提出要求到引导士人思考教育面临的问题，再到从教育者本身出发探索教育的价值，从提出改革政策到探讨具体问题，讨论越来越深入，辨析越来精微。教育思想的独立性越来越强，对教育活动的关注也越来越切近。

---

① 《韩愈全集校注》，第 2709 页。
② 同上书，第 1909 页。

下 编

下

第五章　唐代童蒙教育与儿童诗

唐代很多诗人在诗坛熠熠生辉，与其儿童时代接受过良好教育密不可分。然而各类古代教育史著作和近人研究成果，更多地把目光集中在成年男子教育上，儿童这一最大受教育群体，往往被一带而过。有鉴于此，笔者尝试对此做一考察，以期从中发现唐代文学家的成长规律。本章的探讨从教育内容、教育途径、教育效果三个方面展开，本章所谓童蒙教育是指十五岁之前的教育。①

第一节　唐代蒙书考述

唐代童蒙教育目的主要有三个：识字开蒙以资记账、写信、阅读书札文告等生计需要和进一步学习之需；品德培养以求知书达礼、应对进退、待人处世礼数周全，明善恶、辨是非，忠君尊上、父慈子孝、长幼有序、兄友弟恭；中举及第以期扬声名、显父母、晋身阶。鲁迅曾说："倘有人作一部历史，将中国历来教育儿童的方法，用书，作一个明确的记录，给人明白我们的古人以至我们，是怎样的被熏陶下来的，则其功德，当不在

---

① 唐人韦嗣立说："八岁入小学，十五入太学。春秋教以《礼》《乐》，冬夏教以《诗》《书》。"《旧唐书》卷八八，第2866页。今人普遍将胎教作为教育起点，古人也是如此。史载周文王母妊娠期间，"目不视恶色，耳不听淫声，口不出敖言，能以胎教"。（汉）刘向撰，尚蕊、张佩芳编译：《古列女传》卷一，哈尔滨出版社2009年版，第9页。西汉贾谊撰有《胎教》一文，首次以专文论述胎教。唐代孙思邈也强调胎教："弹琴瑟，调心神，和性情，节嗜欲，庶事清净。"（唐）孙思邈撰，李景荣等校释：《备急千金要方校释》，人民卫生出版社1998年版，第27页。元稹也说："未生胎教，既生保教。"《元稹集》卷二九《论教本书》，第343页。

禹（虽然他也许不过是一条虫）下。"① 从中可见考察古代童蒙教育的重要意义。而要考察唐代童蒙教育，就必先探讨唐代童蒙教育的内容，要探讨唐代童蒙教育的内容，就应该从童蒙教育教材入手。

童蒙教育教材，一般称"蒙书"或"小儿书"。汉代启蒙教育以识字为主，主要教材为"字书"，也有把蒙书称作"字书"的。唐代李瀚（或作翰）《蒙求》极为盛行，故也有称蒙书为"蒙求"的。因此类教材主要为童蒙教育用书，所以多把童蒙教材省称作"蒙书"。

唐代蒙书是唐代文化的重要组成部分。周谷城先生1985年在为岳麓书社出版的《传统蒙学丛书》所作序言中指出：

> 研究唐五代文化，除了《北堂书钞》《监本九经》，还不妨研究今存《兔园册》残篇；研究宋代文化，除了《困学纪闻》《剑南诗稿》，也不妨研究研究《三字经》和《百家姓》。虽然《兔园册》不必为虞世南所编，《三字经》不必为王应麟所撰，而且《三字经》也不一定只为村夫牧子诵读，但当时普通人所受的教育，以及他们通过教育而形成的自然观、神道观、伦理观、道德观、价值观、历史观，在这类书中，确实要比在专属文人学士的书中，有着更加充分而鲜明的反映。②

以下试对唐代蒙书进行探察。鉴于学术界已有一大批扎实厚重的研究论著，③ 所以笔者仅选取较有代表性而又尚存争议的三部蒙书进行探讨，期望能在厘清聚讼基础上对已有研究成果有所裨补并从中窥探唐代童蒙教育面貌。

---

① 鲁迅：《我们是怎样教育儿童的?》，《鲁迅全集》卷五，人民文学出版社1973年版，第301页。
② 喻岳衡：《传统蒙学丛书 龙文鞭影》，岳麓书社1986年版，第2页。
③ 唐代蒙书在中原地区和敦煌地区大体一致，现有研究成果有：张志公：《传统语文教育初探》，上海教育出版社1962年版；徐梓：《蒙学读物的历史透视》，湖北教育出版社1996年版；池小芳：《中国古代小学教育研究》，上海教育出版社1998年版；郑阿财、朱凤玉：《敦煌蒙书研究》，甘肃教育出版社2002年版；熊承涤：《谈谈中国古代的儿童教材》，《课程·教材·教法》1984年第1期；高明士：《唐代敦煌的教育》，《汉学研究》1986年第4卷第2期；姚崇新：《唐代西州的私学与教材——唐代西州的教育之二》，《西域研究》2005年第1期。

一 《蒙求》

今天所见古代儿童启蒙教材，以《千字文》和《三字经》最为人们所熟知。其实《蒙求》一书，从知识含量之丰富、流播领域之广泛、历史影响之深远而言，都超过了《千字文》和《三字经》。但长期以来，该书作者和作年问题却多有分歧，至今仍存误解。笔者在核检史料基础上，尝试对上述问题再做厘定，并进一步探讨它与童蒙教育的关系。

（一）材料叙说

关于《蒙求》，《直斋书录解题》《郡斋读书志》《崇文总目》《宋史·艺文志》都有简单著录，《四库全书总目》叙录稍详。清末杨守敬在日本发现《蒙求》古钞本，其中保存了较完整的李良《荐〈蒙求〉表》和李华《〈蒙求〉序》，为敦煌藏经洞发现之前中国本土文献各本所未见。杨守敬据此否定了《四库全书总目》结论。20世纪初敦煌藏经洞发现了三件《蒙求》残卷，分别为1908年伯希和携往法国之P.2710、P.4877以及甘肃敦煌研究院所藏之敦研95号，成为解决《蒙求》相关问题的转捩点。三件残卷所存虽不及《蒙求》全书十分之一，但李良《表》和李华《序》得以完整保存下来，为解决《蒙求》作者及作年问题提供了重要依据。

在近人研究中，余嘉锡《四库提要辨证》提出《蒙求》作者当为唐代宗朝翰林学士李翰，并对日本古钞本所载李良《表》和李华《序》中明显抵牾之处提出了三点质疑，但未能给出确切解释。邰惠莉《敦煌本李翰〈蒙求〉初探》和郑阿财、朱凤玉《敦煌蒙书研究》均据P.2710和敦研95号残卷肯定了余嘉锡的结论，但对余氏的质疑仍未做出解答。之后傅璇琮《寻根索源：〈蒙求〉流传与作者新考》一文对推进这一问题提供了新思路。他在仔细对比日本古钞本和敦煌文献所载李良上《表》时间差异和李华、李翰生平行实基础上，否定了余嘉锡关于《蒙求》作者的看法，并力图对余嘉锡的质疑给出合理解释。但文中对敦煌文献的考察尚有微瑕，且对关系《蒙求》作年的李华任司封员外郎事未作进一步考索，问题解决仍有待继续推进。唐雯《〈蒙求〉作者新考》一文后出转精，对李良《表》和李华《序》的核校颇为详审，但她提出李良《表》和李华《序》为同一年所作的看法及对《蒙求》作者的考察仍有未洽之处。以上论著从不同角度对《蒙求》一书相关问题解决做出了贡献，是笔者论述得以推进的前提。

　　李良《表》和李华《序》是解决《蒙求》作者和作年问题的关键。为论述方便起见，现以《法藏敦煌西域文献》所刊 P. 2710 写卷为底本，①参校《甘肃藏敦煌文献》所刊敦研 95 号写卷，②将《表》和《序》移录如下。③原卷缺漏部分在【】内据杨守敬发现的日本古钞本补入，④异文不改原文，在〖〗内小字随文标注，以存各本原貌：

　　【臣良言：臣闻建官择贤，其来有素；抗表荐士，义或可称。爰自宗周，逮兹炎汉，竞⑤征茂异，咸重儒术〖敦研95号本作"述"〗。窃见臣境内寄住客，前信州司〖日本古钞本"司"字下有小注曰：各本下有马字，非。"参"字前有"仓"字，作"司仓参军"〗参军李瀚〖敦研95号本作"翰"〗，学艺淹通，理识精究。撰古人状迹，编成音韵，属对类事，无非典实，名曰《蒙求》，约三千言。注下转相敷演，向万余事。瀚〖敦研95号本作"翰"〗家儿童三数岁者，皆善讽读。谈古策事，无减鸿儒。不素〖敦研95号本作"素不"〗谙知，谓疑神遇。司封员外郎〖敦研95号本无"郎"字〗李华，当代文〖敦研95号本"文"字阙〗宗，名望夙著，与作序云："不出卷而知天下〖日本古钞本于'天下'下小字注曰：各本有'岂'字，与后李华序不相应〗，其《蒙求》哉！"汉朝王子泉〖敦研95号本作"渊"〗制《洞箫赋》，汉帝美其文，令宫人诵习。近代周兴嗣撰《千字文》，亦颁行天下，岂若《蒙求》哉！错综经史，随便】训释，童子则故〖敦研95号本与日本古钞本均作"固"〗多弘益，老成亦颇览〖敦研95号本作"学"〗起予。【臣属忝】宗枝，职备蕃〖敦研95号本与日本古钞本均作"藩"〗翰〖日本古钞本作"捍"〗，每广

---

① 上海古籍出版社、法国国家图书馆编：《法藏敦煌西域文献》第 17 册，上海古籍出版社 2001 年版，第 322—323 页。
② 段文杰：《甘肃藏敦煌文献》，甘肃人民出版社 1999 年版，第 100 页。
③ 李良《表》和李华《序》，唐雯：《〈蒙求〉作者新考》（《中国典籍与文化》2008 年第 3 期）一文已有校勘，但鉴于唐文中仍有缺漏之处，如李良《表》的作年，日本古钞本所载"天宝五年八月一日"未能录出。为下文论述方便起见，本书重做校录，特此说明。
④ （清）杨守敬撰，张雷校点：《日本访书志》，辽宁教育出版社 2003 年版，第 180 页。
⑤ 《续修四库全书·史部·目录类》所收该表原文，此字为"競"，当是"竞"的繁体字。见《续修四库全书》，第 565 页。张雷标点本此字沿用繁体字。唐雯《〈蒙求〉作者新考》此处作"兢"，误。

第五章 唐代童蒙教育与儿童诗 | 231

听远视〖敦研95号本作"远视广听"〗，采异访奇，未尝〖敦研95号本作"曾"〗遗一才，蔽片善，有可甄录，不敢不具状闻奏〖敦研95号本作"奏闻"〗。陛下察臣丹诚，广达〖敦研95号本作"远"〗聪〖敦研95号本作"听"〗之义；念〖日本古钞本作"令"〗瀚〖敦研95号本作"翰"〗志学，开奖善之门。伏愿依资〖日本古钞本无"依资"二字〗量授一职，微【示】劝诫，以将□□〖敦研95号本与日本古钞本均无此四字〗。臣良诚惶诚恐，顿首顿首。谨言。

月日〖日本古钞本作"天宝五年八月一日"〗饶州【刺史】李良上表。良〖日本古钞本无"良"字〗令国子司业陆善经为表，表未行，而良受替〖日本古钞本作"晋"〗，事因寝矣〖日本古钞本无"矣"字；敦研95号本无该段〗。

《蒙求序》赵郡李华撰〖日本古钞本无"赵郡李华撰"五字〗

安平李瀚著《蒙求》一篇，列古人言行善〖日本古钞本作"美"〗恶，参之声律，以授童幼〖日本古钞本作"幼童"〗，随而绎〖日本古钞本作"释"〗之，比其终篇〖日本古钞本作"终始"〗，则经史百家之要奥〖日本古钞本无"奥"字〗，十得其四五矣。推而引之，源而流之，易于讽习，形于章句，不出卷而知天下，其《蒙求》哉！〖日本古钞本小注曰：以上卷子本无，以刻本补；从《蒙求序》至"其《蒙求》哉"敦研95号本无〗《周易》〖敦研95号本此处有"曰"字〗有"童蒙求我"之义。李公〖日本古钞本"公"后有"子"字；敦研95号本作"李子"〗【以其文】碎，不敢传于〖日本古钞本和敦研95号本均作"轻传"〗达识〖日本古钞本此处有"者"字〗，①所务训【蒙而已。因以】〖敦研95号本作"故以"；日本古钞本作"固以"〗《蒙求》为【题】〖敦研95号本作"名题"；日本古钞本作"为名，题其首"〗。其〖日本古钞本无"其"字〗每行〖日本古钞本和敦研95号本此处均有"注"字〗两句，人名【考证〖日本古钞本和敦研95号本此处均无"考证"二字〗外，设其〖日本古钞本和敦研95号本此处均无"设其"二字〗传中有〖敦研95号本无"有"字〗别】事可记者〖日本古钞本无"者"字〗，亦比附序〖日本古钞本和敦研95号本此处均作"亦此附之"〗，虽不配上文【不符〖日本古钞本和敦研95号本均无"不符"二字〗，录之亦可以资广】博〖日本古钞本和敦研95号本均作"所资广博"〗。从《切韵》"东"字起韵〖日本古钞本和敦研95号本均无"韵"字〗，每韵四字。

---

① 张雷校点本此处断句为："不敢轻传，达识者所务训蒙而已"。误。见《日本访书志》，第180页。

《蒙求》一篇〖日本古钞本和敦研95号本均无此句〗，安平李翰制并序〖日本古钞本无此句；敦研95号本作"安平李瀚撰并注"〗。

（二）《蒙求》作者新考

关于《蒙求》作者问题，争论焦点有二：一为作者是"李瀚"还是"李翰"；二为作者是唐代人还是后晋人。

在古代文献著录中，认为《蒙求》作者是"李翰"的有：宋陈振孙《直斋书录解题》："《蒙求》三卷，唐李翰撰。"①《宋史·艺文志》："李翰《蒙求》三卷。"②清范邦甸《天一阁书目》："《蒙求》三本三卷，万历改元刊本。唐李翰撰，宋徐子光注，明句吴顾起伦辑并序。"③

认为作者是"李瀚"的有：宋晁公武《郡斋读书志》："《蒙求》三卷，右唐李瀚撰。"④宋王尧臣《崇文总目》："《蒙求》三卷。"⑤未著撰者。《崇文总目辑释》补曰："《蒙求》三卷，李瀚。"⑥清丁仁《八千卷楼书目》："《蒙求集注》二卷，晋李瀚撰，宋徐子光注。"⑦《全唐诗》卷八八一《蒙求》作者李瀚小传："唐末五代人。"⑧《四库全书总目》卷一三五《蒙求集注》："晋李瀚撰，瀚始末未详。"又引《五代史·桑维翰传》认为此李瀚为五代晋高祖时翰林学士。⑨

针对以上《蒙求》作者著录各异的情形，清人周中孚在《郑堂读书记》中做了辨正。他说："《崇文总目》称'李瀚撰'，晁氏、郑氏称'唐李瀚撰'，俱误加水旁。陈氏称'唐李瀚撰'，⑩《宋志》称'李翰撰'，

---

① （宋）陈振孙撰，徐小蛮、顾美华点校：《直斋书录解题》卷一四，上海古籍出版社1987年版，第424页。
② （元）脱脱：《宋史》卷二〇二，中华书局2004年版，第5079页。
③ （清）范邦甸：《天一阁书目》卷三，清嘉庆文选楼刻本，第163页。
④ （宋）晁公武撰，孙猛校证：《郡斋读书志校证》卷一四，上海古籍出版社1990年版，第672页。
⑤ （宋）王尧臣：《崇文总目》卷六，影印文渊阁四库全书，第674册，台湾商务印书馆1986年版，第74页。
⑥ （宋）王尧臣撰，（清）钱东垣辑释：《崇文总目辑释》卷三，清汉筠斋丛书本，第100页。
⑦ （清）丁仁：《八千卷楼书目》卷一八，民国本，第338页。
⑧ 《全唐诗》卷八八一，第9960页。
⑨ 《四库全书总目》卷一三五，第1775页。
⑩ 《直斋书录解题》所载《蒙求》作者为"李翰"，而非"李瀚"，周氏所言不确。

《崇文目》及《宋志》虽不言何代,而《崇文目》列于王殷范、白廷翰之前,《新唐志·杂家》载王殷范《续蒙求》三卷,白廷翰《唐蒙求》三卷,《宋志》列于邱延翰、刘绮庄、李商隐之前,则亦知非唐后人作也。"① 周中孚认为《蒙求》作者当为李翰而非李瀚,为唐人而非后晋人的看法颇有见地。然因《四库全书总目》影响巨大,周氏之说并未引起人们重视。《四库全书总目》认为《蒙求》作者为后晋人李瀚的看法仍在蔓延。

清光绪六年(1880),杨守敬在日本发现了古钞本《蒙求》,其中保存了较完整的李良《表》和李华《序》。该本的发现,使《蒙求》作者问题再度引起热议。余嘉锡在《四库提要辨证》中利用《日本访书志》中所录资料进行辨析,认为《蒙求》作者为唐代宗朝翰林学士李翰。余氏此说为大多数学者所认同。但傅璇琮通过对代宗朝翰林学士李翰生平行实考索否定了余氏结论。② 唐雯在傅先生考证基础上又提出《蒙求》作者并非知名人士,而为普通人李瀚(或作翰)的看法。③《蒙求》作者问题又陷入扑朔迷离之中。

为辨明问题,澄清分歧,笔者将有文献记载的名为李翰或李瀚的五位唐五代人一一考述如下。敦煌残卷为《蒙求》一书最早传本,可信度最高,因此将其中所载作者信息作为参照,与他几位李瀚或李翰进行比较,以期辨明真正作者及其身份。

1. 李瀚(或作翰)。据以上录文可见,法藏敦煌文献 P. 2710 和日本古钞本均在一卷之内记载不一,或为"李瀚",或为"李翰"。敦研95号则通篇为"李翰"。④ 但敦煌文献和日本古钞本对此人郡望和官职的记载却是统一的:其郡望为安平李氏,曾任信州司仓参军。安平,唐属深州。隋李德林及其子李百药即为安平人,《隋书》及两《唐书》均有记载。唐

---

① (清)周中孚:《郑堂读书记》卷六〇,上海书店出版社2009年版,第989页。
② 傅璇琮:《唐代宗朝翰林学士考论》,见氏著《唐宋文史论丛及其他》,大象出版社2004年版,第165页。
③ 唐雯:《〈蒙求〉作者新考》,《中国典籍与文化》2008年第3期。
④ 傅璇琮先生认为《蒙求》作者当为李瀚,因敦煌本、日本诸本、两宋时目录及其他史志目录记载都作"瀚"。然仔细考察,不仅敦煌文献记载"瀚""翰"相混杂,而且宋代及后代的各种文献著录也并不一致。傅先生此论或为文献审查中的疏忽所致。见《寻根索源:〈蒙求〉流传与作者新考》,《寻根》2004年第6期。

雯在《〈蒙求〉作者新考》中曾说不能肯定《蒙求》作者是否即李德林及李百药之后。① 恰巧笔者找到一条资料,可证李德林宗人中确有名"李瀚"者。《明一统志》"安平县县学"条载:"乡贤堂在安平县学内,元大德中县尹马惟良建。内绘李燮、李覃、李幾、李敬族、李德林、李百药、李安期、李瀚、李文博、崔驷、崔瑗、崔实、崔州平、崔鉴、崔玄暐、崔孝芬、崔棁像。"② 李瀚画像能与李德林父子同列于安平县学之乡贤堂中,则其必与李氏父子同宗,郡望为安平李氏当无问题。且其画像位置处于唐人李百药、李安期之后,则此李瀚也应为唐人。而唐代其他两位名为李翰和李瀚的人,郡望均非安平(详见下文)。因此这位与李德林父子同宗的李瀚当与敦煌文献所载《蒙求》作者为同一个人。

2. 李翰:《旧唐书·萧颖士传附李翰传》和《新唐书·李华传附翰传》中均有载,但记载均较为简略。梁肃《补阙李君前集序》和《送李补阙归少室山养疾序》也叙其事迹。傅璇琮《唐代宗朝翰林学士考论》对李翰生平行实考论颇详,足资采纳。据傅先生考证:此李翰为赵郡赞皇人,与同时或稍前的李华同宗。李翰登进士第在天宝中后期,解褐卫县尉。安史之乱初期,李翰与友人张巡客宋州。张巡坚守睢阳不屈殉节事迹皆赖李翰《进张巡中丞传表》才得以流传,李翰因此也为人所知,在肃宗朝后期获得文名。大历五年前后,李翰在淮南节度使幕府任书记,并为杜佑《通典》作序。大历八年之前为左补阙,大历中期充任翰林学士。大历后期出翰林院,退居河南阳翟,不久去世。③ 傅先生对此李翰生平考索甚为详尽,为本书辨析提供了极大方便。首先,此李翰郡望为赵郡赞皇李氏,与敦煌文献所载《蒙求》作者郡望不符;其次,观此李翰一生行实,其并未担任过信州司仓参军,与敦煌文献所载《蒙求》作者任官情况不符。据此两点可以断定,唐代宗朝翰林学士李翰并非《蒙求》作者。

3. 李瀚:常衮有《授李瀚宗正少卿制》一文,文曰:"敕:银青光禄大夫、前亳州刺史、本州团练守捉使、上邽县开国男李瀚,识精于理,才

---

① 唐雯:《〈蒙求〉作者新考》,《中国典籍与文化》2008年第3期。
② (明)李贤:《明一统志》卷三,影印文渊阁四库全书,第472册,台湾商务印书馆1986年版,第80页。
③ 傅璇琮:《唐代宗朝翰林学士考论》,见《唐宋文史论丛及其他》,第165页。

辨于政，祗服礼训，甄详事经。振麟趾之芳，更隼旟之命。驯致其道，达于家邦。慈惠之化，洽于黎老。以亲九族，乃立贰卿。宜叙周文之昭，用毗刘德之任。可行宗正少卿，散官封如故。"① 据傅璇琮先生考证，常衮此篇制文作于大历年间。② 则此李瀚当在代宗大历时任宗正少卿，之前曾任银青光禄大夫、亳州刺史、团练守捉使等职。又《唐故承务郎试左武卫兵曹参军摄无极县令天水赵公墓志铭并序》载："公讳全泰字全泰……殁世之年，五十有四，时则大和四年十二月廿九日。夫人陇西李氏，宗正卿、亳州刺史瀚之孙。"③ 则此李瀚为宗正少卿后又曾升任宗正卿。《旧唐书·德宗本纪》载："丙申，贬宗正卿李翰为雅王傅……戊子，以雅王傅李翰为金吾卫大将军。"④ 可知，李翰（当为"瀚"）任宗正卿后又被贬为雅王傅，后又任金吾卫大将军。又《旧唐书·张建封传》载："又金吾大将军李翰好伺察城中细事，加诸闻奏，冀求恩宠，人畏而恶之。"⑤ 可知此李翰（当为"瀚"）品行不为时人所称。据现有史料，仅能考索出此李瀚上述事迹。虽不能见其一生完整经历，从其历任官职中也不见信州司仓参军一职，但有一条资料足以证明其并非《蒙求》作者。上揭李瀚孙婿赵全泰志文中提到其夫人为李瀚之孙女时说"夫人陇西李氏"，这就说明此李瀚郡望为陇西李氏，而非《蒙求》作者安平李氏。可见此李瀚亦非《蒙求》作者。

4. 李瀚：《唐才子传》卷九"温宪"条载："宪，庭筠之子也。龙纪元年李瀚榜进士及第，去为山南节度府从事。"⑥ 同卷"吴融"条载："融字子华，山阴人。……龙纪元年，李瀚榜及进士第。"⑦ 据《登科记考》知，李瀚为唐昭宗龙纪元年（889）状元，是年礼部侍郎赵崇知贡举，同榜进士有温宪、吴融等。⑧ 可知该李瀚为晚唐时人，于龙纪元年进士及第，

---

① 《全唐文》卷四一二，第 4221 页。
② 傅璇琮：《寻根索源：〈蒙求〉流传与作者新考》，《寻根》2004 年第 6 期。
③ 《全唐文》卷一〇〇〇，第 1116 页。
④ 《旧唐书》卷一三，第 372—374 页。
⑤ 《旧唐书》卷一四〇，第 3831 页。
⑥ 《唐才子传校笺》卷九，第 206 页。
⑦ 同上书，第 221 页。
⑧ （清）徐松撰，孟二冬补正：《登科记考补正》卷二四，北京燕山出版社 2003 年版，第 1001 页。

而至《〈蒙求〉序》所作之广德二年（764）时（详见下文），《蒙求》作者已任过信州司仓参军一职。如《蒙求》作者广德二年前曾任信州司仓参军，又怎么能在一百多年后的龙纪元年举进士？因此可以推断，此李瀚生活年代远比《蒙求》作者晚，此人也非《蒙求》作者。

5. 李瀚：此"李瀚"应为"李澣"之误。李澣，字日新，京兆万年人，为五代人李涛之弟。后唐长兴初曾代杨凝式为吴越王钱镠撰神道碑，文采遒丽，时辈称之。后起为校书郎、集贤校理。晋天福中拜右拾遗，俄召为翰林学士，翰林院废，出为吏部员外郎，迁礼部郎中、知制诰。复置翰林，迁中书舍人，再为学士。曾出使契丹，有文集《丁年集》。① 又《翰苑群书》卷八苏易简《续翰林志》载："李澣以词藻特丽，俊秀不群，长兴中于太傅和鲁公下进士擢第。未数载与座主同列内署，和大拜之制，澣实草之。"② 自五代开始，便频频出现将"李澣"误作"李瀚"的记载。如《新五代史·桑维翰传》载："初，李瀚为翰林学士，好饮而多酒过，高祖以为浮薄。"③《宋史·艺文志》载："李瀚《丁年集》十卷。"④ 宋代释文莹《玉壶清话》载："李瀚及第于和凝相榜下，后与座主同任学士。"⑤《登科记考》考李瀚后唐长兴四年（933）于和凝榜下及第。⑥ 从后晋任翰林学士、文集名称、及第事迹看，上述记载中"李瀚"均为"李澣"之误。郑樵《通志二十略·艺文略》也认为"李澣"为《蒙求》作者："《蒙求》，三卷。唐李澣撰。又，二十卷。同"⑦ 然而将此人生平与敦煌文献所载《蒙求》作者信息相比较可知：首先，《蒙求》一书作于唐代（详见下文），其作者应为唐人，并非五代人。其次，《蒙求》作者已于广德二年前任信州司仓参军，不可能再于后唐长兴四年举进士。更何况广德二年与后唐长兴四年之间的时间跨度约一百七十年，绝无可能为同一个人之行实。此李瀚（澣）非《蒙求》作者殆无可疑。

---

① 《宋史·李涛传附弟澣传》，《宋史》卷二六二，第9062页。
② 《登科记考补正》卷二五，第1101页。
③ （宋）欧阳修、徐无党：《新五代史》卷二九，中华书局1974年版，第320页。
④ 《宋史》卷二〇八，第5349页。
⑤ （宋）释文莹：《玉壶清话》卷二，中华书局1984年版，第19页。
⑥ 《登科记考补正》卷二五，第1101页。
⑦ （宋）郑樵撰，王树民点校：《通志二十略》，中华书局1995年版，第1655页。

综上所述，有文献记载的五位名为李翰或李瀚的唐五代人中，有充分证据证明后四位并非《蒙求》一书作者。笔者以为，《蒙求》作者，当以可信度最高、传本最早的敦煌文献记载为准。而在敦煌本中之所以有"翰"和"瀚"混杂的状况，原因约有两点：首先，唐五代名为"李瀚"或"李翰"者较多，且或为状元及第，或为显宦名士，这些人往往为时人所熟知，极易与《蒙求》作者混淆。以致在当时，抄写者就已经不能确定究竟"翰"和"瀚"何者为是了。其次，"翰"和"瀚"二字互通混用。"翰"和"瀚"历代以来均互通混用，《直斋书录解题》引清人卢文弨校本，谓"翰"作"瀚"即为明证。而且，在唐代"翰海"又作"瀚海"的例子也极多。① 所以在别无新材料可资佐证的情况下，《蒙求》作者仍需以敦煌文献所载之安平李瀚（或作翰）为准，与李德林、李百药父子同宗，曾任信州司仓参军。

（三）《蒙求》作年新考

《蒙求》写作时间也有争论。分歧之一是作于唐代还是作于五代后晋。自杨守敬发现日本古钞本《蒙求》以及敦煌藏经洞《蒙求》残卷出土以后，基本可以确定其作于唐代，但论证仍有进一步完善空间。分歧之二是此书作于唐代哪个时期。有学者认为作于中晚唐时期，② 但据现有史料，似可再做讨论。

认为此书作于唐代的所依证据不一。综合各家观点及现存文献，可将证据补充完善为如下五点。

其一，从目录著录看，《新唐书·艺文志》中已有《蒙求》续书王范《续蒙求》三卷和白廷翰《唐蒙求》三卷。③ 王范、白廷翰生平事迹不详。傅璇琮先生推断此二人当为晚唐时人。④ 无论是否为确论，此二书前者曰"续"，说明作于《蒙求》之后，后者加"唐"字，说明为了与已有《蒙求》相区别。这都可说明此二书作于《蒙求》之后。后代目录

---

① 如《旧唐书·郭虔瓘传》："云麾将军、检校右骁卫将军，兼北庭都护、瀚海军经略使。"《旧唐书》卷一〇三，第3187页。《旧唐书·地理志》："北庭节度使，防止制突骑施，坚昆、轩啜，管瀚海、天山、伊吾三军。"《旧唐书》卷三八，第1385页。
② 傅璇琮：《寻根索源：〈蒙求〉流传与作者新考》，《寻根》2004年第6期。
③ 《新唐书》卷五九，第1537页。
④ 傅璇琮：《寻根索源：〈蒙求〉流传与作者新考》，《寻根》2004年第6期。

著作，如《直斋书录解题》《天一阁书目》等，也多以为《蒙求》是唐人所作。

其二，从内容看，《蒙求》所载内容均为唐前之事，无一唐人唐事。台湾学者郑阿财、朱凤玉曾详细考证《蒙求》注文引书，也无一例引及唐代典籍。①

其三，从载籍引述看，唐代李匡义《资暇集》就已引用了《蒙求》内容，且云李翰为李匡义宗人。②

其四，从避讳字看，敦研95号写卷中，"王子渊"作"王子渕"，"宁成乳虎"中"虎"字作"虝"。③日本古钞本中"王子渊"作"王子泉"。④按古代避讳之法，有做某、标讳、省阙、代字、改称、缺笔、变体、更读、曲说、填讳等。⑤以"渕"和"泉"代"渊"，当为避高祖李渊之讳而改。"虎"作"虝"，当为避高祖之父景皇帝李虎之讳而改。敦研95号《蒙求》注文中，"世"字缺笔作"卋"。⑥避讳中缺笔之法，始自唐初。⑦"世"字缺笔当为唐人抄写时避太宗李世民之讳。⑧上述避讳说明《蒙求》是唐代钞本，在唐代已经成书。

其五，从流传情况看，日本《三代实录》"元庆二年（878）八月二十五日"条下提及贞保亲王读《蒙求》的情形："八月二十五日，第四皇子于披香舍从吏部橘侍郎广相受《蒙求》，便引文人命宴赋诗。并序。"⑨可知在公元878年，即唐僖宗乾符五年以前，《蒙求》一书已经流传到日本，并成为日本皇室汉学读物。晚唐诗人杜荀鹤《赠李镡》云："地炉不

---

① 《敦煌蒙书研究》，第248页。
② （唐）李匡义：《资暇集》，见（清）曹溶辑，陶樾增订《学海类编》第8册，广陵书社2007年版，第4475页。
③ 《甘肃藏敦煌文献》，第100页。
④ 《日本访书志》卷一一，第178页。
⑤ 王彦坤：《历代避讳字汇典》，中州古籍出版社1997年版，第3—4页。
⑥ 《甘肃藏敦煌文献》，第102—103页。
⑦ 《历代避讳字汇典》，第4页。
⑧ 尽管唐太宗贞观元年曾经明令："依礼，二名不偏讳。近代以来，两字兼避，废阙已多，率意而行，有违经典。其官号、人名、公私文籍，有'世民'两字不连续者，并不须讳。"（《旧唐书》卷二，第29页）但唐修《晋书》《隋书》《南史》《北史》等均将"世""民"各作单字避讳。
⑨ 王勇：《中日汉籍交流史论》，杭州大学出版社1992年版，第74页。

暖柴枝湿，犹把《蒙求》授小儿。"① 亦可证《蒙求》在晚唐时期为流传于民间的课蒙之书。当今可见三件敦煌写卷《蒙求》抄写年代，依据钞本形制判断也是在9—10世纪。② 综合上述流播情况看，《蒙求》作于唐代殆无可疑。

从上述五点来看，《蒙求》成书于唐代当无问题。然而具体成书于唐代哪一时期，仍有争议。而争议又都与李良《荐〈蒙求〉表》和李华《〈蒙求〉序》有关。杨守敬《日本访书志》收录古钞本中所载李良《表》的时间为"天宝五年八月一日"，余嘉锡在《四库提要辨证》中对此提出三点质疑：

> 独是李良之表，有甚可疑者……天宝元年改州为郡，刺史为太守……若谓为江南西道之饶州，则天宝元年已改为鄱阳郡，表上于五载，不当有饶州刺史，其可疑一也。唐玄宗天宝三年改年为载，此表仍署天宝五年，不用当时制度，其可疑二也。……天宝五载，华尚未登朝，而李良表中有司封员外郎李华当代文宗之语，与新、旧史皆不合，其可疑三也。③

对李良《表》中内容的互相轩轾，余嘉锡认为是传钞者各以其意妄为删改的结果。对此傅璇琮提出了不同意见。他注意到P.2710写卷仅署"月日，饶州刺史李良上表"，而无"天宝五年八月一日"，所以认为《表》与《序》应作于李华任司封员外郎的肃宗上元年间（760—761）。他又从李华生平行实出发，认为天宝五载之前，李华不可能升任《表》中所言司封员外郎一职。④ 傅先生以李华任司封员外郎时间来推断《序》的撰写时间无疑为问题解决提供了新路径。之后，唐雯沿着这一方向做了进一步探讨，但仍有未尽之处。以下笔者也尝试从考察李华任司封员外郎的时间入手，对《序》及《表》的写作时间做进一步考察。

---

① 《全唐诗》卷六九二，第7950页。
② 《敦煌蒙书研究》，第245页。
③ 余嘉锡：《四库提要辨证》卷一六，中华书局1980年版，第963—964页。
④ 傅璇琮：《寻根索源：〈蒙求〉流传与作者新考》，《寻根》2004年第6期。

首先，李华任司封员外郎当为广德二年。该年正月他在鄂州，四月在江州，后经饶州于五六月间至信州之上饶。其间极可能与为饶州"境内寄住客"的《蒙求》作者见面并为之作序。

李华官司封员外郎为安史之乱结束、其贬官江南后之事。两《唐书》对此记载不一。《旧唐书·李华传》云："禄山陷京师，玄宗出幸，华扈从不及，陷贼，伪署为凤阁舍人。收城后，三司类例减等，从轻贬官，遂废于家，卒。"① 仅以"遂废于家"一语概之，未述其复出任官之事。《新唐书·李华传》载："上元中，以左补阙、司封员外郎召之。华喟然曰：'乌有隳节危亲，欲荷天子宠乎？'称疾不拜。"②《新唐书》记载较详，内容本于李华好友独孤及《检校尚书吏部员外郎赵郡李公中集序》一文。然而二者相较，不仅有详略之异，且行实颇有出入。《检校尚书吏部员外郎赵郡李公中集序》不言未拜官，但言"移疾请告"。③《新唐书·李华传》则径言"称疾不拜"。在是否就任"司封员外郎"一事上，三处记载都不一致。所幸李华诗文中存有可资详正的内容。台湾学者杨承祖结合李华诗文对此事考证颇详，结论可信，足资采纳。据杨氏考证，李华于宝应元年（762）官左补阙，宝应二年（763）仍为左补阙，嗣加司封员外郎，广德二年（764）为司封员外郎。④

任职事既明，其任司封员外郎期间之行迹亦可据其诗文考索清楚。据《故中岳越禅师塔记》："乃沿汉至黄鹤矶，州长候途，四辈瞻绕，请主大云寺。……宝应二年暮春季旬之二日，证灭于禅居。……弟子司封员外郎赵郡李华，泣举双林，敬表仁旨。时广德二年正月六日。"⑤ 黄鹤矶在鄂州江夏（今湖北省武昌市），大云寺亦在鄂州，禅师怛化于"宝应二年暮春季旬之二日"，李华广德二年正月"泣举双林"，应是在鄂州。又据《卧疾舟中相里范二侍御先行赠别序》："大别之阳，有焞龟之父、揲蓍之老，华请占命之厚薄……江亭凭槛，平视汉皋，武昌柳暗，溢城花发。一

---

① 《旧唐书》卷一九〇，第 5048 页。
② 《新唐书》卷二〇三，第 5776 页。
③ 《全唐文》卷三八八，第 3945 页。
④ 杨承祖：《李华江南服官考》，傅璇琮、罗联添：《唐代文学研究论著集成》第八卷（下），三秦出版社 2004 年版，第 377 页。
⑤ （唐）李华：《李遐叔文集》卷三，上海古籍出版社 1993 年版，第 63 页。

荣一枯，有欢有戚，离别之念，又焉得不悲乎？"① "大别之阳""平视汉皋"之"武昌"，亦即鄂州江夏。"柳暗""花发"是春日景色。可见春日李华仍在鄂州。又据《卢郎中斋居记》："尚书左司郎中嗣渔阳公卢振，字子厚，奉世德而聿修之，味道风而游泳之。处于九江南郭荒榛之下……（浔）寻阳侨旧，推仁人焉，推智者焉。广德二年四月五日，赵郡李华记。"② 可知，四月李华在江州浔阳。又据《寄赵七侍御》诗序："自余干溪行，经弋阳至上饶，山川幽丽，思与云卿同游，邈不可得，因叙畴年之素，寄怀于篇云。"③ 余干为饶州属县，上饶为信州属县。诗中有"雨濯万木鲜，霞照千山浓。草闲长余绿，花静落幽红"④ 句，当为夏季景致。则李华到上饶时间应为五六月。其间或经过饶州治所鄱阳与身为"境内寄住客"的《蒙求》作者会面并为之作序。也就是说，李华作序的时间大致当在广德二年任司封员外郎时，具体时间或在夏月。

其次，李良天宝五载任饶州刺史事记载亦不确。《嘉泰吴兴志》载："周择从，天宝五年自饶州刺史授，改洪州刺史。"⑤ 据郁贤皓考证，天宝五载饶州刺史确为周择从，⑥ 也就是说天宝五载饶州刺史并非李良。这样一来，日本古钞本所署之"天宝五年八月一日饶州刺史李良上表"记载明显有误，这也使李良广德二年在饶州刺史任上有了可能。

最后，照常理推断，当先有《蒙求》一书，次有李华《序》。而李良在《表》中提到李华《序》，表明李良《表》在最后。三者诞生次序当为：《蒙求》—李华《序》—李良《表》。

有学者认为，李华广德二年与李良及《蒙求》作者见面并为之作序，且李良《表》也应撰于同时。⑦ 李良《表》果真与李华《序》撰于同时吗？笔者通过考察文献发现，答案是否定的。柳宗元《唐故岭南经略副使

---

① 《李遐叔文集》卷一，第17页。关于李华任司封员外郎时之行迹，江州浔阳至上饶，唐雯《〈蒙求〉作者新考》已有论述。但李华至浔阳之前先至鄂州的行迹唐文未能考出，为求论述完整起见，笔者不惮辞费，对李华从江州浔阳至上饶之行迹亦予以叙述。特此说明，以示不敢掠美。
② 《李遐叔文集》卷三，第64页。
③ 《李遐叔文集》卷四，第93页。
④ 同上。
⑤ （宋）谈钥：《嘉泰吴兴志》卷一四，民国吴兴丛书本，第122页。
⑥ 郁贤皓：《唐刺史考全编》，安徽大学出版社2000年版，第2299页。
⑦ 唐雯：《〈蒙求〉作者新考》，《中国典籍与文化》2008年第3期。

御史马君墓志》载:"君凡受署,往来桂林、岭南、江西、荆南道,皆大府。凡命官,更佐军卫录王府事、番禺令、江陵户曹录府事、监察御史,皆为显官。凡佐治,由巡官、判官至押番舶使、经略副使,皆所谓右职。凡所严事,御史中丞良、司徒佑、嗣曹王皋、尚书胄、尚书伯仪、尚书昌,皆贤有劳诸侯。"① 其中提到了"御史中丞良",此人颇值得注意。清人陈景云《柳集点勘》云:"良姓李氏,出宗室越王房之裔,为桂府都督。"② 此李良为宗室出身,恰巧与李良《表》中所言"臣属忝宗枝"之语相合。又据戴伟华考证,李良任桂府都督在大历元年(766)至大历二年(767),③ 而这又与李良《表》中所言之"《表》未行而良受替,事因寝"相合。具体说来,亦即广德二年李良在饶州刺史任上,至大历元年改任桂府都督。此时《表》已经做成,未及进上,即所谓的"《表》未行而良受替,事因寝"。

综上所述,《蒙求》一书、《序》及《表》撰写原委即为:李瀚(或作翰)写成《蒙求》一书后,在广德二年于饶州刺史李良处见到李华,请李华为之作《序》。此后,李良又为之作《表》,准备荐于朝廷。但《表》尚未奏上,大历元年李良受替改官,到桂州任都督,此事遂作罢。照此推断,则李良《表》应作于广德二年至大历元年之间。从表未上而李良受替看,此《表》极可能是在永泰二年(766)或大历元年始克完篇,④未来得及进上即因作者改官作罢。若是广德二年或永泰元年《表》已作成,在改官之前就应该已经进上了。

结合以上对李华《序》和李良《表》作年的分析及《蒙求》一书——李华《序》——李良《表》的次序可知,《蒙求》一书在广德二年李华作《序》之前已经完成。又由李良在《表》中所说的"念瀚志学"可知,李瀚(或作翰)在李良作《表》时尚属志学之年,虽其具体年龄不可考,但应该是四十岁以下之年轻人。其作《蒙求》的时间应正处于玄宗、肃宗两朝,最晚至代宗广德二年李华为之作《序》之前。综合上述两重因素推算,《蒙求》一书当作于盛唐时期,广德二年之前,而非傅先生所说的中

---

① 《柳宗元集》卷一〇,第257—258页。
② 同上书,第259页。
③ 戴伟华:《唐方镇文职僚佐考》,广西师范大学出版社2007年版,第414页。
④ 永泰二年(766)改元大历,大历元年亦为766年。

晚唐。①

李华《序》和李良《表》写作时间既已明了，再看余嘉锡所提三点质疑：第一，称"太守"为"刺史"；第二，称"载"为"年"；第三，李华任司封员外郎事，此事上文辨析甚明，不再赘述。前两点可以一并解决。据《旧唐书·玄宗本纪》，天宝元年（742）二月丙申，"天下诸州改为郡，刺史改太守"，②又"（天宝）三载（744）正月丙辰朔，改年为载"。③但到肃宗至德年间又都恢复了旧称，"郡"改称"州"，"太守"改称"刺史"，"载"改称"年"。《旧唐书·职官志》载："（至德二载十二月）罢郡为州，复以太守为刺史。"④《旧唐书·肃宗本纪》载："丁未，御明凤门，大赦天下。改至德三载为乾元元年。"⑤也就是说，玄宗天宝元年和三载所做两个改变到肃宗至德二载和三载又都恢复了原称。而李华《序》和李良《表》作年分别为广德二年、永泰二年，已经恢复旧称，故《表》中所称无误。如此则余氏所提疑点自可涣然冰释。

通过以上考辨，《蒙求》作者和作年相关问题已基本明晰：《蒙求》作者为唐代安平人，与李德林、李百药父子同宗，名为李瀚（或作翰），曾于广德二年前任信州司仓参军。李华《〈蒙求〉序》作于广德二年，李良《荐〈蒙求〉表》作于永泰二年，《蒙求》一书当作于盛唐，最迟也在广德二年之前。

（四）从《蒙求》编纂特点看唐代童蒙教育的科举取向

尽管李华《序》中说《蒙求》编纂主要用于"训蒙"，但其编纂意图似乎并非"训蒙"这一笼统表达所能概括。训蒙教材各不相同，每种蒙书都有其编纂目的和针对性，《蒙求》应该也是如此。

首先，从内容而言，《蒙求》内容是历史人物事迹，即经史典故，所谓的"属对隶事，无非典实"，旨在帮助儿童熟记典故。而这和当时科举考试紧密相关。在唐代科举考试中，明经、进士皆需试策，进士另加杂文、诗赋。诗赋与策要求考生具备经史知识、熟记各类典故，如此才能在

---

① 傅璇琮：《寻根索源：〈蒙求〉流传与作者新考》，《寻根》2004年第6期。
② 《旧唐书》卷九，第214页。
③ 同上书，第217页。
④ 《旧唐书》卷四二，第1790页。
⑤ 《旧唐书》卷一〇，第251页。

考试时信手拈来,增加及第胜算。这些知识需要从幼年学习时就开始积累,《蒙求》在这方面为学习者提供了便利。

其次,从编纂形式看,《蒙求》虽然也和此前流行的蒙书一样为四字韵语,但也有自身特点。第一,依韵排列。李华在《序》中说该书是"从切韵东字起,每韵四字,凡五百九十六句"。可知《蒙求》全篇内容按照《切韵》韵部排列。① 第二,两两对偶。《蒙求》一书每句各为一个典故,相连两句总是以四言对偶的形式出现。如"王戎简要,裴楷清通。孔明卧龙,吕望飞熊"。第三,敷衍训释。据李华《序》和李良《表》,《蒙求》一书在正文之外尚有注释,甚至将相关别事可记者转相敷衍。尽管今本中不见注释,但可以肯定最初确有注文。② 这种编纂方法便于学童理解典故,与《兔园策府》颇为相似。

可见,在唐代,科举考试有何种需要,教育就会强化相应内容。《蒙求》一书以经史典故为内容,以依韵对偶为形式,完全契合科举考试要求。由此可知,唐代童蒙教育具有明确的应试取向。正如王炳照所言:"蒙学教育的一个主要目的,就是为将来士人应科举打好最早的基础,甚至一些蒙学教育,本身的目的就是直接为了科举。"③《蒙求》就是为了科举编纂的蒙书。

二 《太公家教》

《太公家教》是现存唐代德行教育类蒙书。敦煌藏经洞发现该书写本有42件之多,④ 足见其在当时之盛行。此书为一卷本,分三部分:首为序文,计31句,139字;次为正文,共281则,2462字;后为跋文,计13句,60字。⑤ 该书虽然篇幅简短,但自发现以来即受到海内外研究者关注,先后有王国维、王重民、陈寅恪、戴密微(Paul Demiéville)、周凤

---

① 流传下来的本子仅开头几句如李华所说,或许流传过程中原本已被改变,或李华所说不确,尚待进一步考察。
② 清代杨迦怿《李氏蒙求集注·自序》曰:"李氏《蒙求》,旧板罕存,坊间所刻,止取其总目而删去其注,浅学塾师,何从讲肆?盖可憾矣。是有目无注之李氏《蒙求》,尔时坊间尚有售者,迄今又将百年,并此亦不易见矣。"
③ 王炳照:《中国古代私学与近代私立学校研究》,山东教育出版社1997年版,第220页。
④ 郑阿财、朱凤玉对此有详细统计,见《敦煌蒙书研究》,第440页。
⑤ 《敦煌蒙书研究》,第350页。

五、高国藩、周丕显、汪泛舟、郑阿财、朱凤玉等学者发表论著,[①] 均多有创获。以下笔者将在前贤研究基础上,对《太公家教》书名取义、成书年代、传播流衍及其与唐代童蒙教育的关系诸问题进行探讨。

(一) 书名取义

《太公家教》中"太公"命名取义历来讨论甚多,因释义关乎该书作者和性质,有必要再行检讨。

最早解释《太公家教》一书"太公"二字的是宋人王明清。其《玉照新志》云:

> 世传《太公家教》,其言极浅陋鄙俚。然见之唐《李习之文集》,至以《文中子》为一律。观其中犹引周汉以来事,当是有唐村落间老校书为之。太公者,犹曾高祖之类,非渭滨之师臣明矣。[②]

王明清认为"太公"是指曾高祖之类,不是钓鱼渭水之滨始遇文王的姜太公。王国维不同意这一看法,认为"太公"二字未必指曾高祖,而是《太公家教》中用到了姜太公钓鱼渭水典故,后人因以"太公"二字冠其书。他在《唐写本〈太公家教〉跋》中说:

> 卷中有云:"太公未遇,钓鱼水。水上夺'渭'字。相如未达,卖卜于市。□天居山,鲁连海水。孔鸣盘桓,候时而起。"书中所使古人

[①] 王国维:《唐写本〈太公家教跋〉》,《观堂集林》卷二一,第501页;王重民:《敦煌古籍叙录》,中华书局2010年版;王重民:《〈太公家教〉考》,周珏良等编《周叔弢先生六十生日纪念论文集》,1950年,第69页;陈寅恪:《敦煌写本〈太公家教〉书后》,见张求会《陈寅恪佚文〈敦煌本《太公家教》书后〉考释》,《历史研究》2004年第4期;戴密微:《王梵志诗附太公家教》,《高等中国研究所丛书》1982年第26卷;周凤五:《敦煌写本太公家教研究》,明文书局1986年版;高国藩:《敦煌写本〈太公家教〉初探》,《敦煌学辑刊》1984年第1期;周丕显:《敦煌"童蒙"、"家训"写本之考察》,《敦煌学辑刊》1993年第1期;汪泛舟:《〈太公家教〉考》,《敦煌研究》1986年第1期;汪泛舟:《〈太公家教〉考补》,《兰州学刊》1986年第6期;郑阿财、朱凤玉:《敦煌蒙书研究》,甘肃教育出版社2002年版;朱凤玉:《太公家教研究》,《汉学研究》1986年第4卷第2期。以上论著从不同角度对《太公家教》进行了考索,早期的研究多集中于全文的校勘,后期的研究对成书年代、内容来源、与后世通俗读物之关系等问题多有探索。尤其是郑阿财、朱凤玉《敦煌蒙书研究》更是后出转精,考索甚详。上述研究都是本书论述得以展开的重要前提和基础。

[②] (宋)王明清:《玉照新志》卷三,商务印书馆1936年版,第49页。

事止此，或后人因是取"太公"二字冠其书，未必如王仲言曾高祖之说也。①

王国维认为《太公家教》一书中只用了太公、相如、鲁连、孔明四个典故，因此将第一个典故"太公"拈出作为书名。

对王国维这一说法，余嘉锡在《四库提要辨证》中提出了异议：

> 考古人摘字名篇，多取之第一句，否则亦当在首章之中。今王氏所引在其书之后半，未必摘取以名其书，且其前尚有"唐虞虽圣，不能化其明主；微子虽贤，不能谏其暗君；比干虽惠，不能自免其身"云云，亦是用古人事，不独太公数句也。②

细检《太公家教》原文，王国维说法尚不周全。首先，王国维认为《太公家教》只用到"太公未遇"等四典说法不够准确，在"太公未遇"之前尚有晏婴、唐虞、微子、比干四个典故，其后还有孟母三迁一例；其次，在"太公未遇"之前，尚有"晏婴"等四典，依王国维之说，当以"晏婴"二字冠为书名，而非"太公"。余嘉锡所说"古人摘字名篇，多取之第一句，否则亦当在首章"很有见地，也符合古籍命名实际。"太公"之典既非《太公家教》全文首句，也不在全书首段，没有理由以此命名，王国维之说不能成立。

向达《记伦敦所藏的敦煌俗文学》一文提出了另一种解释：

> 《太公家教》是唐末五代流行民间的一部通俗书，开端有"太公曰"的话头，因取为书名。③

然而，向达所说以"太公曰"开头，以"意欲教于童儿"作结的本子至今并无学者见到。周凤五在详细校勘《太公家教》和《武王家教》后认

---

① 《观堂集林》卷二一，第501页。
② 《四库提要辨证》卷一四，第853—854页。
③ 向达：《唐代长安与西域文明》，河北教育出版社2001年版，第242页。

为,"太公曰"不见于《太公家教》,只见于《武王家教》。① 笔者曾仔细翻阅《武王家教》,发现"太公曰"三字也只是在文中出现,并未见于文首。可见向达此说亦不足以解释"太公"作为书名的原因。

其后,王重民又提出了新说法,认为《太公家教》一书是出自《六韬》。他在《〈太公家教〉考》一文中说:

> 王国维不赞成太公是曾高祖之说,他以为《家教》中举了"太公未遇,钓鱼渭水;相如未达,卖卜于市……"四个历史故事,后人就用了第一个故事的"太公"来作书名。我以为这种推测,还不够确切。我在伯希和所得的古写本书中,看到一卷原本《六韬》(pelliot 三四五四)。是汉代到唐代相传的原本,所载都是太公对文王和武王所说的种种嘉言懿行。因此,汉唐时代的人,就拿来用为进德之书。《太公家教》就是本着这个意思,从《六韬》里取出一些最有进德之助的嘉言,来用作童蒙读本的。可是《太公家教》,是专取的太公对文王说的话;他对武王说的话,别纂成一部《武王家教》,在敦煌石室内也发现了几本。宋元丰中(一〇七八——〇八五)删去《六韬》里面的嘉言懿行,专剩下一些言"兵"的话,所以王国维没有想到《太公家教》是会出于《六韬》的。②

王重民以巴黎所藏敦煌文献为论据,结论得到了大多数学者认同。但高国藩对王重民《太公家教》取自《六韬》说法提出了质疑:"此说亦可商榷。我将《太公家教》与《六韬》残本(伯三四五四)逐字逐句作了比较,没有发现一句话从《六韬》里取出者,因此排除了《太公家教》里的嘉言取自《六韬》的说法。"③ 周凤五也对王重民根据 P.3454 号写卷做出《太公家教》原本于《六韬》的结论提出批评。他认为《武王家教》是《太公家教》原本,采用武王与太公问答形式,全篇由作者一人直接叙述,《太公家教》是《武王家教》原来的标题。《太公家教》标题来自书

---

① 周凤五:《敦煌写本太公家教研究》,明文书局1986年版,第78页。
② 王重民:《〈太公家教〉考》,周珏良等编《周叔弢先生六十生日纪念论文集》,1950年,第70—71页。
③ 高国藩:《敦煌写本〈太公家教〉初探》,《敦煌学辑刊》1984年第1期。

中主人翁姜太公。①

  这一看法又引出了新问题，即《太公家教》原本是《武王家教》。对此，郑阿财认为，《武王家教》是否为原本《太公家教》尚待证明，即使《武王家教》是原本《太公家教》，也只能说明在原本《太公家教》（《武王家教》）之后，有一同名异实之《太公家教》，至于命名取义，实无相同的必然性。②

  "太公"一词究竟何指？综合唐前典籍中"太公"一词含义以及作者序跋加以考察似更加切实可靠。先看下列文献所言"太公"含义：

> 吕尚盖尝穷困，年老矣，以渔钓奸周西伯。西伯将出猎，卜之，曰"所获非龙非彲，非虎非罴；所获霸王之辅"。于是周西伯猎，果遇太公于渭之阳，与语大说，曰："自吾先君太公曰'当有圣人适周，周以兴'。子真是邪？吾太公望子久矣。"（《史记》卷三二《齐太公世家》）

> 高祖，沛丰邑中阳里人，姓刘氏，字季。父曰太公，母曰刘媪。（《史记》卷八《高祖本纪》）

> 刘表以书谏谭曰："天降灾害，祸难殷流，初交殊族，卒成同盟，使王室震荡，彝伦攸斁。是以智达之士，莫不痛心入骨，伤时人不能相忍也。然孤与太公，志同愿等，虽楚魏绝邈，山河迥远，勠力乃心，共奖王室，使非族不干吾盟，异类不绝吾好，此孤与太公无贰之所致也。"（《后汉书》卷七四《袁谭传》）

> 李子和者，同州蒲城人也，本姓郭氏。大业末……自称永乐王，建元为正平，尊其父为太公，以弟子政为尚书令，子端、子升为左、右仆射。（《旧唐书》卷五六《李之和传》）

以上四例，第一例中"太公"指周文王之父季历，第二例中"太公"指汉高祖刘邦之父，第三例中"太公"指袁谭之父袁绍，第四例中"太公"指李子和之父，可见"太公"是对父亲的尊称。又《后汉书·李杜传》曰：

---

① 《敦煌写本太公家教研究》，第79页。
② 《敦煌蒙书研究》，第357页。

> 李氏灭矣！自太公以来，积德累仁，何以遇此？①

此处"太公"指李固祖父李郃，则"太公"可用来尊称祖父。又《庄子·山木》云：

> 孔子围于陈蔡之间，七日不火食，太公任往吊之曰："子几死乎？"②

成玄英《疏》曰："太公，老者称。任，人名。"③ 此例中"太公"指名为"任"的老者。

从上述文献可见，唐前"太公"既可指父亲，又可指祖父，还可指男性老者。总之，"太公"可作为对年长男性通用之尊称，《太公家教》书名中之"太公"，当如王明清所说，是指曾高祖之类的家庭长辈。

弄清"太公"一词含义以后，再结合《太公家教》作者序跋来考察该书作者。《太公家教》作者自序称："才轻德薄，不堪人师……辄以讨论坟典，简择诗书，依经傍史，约礼时宜，为书一卷，助幼童儿。"④ 跋曰："唯贪此书一卷，不用黄金千车，集之数韵，未辨疵瑕，本不呈于君子，意欲教于童儿。"⑤ 可见本书作者是从经史、坟典中简择嘉言懿语编纂成书，旨在教授儿童。由此判断，《太公家教》的作者是一位教授儿童的先生。王明清所持《太公家教》作者为唐代村落间老校书的观点很有道理。且典籍中对"校书"一词中"校"字的解释亦可作为王明清之说正确的佐证。《广雅疏证·释诂》曰："校者，教也。"⑥ "老校书"即教书老者之谓。说明《太公家教》作者就是"教书的老者"。

再从《太公家教》内容来推测该书作者的一些细节。《太公家教》中有个特别引人注意之处，即书中典故里的人物身份。书中共用了十个典故：晏婴，"只欲扬名后世，无复晏婴之机"。唐虞，"唐虞虽圣，不能化

---

① 《后汉书》卷六三，第2089页。
② 陈鼓应：《庄子今注今译》，中华书局2009年版，第545页。
③ 同上。
④ 《敦煌蒙书研究》，第350页。
⑤ 同上书，第355页。
⑥ （清）王念孙：《广雅疏证》卷四，中华书局1983年版，第118页。

其明主"。微子，"微子虽贤，不能谏其暗君"。比干，"比干虽惠，不能自免其身"。姜太公，"太公未遇，钓鱼于水"。司马相如，"相如未达，卖卜于市"。巢父，"巢父居山"。鲁连，"鲁连赴海"。孔明，"孔明盘桓，候时而起"。孟母，"孟母三徙，为子择邻"。这些典故都见于史籍。晏婴事齐灵公、庄公、景公三朝，每以机智辩对匡谏国事，三世显名于诸侯，是机智人物的代表。事见《史记·管晏列传》以及《晏子春秋》。唐虞指帝尧和帝舜。但"唐虞虽圣，不能化其明主"一典颇为费解，姑且存疑。微子典出《史记·宋微子世家》："纣既立，不明，淫乱于政，微子数谏，纣不听。"① 比干典出《史记·殷本纪》。② 姜太公典出《史记·齐太公世家》③ "相如未达，卖卜于市"之典蒋鸿礼先生已有辨析，他认为是当时俚俗之谈。是因为司马相如是成都人，而严君平亦蜀人，《高士传》谓其曾卖卜于成都市，日得百钱以自给，俗因谬以此事移于司马相如。④ 检《史记》《汉书》之《司马相如列传》，均言司马相如"家贫，无以自业"，⑤ 并未言及卖卜之事。巢父典出晋皇甫谧《高士传》，巢父是尧时隐士。⑥ 鲁连即鲁仲连，亦是隐士。⑦ 孔明事，典出《三国志·蜀志》。⑧ "孟母三迁，为子择邻"典出《列女传》。

仔细观察上述典故，除晏婴、唐虞、孟母三典外，其他七个典故有一个共同点，即典故中人物或怀才不遇或隐居高蹈。这很能反映《太公家教》作者心态，似可作为作者身世和性格之映射。李商隐《义山杂纂》"隔壁闻语"条有云："说太公八十遇文王，必是不达。"⑨ 据此推断《太公家教》作者正是这类不达之人。结合《太公家教》自序所言"余乃生逢乱代，长值危时，亡乡失土，波迸流离，只欲隐山学道，不能忍冻受

---

① 《史记》卷三八，第 1607 页。
② 《史记》卷四，第 108 页。
③ 《史记》卷三二，第 1477 页。
④ 蒋鸿礼：《读变枝谈》，《敦煌研究》1992 年第 3 期。
⑤ 《史记》卷一一七，第 3000 页；《汉书》卷五七，第 2530 页。
⑥ （晋）皇甫谧撰：《高士传》卷上，转引自（晋）葛洪撰，胡守为校释《神仙传校释》卷二，中华书局 2010 年版，第 61 页。
⑦ 《史记》卷八三，第 2465—2469 页。
⑧ 《三国志》卷三五，第 911—913 页。
⑨ （唐）李商隐：《义山杂纂》，岳麓书社 2005 年版，第 10 页。

饥；只欲扬名后世，复无晏婴之机；才轻德薄，不堪人师；徒消人食，浪费人衣；随缘修业，且逐时之宜"，《太公家教》作者当是一位生逢乱世、怀才不遇、落魄流离的老迈文士。

（二）成书年代

《太公家教》一书史志目录和唐宋官私书目均未见著录。其成书年代目前有唐前和唐代两种说法。王重民认为出自周初姜太公《六韬》之说已经受到很多学者反驳，成书于唐前说法不可信。敦煌《太公家教》写卷的出现为判断其作年提供了有力证据，大多数学者据此认为成书于唐代。但究竟成书于唐代哪一时期，仍有争议。笔者试图在分析诸说基础上，结合《太公家教》内容折射出的时代信息，再做判断。各家之说分别是：陈寅恪认为成书于唐初，唐中叶流行；① 周丕显认为成书于八世纪中叶或末年；② 高国藩和汪泛舟认为成书于安史之乱以后；③ 郑阿财、朱凤玉认为成书于安史之乱以后，李翱之前。④ 上述四种观点归结起来实为两种看法：一是认为此书成书于唐初；一是认为此书成书于安史之乱以后。

首先，陈寅恪认为《太公家教》成书于唐初，证据是唐僧人义净所译经文《根本说一切有部刍尼毗奈耶》卷五有"太公"一词。义净生于唐太宗贞观九年（635），卒于唐玄宗先天二年（713）。加之李翱《答朱载言书》中引《太公家教》以为喻，说明该书在唐中叶业已流行。因此该书写作年代当不能晚于唐初。⑤ 这种依照义净译注中出现"太公"一词推断《太公家教》作年的方法殊不可取。如前所述，"太公"一词先秦就已出现，唐前典籍极为多见，若以"太公"一词出现在某人译注中就断定此书成书于某时，岂不是可以根据唐前典籍中已出现"太公"一词判断《太公家教》一书早在唐前就已出现？

---

① 张求会：《陈寅恪佚文〈敦煌本《太公家教》书后〉考释》，《历史研究》2004年第4期。
② 周丕显：《敦煌"童蒙"、"家训"写本之考察》，《敦煌学辑刊》1993年第1期。
③ 高国藩：《敦煌写本〈太公家教〉初探》，《敦煌学辑刊》1984年第1期；汪泛舟：《〈太公家教〉考》，《敦煌研究》1986年第1期。
④ 朱凤玉：《太公家教研究》，《汉学研究》1986年第4卷第2期；郑阿财、朱凤玉：《敦煌蒙书研究》，第357页。
⑤ 张求会：《陈寅恪佚文〈敦煌本《太公家教》书后〉考释》，《历史研究》2004年第4期。

其次，认为《太公家教》成书于安史之乱以后的看法较为普遍，依据均为敦煌写卷中《太公家教》原文和作者序跋。因材料可靠，举证有力，可信度较高。但在成书具体时间推断上尚有推进空间。以下笔者将从敦煌《太公家教》写卷题记中所载时间、作者序跋和李翱《答朱载言书》三个方面入手来对《太公家教》成书的具体时间再做推索。

从写卷所载时间来看，在四十二个《太公家教》敦煌写卷中，卷后有年代题记者有九个，分别是：

1. S. 497：乾符六年正月二十八，学生吕康三读诵记。
2. S. 1163：庚戌年十二月十七日永宁寺学士郎如顺进白手书记。
3. S. 3835：庚寅年十二月一日犁索自手书记。
4. P. 2825：大中四年庚午正月十五日学生宋文显读，安文德写。
5. P. 2937：维大唐中和四年二月二十五日，沙州敦煌郡学士郎兼充行军除解□太学博士宋英达。
6. P. 3569：景福二年二月十二日莲台寺学士索威建记耳。
7. P. 3764：天复九年己巳岁十一月八日学士郎张厶乙午时写记之耳。
8. P. 3797：维大宋开宝九年丙子岁三月十三日写子文书了。
9. P. 4588：壬申年十月十四日学士郎□盈信记写。

九个题记，四个有明确时间记载：S. 497 乾符六年（879）、P. 2825 大中四年（850）、P. 2937 中和四年（884）、P. 3569 景福二年（893）。其余五个题记，P. 3764 天复九年与史不符，天复为唐昭宗年号，仅用了四年。天复九年应为后梁开平三年（909）。大概是由于敦煌地处唐代边陲，交通阻隔，不知江山易代，或是不认可朱梁故意为之。P. 3797 大宋开宝九年亦与史不合，宋太祖开宝年号仅用了八年，开宝九年当为宋太宗太平兴国元年（976）。S. 1163 庚戌年为后汉乾祐三年（950），S. 3835 庚寅年为咸通十一年（870），P. 4588 壬申年为后梁乾化二年（912）。[①] 从上述题记时间看，抄写时间最早是唐宣宗大中四年（850）。据此推断，则《太公家教》一书应于唐宣宗大中四年以前就已成书。

从作者序跋来看，《太公家教》自序云："余乃生逢乱代，长值危时，

[①]《敦煌蒙书研究》，第357—358页；汪泛舟：《〈太公家教〉考》，《敦煌研究》1986年第1期。

亡乡失土，波迸流离。"唐代可称得上"乱代""危时"的首推安史之乱。此后唐王朝即开始走下坡路，藩镇割据，宦官专权，战乱频仍。从《太公家教》作者"生逢乱代""长值危时"推断，此书作者当生于安史之乱以后。又据"太公"为老者尊称判断，作者写作此书时已经年迈，则此书约写于中晚唐时期。

从李翱《答朱载言书》来看，李翱在《答朱载言书》中提及《太公家教》曰："义不深不至于理，言不信不在于教劝，而词句怪丽者有之矣，《剧秦美新》、王褒《僮约》是也；其理往往有是者，而词章不能工者有之矣，刘氏《人物表》、王氏《中说》、俗传《太公家教》是也。"[①] 李翱生于大历七年（772），卒于会昌元年（841）。因朱载言事迹不详，也缺乏其他佐证，李翱《答朱载言书》作年不能确定。但李翱在文中提及《太公家教》，说明他写《答朱载言书》时《太公家教》已经成书。所以将《答朱载言书》作年定为《太公家教》一书作年下限当无问题。如此便可以说，《太公家教》成书年代当在李翱写作《答朱载言书》一文之前，最晚至李翱卒年会昌元年（841）之前。则此书的成书年代在中晚唐时期。

（三）传播流衍

《太公家教》流传范围广，使用时间长。王重民说："这个童蒙读本的流传之广，使用时间之长，恐怕再没有第二种比得上他的。"[②] 这一说法和事实大体相符。其传播流衍范围不只中国本土，甚至远至域外。

该书在中国本土流传自唐代成书直至清代。王重民《太公家教考》说："大概说来，自从八世纪中叶直到第十世纪的末年（750—1000）通用在中国本部；第十一世纪到第十七世纪的中叶（1000—1650），还继续不断地被中国北部和东北的辽金高丽满洲各民族内说各种语言的儿童们所采用。"[③] 具体而言，从中唐到宋代最为盛行，金、元、明仍有传播。到清代已经不见汉文本，但出现了满文本。

宋代《太公家教》极为盛行，记载往往见诸典籍。除前述王明清等

---

① 《全唐文》卷六三五，第6411页。
② 王重民：《〈太公家教〉考》，《周叔弢先生六十生日纪念论文集》，第69页。
③ 同上。

人论及外,《朱子语录》也曾提及:"《文中子》不曾有说见道体处,只就外面硬生许多话,硬将古今事变来压捺说或笑,似《太公家教》。"①以《太公家教》比《文中子》,说明《太公家教》在宋代是人们耳熟能详的蒙书。

金元时期,《太公家教》依旧流传,金元史志目录、院本和杂剧中《太公家教》屡屡出现。在史志著录中,钱大昕《补元史艺文志》卷一金代部分经部释语类中著录有女直字《大公书》。②王重民认为当是《太公家教》。③汪泛舟则认为,钱大昕《补元史艺文志》中女直字《大公书》上下书目分别是女直字《盘古书》、女直字《家语》、女直字《伍子胥书》、女直字《孙膑书》等,都是先秦典籍,因此《大公书》并非《太公家教》,应是《六韬》。④女直字《大公书》是否为《六韬》暂且不论,但汪泛舟据女直字《大公书》上下书目推断出该书不是《太公家教》仍有讨论余地。仔细考察《补元史艺文志》,在女直字《大公书》的上下书目中,除了汪先生所指几种书名外,尚有女直字《百家姓》。⑤而《百家姓》为著名童蒙教材,与《三字经》《千字文》并称"三、百、千"。且《百家姓》成书年代为五代十国至北宋初年,宋人王明清《玉照新志》云:"市井间所印《百家姓》,明清尝详考之,似是两浙钱氏有国时小民所著。何则?其首云'赵钱孙李',盖钱氏奉正朔,赵乃本朝国姓,所以钱次之。孙乃忠懿之正妃,又其次,则江南李氏。次句云'周吴郑王',皆武肃而下后妃,无可疑者。"⑥明人朱国桢《涌幢小品》"百千万姓编"条也说:"今《百家姓》,以为出于宋,故首以'赵、钱、孙、李',尊国姓也。我□朝《千家姓》,亦以'朱奉天运'起文。"⑦此书成书年代,今人徐梓认为应在五代十国尚未亡国之吴越国,⑧池小芳以为应该在北宋初

---

① (宋)黎靖德编,王星贤点校:《朱子语类》卷九六,中华书局1986年版,第2476页。
② (清)钱大昕:《补元史艺文志》卷一,上海商务印书馆1937年版,第15页。
③ 王重民:《〈太公家教〉考》,《周叔弢先生六十生日纪念论文集》,第73页。
④ 汪泛舟:《〈太公家教〉考补》,《兰州学刊》1986年第6期。
⑤ 《补元史艺文志》卷一,第15页。
⑥ 《玉照新志》卷三,第49页。
⑦ (明)朱国桢:《涌幢小品》卷一八,明天启二年刻本,第269页。
⑧ 徐梓:《蒙学读物的历史透视》,湖北教育出版社1996年版,第75页。

年。① 总之大致范围不出五代十国至北宋初。《百家姓》作为成书于五代十国至北宋初年的童蒙教材而与女直字《大公书》并列，似可说明女直字《大公书》也是童蒙教材。

除目录著作外，金元院本也曾提到《太公家教》。《南村辍耕录》所记金代院本名目"诸杂院爨"条下载："《太公家教》……《打注论语》……《诗书礼乐》《论语谒食》……《擂鼓孝经》……《蓑衣百家诗》……《背鼓千字文》《变龙千字文》《摔盒千字文》《错打千字文》《木驴千字文》《埋头千字文》……《讲乐章序》《讲道德经》……《讲蒙求爨》。"② 与《太公家教》并列的有《论语》《孝经》《千字文》《蒙求》等童蒙读物，说明《太公家教》在金元时期流传甚广，能通过舞台爨演形式在更大范围内传播。王重民在《跋〈太公家教〉》一文中说："按院本中之《太公家教》，当如《千字文》《道德经》之类，摘取《家教》中成语为之，书在金元时，必能家传户颂；因非能家传户诵，不能演为院本，说之于群众也。"③ 这一看法极有见地。

元杂剧中也曾提及《太公家教》。如武汉臣《散家财天赐老生儿》第二折有："卜儿云：住住住，你也休闲，请你个《太公家教》咱。"④ 又无名氏《冻苏秦衣锦还乡》第二折："不争冻饿死了俺这卧冰的王祥，兀的不没乱杀你那《太公家教》。"⑤ 从剧中内容看，正是指蒙书《太公家教》。《太公家教》在当时盛行由此可见一斑。

明代《太公家教》仍然传播。《雍熙乐府》《端正好·黄粱梦》散套云："我不合沧浪洲住了一朝，芙蓉亭过了一宵。抵多少迟违了《太公家教》，恨不的袖飘飘拂破麻袍。"⑥ 同书《斗鹌鹑·想当初无盐安齐》散套云："若说俺上祖，尽为儒，辈辈无官士大夫。看《太公家教》《萧何律》，《大学》《小学》和《论语》。"⑦ 《太公家教》被曲作家频繁用作戏

---

① 池小芳：《中国古代小学教育研究》，上海教育出版社1998年版，第228页。
② （元）陶宗仪：《南村辍耕录》卷二五，中华书局2004年版，第310页。
③ 王重民：《敦煌遗书论文集》，中华书局1984年版，第149页。
④ （明）臧懋循编：《元曲选》，中华书局1958年版，第375页。
⑤ 同上书，第444页。
⑥ （明）郭勋：《雍熙乐府》卷二，四部丛刊续编，第1册，上海书店出版社1934年版，第52页。
⑦ 《雍熙乐府》卷一三，四部丛刊续编，第3册，第74页。

文素材，可见当时流传之广。

清代《太公家教》汉文本流传情况已经不得而知，满文本却盛行一时。清人钱仪吉所纂《碑传集·阿什坦传》载："时天下初定，满汉人文渐盛，凡公事兼用满汉文。阿什坦翻译《大学》《中庸》《孝经》及《通鉴总论》《太公家教》等书刊行之。当时翻译者咸奉为准则，即止通满文者，亦得藉为考古资。"① 李绿园长篇小说《歧路灯》第三回《王春宇盛馔延客，宋隆吉鲜衣拜师》也关涉《太公家教》内容："潜斋也大笑说道：'非是我不出嫂夫人所料，是你所见太拘。若说是两个学生叫他们跟着家人去上会，这便使不得；若是你我同跟着他们，到会边上望望即回，有何不可？自古云：教子之法，莫叫离父；教女之法，莫叫离母。'"② 潜斋所言"教子之法，莫叫离父；教女之法，莫叫离母"与《太公家教》中"养子之法，莫听诳语；养女之法，莫教离母"颇为相似，所谓"自古云"，未必不出自《太公家教》。《歧路灯》作于乾隆十三年（1748）至乾隆四十二年（1777）间，此时《太公家教》在中土传播已经衰微。

《太公家教》还流传到安南国（今越南）、韩国和日本。明代严从简《殊域周咨录》载："（安南国）如儒书则有……五经、四书……《翰墨》《类聚》、韩柳集、《诗学大成》……《太公家教》《明心宝鉴》《剪灯新余话》等书。"③ 明确提到《太公家教》，其中所言《明心宝鉴》也颇值得注意。该书虽不冠朝代，但据郑阿财考证，此书原为南宋人所编，后随时地变迁有所增损，书中网罗古今圣贤名言，引录《太公家教》之文共有二十七则之多。该书长久以来一直在民间流传，且传至韩国、越南等国，是域外学习汉文之要籍。④《明心宝鉴》在越南盛行，使其中所引《太公家教》内容在域外也得到了广泛传播。日本与中国文化交流历史悠久，《太公家教》等童蒙教材也随之传入了日本。法国学者戴密微（Paul Demiéville）引日本学者太田晶二郎语曰："在日本，一一四〇年，藤原长

---

① （清）钱仪吉：《碑传集》卷五二，中华书局1993年版，第1505页。
② （清）李绿园撰，栾星校注：《歧路灯》，中州古籍出版社1998年版，第17页。
③ （明）严从简撰，余思黎点校：《殊域周咨录》卷六，中华书局1993年版，第238—239页。
④ 《敦煌蒙书研究》，第371页。

在他的日记中记述说他阅读《太公家教》。"① 韩国也有关于《太公家教》传播的记载。韩成帝时代（1470—1494）的《经国大典》"女真学"条著录有《太公尚书》，《通文馆志》也提及此书。② 王重民认为此《太公尚书》即是《太公家教》。③

综上，《太公家教》自中晚唐成书后开始传播，至宋代达于鼎盛，金、元、明各代依旧流传，至清代衰微。除在中土传播流衍之外，甚至远播安南国、日本和韩国，惠及域外众多儿童及民众。其传播时间之长、领域之广，极为罕见，称得上是中国童蒙教育史和文化交流史上的一个奇观。

（四）《太公家教》性质及其与唐代童蒙教育关系

关于《太公家教》一书性质，历来有两种看法：一种认为是童蒙读物；④ 另一种认为是"谚语汇海"和"民间谚语"。⑤ 笔者以为前一种看法比较符合实际。理由有三：

第一，从上文对《太公家教》作者的考察和该书序跋中"不堪人师""助幼童儿""意欲教于童儿"⑥ 可以清晰地看出，该书分明是一本童蒙教育教材。

第二，前揭敦煌写卷《太公家教》题记中，也记载学士、学士郎、学生诵读抄写该书之事，更加说明《太公家教》一书为童蒙教育教材。

第三，《太公家教》内容主要是对儿童进行思想品德教育。既有教授日常行为规范的，如"与人共食，慎莫先尝；与人共饮，莫先举觞；行不当路，坐不背堂"⑦ 等，也有训诫孝敬父母、尊敬师长的，如"敬上爱下，泛爱尊贤"⑧"孝子事亲，晨醒暮参"⑨"自从外来，先须省堂""弟

---

① ［法］戴密微撰：《王梵志诗附〈太公家教〉引言》，廖伯元、朱凤玉译，《敦煌学》1985年第9辑，第109—117页。
② ［韩］林东锡：《朝鲜译学考》，博士学位论文，台湾师范大学国文研究所，1982年。
③ 王重民：《敦煌古籍叙录》卷三，中华书局2010年版，第223页。
④ 《敦煌古籍叙录》卷三，第249页。此种看法占大多数，前揭的研究者几乎都认为《太公家教》为童蒙读物。郑阿财、朱凤玉认为该书不仅是一部通俗蒙书，也可视为唐以前民间谚语的结集。但他们二人将该书列于蒙书中进行研究，实则也证明了他们对其性质的认同。见氏著《敦煌蒙书研究》，第375页。
⑤ 向达：《唐代长安与西域文明》，第249页；高国藩：《敦煌写本〈太公家教〉初探》，《敦煌学辑刊》1984年第1期。
⑥ 《敦煌写本太公家教研究》，第10—27页。
⑦ 同上书，第18页。
⑧ 同上书，第15页。
⑨ 同上书，第12页。

子事师，敬同于父，习其道术，学其言语"① 等，还有教导虚心好学的，如"学问不广，智慧不长"②"勤是无价之宝，学是明月神珠"③"人生不学，言不成章。小儿学者，如日出之光；长而学者，如日中之光；老而学者，如日暮之光；人生不学，冥冥如夜行"④ 等。总之，《太公家教》一书主要内容是教导忠孝、尊师、修身、勤学等，完全符合古代育人标准。据郑阿财、朱凤玉《太公家教》引书研究，《孝经》《论语》《曲礼》是其主要取材来源，其余皆出自四书五经、诸子等书。⑤ 书中虽然杂有佛、道、法家内容，但儒家思想是贯穿始终的主线，这更能说明此书是用于童蒙教育的教科书。

从该书写作形式上也可以看出其是童蒙教材，且与唐代童蒙教育有密切关系。

首先，用语浅近通俗。《太公家教》用语浅显通俗，历来遭人诟病。李翱将它作为"词章不能工之者"之典型。宋人严有翼《艺苑雌黄》在论及杜荀鹤诗鄙俚时也用《太公家教》作为比照，他说："（杜荀鹤）《唐风集》中诗极低下，如'要知前路事，不及在家时''不觉裹头成大汉，初看骑马作儿童'之句，前辈方之《太公家教》。"⑥ 王明清《玉照新志》也称"世传《太公家教》，其言极浅陋鄙俚"。⑦ 上述各家都指出了《太公家教》文辞粗浅通俗。而语言浅近通俗正是家训文学的特色，"家训文学因为要使子弟能够了解，所以措辞很接近白话"。⑧ 从儿童学习语言的特点来看，具体、浅显、口语化、富于节奏感的语言更容易被他们理解和接受。⑨ 所以，《太公家教》语言浅近通俗其实也是在运用儿童所能理解和感受到的语言文字来为他们写作教科书，是为了适应儿童的接受能力。

---

① 《敦煌写本太公家教研究》，第12页。
② 同上书，第24页。
③ 同上书，第25页。
④ 同上书，第24页。
⑤ 《敦煌蒙书研究》，第360页。
⑥ （宋）胡仔纂集，廖德明校点：《苕溪渔隐丛话》后集卷一五，人民文学出版社1962年版，第111页。
⑦ 《玉照新志》卷三，第49页。
⑧ 周法高：《家训文学的源流》，见氏著《中国语文论丛》，正中书局1963年版，292页。
⑨ 祝士媛：《儿童文学》，北京师范大学出版社1988年版，第18—27页。

其次，句式上主要为四字短句，少量间杂五字句、六字句和七字句。《太公家教》一书共五百八十五句，二千六百一十二字。其绝大部分内容用四字短句来表述，四言短句之中间杂的五字句、六字句和七字句仅三十几例，或以排比形式，如"蛟龙虽圣，不能杀岸上之人；刀剑虽利，不能杀清洁之士；罗网虽细，不能执无事之人"。[1] 或以对举形式，如"小人为财相杀，君子以德义相知"。[2] "法不加于君子，礼不下于小人"。[3] 或以比喻形式，如"慎是护身之符，谦是百行之本"。[4] 或用兴托，前一句起兴，后一句点明意义，如"凤凰爱其羽毛，贤士惜其言语"，"斜径败于良田，谗言败于善人"，[5] 等等。总之，《太公家教》主要采用四言短句形式，无疑是为了适应儿童年幼，不能记诵长句的特点。偶尔间杂之五字句、六字句和七字句数量很少，可以起到调节音节、变化句式，方便诵读的作用。且这些长句或用排比，或用对举，或用比喻，或用兴托，也是为了增强儿童阅读兴趣，吸引注意力，从而培养儿童的领悟能力和想象力。

再次，多用韵语，两句一韵。在《太公家教》跋中，作者交代此书是集数韵而成："唯贪此书一卷，不用黄金千车，集之数韵，未辨瑕疵。"[6] 审读全书，其押韵多为四字韵语，两句一韵。如"《经》论曲直，《书》论上下，《易》辩刚柔，《诗》分风雅。……礼上往来，尊卑高下，得人一牛，还人一马"。[7] 据《诗韵集成》，这四句押的是上声二十一马韵（下、雅、下、马）。再如"事君尽忠，事父尽孝。礼闻来学，不闻往教。舍父事师，必望功效"。[8] 押的是去声十九效韵（孝、教、孝）。又如"其父出行，子须从后。路逢尊者，齐脚敛手。尊者赐酒，必须拜受；尊者赐肉，骨不与狗。尊者赐果，怀核在手，勿得弃之，违礼大丑"。[9] 押的是上声二十五有韵（后、手、受、狗、丑）。多用韵语是儿童读物的共同特

---

[1] 《敦煌写本太公家教研究》，第20页。
[2] 同上书，第19页。
[3] 同上书，第21页。
[4] 同上书，第26页。
[5] 同上书，第20页。
[6] 同上书，第27页。
[7] 同上书，第11页。
[8] 同上书，第12页。
[9] 同上书，第14页。

点，目的是便于儿童记忆。宋人项安世《项氏家说》"用韵语"条云："古人教童子，多用韵语，如今《蒙求》《千字文》《太公家教》《三字训》之类，欲其易记也。"①《太公家教》的韵语形式显然是根据儿童接受教育的特点安排的。

最后，采撷谚语，训示品德。《太公家教》中也采集了不少唐前流行的有助于道德教育的俗言谚语，如"一日为师，终身为父"②"凡人不可貌相，海水不可斗量"③"重赏之下，必有勇夫"④"一人守隘，万夫莫开"⑤等。这些谚语易于接受，便于口传，利于记忆。培养品德是儿童教育的重要目的，⑥通过谚语形式训示品德，使儿童在顺口诵习、潜移默化中接受了道德规范，而不至于感到枯燥乏味，这应该是《太公家教》能流传久远的重要原因，也是有学者将其看作谚语汇海的原因。但归根结底，《太公家教》采用谚语是为了教诲儿童，不能因为使用谚语就改变其童蒙教育教材的性质。

三 《兔园策府》

《兔园策府》是一部记述自然社会名物、人文仪礼和政事征讨的综合性蒙书。该书唐宋时期流传甚广，之后亡佚。宋代以来虽有史志著录，但各不相同。敦煌写卷面世以后，从中发现若干《兔园策府》残片，经拼凑为完整的序文及卷一部分，约占原书十分之一，从中可以窥见原书体制。此书模仿常科试策，采用问答体，用四六骈文，引经史为注，训示古今之事，分为四十八门。该书对研究唐代童蒙教育具有重要意义。自敦煌写卷发现以后，罗振玉、王国维、王三庆、郭长城、周丕显、汪泛舟、郑阿

---

① （宋）项安世：《项氏家说》卷七，武英殿聚珍版丛书本，第53页。
② 《敦煌写本太公家教研究》，第15页。
③ 同上书，第19页。
④ 同上书，第26页。
⑤ 同上书，第21页。
⑥ 其重要性正如美国教育学家斯特娜夫人所说："孩子的心是一块奇怪的土地，播上思想的种子，就会获得行为的收获；播上行为的种子，就能获得习惯的收获；播上习惯的种子，就能获得品德的收获；播上品德的种子，就能获得命运的收获。"李珠、皮明庥：《中外教论荟萃》，天津社会科学院出版社1989年版，第245页。陶行知也说："人格教育，端赖6岁以前之培养。凡人生态度、习惯、倾向，皆可在幼稚时代立一适当基础。"中央教育科学研究所编：《陶行知教育文选》，教育科学出版社1981年版，第34页。

财、朱凤玉等学者纷纷撰写论著发表见解，使《兔园策府》研究不断深入，但也出现了很多不同意见。由于又发现了新材料，使研究有了进一步深入的空间，也使上述各家争端的解决有了可能。[①]

(一) 书题定名

《兔园策府》在古籍载录中又作《兔园策》《兔园册府》《兔园册》《兔园册子》。书名用西汉梁孝王兔园之典。因唐太宗第七子蒋王李恽曾徙任梁州，而该书作者为蒋王僚佐，故以"兔园"命名。"策"和"册"古时通用，但也可作两解。宋晁公武《郡斋读书志》曰："《兔园策》十卷。……奉王命，纂古今事为四十八门，皆偶俪之语。"[②] 又据宋王应麟《困学纪闻》："仿应科目策，自设问对，引经史为训注"[③] 的记载可知，取名为"策"，是因为书中用"偶俪之语"所写"古今事"仿照了科举策问形式。清人张岱《夜航船》"兔园册"条曰："汉梁孝王有圃名兔园，梁王卒，太后哀慕之。景帝以其园令民耕种，乃置官守，籍其租税以供祭祀。其簿籍皆俚语之故，乡俗所诵曰兔园册。"[④] 如此说来，《兔园册》是用俚语记录兔园租税的账册。以上二解各自成说，敦煌写卷的发现证明前者更为合理。首先，敦煌写卷中通篇用"策"。S. 614 尾题"兔园策第一"，S. 1772 尾题"兔园策府卷第二"，P. 2573 首题"兔园策府卷第一 杜嗣先奉教撰"；其次，敦煌写卷中，卷一经过拼凑成为完璧，形式仿科举策问，以问对形式书写，为四六文。[⑤] 由此可见，"册"和"策"之争应据敦煌文献定为"策"，书应名为《兔园策府》。敦煌文献中出现一次的《兔园策》，当为《兔园策府》之简称。

(二) 敦煌写卷及历代著录

关于《兔园策府》敦煌写卷，学术界多认为是四件。如郭长城《敦煌本〈兔园策府〉叙录》说："王氏跋文所指为伯二五七三卷，今新发现

---

① 《兔园策府》作者杜嗣先相关问题可据台湾大学叶国良先生发现的《杜嗣先墓志》得以辨明，此志文鲜有学者注意。

② 《郡斋读书志校证》卷一四，第 650 页。

③ （宋）王应麟撰，乐保群、田松青、吕宗力校点：《困学纪闻》卷一四，上海古籍出版社 2008 年版，第 1670 页。

④ （清）张岱：《夜航船》卷八，清钞本，第 174 页。

⑤ 《兔园策府》原文《敦煌蒙书研究》第 265—274 页校录甚详，本书所引原文皆依此本。

的尚有斯六一四、一〇八六、一七二二等卷。"① 刘进宝《敦煌本〈兔园策府·征东夷〉产生的历史背景》亦云："敦煌本《兔园策府》保存在 S. 614、S. 1086、S. 1772 和 P. 2573 中。"② 此后屈直敏《敦煌本〈兔园策府〉考辨》沿用此说。③ 郑阿财、朱凤玉《敦煌蒙书研究》也认为今所得见《兔园策府》敦煌写本是四件，书中著录残卷编号与此前学者相同。④ 这四件写卷形制和内容在《敦煌蒙书研究》中记叙甚详，兹不赘述。为下文论述方便，兹将各件写卷中关涉本书讨论的内容摘录如下：

S. 614：英国伦敦不列颠图书馆藏。起"精，则桂林之响发。自周征造士，汉"；讫"襁负满于康庄，鸡犬闻于郊境"。尾题"菟（兔）园策第一"。题记："巳年四月六日学生索广翼写了。"卷背有"都卢八卷大□□"及"索翼进□□园策府□"。

S. 1086：英国伦敦不列颠图书馆藏。起"言，推寻而罕就"；讫"圣上以飞天御历，括地开家"。正文有双行小字夹注。

S. 1772：英国伦敦不列颠图书馆藏。正面为《毛诗训诂传·国风·周南》残卷。背面为《兔园策府》残卷，起"一戎，先动云雷之气"；讫"襁负满于康庄，鸡犬闻于郊境。谨对"。尾题"兔园策府卷第二"。

P. 2573：法国巴黎国家图书馆藏。首题"兔园策府卷第一　杜嗣先奉教撰"。起"易曰：利用宾于王"；讫"远述幽冥之慌，德为静于"。该写卷可与 S. 1772 相衔接缀合，缀合后则为首尾完整的序文和《兔园策府》卷一，有题名、卷次和作者署名。

从以上所列可见，四件残卷均为英藏和法藏敦煌文献，未见俄藏敦煌文献。而笔者在翻阅敦煌文献过程中，发现俄藏敦煌文献中一件未定名残片也应为《兔园策府》写卷，编号为 Дx05438。现将残片原文过录如下：

云柯，麦警驯【下阙】路凝华，凤栖双植之桐，龙【下阙】呈鳞，嗯黍合其一粿，灵【下阙】流，荣镜八荒，财成万有。【下阙】禹登山，朝宗万国。若使【下阙】扬辉，塞玉金鸡之岫。翠华西

---

① 郭长城：《敦煌本〈兔园策府〉叙录》，《敦煌学》1984 年第 8 辑，第 47 页。
② 刘进宝：《敦煌本〈兔园策府·征东夷〉产生的历史背景》，《敦煌研究》1998 年第 1 期。
③ 屈直敏：《敦煌本〈兔园策府〉考辨》，《敦煌研究》2001 年第 3 期。
④ 《敦煌蒙书研究》，第 264 页。

【下阙】仪,起讹麟之祭。柩画天地【下阙】岭侧之青气。作范前古,垂【下阙】之音可发。 征东夷 【下阙】明组之俗,长缨罕羁,虽挫游魂【下阙】鸟,再动环龟,横行遗玉之乡【下阙】之俗,革化而【下阙】之军。①

残片原文共十二行,起自"云柯",讫于"之军"。经笔者仔细核对,当为《兔园策府》卷一《议封禅》后半至《征东夷》前半。说明《兔园策府》敦煌写卷应有五件残片,而非四件。这一残片虽对《兔园策府》内容没有增补,但于文献校勘却大有裨益。而且此前发现的四件敦煌写卷中,《正历数》《议封禅》和《征东夷》三门,都是正文中夹有双行小字训注。而该残卷中《议封禅》和《征东夷》中却并无小字训注,说明《兔园策府》在当时确实有不带训注的本子。

此外,唐代另一蒙书《杂抄》敦煌写本 S.5658 在"经史何人修撰制注"条中也涉及《兔园策府》的内容:"《兔园策》,杜嗣先撰之。"据郑阿财、朱凤玉考证,《杂抄》一书应作于唐高宗仪凤三年(678)至玄宗开元二十八年(740)之间,② 当为所有典籍中有关《兔园策府》的最早记载。

《兔园策府》一书在宋代以后即亡佚,幸赖敦煌写卷得以保存,并由此可见原书概貌。在敦煌写卷发现之前,唐以后史志对该书多有著录,但记载各不相同。这些著录也是讨论该书相关问题的重要前提,是下文论述展开的基础。有鉴于此,笔者将相关载籍著录胪列如下:

尤袤《遂初堂书目》:"《兔园册府》",未著撰者及卷数。③

王应麟《困学纪闻》:"《兔园册府》三十卷,唐蒋王恽令僚佐杜嗣先仿应科目策,自设问对,引经史为训注。恽,太宗子,故用梁王兔园名其书。冯道《兔园册》,谓此也。"④

---

① 俄罗斯科学院东方研究所圣彼得堡分所、俄罗斯科学出版社东方文学部、上海古籍出版社编:《俄藏敦煌文献》第 12 册,上海古籍出版社、俄罗斯科学出版社东方文学部 2000 年版,第 139 页。
② 《敦煌蒙书研究》,第 180 页。
③ (宋)尤袤:《遂初堂书目》,丛书集成初编,第 32 册,中华书局 1985 年版,第 24 页。
④ 《困学纪闻》卷一四,第 1670 页。

晁公武《郡斋读书志》："《兔园策》十卷，右唐虞世南撰。奉王命，纂古今事为四十八门，皆偶俪之语。五代时，行于民间，村野以授学童，故有遗下《兔园册》之诮。"①

《宋秘书省续编到四库阙书目》卷一"别集类"："《兔园策》十卷。"同书卷二"类书类"："《兔园策》十卷。"均未著录撰者。②

《宋史》卷二〇八《艺文志》集部"别集类"："杜嗣先《兔园策》十卷"；同书卷二〇九集部"文史类"："杜嗣先《兔园策府》三十卷"。③

马端临《文献通考》："《兔园策》十卷"，按语引晁氏《郡斋读书志》之说。④

陈第《世善堂藏书目录》："《兔园策》十卷，虞世南。"⑤

藤原佐世《日本国见在书目录》："《兔园策》九卷"，不著撰者。⑥

从以上著录情况看，宋代记载较多，此后较少，且多承袭宋人。关于该书作者、卷数，各家著录也不相同。这些问题有待结合其他史料做进一步辨析。

（三）作者及卷数

《兔园策府》作者究竟是谁？前贤时彦多有论及。代表说法有嫁名虞世南说，众人纂辑说，虞世南说，杜嗣先说，杜嗣先、虞世南合撰说几种。

持嫁名虞世南说者为王国维。他在《唐写本〈兔园册府〉残卷跋》中说："窃疑世南入唐，太宗引为记室，即与房玄龄对掌文翰，未必令撰此等书。岂此书盛行之际，或并三十卷为十卷，又以世南有《北堂书钞》故嫁名于彼欤？"⑦认为后人因虞世南著有《北堂书钞》而嫁名于他。但《兔园策府》真正作者是谁，王氏没有论及。之后，吕思勉在《隋唐五代史》中说："题名之异，盖由纂辑本非一人，无足为怪，独其卷数不同

---

① 《郡斋读书志校证》卷一四，第650页。
② （清）叶德辉考证：《宋秘书省续编到四库阙书目》，丛书集成续编，第3册，台北新文丰出版公司1985年版，卷一，第259页；卷二，第296页。
③ 《宋史》卷二〇八，第5352页；卷二〇九，第5408页。
④ （元）马端临：《文献通考》卷二二八，中华书局1986年版，第1827页。
⑤ （明）陈第：《世善堂藏书目录》，清知不足斋丛书本，第32页。
⑥ ［日］藤原佐世：《日本国见在书目录》，古逸丛书本之十九，第45页。
⑦ 《观堂集林》卷二一，第502页。

耳。"① 吕思勉认为是众人纂辑，题名有异不足为怪。今人屈直敏承袭吕思勉之说，认为"此书极有可能为众手撰成而题一撰者之名"。② 最先提出虞世南说的是晁公武《郡斋读书志》，明代陈第《世善堂藏书目录》沿袭了这一说法。闻一多在《类书与诗》中也认同这一观点。③ 持杜嗣先说的是周丕显和郭长城。周丕显在《敦煌古钞〈兔园策府〉考析》中根据王国维嫁名虞世南说认定此书作者应为杜嗣先。④ 郭长城认同这一说法。他认为之所以嫁名虞世南，是因为《旧唐书·经籍志》和《新唐书·艺文志》中著录的三十卷《虞世南集》在《宋史·艺文志》中未曾载录，是虞氏文集散佚后有人以杜氏《兔园策府》代之，从而造成著录分歧。⑤ 持杜嗣先、虞世南二人合撰说的是清人杭世骏。他在《订讹类编》中说："《兔园册》者，策问、策对也。唐太宗时，蒋王恽令僚佐杜嗣先、虞世南等仿应科目策，自设问对，引经史为训注，用梁玉兔园名其书曰《兔园册府》，共三十卷。"⑥ 这是在沿袭王应麟《困学纪闻》说法基础上加入了虞世南，以调和各家著录分歧。但虞世南声名高著，且与杜嗣先年岁相差甚大，不可能同为蒋王恽僚佐，合撰此书可能性不大。⑦ 综合分析各家观点，结合史志记载、敦煌文献和新出土的杜嗣先墓志判断，《兔园策府》作者当为杜嗣先。

首先，现存敦煌写卷中，P.2573 中明确记载："兔园策府卷第一　杜嗣先奉教撰。"最早记载《兔园策府》的《杂抄》敦煌写本 S.5658 在"经史何人修撰制注"条中亦载："《兔园策》，杜嗣先撰之。"敦煌写卷在相关记载中可信度最高。

其次，新发现的杜嗣先墓志证明杜嗣先确为《兔园策府》作者。此前研究者之所以不能确定杜嗣先是否为《兔园策府》作者的一个重要原因是杜嗣先事迹不详。杜嗣先两《唐书》无传，除王应麟《困学纪闻》有简

---

① 《隋唐五代史》，第935页。
② 《敦煌本〈兔园策府〉考辨》，《敦煌研究》2001年第3期。
③ 《唐诗杂论》，第4页。
④ 周丕显：《敦煌文献研究》，甘肃文化出版社1995年版，第146页。
⑤ 《敦煌本〈兔园策府〉叙录》，第49页。
⑥ （清）杭世骏：《订讹类编》卷一，民国嘉业堂丛书本，第16页。
⑦ 详见下文考释。

短记录以外,再不见载于其他文献。台湾大学叶国良教授曾于1992年考释过杜嗣先墓志,可惜鲜有学者注意。志文中提及杜嗣先撰《兔园策府》事曰:"其所撰《兔园策府》及杂文笔,合廿卷,见行于时。"① 这是证明杜嗣先为《兔园策府》作者的最有力证据。

最后,虞世南行止与蒋王恽任梁州都督事不符,可反证杜嗣先为《兔园策府》作者。王应麟《困学纪闻》记载杜嗣先撰此书时为蒋王恽僚佐,且书之命名也与蒋王徙任梁州有关。这些内容与《杜嗣先墓志》相合。② 先来考察蒋王恽行迹。《旧唐书·蒋王恽传》载:"蒋王恽,太宗第七子也。贞观五年,封郯王。八年,授洺州刺史。十年,改封蒋王、安州都督,赐实封八百户。二十三年,加实封满千户。永徽三年,除梁州都督。"③ 由此可知,蒋王恽于贞观十年(636)封蒋王,永徽三年(652)徙梁州都督。其任梁州都督时,仍保有蒋王封号。杜嗣先撰写《兔园策府》定在蒋王恽徙梁州都督之后,这样该书以"兔园"命名才名副其实。再看虞世南行止,《旧唐书·虞世南传》载:"十二年,又表请致仕,优制许之,仍授银青光禄大夫、弘文馆学士,禄赐、防阁并同京官职事。寻卒,年八十一。"④《旧唐书·太宗本纪》又载:"(贞观十二年)夏五月壬申,银青光禄大夫、永兴县公虞世南卒。"⑤ 可知虞世南卒于贞观十二年(638),至蒋王徙封梁州都督之永徽三年,已故去十四年,怎么可能撰写该书?假设《兔园策府》一书为虞世南所作,则与蒋王恽没有丝毫关联,该书命名又无法解释。因此《兔园策府》作者绝无可能为虞世南。且从杜嗣先墓志看,他撰写《兔园策府》之事及其他行迹均与王应麟《困学纪闻》所载相合,而《困学纪闻》所载《兔园策府》"仿应科目策,自设问对,引经史为训注"情形又与敦煌写卷《兔园策府》完全相符。杜嗣先为《兔园策府》作者符合事实。

---

① 《杜嗣先墓志》见叶国良《唐代墓志考释八则》,《石学续探》,台北大安出版社1999年版,第127—133页。这篇由杜嗣先之子杜维骥撰写的墓志对杜氏事迹记载颇详,为《兔园策府》相关问题争端的解决提供了重要史料,为论述方便起见,笔者特将志文摘录标点,详见下文。
② 杜嗣先墓志详见下文。
③ 《旧唐书》卷七六,第2660页。
④ 《旧唐书》卷七二,第2570页。
⑤ 《旧唐书》卷三,第49页。

至于清人杭世骏为调和作者争端而认为虞世南、杜嗣先二人合撰《兔园策府》的看法更是不确。由杜嗣先墓志可知，杜嗣先卒于先天元年九月（712），享年七十九，则其生年为贞观七年（633）。他于明（当为"显"）庆三年（658）任蒋王府典签，年二十五。在蒋王徙任梁州都督的永徽三年（652），年十九。而虞世南至永徽三年蒋王任梁州都督时已逝世。可见虞世南与杜嗣先根本不可能在蒋王恽徙封梁州都督时同在帐下共事，也根本没有合撰此书的可能性。晁公武《郡斋读书志》中所说虞世南奉王命纂辑《兔园策府》说法大为可疑。

关于嫁名虞世南说尚有资料可做进一步补充，亦可反证《兔园策府》作者不是虞世南而是杜嗣先。《新唐书·蒋王恽传》载："炜初王汝南郡，恽薨，遂嗣王，为武后所害。"① 又《资治通鉴》载："夏，四月，甲辰，杀辰州别驾汝南王炜、连州别驾鄱阳公谭等宗室十二人，徙其家于巂州。炜，恽之子；谭，元庆之子也。己酉，杀天官侍郎蓝田邓玄挺。玄挺女为谭妻，又与炜善。谭谋迎中宗于庐陵，以问玄挺；炜又尝谓玄挺曰：'欲为急计，何如？'玄挺皆不应。故坐知反不告，同诛。"② 嗣蒋王炜因谋迎中宗事发被诛，时为永昌元年（689）。再从《兔园策府》成书时间推算，③ 此时《兔园策府》成书已经二三十年。彼时杜嗣先年五十六，虞世南则已故去五十多年，或许是此书时正流行，作者唯恐祸及自身而嫁名于已经故去之虞世南也未可知。若这一假设成立，则更能证明《兔园策府》作者是杜嗣先。即使上述假设不能成立，《兔园策府》作者也应该依敦煌文献和杜嗣先墓志所载，以杜嗣先为是。

关于《兔园策府》卷数，有三十卷、十卷和九卷三种说法。王应麟《困学纪闻》和《宋史·艺文志》"文史类"都记载是三十卷。晁公武《郡斋读书志》《宋秘书省续编到四库阙书目》《宋史·艺文志》集部"别集类"、马端临《文献通考》、陈第《世善堂藏书目录》均记载为十卷。只有日本学者藤原佐世《日本国见在书目录》中记载为九卷。对于卷数差异，王国维认为是"此书盛行之际，或并三十卷为十卷"。④ 吕思勉说得

---

① 《新唐书》卷八〇，第3575页。
② 《资治通鉴》卷二〇四"则天顺圣皇后"，第6457页。
③ 详见下文。
④ 《观堂集林》卷二一，第502页。

更为详尽：

> 合观诸文，知士大夫之尚此书，初盖以供对策之用，然后所重者，惟在其俪语而不在其训注，盖有录其辞而删其注者？故卷帙止三之一，若写作巾箱本，则并可藏之襟袖之间矣。①

王国维和吕思勉都认为十卷本是三十卷本在流传过程中根据需要删减的结果。周丕显则据《郡斋读书志》中该书分为四十八门的记载，结合敦煌写卷第一卷又分为五门的实况，认为十卷说不误。三十卷应为《旧唐书·经籍志》与《新唐书·艺文志》中著录《虞世南集》三十卷之误。②屈直敏和郑阿财赞同王国维、吕思勉说法，认为十卷本乃是三十卷本删去注文后的节略本。但屈直敏最后也说："但由于史料缺乏，尚难考定，只有留待来日再考。"③笔者认同十卷本是三十卷本删减注文后之节略本的说法。俄藏敦煌文献《兔园策府》写卷残片正好能证明这一点。写卷原文如前所揭，内容为《兔园策府》卷一《议封禅》后半至《征东夷》前半，正文中并无小字夹注。而其他敦煌写卷残卷中，《正历数》《议封禅》《征东夷》三门正文中都有小字夹注，说明《兔园策府》确有两种本子存在，一种为带有小字夹注的三十卷本，一种为不带小字夹注的十卷本。

至于九卷本，盖因《日本国见在书目录》由日本学者藤原佐世据冷然院所藏汉文典籍编成。但该书目完成于冷然院被焚之后，所据汉籍是该院火劫后遗存，故九卷本《兔园策府》或为十卷本之残存。

（四）成书年代

关于《兔园策府》一书成书年代，学界也歧见迭出。主要观点有：

1. 王国维认为成书于贞观七年（633）至永徽三年（652）之间。④
2. 刘进宝认为成书于贞观十年（636）至上元中。⑤

---

① 《隋唐五代史》，第 935 页。
② 周丕显：《敦煌文献研究》，第 163 页。
③ 屈直敏：《敦煌本〈兔园策府〉考辨》，《敦煌研究》2001 年第 3 期。
④ 《观堂集林》卷二一，第 502 页。
⑤ 刘进宝：《敦煌本〈兔园策府·征东夷〉产生的历史背景》，《敦煌研究》1998 年第 1 期。

3. 郭长城认为成书时间当在唐太宗至唐昭宗时期。①

4. 王三庆认为成书年代当在永徽三年（652）前后，最迟不晚于高宗显庆三年（658）。②

5. 那波利贞认为成书于永徽三年蒋王恽除梁州都督之后。③

6. 屈直敏认为撰于高宗李治立为太子之前，亦即贞观十七年（643）以前。④

诸家观点虽各不相同，但都涉及王应麟《困学纪闻》所载杜嗣先任蒋王恽僚佐之事。在作年上出现分歧的主要原因是杜嗣先事迹不详，任蒋王恽僚佐时间不得而知，所以不能准确判断出《兔园策府》写作的具体时间。《杜嗣先墓志》为解决这一争端提供了重要线索。下面笔者就根据《杜嗣先墓志》对《兔园策府》作年重新厘定，同时分析诸家观点正误。

先据叶国良《唐代墓志考释八则》将杜嗣先墓志原文抄录并标点如下：

公讳嗣先，京兆人也。高祖魏龙骧将军、豫州刺史惠公，讳遇，字庆期，晋镇南大将军、当阳侯预之六代孙。预生新平太守跻，跻生南阳太守胄，胄生燕郡太守巘，巘生中书侍郎、新丰侯铨，铨生中书博士振，振生遇。有赐田于洛邑，子孙因家于河南之偃师焉，凡四代矣。曾祖周新城太守琳，祖随朝散大夫、行昌安县令歆，考皇朝滑州长史业。公少好经史，兼属文笔，心无伪饰，口不二言。由是乡闾重之，知友亲之。年十八，本州察孝廉。明庆三年，释褐蒋王府典签。麟德元年，河南道大使左相窦公旌节星移，州郡风靡。出辕辕之路，入许颍之郊，官僚之中，特加礼接。时即表荐，驰驿就征，遂于合璧官引见，制试《乾元殿颂》，即降恩旨，授昭文殿直学士，借马茾人，仍令于洛阳城门待制。寻授太子左率府仓曹参军，又除国子监主簿。□入芳林门内，与学士高若思、孟利贞、刘祎之、郭正一等供奉。咸亨元年，銮舆顺动，避暑幽岐，沛王以天人之姿留守监国。遂降敕曰，驾幸九成官，□令学士刘祎之、杜嗣先于沛王贤处参侍言论，寻

---

① 郭长城：《敦煌本〈兔园策府〉叙录》，第 50 页。
② 王三庆：《敦煌类书》，丽文文化事业有限公司 1993 年版，第 117—119 页。
③ ［日］那波利贞：《唐代社会文化史研究》，东京创文社 1974 年版，第 237 页。
④ 《敦煌本〈兔园策府〉考辨》，《敦煌研究》2001 年第 3 期。

授雍王记室参军,与侍读刘讷言、功曹韦承庆等参注《后汉》。上元二年,藩邸升储,元良贞国,又迁太子文学,兼摄太子舍人。永崇元年,以官僚故事出为郓州钜野县令,又除幽州蓟县令。还私,后除汝州司马,又除苏州吴县令,寻加朝散大夫、简州长史。入计,又除太子洗马、昭文馆学士,又迁给事中、礼部侍郎,以前数官咸带学士。其所撰《兔园策府》及杂文笔,合廿卷,见行于时。每至朝仪有事,礼申大祀,或郊丘展报,或陵庙肃诚,上帝宗于明堂,法驾移于京邑,元正献寿,南至履长,朝日迎于青郊,神州奠于黑座。公凡一摄太尉,三摄司寇,重主司空,再入门下。或献替于常侍,或警卫于参军,典礼经于太常,修图书于大象矣!又属皇明远被,日本来庭,有敕令公与李怀远、豆卢钦望、祝钦明等宾于蕃使,共其语话。至神龙元年,又除徐州刺史,预陪祔庙,恩及追尊,赠公皇考滑州长史。公于是从心自逸,式就悬车,立身扬名,其德备矣!藏舟变壑,归居奄及。粤以先天元年九月六日,薨于列祖旧墟偃师之别第,春秋七十有九。以二年二月二日,与夫人郑氏祔藏于洛阳故城东北首阳原当阳侯茔下,礼也。孤子贝州司兵维骥,失其孝养,痛贯骨髓,伏念遗训,实录志云。①

从《杜嗣先墓志》可知其生平事迹为:年十八,本州察孝廉。明(当为"显")庆三年(658),释褐蒋王府典签。麟德元年(664),制试《乾元殿颂》,授昭文殿直学士,仍令于洛阳城门待制。寻授太子左率府仓曹参军,又除国子监主簿。先天元年(712)九月卒,享年七十九。据此推算,其生年为贞观七年(633)。据《旧唐书·蒋王恽传》可知:蒋王恽贞观五年(631)封郯王,十年(636)改封蒋王、安州都督,永徽三年(652)除梁州都督。据王应麟《困学纪闻》,《兔园策府》是唐蒋王恽令僚佐杜嗣先仿应科目策,自设问对,引经史为训注而作,且该书命名依据是梁王兔园典故。如此《兔园策府》必作于蒋王恽徙封梁州以后。而杜嗣先又是显庆三年(658)才释褐蒋王府典签的,则该书必作于显庆三年之后。至麟德元年(664),杜嗣先改官,授昭文殿直学士,则他任蒋王僚佐的时间

---

① 叶国良:《石学续探》,第127—129页。

为显庆三年至麟德元年之间。《兔园策府》就应作于这一时期之内。

再来分析关于《兔园策府》作年的各种观点。王国维认为成书于贞观七年（633）至永徽三年（652）之间，理由之一是敦煌文献中"治"字阙笔。但仅见于 P.2573 写卷，未见于其他四件写卷，而 P.2573 写卷此处恰有污损，因此导致王氏判断错误。污损处通过与其他写卷校勘便可辨明，郭长城已有辨析。① 王氏所说永徽三年是据蒋王恽徙封梁州都督而定，故无误。但从笔者之前考述来看，永徽三年杜嗣先尚未释褐蒋王府典签，故不应为《兔园策府》作年下限。刘进宝认为成书于贞观十年（636）至上元中和屈直敏认为成书于贞观十七年（643）以前的说法，据杜嗣先生年即可否定。如前所述，杜嗣先生于贞观七年（633），则贞观十年时仅三岁，贞观十七年亦仅十岁，如此幼龄撰成此书的可能性值得怀疑。郭长城认为成书时间当在唐太宗至唐昭宗时期之间，时间断限过于宽泛。王三庆认为成书年代当在永徽三年（652）前后和日本学者那波利贞认为成书于永徽三年蒋王恽除梁州都督之后，看法较为客观，只是因为他们没有见到《杜嗣先墓志》，所以时间断限不够具体。

（五）从《兔园策府》性质看唐代童蒙教育应试性倾向

《兔园策府》一书的性质，历来看法颇多歧义。或以为该书俚俗，是村野学究用来教育田夫牧子的童蒙之书，以《新五代史·刘岳传》为代表：

> 宰相冯道世本田家，状貌质野，朝士多笑其陋。道旦入朝，兵部侍郎任赞与岳在其后，道行数反顾。赞问岳："道反顾何为？"岳曰："遗下《兔园册》尔。"《兔园册》者，乡校俚儒教田夫牧子之所诵也，故岳举以诮道。②

或以为该书为科举考试备考之书。《旧五代史·冯道传》载：

> 明宗曰："此人朕素谙悉，是好宰相。"俄拜端明殿学士，端明之号，自道始也。未几，迁中书侍郎、刑部尚书平章事。凡孤寒士子，

---

① 郭长城：《敦煌本〈兔园策府〉叙录》，第 50 页。
② 《新五代史》卷五五，第 631 页。

抱才业、素知识者,皆与引用。唐末衣冠,履行浮躁者,必抑而置之。有工部侍郎任赞,因班退,与同列戏道于后曰:"若急行,必遗下《兔园册》。"道知之,召赞谓曰:"《兔园册》皆名儒所集,道能讽之,中朝士子止看《文场秀句》,便为举业,皆窃取公卿,何浅狭之甚耶!"赞大愧焉。①

冯道以为《兔园策府》为名儒纂辑,是举业必备之书。他批评了当时士子应举只习《文场秀句》,以自己能讽诵《兔园策府》为荣。吕思勉赞同这一观点,认为《兔园策府》是"取科名者皆诵之"之书。但吕思勉也认为该书先是士子用来备考之书,后来才转变成为童蒙教科书。郑阿财、朱凤玉《敦煌蒙书研究》赞同吕氏观点。笔者以为,《兔园策府》是童蒙教育高级阶段的教科书,且具有明显科举应试取向。因其以偶俪之语,策问形式纂古今事,故而也被士子用作备考之书。

首先,《兔园策府》是一部童蒙教育教科书。第一,敦煌写卷题名有"学生"字样。在现存五件敦煌写卷中,S.614 写卷题记为"巳年四月六日学生索广翼写了"。后有杂写"高门出贵子,好木不良才,易见不学问"等字,前后笔迹相同,当是学童索广翼涂鸦之作。表明此书被儿童诵习抄写,属童蒙教育用书。第二,《兔园策府》正文中双行小字经史夹注也说明该书是童蒙教育用书。仔细考察《兔园策府》敦煌写卷可以发现,该书并非像《新五代史·刘岳传》中刘岳所说那样,是"浅俗鄙俚"之作,而是文辞清丽,多为骈语。有些内容甚至深奥晦涩,并不利于儿童理解。但在敦煌写卷中,卷一《正历数》《议封禅》《征东夷》三门中都有双行小字夹注,解释正文,注明典故出处。如《正历数》中有云:"欲至斯道,有慯其由,论语:道之将行也与?命【也】!亦陈推步之方,以广询求之路!谢庄月赋曰昧道慯学也。汉书律历志曰:推日【月】元统。许慎说文解字:【岁、从】步成声。谓推步以成一岁。" 以毛诗:询于蒭荛。尚书【传】曰:求诸野,得之于傅岩之黔也。随文夹注方法详细注释原文,无疑是为了补充原文,便于学童理解记忆。

其次,《兔园策府》带有明显科举应试取向,以适用于科举考试的方式对儿童进行训练,是高级阶段的童蒙教育用书。下面从两个方面来分析:

---

① (宋)薛居正:《旧五代史》卷一二六,中华书局 2003 年版,第 1656—1657 页。

第一，策问形式。"唐人各科取士，几乎无不试策，而且试策在各科考试中，一般都具有最为重要的位置。"① 各科考试大体可分为常科和制举两种，常科中明经科"先帖文，然后口试，经问大义十条，答时务策三道"。② 进士科考试内容虽有诗赋，但试策始终是最稳固的一个试项。③ 而制举通常只试策问，从天宝十三载开始才加试诗赋。④ 由此可见策问在唐代科举考试中地位之重要。《兔园策府》一书正是采用策问的书写形式，这在童蒙教育用书中很独特。以下分别举科举考试策问一则和《兔园策府》中部分内容做一个对照。上官仪《对用刑宽猛策》：

> 问：狱市之寄，自昔为难。宽猛之宜，当今不易。缓则物情恣其诈，急则奸人无所容。曹相国所以殷勤，路廷尉于焉太息。韦弦折衷，历代未闻。轻重浅深，伫承嘉议。
>
> 对：攘袂九流，披怀万古。览七书之奥义，觌金简之遗文。睹皇王临御之迹，详政术枢机之旨。莫不则乾纲而张礼乐，法霆震而置威刑。……必使楚国受金，不为庄生所责。长陵盗土，必用张子之言。谨对。⑤

《兔园策府》卷一《辨天地》：

> 问：气象初构，形质始萌，倚杵分高下之容，回轮表运行之数。然则驾云甄海，炼石补维，徒闻夸父之林，空纪大章之箅。至若玄黄定体，珠璧连晖，列九野于躔房，疏五潢于清浅。窥其正色，有惑于蒙庄；览其要终，多疑于郑灶。子既猎华雕篆，采懿缃缃，对宵景以驰芳，概秋旻而发誉。登科入辟，必俟英贤；赜秘钩深，理宜昭晰！
>
> 对：窃以玄疑未辟，九变混其萌芽；素质爱分，四游定其升降。然则十端虚廓，九道交回，仰之者莫测其源，言之者罕详其要。或明

---

① 陈飞：《唐代试策考述》，中华书局2002年版，第19页。
② 《新唐书》卷四四，第1161页。
③ 《唐代试策考述》，第131页。
④ 《唐会要》卷七六，第1393页。
⑤ 《全唐文》卷一五五，第1584页。

其载水，或说以浮空，地若卵中之黄，天如山外之色。杨泉覆缴之谕，未穷广大之容；仲任倚盖之谈，距识周流之象。……谨对。①

从以上例证可见，科举考试中策问的基本格式是：问—对—谨对。即先列问题，以"问"开头，继而提出问题。应试者答问以"对"开头，再作答，答完以"谨对"结束。而《兔园策府》书写形式与策问格式完全相同，显然是有意模仿科举考试策问形式书写，对儿童进行有针对性的训练。该书相当于唐代科举试策考试的模拟试卷。

第二，骈俪偶对的语言。晁公武认为《兔园策府》"皆偶俪之语"。孙光宪认为该书"乃徐虞文体，非鄙朴之谈"。② 此处"徐虞文体"当为"徐庾文体"，其一大特征就是骈语和偶句。考察现存敦煌写本《兔园策府》可以发现，不仅正文全是四六骈语，序文也是如此，确如晁公武、孙光宪所言。而骈俪偶对也是为了迎合科举考试需要。如前所述，诗赋、策问都是科举考试的重要试项，诗赋和对策中骈俪和偶对必不可少。吕思勉曾说："唐宋取士，皆尚辞华，故其人习于声病对偶。"③ 而"声病对偶"却非一时之功能够习得，需要从早期教育开始积累。《兔园策府》语言全用骈俪偶对，是有意识对儿童进行这方面的训练。

总之，从《兔园策府》可以看出，初唐就已经出现了为适应科举考试需要编制的童蒙教育教材。从《兔园策府》可以清晰地看出当时童蒙教育教材为科举服务的特征、科举考试对童蒙教育强有力的导向作用和童蒙教育的应试性倾向。考试是教育的指挥棒，对教育的影响和渗透不容忽视。《兔园策府》恰好为我们提供了一扇了解唐代考试作用于童蒙教育的窗口，由此亦可见《兔园策府》在唐代教育史和文化史上的重要价值。

第二节　唐代中原与敦煌童蒙教育的比较

不同教育内容会产生不同教育效果。唐代不同地区教育内容的差异性自

---

① 《敦煌蒙书研究》，第267—268页。
② 《北梦琐言》卷一九，第350页。
③ 《隋唐五代史》，第935页。

然会在儿童诗歌创作中留下印迹。因此对不同地区童蒙教育和儿童诗歌创作进行双向比较，无疑能将这种教育差异和由此导致的教育效果差异区分得更为清晰，从而最大限度地还原历史原貌。所以笔者将中原地区和敦煌地区作为两个比较项，尝试以此为中心揭示唐代童蒙教育和儿童诗歌创作之间的关系。

今存唐代教育资料，史书记载详于中央学校而略于地方学校，详于成年士子教育而略于童年启蒙教育。童蒙教育乃成年教育之基础，对人的一生影响甚大。遗憾的是不仅中原地区童蒙教育鲜有论者提及，即使少数讨论敦煌教育的论著也较少专门申述。[①]

一般而言，什么样的教育便产生什么样的人，这一道理同样适应于童蒙教育。德国教育家卡尔·威特说："人如同瓷器，小时候就形成了他一生的雏形。幼儿时期就好比制造瓷器的黏土，给予什么样的教育就会形成什么样的雏形。"[②] 对于儿童诗人来说，童蒙教育内容、途径以及教育者素质会直接作用于他们知识结构的形成和文学创作。从敦煌写卷可以看出，敦煌学郎诗与诗文集、史志、笔记、杂传、碑志中所载中原地区儿童诗有着巨大差别。要追寻个中原因，就不得不去考察他们所受教育的不同。这些儿童诗人在接受教育过程中，学习什么内容？儿童以什么方式接受这些教育内容？什么人承担了教育者职责？本节就尝试对这些问题进行探讨，以期对两地迥然有别的儿童诗歌创作做出合理解释。

一 教育内容

各个时代，各种教育，内容虽各不相同，但小到备忘记事、大到文化

[①] 高明士：《唐代敦煌的教育》，《汉学研究》1986年第4卷第2期；李正宇：《唐宋时代的敦煌学校》，《敦煌研究》1986年第1期。在讨论敦煌童蒙教育之前，有必要对唐代敦煌地区的整体情况做一介绍。唐代敦煌教育大致可以分为三个时期：第一个时期是初盛唐时期。敦煌自武德二年（619）成为唐代治域，到建中二年（781）被吐蕃占领，其间的162年，敦煌史上称之为初、盛唐时期。这一时期的敦煌学校大致有州学（州学内不仅有儒家经典教育，还有医学、道学）、县学和义学。第二个时期是蕃占时期，从建中三年（782）到大中二年（848），其间60多年时间被吐蕃占领。这一时期，敦煌社会、政治、经济、文化都打破了固有传统，发生了翻天覆地的变化。原有州县学和官私学校均被寺学所取代。第三个时期是归义军时期。从大中三年（849）张议潮起义成功到北宋景祐三年（1036），这段时间长达187年，但属于唐五代的是112年。此一时期学校和教育都得到了很大发展，既有官学（包括州学、县学和伎术院学，州学除经学外，还有阴阳学），也有义学、寺学、社学和坊巷之学。

[②] ［德］卡尔·威特撰：《卡尔·威特的教育》，柔依译，内蒙古人民出版社2008年版，第18页。

传承,都离不开文字,识字是教育的第一项内容。清人王筠在《教童子法》中曾说:"蒙养之时,识字为先。……能识两千字乃可读书。"① 则识字是一切教育的开端。唐代童蒙教育初始阶段,从识字、各种综合知识习得到道德品行养成都有相应的蒙书。② 这一点中原地区和敦煌地区大体一致。③ 除蒙书以外,两地童蒙教育尚有其他内容。

(一)中原地区

中原地区童蒙教育的内容主要是《孝经》《论语》和除此之外的其他经史典籍,并及诗赋文章。

《孝经》《论语》 童蒙教育不惟传授知识,更要进行道德教化和品行培养,唐代童蒙教育也不例外。在教育内容上致力于伦理道德灌输,其外在表现就是重视《孝经》和《论语》。唐代儿童诵习《孝经》在典籍中记载颇多,如崔祐甫《故常州刺史独孤公神道碑铭并序》载:"常州禀元和以生,幼有成人之量。秘监府君亲授以《孝经》,常州一览成诵。秘监问曰:'尔志于何句?'曰:'立身行道,扬名于后世,是所尚也。'"④《孝经》主张把孝贯穿于人的一切行为当中,"身体发肤,受之父母,不敢毁伤"是孝之始;"立身行道,扬名后世,以显父母"是孝之终。独孤及小时在父亲指授下读《孝经》,就领悟了"孝"的本质。他如"小学大成,至于《孝经》《论语》,通卷背文",⑤ "七岁颂《孝经》《论语》",⑥ 等等。被唐人称为"德之本"的《孝经》和"括五经英华"⑦的《论语》,语言简洁,深入浅出,是训示中国传统儒家伦理道德的好教材,很适合在

---

① (清)王筠:《教童子法》,徐梓、王雪梅:《蒙学辑要》,山西教育出版社1992年版,第1028页。
② 郑阿财、朱凤玉将敦煌蒙书分为识字类(包括综合性识字类、杂字类、俗字类、习字类)、知识类(包括综合知识类、历史知识类、习文知识类、算术知识类)、德行类(一般类、家训类、格言诗类)。见《敦煌蒙书研究》,第9—437页。
③ 不少学者持此看法,如高明士《唐代敦煌的教育》,《汉学研究》1986年第4卷第2期;姚崇新:《唐代西州的私学与教材——唐代西州的教育之二》,《西域研究》2005年第1期。事实上,敦煌藏经洞发现的蒙书作为敦煌地区童蒙教育的教材,有不少是自中原传入的。由于不同蒙书在不同阶段流行的盛衰更替,有的在中原散佚不存,但却因在敦煌地区流传而赖敦煌写卷得以面世。因此,两地所用蒙书大体一致应该是符合事实的。
④ 周绍良:《全唐文新编》卷四〇九,吉林文史出版社2000年版,第4800页。
⑤ (大和063)《唐故安定梁君墓志铭并序》,《唐代墓志汇编》,第2141页。
⑥ (神龙035)《大唐故文林郎崔君墓志铭并序》,《唐代墓志汇编》,第1065页。
⑦ 梁肃:《陪独孤常州观讲〈论语〉序》,《全唐文》卷五一八,第5270页。

儿童识字阶段以后诵读。《孝经》和《论语》是唐代儿童最为普遍的教育内容。

其他经史 除《孝经》《论语》以外，其他经史也是唐代童蒙教育的内容。儒家经典是唐代科举考试必考科目，也能为诗赋创作提供素材，在童蒙教育中地位尤为突出。相关记载广泛见于各类史料之中。如卢仝在《寄男抱孙》中教导儿子抱孙曰："《尚书》当毕功，《礼记》速须剖。"[1] 唐人王德表"年五岁，日颂《春秋》十纸"。[2] 黑齿常之"年甫小学，即读《春秋左氏传》及班马两史"。[3] 刘复"至十一岁，习古文《尚书》《周易》，每日所诵，逾于万言"。[4] 从这些例证都可看出唐代中原地区童蒙教育十分重视经史。而且，他们很早就接受经史教育，前述王德表五岁学经史，崔欹"七岁读《孝经》《论语》《毛诗》《礼记》"。[5] 司空神童七岁暗写五经，[6] 李存十岁九经三史俱能记诵。[7] 刘知几童年就开始学习《尚书》，父兄对其经史教育有明确目的和先后之别。他在《自叙》中记述他童年接受经史教育的过程说：

> 年在纨绮，便受《古文尚书》。每苦其辞艰琐。难为讽读，虽屡逢捶挞，而其业不成。尝闻家君为诸兄讲《春秋左氏传》，每废《书》而听，逮讲毕，即为诸兄说之。因窃叹曰："若使书皆如此，吾不复怠矣！"先君奇其意，于是始授以《左氏》，期年而讲诵都毕，于时年甫十有二矣。所讲虽未能深解，而大义略举。父兄欲令博观义疏，精此一经，辞以获麟已后，未见其事，乞且观余部，以广异闻。

---

[1] 《全唐诗》卷三八七，第4369页。
[2] （圣历028）《大周故瀛洲文安县令王府君墓志铭并序》，《唐代墓志汇编》，第947页。
[3] （圣历022）《大周故左武威卫大将军检校左羽林军赠左玉钤卫大将军燕国公黑齿府君墓志文并序》，《唐代墓志汇编》，第942页。
[4] 梁宁：《唐故尚书水部员外郎以著作郎致仕彭城刘府君（复）墓志文》，《全唐文补遗》第八辑，第98页。
[5] 阙名：《周故至孝右率府翊卫清河崔君（欹）墓志铭并序》，吴钢：《全唐文补遗》第二辑，三秦出版社1995年版，第357页。
[6] 王建《送司空神童》曰："暗写五经收部秩，初年七岁著衫衣。"《全唐诗》卷三〇〇，第3409页。
[7] 李鄂：《唐孝子故庐州参军李府君（存）墓志》，吴钢：《全唐文补遗》第一辑，三秦出版社1994年版，第334页。

次又读《史》《汉》《三国志》，既欲知古今沿革，历数相承，于是触类而观，不假师训。①

虽然刘知己所述是个人学习经史的经历，但由此可以看出，唐代中原地区童蒙经史教育确实开始时间早，所学内容也有相当难度。学习经史的次序是先习儒家经典，博观义疏，熟读记诵，以求仕进；次读史籍，知古今沿革，历数相承，以广异闻。

诗赋文章　唐代中原地区童蒙教育中，诗赋文章占有较大比重，这与教育指挥棒——考试内容密切相关。考试中重视诗赋在一定程度上抬高了诗赋在唐人心目中的地位、刺激了唐人学作诗赋的热情。这也是唐代中原地区童蒙教育重视诗赋文章的重要原因。唐代文献中有不少文士幼年学习诗赋的记载。如李志"五岁诵诗赋数万言"，② 白居易"及五六岁便学为诗，九岁谙识声韵"。③ 许浑童卯之时就已学诗，其《乌丝栏诗自序》云："余卯岁业诗，长不知难。"④ 可见唐代中原儿童大多四五岁就已经开始学习诗文。而且从白居易等人的例证可以看出，唐代知名诗人之所以能在诗文创作上取得成功，与他们童年接受诗赋文章教育密不可分。有的儿童五六岁诵习诗文，七八岁就已经学着写作诗文了，刘璿就是一个例子。（长安007）《大周故兖州都督彭城刘府君墓志铭并序》云："五岁诵骚、雅，七岁读诗、书，兼解缀文，每有奇句。"⑤ 窦繻九岁学作诗文，颇受当时贤达称誉。《唐故朝议郎使持节剑州诸军事守剑州刺史上柱国扶风县开国伯食邑七百户赐绯鱼袋窦公（繻）墓志铭并序》载："公幼秉殊操，孤标不群。九岁，学为五言七字诗；十岁，缀胥序引之文，颇为时贤所知。"⑥ 由此可见唐代童蒙诗赋教育效果之显著。

以上大量事实说明，唐代中原地区儿童普遍接受过诗赋文章教育。但

---

① 刘子玄：《自叙》，《全唐文》卷二七四，第2789页。
② 阙名：《唐故使持节沂州诸军事沂州刺史李府君（志）墓志铭》，《全唐文补遗》第八辑，第336页。
③ 《与元九书》，《白居易集笺校》卷四五，第2792页。
④ 许浑：《乌丝栏诗自序》，《全唐文》卷七六〇，第7903页。
⑤ 《唐代墓志汇编续集》，第392页。
⑥ 《全唐文补遗》第八辑，第174页。

是他们所学都是哪些诗赋呢？

首先是《文选》。唐代《文选》学大盛，士子文人几乎都要修习《文选》，流风所及，童蒙教育也受到沾溉。诗人杜甫就教育儿子"熟精《文选》理"。《太平广记》"张简"载："唐国子监助教张简，河南缑氏人也。曾为乡学讲《文选》。"① 就连乡里村学也将《文选》作为儿童诗赋文章教育的课本，《文选》作为童蒙教育内容在中原地区的普及由此可以想见。

其次是前代著名文人作品。前代著名文人屈原、司马相如等的诗赋都是中原童蒙教育汲取的养料。贺知章《唐故朝议大夫给事中上柱国戴府君（令言）墓志铭并序》载："府君生而岐嶷，宗党欣庆。甫及数岁，有若成童。垂髫能诵《离骚》及《灵光江海赋》，难字异音，访对不竭。"② 李白幼年时曾诵习司马相如《子虚赋》，他在《秋于敬亭送从侄耑游庐山序》中说："余小时，大人令诵《子虚赋》，私心慕之。"③

最后是当代著名诗人诗文。王维诗就被玉真公主之子当作学习范本。《太平广记》"王维"载："维则出献怀中诗卷呈公主。公主既读，惊骇曰：'此皆儿所诵习，常谓古人佳作，乃子之为乎？'因令更衣，升之客右。"④ 元白诗也被乡里村学用作童蒙教育教材。元稹《白氏长庆集序》载："予于平水市中，见村校诸童竞习诗，招而问之，皆对曰：'先生教我乐天、微之诗。'"⑤ 此外如刘得仁童稚时诵习顾非熊诗，⑥ 郑谷幼年吟习司空图诗等，⑦ 都说明当代著名诗人诗文在中原儿童诗赋教育中常被用作教材。

从现有资料看，在中原地区童蒙教育的诸多内容中，诗歌教育尤受强调。此外，通过考察还可看出，其诗歌教育有从诵读到用典、声律、避讳、立意谋篇等诸多环节，有步骤地培养儿童的诗歌创作能力。

---

① 《太平广记》卷四四七，第 3658 页。
② 吴钢：《全唐文补遗》第七辑，三秦出版社 2000 年版，第 33 页。
③ 《李太白全集》卷二七，第 1266—1267 页。
④ 《太平广记》卷一七九，第 1332 页。
⑤ 《元稹集》卷五一，第 555 页。
⑥ 刘得仁《贺顾非熊及第其年内索文章》曰："愚为童稚时，已解念君诗。"《全唐诗》卷五四四，第 6289 页。
⑦ 《唐诗纪事》卷七〇"郑谷"："谷，字守愚，袁州人，故永州刺史之子。幼年，司空图与刺史同院，见而奇之曰：'曾吟得丈丈诗否？'曰：'吟得。'"（宋）计有功：《唐诗纪事》，上海古籍出版社 2008 年版，第 1040 页。

诵读是获得语感的有效途径，大量诵读诗歌是创作诗歌的前提。俗语有云："熟读唐诗三百首，不会作诗也会吟。"讲的就是这个道理。教育学研究表明："儿童的机械识记占优势。儿童容易识记不理解的东西，往往是逐字逐句地熟记学习材料。"[①] 在儿童诗歌教育之初，大量诵读诗歌是有效方法，唐代中原童蒙教育正是遵循了这一教育学规律。如戎昱未读书时就开始诵读岑参诗，其《赠岑郎中》曰："童年未解读书时，诵得郎中数首诗。"[②] 杜甫教育幼子宗武学诗也是从诵读自己的诗作开始，其《遣兴》云："骥子好男儿，前年学语时。问知人客姓，诵得老夫诗。"[③] 唐代多数儿童在学诗之初，都以诗歌诵读为起点，"幼能就学，皆诵当代之诗"[④] 说的就是这种情况。

诗赋创作历来讲究用典，典故往往包含具体历史事件，使用典故能起到言简意赅、以少总多的作用。对于字数有严格规定的律诗而言，使用典故既可避免语词繁缛，又可见文辞妍丽和对仗工整，是诗歌能否做好的重要因素。儿童小小年纪不可能博览群书，也不可能册不离身随检随用。于是唐人便将典故编写成合辙押韵的童蒙用书，如《蒙求》等，以供儿童记诵，数百字篇幅就将千百年间人物、史事囊括其中，在抑扬顿挫的诵读之间就可抵数年读书。虽然记载儿童典故教育方法的史料较少，但从儿童精熟典故的史实中也可以看出他们接受过用典训练。

声律是诗歌创作的关键。要学会作诗，就必须具备声律知识，做到句有定字，韵有定位，字有定声，联有定对。唐代中原儿童很多从三四岁就开始学习声律知识。如权德舆三岁已学会四声变化。[⑤] 杨绾四岁已经能熟练操作四声。[⑥] 王周七岁禀长者之训学习辨别声律，继而学习作诗，其《自喻》曰："五岁禀慈训，愤悱读书志。七岁辨声律，勤苦会赋诗。"[⑦]

---

① [苏] M. B. 加梅佐主编：《年龄和教育心理学》，戚长福译，人民教育出版社1988年版，第212页。
② 《全唐诗》卷二七〇，第3008页。
③ 《杜诗详注》卷四，第326页。
④ 《旧唐书》卷一一九，第3430页。
⑤ 《旧唐书》卷一四八，第4002页。
⑥ 《旧唐书·杨绾传》载："绾生聪慧，年四岁，处群从之中，敏识过人。尝夜宴亲宾，各举坐中物以四声呼之，诸宾未言，绾应声指铁灯树曰：'灯盏柄曲。'众咸异之。"《旧唐书》卷一一九，第3429页。
⑦ 《全唐诗》卷七六五，第8685页。

从中原地区儿童小小年纪就接受声律教育的事例中，不难想象唐代出现那么多能诗早慧儿童的原因。①

避讳指回避君主尊亲名字。② 唐人很重视避讳，李贺因父名晋肃而终生不能举进士。在诗歌创作中，尤其是往来赠答酬应，更需注意避讳。唐代中原儿童诗歌教育也有这项内容。《朝野佥载》载："苏颋年五岁，裴谈过其父。颋方在，乃试诵庾信《枯树赋》，将及终篇，避'谈'字，因易其韵曰：'昔年移柳，依依汉阴。今看摇落，悽悽江浔。树犹如此，人何以任。'谈骇叹久之，知其他日必为文章主也。"③ 苏颋年仅五岁就能在回答客人提问时主动避开客人名讳，且能灵活换韵改作原文。从他能熟练操作避讳上看，其应该接受过诗文避讳知识的教育。

立意就是确立诗歌主题。在创作中，立意占有很重分量。一篇作品能不能成为传世佳作，往往取决于立意。杜甫曾夸奖严武诗云："政简移风速，诗清立意新。"④ 可见诗歌立意要新奇深远，不落俗套。确定诗歌立意之后，就需要谋篇布局，用恰当词句表达出来。立意谋篇是诗歌创作成功与否的关键，也是儿童较难掌握的内容，需要师长指授。唐代中原地区能诗儿童中，有不少是从师学习后才登堂入室、进入诗歌殿堂的。如韦渠牟十一岁从李白学古乐府学，⑤ 韩昶十余岁从张籍学诗，⑥ 王建幼年曾在舅父指导下学诗。王建《送韦处士老舅》曰："忆昨痴小年，不知有经籍。……人前赏文性，梨果蒙不惜。赋字咏新泉，探题得幽石。"⑦ 这些师长对儿童的指授当然不会限于立意谋篇，还应该包括上述用典、声律、

---

① 骆宾王七岁赋《咏鹅》，见《唐诗纪事》卷七；杜甫七岁咏凤凰，见《杜诗集注》卷一六；薛元超八岁作《咏竹》，见崔融《大唐故中书令兼检校太子左庶子户部尚书汾阴男赠光禄大夫使持节都督秦城武渭四州诸军事秦州刺史薛公（元超）墓志铭并序》，《全唐文补遗》第一辑；刘晏十岁作《咏王大娘戴竿》，见《太平广记》卷一七五；杨宇六岁作《咏棋》，见《唐诗纪事》卷五三；李义府八岁作《咏乌》，见《唐语林》卷三，等等。唐代诗人的早慧现象已有学者论及，参看郭绍林《唐代的早慧现象》，收入氏著《隋唐历史文化》，中国文史出版社2005年版，第248页。
② 王新华：《避讳研究》，齐鲁书社2007年版，第1页。
③ 《朝野佥载》卷四，第96页。
④ 《奉和严中丞西城晚眺十韵》，《杜诗详注》卷一一，第893页。
⑤ 权德舆：《右谏议大夫韦君集序》，《全唐文》卷四九〇，第5000页。
⑥ 《唐代墓志汇编》，第2329页。
⑦ 《全唐诗》卷二九七，第3371页。

避讳等诗歌创作技巧的全方位指导。

从唐代中原地区儿童接受诗文教育的环节看，唐人童蒙诗歌教育有一个由浅到深、由易到难、循序渐进的完整系统，是符合儿童教育规律的。唐代之所能出现众多早慧能诗儿童，与此种教育有直接关系。

书法、历算、道学经典及其他内容　唐代中央官学中，有书学、律学、算学和崇玄学。童蒙教育中有时也会有书法、历算、佛道经典等内容。唐人重书学，书法在唐代童蒙教育中较为突出。张怀瓘在《六体书论》中说："夫好事之人，广求名书，以教其子，察其所入，便遣习之。"①有些儿童书法极好，杜甫在《醉歌行》中称赞其从侄说："总角草书又神速，世上儿子徒纷纷。"②《新唐书·儒学传》载欧阳通幼年时临习乃父欧阳询书法，数年后书法仅亚于其父，被称为"大小欧阳体"。③这都说明当时中原儿童教育内容中确有书法这项内容。

算学也是中原童蒙教育中的一项内容。（天宝122）《唐故吏部常选广宗郡潘府君墓志铭并序》载："君名智昭，字洛，京兆华原人也。幼年聪敏，识用多奇，日诵万言，尤工书算。"④《缉古算经》作者王孝通幼年也曾修习算学，其《上缉古算经表》云："长自闾阎，少小学算。"⑤可见中原儿童，无论出身文士之家，还是长自乡村间里，都学习算学。

唐代的教育思想是"崇圣尊儒"，一度亦曾"兼重佛道"。朝廷推崇道教，中央官学亦开设崇玄学，一度使中原童蒙教育中也出现了道家内容。如颜真卿"十岁诵老庄，即能讲解"。⑥兵书也曾是内地儿童学习的内容。如周璵"十岁，诵孙吴兵书数十万言"。⑦张光祚"在襁褓则惠，为童寡词，七岁通两经，十五诵三略。"⑧《三略》即《黄石公三略》，是

---

① 张怀瓘：《六体书论》，《全唐文》卷四三二，第4407页。
② 《杜诗详注》卷三，第240页。
③ 《新唐书》卷一九八，第5646页。
④ 《唐代墓志汇编》，第1618页。
⑤ 《全唐文》卷一三四，第1348页。
⑥ 颜真卿：《唐工部尚书赠太子太师郭公（虚己）墓志铭并序》，《全唐文补遗》第八辑，第57页。
⑦ 周在中：《唐故平州刺史卢龙节度留后周府君（璵）墓志铭并序》，吴钢：《全唐文补遗》第三辑，三秦出版社1996年版，第234页。
⑧ 阙名：《唐故殿中监张君（光祚）墓志》，吴钢：《全唐文补遗》第四辑，三秦出版社1997年版，第462页。

中国古代著名兵书，与《六韬》齐名。由此可见唐代中原童蒙教育内容的丰富性。

这些教育内容应当是为了将来进入中央官学做准备。除兵书外，经史、诗赋、历算、书法、道学都是中央官学设置的科目。① 据《新唐书·选举志》，国子学、太学、四门学所习内容为五经，必修《孝经》《论语》。另有律学、书学、算学分习律令、书法和算历。开元二十九年设崇玄学，习老子、庄子等科目，亦设道举。② 童蒙教育内容几乎与之完全吻合，五经、《孝经》《论语》、书法、历算、道学，尤其是诗赋文章，与当时科举取士科目高度一致。可见唐代中原地区童蒙教育具有很强的应试性取向。

（二）敦煌地区

有学者通过考察敦煌学校档案认为，敦煌学校教育内容有五经、赋、诗、范文书仪、童蒙作品、医书、阴阳书等。③ 其中有史料可证属于童蒙教育的内容有：

《孝经》《论语》 《孝经》和《论语》是唐代学子必修课，从童蒙教育开始就被诵习，敦煌地区也不例外。但敦煌地区《论语》教材却和内地有些不同：其一，《论语》注本略有差异。在内地渐成绝响的北学系《论语郑氏注》在敦煌地区仍然十分流行，其风行程度甚至超过了官方主流注本何晏《论语集解》。其二，所用《郑注论语》版本不同于内地。敦煌地区儿童所用《论语》是从高昌国时代延续下来的旧式教材。④

五经 五经是唐代官私学校的主要教材，也是唐代科举考试的基本内容。唐代儿童所用教材，除启蒙读物之外，都要学习《孝经》《论语》及五经。这一点，敦煌地区和内地并无二致。⑤

诗赋 今存敦煌童蒙诗歌教材有《王梵志诗集》。⑥《王梵志诗集》有四个系统：一是三卷本《王梵志诗集》，作品思想驳杂，主要作于初唐时

---

① 书法虽不是贡举的科目，但却是铨选"身、言、书、判"的试项之一。
② 《新唐书》卷四四，第1159页。
③ 李冬梅：《唐五代敦煌学校部分教学档案简介》，《敦煌学辑刊》1995年第2期。
④ 姚崇新：《唐代西州的私学与教材——唐代西州的教育之二》，《西域研究》2005年第1期。
⑤ 同上。
⑥ 高明士：《唐代敦煌的教育》，《汉学研究》1986年第4卷第2期。

期，尤其是武则天时期，佛教题材较多却无禅宗南宗思想痕迹。二是一百一十首本《王梵志诗》，其残卷已断裂为两部分，分别庋藏于伦敦和圣彼得堡两地，共存诗六十九首。从内容看基本是一部佛教诗集，诗歌具有鲜明的禅宗南宗色彩。三是一卷本《王梵志诗集》，收录五言四句格言体小诗九十二首。四是散见的王梵志诗二十六首。① 作为敦煌童蒙诗歌教育教材的是一卷本《王梵志诗集》。这是晚唐某位民间士子编写的童蒙读本。② 其中有世俗格言诗七十二首，诸如劝人孝父母，如一六七首："爷娘绝年迈，不得离傍边。晓夜专看侍，仍须省睡眠。"爱兄弟，如一五二首："兄弟须和顺，叔侄莫轻欺。财物同箱柜，房中莫蓄私。"教子孙，如一八一首："欲得儿孙孝，无过教及身。一朝千度打，有罪更须嗔。"此外还有敬尊长、择儿妇、慎嫁女、勉学问、睦邻里、敬宾客、慎择交、戒财色等日常处世之道，道理浅近，非常实用，主要用以宣传儒家精神和民间道德规范。一卷本《王梵志诗集》最后二十首，是佛教格言诗，主要讲在家信徒应该遵循的戒律，劝人行善去恶，戒杀生，如二二四首："杀生最罪重，吃肉亦非轻。欲得身长命，无过点续明。"戒偷盗，如二二五首："偷盗需无命，侵欺罪更多。将他物己用，思量得也磨？"戒饮酒，如二二八首："饮酒是痴报，如人落粪坑。情知有不净，岂合岸头行。"同样浅近易懂、切合实用。《王梵志诗集》以通俗著称，多五言四句，以口语入诗，如"貌哨"（丑陋）等，③ 今人很难索解。风格质朴明快又犀利泼辣，不仅用作儿童诗歌教育读物，也很受下层民众欢迎。

敦煌童蒙诗歌教育教材中也有极少数唐代文人诗，在敦煌文献中发现两例。P.2622《吉凶书仪》卷末有一首敦煌学郎所抄诗曰："山顶一队绿陵云，白马红英（缨）出众郡（群）。知如（尔）意气不如此，多应则个待河（何）人。"此诗又见于P.3619唐诗选集，文字稍有不同。另为P.3322学士张大庆书《卜筮书》末所题诗中的一首："明招（朝）游上远（苑），火急报春知。花须连夜发，莫伐（待）晓风吹。"此诗收于《全唐诗》卷五，题为武则天诗。综观这些诗歌教材，未及于当时著名诗

---

① 项楚：《敦煌诗歌导论》，巴蜀书社2001年版，第280页。项楚又有《王梵志诗校注》，上海古籍出版社1991年版，本书所引王梵志诗均据此本，不再一一标示。
② 《敦煌诗歌导论》，第303页。
③ 同上书，第306页。

人作品，即使有少量文人诗作，成就也并不高。

敦煌儿童也接受赋的教育，最流行的是《燕子赋》。《燕子赋》类似于儿童寓言，描述动物界强权（黄雀）欺凌弱小（燕子），强占燕巢而控诉于官府（凤凰）的故事。敦煌写卷中尚存《燕子赋》两篇，收录在《敦煌变文集》中。首篇是以 P. 2653 为原卷而参校 P. 2491、P. 3666、P. 3757 及 S. 6267、S. 214、S. 554 等卷而成。次篇原卷编号是 P. 2653。两篇篇名、内容、性质完全相同，只是描写手法巧拙各异。首篇是儿童教育教材，内容曲折，描写生动，角色鲜活，富于故事性，① 形式多变，四言至九言都有，有时还有骈偶句，如云："燕子单贫，造得一宅，乃被雀儿强夺，仍是更着恐吓。"语言以口语为主，间有谚语和俗语，如云："人急烧香，狗急蓦墙。""生不一回，死不两度。""宁值十狼九虎，莫逢痴儿一怒。"多用民间语汇，如以"入孔"言其小，以"奔星"言其快，以"火急"言其急等。全篇语言通俗，洋溢着乡土气息又充满童趣。

从以上敦煌儿童所学的诗、赋可以看出，这些诗、赋教材的共同特点是通俗浅近，全用口语，甚至是地方语汇。与中原相比，仅就诗赋教材而言，一雅一俗，泾渭分明。与中原对儿童诗歌创作技能全方位、多角度的综合指导训练相比，敦煌地区儿童诗歌教育似乎仅限于诵读这些俗诗赋，未见有进一步创作技法的传授。这似乎也传达出敦煌地区对儿童诗歌教育不甚重视的讯息。

书仪 书仪"是供人们写信时模仿和套用的参考书，最早出现于魏晋"。② 书仪按类型可分为朋友书仪、吉凶书仪和表状笺启类书仪。③ "唐以后书仪成为居家日用的百科全书"，④ 是人们日常交往必不可少的工具，因此也成了敦煌地区童蒙教育的重要内容。敦煌文献中，有晚唐五代敦煌学校自编的童蒙教育书仪教材 P. 3502《新集诸家九族尊卑书仪》一卷，河西节度判官掌书记试太常寺协律郎张敖撰。其序文称：

---

① 次篇文辞呆板，整齐而少趣味，不甚受欢迎。参看雷侨云《敦煌儿童文学》，台湾学生书局 1985 年版，第 147 页。本书所引《燕子赋》亦出此本，不再一一标示。
② 周一良、赵和平：《唐五代书仪研究》，中国社会科学出版社 1995 年版，第 1 页。
③ 同上书，第 2 页。
④ 赵和平：《敦煌写本书仪研究》，新文丰出版公司 1993 年版，第 1 页。

夫书仪者，籍在简要，不在其多。但见古来撰述，纸数维繁，词理归一，足成弈言议尚亏。朝庭八座群官，参详轻重删略，亦在直言。且凡修书者，述往还之情，通温凉之信。四时递改，则月气不同；八节推移，则时候皆别。今之所著，微举宏缕，修从轻重，临时剪截。先标寒暑，次谱彼人，后自谦身，略为书况。故知江海海远，尚藉涓流；五岳崇高，犹假尘附。使童蒙易会，揽无遗号，号曰纂要书仪，且载于后。①

又 P.3249《新集吉凶录》两卷，亦张敖撰集。其中有云：

叙曰：人之有礼，即安无礼，即危以识才，通明于礼仪。是以士大夫之家吉凶轻重，而礼经繁综，卒难寻检。乃有贤才撰集纂要吉凶，号曰书仪，以传时世，是为济要，自大唐前后数十件著述，纸墨颇繁，词理归一。且夫死哀之初，礼宜贵于宁戚，悲号之际，情岂假于炫文。所以综其旧仪，较量轻重，裁成一绝，亦尽哀情。今朝庭遵行元和新定书仪，其间数在于凡庶，固无所施，不在于此，今采其要，编其吉凶录为两卷，使童蒙易晓，一览无遗，故曰纂要书仪。②

由序文可见，两种书仪均是采集数卷旧有书仪编纂而成，目的是使"童蒙易晓，一览无遗"。张敖是晚唐敦煌从事童蒙教育的教师，为教授儿童专门编纂了这些书仪。从中可以看出书仪在敦煌地区童蒙教育内容中很受重视。

姓氏书 姓氏书是记述家族姓氏起源、世系的著作。在以宗法血缘制度为主要内容的古代社会，以父系血缘关系为基础，将同姓联结成一个共同体。因此，人们都很重视自己的姓氏，姓氏书正是为了便于人们了解和查验姓氏而编。通过姓氏书，可以知道全国姓氏分布，知道自家姓氏所在位置。有的姓氏书列有郡望，可满足家族寻根溯源的需求。

---

① 张敖：《新集诸家九族尊卑书仪序》，陈尚君：《全唐文补编》卷九二，中华书局 2005 年版，第 1127 页。
② 李冬梅：《唐五代敦煌学校部分教学档案简介》，《敦煌学辑刊》1995 年第 2 期。

姓氏书也是唐代敦煌地区童蒙教育的内容之一。据敦煌学校教学档案，P. 2052《新集天下姓望氏族谱一并序》称："夫人立身在世，姓望为先，若不知之，岂为人子？虽即博学，姓望殊乖，晚长后生，切须披览，但见注脚，姓望分明。"① 据李冬梅考察，这卷姓氏书不是从中原传入的，也不是记录某一时期的姓氏，而是归义军时期敦煌文士抄录各种姓氏书汇集而成。该书没有严格的撰写体例，取材也没有年代限制，是将能搜寻到的姓氏书汇集到一起的"大杂烩"。② 从序文可以看出，当地家族观念很强，要求后生晚辈必须学习姓氏书，其重要性甚至被强调到"若不知之，岂为人子"的程度。又 P. 2885 学郎抄写的姓氏蒙书也说明姓氏书在敦煌地区是儿童教育的一项重要内容。写卷卷末附诗一首："沙弥天生道理多，人名不得那（奈）人何。从头至尾没闲姓，忽若学□□□□。□□□□字不得者，杅（打）你沙弥头脑破。"③ 这位学郎是个小沙弥，在所抄姓氏蒙书后面即兴作诗，强调学习姓氏蒙书的重要性，并告诫自己如果不能通晓这些姓字，将要受到毫不留情的惩罚。

敦煌儿童学习姓氏书的目的有二：一是接受谱学知识教育；二是利于日常书写碑铭传赞等应用文时辨别姓望。④ 姓氏书能在敦煌地区童蒙教育中盛行在于其实用性。这些姓氏书与宋元明清时期盛行于中原地区的蒙书《百家姓》当为同一类型。

算学 敦煌童蒙教育还教授算学知识。敦煌写卷有《九九乘法歌》，其内容与今日学童背诵的九九乘法表相同，用歌诀方式传授算术知识。所不同者如今九九乘法表是从"一一得一"至"九九八十一"，而敦煌《九九乘法歌》顺序正好相反，从"九九八十一"至"一一得一"。其原文《敦煌蒙书研究》著录甚详，可参看。由此可见，这些简单又实用的数学知识也是敦煌地区童蒙教育的一项内容。

综合来看，敦煌地区童蒙教育在内容上的特点有二：其一，五经、《论语》《孝经》与中原地区一致，诗赋教材与中原地区截然不同，地方特征尤为突出，也未见训练诗歌创作技法，科举应试取向不甚明显。其

---

① 郑炳林：《敦煌地理文书汇辑校注》，甘肃教育出版社 1989 年版，第 323—328 页。
② 李冬梅：《唐五代敦煌学校部分教学档案简介》，《敦煌学辑刊》1995 年第 2 期。
③ 《敦煌诗歌导论》，第 204 页。
④ 李冬梅：《唐五代敦煌学校部分教学档案简介》，《敦煌学辑刊》1995 年第 2 期。

二,特别强调书仪、姓氏书等教育内容。书仪、姓氏书和算学知识是日常书信往来、算账记账所必需,这反映出敦煌地区童蒙教育内容更偏重于实用性的倾向。

二 教育途径

教育必须通过一定途径才能实现教育目的。中原和敦煌儿童各自通过何种途径接受教育,是个值得追索的问题。

(一) 中原地区

唐代中原地区儿童接受教育的途径大体说来有如下几种:

家庭 在士大夫家庭中,长辈多有较高文化素养,有条件亲自教授儿童。在这种教育方式中,寡母教授孩童的现象较为突出,典籍中这类记载极多,如元稹、薛收、李绅、杨收、颜真卿等都由寡母亲自教导。家庭内部其他成员、亲族或好友有时也会承担童蒙教育任务。父教子,如姚思廉少受《汉书》于父亲姚察。[①] 伯父教侄,如白居易对其弟白行简之子龟儿"多自教习,以至成名"。[②] 外祖教外孙,如韦丹幼年从学于外祖颜真卿。[③] 友人教授,如韩昶十余岁时张籍教其作诗,十一二岁樊宗师教其作文。[④] 这都是在家庭中施行童蒙教育的例证。

私塾 除了长辈亲友教授之外,有的文人士大夫家庭还设有私塾,出资延请教师教授儿童。韩愈家中就设有供子弟读书的学院。《太平广记》"染牡丹花"载:"唐朝韩文公愈,有疏从子侄,自江淮来,年甚少。韩令学院中伴子弟,子弟悉为凌辱。"[⑤] 韩愈家中学院,当是专供自家子弟读书的私塾。《旧唐书·刘邺传》载刘邺幼年曾随李德裕诸子同席读书:"邺六七岁能赋诗,李德裕尤怜之,与诸子同砚席师学。"[⑥]《旧唐书·令狐建传》载:"建妻李氏,恒帅宝臣女也,建恶,将弃之,乃诬与佣教生

---

① 《新唐书》卷一二〇,第3978页。
② 《旧唐书》卷一六六,第4358页。
③ 韩愈:《唐故江西观察使韦公墓志铭》,《韩愈全集校注》,第1851页。
④ 韩昶:《自为墓志铭》,《全唐文》卷七四一,第7666页。
⑤ 《太平广记》卷四〇九,第3315页。
⑥ 《旧唐书》卷一七七,第4617页。

邢士伦奸通。建召士伦榜杀之，因逐其妻。"① 唐时私塾教师也叫佣教生，邢士伦就是被延聘到家里的私塾教师。士大夫家庭有经济能力延请文士到家中私塾教授子弟，从而使私塾成为中原文士家庭儿童接受教育的一个重要途径。

乡里村学 唐代中原地方官学体系分州、县、乡、里几个层级。唐代百户为一里，五里为一乡，乡学多设在村里，故称乡里村学。② 唐代乡里村学广泛存在，后期比前期更为普及。③ 唐代朝廷对设置乡里村学有明文规定。《通典》载："'武德'七年，诏诸州县及乡，并令置学。"④ 可知唐朝立国之初乡学就已存在。至玄宗时又两次颁布置乡学诏令，进一步促进了乡里村学建设。开元二十六年（738）敕曰："古者乡有序，党有塾，将以宏长儒教，诱进学徒，化人成俗，率繇于是。斯道久废，朕用悯焉。宜令天下州县，每一乡之内，别各置学，仍择师资，令其教授。"⑤ 天宝三载（744）又有制曰："乡学之中，倍增教授，郡县官长，明申劝课。"⑥ 可见朝廷对乡里置学的规定日益周密。

朝廷诏令在民间执行情况也很理想。白居易《与元九书》云："自长安抵江西，三四千里，凡乡校、佛寺、逆旅、行舟之中，往往有题仆诗者。士庶僧徒、孀妇处女之口，每每有咏仆诗者。"⑦ 可见从长安至江西乡校普遍存在。今存文献中也多见儿童在乡里村学接受教育的记载。如西方邺"年七岁，始就乡学，穷小经"。⑧ 王庆"七岁能自致于乡校，乃心专经，笃意儒业，过则不二，善其莫遗，操行厉节，遂究诗礼"。⑨ 更有成群村童于乡里村学接受教育的例证。如《太平广记》"田先生"载田先生于"元和中，隐于饶州鄱亭村，作小学以教村童十数人"。⑩ 刘禹锡

---

① 《旧唐书》卷一二四，第3530页。
② 宋社洪：《唐代乡学性质考论》，《社会科学战线》2008年第4期。
③ 刘海峰：《唐代乡村学校与教育的普及》，《教育评论》1990年第2期。
④ 《通典》卷五三，第1467页。
⑤ 元宗：《春郊礼成推恩制》，《全唐文》卷二四，第276页。
⑥ 孙逖：《天宝三载亲祭九宫坛大赦天下制》，《全唐文》卷三一〇，第3150页。
⑦ 《白居易集笺校》卷四五，第2793页。
⑧ 王豹：《大唐故东南面招讨副使宁江军节度观察处置兼云□榷盐制置等使光禄大夫检校太保乐安县开国伯食邑七百户西方公（邺）墓志铭并序》，《全唐文补遗》第一辑，第439页。
⑨ （开元105）《唐故处士王君之碣》，《唐代墓志汇编》，第1226页。
⑩ 《太平广记》卷四四，第274页。

《绝编生墓表》中之墓主顾豢也在乡学教授儿童，临死时告其子曰："里中儿从吾读其文多矣，死则必葬我于党庠之侧，尚其有知，且闻吾书。"①"党庠"便是乡党之学，也就是乡里村学。一些著名作家也有在乡里之学接受教育的经历，如陈子昂"以富家子，尚气决，弋博自如。它日入乡校，感悔，即痛修饬"。② 皮日休也曾就读于乡校，其《伤严子重序》曰："余为童在乡校时，简上抄杜舍人牧之集，见有与进士严恽诗。"③ 文献记载中儿童就学学舍，也应属于乡里村学。《太平广记》"路德延"载："数岁能为诗。居学舍中，尝赋芭蕉诗。"④ 由上述诸例可见，乡里村学是中原地区大多数儿童接受教育的主要渠道。

中央官办小学 尽管唐代打破了魏晋南北朝以来门阀士族统治的传统，庶族寒门社会地位有所提升，但是在受教育权利上仍然有一定等级限制，尤其是中央官学。唐代童蒙教育也是如此。唐代中央官办小学于李唐立国之初就已设立。《旧唐书·儒学传》载："武德元年，诏皇族子孙及功臣子弟，于秘书外省别立小学。"⑤ 这样的学校只有皇室子孙及功臣子弟才可入读。

书院 随着私学兴盛，中原地区涌现出许多书院，书院不仅教授成年士子，有时也进行童蒙教育。最著名者当为陈氏东佳书院。徐锴《陈氏书堂记》载其事甚详：

> 浔阳庐山之阳，有陈氏书楼。……衮以为族既庶矣，居既睦矣，当礼乐以固之，诗书以文之。遂于居之左二十里曰东佳，因胜据奇，是卜是筑，为书楼堂庑数十间，聚书数千卷。田二十顷，以为游学之资。子弟之秀者，弱冠以上，皆就学焉。⑥

其实，陈氏东佳书院中除"弱冠以上"成年士子可以就学外，七岁至十五

---

① 《刘禹锡全集编年校注》卷一四，第 950 页。
② 《旧唐书》卷一〇七，第 4067 页。
③ 《唐诗纪事》卷六六，第 994 页。
④ 《太平广记》卷一七五，第 1305 页。
⑤ 《旧唐书》卷一八九，第 4940 页。
⑥ 《全唐文》卷八八八，第 9279 页。

岁儿童也可进学接受启蒙教育。《陈氏家法》载：

> 立书屋一所于住宅之西，训教童蒙。每年正月择吉日起馆，至冬月解散。童子七岁令入学，至十五岁出学，有能者令入东佳。逐年于书堂内次第抽二人归训，一人为先生，一人为副。①

这所用于童蒙教育的书屋是东佳书院的有机组成部分，性质当属书院附属小学兼书院成年士子教育实习之地。在唐代典籍中，书院又称学院，《太平广记》"韦琛"载："昭义从事韦琛，幼年时，尚在学院。冬节夜，捧书以归。"② 韦琛幼年自学院归家也可证实学院为童蒙教育机构。刘兼《贻诸学童诗》中"五个小雏离学院，一行新雁入贫居"③ 之句亦表明唐代中原地区书院确为童蒙教育途径之一种。

总而言之，从覆盖面和受众数量而言，家庭、私塾、乡里村学和书院为中原地区带有普遍性的童蒙教育途径。中央官办小学仅服务于出身尊贵的少数儿童。

（二）敦煌地区

敦煌文献有关儿童就学方式的记载较少且不明了，但从中亦可看出敦煌地区童蒙教育途径之大概。

寺学 敦煌私学中最受瞩目的是寺学，寺学既有高等教育，也有童蒙教育。④ P.3569《太公家教》题记曰："维景福二年（893）十二月十二日莲台寺学士索威建记。"⑤ P.3170《千字文》一卷尾题："岁三月十九日显德寺学士郎张成子书记也。"⑥ 两个写卷题所记时间，前者在唐代，后者据郑阿财、朱凤玉研究亦不出唐五代范围，前者索威建抄，为蒙书《太公家教》，后者张成子抄，为蒙书《千字文》，二人都是敦煌寺学中的学郎。

---

① 转引自邓洪波《唐代地方书院考》，《教育评论》1990年第2期。
② 《太平广记》卷三六六，第2909页。
③ 《全唐诗》卷七六六，第8701页。
④ 严耕望《唐人习业山林寺院之风尚》所论属于成年士子的高等教育，而非童蒙阶段的初级教育。
⑤ 《敦煌蒙书研究》，第358页。
⑥ 同上书，第15页。

又 P.3189《开蒙要训》末题:"三界寺士郎张彦宗写记。"此条题记虽无具体抄写年代,但据郑阿财、朱凤玉研究,在所有《开蒙要训》敦煌写卷中,时间最早的是 S.705,为唐宣宗大中五年(851);最晚的是 S.5463,为后周世宗显德五年(958)。① 据此判断,P.3189 写卷也当在唐五代范围之内,张彦宗题记反映的也是唐五代时期敦煌儿童就学于寺学的情形。敦煌自建中二年(781)到大中二年(848)六十多年时间,属吐蕃占领时期。这一时期敦煌社会、政治、经济、文化都发生了变化,打破了原有传统,原有州县官学、私学均被寺学取代。因此寺学应该是这一时期儿童接受教育的唯一途径。

社学 敦煌结社之风盛行且名目繁多,有邻里社、亲情社、女人社、车社等,多由具有共同兴趣或同一职业者组成。敦煌文书中关于社学的记载仅有一条,P.2094《论语集解》卷二末题:"未年正月十九日社孝写记了。"该钞本从书法上判断,当属于晚唐写卷。② 如前所述,《论语》既是科举考试规定的必修课,也可作为童蒙教育教材。该写卷题记中未标明学郎身份是成年学子还是儿童,因此不能确定这则社学记载属于童蒙教育。但"社作为一种社会团体,在很大程度上承担扶助贫困、救济孤寡及其他社会义务"。③ 从社之性质来看,社学也应该具备为当地儿童提供启蒙教育的社会义务。如此推断,则社学也应是敦煌地区儿童接受教育的一个途径。

坊巷学 敦煌文献中另有坊巷学的记载,为中原所未见。S.4037《新集严父教》题记曰:"丁亥年三月九日定难坊巷学郎□□自手书记。"此"丁亥年"指雍熙四年(987),已属宋代。但敦煌城郭制可追溯到唐代,也就是归义军统治前期的九世纪至十世纪间,那时确实有儒风坊巷、永宁坊、修文坊、临池坊、政教坊、定难坊巷、修仁坊巷、钦贤坊、怀安坊等,分布在牙城、子城、罗城一带。④ 既然定难坊有学郎抄写《新集严父

---

① 《敦煌蒙书研究》,第61页。
② 李正宇:《唐宋时代的敦煌学校》,《敦煌研究》1986年第1期。"孝"就是"学"的意思。
③ 张永萍:《唐五代宋初敦煌教育初探》,硕士学位论文,西北师范大学,2006年。
④ [日]土肥义和:《归义军时代》,收入《讲座敦煌》第2册《敦煌の历史》,大东出版社1980年版,第246页。

教》，加之该书为训诫家中子弟日常行为而编，于唐五代间盛行于敦煌地区，① 说明此地当有坊巷学。而其他与文教名称相关的坊巷，如儒风、修文、政教、修仁、钦贤也应有立学，或许诸坊巷皆有学。②

义学 唐代敦煌义学也是私学，包括乡学和私人学塾，有的寺院学校亦称义学。③ 在敦煌写卷中，"义学"的记载有两条。P.2643《古文尚书》残卷末题记曰："乾元二年（759）一月二十六日义学生王老子写了，故记之也。"《尚书》是成年学子应举修习科目，也是童蒙教育教材。根据该条记载可知唐代敦煌地区确实存在义学，但尚不能判定义学是否针对童蒙教育。根据另一条写卷记载，这一问题得到了解决。唐西州高昌县阿斯塔那墓发现的唐写本《论语郑氏注》残卷，是由高昌县宁昌乡厚风里"义学生卜天寿，年十二，状□"书写。从年龄看，十二岁的学童卜天寿应在义学接受童蒙教育。这说明敦煌地区义学有童蒙教育。

家学 敦煌地区是边防重镇，也是乱世避难之地，地处中西交通要道，住民复杂。从二世纪以后到十一世纪初近一千年间，张、索、宋、氾、令狐、曹、李、阴等族姓成为当地士族，掌握了当地政治、经济、文化、宗教资源，这和当时中原地区情况很不相同。④ 探索其中原因，除了敦煌地理偏僻以及士族间相互通婚以外，更重要的来自家学渊源。⑤ 有文化者集中在八大家族，在家庭中进行童蒙教育只能局限在这些士族阀阅之

---

① 《敦煌蒙书研究》，第402页。
② 参看高明士《唐代敦煌的教育》，《汉学研究》1986年第4卷第2期。高明士先生认为唐代敦煌的社学、坊巷学属于官学教育机构，其依据是唐高祖武德七年（624）二月诏："州县及乡，并令置学。"以及唐玄宗开元二十六年（738）正月敕："其天下州县，每一乡之内，别各置学，仍择师资，令其教授。"且高先生认为社学和坊巷学相当于乡里村学。笔者也认为，敦煌地区的坊巷学和社学当与中原地区乡里村学性质相同。而关于中原地区乡里村学的性质，学界已有论文发表，讨论较为充分，其中认为乡里村学承担着教化和启蒙两方面的职责，虽为国家明令置办，但性质应为官助民办的看法较为符合实际。可参看万军杰《试析唐代的乡里村学》，《史学月刊》2003年第5期。也就是说，乡里村学虽是朝廷明令允许开设，但其办学力量主要在民间，针对的对象也多为儿童，是属于私学性质，而非官学。因此，敦煌地区的社学和坊巷学也应属于官助民办的私学范畴。
③ 参看李正宇《敦煌史地新论》，新文丰出版公司1996年版，第178页；高明士《唐代敦煌的教育》，《汉学研究》1986年第4卷第2期。
④ ［日］白须净真：《在地豪族、名族社会》，收入《讲座敦煌》第3册《敦煌の社会》，大夷出版社1980年版；［日］池田温：《唐朝氏族志の考察》，《北海道大学文学部纪要》1965年第13卷第2期及《敦煌の历史背景》，《东洋学术研究》1985年第24卷第1期。
⑤ 参看高明士《唐代敦煌的教育》，《汉学研究》1986年第4卷第2期。

家。与中原普通大众文学修养普遍较高，一般文士家庭中父母、兄姊、外家均可成为童蒙教育施教者，儿童在家庭之中接受教育具有普遍性相比，敦煌地区只有少数儿童能在家庭内部接受教育。

综合看来，敦煌地区童蒙教育的途径中寺学、社学、坊巷学和义学针对的教育对象较为广泛。由于世家大族对文化资源的把持，敦煌地区普通大众获得知识的机会较少，故而儿童在家庭中接受教育的方式也就仅限于当地有限的士族阀阅之间。

三 教育者

教育者就是担任教育任务的教师。教育者是教育活动的三大要素之一，教育者的素质和学养直接关系到教学质量。比较中原地区和敦煌地区童蒙教育的异同，教育者无疑是必不可少的对比项。

（一）中原地区

中原地区童蒙教育的承担者根据受教育机构不同而不同，中央官办小学受教育学童出身尊贵，且属于秘书省，教师身份虽然史无详载，但应是由朝廷委派专人担任。

在家庭、私塾、书院，教育者多是家族长辈亲友和饱学文士。如前述指授姚思廉读《汉书》的姚察，为历史学家，历经梁、陈、隋三朝，曾奉旨修撰《梁史》《陈史》。龟儿从伯父白居易学习，韦丹从外祖父颜真卿学习，白居易、颜真卿都是饱学之士。教授儿童的母亲也多才富学赡，如薛播兄弟幼时跟随母亲林氏学习，而林氏"通经史，善属文"。[1] 文士家中延请的私塾先生也多为当时俊才。如教杜悰诸子习文的私塾教师李宣古是卢肇榜下进士，"工文，极俊，有诗名"。[2] 在书院训育学童的刘兼也是晚唐诗人。可见中原地区在家庭、私塾、书院担任童蒙教育的教师大都具有深厚学殖基础。

乡里村学教师也多为博学之士担任。《太平广记》"乡校叟"载："唐宰相窦易直，初名秘，家贫，就乡校授业。"[3] 蒋琛"精通二经，常教授

---

[1]《新唐书》卷一五三，第4952页。
[2]《唐才子传校笺》卷七，第320页。
[3]《太平广记》卷七六，第481页。

于乡里"。① 白居易也自称曾当过"乡校竖儒"。② 由此看来，唐代乡学教育质量应该不会太差。

综括来看，唐代中原地区童蒙教育者大都有较为深厚的文化修养。仅就教育者的因素而言，这些优质师资能够保证童蒙教育具有较高教学质量。

（二）敦煌地区

敦煌地区的学校教师由三类人组成：一是僧侣；二是世家大族子弟；三是学成后的州县学生。前者如僧慧苑为"释门都监察僧正兼州学博士"。③ 次如"归义军节度使押衙兼参谋"张思贤"守州学博仕（士）、将仕郎"。（S.2263《葬录卷上》）末如"大唐中和四年沙州敦煌郡学士郎"宋英达由州学生擢任"太学博士"（P.2937《太公家教》末题）。

州县学承担高级阶段教育，童蒙教育是在社学、坊巷学、寺学和义学进行，只有这些学校的教师从事童蒙教育。在敦煌文献中，只发现两条有关寺学教师的资料。S.5803《僧统谢太保文范》曰：

> 某乙虽为僧首，文义难明，优蒙太保不怪愚才，特赐郎君访学，非但某乙一品，直亦二部释流有赖感恩，无任惶惧！④

僧统是寺学中的僧侣，同时承担寺学教育任务。文范是僧统致谢张议潮的书式，文中言己"文义难明"，虽是谦辞，但也反映出僧统学养不够深厚。另一位寺学教师是致仕官员张俅。S.5448《敦煌录》载：

> 郡城东北一里有寺，古木阴森……先有沙倅张俅，已迈从心，寓止于此。虽非博学，亦甚苦心。盖经乱年多，习业人少，遂集后进，以阐大猷，天不愁遗，民受其赐。⑤

---

① 《太平广记》卷三〇九，第2444页。
② 《旧唐书》卷一七〇，第4341页。
③ 杜牧：《敦煌郡僧正慧苑除临坛大德制》，《樊川文集》卷二〇，第305页。
④ 转引自李正宇《唐宋时代的敦煌学校》，《敦煌研究》1986年第1期。
⑤ 敦煌市志编纂委员会编：《敦煌市志》，新华出版社1994年版，第668页。

张俅致仕后在古寺中以俗家身份教授学徒，这种教育与中原地区官员致仕后教授童子方式很相似。如（乾封041）《唐故蒲津县令云骑尉张君墓志铭并序》载：

> 既而收华梓泽，韬迹濯渠，将教童孙，奄沉西景，春秋六十九，去显庆五年七月十七日，终于时邑坊私第。①

官员年迈致仕后教授儿童，一来可以打发闲暇时光，二来儿童的天真烂漫也可以给老年人生活增添乐趣。从张俅"虽非博学，亦甚苦心"看来，其学问修养似乎并不高。综合以上两例来看，敦煌地区童蒙教师学识水平应该都不是很理想。尤其是与中原乡里村学教师动辄"精熟二经"，②"素精于经籍"③ 和"学识精博"④ 的文史素养相比，不可同日而语。高低有别的教师学养直接导致了中原和敦煌两地童蒙教育质量上的差异，这种差异在儿童诗歌创作中表现明显。

第三节　唐代中原儿童诗与敦煌学郎诗异同及教育成因分析

根据教育学理论，教育有三个构成要素：教育者、受教育者和教育影响。教育是教育者按照一定社会要求，向受教育者身心施加有目的、有计划、有组织的影响，以使受教育者发生预期变化的活动。⑤ 简言之，教育的最终目的是使受教育者通过接受教育影响而产生变化。唐代中原和敦煌两地童蒙教育之教育者等方面的差异已见前述。⑥ 两地迥然有别的童蒙教育使他们各自的诗歌创作产生了怎样的变化，则是本节所要讨论

---

① 《唐代墓志汇编》，第470页。
② 《太平广记》卷三〇九，第2444页。
③ 《太平广记》卷三八四，第3066页。
④ 《太平广记》卷二五六，第1997页。
⑤ 南京师范大学教育系编：《教育学》，第19页。
⑥ 教育影响是教育者和受教育者之间的一切中介的总和。它包括作用于受教育者的影响物以及运用于这种影响物的活动方式和方法。见南京师范大学教育系编《教育学》，第24页。

第五章　唐代童蒙教育与儿童诗 | 297

的内容。

为下文讨论方便，笔者从史传、诗文集、笔记小说、墓志碑刻等资料中搜寻剔抉，对中原儿童诗做了简要统计，[①] 统计结果如下：李泌《咏方圆动静》1首，[②] 薛元超《咏竹》2句，[③] 张敬之《城上乌》1首，[④] 骆宾王《咏鹅》1首，[⑤] 苏颋《咏昆仑奴》2句、《咏死兔》《咏尹字》各1首，[⑥] 刘晏《咏王大娘戴竿》1首，[⑦] 杨牢《咏棋局》1首，[⑧] 范摅子《赠隐者》《夏日》各2句，[⑨] 林杰《咏王仙君霸坛》《乞巧》各1首、《咏荔枝》2句，[⑩] 崔铉《咏架上鹰》1首，[⑪] 路德延《芭蕉》1首，[⑫] 缪氏子《赋新月》1首，[⑬] 杨收《咏蛙》《笔》《嘲吴人观者》共3首，[⑭] 李贺《高轩过》1首，[⑮] 张蠙《登单于台》1首，[⑯] 廖凝《咏棋》2句，[⑰] 徐锴《秋词》1首，[⑱] 潘佑《七岁吟》2句，[⑲] 黄巢《题菊花》1首，[⑳] 陈知玄

[①] 儿童诗包括儿童创作的诗歌和文人创作的以儿童为主题的诗歌，本节所论仅指儿童创作的诗歌。

[②] 《新唐书·李泌传》，《新唐书》卷一三九，第4631页；《全唐诗》卷一〇九，第1126页。

[③] 崔融：《大唐故中书令兼检校太子左庶子户部尚书汾阴男赠光禄大夫使持节都督秦城武渭四州诸军事秦州刺史薛公（元超）墓志铭并序》，《全唐文补遗》第一辑，第69页。

[④] （天授042）《唐将仕郎张君墓志铭并序》，《唐代墓志汇编》，第823页；诗又见陈尚君《全唐诗补编》续拾卷三，中华书局1992年版，第680页，题作《赋城上乌勒归飞二字》。

[⑤] 事见《唐诗纪事》卷七，第95页；诗见《全唐诗》卷七九，第864页。

[⑥] 事见《唐诗纪事》卷一〇，第148页；诗见《全唐诗》卷七四，第815页。

[⑦] 事见《太平广记》卷一七五，1300页；《唐诗纪事》卷二五，第374页；诗见《全唐诗》卷一二〇，第1207页。

[⑧] 事见《唐语林》卷三，317页；《唐诗纪事》卷五三，第803页；诗见《全唐诗》卷五六四，第6542页。

[⑨] 《唐诗纪事》卷七一，第1057页。

[⑩] 《太平广记》卷一七五，第1301页；《唐诗纪事》卷五九，第900页。

[⑪] 《太平广记》卷一七五，第1303页。

[⑫] 同上书，第1305页。

[⑬] 《全唐诗》卷七八三，第8845页。

[⑭] 《旧唐书》卷一七七，第4597页；《新唐书》卷一八四，第5392页；《唐诗纪事》卷六五，第984页；《全唐诗》卷五一七，第5907页。

[⑮] 《全唐诗》卷三九三，第4430页。

[⑯] 《唐诗纪事》卷七〇，第1040页。

[⑰] 《唐人佚事汇编》卷三八，第2109页。

[⑱] 《唐人佚事汇编》卷三六，第1955页。

[⑲] 《唐人佚事汇编》卷三五，第1937页。

[⑳] 同上书，第1515页。

《五岁咏花》1 首,[①] 李义府《咏乌》1 首,[②] 何仲举《李皋试诗》1 首,[③] 共计 22 首 12 句。关于敦煌学郎诗,项楚《敦煌诗歌导论》第三章第六节"学郎诗"收录全面,本节所引敦煌学郎诗皆依此本。以下笔者将从构思、题材、语言、表现手法四个方面对中原儿童诗和敦煌学郎诗做一比较,以期寻找二者异同,探索造成差异的教育成因。

一 构思:精巧与随意

构思是诗人在观察体验基础上,提炼主题意蕴并选择最佳表现方式,以指导写作实践的创造性总体思维过程。构思是艺术创作过程中从生活积累到成形文字之间承前启后的环节,它在作品主题立意、材料剪裁取舍以及谋篇布局等方面,起着决定性作用。构思要新颖、精巧、别致,做到"袭故而弥新,沿浊而更清"。[④] 可以说,好的构思是诗歌创作成功的关键。中原地区儿童诗中不乏构思精巧、新颖之作。如杨收《咏蛙》:

兔边分玉树,龙底耀铜仪。会当同鼓吹,不复问官私。[⑤]

宋罗大经《鹤林玉露》云:"作诗必以巧进。"[⑥] "巧进",包含有发现巧妙切入角度之意。杨收这首诗,就做到了巧进。通篇没有提到一个"蛙"字,而是巧妙地使用了四个与蛙有关的典故,把神话中、器物上、草丛内、池塘里的蛙写得活灵活现,极有韵致,读之就能领悟到所咏之物,足见小诗人构思之精巧。实际上,杨收这种构思方法是唐代咏物诗的典型艺术特色之一,被称作用典体物。[⑦] 即在整首诗中数处用典,以用典作为咏物诗体物传神达意的主要手段。这种诗歌创作手法在中晚唐运用较多。如李商隐《牡丹》:

---

① 《唐人佚事汇编》卷二四,第 1393 页。
② 《唐语林校证》卷三,第 275 页;诗见《全唐诗》卷三五,第 469 页。
③ 《全唐诗》卷七六二,第 8649 页。
④ 陆机:《文赋》,(晋)陆机撰,金涛声点校:《陆机集》卷一,中华书局 1982 年版,第 4 页。
⑤ 《全唐诗》卷五一七,第 5907 页。
⑥ (宋)罗大经撰,王瑞来点校:《鹤林玉露》丙编卷三,中华书局 1983 年版,第 288 页。
⑦ 兰天:《试论唐代咏物诗的艺术成就》,《湖南大学学报》1995 年第 1 期。

> 锦帷初卷卫夫人，绣被犹堆越鄂君。垂手乱翻雕玉佩，折腰争舞郁金裙。石家蜡烛何曾剪，荀令香炉可待熏？我是梦中传彩笔，欲书花叶寄朝云。①

诗中没有直接描绘牡丹，而是连用八个典故，描写了几位美人的姿韵神态，用以比拟牡丹的形状、姿态、色彩、光泽、香味、神韵。李商隐的《泪》也是采用这种体物方法，诗中不言泪，而是用几个与泪相关的典故，层层铺垫，烘托出末句灞桥送别。虽然史籍并无杨收学诗于李商隐的记载，但唐代儿童将当代著名诗人诗作作为学诗教材却是实况。可以说杨收这种用典体物的构思方式和写法是有意模仿的结果。

构思过程虽然艰苦但也应该是灵动、鲜活的，在构思中要善于打破固有思维定式，充分利用求异思维，从逆向、侧面对问题进行多维度思考。这样才能使诗人思维呈现立体而非平面、发散而非集中、波浪式而非直线式的特征，从而使构思别出心裁，创作出富有新意、充满个性和感染力的诗歌。一般来说，成人看待事物的眼光总是既定的、固有的，儿童的思维模式与成人有着很大差别。他们涉世未深，对外界充满新鲜感，对事物都用新奇的眼光去打量，想法往往不可捉摸、出其不意。如李泌《咏方圆动静》：

> 方如行义，圆如用智。动如逞才，静如遂意。②

此诗仿照张说"方若棋局，圆若棋子，动若棋生，静若棋死"而作。同是吟咏棋盘上的方圆动静，张说诗就事论事，以人喻棋。李泌却反其道而行之，采用逆向思维，以棋喻人，用棋的方、圆、动、静来形容人的品德、智慧、行动和静泊。既写出了棋的特征，又表现出了人的品德，使诗题得到了深化，比张说诗蕴涵更为丰富。

构思和结构决定了作品的基本框架。在中原儿童诗中可以明显看出在构思立意、布局谋篇方面的努力。他们常常会根据题材将典型事物和与之相关的故事、传说等结合起来思索，寻求独特视角和切入点，从而安排材

---

① 《李商隐诗歌集解》，第1724页。
② 《全唐诗》卷一〇九，第1126页。

料，形成诗歌架构。林杰《乞巧》就是这样：

> 七夕今宵看碧霄，牵牛织女渡河桥。家家乞巧望秋月，穿尽红丝几万条。①

牵牛织女七夕相会是神话故事，民间自古又有七夕乞巧风俗。② 林杰这首乞巧诗就以七夕这一典型时间作为构思支点，将牵牛织女七夕相会与人间女子七夕乞巧联系起来，既契合主题，又把人间和天上联系起来，把神话世界和现实世界联系起来，使整首诗既有神话色彩，又有人间情味。

如果说杨收《咏蛙》构思是有意借鉴前人用典体物咏物模式的话，那李泌《咏方圆动静》和林杰《乞巧》则表现出在掌握了基本作诗法则后对独特新颖构思方式的自觉摸索。基本作诗法则的获得是诗歌教育的直接结果，而构思的独特新颖则体现了个人在作诗方面的灵性体悟。这样的努力使他们的诗歌表现出了成人都赞叹不已的艺术效果。清人朱庭珍云："诗人构思之功，用心最苦，始则于熟中求生，继则于生中求熟，游于寥廓逍遥之区，归于虚明自在之域，工部所谓'意匠惨淡经营中'也。"③ 中原儿童诗人由于年龄所限，构思虽然称不上是"熟中求生""生中求熟"的"惨淡经营"，但还是可以看出他们在儿童的有限思维水平下对诗歌构思所付出的努力。

相较而言，没有接受过系统诗歌创作训练的敦煌学郎所作诗歌就看不出在构思立意和布局谋篇方面努力的痕迹，多是即兴直陈，随意叙写。如吐鲁番出土的唐景龙四年卜天寿抄写的《论语》卷末学郎诗：

> 写书今日了，先生莫咸池（嫌迟）。明朝是贾（假）日，早放学

---

① 《全唐诗》卷四七二，第5361页。
② 《荆楚岁时记》载："七月七日，为牵牛、织女聚会之夜。……是夕，妇人结彩缕，穿七孔针，或以金、银、鍮石为针，陈瓜果于庭中以乞巧。有喜子网于瓜上，则以为符应。"（南朝·梁）宗懔撰，姜彦稚辑校：《荆楚岁时记》，岳麓书社1986年版，第44页。
③ （清）朱庭珍：《筱园诗话》卷一，郭绍虞编选，富寿荪点校：《清诗话续编》，上海古籍出版社1983年版，第2346页。

生归。①

诗写学郎盼望假期,从头至尾都以口头叙事逻辑直言其事,丝毫不见谋篇布局痕迹。再如 P. 3189《开蒙要训》卷末学郎诗:

闻道测(侧)书难,测(侧)书实在难。测(侧)书须侧立,还需侧立看。②

这个学郎比较调皮,他听说侧着写字难,亲自尝试后感觉确实难,因为侧着写还需要侧着站侧着读。所写为学郎学习生活细事,直叙其事,自然随意,事结篇完,看不到构思和立意安排。

中原和敦煌两地儿童诗构思上的区别明显地反映出两地不同教育产生的差异:一方是从小就接受诗歌创作的专业训练,动笔之前就已经能够确立写作目的和题材,构思、立意、取材都带有明显写作训练痕迹,下笔便是作诗套路。另一方是没有接受过任何诗歌创作技法指授,作诗就是我手写我口,有感即发,随意叙写,即事成篇。尽管有学者以为诗歌创作全靠个人灵性和体悟,不重师承,③但上述两地儿童诗在构思和谋篇上的巨大差别还是说明,诗歌创作基本规律和章法仍是需要指授的,对于初学者更是如此。

二 题材:狭窄与丰富

就题材而言,中原地区儿童诗在反映儿童生活广泛性和丰富性上明显不如敦煌学郎诗。在中原儿童诗中,咏物是主要题材。在前述21首12句儿童诗中,绝大部分是咏物诗。咏物取材有动物类:如鹅、兔、乌鸦、鹰、蛙;植物类:如竹、芭蕉、荔枝、花;文体用品类:如棋、笔;人体类:如手、耳;天象类:如月;建筑类:如王仙君霸坛。前两类数量最多,范围基本局限在儿童常见物事上。

---

① 《敦煌诗歌导论》,第201页。
② 张锡厚:《全敦煌诗》第8册,作家出版社2006年版,第3657页。
③ 李浩师对此有论述,参看李浩《唐代三大地域士族与文学》,中华书局2008年版,第210页。

从咏物诗类型来看，中原儿童咏物诗体物寓意之作占绝大多数。① 体物寓意是在图貌写象基础上抒情言志，通过咏物表达主观情志。历来论者都以此为咏物诗之上乘。宋人张戒《岁寒堂诗话》云："然诗者，志之所之也。情动于中而行于言，岂专意于咏物哉？"② 元人杨载《诗法家数》亦云："咏物之诗，要托物以伸意。"③ 明人陆时雍《诗镜》总论曰："夫咏物之难，非肖难也，惟不局局于物之难。"④ 清人陈僅《竹林答问》亦曰"咏物诗寓兴为上"。⑤ 唐代中原儿童咏物诗创作与诗论家认识不谋而合，多体物寓意而少单纯咏物。

这些体物寓意诗又可分为咏物以言志、咏物以干谒、咏物以言理三种。咏物以言志者如缪氏子《赋新月》：

初月如弓未上弦，分明挂在碧霄边。时人莫道蛾眉小，三五团圆照满天。⑥

小诗人用未上弦的弓和美人的柳叶眉比喻新月，又用十五月圆形容满月，生动形象地描写出月亮从新月到满月的亏盈过程。诗歌出自儿童之手，其诗外之旨正是为了表现新生事物从小到大不可抗拒的发展趋势，表达自己成年后也会如满月般做出光照天下大事业的抱负，可谓人小志大。咏物以干谒者如崔铉《咏架上鹰》：

天边心胆架头身，欲拟飞腾未有因。万里碧霄终一去，不知谁是解绦人。⑦

---

① 一般来说，咏物诗有两种写法："一是将自身放顿在里面；一是将自身站立在旁边。"（清）李重华：《贞一斋诗说》，见《清诗话》，第 93 页。咏物诗据此也可分为两类：一类是单纯咏物；一类是体物寓意。
② 丁福保：《历代诗话续编》，第 452 页。
③ （清）何文焕：《历代诗话》，中华书局 1981 年版，第 734 页。
④ 《诗镜》，第 3 页。
⑤ 《清诗话续编》，第 2245 页。
⑥ 《全唐诗》卷七八三，第 8845 页。
⑦ 《全唐诗》卷五四七，第 6315 页。

雄鹰本该在天空翱翔，如今却被缚在架上，没有机会高飞。它终有一天要飞向万里碧空，却不知有谁帮助解开缚身绳索。诗借咏鹰表达自己终将有所作为的志向，末句"不知谁是解绦人"，表达自己希望得到韩滉提携之意。咏物以言理者如陈知玄《五岁咏花》：

　　花开满树红，花落万枝空。唯余一朵在，明日定随风。①

咏花是咏物诗中的常见题材，但诗人只捕捉了"花开"和"花落"两个情境，用"红"和"空"二字写出花开时的万紫千红和花落时的万枝皆空，蕴含着万物无常的深刻哲理。

　　总体看来，中原儿童诗所寓之意，以经纶之志，渴望汲引为多。除上述缪氏子、崔铉两例外，还有薛元超《咏竹》、杨收《笔》、黄巢《题菊花》等。像《五岁咏花》这样咏物论理的抽象寓意在儿童诗中并不多见。

　　敦煌学郎诗与中原儿童诗截然不同。敦煌学郎诗除了少量述志诗外，几乎全为纪事诗，且多即事感怀，题材涉及学郎生活的方方面面。述志诗如吐鲁番阿斯塔那363号唐墓出土的景龙四年（710）十二岁私学生卜天寿抄写《论语郑氏注》卷末所题五言学郎诗："高门出己（骥）子，好木出良才，交儿学敏（问）去，三公河（何）处来。"②北图藏玉字91号8217《七阶礼佛名经》卷背也有同类五言诗："孔子高山坐，若水不欲（流?），之（诸）男在（不）学闻（问），观（官）从何处来。"③这些诗歌是敦煌学郎立志向学的抒怀之作，表现学童们"学而优则仕"的共同志向，直接反映了科举时代优学与仕进的关系，浅显话语中展现了儿童纯真的心志。

　　纪事诗涉及范围广泛，反映了唐代敦煌儿童丰富多彩的日常生活和内心世界。首先，儿童天性活泼，对枯燥单调的学习生活会产生难耐情绪，对学业负担会感到烦闷，因此诗中多写摆脱课业、追求自由的心绪。如大中十三年（859）抄写的P.2622《吉凶书仪》卷末有一首学郎诗曰："竹

---

① 《全唐诗》卷八二三，第9275页。
② 《敦煌诗歌导论》，第204页。
③ 黄永武：《敦煌宝藏》第109册，新文丰出版公司1984年版，第637页。

林青郁郁，伯（百）鸟取天飞。今照（朝）是我（假）日，且放学（生）郎归。"① 这位学童想到竹林郁郁苍苍，群鸟在空中自由翱翔，他也好想到大自然中去嬉戏，期盼先生早些放学。唐景龙四年卜天寿抄写的《论语》卷末也有类似的学郎诗："写书今日了，先生莫咸池（嫌迟）。明朝是贾（假）日，早放学生归。"② 诗写假日到来前一日学童的心理活动：明天就是假日，今天早已心不在焉，草草完成作业，盼望先生早些放学。学童盼望假期的心情，古今并无二致。

再者，逐渐长成的少年儿童，生理发育渐趋成熟，心理上也开始对异性产生好奇与好感，更进而产生思慕之情。虽然还有些懵懂，但也表现出对爱情的向往。P.2622《吉凶书仪》末题学郎诗就表达了这样的情感："寸步难相见，同街似隔山。苑（怨）天作河（何）罪，交（教）见不交（教）连（怜）。"③ 此诗抄写于唐大中三年（849），未见抄写人署名。从诗中看得出这位学童年岁渐长，爱上了同街一位少女，虽然近在咫尺，却如远隔关山，只能遥遥相望，难以亲近交谈，只好在无奈中苦苦煎熬，生动呈现了少年儿童情窦初开时的内心世界。另有一首学郎诗抒写一见钟情，数度徘徊，追寻伊人倩影，终归失落的单相思心理。如国家图书馆玉字91（8317）《七阶礼佛名经》卷背所抄诗曰："那日兜头见，当初便有心。数度门前过，何曾见一人。"④ 情窦初开的学郎，一日数度经过心中暗恋之人家门前，希望见面却始终未能如愿。爱情是诗歌的永恒题材，这些学郎诗呈现的是处于青春期的少年对爱情懵懂的心理悸动，尽管稚嫩羞涩，却都是真情流露。

学郎诗中也有儿童生活苦闷的流露。在雕版印刷尚未普及的年代，学生所用课本需要抄写。在藏经洞发现的学生课本，大多有学郎抄写时留下的署名和题记，反映出当时儿童抄写课本的实况。有的学郎还帮助寺院或他人抄书以获取生活用度，因此在敦煌学郎诗中就出现了学郎倾诉抄书苦闷与无奈的内容。如国家图书馆宿字99（8374）卷末学郎诗曰："写书今

---

① 《敦煌诗歌导论》，第201页。
② 同上。
③ 同上书，第208页。
④ 同上书，第209页。

日了，因何不送钱？谁家无赖汉，回面不相看。"① 学郎费力抄书，终于完成，期待得到佣金，却遇上无赖无端拖延，学郎很生气，表示再也不愿见到此人，心中愤懑溢于言表。S. 692 卷末也有一首与学郎抄书有关的诗："今日写书了，合有五升米。高代（贷）不可得，环（还）是自身灾。"② 这些反映敦煌地区通过抄书获取生活费用的学郎诗，是当时学生生活的活化石。胡适在为许国霖《敦煌杂录》一书作序时抄录了一首他所谓"写书手的怨诗"以作结，并说："可怜我们沾千年后的同情心，已不能救济他们的贫穷了。"③

敦煌学郎诗还有写同侪间戏谑的。顽皮淘气是孩童天性，顽皮的学童总能想出点子以捉弄同学为乐。S. 3287《千字文》写卷卷末抄有诗曰："今日书他智（纸），他来定是嗔。我今归捨（舍）去，将作是何人？"④ 这个调皮的学童，偷偷将这首诗写在同学的《千字文》课本上，还沾沾自喜，以为自己的恶作剧不会被揭穿。儿童总喜欢自我炫耀和与人比较，这在敦煌学郎诗中也有体现。P. 3486《开蒙要训》卷背学郎诗曰："须（谁）人读自书，奉上百疋罗。来人读不得，回头便唱歌。"⑤ 这位学童以百匹罗的高价与同学打赌，夸口无人能读懂他写的字。当同学确实读不懂时，他便扬扬得意地唱起了歌。这种以艰深晦涩或者字迹难辨自以为高明的做法，很符合儿童喜欢自我炫耀的心理。

综观两地儿童诗题材便可发现：中原儿童诗多为咏物诗，取材范围大都局限于儿童日常常见物事。咏物诗中体物寓意之作较多，所寓之意多关乎志向和仕进，几乎没有反映儿童生活和喜怒哀乐心理的题材，内容上显得较为单一。敦煌学郎诗则多为纪事诗且多即事感怀之作，所纪之事主要围绕学郎生活展开，既有儿童厌学和对假期的渴望，也有渐入青春期的心理悸动，还有同侪间的戏谑和抄书工读的辛劳，涉及的儿童生活面极广，鲜活生动地展示了敦煌学郎生活实况。从诗歌取材范围广度和诗歌表现生

---

① 《敦煌诗歌导论》，第 210 页。
② 同上书，第 209 页。
③ 胡适：《敦煌写经题记与敦煌杂录序》，胡适撰，季维龙整理：《胡适全集》卷一三，安徽教育出版社 2003 年版，第 185 页。
④ 《敦煌诗歌导论》，第 202 页。
⑤ 同上书，第 201 页。

活内容丰富程度看，中原儿童诗远不及敦煌学郎诗。

这种差异产生的原因，可以说是两地不同儿童教育的有意为之和无意成之。具体说来有如下几点。

其一，教育向咏物诗的有意引导。中原地区儿童诗歌教育导致儿童诗歌创作偏向于咏物题材。表现之一是中原地区唐人教导儿童初学作诗往往先从咏物短诗开始。因吟咏日常生活中常见物事，所咏之物形制特点儿童比较熟悉，易于成诗。① 初唐诗人李峤就作有《杂咏诗》一百二十首作为训蒙之用。中唐诗人王建讲述自己幼年在舅父指导下学习作诗，就是从咏新泉和吟幽石开始的："忆昔痴小年，不知有经籍。……赋字咏新泉，探题得幽石。"② 大多数儿童初学作诗都是如此。可以说有意的教育引导是中原儿童诗中咏物题材大量出现的主要原因。表现之二，中原地区儿童所作咏物诗大都是限题之作，所限诗题多为咏物。考察现存的儿童咏物诗，几乎全都是在帝王官长、亲朋好友的考问、测试下而作。如薛元超"八岁，善属文，房玄龄、虞世南试《咏竹》，援毫立就"。③ 张敬之赋《城上乌》是应中书舍人王德本之命而作。苏颋《咏死兔》是"适有人献瓌兔，悬于廊庑之下。瓌乃召颋咏之"。④ 杨牢《咏棋局》乃父友"方弹棋戏，以局为题，令牢赋之"。⑤ 另如林杰《咏王仙君霸坛》是应父命而作，崔铉《咏架上鹰》是应韩滉之命而作，杨收《咏蛙》《笔》应兄命而作，等等。因为儿童初学作诗即从咏物诗开始，故而亲长测试也多令作咏物诗，这是唐代中原儿童诗咏物题材较多的又一原因。

其二，唐代咏物诗教材特点导致体物寓意类咏物诗大量出现。咏物诗的发展脉络是"三百导其源，六朝备其制，唐人擅其美，两宋、元、明延其传"。⑥ 唐代咏物诗，是扬弃传统咏物诗的产物。它远绍风骚咏物兴寄传统，近承六朝咏物重刻画遗风，取二者之所长，弃二者之所短，形成唐

---

① 参看赵楠《唐代教育诗研究》，博士学位论文，南京师范大学，2006年。
② 王建：《送韦处士老舅》，《全唐诗》卷二九七，第3371页。
③ 崔融：《大唐故中书令兼检校太子左庶子户部尚书汾阴男赠光禄大夫使持节都督秦城武渭四州诸军事秦州刺史薛公（元超）墓志铭并序》，《全唐文补遗》第一辑，第69页。
④ 《唐诗纪事》卷一〇，第148页。
⑤ 《唐语林》卷三，第317页；《唐诗纪事》卷五三，第803页。
⑥ 俞琰：《咏物诗选》，成都古籍书店1984年版，第2页。

人体物传神、兴寄遥深的新传统。唐人咏物诗较之六朝咏物诗的最大特点就是融入了兴寄,去掉了繁缛雕琢。如前所述,中原地区儿童诗歌教育教材中很重要的一部分是"当代之诗",在这样的教材指导下,出现唐代中原儿童咏物诗偏重于体物寓意类的现象就不难理解了。

其三,童蒙教育的应试性和唐代咏物诗的功利性致使体物寓意诗所寓之意多关乎志向抱负和仕进前途。如前所述,唐代中原儿童接受教育具有强烈应试性倾向,而"咏物诗可称得上是最具功利性的诗歌",[①] 不少诗人借体物寓意以干谒。如刘长卿的《杂咏八首上礼部李侍郎》便是精心选择了幽琴、晚桃、疲马、春镜、古剑、旧井、白鹭、寒缸八物,"向君投此曲",以希求"青云在俄顷"。[②] 杨巨源《赋得灞岸柳留辞郑员外》通过咏柳希望郑员外能"好风倘借低枝便",[③] 援引提携自己。可以说在应试性倾向和咏物诗干谒功用合力作用下,使儿童在承命写作咏物诗时立意往往倾向于抒发志向、渴望仕进和希求汲引。

其四,敦煌童蒙教育不强调诗歌教育反倒成就了敦煌学郎诗题材内容的丰富性。敦煌地区童蒙教育偏重实用,不甚重视诗歌教育,除了诵读俗诗赋之外未见对诗歌创作技法的专门指导,这使得敦煌学郎作诗往往是随心所感、信手而作。这种没有任何诗法规矩约束、仅凭诵诗体悟进行的创作使学郎能无所顾忌地将目光投射到广阔生活中,随意取材,即兴书写,从而成就了其诗歌题材内容的丰富性。这就是两地童蒙教育"有意栽花"和"无心插柳"造成的差异吧!

三 语言:文雅与通俗

"语言是写作过程中用来表述思维成果的工具。"[④] 儿童诗歌语言的共同特点是浅近简洁、明白如话,但两地仍有一些区别:中原儿童诗语言文雅、清丽,多书面用语;敦煌学郎诗语言通俗、浅率,多日常用语。两地儿童诗歌语言之所以存在雅俗之别,主要原因在于两地儿童诗歌教育教材不同致使语汇来源不同。

---

① 兰翠:《论唐代咏物诗与士人生活风尚》,《齐鲁学刊》2003年第1期。
② (唐)刘长卿撰,储仲君笺注:《刘长卿诗编年笺注》,中华书局1996年版,第105页。
③ 《全唐诗》卷三三三,第3736页。
④ 朱广贤:《写作学概论》,民族出版社2004年版,第32页。

如前所述，中原地区儿童教材除经史外，主要是《文选》、前代文学作品、当代诗人诗作，因此其语汇来源有二：

一是经史典籍。如杨收《咏蛙》诗中"玉树""铜仪""鼓吹""官私"四词分别出自《淮南子·览冥训》《后汉书·孝顺帝本纪》《南史·孔稚珪传》《晋书·惠帝本纪》。杨收《笔》中"定能冠三端"之"三端"一词出自《韩诗外传》。李泌《咏方圆动静》中"义方""智圆"分别出自《左传·隐公三年》和《淮南子·主术训》。张敬之《城上乌》中"灵台"一词出自《诗经·大雅·灵台》。①

二是著名文人作品。从著名文人作品中采撷语汇是中原儿童诗语汇的一个重要来源。如林杰《咏荔枝》："金盘摘下挂朱颗，红壳开时饮玉浆。"② 诗人韦庄恰巧有咏《白樱桃》曰："王母阶前种几株，水晶帘外看如无。只应汉武金盘上，泻得珊珊白玉珠。"③ 林杰诗意象设置几乎完全相同，韦诗是"金盘""白玉珠"，林诗是"金盘""朱颗"。虽然没有更直接的证据证明林杰曾经从学于韦庄，但当代诗人作品是中原儿童的学诗范本，他们的诗篇是儿童诗歌创作的语汇来源当无疑义。

与中原不同，敦煌地区儿童诗歌教材是当地的俗诗赋，其语汇来源主要有两个：

一是俗诗赋。如《王梵志诗集》第二四八首有"父母生儿身，衣食养儿德"。④ P.3534《论语集解》卷末学郎诗中就有"由由（悠悠）天上云，父母生我身"。⑤ "父母生我身"完全照搬王梵志诗。《王梵志诗集》第五十五首叙述工匠劳作后得不到报酬云："无赖不与钱。"⑥ 国家图书馆宿字99（8374）卷末学郎诗抱怨雇主拖欠抄书佣金也说"谁家无赖汉"⑦，所叙情境相同，使用语言也相同。由此可见诗歌教育教材的语言对儿童诗歌创作语言影响之大。国家图书馆生字25（8347）《金光明最胜王经序品

---

① 《诗经·大雅·灵台》曰："经始灵台，经之营之。庶民攻之，不日成之。"《毛诗正义》卷一六，《十三经注疏》，第524页。
② 《全唐诗》卷四七二，第5361页。
③ （唐）韦庄撰，聂安福笺注：《韦庄集笺注》卷二，上海古籍出版社2002年版，第78页。
④ 《王梵志诗校注》，第587页。
⑤ 《敦煌诗歌导论》，第205页。
⑥ 《王梵志诗校注》，第203页。
⑦ 《敦煌诗歌导论》，第210页。

第一》卷末学郎诗中有"男儿不学问,如若一头驴"① 两句,与当时流行于敦煌地区的《十二时》曲中"男儿不学读诗书,恰似园中肥地草"② 大致相同。可知当地流行的歌谣俗曲也是敦煌学郎诗创作语汇库。

二是口语和俗语。敦煌学郎诗语言多为通俗口语,与中原儿童诗全为书面语迥异。同是抒写个人远大志向,崔铉诗云:"万里碧霄终一去。"缪氏子诗云:"时人莫道峨眉小,三五团圆照满天。"李义府诗云:"上林如许树,不借一枝栖。"敦煌学郎则云:"官从何处来","三公何处来"。同是表达志向和抱负,一为托寓含蓄婉转陈词,一为径用口语直白道出;一为诗语,一为大白话。不同语言表达出来的效果迥然有别。

口语和俗语在敦煌学郎诗中出现频率很高。如 P.2622 大中十三年(859)钞本《吉凶书仪》卷末学郎诗曰:"今照(朝)书字笔头干,谁知明振实个奸。"③"实个"是当地口语,意为"实在"。国家图书馆玉字91(8317)《七阶礼佛名经》卷背所抄学郎诗曰:"那日兜头见,当初便有心。"④"兜头"是"迎面碰见"的口语表述。国家图书馆位68(8442)《百行章》卷末学郎诗云:"学使郎身姓(性),长大要人求,堆亏急学得,成人作都头。"⑤"堆亏"是口语,意为"多亏、幸亏"。S.3713《大宝积经》卷背《金刚经疏》卷末学郎诗中"须家有好女"⑥ 与 P.4787 卷末学郎诗中"须家好女子"⑦ 中的"须"字应作"谁"字,是唐五代西北方言。⑧

除了教材因素,还有教师因素。前述敦煌地区童蒙教师多由僧侣担任,僧侣多用口语宣讲教义,⑨ 教师运用口语的习惯也会影响到敦煌学郎诗的语言。

总之,教育内容决定了受教育者的知识结构和创作水准,诗歌教育教

---

① 《敦煌诗歌导论》,第 205 页。
② 同上书,第 207 页。
③ 同上书,第 200—201 页。
④ 同上书,第 209 页。
⑤ 《敦煌宝藏》第 110 册,第 331 页。
⑥ 《敦煌宝藏》第 30 册,第 642 页。
⑦ 《敦煌宝藏》第 134 册,第 453 页。
⑧ 关于唐五代西北方言,可参看《开蒙养正——敦煌的学校教育》,第 140 页。
⑨ 《敦煌诗歌导论》,第 310 页。

材的判然有别直接导致了中原儿童诗和敦煌学郎诗在语言乃至风格上的雅俗之异。

四　表现手法：多样与单一

比较中原儿童诗和敦煌学郎诗会发现，中原儿童诗在表现手法上较为多样，而敦煌学郎诗则显得较为单一。

检视现存中原儿童诗，所用表现手法有比喻、用典、想象、白描等。其中，比喻方法使用既多且好。如路德延《芭蕉》：

>　　一种灵苗异，天然体性虚。叶如斜界纸，心似倒抽书。①

这首诗在当时极有名，作者在《感旧诗》中自豪地回忆此诗在当时的轰动情景道："初骑竹马咏芭蕉，尝忝名卿诵满朝。五字便容趋绛帐，一枝寻许折丹霄。"② 这首诗之所以在众多咏芭蕉诗中脱颖而出获得嘉赏，就是因为它生动形象地写出了芭蕉的特点。据《御定佩文斋广群芳谱》载："（芭蕉）茎软，重皮相裹，外微青，内白，三年以上即着花。自心中抽出一茎，初生大萼，似倒垂菡萏，有十数层，层皆作瓣。渐大则花出瓣中，极繁盛，大者一围余，叶长丈许，广一尺至二尺，望之如树生中上者。"③ 可见芭蕉形态和其他植物相比很是独特，它没有木质植株茎干，而是由叶鞘包叠而成的空心假茎干。其叶片宽大可以丈计，新叶是从假茎顶端倒抽发出。路德延将芭蕉这几个特点用比喻的方式付之于诗语，以"灵苗异"形容整体形态，以"体性虚"形容空心假茎，以"斜界纸"形容宽大叶片，以"倒抽书"形容新叶发出，十分贴切巧妙。此诗作为单纯咏物诗能饮誉当时，原因就在于此。

比喻要易懂、贴切，需要抓住事物特征，喻体和本体契合紧密，将想要描述的本体形象地表达出来。苏颋《咏昆仑奴》就做到了这一点：

---

① 《全唐诗》卷七一九，第 8255 页。
② 同上。
③ （清）汪灏：《御定佩文斋广群芳谱》卷八八，清康熙刻本，第 1393 页。

>指如十挺墨，耳似两张匙。①

唐宋时代"凡是经贩卖或进贡到中国来的黑色人种，只要从事奴仆、马伕、水手、艺人等诸类低贱工作，都可以称为'昆仑奴'"。② 昆仑奴最显著的特征就是肤色黑。③ 苏颋此诗就抓住了昆仑奴肤色漆黑的特征，将其比作墨。他还用儿童的好奇眼光打量昆仑奴手指和耳朵形状，分别用墨棒和汤匙来形容，既生动传神又充满童趣。唐代儿童诗中类似贴切又生动的比喻比比皆是。如廖凝《咏棋》："满汀鸥不散，一局黑全输。"④ 此诗又名《咏白》，小诗人首先从白棋入手，将白子比作沙洲上的白色鸥鸟，无数白色鸥鸟聚集，布满整个沙洲，雪白一片。接着又从黑子落笔，写围棋一局，黑子全被吃光，自然满盘皆白，胜负分明。小诗人从一正一反两个角度叙写，将棋局上的胜负描述得鲜活生动，读之如在眼前。

诗人在使用比喻手法时往往在其中渗透着个人感情，这些感情表达要恰当、得体才能打动人心。在唐代儿童诗中，何仲举的《李皋试诗》就是一篇比喻恰当，感情表达得体感人的佳作：

>似玉来投狱，抛家去就枷。可怜两片木，夹却一枝花。⑤

前两句小诗人以"玉"自比，显示幼年美质和不凡才华，同时倾诉了离家入狱的遭遇。后两句直接承接上句的"枷"字，以"两片木"写实，再现自己披枷戴锁的苦况。"两片木"不仅写实，而且又为下句"一枝花"做了铺垫。末句小诗人将自己比作娇嫩的"一枝花"，又与首句"似玉"的比喻相对应，可谓既贴切又巧妙。整首诗既巧用如花似玉作比，又充分利用"玉"与"狱"、"家"与"枷"的谐音和对比，在比

---

① 《全唐诗》卷七四，第815页。
② 葛承雍：《唐长安黑人来源寻踪》，《中华文史论丛》2001年第1期。
③ 《旧唐书·林邑传》载："自林邑以南，皆卷发黑身，通号为'昆仑'。"《旧唐书》卷一九七，第5270页。《新唐书·扶南传》亦载："其人黑身，卷发，倮形。"《新唐书》卷二二二，第6301页。张籍《昆仑儿》曰："自爱肌肤黑如漆，行时半脱木绵裘。"《全唐诗》卷三八五，第4339页。
④ 《唐人佚事汇编》卷三八，第2109页。
⑤ 《全唐诗》卷七六二，第8649页。

喻中倾注了自己小小年纪便无辜入狱的委屈之情，使人同情之感油然而生。

用比喻对事物的特征进行描绘和渲染可以使描述的本体生动形象、具体可感，由此引发读者的联想和想象，使之留下鲜明深刻的印象。从上述几例可以看出，唐代中原儿童诗人已深谙比喻技巧，能将这种手法娴熟地运用于诗歌创作之中。

用典是中原儿童诗歌创作中又一种常用手法。诗歌中用典能起到言简意赅的作用，对于字数有严格规定的近体诗而言，巧妙使用典故既可减少语词繁缛，又可见文辞雅丽和对仗工整。唐代中原儿童对典故运用最突出的是杨收。如前引杨收《咏蛙》，句句用典。杨收另一首《嘲吴人观者》嘲讽吴人蜂拥前来，为观看神童而踩坏篱笆的情形也熟练使用了典故。诗云："尔幸无羸角，何用触吾藩。若是升堂者，还应自得门。"① 诗用《周易·大壮·九三》中"羚羊触藩"典故，含蓄委婉地表达了自己的忠告。

想象是诗歌创作的生命。黑格尔曾说："最杰出的艺术本领就是艺术家的想象。"② 文学作品，特别是诗，更是想象的产物。英国教育家伯特兰·罗素说："真实是重要的，想象也是重要的。但想象在个人历史中开发早一些，就像人类历史的开发一样。"③ 人在儿童时期就已经有了想象。心理学研究表明，1 岁至 2 岁儿童开始有想象萌芽；4 岁至 5 岁儿童想象已经具有初步目的性，想象内容虽然零碎但比之前丰富；5 岁至 6 岁儿童已经能从受局限的日常生活中突破出去，充分展开联想，想象目的性更明确，想象内容变得更丰富、完整和系统，能够从不同中找出非常规律性的相似来。④ 可见儿童是一个最富于想象力的群体。在他们的世界里，花儿会笑，鸟儿会唱，蝶儿会舞，他们总是用自己创造性的想象来认识和诠释一切现象。唐代儿童自然不会例外，他们也在诗歌创作中，充分展开了想象的翅膀。如张敬之《城上乌》：

---

① 《全唐诗》卷五一七，第 5907 页。
② [德] 黑格尔撰：《美学》第一卷，朱光潜译，商务印书馆 1996 年版，第 357 页。
③ [英] 伯特兰·罗素撰：《幸福之路》，傅雷译，陕西师范大学出版社 2003 年版，第 281 页。
④ 陈帼眉、沈德立：《幼儿心理学》，河北人民出版社 1979 年版，第 134 页。

> 灵台自可依，爱止竟何归？祇由城上冷，故向日轮飞。①

这是张敬之十一岁应制举时所作，创作时限题限韵限时，以《城上乌》为题，"归""飞"二字为韵。诗人充分发挥想象，把现实中乌鸦喜欢栖息在高处与神话传说中太阳里的三足乌联系起来，想象乌鸦不能忍耐灵台高寒才飞到温暖的太阳里。这样的想象，非儿童不能做到，稚嫩、纯真、富于童趣。再如苏颋《咏死兔》：

> 兔子死兰弹，持来挂竹竿。试将明镜照，何异月中看。②

小诗人由眼前负弹而死的兔子想到玉兔捣药的神话故事，再将明晃晃的镜子想象成天空的月亮。这样，镜中之兔在小诗人眼中就成了月中捣药之兔了。这样美好的想象，恐怕只能诞生于儿童天真无邪而又纯洁明净的心灵中吧！

白描在儿童诗中最为常用。儿童语言本来就简洁纯粹，无须刻意雕琢而自然具备。天真纯粹的语言和简洁明净的表述使白描式的勾勒在儿童诗中显得尤为自然天成。其中最著名的当属骆宾王《咏鹅》：

> 鹅、鹅、鹅，曲项向天歌。白毛浮绿水，红掌拨清波。③

诗前两句描写鹅的叫声和鸣叫的神态。后两句"浮""拨"两个动词生动再现了鹅游水嬉戏的姿态。白毛、绿水、红掌、清波几个色彩鲜艳的词汇交相辉映，视觉感鲜明而强烈。幼年骆宾王通过简笔画一般的白描，向读者展示了一幅形、声、色俱备的白鹅戏水图。

从以上分析可见，唐代中原地区儿童在诗歌创作中能熟练运用多种表现手法，增强了诗歌表现力。而敦煌学郎在这一点上就显得差强人意。在敦煌学郎诗中，大多数作品是我手写我口，径直道出，很少运用创作技

---

① （天授042）《唐将仕郎张君墓志铭并序》，《唐代墓志汇编》，第823页；诗又见《全唐诗补编》续拾卷三，第680页。
② 《全唐诗》卷七四，第815页。
③ 《骆临海集笺注》卷三，第109页，题作《咏鹅杂言》。

巧。在现存学郎诗中,唯一用到的表现手法就是比兴。如国家图书馆玉字91(8317)《七阶礼佛名经》卷背所抄学郎诗前两句:"高门出贵子,存(好)木出良在(才)。"① P.3534《论语集解》卷四末尾学郎诗前两句:"由由(悠悠)天尚(上)云,父母生我身。"② 国家图书馆玉字25(8347)《金光明最胜王经序品第一》卷末学郎诗前两句:"清清(青青)何(河)边草,游(犹)如水鳥鳥。"③ P.2622《吉凶书仪》卷末学郎诗前两句:"竹林清(青)郁郁,伯(百)鸟取天飞。"④ 现存学郎诗中用到比兴手法的笔者仅见此几例。可见敦煌学郎诗在表现手法运用上不仅数量少而且方法单一,与中原儿童诗表现手法多样形成了鲜明对比。

教育内容是教育目的的体现,中原地区童蒙教育应试目的强烈,敦煌地区童蒙教育实用性突出。诗歌利于应试而不关乎实用,两地儿童诗在表现手法上的天壤之别,根源仍在教育上。中原儿童对用典、比喻、想象等诗歌创作手法的掌握,得益于中原地区对儿童诗歌教育的强调和系统创作技法的训练。敦煌学郎诗中表现手法的缺乏也源于敦煌地区童蒙教育中诗歌教育不受重视和基本创作技法教育的严重缺失。仅有的比兴手法也是源于敦煌地区唯一的儿童诗歌教育方法——诵读俗诗赋的领悟和体会。尽管诗歌创作教育缺乏使不受诗法束缚的敦煌学郎诗题材的丰富性大大增强,但基本创作技法教育的缺失却使他们的诗歌不可避免地表现出粗鄙浅陋的缺憾。

---

① 《敦煌诗歌导论》,第204页。
② 同上书,第205页。
③ 同上。
④ 同上书,第201页。

第六章 唐代女性教育与女性诗歌创作

清人贺贻孙说："唐诗大振，妇女奴仆，无不知诗。"① 妇女奴仆知诗，当是教育普及的结果。那么，唐代女性教育的主要教科书是什么？她们接受了哪些教育？这些教育对她们诗歌创作有何影响？除了诗歌创作，唐代女性教育成效还有哪些展示方式？这些就是本章所要讨论的问题。

第一节 唐代女教书考论
——兼论唐代女性教育的内容

在古代女性接受教育过程中产生了各种女教书籍，简称女教书，这些书籍以培养品德，训示为女、为妻、为母行为准则为内容。唐代以前女教书的代表作有西汉末年刘向所辑《列女传》，班昭所著《女诫》等。唐代也出现了众多女教著述，其数量之多超过了被认为礼教远比唐代发达的宋代，堪与礼教兴盛的明代比肩。现存史籍著录的唐代女教书有15部，② 可惜这些女教书流传至今的只有2部：《女孝经》和《女论语》。前者因种种原因在唐代未能得到广泛传习，至宋元以后才重新传播开来。后者被明人王相作为闺训必读书编入《女四书》，影响很大，在古代女子教育史上

---

① （清）贺贻孙：《诗筏》，《清诗话续编》，第193页。
② 《旧唐书》卷四六，第2006页；《新唐书》卷五八，第1486页。按，唐代的15部女教书分别为：魏徵《列女传略》、武后《列女传》《孝女传》《古今内范》《内范要略》《保傅乳母传》、王方庆《王氏女记》《王氏王嫔传》《续妒记》、郑氏《女孝经》、尚宫宋氏《女论语》、薛蒙妻韦氏《续曹大家女训》、王溥妻杨氏《女诫》、王琳妻韦氏《女训》，再加上《因话录》卷三《商部下》和《唐语林》卷四贤媛所载的元沛妻刘氏《女仪》。日本学者山崎纯一在《关于唐代两部女训书〈女论语〉〈女孝经〉的基础研究》一文中认为，除了长孙皇后的《女则要录》和武则天的《凤楼新诫》之外，"流传到今天，只有书名或篇幅完整的总共有六部"。山崎先生文见邓小南主编《唐宋女性与社会》，上海辞书出版社2003年版，第158—187页。

占有重要地位。两部女教著作是讨论唐代女性教育不能越过的资料。本节拟考察这两部女教书相关的问题，并借此考察唐代女性教育的内容。

一 《女孝经》考论

《女孝经》的研究取得了一些成果，① 但也有进一步讨论的空间，笔者尝试对相关问题再做探讨。

（一）《女孝经》作者、命名及卷数

关于《女孝经》作者，现存唯一记载是郑氏《进女孝经表》。《郑氏小传》曰："郑氏，侯莫陈邈妻。"② 郑氏名讳无考，两《唐书》无传。《宋史·艺文志》云："《女孝经》一卷，侯莫陈邈妻郑氏撰。"③ 宋代以后典籍著录或称"陈邈妻"，或称"郑氏"，或不著作者。如宋王尧臣《崇文总目》载："《女孝经》一卷。"④ 不著撰者。元脱脱《宋史·艺文志》载："《女孝经》一卷，侯莫陈邈妻郑氏撰。"⑤ 明祁承㸁《澹生堂藏书目》载："《女孝经》二卷，唐陈邈妻郑氏辑。"⑥ 明范邦甸《天一阁书目》云："《女孝经》一卷，刊本，唐朝散郎程邈妻郑氏撰并表进，总一十八章，各为篇目。"⑦ 清钱东垣《崇文总目辑释》载："《女孝经》一卷，陈邈妻郑氏撰。"⑧ 傅维麟《明书》载："郑氏《女孝经》，四十二叶。"⑨ 钱曾《钱遵王述古堂藏书目录》载："《女孝经》一卷，一本。"⑩

---

① 关于《女孝经》的研究成果，有香港学者黄嫣梨《〈女孝经〉与〈女论语〉》，日本学者山崎纯一《关于唐代两部女训书〈女论语〉〈女孝经〉的基础研究》，二文均见邓小南主编《唐宋女性与社会》，上海辞书出版社 2003 年版；另有杨欣《〈女孝经〉东传日本考略》，《文献》2009 年第 2 期。
② 《全唐文》卷九四五，第 9816 页。
③ 《宋史》卷二〇六，第 5221 页。
④ （宋）王尧臣：《崇文总目》卷六，影印文渊阁四库全书，第 674 册，台湾商务印书馆 1986 年版，第 70 页。
⑤ 《宋史》卷二〇六，第 5221 页。
⑥ （明）祁承㸁撰，郑诚整理：《澹生堂读书记　澹生堂藏书目》，上海古籍出版社 2015 年版，第 303 页。
⑦ （清）范邦甸：《天一阁书目》卷三，上海古籍出版社 2010 年版，第 227 页。
⑧ 《崇文总目辑释》卷三，第 93 页。
⑨ （清）傅维麟：《明书》卷七七，商务印书馆 1936 年版，第 1575 页。
⑩ （清）钱曾：《钱遵王述古堂藏书目录》卷五，四库全书存目丛书，史部第 277 册，齐鲁书社 1997 年版，第 684 页。

孙承泽《春明梦余录》载："郑氏《女孝经》一本，四十二叶。"①

历代典籍对《女孝经》作者的著录非常简单，唯一能确定的是姓"郑"。但在唐代众多"郑氏"中，实在难以确定写《女孝经》的这位郑氏。古代女性往往依丈夫姓氏而称，既然郑氏情况不可考，能否通过考察其丈夫情况，进而对郑氏写作该书的情况做一些推测呢？然而很多著录都将郑氏丈夫姓名误记，或称"陈邈"，或称"程邈"，或称"侯莫陈邈"，孰正孰误，难以判别。所幸《四库全书总目》所载可供辨正。其文曰："《女孝经》一卷，唐郑氏撰。郑氏，朝散郎侯莫陈邈之妻。侯莫陈，三字复姓也。"② 指出郑氏丈夫官职为朝散郎，"侯莫陈"为三字复姓。宋代以后著录出错最多的就是郑氏丈夫"侯莫陈邈"姓氏问题。可见这一罕见的复姓使得历代典籍出现了误载。

查检典籍，关于侯莫陈氏的记载有以下几例：

> 侯莫陈崇字尚乐，代郡武川人。其先，魏之别部，居库斛真水。五世祖曰太骨都侯。其后，世为渠帅。祖允，以良家子镇武川，因家焉。（《周书》卷一六《侯莫陈崇传》）
>
> （天兴二年）三月己未……真等进破侯莫陈部，获马牛羊十余万头。（《魏书》卷二《太祖本纪》）
>
> （侯莫陈为代北三字姓），侯莫陈，其先后魏别部，居库斛真水。（《万姓统谱》卷一四○）

又据《中国少数民族名人辞典》，侯莫陈为鲜卑族姓氏。③ 综合这些记载可见，侯莫陈氏为代北少数民族鲜卑族后裔，本为鲜卑族部落名，因以为姓。因常见复姓多为两字，极少三字复姓，"侯莫陈"更是罕见，故文献多有误载。又《魏书·官氏志》载："侯莫陈氏，后改为陈氏。"④ 由此可

---

① （清）孙承泽：《春明梦余录》卷一二，影印文渊阁四库全书，第868册，台湾商务印书馆1986年版，第126页。
② 《四库全书总目》卷九五，第1239页。
③ 刘德仁、杨明、赵心愚等：《中国少数民族名人辞典》，四川辞书出版社1989年版，第494页。
④ 《魏书》卷一一三，第3012页。其改姓缘由为："初，安帝统国，诸部有九十九姓。至献帝时，七分国人，使诸兄弟各摄领之，乃分其氏。自后兼并他国，各有本部，部中别族，为内姓焉。年世稍久，互以改易，兴衰存灭，间有之矣。"《魏书》卷一一三，第3005页。

知,魏时"侯莫陈"氏已有改为汉姓"陈"氏者。典籍所载侯莫陈氏后裔,隋有侯莫陈颖、侯莫陈惠,唐有侯莫陈肃、侯莫陈涉、侯莫陈起、侯莫陈超、侯莫陈升,后晋有侯莫陈威,宋有侯莫陈利用。这样看来,唐代侯莫陈邈是为数不多的保留原姓者。据郑氏《进〈女孝经〉表》可知:因郑氏侄女封为永王妃,此书为教育永王妃而作。① 而据玄宗《册永王侯莫陈妃文》,永王妃为右御林军长侯莫陈超之第五女。② 又据《中华姓氏通书 陈姓》所载侯莫陈氏家族世系表,侯莫陈超恰好为北周侯莫陈崇之第五代孙,其父侯莫陈澄,兄弟四人,分别为澄、涣、涉、济。侯莫陈超兄弟共三人,分别为起、超、越。侯莫陈超从弟分别为涣之子道、懔,涉之子进,济之子杰、俊,③ 其中并未见有名为侯莫陈邈者。但在侯莫陈超从弟姓名中,"道"和"进"与"邈"偏旁均为"辶",形态相同,按古人取名习惯,④ 当属同一行辈,或者侯莫陈邈即为涣或涉之子。如此则侯莫陈邈为侯莫陈超之从弟,或因史料散佚等原因未能载入家谱。若这一推测成立,就正好符合侯莫陈邈妻郑氏《进〈女孝经〉表》中所言"侄女"为永王妃的事实。⑤

侯莫陈邈曾任朝散郎。据《中国历代官制大辞典》,朝散郎始设于隋文帝开皇三年(583),从七品上。隋炀帝大业三年(607)一度罢置。唐复置为文散官,亦从七品上。⑥ 侯莫陈邈具体任官时间无考,但其生活年代应与从兄侯莫陈超大致相同。由《册永王侯莫陈妃文》可知侯莫陈超为玄宗时右羽林军长。据《唐刺史考全编》,超兄侯莫陈起约生活于开元前期、超子升约生活于肃宗、代宗间。⑦ 据此推测,侯莫陈超应主要生活在玄宗时期,最晚至肃宗时期,侯莫陈邈约是同一时期人,其妻郑氏生活时期当与之相同。

---

① 《全唐文》卷九四五,第9816页。
② 《全唐文》卷三八,第266页。
③ 何光岳、聂鑫森:《中华姓氏通书 陈姓》,三环出版社1991年版,第97页。
④ 但也有例外,侯莫陈超一辈中,兄弟三人名起、超、越均为同一偏旁,涣之子道和懔又不符合这一特点,济之子杰、俊更是与这一习惯不符。
⑤ 如此,则郑氏当为永王妃之叔母,而非山崎先生所说的姑母。山崎文见《唐宋女性与社会》,第165—166页。
⑥ 吕宗力:《中国历代官制大辞典》,北京出版社1994年版,第773页。
⑦ 郁贤皓:《唐刺史考全编》,安徽大学出版社2000年版,第2896页。

明万历十八年（1590）刊《新绣图像郑氏女孝经句解》曰："郑氏之女，朝散郎陈邈之妻也。郑赋性聪敏，幼好读书，长益不倦。每览先圣垂言前贤行事，未尝不三复抚躬。而欲并余芳，步遗躅焉。"[1] 香港学者黄嫣梨经过考证认为，郑氏曾修习过《孝经》《周易》《白虎通》《汉书》《诗》及《诗大小序》《中庸》《礼记》《论语》《列女传》《后汉书》《仪礼》《左传》等二十余部典籍。[2] 可见郑氏天资聪颖，自幼熟读各种典籍，学殖基础深厚，有能力写作《女孝经》。

郑氏此书为何命名为《女孝经》，论者多以为拟《孝经》而来。[3] 当时和后代确有很多拟《孝经》的著作，如唐郭良甫《武孝经》、宋贾元道《农孝经》、不著撰者之《酒孝经》等。[4] 这些拟作似乎更加证明了《女孝经》是拟《孝经》而来的观点。但是仔细考察就会发现，《女孝经》内容除了首章《开宗明义章第一》总论部分明确阐发"孝"的概念之外，其他各章都是教育女子出嫁后如何辅助丈夫、抚育孤幼、亲睦娣姒、应对宾客、柔顺不妒、清贞守节等妇道伦理规范和日常处世原则，与《孝经》内容并无太大关涉。郑氏在《进〈女孝经〉表》中也表示此书是用来"戒以为妇之道"[5] 的。至如《武孝经》《农孝经》《酒孝经》等书到清代已经亡佚，清人俞樾《茶香室丛钞》曰："诸书今无传，且莫知其名矣。"[6] 其内容不得而知。望文生义，这几部书当与武、农、酒有关。因此可以说，《女孝经》以及其他几部拟《孝经》著作在内容上与《孝经》并无太大关联。内容不甚相干，作者为何要拟《孝经》而名此书呢？如果从内容上看，倒不如叫作《女范》《女训》之类名称更为恰当，更何况前代已有同类性质著述如班昭《女诫》、长孙皇后《女则》等，可见此书命名为

---

[1] 黄嫣梨：《〈女孝经〉与〈女论语〉》，《唐宋女性与社会》，第203页。
[2] （明）黄治徵注，余应虬校：《新绣图像郑氏女孝经句解》，日本内阁文库藏。转引自山崎纯一《关于唐代两部女训书〈女论语〉〈女孝经〉的基础研究》一文。
[3] 山崎纯一先生在《关于唐代两部女训书〈女论语〉〈女孝经〉的基础研究》中持此说，见《唐宋女性与社会》，第158—187页。
[4] （宋）孙奕撰，侯体健、况正兵点校：《履斋示儿编》卷七，中华书局2014年版，第104页。
[5] 《全唐文》卷九四五，第9817页。
[6] （清）俞樾撰，卓凡、顾馨、徐敏霞点校：《茶香室丛钞》卷一，中华书局1995年版，第56页。

《女孝经》当有其他原因。

从《女孝经》写作时间看，郑氏《进〈女孝经〉表》云："妾侄女特蒙天恩，策为永王妃。以少长闺闱，未娴诗礼，至于经诰，触事面墙，夙夜忧惶，战惧交集，今戒以为妇之道，申以执巾之礼。"① 查检两《唐书》，封永王者唯有玄宗第十六子李璘，开元十三年（725）获封，李璘在安史之乱中起兵平叛，肃宗以谋反罪镇压，至德二载（757）兵败，为皇甫侁所杀。② 关于册封永王妃的时间，《册永王侯莫陈氏妃文》云："维开元二十六年岁次戊寅正月庚午朔十八日丁亥。……咨尔右羽林军长侯莫陈超第五女，天资清懿，性与贤明。衣冠之绪，克禀于闺德。环佩之容，备详于闺训。是赖尚柔之质，以宏乐善之心。亦配藩维，用膺典册。"③ 侯莫陈邈妻郑氏作《女孝经》并进上应在永王妃获封不久，即玄宗开元二十六年或稍后。

玄宗认为"欲求忠臣，必于孝子"，因此极力提倡孝道。他曾亲自为《孝经》作注，并于开元十六年和天宝二载两次颁行天下，诏令天下民间家藏《孝经》一本。玄宗如此大张旗鼓地宣传《孝经》，作为朝廷官员、朝散郎侯莫陈邈妻子的郑氏当然不会不知晓，所以当侄女被封为永王妃时就写了这部书献给朝廷，书名《女孝经》显然是为了迎合玄宗提倡《孝经》的号召。

关于《女孝经》卷数，历代典籍记载不一。记为一卷者如《崇文总目》《玉海》《宋史》，记为一卷十八章者如《天一阁书目》，记为一卷一本者如《钱遵王述古堂藏书目录》，记为两卷者如《澹生堂藏书目》，记为一本四十二叶者如《明书》《春明梦余录》。其中以一卷本记载为最多，正史中最早载录《女孝经》的《宋史》即持此说，此后历代藏书家都有响应，说法较为可信。持两卷本说者仅明代祁承㸁一人，祁氏为著名藏书家，《澹生堂藏书目》乃据其藏书编就。这条记载说明《女孝经》可能有

---

① 《全唐文》卷九四五，第9817页。
② 《新唐书·李璘传》，《新唐书》卷八三，第3612页。按，香港学者黄嫣梨在《〈女孝经〉与〈女论语〉》一文中称李璘是"中矢薨"。此说为《旧唐书》之记载，见卷一七○，第3265页。但比较两《唐书》记载，《新唐书》所载之"被皇甫侁所杀"似乎更接近史实，详见笔者下文论述。黄文见《唐宋女性与社会》，第188页。
③ 《全唐文》卷三八，第419页。

两卷本。但其他载籍均未提及，所以此处姑且存疑。清人傅维麟、孙承泽所说一本四十二叶当为印刷术发达之后的再刊本，或许就是原来一卷本经过排版印刷之后的样子。

至于一卷内有多少章，除了《天一阁书目》记有十八章外，其他各种典籍均未提及。《四库全书总目》论郑氏《女孝经》曰："其书仿《孝经》分十八章。"① 此说虽与范邦甸所说一致但仍有疑问。《孝经》有古文《孝经》和今文《孝经》，前者为二十二章，后者为十八章，为何郑氏所作依今文《孝经》章数而不依古文《孝经》章数？清人尤侗《艮斋杂说》云："《孝经》，孔子与曾参论孝而门人记之。汉兴，颜芝之子得十八章，为今文。及鲁共（应为'恭'）王坏孔子宅，古文始出，凡二十二章。孔安国及马融传之，其郑氏所传则今文也。开元中，诏议孔郑二家各有异同，明皇自注，卒用十八章为定。内有《闺门》一章，论者以为鄙俗不可行。后有女士郑氏续为《女孝经》十八章，赘矣。"② 根据这条记载，再联系前述郑氏为迎合玄宗重视《孝经》的政治主张名此书为《女孝经》推想：此书章数是根据玄宗所注《孝经》章数确定。也就是说，玄宗注为十八章今文《孝经》一卷，郑氏依此将《女孝经》一卷分为了十八章。

（二）释"《唐书·艺文志》不载，《宋史·艺文志》始载之"

《女孝经》为唐代女教著作，但是《新唐书·艺文志》并无记载，直至《宋史·艺文志》才首次著录。首先提出这一问题的是《四库全书总目》：

>《女孝经》一卷，唐郑氏撰。郑氏，朝散郎侯莫陈邈之妻。侯莫陈，三字复姓也。前载《进书表》，称侄女册为永王妃，因作此以戒。《唐书·艺文志》不载，《宋史·艺文志》始载之。《宣和画谱》载："孟昶时，有石恪画《女孝经》像八。"则五代时乃盛行于世也。③

"《唐书·艺文志》不载，《宋史·艺文志》始载之"，这一问题确实让人

---

① 《四库全书总目》卷九五，第1239页。
② （清）尤侗撰，李肇翔、李复波整理：《艮斋杂说 续说》卷一，中华书局1992年版，第6页。
③ 《四库全书总目》卷九五，第1239页。

感到疑惑。① 查检《新唐书·艺文志》和《宋史·艺文志》,《四库全书总目》所言不虚。为何会出现这种情况? 以下试作分析。

唐代被封为永王者只有唐玄宗第十六子李璘,郑氏侄女被选进宫中册封为永王妃。郑氏作《女孝经》也是侄女被封为永王妃后,用以教导侄女为妇之道的。永王李璘平叛之事是重大政治事件,两《唐书》本传均有记载。《旧唐书·永王璘传》载:

> 天宝十四载十一月,安禄山反范阳。十五载六月,玄宗幸蜀,至汉中郡,下诏以璘为山南东路及岭南、黔中、江南西路四道节度采访等使、江陵郡大都督,余如故。璘七月至襄阳,九月至江陵召募将士数万人……肃宗闻之,诏令归觐于蜀,璘不从命。十二月,擅领舟师东下,甲仗五千人趋广陵……先是,肃宗以璘不受命,先使中官啖廷瑶、段乔福招讨之。……迎降于璘,璘又杀丹徒太守阎敬之徇。江左大骇。……璘怒,命焚其城。至余干,及大庾岭,将南投岭外,为江西采访使皇甫侁下防御兵所擒,因中矢而毙。子偒等为乱兵所害。肃宗以璘爱弟,隐而不言。②

《新唐书》本传前半部分记载与《旧唐书》相同,后半部分有些出入:"璘怒,焚城门入之,收库兵,掠余干,将南走岭外。皇甫侁兵追及之,战大庾岭,璘中矢被执,侁杀之。"③ 两《唐书》关于李璘死因的记载有较大出入,一谓中矢而毙,一谓被皇甫侁所杀。到底哪种记载符合事实真相? 笔者以为是后者。史载肃宗知晓李璘下江陵后,令其归蜀,永王不听,肃宗又派中官招讨之,后李璘又杀丹徒太守。至此,肃宗认定李璘确实谋反。此种情况下,又岂会放过李璘?《旧唐书·肃宗本纪》载:"(至德二载二月)永王璘兵败,奔于岭外,至大庾岭,为洪州刺史皇甫侁所

---

① 山崎纯一在《关于唐代两部女训书〈女论语〉〈女孝经〉的基础研究》中就曾质疑道:"没有阐明永王为何许人。加之,此书为什么始出《宋史》,也没有说明。"见《唐宋女性与社会》,第163页。
② 《旧唐书》卷一〇七,第3264—3266页。
③ 《新唐书》卷八二,第3611页。

杀。"① 与《新唐书》所记永王为皇甫侁所杀一致。李璘是皇子，皇甫侁不过区区江西采访使，若无肃宗之命，怎敢擅自杀害李璘？不过肃宗不愿背负杀弟之名，在李璘被杀之后"谓左右曰：'皇甫侁执吾弟，不送之蜀而擅杀之，何邪？'由是不复用"。② 欲盖弥彰的自我表白更暴露了其真实意图。李璘家眷下落《旧唐书》无载，《新唐书·永王璘传》载："璘未败时，上皇下诰：'降为庶人，徙置房陵。'及死，侁送妻子至蜀，上皇伤悼久之。"③ 可见在永王被杀之前，妻子已经被贬为庶民。永王以谋逆罪被诛之后，永王妃的凄惨下场可以想见。

笔者之所以用大量笔墨梳理这一政治事件，就是为了说明《女孝经》在这种背景之下的流传情况。联系《女孝经》一书本是为了教育永王妃而作，结合永王妃由王妃一落千丈而成为叛臣之妻的事实可以想见，《女孝经》或被禁毁或被封存的命运似乎在所难免。此时它已不单纯是一部女教著作，而是成了与叛臣有关联的一种物事，宫廷是绝对不会再用此书训导后妃的。由于这一事件的严重性，民间传习此书也应是比较忌讳的。

但民间和宫廷毕竟不同，在宫廷之中，禁令便于实施。而在民间，政治事件平息之后，随着时间流逝，被禁事物也会因为人们日常生活需要重新活跃起来。在唐代崇孝大背景下，帝王是想借由孝子获得忠臣，而百姓无论身处何时，都希望子女有孝心孝行。要培养子女这样的品德，除了言传身教外，还需要教科书。尤其是在女教书籍有限的情况下，《女孝经》在民间继续流传便不是没有可能。所以在五代末出现了石恪《女孝经》像八幅。《宣和画谱》载：

> 石恪字子专，成都人也。喜滑稽，尚谈辩。工画道释人物。初师张南本，技进，益纵逸不守绳墨，气韵思致过南本远甚。然好画古僻人物，诡形殊状，格虽高古，意务新奇，故不能不近乎谲怪。孟蜀平，至阙下，被旨画相国寺壁，授以画院之职，不就，力请还蜀，诏

---

① 《旧唐书》卷一〇，第246页。
② 《新唐书·永王璘传》卷八二，第3612页。
③ 同上。

许之。今御府所藏二十有一：……《女孝经》像八。①

石恪是五代末宋初画家。可知，最早在五代末，最晚至宋初，石恪已画成《女孝经》像，而《女孝经》能成为绘画题材更说明该书在当时流传已相当广泛。

在宋代，除了《宣和画谱》之外，孙奕《示儿编》和王尧臣《崇文总目》也有关于《女孝经》的记载。而且宋代出现了很多《女孝经》画像。清庞元济《虚斋名画录》云："《唐（书）·艺文志》有曹大家《女诫》一卷，薛蒙妻韦氏《续大家女训》十二章，而不载《女孝经》……然宋人画此者颇多。"② 宋人画《女孝经》像可能是受石恪影响，但更大可能是出于教育女子的需要。尽管《女孝经》在宋代流传范围难以考察，但《女孝经》又重见天日，成为女教用书当是不争的事实。《新唐书·艺文志》未予著录或是遗漏所致。

至元代《女孝经》仍然流传。《元史·完者忽都传》记载顺帝皇后完者忽都奇氏事曰："后无事，则取《女孝经》、史书，访问历代皇后之有贤行者为法。"③ 可见元代《女孝经》已在宫廷公开流传。随着时间变迁，《女孝经》已经完全摆脱了为教育永王妃而作带来的政治纷扰，恢复了女教书籍的本来面目。

到明代，后宫及民间传习《女孝经》已成为社会普遍现象。明秦元方《熹庙拾遗杂咏》载："选高年有学内官教宫女《女训》《女孝经》等书，教成者升女秀才、女史官。"④ 明代后宫选专人向宫女教授《女孝经》，学成者还可以得到升迁，足见后宫十分重视学习此书。明郭正域《宫女传书图》也颇能说明当时后宫传习《女孝经》的情况，诗云："树下宫娥倚画屏，侍儿抱牍绕阶行。大家指点频频看，亲授椒房《女孝经》。"⑤ 至于民间传习就更为普遍了，记载往往见诸典籍。如明金幼孜《李孺人周氏墓志

---

① （宋）佚名撰，岳仁译注：《宣和画谱》卷七，湖南美术出版社2010年版，第147—148页。
② （清）庞元济：《虚斋名画录》卷一，清宣统乌程庞氏上海刻本，第19页。
③ （明）宋濂等：《元史》卷一一四，中华书局1976年版，第2880页。
④ （明）秦元方：《熹庙拾遗杂咏》，旧钞本，第13页。
⑤ （明）郭正域：《合并黄离草》卷一五，明万历刻本，第219页。

铭》载:"孺人讳妙贞,姓周氏,世家吉水之洪同。父东周,母宋氏。孺人生有淑质,明敏恭慎,自幼受教读《女孝经》《论语》诸书,辄记诵不忘且了其大义。"① 韩雍《故徐行中妻庄氏孺人墓志铭》载:"孺人生而聪慧柔顺,德充于容,行践于言,女红无不精。师氏授以《女孝经》《女箴》《女诫》诸书,辄能成诵,通大义。父母甚钟爱。"② 可见《女孝经》在明代传习非常普遍。

清代传习《女孝经》更为常见,很多家庭将《女孝经》作为家传书籍用以教女。清李调元《挽唐母孔太恭人诗》云:"国恩早授儿官诰,家世惟传《女孝经》。"③ 甚至到了晚清,《女子师范学堂各科要旨程度》规定的修身养德课本中仍将《女孝经》列入。④

通过以上分析可知,唐代《女孝经》因政治事件影响流传范围有限,在宫中几乎成了禁忌,在民间或有流传。五代末宋初石恪画《女孝经》像,此后出现许多《女孝经》画像,说明《女孝经》为人们所熟知。《新唐书·艺文志》未见著录很可能是漏载所致。到了元代《女孝经》重新恢复了女教书籍本来面目,在后宫和民间广泛传播。明清乃至近代,《女孝经》一直传习不歇。从传播情况看,元代脱脱等人在撰《宋史》时将其收入也就是顺理成章的事了。

(三)《女孝经》为班昭《女诫》同书异名书辨析

宋代目录学家陈振孙《直斋书录解题》这样介绍汉代班昭《女诫》:"《女诫》一卷,汉曹世叔妻班昭撰。固之妹也。俗号《女孝经》。"⑤ 他认为《女孝经》与班昭《女诫》同书异名。陈振孙在目录学上的造诣使后代很多人相信了这一说法,一度将郑氏《女孝经》和班昭《女诫》相混淆。又有明代李东阳为之背书,陈氏说法便蔓延开来。以下就诸家致误原因进行辨析。

---

① (明)金幼孜:《金文靖集》卷九,影印文渊阁四库全书,第1240册,台湾商务印书馆1986年版,第844页。
② (明)韩雍:《襄毅文集》卷一四,影印文渊阁四库全书,第1245册,台湾商务印书馆1986年版,第790页。
③ (清)李调元:《童山集》卷二四,清乾隆刻函海道光五年增修本,第202页。
④ (清)端方:《大清光绪新法令》,上海商务印书馆1909年版,第1159页。
⑤ 《直斋书录解题》卷一〇,第303页。

李东阳《〈女孝经〉图跋》云："汉曹世叔妻班昭，固之女弟。撰《女诫》十八篇，大抵仿《孝经》为之，故俗称《女孝经》。"① 李东阳为了说明《女孝经》确实是班昭所作，称班昭撰有《女诫》十八篇。所言《女诫》篇目，使其论述露出了破绽，也使人对他所说《女孝经》就是《女诫》的说法产生怀疑。众所周知，《女诫》共七篇，因此又称为"七诫"。《后汉书·曹世叔妻传》载："作《女诫》七篇，有助内训。"② 其条目分别为卑弱第一，夫妇第二，敬慎第三，妇行第四，专心第五，曲从第六，叔妹第七。这七篇篇目从未见学者质疑。李东阳为了证明《女孝经》就是《女诫》，说《女诫》有十八篇，错误太过明显。

除了陈振孙、李东阳的误解以外，人们误认为郑氏《女孝经》与班昭《女诫》同书异名还有一个原因，就是书商往往将二书合刊导致误解。清徐乾学《传是楼书目》载："《女诫》附唐郑氏《女孝经》，汉曹大家，一本。"③ 人们为了使用方便，曾将《女诫》和《女孝经》合刊，将《女孝经》附在《女诫》之后，但封面撰者姓名是曹大家，这就极易使人将《女孝经》和《女诫》混为一谈。

当然，也有人对此有清楚认识，如胡应麟《少室山房笔丛·甲部经籍汇通三》载："曹大家有《女孝经》，宋尚宫有《女论语》。今传《女孝经》乃唐人借名大家，然前志并有曹书，今亡逸矣。"④ 胡应麟认为《女孝经》不是《女诫》，所谓曹大家有《女孝经》是唐人借名曹大家所致。这个看法颇有见地。仔细检视《女孝经》，《开宗明义第一章》就以曹大家开头，以下各章主要模仿孔子和曾子对话以曹大家与诸女对话阐扬妇道。除第一章开头"曹大家闲居"五字外，其他各章以"大家曰"三字开头者有八章，以"诸女问"开头者有四章，其他五章是曹大家直接讲论。⑤ 乍一看书中内容全是曹大家的言论，极易使人误认为是曹大家之书。

---

① （明）李东阳：《怀麓堂集》卷七三，影印文渊阁四库全书，第1250册，台湾商务印书馆1986年版，第771—772页。
② 《后汉书》卷八四，第2786页。
③ （清）徐乾学：《传是楼书目》，续修四库全书，第920册，上海古籍出版社2002年版，第736页。
④ （明）胡应麟：《少室山房笔丛》卷三，中华书局1958年版，第41页。
⑤ 孙培青：《隋唐五代教育论著选》，人民教育出版社1993年版，第264页。

故而才出现唐人假借曹大家之名署名《女孝经》的现象。胡应麟敏锐地认识到这一点，且他在《女孝经》之后所列的宋尚宫《女论语》，也是唐代女教书。胡应麟将此二书并列，可知在他看来二书均为唐人所作。

起初只是为了教育永王妃而作的《女孝经》，后来却成为广受欢迎的女性教科书，且历经千年流传不衰，这在中国女性教育史上实属罕见。

二 《女论语》考论

《女论语》是流传至今的唐代两部女教书之一，在古代女子教育史上占据重要地位，明人王相将其作为闺训必读书编入《女四书》，由此影响更大。其作者宋氏姐妹是中唐著名才女，在后宫颇受尊崇，因撰写《女论语》而为更多人所熟知。因此讨论唐代女性教育，同样绕不开《女论语》及宋氏姐妹相关问题。在现有研究成果中，高世瑜《宋氏姐妹与〈女论语〉论析——兼及古代女教的平民化趋势》，[1]日本学者山崎纯一《关于唐代两部女训书〈女论语〉〈女孝经〉的基础研究》《唐代女训书二点〈女论语〉〈女孝经〉考》《从教育观点看中国女性史资料的研究——〈女四书〉和〈新妇谱三部书〉》，[2]均为相关研究之力作。但关于《女论语》和宋氏姐妹研究仍然存在一些问题，笔者尝试再做探析。

（一）《女论语》的创作背景

要准确理解和把握《女论语》及宋氏姐妹的思想，就必须探寻她们所处时代和地域的社会经济、文化背景和家庭教育背景。只有这样才能更准确地解答研讨《女论语》及宋氏姐妹过程中遇到的问题。

宋氏姐妹家乡在"贝州清阳"。[3]贝州，隋大业初和唐天宝元年两次改为清河郡，即今河北清河县西北。隶属于贝州辖区的清阳就在贝州西北。宋氏姐妹生活的时间大体为中唐时期。《旧唐书·宋若昭传》载：

---

[1] 《唐宋女性与社会》，第127页。
[2] 山崎纯一：《关于唐代两部女训书〈女论语〉〈女孝经〉的基础研究》，《唐宋女性与社会》，第158页；《唐代女训书二点〈女论语〉〈女孝经〉考》，樱美林大学《中国文学论丛》，1979年第7号；《从教育观点看中国女性史资料的研究——〈女四书〉和〈新妇谱三部书〉》，明治书院1986年版。
[3] 《旧唐书》卷五二，第2198页。

"贞元四年（788），昭义节度使李抱真表荐以闻。"① 贞元四年入宫之前，她们在贝州清阳生活的时间大约有二十年，历肃、代、德三朝。② 这一时期适逢安史之乱和乱后割据，河北地区首当其冲，是安史之乱和藩镇争斗的主战场。安史之乱爆发，叛军从河北北部的范阳南下，席卷并占领河北大部分州县，贝州亦在其中。之后，河北诸郡起兵反抗叛军，清河等十七郡归附朝廷。叛乱平定后，又形成藩镇割据局面，卢龙、成德、魏博（贝州在魏博镇治下）河北三镇分而治之。藩镇时叛时附，朝廷时讨时抚。最为严重的是建中二年（781），成德、魏博、淄青等藩镇联合起来反叛，前后持续二十余年，直至宪宗朝才得以平定，贝州就是争夺地区之一。但由于魏博在河北三镇中势力最强，历任节度使治理得法，百姓生活较为稳定，所谓"数年间，管内粗理"。③ 所以，尽管宋氏姐妹生活的贝州处于安史之乱后的河北战乱和河北三镇割据之中，但在贝州所隶属的魏博镇历任节度使的有效治理下，她们的生活基本上还是较为安定的。

在宋氏姐妹生活和创作《女论语》的唐代中期，兴起了儒学复古思潮，儒学的复兴伴随着儒家礼教的兴起。礼教的兴起和对儒家礼法文化的提倡必然加强对女性的伦理道德约束和社会角色限定。一个典型表现是一向放诞不羁的公主群体受到了严格约束。召宋氏姐妹入宫的德宗皇帝首次命公主出嫁后行拜见舅姑之礼。宪宗也钦慕士族礼法，提倡礼教。在帝王提倡下，文人士大夫家族更加强了女子礼法教育，德宗时李晟就以训女严厉成为权贵之家的礼法楷模。④ 《女论语》作为以儒家礼法为核心内容、规范女性行为的女教书于此时产生，有其深刻的思想文化背景。而该书书名拟《论语》之名而称《女论语》，且书中模仿孔子和颜、冉对话方式以女性中的楷模前秦韦宣文君和汉代班昭对话的结构构成全书主体，这实际上就是在当时儒学兴盛的大背景影响和作者自身较好的儒学修养下有意为之的结果。

---

① 《旧唐书》卷五二，第2198页。
② 高世瑜认为宋氏姐妹的生年在760—775年之间。高世瑜：《宋氏姐妹与〈女论语〉论析——兼及古代女教的平民化趋势》，见《唐宋女性与社会》，第128页。关于宋氏姐妹的生年笔者另有浅见，详见下文论述，但宋氏姐妹的生活时间大体在唐代中期是没有疑问的。
③ 《旧唐书·薛嵩传》，《旧唐书》卷一二四，第3525页。
④ 《旧唐书》卷一三二，第3674页。

宋氏姐妹的家乡贝州是典型的农耕地区，天然物质条件优越，以富庶著称，是著名的纺织之乡。《唐六典》载："凡绢、布出有方土，类有精粗。绢分为八等，布分为九等贝、博之绢……并第三等。"① 可见当地纺织业之发达。同时贝州清河素有儒学传统，《隋书·地理志》云："信都、清河、河间、博陵、恒山、赵郡、武安、襄国，其俗颇同。人性多敦厚，务在农桑，好尚儒学，而伤于迟重。"② 隋代两位大儒刘焯、刘炫都是河北人，他们必然对当地崇尚儒学的风气起到示范引领作用。到唐代，此地尚儒学之风依然未变，《通典·州郡典十》记载兖州地域风俗云："人情朴厚，俗有儒学。"③ 清河就包含在兖州地域之内。天宝十四载，颜杲卿曾对安禄山说："今河北殷实，百姓富饶，衣冠礼乐，天下莫敌。"④ 由此足见贝州地区儒家文化之隆盛。

宋氏姐妹出生在一个世代儒学之家。《旧唐书·女学士尚宫宋氏传》载："女学士、尚宫宋氏者，名若昭，贝州清阳人。父庭芬，世为儒学，至庭芬有词藻。"⑤《新唐书·尚宫宋若昭传》亦载："尚宫宋若昭，贝州清阳人，世以儒闻。父廷芬，能辞章，生五女，皆警慧，善属文。"⑥ 两条记载均显示出其家的儒学渊源，这无疑对她们接受儒学教育、写作《女论语》奠定了良好知识基础。宋氏姐妹的父母非常开明，宋庭芬不仅教授女儿经义，而且教她们学习诗赋。《旧唐书·女学士尚宫宋氏传》载："庭芬始教以经义，继而课为诗赋。"⑦ 宋氏姐妹也都志愿以艺学扬名显亲，不愿出嫁适人。这样的请求在古代社会是很难被允许的，宋家父母居然答应了女儿这种"非分"请求，"不欲与寒乡凡裔为姻对，听其学"。⑧ 良好的家学教育和开明的家风为宋氏姐妹的成长及日后《女论语》的写作提供了优厚土壤。

综上所述，宋氏姐妹家乡贝州清阳经济繁荣、物产富饶，虽为安史之

---

① 《唐六典》卷二〇，第541页。
② 《隋书》卷三〇，第859页。
③ （唐）杜佑撰，王文锦等点校：《通典》卷一八〇，中华书局1988年版，第4768页。
④ 《资治通鉴》卷二一七"玄宗天宝十四载"引《通鉴考异》，第6946页。
⑤ 《旧唐书》卷五二，第2198页。
⑥ 《新唐书》卷七七，第3508页。
⑦ 《旧唐书》卷五二，第2198页。
⑧ 《新唐书》卷七七，第3508页。

乱及藩镇战争的主战场，历经劫难和破坏，但所属藩镇博陵镇却因区域内物质条件优越和历任节度使治理得法而较为平安富足，百姓生活相对安定。这是宋氏姐妹及《女论语》诞生的社会经济背景。宋氏姐妹生活在儒学复兴、儒家礼教盛行的中唐时期，而贝州清阳又是著名的儒学之乡，复古崇儒思潮和贝州清阳尚儒学的传统，是《女论语》诞生的思想文化背景。宋氏姐妹生长的家庭是一个世代为儒之家，其父宋庭芬开明豁达，教授女儿儒学和诗赋知识，赞同女儿不出嫁适人而以艺学扬名的请求，为《女论语》的诞生提供了适宜的家庭生活环境。在这样的社会经济、思想文化和家学家风背景的共同催生下，《女论语》问世了。

（二）宋氏姐妹生年及《女论语》作年

宋氏姐妹的生年，两《唐书》本传未载。有学者认为生年在760—775年之间。[①] 笔者对此尚有些许浅见，略陈如下：

《旧唐书·宋若昭传》载："（庭芬）生五女，皆聪慧，庭芬始教以经艺，继而课为诗赋，年未及笄，皆能属文。"[②] 而《礼记·内则》亦载："子能食食，教以右手，能言，男唯女俞。男鞶革，女鞶丝。六年，教之数与方名。七年，男女不同席，不共食。八年，出入门户及即席饮食，必后长者，始教之让。九年，教之数日。十年，出外就傅，居宿于外。"注曰："此九年之内，宫中女师之教，兼男女而言者也。"[③] 也就是说，古代女子10岁以前学习日常生活常识，10岁以后不能迈出闺门，由母亲或保傅教以丝麻女红等"女之四德"以及笾豆祭祀之事。[④] 古代教育子女大体不太会偏离《礼记》规定。照此说来，宋氏姐妹10岁之前接受的应是生活常识教育，10岁以后才随父亲学习经义和诗赋，由于她们"皆警慧"，在"年未及笄"，亦即15岁以前就已经学问初成、能属文了。换言之，宋氏姐妹最多用了5年时间学习儒学知识和诗赋常识，就达到了学问初成、

---

① 高世瑜：《宋氏姐妹与〈女论语〉论析——兼及古代女教的平民化趋势》，见《唐宋女性与社会》，第128页。
② 《旧唐书》卷五二，第2198页。
③ 《礼记正义》卷二八，《十三经注疏》，第1471页。
④ 《礼记·内则》："女子十年不出，姆教婉、娩、听从；执麻枲，治丝茧，织纴、组、紃，学女事，以共衣服；观于祭祀，纳酒浆、笾豆、菹醢，礼相助奠。十有五年而笄。"《礼记正义》卷二八，《十三经注疏》，第1471页。

能属文的水平。

但据香港学者黄嫣梨考证，宋氏姐妹修习过的典籍有《周礼》《孝经》《世说新语》《礼记》《仪礼》《荀子》《女诫》《齐民要术》《诗经》《颜氏家训》《千字文》《列女传》《周易》《论语》《晋书》《左传》《后汉书》《尚书》等。① 而《新唐书·选举志》载唐代官学儒学课程修习年限分别为：《孝经》和《论语》必修，修习年限为1年；《礼记》和《春秋左氏传》为大经，修习年限为3年；《诗经》《周礼》《仪礼》为中经，修习年限为2年；《周易》《尚书》《春秋公羊传》《穀梁传》为小经，其中《周易》修习时间为2年，其他三部小经修习年限为1年半。② 在宋氏姐妹修习过的经典中，有官学规定的两部必修经典《孝经》和《论语》，需要学习1年；两部大经《左传》和《礼记》，学通需要6年；三部中经《诗经》《周礼》《仪礼》共需要修习6年；四部小经中宋氏姐妹只修习过《周易》和《尚书》，需要3.5年。这样加起来，宋氏姐妹要学完上述经典总共需要16.5年。这还未将她们学习《荀子》《世说新语》《齐民要术》等典籍的时间计算在内。官学之所以制定这样的修习年限规定，当是以大多数学子的智力水平和实际学习情况为依据。而数量如此之多的儒家典籍，即使宋氏姐妹再怎么聪慧，也不可能用三五年时间学完常人需要用16年半来修习的经典。更不可能在这三五年的时间段内再完成《女论语》的写作。也就是说，宋氏姐妹不可能在15岁之前完成《女论语》的写作。

两《唐书》关于宋氏姐妹写作《女论语》的记载分别为：

> 若莘诲诸妹如严师，著《女论语》十篇，大抵准《论语》，以韦宣文君代孔子，曹大家等为颜、冉，推明妇道所宜。若昭又为传申释之。贞元中，昭义节度使李抱真表其才，德宗召入禁中，试文章，并问经史大谊，帝咨美，悉留宫中。（《新唐书》卷七七《尚官宋若昭传》）

> 若莘教诲四妹，有如严师。著《女论语》十篇，其言模仿《论语》，以韦逞母宣文君宋氏代仲尼，以曹大家等代颜、闵，其间问答，悉以妇道所尚。若昭注解，皆有理致。贞元四年，昭义节度使李抱真

---

① 黄嫣梨：《〈女孝经〉与〈女论语〉》，见《唐宋女性与社会》，第205页。
② 《新唐书》卷四四，第1160页。

表荐以闻。德宗俱召入宫，试以诗赋，兼问经史中大义，深加赏叹。(《旧唐书》卷五二《女学士尚宫宋氏传》)

在两《唐书》的记载中，都先言宋氏姐妹撰《女论语》，后言昭仪节度使表荐入宫事。可见宋氏姐妹在入宫之前就已经写成《女论语》，并因此名声大振，才被表荐入宫。因此高世瑜说13—28岁被召入宫时间断限略显宽泛。

还有一种可能，就是宋氏姐妹10岁之前所受教育没有像常人一样按部就班进行，而是从四五岁起就由乃父教授儒学知识。如果这种可能性存在，到将近及笄的15岁，应该有10年时间，加之她们天资聪颖，应该能完成普通人16年完成的功课，这就和《旧唐书》中"庭芬始教以经义，既而课为诗赋，年未及笄，皆能属文"[①]的记载相吻合。即在15岁以前，她们已将父亲所教经义学通，于是父亲又教她们诗赋。她们学通儒家经典在十三四岁，之后又花了些时间学习诗赋，写作《女论语》应该在十六七岁以后。据《礼记》："（女子）二十而嫁，有故，二十三年而嫁。"[②] 但宋氏姐妹却"尝白父母，誓不从人，愿以艺学扬名显亲"[③]。也就是说，到20岁至23岁该出嫁时，宋氏姐妹征得了父母同意没有嫁人。而她们所说的以艺学扬名显亲，就是通过艺学造诣得到社会肯定并显扬父母，这一理想即通过写作《女论语》来实现，她们请求不嫁时《女论语》可能正在写作阶段或刚刚完成。考虑到《女论语》章节不甚繁复和宋氏姐妹的聪慧资质，应在20岁到25岁之间完成。笔者之所以这样推断还有一层考虑，宋氏姐妹是贞元四年（788）经昭义节度使李抱真表荐进宫，写成此书并造成一定影响也需要一些时间。也就是说，至少在贞元四年（788）之前两三年或稍前就已经写成此书，经过一段时间的口耳相传，传到了曾管辖宋氏姐妹家乡贝州地区，喜贤俊，"闻人之善，必令持货币数千里邀致之"[④]的昭仪节度使李抱真那里，因此将她们姐妹举荐入宫。所以，笔者推测她们写完此书的年龄在20岁到25岁之间，时间为公元785年或

---

① 《旧唐书》卷五二，第2198页。
② 《礼记正义》卷二八，《十三经注疏》，第1471页。
③ 《旧唐书》卷五二，第2198页。
④ 《旧唐书》卷一三二，第3649页。

786 年或稍前,亦即德宗贞元元年、二年或稍前。照此推算,则她们的生年在 761 年到 765 年之间或稍前,亦即上元二年至永泰元年之间或稍前。

关于宋氏姐妹的卒年,两《唐书》中仅有大姐宋若莘、二妹宋若昭和四妹宋若宪的记载。大姐宋若莘的卒年,两《唐书》本传均载为"元和末",元和共 15 年(806—820),元和末当在 816 年至 820 年之间。如此宋若莘享年约为 55 岁。二妹宋若昭卒于"宝历初",宝历共 3 年(825—827),宝历初当为 825 年,宋若昭享年在 60 岁到 64 岁之间。四妹若宪于"大和中"被赐死,大和年号共用了 9 年(827—835),大和中当为 831 年,宋若宪享年应为 66 岁到 70 岁之间。两《唐书》均载三妹若伦和小妹若荀"早卒"。高世瑜据此断定"三女若伦、五女若荀于选召前便已'早卒'"。① 此说甚误。虽然两《唐书》均载若伦、若荀"早卒",但从记载仍可知二人"早卒"在入宫之后。王建《宋氏五女》云:"行成闻四方,征召环佩随。同时入皇宫,联影步玉墀。"② 称五女"同时入皇宫"。前引《新唐书·尚宫宋若昭传》云"悉留宫中",说明姐妹五人全都被召入且都留在了宫中。又云"帝能诗,每与侍臣赓和,五人者皆预",更说明五人均在宫中生活,而非高先生所说若伦、若荀选召前已卒。

若伦、若荀"早卒"应在入宫后不久。元稹《追封宋若华(当为"莘")河南郡君制》云:"我德宗孝文皇帝躬勤庶务,寤寐以之,乃命女子之知书可付信者,省奏中宫。而若华等伯姊季妹,三英粲兮,皆在选中。"③ 高先生认为"三英粲兮,皆在选中"是只选三人。笔者以为这需要重新考虑。元稹为曾担任宫中女官的宋若莘作追封制文,若莘之后继其职司的是宋若昭,后来又是宋若宪,且若昭和若宪都深得皇帝宠信,当时影响很大。④ 若伦和若荀进宫不久去世,未在宫中担任职务,除了《唐诗纪事》中所载若荀一首应制诗外,⑤ 二人未曾留下其他著述。因此,元稹在制文中只提到在宫中备受尊崇的三姐妹,说三人在选中者中尤为杰出,

---

① 高世瑜:《宋氏姐妹与〈女论语〉论析——兼及古代女教的平民化趋势》,见《唐宋女性与社会》,第 128 页。
② 《全唐诗》卷二九七,第 3370 页。
③ 《全唐文》卷六四七,第 6558 页。
④ 见下文详述。
⑤ 《唐诗纪事》卷七九,第 1132 页。

因此有"三英粲兮,皆在选中"之语。强调此三人,并非否认另二人。古人将中青年人去世都称作"早卒",史载若伦、若荀"早卒",当作如是解。

(三)宋若昭的宫中身份

关于宋氏姐妹在宫中的身份,《旧唐书》云:"嘉其节概不群,不以宫妾遇之,呼为学士先生。"①《新唐书》云:"高其风操,不以妾待命之,呼学士。"② 有学者据此以为宋氏姐妹因才学出众而拟男性称为"学士"。③ 以才学杰出而称学士固然不错,但仅仅才学杰出,照古代修史惯例,应将其列入《列女传》,而非《后妃传》。这一惯例两《唐书》作者不会不知,然而两《唐书》都把宋氏姐妹事迹记录在《宋若昭传》中,而《宋若昭传》又属《后妃传》,那么她究竟是嫔妃还是仅为学士?

明清以来已经有学者注意到这一问题。明人王相将《女论语》选入《女四书》并为之作注,在注文中,除两《唐书》所载内容之外,还添加了自注。自注中论及宋氏姐妹宫中身份云:"屡蒙赏赉,姊妹俱承恩幸。独若昭愿独居宫院,不希上宠,常以曹大家自评。帝嘉其志,称为女学士。"④"姊妹俱承恩幸",透露出宋氏姐妹俱为嫔御的身份。其中宋若昭于人事最为练达,不愿仅以嫔妃身份居于后宫,于是要求一个能凸显其才学的封号。《新唐书·尚宫宋若昭传》载:"穆宗以若昭尤通练,拜尚宫。"⑤ 尚宫是何职位呢?唐代内廷宫官仿照朝廷六部制度设置,分为六尚,即尚宫、尚仪、尚服、尚食、尚寝、尚宫,下统二十四司,分管后宫事务。其中尚宫为正五品,掌导引中宫,总司记、司言、司簿、司闱四司之官属,管理六尚出纳文簿印署、审查、付行、宣传启奏,宫人名簿廪赐,宫闱管钥等,是宫官之首。⑥ 唐太宗弟舒王李元名的保傅曾教导舒王:

---

① 《旧唐书》卷五二,第 2198 页。
② 《新唐书》卷七七,第 3508 页。
③ 高世瑜:《宋氏姐妹与〈女论语〉论析——兼及古代女教的平民化趋势》,《唐宋女性与社会》,第 133 页。
④ 转引自高世瑜《宋氏姐妹与〈女论语〉论析——兼及古代女教的平民化趋势》,《唐宋女性与社会》,第 135 页。
⑤ 《新唐书》卷七七,第 3508 页。
⑥ 《旧唐书·职官志》,《旧唐书》卷四四,第 1867 页。

"尚宫品秩高者，见亦拜之。"① 由此可见尚宫在唐代后宫地位之高。

明人曹学佺《石仓历代诗选》也认为宋若昭的是德宗妃子。他在宋若昭《奉和御制麟德殿燕百僚》作者小传中说："德宗妃，贝州人。"又在宋若宪小传中说："德宗妃若昭妹。"② 清人周广业《经史避名汇考》亦云："德宗妃宋若昭，穆宗拜尚宫，姊若莘、若伦、若宪、若荀皆善属文，贞元中五人悉召入宫。若昭尤通练，著《女论语》十篇，德宗高其风藻，不以妾侍命之，号为学士，历宪、穆、敬三朝，皆呼先生，后妃与诸王主率以师礼见，卒赠梁国夫人。"③ 综合这些记载，笔者认为有这样一种可能，即宋若昭是德宗妃嫔，但因才学杰出，被德宗封为学士。因此两《唐书》将其列入《后妃传》而不是《列女传》。唐前仅以才学名家而无后妃之实的女性都被列入了《列女传》。如班昭博学高才，传在《后汉书·列女传》；韦宣文君才学出众，传在《晋书·列女传》；上官婉儿有文学，但为中宗昭容，传在两《唐书·后妃传》。《宋若昭传》在两《唐书·后妃传》中，并非误入。

宋若昭去世之后的封号和葬礼所用仪仗也证实了笔者推测。《新唐书·尚宫宋若昭传》载："初卒，赠梁国夫人。"④ 唐代外命妇制度规定："一品及国公母妻，为国夫人。三品以上母妻，为郡夫人。四品母妻，为郡君。五品若勋官三品有封，母妻为县君。"⑤ 获得国夫人这样的外命妇最高封号，须是国公母或国公妻。但各种典籍均未记载宋若昭有子，不可能以国公母身份获此封号，只能因国公妻身份获此封号，这也证明宋若昭在德宗朝的嫔妃身份。又据《唐会要》，宋若昭获赠梁国夫人封号在敬宗宝历元年。⑥ 去世追赠国夫人既符合其身份实际又显示了其在宫中的特殊地位。

---

① 《旧唐书·舒王元名传》，《旧唐书》卷六四，第2433页。
② （明）曹学佺：《石仓历代诗选》卷一一二，影印文渊阁四库全书，第1388册，台湾商务印书馆1986年版，第783页。
③ （清）周广业撰，徐传武、胡真校点：《经史避名汇考》卷二五，上海古籍出版社2015年版，第725页。
④ 《新唐书》卷七七，第3508页。
⑤ 《旧唐书·职官志》，《旧唐书》卷四三，第1821页；《新唐书·百官志》，《新唐书》卷四六，第1188页；《唐会要·命妇朝皇后》，《唐会要》卷二六，第574页。三书所载大致相同。
⑥ 《唐会要》卷三，第39页。

《新唐书》本传载宋若昭死后"以卤簿葬"。《唐会要》载:"尚宫宋氏葬,奉敕令所司供卤簿。准故事,只合给仪仗,诏以鼓吹赐之。"① 这就是说,宋若昭安葬时敬宗除令有司准故事供仪仗以外,还特诏赐卤簿鼓吹。鼓吹是军乐,"振旅献捷"时用,按场合可分为殿庭鼓吹和卤簿鼓吹。殿庭鼓吹用于朝会燕享,卤簿鼓吹用于道路。② 卤簿鼓吹由太常寺掌管,使用有严格的等级规定。《唐六典》载:"凡大驾行幸,卤簿则分前、后二部以统之。法驾则三分减一,小驾则减大驾之半。皇太后、皇后出,则如小驾之制。皇太子鼓吹亦有前、后二部。亲王以下,亦各有差。"③ 女子葬礼使用卤簿鼓吹在唐代有过争议。武德六年,平阳公主葬礼,诏加鼓吹。太常奏议妇人无鼓吹。高祖称鼓吹为军乐,公主曾举兵,有克定之功,非寻常妇人可比,宜特加之,以旌殊绩。中宗景龙三年,韦后上言:"自妃主及五品以上母妻,并不因夫子封者,请自今婚葬之日,特给鼓吹。"④ 韦后的建议未被采纳,五品以上母妻葬礼,并不因夫、子封而使用卤簿鼓吹。可见,只有皇太后、皇后等后妃、公主才能使用卤簿鼓吹。宋若昭能获得这样的待遇,则其身份之尊贵,非一般女学士可比。

(四)唐以后典籍误载《女论语》作者原因

关于《女论语》的作者,两《唐书》记载大致相同,原文已见前引。据此可知,《女论语》为宋若莘撰,宋若昭为之作注。

但从宋代开始,各种典籍中屡屡出现《女论语》为宋尚宫所撰的记载。如郑樵《通志二十略·艺文略》载:"《女论语》十卷,尚宫宋氏撰。"⑤ 据两《唐书》本传记载,宋氏姐妹中只有宋若昭在穆宗朝被拜为尚宫,宋若莘并未获得尚宫封号,典籍中所云宋尚宫就是指宋若昭。再如明焦竑《国史经籍志》云:"《女论语》十卷,尚宫未('未'与'宋'当为形近而讹)氏。"⑥ 清陈弘谋《五种遗规·教女遗规》有"宋尚宫

---

① 《唐会要》卷三,第39页。
② 孙晓晖:《唐代的卤簿鼓吹》,《黄钟》(武汉音乐学院学报)2001年第4期。
③ 《唐六典》卷一四,第407页。
④ 《唐会要》卷三八,第809页。
⑤ 《通志二十略》,第1566页。
⑥ (明)焦竑:《国史经籍志》卷三,丛书集成初编,中华书局1985年版,第97页。

《女论语》"。① 清代将《女论语》作者误记为宋若昭的最多。再如储大文《节妇赵母李夫人传》云:"宋尚宫之《女论语》也。"② 其《高淑人墓志铭》亦云:"宋尚宫之《女论语》十章。"③ 周广业《经史避名汇考》云:"德宗妃宋若昭,穆宗拜尚宫。……著《女论语》十篇。"④ 究竟是什么原因致使如此多的学者将《女论语》作者误载为宋若昭呢?笔者以为有如下几端:

首先,宋若莘和宋若昭的性格差异导致二人在宫中地位有别。五姐妹当中"莘、昭文尤高"。⑤ 宋若莘教诲诸妹极为严厉,⑥ 可知《女论语》作者宋若莘是个性格板正的女子,而《女论语》注者宋若昭性情却大不相同。《旧唐书》本传云:"姊妹中,若昭尤通晓人事。"⑦ "尤通晓人事",意即会处理人际关系,做事得体。后宫关系错综复杂,宋若昭却能面面俱到。这使得她成为姊妹之中唯一一个"历宪、穆、敬三朝"⑧ 且受到礼遇的人,"六宫嫔媛、诸王、公主、驸马皆师事之"。⑨ 姐妹二人因处事方式不同,所获地位也不相同。因若伦、若荀早卒,在后宫中长时间参与宫廷事务管理的实际上只有若莘、若昭和若宪三人。姐妹三人才学都很杰出,大姐若莘性格板正、严谨,"自贞元七年以后,宫中记注簿籍,若莘掌其事"。⑩ 死后获"赠河内郡君"。⑪ 按唐代外命妇制度,四品母妻为郡君,生前死后地位都较为尊崇。

但和宋若昭的地位相比,还是有很大差距。若莘卒后,"穆宗复命若昭掌其事",⑫ 后又封她为尚宫。尚宫是后宫女官的最高职位,妃嫔、诸

---

① (清)陈弘谋撰,苏丽娟点校:《五种遗规·教女遗规》卷上,凤凰出版社2016年版,第112页。
② (清)储大文:《存砚楼二集》卷一一,《清代诗文集汇编》第216册,上海古籍出版社2010年版,第507页。
③ 《存砚楼二集》卷一五,第563页。
④ 《经史避名汇考》卷二五,第725页。
⑤ 《新唐书》卷七七,第3508页。
⑥ 《旧唐书》卷五二,第2198页。
⑦ 同上书,2199页。
⑧ 《新唐书》卷七七,第3508页。
⑨ 《旧唐书》卷五二,第2199页。
⑩ 同上。
⑪ 同上。
⑫ 同上。

王、公主均"为之致敬"。① 卒后敬宗赠"梁国夫人"。唐代只有一品官员或者国公母妻才可以得到这样的封号,葬礼上还赐给她只有妃、主等有特殊身份和贡献的人才能享有的卤簿鼓吹,足见宋若昭在后宫地位之高。这固然与其特殊身份有关,但也和她人情练达在宫中广受欢迎有关。她生前死后所获得的恩宠之隆盛无人能比,也是她的姐姐宋若莘所远不可及的。至于四妹宋若宪,生前颇得文宗赏识,但因参与朝政被赐死,身前有荣,身后无名,地位更无法与宋若昭相比。

其次,宋若昭在民间的影响远远大于宋若莘。宋家姐妹德宗贞元年间进宫,宋若莘在宪宗元和末就已经去世,宋若昭却历经德、顺、宪、穆、敬几朝。无论就两人在宫中的地位而言,还是就在宫中的时间而言,宋若昭远胜于宋若莘。由此导致宋若昭在民间的影响也远比宋若莘要大。从宋代开始就有人将《女论语》作者记为宋若昭,这说明在民间宋若昭的影响更大,一直被当作女子接受教育的模范来看待。袁枚《题骆佩香秋灯课女图》云:"手持竹素丁宁语,劝儿勤学儿毋苦。女傅长怀宋若昭……后妃即是能诗者,何必男儿始读书。"② 宋若昭的影响力可见一斑。

在清人眼中,《女论语》地位堪与女教书鼻祖班昭的《女诫》相匹敌。清人田雯《长歌题四女祠》云:"《女论语》成匹《七诫》。"③ 对《女论语》推崇备至。清人以《女论语》教授女子的例证俯拾即是。(道光)《广东通志》载:"郑娟娘,庠生申重女。五岁从兄授《女论语》,明大义。"④ 冯金伯《国朝画识》"姜宜"云:"女侄宜,字玉峰,予弟自芸女也。生而端丽清淑,六岁读《女论语》《毛诗》。"⑤ 杭世骏《题女史苏畹兰香严课读图》云:"青粉墙头吟事罢,绛纱帷外讲堂开。学规一卷《女论语》,丹地凤纶来未来?"⑥ 戚学标《吴孺人传》云:"孺人父通判

---

① 《旧唐书》卷五二,第2199页。
② (清)袁枚撰,周本淳点校:《小仓山房诗文集》诗集卷三四,上海古籍出版社1988年版,第974页。
③ (清)田雯:《古欢堂集》卷七,影印文渊阁四库全书,第1324册,台湾商务印书馆1986年版,第91页。
④ (清)陈昌齐:(道光)《广东通志》卷三一一,续修四库全书,第675册,上海古籍出版社2002年版,第420页。
⑤ (清)冯金伯:《国朝画识》卷一七,清道光刻本,第180页。
⑥ (清)杭世骏:《道古堂全集》诗集卷二六,清乾隆四十一年刻本,第621页。

有贤，称自幼教其女习《女论语》，兰心玉质，视听无陕输母氏。"① 可见《女论语》是清人教女的必读书籍。

清人在女教著作中尤重《女论语》，宋若昭堪称女子楷模，所以很容易把宋若昭由《女论语》注解者当作著作者。当然也可能有人为了突出《女论语》的重要性故意嫁名更为著名的宋若昭，如山崎纯一推测："借世人周知的后宫才媛宋尚宫之大名，又附加一层权威，身价陡增。"②

三 唐代女性教育的内容

唐代教育普及程度高，很多女性也有机会接受教育。但除了宫廷、寺观等特殊场所以外，唐代尚未出现专门为女性提供教育服务的"女学"。女性教育基本通过家庭教育形式实现。就教育内容而言，唐代女性所接受的教育主要包括以下四个方面：

道德礼法 中国古代女性教育一向以道德礼法为根本，所谓"妇人本自有学，学必以礼为本"。③ 教育目的主要在于使女子懂得"为妇之道"，以便日后能侍奉好公婆、丈夫，抚育好子女，处理好家庭内外各种人际关系。故而有学者将这种以德育为首的女性教育称为"媳妇教育"。毫无疑问，道德礼法教育是唐代女性教育的重头戏，也是唐代女教书所宣导训示的主要内容。

女性教育中的道德礼法，主要是教育女性清贞守节、柔顺不妒，强调女子依附、服从于男子，遵循三从四德，懂得礼仪行止。《女孝经》和《女论语》集中体现了这些教育内容。这些道德礼法综括起来有三个方面：规定女性清贞守节的基本行为准则；女性奉父母、事舅姑、助夫婿、训男女的性别角色定位；女性处理家庭内外人际关系和劳作的任务。

首先，妇德最重要的内容就是清贞。"凡为女子，先学立身。立身之法，惟务清贞。"④ 清贞的基本内容是约束行为，躲避丈夫及亲属以外的

---

① （清）戚学标：《鹤泉文钞续选》卷六，清嘉庆十八年刻本，第67页。
② ［日］山崎纯一：《关于唐代两部女训书〈论语〉〈女孝经〉的基础研究》，《唐宋女性与社会》，第161页。
③ 《文史通义·妇学》，（清）章学诚撰，仓瑛校注：《文史通义校注》卷五，中华书局2004年版，第531页。
④ 《女论语·立身章第一》，《隋唐五代教育论著选》，第586页。

男子，在日常生活中作风谨慎，举止文雅。"行莫回头，语莫露唇，坐莫动膝，立莫摇裙，喜莫大笑，怒莫高声。内外各处，男女异群。莫窥外壁，莫出外庭。窥必掩面，出必藏形。男非眷属，莫与通名。"① 柔顺不妒也是女子美德，"五刑之属三千，而罪莫大于妒忌"，"贞顺正直，和柔无妒"② 才是贤妇。丈夫去世后，女子要坚心守节，操持家业，不可变节他适。"夫妻结发，义重千金，若有不幸，中路先倾，三年重服，守志坚心，保家持业，整顿坟茔，有生有死，一命所同。"③

其次，女性的社会角色定位是奉父母、事舅姑、助夫婿、训男女。女子未出嫁时要孝敬父母，"女子在堂，敬重爹娘"。④ 出嫁后要善待舅姑，"女子之事舅姑也，敬与父同，爱与母同"。⑤ "阿翁阿姑，夫家之主。既入他门，合称新妇，供承看养，如同父母。"⑥ 丈夫是女子出嫁后最亲近的人，是女人的天，女子出嫁后要侍奉好丈夫，"女子出嫁，夫主为亲……将夫比天，其义匪轻……夫若出外，借问途程，黄昏未返，瞻望思寻，停灯温饭，等候敲门。"⑦ 丈夫发怒，妻子要忍气吞声，不能顶撞吵闹。"夫若发怒，不可生嗔，退身求让，忍气吞声。"⑧ 总之，女子和丈夫相处要"柔"、要"顺"、要"敬"、要"服"。女子出嫁之后要生育子女，这是种族传承繁衍之要务，母亲要担负起教育者的责任。"大抵人家，皆有男女。年已长成，教之有序，训诲之权，实专于母。"⑨ 教养子女要"和之以恩爱，示之以严毅，动而合礼，言必有经"。⑩

最后，女性还要操持家务，处理好家庭内外复杂关系。"处家之法，妇女虽（当为'须'）能。"⑪ 处理家庭事务的原则是"以和为贵，孝顺

---

① 《女论语·立身章第一》，《隋唐五代教育论著选》，第586页。
② 《女孝经·五刑章第一》，《隋唐五代教育论著选》，第270页。
③ 《女论语·守节章第十二》，《隋唐五代教育论著选》，第592页。
④ 《女论语·事父母章第五》，《隋唐五代教育论著选》，第588页。
⑤ 《女孝经·事舅姑章第六》，《隋唐五代教育论著选》，第268页。
⑥ 《女论语·事舅姑章第六》，《隋唐五代教育论著选》，第589页。
⑦ 《女论语·事夫章第七》，《隋唐五代教育论著选》，第589页。
⑧ 同上。
⑨ 《女论语·训男女章第八》，《隋唐五代教育论著选》，第590页。
⑩ 《女孝经·母仪章第十七》，《隋唐五代教育论著选》，第273页。
⑪ 《女论语·和柔章第十一》，《隋唐五代教育论著选》，第592页。

为先"。① "得六亲之欢心""上下之欢心",做到"九族和平,萋菲不生,祸乱不作"。② 亲戚邻里相处要礼数周全,将家庭内外人际关系处理得和睦融洽。作为女主人,还要掌握一定的生产技能,要勤俭持家。"看蚕煮茧,晓夜相从,采桑摘柘,看雨占风。"③ "为妇之道……纺绩裳衣,社赋蒸献。"④ "营家之女,惟俭惟勤。勤则家起,懒则家倾,俭则家富,奢则家贫。"⑤ 通过勤俭持家,使小家庭能"禾麻菽麦,成栈成囷。油盐椒豉,盎瓮装盛。猪鸡鹅鸭,成队成群"。⑥

总之,这种对女性日常生活和道德规范的教育反映了唐代社会对女性价值的取向,要求女性柔顺、谦卑,将女性培养成勤俭持家、孝敬翁姑、辅助丈夫、训育子女的孝妇、贤妻、良母。使她们完全局限在家庭的小圈子之内,忽略自身感受、需要、才能和对社会地位的追求。唐代通过女教书对女性灌输的这些道德礼法内容所体现的是古代封建女性依赖、卑弱、被动、柔顺、谦让、封闭的文化心理特征,这些特征被作为女性美的重要标准,为统治阶级所提倡,被妇女所遵循。其中所弘扬的儒家伦理道德要求符合唐代(尤其是中晚唐)统治者整肃妇礼的要求,对维系自给自足的自然经济、稳定宗法血缘的社会结构、维护专制统治具有重要作用。

女红教育 女红教育指刺绣纺织、纫麻缉苎、修缝衲补等教育。女红是唐代女性教育的必修课。李商隐《义山杂纂·教女》开言即曰:"习女工。"⑦《女论语》更列专章强调女红教育:"凡为女子,须学女工。……刺鞋补袜,引线绣绒,补联纫缀,百事皆通。"⑧《女孝经》强调女红教育曰:"为妇之道……纺织衣裳。"⑨ 除了上述专书,唐代其他典籍在谈到女性教育时也强调女红。如敦煌变文:"为女身,更不易,最先需且教针指,

---

① 《女论语·和柔章第十一》,《隋唐五代教育论著选》,第592页。
② 《女孝经·孝治章第八》,《隋唐五代教育论著选》,第268—269页。
③ 《女论语·学作章第二》,《隋唐五代教育论著选》,第587页。
④ 《女孝经·庶人章第五》,《隋唐五代教育论著选》,第267页。
⑤ 《女论语·营家章第九》,《隋唐五代教育论著选》,第590页。
⑥ 同上书,第591页。
⑦ 《义山杂纂》卷一,第11页。
⑧ 《隋唐五代教育论著选》,第587页。
⑨ 同上书,第267页。

呈线呈针斗意长，对鸡对凤夸心智。"① 柳宗元之母卢夫人常以"剪制缕结授诸女"。② 唐白水县君之女李鹄颇好文辞，父母尽管曲从其好，但也告诫她女红之事不得偏废。③ 所以唐代大多数女性很早就学习女红，"十一就妇功，岂织纴组训，不废事业"。④ 唐代民歌亦云："儿小教读书，女小教针补。"有些家庭甚至在女子尚未懂事的年岁便开始计划施以女红教育，戴叔伦《少女生日感怀》即云："欲教针线娇难解。"⑤ 这样的教育结果是唐代大多数女性"工为裁制之事"，⑥ "于针刀之功，罔不尽妙"，⑦ "秋生织杼，尝斗凤而盘龙；春入剪刀，每裁鸡而帖燕"，⑧ "盘丝习艺，鸳文擅苏女之工"。⑨

经史教育 经史教育的受重视程度在唐代女性教育中虽不及道德礼法教育和女红教育，绝大多数女性只是通过《女诫》《列女传》《女论语》《女孝经》等女教书籍和《孝经》《论语》学习古代孝女贤妇事迹，培养为妻为母的品德。但这些书籍在培养品德的同时，也使她们获得了识字能力，为进一步接受经史教育打下了基础。经史教育的受众主要集中在宫廷贵族、达官显宦以及文人士大夫家庭女性之间。她们接受经史教育的具体内容，最常见的是《诗经》和《礼记》。这一点李华在写给外孙女的信中说得很清楚："汝等当学读《诗》《礼》《论语》《孝经》，此最为要也。"⑩ 郑州刺史鲁炅夫人河东裴氏就修习过《女诫》《孝经》《毛诗》《礼记》等书："诵《女戒》《孝经》，阅《毛诗》《礼记》，每至内则篇《关雎》什，何尝不三覆忘味，久之为思。"⑪ 彭州刺史韦慎名夫人刘约在初笄之年就已经博览经籍，《诗》《礼》尤精："夫人即府君之第三女。聪明天

---

① 潘重规：《敦煌变文集新书》，文津出版社1994年版，第426页。
② 柳宗元：《先太夫人河东县太君归祔志》，《柳宗元集》卷一三，第326页。
③ 《全唐文补遗》第六辑，第171页。
④ （天宝197）《大唐故监察御史赵郡李府君夫人博陵崔氏墓志铭并序》，《唐代墓志汇编》，第1668页。
⑤ 《全唐诗》卷二七四，第3115页。
⑥ （开成013）《唐故崔夫人墓志》，《唐代墓志汇编》，第2176页。
⑦ 王珙：《唐故颍川陈夫人墓志铭》，《全唐文》卷三一，第10729页。
⑧ （圣历033）《慕容君妻费氏墓志铭》，《唐代墓志汇编》，第951—952页。
⑨ （圣历011）《大周故银青光禄大夫使持节利州诸军事行利州刺史上柱国清河县开国子崔公夫人李氏墓志》，《唐代墓志汇编》，第931页。
⑩ （唐）李华：《与外甥崔氏二孩书》，《全唐文》卷三一五，第3195—3196页。
⑪ 姚南仲：《唐故开府仪同三司太仆卿兼御史大夫陈郑等州节度使郑州刺史上□□□国公鲁君（炅）夫人河东裴氏墓志铭并序》，《全唐文补遗》第八辑，第74页。

假，孝敬生知。年在初笄，好学不倦。览经籍，尤明《诗》《礼》。初，都护之在台阁也，文章学业为海内所称，举宗谓夫人足传父业。"① 从以上记载可以看出，在唐代女性修习的经史典籍中，《诗经》《礼记》最为常见。此外，《左传》《史记》和《汉书》出现频率也较高。李府君夫人郑秀实对于《左传》《汉书》以及上下诸史，无不备览精通，其墓志文曰："夫人聪识明敏……明左氏之传，贯迁固之书。下及诸史，无不该览。"② 又有公孙氏，博览经史，尤好《汉书》："奉上齐庄，持下恩惠，博览经史……好读《汉书》，曾不释手。"③ 三原县令卢全寿夫人陈照亦是"雅好史汉诗礼"。④ 可见这几种经史典籍当是唐代大多数女性接受经史教育的主要读本。

诗歌教育 在唐代社会舆论中尽管有不赞同女子学诗的声音，如《义山杂纂》称"妇女解诗，则犯物议"，⑤ "妇人识字即乱情，尤不可作诗，诗思不出二百里"。⑥ 唐进士孟昌期妻孙氏善诗，一日焚毁诗集，"以为才思非妇人之事，自是专以妇道内治"。⑦ 贞元时期濮州县尉申屠澄妻谓"为妇之道，不可不知书。倘更作诗，反似姬妾耳"。⑧ 然而多数意见却是赞誉女性习诗。《太平广记》"太学郑生"载：武则天垂拱中，太学生郑生曾遇一婢，此婢"能诵《楚辞》《九歌》《招魂》《九辩》之书，亦常拟词赋为怨歌。其词艳丽，世莫有属者"。⑨ 赵郡司士参军王昔妻窦含"娴和婉娈，备习诗书"。⑩ 张府君妻"广读诗书"。⑪ 在唐代，女性学诗且

---

① 阙名：《大唐故银青光禄大夫彭州刺史韦府君（慎名）故夫人刘氏（约）墓志铭并序》，《全唐文补遗》第八辑，第377—378页。

② 裴赟：《唐故秘书郎兼河中府窦鼎县令赵郡李府君夫人荥阳郑氏（秀实）墓志铭并序》，《全唐文补遗》第四辑，第209—210页。

③ （仪凤034）《大唐慈州□□□元善妻公孙氏墓志》，《唐代墓志汇编》，第648页。

④ 崔藏曜：《大唐颍川郡夫人三原县令卢全寿故夫人陈氏（照）墓志铭并序》，《全唐文补遗》第六辑，第72页。

⑤ 《义山杂纂》，第7页。

⑥ 《北梦琐言》逸文补遗《识字乱情》，第462页。

⑦ 《太平广记》卷二七一，第2137页。

⑧ 《太平广记》卷四二九，第3487页。

⑨ 《太平广记》卷二九八，第2372页。

⑩ （天宝140）《大唐前赵郡司士参军王昔故妻扶风窦氏墓志铭并序》，《唐代墓志汇编》，第1630页。

⑪ （天授019）《大周朝散大夫上柱国行司府寺东市署令张府君妻田雁门县君墓志文》，《唐代墓志汇编》，第806页。

极精通者不乏其人,如高密大长公主之女段兰璧"纮綖之隙,历览书场。蚕茣之余,优游词苑。……聊裁春颂,韵叶丝桐;戏属秋铭,调谐金石。虽班昭之知礼,蔡琰之工书,辛英之识机,谢韫之持论,校其优劣,曾何足云"。① 闻喜县主李婉顺"少而志学,及长逾励。壸务之余,披省无辍。……雅好文集,特加钦味。每属新声逸韵,无亏鉴赏。至若目见心存,耳闻口诵。始窥文而辨意,未终篇而究理"。② 房陵大长公主也是饱习诗书,精通诗文,史载其"敦诗悦礼,照史披图。文场翰□之奇,体物缘情之妙。故知班姬掞藻,远谢词条;左嫔彤笔,深惭丽则"。③ 这些记载是唐代女性接受诗歌教育的有力证明。而且,从学诗者和现存的唐代女诗人来看,其身份也绝不限于姬妾、娼妓之流,宫廷、贵族、士大夫和平民出身的女诗人大有人在,现有诗作存世的 95 位唐代女诗人就涵括了上述诸种身份。④ 尽管很多女性是"女功余力,而乃学文",⑤ "其暇则鸣丝桐、讽诗骚以为娱",⑥ 但这毕竟使她们加入到读书习文的队伍之中,使众多女性参与诗歌创作成为可能。

此外,艺术教育也是唐代女性教育的一项内容,本章第三节有详细讨论,兹不赘述。

第二节　唐代女性教育与女性诗歌创作

唐代女性教育内容包括道德礼法、女红、经史、诗歌等。这些教育内容对她们的诗歌创作有怎样的影响,在其诗歌创作中有怎样的体现,是本节要讨论的问题。

---

① (永徽008)《大唐故邳国夫人段氏墓志》,《唐代墓志汇编续集》,第 59 页。
② (龙朔006)《大唐故闻喜县主墓志》,《唐代墓志汇编续集》,第 121 页。
③ (咸亨023)《大唐房陵大长公主墓志铭并序》,《唐代墓志汇编续集》,第 201 页。
④ 陈尚君:《唐女诗人甄辨》,《文献》2010 年第 2 期。据陈尚君先生的考辨结果,今知有名录记载的近 150 位唐女诗人中可以确认唐代实有其人的女性作者为 76 人,在传闻和疑似之间者凡 19 人,可以确认虚构、误认或后出者为 42 人。笔者文中所言 95 人之数,就是可以确认的 76 人与疑似的 19 人之和。
⑤ 崔藏曜:《大唐颍川郡夫人三原县令卢全寿故夫人陈氏(照)墓志铭并序》,《全唐文补遗》第六辑,第 72 页。
⑥ (元和075)《唐朗州员外司户薛君妻崔氏墓志》,《唐代墓志汇编续集》,第 853 页。

一　唐代女性道德礼法教育在女性诗歌创作中的体现

在古代社会，道德礼法是女性教育的必备内容。在唐代，道德礼法不仅是女教书中的重要内容，而且完全渗透到整个女性教育之中。但凡涉及女性教育，道德礼法教育必然被强调。如云：

> 凡为女子，先学立身。立身之法，惟务清贞。清则贞洁，贞则身荣。……女子出嫁，夫主为亲。……将夫比天，其义匪轻。……古来贤妇，九烈三贞，名标青史，传到而今。……第一守节，第二清贞。……一行有失，百行无成。（《女论语》）
>
> 和柔贞顺，仁明孝慈，德行有成，可以无咎。……丈夫百行，妇人一志，男有重婚之义，女无再醮之文。……女子七岁，教之以四德。（《女孝经》）
>
> 温良恭俭，小心软语，闺房贞洁。（《义山杂纂·教女》）
>
> 教子以义方，诫女以贞顺。（《唐代墓志汇编》贞元018《唐故游击将军行蜀州金堤府左果毅都尉张府君夫人吴兴姚氏墓志铭并序》）
>
> 女训织纴，子闻诗礼。（《唐代墓志汇编》乾封004《大唐故飞骑尉田君夫人桑氏墓志铭并序》）
>
> 训诸女必崇内则，尽礼夫家，以弘妇道。（《唐代墓志汇编》开元060《大唐大理卿崔公故夫人荥阳县君郑氏墓志铭并序》）
>
> 夫人训子以睦，教女以顺。（《唐代墓志汇编续集》天宝048《丰王府户曹陇西李府君故夫人墓志铭并序》）
>
> 训男习东鲁之礼，训女沿四德三从。（《唐代墓志汇编续集》大中072《巨唐故李尊府君夫人刘氏墓志铭并序》）
>
> 训女四德，示男六经。（《全唐文》卷一〇〇〇贾中立《唐朝议郎行凤州司仓参军上柱国司马君夫人新安孙氏墓志铭并序》）

从以上关于唐代女性道德礼法教育的史料可以看出，三从四德、妇德、贞洁、柔顺、敬服等传统道德规范是女性道德礼法教育的几大要义。杰出女性不仅写作宣扬这种礼法规范的女教书用于教育女性，还以母亲身份积极参与到教育实践当中。女性既是这种教育的接受者，又是这种教育的号召者和实施者，社会对女性角色的塑造通过女性自身的积极参与而事半功倍。教育将这些道德礼法内容灌输到女性思想意识当中，也影响了她们的诗歌创作。"三从""从夫""移天"等词在她们诗歌中频繁出现。如徐月英《叙怀》：

> 为失三从泣泪频，此身何用处人伦。虽然日逐笙歌乐，长羡荆钗与布裙。①

诗写误入风尘的无奈，表现出无尽的苦闷和痛悔。钟惺《名媛诗归》评此诗曰："哀词正性，千古怨愤，觉其语言不可尽处，皆其不欲尽处也。"② 诗人羡慕荆钗布裙的寻常生活，不仅仅因为自己身处风尘，更因为违背了礼法和人伦道德，这使她产生了强烈的失落感，由此足见唐代道德礼法教育深入女性心灵之深。

再如周仲美《书壁》：

> 爱妾不爱子，为问此何理。弃官更弃妻，人情宁可已。永诀泗之滨，遗言空在耳。三载无朝昏，孤帏泪如洗。妇人义从夫，一节誓生死。江乡感残春，肠断晚烟起。西望太华峰，不知几千里。③

诗写周仲美对其夫弃官弃子无情无义行为的不解。尽管她被弃后过着孤苦无依、悲痛欲绝的生活，但对丈夫却不改初衷，衷情相待。"妇人义从夫，一节誓生死"两句，将女子的忠贞有情和男子的无义绝情构成鲜明对比，更见唐代女性教育所灌输的忠贞不二、三从四德对女性思想影响之深。梁乙真在《中国妇女文学史纲》中评价这两句诗说："古今来多少怨妇，心有难言之隐，而口不敢直言，皆为此二语所冤煞矣。"④ 他如"妾家本住鄱阳曲，一片贞心比孤竹"（程长文《狱中书情上使君》），"与君结大义，移天得所从"（魏氏《赠外》），"不学桃李花，乱向春风落"（张文姬

---

① 《全唐诗》卷八〇二，第 9033 页。
② （明）钟惺：《名媛诗归》卷一五，明末刻本，第 673 页。
③ 《全唐诗》卷七九九，第 8996 页。
④ 梁乙真：《中国妇女文学史纲》，开明书店 1932 年版，第 262 页。

《双槿树》)等,都属此类。诗中反复咏叹的"从夫""节义""贞心"等内容,无疑是通过教育传递给女性的。

如果说,上述诗歌仅部分内容反映了女性教育所强调的道德礼法内容的话,那么薛涛《十离诗》则完全是女性依附、敬顺甚至卑微迎合男性的产物。① 诗云:

驯扰朱门四五年,毛香足净主人怜。无端咬着亲情客,不得红丝毯上眠。(《十离诗·犬离主》)

越管宣毫始称情,红笺纸上撒花琼。都缘用久锋头尽,不得羲之手里擎。(《十离诗·笔离手》)

雪耳红毛浅碧蹄,追风曾到日东西。为惊玉貌郎君坠,不得华轩更一嘶。(《十离诗·马离厩》)

陇西独自一孤身,飞去飞来上锦茵。都缘出语无方便,不得笼中再唤人。(《十离诗·鹦鹉离笼》)

出入朱门未忍抛,主人常爱语交交。衔泥秽污珊瑚枕,不得梁间更垒巢。(《十离诗·燕离巢》)

皎洁圆明内外通,清光似照水晶宫。只缘一点玷相秽,不得终宵在掌中。(《十离诗·珠离掌》)

跳跃深池四五秋,常摇朱尾弄纶钩。无端摆断芙蓉朵,不得清波更一游。(《十离诗·鱼离池》)

爪利如锋眼似铃,平原捉兔称高情。无端窜向青云外,不得君王臂上擎。(《十离诗·鹰离鞲》)

蓊郁新栽四五行,常将劲节负秋霜。为缘春笋钻墙破,不得垂阴覆玉堂。(《十离诗·竹离亭》)

铸泻黄金镜始开,初生三五月裴回。为遭无限尘蒙蔽,不得华堂上玉台。(《十离诗·镜离台》)

诗人分别以失主犬、离手笔、离厩马、离笼鹦鹉、离巢燕、离掌珠、离池

---

① (唐)李治、薛涛、鱼玄机撰,陈文华点校:《唐女诗人集三种》,上海古籍出版社1984年版,第74页。

鱼、离鞲鹰、离亭竹、离台镜十种物事作比，把自己比作是犬、笔、马、鹦鹉、燕、珠、鱼、鹰、竹、镜，把韦皋比作是要依靠着的主、手、厩、笼、巢、掌、池、臂、亭、台。只因犬咬亲情客、笔锋消磨尽、名驹惊玉郎、鹦鹉乱开腔、燕泥污香枕、明珠有微瑕、鱼戏折芙蓉、鹰窜入青云、竹笋钻破墙、镜面被尘封，引起主人的不快和厌弃，以真挚的笔触叙写自身柔弱无依的苦况。尽管该诗有其独特的写作背景，但诗中呈现的女性顺服男性的特征却极为明显，尤其是"毛香足静主人怜""不得笼中再唤人""主人长爱语交交"等诗句，将女性失去依靠的楚楚可怜描摹得淋漓尽致，希望用卑微的笔调引起韦皋的恻隐怜爱之心。钟惺《名媛诗归》评此诗云："《十离诗》有引躬自责者，有归咎他人者，有拟议情好者，有直陈过端者，有微寄讽刺者，皆情到至处，一往而就，非才人女人不能。盖女人善想、才人善达故也。"① "非才人女人不能"指的正是女诗人薛涛在对自身生存处境和身为女子命运有着清晰认知的前提下，用女性特有的柔婉笔触在《十离诗》中所表现出的对男性依附、敬顺、服从的思想。

　　尽管也可以说，女性诗歌表现出来的上述特点是封建社会礼法规范对她们的要求，但是这样的礼法规范却是通过教育传达给女性并被她们所接受和遵从的。唐代女性接受这样的教育，在诗歌创作中体现这样的思想，这应该是道德礼法教育对唐代女性诗歌创作直接作用的结果。

二　唐代女性女红教育与女性诗歌的女红化呈显方式

　　女红是古代社会女性生活的重要部分，对女性诗歌创作也有影响。在唐代女性诗歌中，很多诗歌与具体女红物事并现，呈显出女红化的表现方式。这种并现常见于女子向男子传情的诗作上。如王福娘《谢棨诗》（一作《掷红巾》）：

　　　　久赋恩情欲托身，已将心事再三陈。泥莲既没移栽份，今日分离莫恨人。②

---

①《名媛诗归》卷一三，第579页。
②《全唐诗》卷一四，第9026页。

诗借女红物事红巾言事，称自己不愿再等待，看似去意已决，却将红巾抛掷过去，欲去还留的心理跃然纸上。李节度姬《书红绡帕》二首借红绢帕言情：

> 囊裹真香谁见窃，鲛绡滴泪染成红。殷勤遗下轻绡意，好与情郎怀袖中。
>
> 金珠富贵吾家事，常渴佳期乃寂寥。偶用志诚求雅合，良媒未必胜红绡。①

第一首诗中，诗人明言故意将沾有泪水的红绡帕遗落给对方，请他好自珍藏。第二首诗更直言红绡帕胜过良媒，明示盼佳期、求雅合之意。诗人心意与女红物事红绡帕的内涵紧密贴合。从以上两例看，在唐代女性诗歌中，红巾、红绡帕等女红物事的作用委实不可小觑。

除红巾、红绡帕外，素鱼、鞋履、衣服、同心结等女红物事都可能成为女性诗歌言说的载体。如姚月华《制履赠杨达》：

> 金刀剪紫绒，与郎作轻履。愿化双仙凫，飞来入闺里。②

用自幼习就的女红手艺为情郎做一双轻履，盼望这双轻履能够化作飞翔的仙凫，载着情郎来闺中相会。抽象的语言文字与可供实感的女红物事并陈，扩增感官印象和想象空间，以具象物事承载了抽象意蕴。再如李冶《结素鱼贻友人》：

> 尺素如残雪，结为双鲤鱼。欲知心里事，看取腹中书。③

素鱼当是诗人所结信囊，她告诉友人，心里的秘密就藏在鱼腹当中。借用鱼雁传书典故和结素鱼行为，将诗人之心腹与鱼腹相关涉，引人联想。心

---

① 《全唐诗》卷八〇〇，第9006页。
② 同上书，第9004页。
③ 《唐女诗人集三种》，第16页。

里事、腹中语,更多的应是无法放在鱼腹之中,而是存在心腹当中的,末二句"欲知心里事,看取腹中书"便具此双关意蕴。

再如长孙佐转妻《答外》中与诗歌共同呈显的同心结、兵士妻《战袍诗》中与诗歌共同呈显的战袍等,都是女红物事与诗歌并呈。这些女红物事的制作技巧又出自女性自幼所受女红教育。因此,这种呈显方式深具女性特质,正好贴合了唐代女性女红教育和生活实际。换言之,唐代女性的女红教育和生活实际影响到她们的诗歌创作,使她们的诗歌创作经常借女红物事表情达意。

唐代女性诗歌创作除了借女红物事言说,还将女红技巧发挥到极致,出现了同样与女红紧密结合的织锦回文诗。如张睽妻侯氏的《绣龟形诗》:

> 睽离已是十秋强,对镜那堪重理妆。闻雁几回修尺素,见霜先为制衣裳。开箱叠练先垂泪,拂杵调砧更断肠。绣作龟形献天子,愿教征客早还乡。①

思妇强忍哀伤赶制征衣,万般无奈之际哀告于天子,快让丈夫早早归来。诗歌内容是陈情,形式是回文。回文诗一向被视为文字游戏,特点是"五彩相宣,莹心耀目",锦上题诗"纵横反复,皆成章句"。② 诗中织锦精巧绚丽,诗又回环往复,读之令人耸听,将女红与诗歌共同呈显的特质发挥到了极致。据《太平广记》记载,侯氏将绣成的繁复精美的回文诗"诣阙进上",朝廷"敕赐绢三百匹,以彰才美"。③ 其盼望丈夫归乡的愿望也应因此得以实现。

唐代女性诗歌呈显方式的女红化、图像化,使诗意解读无穷相生、多元并现。看似逞才炫美,但"游戏"文字却打破了诗学"常规",使诗歌不仅具有直观之美,又具索解回味之奇,更能容纳多元解读,深具女性特质。唐代女性诗歌创作之所以会出现此种现象,是因为女性接受诗歌教育没有男性及第入仕的目的,是自我娱乐的优雅游戏活动。这样"无目的

---

① 《全唐诗》卷七九九,第8992页。
② 武则天:《织锦回文记》,《全唐文》卷九七,第1006页。
③ 《太平广记》卷二七一,第2133页。

性"的女性教育反倒取得了"有目的"的男性教育都难以企及的效果！

三 唐代女性经史教育与女性诗歌经史语典的使用

唐代女性经史教育对她们诗歌创作影响最突出的表现，就是诗中大量化用经史语典。这种化用大致有两种情况：

第一，借用经史语典叙事抒情。经史教育使唐代女性掌握了丰富的经史语典，从而在诗歌创作中化用这些语典。在她们笔下，日常生活和思想情感的方方面面，都可以借用经史语典来表达。

有的用经史语典来表现惜别之感。"杨柳依依"出自《诗经·小雅·采薇》："昔我往矣，杨柳依依。今我来思，雨雪霏霏。"① 这是千古传诵的名句，写守边兵士归家时的感受。"杨柳依依"写当初离别时，纤柔柳枝随风飘荡，好像要牵住征人的衣襟。"依依"二字虽是形容柳枝形貌，却让人感受到征人离家时的难舍之情。这种用杨柳描绘别情的手法经常被唐代女诗人模仿。如李冶《送韩揆之江西》云："相看指杨柳，别恨转依依。"② 诗中直接借用"杨柳""依依"二词，既描绘出离别场景，又表达了惜别情意。"瞿塘滟滪堆"典出《南史·庾子舆传》："巴东有淫预，石高出二十许丈，及秋至，则才如见焉，次有瞿塘大滩，行旅忌之，部伍至此，石犹不见。"③ 瞿塘是峡名，为长江三峡之首。瞿塘峡有险滩名滟滪堆，民谚有"滟滪大如马，瞿塘不可下；滟滪大如牛，瞿塘不可留；滟滪大如襆，瞿塘不可触"。④ 刘媛《送远》就用了这一典故，借以表达对丈夫远行的担忧和依依不舍之情。诗云："闻道瞿塘滟滪堆，青山流水近阳台。知君此去无还日，妾亦随波不复回。"⑤ 诗人在首句化用这一语典，担心丈夫行旅安全。瞿塘之典的使用，使诗句虽未着一个"险"字，但险状却不言自现；未着一个"忧"字，担忧心境却深切可感。次句紧承巫山神女阳台之典，又充满对丈夫变心的忧虑。这种送别远行丈夫时内心深处双重的情感煎熬和复杂的心理活动，通过化用经史语典生动地呈现了出

---

① 《毛诗正义》卷九，《十三经注疏》，第414页。
② 《唐女诗人集三种》，第5页。
③ 《南史》卷五六，第1391页。
④ （唐）李肇等：《唐国史补 因话录》卷下，上海古籍出版社1957年版，第62页。
⑤ 《全唐诗》卷八〇一，第9013页。

来，显得既委婉曲折又情真意切。

有的用经史语典传达相思之情。彭伉妻张氏《寄夫》其一云："久无音信到罗帏，路远迢迢遣问谁。闻君折得东堂桂，折罢那能不暂归。"其二云："驿使今朝过五湖，殷勤为我报狂夫。从来夸有龙泉剑，试割相思得断无。"① 其一中"东堂桂"源自郤诜折桂东堂之典。《晋书·郤诜传》载："（诜）累迁雍州刺史。武帝于东堂会送，问诜曰：'卿自以为何如？'诜对曰：'臣举贤良对策，为天下第一，犹桂林之一枝，崐山之片玉。'"② 以后遂用折桂东堂比喻科举及第。张氏用此语典质诘丈夫，既已如愿登第，为何逗留不归，使自己在闺中苦苦牵念？其二中"龙泉剑"出自《晋书·张华传》："华大喜，即补焕为丰城令。焕到县，掘狱屋基，入地四丈余，得一石函，光气非常，中有双剑，并刻题，一曰龙泉，一曰太阿。其夕，斗牛间气不复见焉。"③ "龙泉剑"代指锋利宝剑。张氏用此典意为：即使用最锋利的龙泉剑，也无法割断自己对丈夫浓浓的相思之情。诗人借用经史语典言情，在对丈夫及第后滞留不归的怨怒和质问中又包含丝丝娇嗔、缕缕深情，让丈夫感受到一切的怨和怒只因深挚的情感和苦苦的相思。

"蒹葭苍苍"出自《诗经·秦风·蒹葭》："蒹葭苍苍，白露为霜。所谓伊人，在水一方。"④ 写追求意中人而不得的怅惘。其芦荻萧萧、秋霜满地的萧瑟意境，包含着双重意蕴，既指地理上的遥不可及，更指心理上的失望凄凉。"蒹葭白露"和"秋水伊人"从此成为诗人的常用意象。薛涛《送友人》就借用了"蒹葭白露"这一语典："水国蒹葭夜有霜，月寒山色共苍苍。谁言千里自今夕，离梦杳如关塞长。"⑤ 诗中"蒹葭""严霜""寒月""苍山"等清冷意象，无不是诗人的离愁别绪投射于自然景物所致。诗人暗用《诗经·秦风·蒹葭》诗意，表达送别友人时依依不舍的悠悠情怀，"蒹葭"这一经典词语的使用又使整首诗充满着深情。明人钟惺评此诗云："月寒乎！山寒乎！非共苍苍三字不能摹写。浅浅语，幻

---

① 《全唐诗》卷七九九，第 8989 页。
② 《晋书》卷五二，第 1443 页。
③ 《晋书》卷三六，第 1075 页。
④ 《毛诗正义》卷六，《十三经注疏》，第 372 页。
⑤ 《唐女诗人集三种》，第 33 页。

入深意，此不独意态淡宕也。"① 明人周珽亦云："征途万里，莫如关塞，梦魂无阻，今夕似之。非深于离愁者，孰能道焉。"②

廉氏《寄征人》也用《诗经》语典渲染相思的凄苦之境，诗云："凄凄北风吹鸳被，娟娟西月生蛾眉。谁知独夜相思处，泪滴寒塘蕙草时。"③其中，"凄凄"一词出自《诗经·郑风·风雨》中"风雨凄凄"。前两句描摹渲染相思环境：凄冷的北风呼呼作响，弯月像蛾眉般挂在西天。在这样冷清的夜晚，鸳被中独有思妇孤零零一人，相思之苦因这凄风寒月的夜晚显得更为凄楚。

有的用经史语典表达赞美称誉。如薛涛《酬祝十三秀才》："浩思蓝山玉彩寒，冰囊敲碎楚金盘。诗家利器驰声久，何用春闱榜下看。"④ 诗中"利器"一词出自《老子》："民多利器，国家滋昏。"⑤ "利器"意谓锐利武器。薛涛用"诗家利器"来称誉落第的祝十三秀才，赞美其才思杰出，借以劝勉其诗名传扬已久，不必因落第而沮丧。"孟嘉落帽"出自《晋书·孟嘉传》："（嘉）后为征西桓温参军，温甚重之。九月九日，温燕龙山，僚佐毕集。时佐吏并着戎服，有风至，吹嘉帽坠落，嘉不之觉。温使左右勿言，欲观其举止。嘉良久如厕，温令取还之，命孙盛作文嘲嘉，着嘉坐处。嘉还见，即答之，其文甚美，四座嗟叹。"⑥ 鱼玄机《重阳阻雨》化用这一语典自矜才华出众，诗云："满庭黄菊篱边拆，两朵芙蓉镜里开。落帽台前风雨阻，不知何处醉金杯。"⑦ 写重阳节因雨受阻，未能应邀外出赴宴。诗中"落帽台"原指江陵县西北龙山孟嘉落帽处，此处借指预定的重阳宴集处。诗人化用这个典故，有拿孟嘉的风度、才情自比的意味。

有的用经史语典表现自我生活。如表现坚贞爱情和期盼夫妻团聚，鱼

---

① 《名媛诗归》卷一三，第580页。
② （明）周珽辑：《删补唐诗选脉笺释会通评林》卷五七，四库全书存目丛书补编，第26册，齐鲁书社2001年版，第678页。
③ 《全唐诗》卷八〇一，第9015页。
④ 《唐女诗人集三种》，第43页。
⑤ 陈鼓应：《老子注译及评介》，中华书局2009年版，第276页。
⑥ 《晋书》卷九八，第2581页。
⑦ 《唐女诗人集三种》，第117页。

玄机《春情寄子安》中"如松匪石盟长在，比翼连襟会肯迟"①两句就连续使用多个经史语汇。"松"指松柏，《论语·子罕》："岁寒，然后知松柏之后凋也。"②《礼记·礼器》："其在人也，如竹箭之有筠也，如松柏之有心也。"孔颖达疏曰："松柏凌寒而郁茂，以其内心坚贞故也。"③因而松柏常被用来喻指坚贞。"匪石"出自《诗经·邶风·柏舟》："我心匪石，不可转也。"孔颖达疏曰："我心匪如石，然石虽坚尚可转，我心坚不可转。"④指永不变心。"比翼"出自《晋书·左贵嫔传》："惟帝与后，契阔在昔。比翼白屋，双飞紫阁。"⑤比喻夫妻关系亲密，同行同止。这是鱼玄机被丈夫李亿正室不容时，向李亿表明自愿远游江汉，以求缓和家庭矛盾所作。临行时丈夫李亿的甜蜜诺言使鱼玄机对他们之间的爱情充满信心，满怀归家有期的美好希冀。她在这两句诗中接连化用三个表现爱情坚贞、夫妻同心的经史语汇，充分显示了诗人对自己与丈夫之间爱情和盟约的信任以及对再度相逢的乐观。也有使用经史语典表现自己的生活状态。如鱼玄机《愁思》："落叶纷纷暮雨和，朱丝独抚自清歌。放情休恨无心友，养性空抛苦海波。长者车音门外有，道家书卷枕前多。布衣终作云霄客，绿水青山时一过。"⑥"长者"出自《史记·陈丞相世家》："负随平至其家，家乃负郭穷巷，以弊席为门，然门外多有长者车辙。"⑦言时有显贵来访。透过典故，仿佛看见暮雨落叶中，诗人抚琴而歌，不再记恨负心之人，而将心思放在修身养性上。枕边榻上堆满道书，间或时有贵人来访。做了女道士，就可以像仙家一样随时徜徉在大自然的青山绿水中。在平实的叙述中，诗人道门清修的生活如在目前。

第二，化用经史语典巧妙措意。清人李重华《贞一斋诗说》曰："作诗专尚隶事，看诗专重出典，慎勿以知诗许之。"⑧"专尚""专重"虽为批评之语，但诗歌中运用典故，有时的确不可缺少。诗歌语言是简洁浓缩

---

① 《唐女诗人集三种》，第105页。
② 《论语注疏》卷九，《十三经注疏》，第2491页。
③ 《礼记正义》卷二四，《十三经注疏》，第1430页。
④ 《毛诗正义》卷二，《十三经注疏》，第296页。
⑤ 《晋书》卷三一，第960页。
⑥ 《唐女诗人集三种》，第112页。
⑦ 《史记》卷五六，第2052页。
⑧ （清）李重华：《贞一斋诗说》，见《清诗话》，第934页。

的语言，近体诗有固定字数句数，更要求语言高度凝练。要将复杂事项用寥寥数语叙写分明，或将难以言说的情事诉说清楚，运用典故就成了最适用的表达方式。典故言简意赅，蕴含丰富，既能契合诗歌洗练简短的要求，又能传达难以言说的情意。在唐代女诗人作品中，有不少化用经史语典表情达意的诗篇。

"王右军换鹅"典出《晋书·王羲之传》："（羲之）性爱鹅……山阴有一道士，养好鹅，羲之往观焉，意甚悦，固求市之。道士云：'为写《道德经》，当举群相赠耳。'羲之欣然写毕，笼鹅而归，甚以为乐。"① 薛涛《送扶炼师》曰"锦浦归舟巫峡云，绿波迢递雨纷纷。山阴妙术人传久，也说将鹅与右军"，② 就化用了这一语典。"山阴妙术人传久"说扶炼师仰慕薛涛书法，邀请薛涛为其抄写经卷。但"也说将鹅与右军"却未承接上句意思，用王右军抄写经卷换鹅之典委婉提出抄经条件。钟惺夸赞薛涛此诗用典使事款折而有趣味："使事每带秀气，款折多情，而趣味自永。"③ 可谓的评。

"鸠占鹊巢"出自《诗经·召南·鹊巢》："维鹊有巢，维鸠居之。"郑玄笺："鸤鸠不自为巢，居鹊之成巢。"④ 鱼玄机《暮春即事》化用这一典故，诗云："街近鼓鼙喧晓睡，庭闲鹊语乱春愁。"⑤ 在这首诗里，诗人对丈夫和归家已经完全绝望，在万般愁绪中听见白天清幽庭院中喳喳叫的喜鹊，似乎在诉说巢穴被鸤鸠抢占的烦恼。就此勾起了自己不被正室所容，如同丈夫被人抢走的痛苦回忆，更加重了满腹春愁。

"化石"即转动的石头，"化"本意为"变化""改变"，此处引申为"转动"。"化石"典出《诗经·邶风·柏舟》，⑥ 鱼玄机反用其意，意谓自己的心意也可以改变，以此表达对求爱的允诺。其《次韵西邻新居兼乞酒》云："一首诗来百度吟，新情字字又声金。西看已有登垣意，远望能无化石心。河汉期赊空极目，潇湘梦断罢调琴。况逢寒节添乡思，叔夜佳

---

① 《晋书》卷八〇，第 2100 页。
② 《唐女诗人集三种》，第 45 页。
③ 《名媛诗归》卷一三，第 584 页。
④ 《毛诗正义》卷三，《十三经注疏》，第 283 页。
⑤ 《唐女诗人集三种》，第 125 页。
⑥ 《毛诗正义》卷二，《十三经注疏》，第 296 页。

醪莫独斟。"① 这是鱼玄机于咸通九年（868）寒食节前夕依韵奉和西邻左名场的诗。诗题"乞酒"意为乞求酒食。陶渊明有《乞食》云："谈谐终日夕，觞至辄倾杯。情欣新知欢，言咏遂赋诗。"② 鱼玄机在此诗中有借乞酒结为"新知"的用意。"西看已有登垣意，远望能无化石心"，意为我向西看看，你已有登上墙头的情意；你远远望望，我岂能没有顺水转石之心？诗中反用"我心匪石"之典，将难以直言的求爱应答曲折地表达了出来。郑振铎在《插图本中国文学史》中说鱼玄机"写着颇为大胆的情诗"，③ 这首诗就是其"颇为大胆的情诗"。

"羊车"之典出自《晋书·胡贵嫔传》："而并宠者甚众，帝莫知所适，常乘羊车，恣其所之，至便宴寝。宫人乃取竹叶插户，以盐汁洒地，而引帝车。"④ 鱼玄机《和人》曰："茫茫九陌无知己，暮去朝来典绣衣。宝匣镜昏蝉鬓乱，博山炉暖麝烟微。多情公子春留句，少思文君昼掩扉。莫惜羊车频列载，柳丝梅绽正芳菲。"⑤ 此诗是和人之作，诗中用"羊车"之典含蓄表达了邀请对方前来的意愿。"梅柳芳菲"暗示自己正处芳年盛时，意谓莫要爱惜您的羊车排成行列不断载您前来，沿途梅柳绽放正是一片芳菲。用典故将难以直言的心意含蓄地表达了出来。

综上所述，唐代女诗人由于接受了经史教育，熟读经史典籍，熟悉经史语言，因而在作诗时就会自然而然地从经史话语系统中借用词语。用其语也兼用其意，或直接借用，或间接化用，或利用其上下文构成联想，从而提高了诗歌的表现力，也使诗作显得典雅而有品位。

四　唐代女性诗歌教育与女性诗歌的仿作和书写特质

唐代女性诗歌教育没有及第入仕目的，不以猎取功名为旨归，所以无须苦心钻研科举作诗法则，完全随个人喜好学习，诗歌创作也因此呈现出女性独有的特征。

唐代女性诗歌教育在内容上主要是诵习已有诗作，古诗、赋、《诗经》

---

① 《唐女诗人集三种》，第109页。
② 《先秦汉魏晋南北朝诗·晋诗》卷一七，第992页。
③ 郑振铎：《插图本中国文学史》，人民文学出版社1957年版，第403页。
④ 《晋书》卷三一，第962页。
⑤ 《唐女诗人集三种》，第126页。

是常见内容。如孙备夫人于氏"诵古诗四百篇，讽赋五十首"。① 朗州员外司户薛君妻崔氏"讽诗骚以为娱"。② 前代诗人诗作也是唐代女性诗歌教育教材。太宗妃徐惠"父孝德，尝试使拟《离骚》为《小山篇》"，③ 证明徐惠曾习屈原《离骚》。唐人李涉《听邻女吟》中有句云："含情遥夜几人知，闲咏风流小谢诗"，④ 说明谢朓诗也是唐代女性学诗范本。但她们学习最多的还是当代诗人诗作。如《太平广记》"刘商"载："刘商，彭城人也，家于长安。少好学强记，精思攻文，有《胡笳十八拍》，盛行于世，儿童妇女，咸悉诵之。"⑤ 这是唐代女性讽诵当代诗人刘商诗的例证。《太平广记》"陆畅"载："唐陆畅，云阳公出降都尉刘氏，朝士举为傧相。内人以陆吴音，才思敏捷，凡所调戏，应对如流。复以诗嘲之，陆亦酬和，六宫大喜，凡十余篇，嫔娥皆讽诵之。"⑥ 这是唐代后宫女性讽诵当时诗人陆畅诗的例证。《太平广记》"韦氏子"载："京兆韦氏子，举进士，门阀甚盛。尝纳妓于洛，颜色明秀，尤善音律。韦曾令写杜工部诗，得本甚舛，妓随笔改正，文理晓然。"⑦ 从妓女能抄写杜诗且对写本错误随笔更正看，这位妓女对杜诗烂熟于心。杜牧《唐故平卢军节度巡官陇西李府君墓志铭》云："尝痛自元和已来有元、白诗者，纤艳不逞，非庄士雅人，多为其所破坏，流于民间，疏于屏壁，子父女母，交口教授，淫言媟语，冬寒夏热，入人肌骨，不可除去。"⑧ 这说明元白诗歌广泛流传于民间，并在民间女性之间交相传授。

从上述记载可以看出，唐代女性诗歌教育的内容主要是古今诗人诗作。相较而言，当代诗人诗作在她们学习中占据了较大比重。而这些诗作几乎全部是男性诗人作品，没有一例学习女性诗人诗作的例证。从"讽诵""闲咏""写杜工部诗""交口教授"等字眼来看，唐代女性学习作诗的方法主要是诵习抄写。这使她们的诗歌创作呈现出多借鉴仿效男性诗人

---

① 孙备：《唐乡贡进士孙备夫人于氏墓志铭》，《全唐文补遗》第一辑，第 391 页。
② （元和075）《唐朗州员外司户薛君妻崔氏墓志》，《唐代墓志汇编续集》，第 853 页。
③ 《新唐书·徐贤妃传》，《新唐书》卷七六，第 3472 页。
④ 《全唐诗》卷四七七，第 5435 页。
⑤ 《太平广记》卷四六，第 289 页。
⑥ 《太平广记》卷二五六，第 1991 页。
⑦ 《太平广记》卷三五一，第 2780 页。
⑧ 《杜牧集系年校注》卷九，第 744 页。

诗篇的特征。

表现之一就是唐代女性诗歌多借用男性诗人诗意诗语。男性诗人诗篇是唐代女性诗歌教育的教材和范本，借用男性诗歌诗语就成为女性诗人学习男性诗作所受到的最直接影响。韦应物《赋得暮雨送李胄》云："相送情无限，沾襟比散丝。"① 用"散丝"形容雨丝之细密。鱼玄机《期友人阻雨不至》云："闭户方笼月，褰帘已散丝。"② 也用"散丝"形容雨丝密集。又如"花钿"，本指古代女子首饰，后亦用来指代女子。杜牧在《早春赠军事薛判官》中用"花钿"指代艳妆女子："弦管开双调，花钿坐两行。"③ 鱼玄机《折杨柳》云："朝朝送别泣花钿，折尽春风杨柳烟。"④ 也用"花钿"指代美丽女子。李贺偏爱哀感顽艳、悲冷凄迷的意象，以其独特的思维方式和精选的形容词极力渲染物象色彩和情感，表达视觉、味觉、听觉等的互通。如《蜀国弦》云："谁家红泪客，不忍过瞿塘"⑤，就用"红"来描写女子眼泪，用眼中流出血形容极度悲伤。鱼玄机有一联残句也借用"红泪"一词，诗云："殷勤不得语，红泪一双流。"⑥ 不同的是李贺诗写女子舍不得离开蜀地，泣涕着不忍过瞿塘峡。而鱼玄机诗则写闺中女子由于受到种种限制，为无法向所爱者表达情意而暗自伤戚。尽管流泪原因不同，但都用"红泪"指代女子流泪。

女性在诗歌创作中借用男性诗人诗作中语词的例证还有很多。如廉氏《寄征人》"娟娟西月生蛾眉"句中"娟娟"一词就源自杜甫《狂夫》中"风寒翠筱娟娟静"句。鱼玄机《访赵炼师不遇》"何处同仙侣，青衣独在家"⑦ 中的"仙侣"一词来自杜甫《秋兴八首》其八的"佳人拾翠春相问，仙侣同舟晚更移"。⑧ 甚至有些字词的用法也完全效法男性诗人篇章而来。如高适《除夜作》曰："旅馆寒灯独不眠，客心何事转凄然？"⑨

---

① 《全唐诗》卷一八九，第 1931 页。
② 《唐女诗人集三种》，第 120 页。
③ 《杜牧集系年校注》卷三，第 418 页。
④ 《唐女诗人集三种》，第 137 页。
⑤ （唐）李贺撰，叶葱奇编订：《李贺诗集》，人民文学出版社 1959 年版，第 27 页。
⑥ 《唐女诗人集三种》，第 138 页。
⑦ 同上书，第 121 页。
⑧ 《杜诗详注》卷一七，第 1497 页。
⑨ 《全唐诗》卷二一四，第 2244 页。

"何事"一词是副词性结构,意为"是怎样"。鱼玄机《和友人次韵》曰:"何事能销旅馆愁?红笺开处见银钩。"① 不仅借用了高适诗"旅馆""何事"二词,而且还仿效了"何事"一词用法。

　　唐代女性诗人还经常化用男性诗作的诗意,这属于更高层次的借鉴。如薛涛《送扶炼师》就化用了李白《送贺宾客归越》诗意。李白诗云:"山阴道士如相见,应写黄庭换白鹅。"② 诗是贺知章归越时李白送至临潼阴盘驿的赠别诗。贺知章好道,善书法,诗中便以王羲之写经换鹅事称誉贺知章。薛涛《送扶炼师》云"山阴妙术人传久,也说将鹅与右军",③ 化用李白句意,使用相同典故表达同样的含义。鱼玄机也有不少化用男性诗人诗意的杰作。司空曙《江村即事》云:"钓罢归来不系船,江村月落正堪眠。纵然一夜风吹去,只在芦花浅水边。"④ 诗写钓叟深夜归来,不系渔舟,任其漂浮,即使被风吹去,也不会漂离芦花环绕的浅滩。诗人借此表达内心细微的情趣感受,有宁静,有平和,有悠闲,有放达,无拘无束,陶然适性。鱼玄机化用该诗意味,在其《夏日山居》中云:"闲乘画舫吟明月,信任轻风吹却回。"⑤ 写夏日闲来无事、泛舟月下、赏月赋诗、随波逐流的适意,通过任由风吹船走的细小生活场景表达清幽诗境,所流露的悠闲、平和、宁静、随性的心境与司空曙诗完全一致。再如孟浩然《过故人庄》云:"故人具鸡黍,邀我至田家。"⑥ 鱼玄机在《期友人阻雨不至》中亦云:"雁鱼空有信,鸡黍恨无期。"⑦ 诗人约会友人,但友人因雨阻隔未能赴约。⑧ 尽管送信人带来了信息,遗憾的是风雨已将故人相聚变成了无日期。诗中不仅借用了孟诗"鸡黍"一词,还化用了孟诗中希望与故人相会的意思。再如姚月华《楚妃怨》:"梧桐叶下黄金井,横架辘

---

① 《唐女诗人集三种》,第 110 页。
② 《李太白全集》卷一七,第 803 页。
③ 《唐女诗人集三种》,第 45 页。
④ 《全唐诗》卷二九二,第 3324 页。
⑤ 《唐女诗人集三种》,第 124 页。
⑥ 《全唐诗》卷一六〇,第 1651 页。
⑦ 《唐女诗人集三种》,第 120 页。
⑧ 有学者认为这首诗中所提及的友人是鱼玄机同乡,还认为鱼玄机的祖籍不在长安,而在江陵。见(唐)鱼玄机撰,彭志宪、张燚编注《鱼玄机诗编年译注》,新疆大学出版社 1994 年版,第 88 页。

轳牵素绠。美人初起天未明,手拂银瓶秋水冷。"① 整首诗化用王昌龄
《行路难》中"双丝作绠系银瓶,百尺寒泉辘轳上"② 句意。裴羽仙《哭
夫二首》其一中"李陵一战无归日"和其二中"从此不归成万古"化用
了李白《千里思》中"李陵没胡沙,苏武还汉家"和"一去隔绝国,思
归但长嗟"③ 句意。薛涛《酬李校书》中"自顾漳滨多病后,空瞻逸翮舞
青云"④ 化用刘桢《赠五官中郎将四首》其二"余婴沈痼疾,窜身清漳
滨"⑤ 句意。鱼玄机《重阳阻雨》中"满庭黄菊篱边拆,两朵芙蓉镜里
开"⑥ 化用贾岛《友人婚杨氏催妆》中"谁道芙蓉水中种,青铜镜里一枝
开"⑦ 句意。唐代女诗人诗歌创作化用男性诗人诗意的例证如此之多,说
明唐代女性诗歌教育以男性诗人诗篇作为教材对她们的诗歌创作产生了巨
大影响。

表现之二是唐代女性诗歌创作题材超越了女性自身生活空间。有些专
属于男性的话题,如政治、战争等,也出现在女诗人笔下,仿效痕迹明
显。如裴羽仙《哭夫二首》:

> 风卷平沙日欲曛,狼烟遥认犬羊群。李陵一战无归日,望断胡天
哭塞云。
> 良人平昔逐蕃浑,力战轻行出塞门。从此不归成万古,空留贱妾
怨黄昏。⑧

诗凭吊亡夫,伤惨哀痛之情真挚感人。但诗中所写边塞风物和战事题材,
却远远逸出了女性经验范围。"大漠""风沙""落日""狼烟""塞门"
等意象,是男性诗人描写边塞和战争题材的常用语,因此这首诗无疑是效
法和学习男性诗人边塞诗而来。尤其是首句"风卷平沙日欲曛"与王昌龄

---

① 《全唐诗》卷八〇〇,第 9004 页。
② 《全唐诗》卷一四一,第 1437 页。
③ 《李太白全集》卷六,第 335 页。
④ 《唐女诗人集三种》,第 50 页。
⑤ 《先秦汉魏晋南北朝诗·魏诗》卷三,第 369 页。
⑥ 《唐女诗人集三种》,第 117 页。
⑦ 《全唐诗》卷五七四,第 6682 页。
⑧ 《全唐诗》卷八〇一,第 9013 页。

《从军行七首》其五中"大漠风尘日色昏"句,可以互为注脚。再如刘瑶《阖闾城怀古》:

> 五湖春水接遥天,国破君亡不记年。唯有妖娥曾舞处,古台寂寞起愁烟。①

此诗怀古咏史的题材与李白《越中览古》大致相同,诗中末二句写法与李白《越中览古》末二句"宫女如花满春殿,只今惟有鹧鸪飞"② 十分相似。就语词和意象看,刘诗中之"妖娥",就是李诗中之"宫女";刘诗中之"曾舞处",就是李诗中之"春殿"。从写法上看,上句回忆昔日之繁华,如花宫娥在殿中舞蹈;下句写眼前苍凉景象,废墟上只见满目荒寂。今昔对比的写法,与李白诗何其相近。唐代大多数女诗人的生活范围主要在闺门之内,但她们的诗作中却出现了她们经验范围以外的题材,而且在意象和写法上明显模仿男性诗人。这种模仿与唐代女性诗歌教育多以当代男性诗人诗作为范本有直接关系。

在唐代女性表现政治、战争题材的诗作中,也有少数写自身亲身经历和感受的成功作品。薛涛《罚赴边有怀上韦令公二首》便是一例,诗曰:"闻道边城苦,今来到始知。羞将门下曲,唱与陇头儿。黠虏犹违命,烽烟直北愁。却教严谴妾,不敢向松州。"③ 诗人因事激怒韦皋,被罚赴边地松州,亲临边境,深切感受到了边关将士的辛苦,"闻道边城苦,今来到始知",道出了亲历边地后对边关将士苦况的认知,言语间充满体恤和不忍,表现出闻说与亲见、后方与前线的落差。"门下曲"与"陇头儿"表面上是以后方常有的歌筵乐舞来慰劳战士,实则以后方对比前线,与高适"战士军前半生死,美人帐下犹歌舞"有异曲同工之妙。一个"羞"字,道尽这种复杂心绪,只是语意更加委婉。明人杨慎《升庵诗话》评此诗曰:"有讽喻而不露,得诗人之妙。使李白见之,亦当叩首。元白流纷纷停笔,不亦宜乎?"④ 该诗因浸润了诗人的亲身体验而具有强烈感染力。

---

① 《全唐诗》卷八〇一,第9015页。
② 《全唐诗》卷一八一,第1846页。
③ 《唐女诗人集三种》,第30页。
④ (明)杨慎撰,王大厚笺证:《升庵诗话新笺证》卷一四,中华书局2008年版,第683页。

可惜有此经历的女性太少,这样的佳作数量有限。

此外,唐代女性诗歌教育使女性学会了作诗,成为唐代诗人群体的一部分。女诗人以其特有的女性视角进行创作,以细腻的笔触书写自身对人情物事的感受和哲思,从而使诗歌表现出独有的女性书写特色。

一般说来,男性多理性和醒省,女性多感性和直截,少有思辨气质和哲思理念。但有些女性也在自己的人生体验中思考哲理。如李冶《八至》:

至近至远东西,至深至浅清溪。至高至明日月,至亲至疏夫妻。①

诗以辩证思维隐喻男女双方情感的难以沟通。"至亲至疏夫妻"一句将现实生活中夫妻之间欢好则形同一体、疏离则形同陌路的至亲至远关系写得淋漓尽致,其准确精警能引发无数人的感慨。钟惺《名媛诗归》赞此诗曰:"字字至理,第四句尤是至情。"② 章培恒、骆玉明《中国文学史新著》称此诗"就此显现出的作为个体的人的孤独感,既与唐中叶诗人诗作中普遍存在的孤独况味有相通之处,又带有女性作家习惯从性别视角看待世界的显著特征"。③ 类似以女性特有人生体验彰显哲理思索的诗句还有其《相思怨》:"人道海水深,不抵相思半。海水尚有涯,相思渺无畔。"④ 诗写在有限生命中寻求人生归宿的热切企盼,然而相思的愁苦与盼望的焦灼却成为一对难以化解的矛盾体。薛涛《春望词四首》其一也蕴含着女诗人对人生哲理的思考:

花开不同赏,花落不同悲。欲问相思处,花开花落时。⑤

诗以花开花落的普通场景倾吐相思之苦:花开不得同赏,花落不得同悲,无论花开还是花落,绵绵相思始终不绝。用最简单的文字写出了既具体又抽象的人生哲理:可以相爱却无缘相守,无缘相守却无法遏制思念。明人

---

① 《唐女诗人集三种》,第 14 页。
② 《名媛诗归》卷一一,第 472 页。
③ 章培恒、骆玉明:《中国文学史新著》,复旦大学出版社 2007 年版,第 95 页。
④ 《唐女诗人集三种》,第 11 页。
⑤ 同上书,第 26 页。

郭炜《古今女诗选》评此诗云："'不同悲'胜'不同赏'多多。"① 明人赵世杰《古今女史》亦云："离恨绵绵。"②

再如鲍君徽《惜花吟》："枝上花，花下人，可怜颜色俱青春。昨日看花花灼灼，今朝看花花欲落。不如尽此花下欢，莫待春风总吹却。莺歌蝶舞韶光长，红炉煮茗松花香。妆成罢吟恣游后，独把芳枝归洞房。"③ 借花开花落感悟人生短暂，青春难留，透露出顾影自怜的哀伤和无奈。鱼玄机《寓言》云："人世悲欢一梦，如何得作双成。"④ 人生苍凉况味尽显其中。明人陆时雍《诗镜》评曰："作诗者一言迸出性情，看诗者一往得其意态。百千世后如在照中。"⑤ 鱼玄机《赠邻女》曰："易求无价宝，难得有心郎。……自能窥宋玉，何必恨王昌。"⑥ 也是表达女性对人生和情感的深刻体悟。

总之，唐代女性诗歌教育使诗歌成为女性表情达意频繁使用的工具，她们以诗歌的方式、以女性的独特视角观察物事人情、审视世界，用女性的微妙感受和细腻笔触书写自身感悟，表达人生况味的世态体验。

综上所述，唐代女性教育的主要内容中道德礼法、女红、经史、诗歌都对她们的创作产生了一定影响。道德礼法教育使女性的诗作中频繁出现"三从""节义""移天"等道德礼法内容；女红教育使唐代女性诗歌中出现了较多诗歌与女红物事并现的女红化呈显方式；经史教育使女性在诗歌创作中大量化用经史语典，或借用经史语典言事抒情，或化用经史语典巧妙措意；唐代女性诗歌教育在内容上主要是男性诗人诗作，在方法上主要为诵习抄写，这样的教育特点使她们的诗歌多有借鉴和模仿男性诗人诗作的特征。同时，唐代女诗人又以其特有的女性视角，为唐诗创作提供了新的观照事物的角度，使诗歌表现出独特的女性书写特质。可以说，良好的教育使唐代女性进行诗歌创作成为可能，而唐诗也因她们的加入在题材、

---

① 转引自周蒙、冯宇主编《全唐诗广选新注集评》卷六，辽宁人民出版社1994年版，第268页。
② （明）赵世杰辑，（明）江之淮校订：《古今女史》卷四，明崇祯刊本，第4页。
③ 《全唐诗》卷七，第69页。
④ 《唐女诗人集三种》，第128页。
⑤ 《诗镜》卷四八，第1132页。
⑥ 《唐女诗人集三种》，第96页。

风格和表现方式上更为多元。

第三节　唐代女性教育成效的别样展示方式

教育使女性获得了文学才能，具备了参与文学活动的能力。唐代女性受教育的成效除了通过创作诗歌表现出来以外，还有其他展示方式，其中以歌伎传唱和寡母教孤最为典型。

一　歌伎传唱

音乐舞蹈是唐代上自天子公卿，下至士子庶民生活中不可缺少的内容。在这一活动中女性的角色无可替代，歌伎舞女一直是唐代音乐活动的主体。唐时盛行养伎之风，其中有宫伎、有官伎、有商伎、有家伎。宫伎主要为宫廷服务，官伎主要为官署服务，商伎以商业表演为主，有时也会为宫廷或官府服务，家伎主要为家庭服务。她们掌握了音乐舞蹈表演技能，因为表演需要，唐代很多诗歌通过她们得以传遍千家万户。换言之，歌伎在唐诗传播过程中发挥了重要作用，歌诗传唱是唐诗传播的重要方式。

乐舞教育在唐代极为发达。高祖时便设有内教坊对宫伎进行乐舞培训。《旧唐书·职官志》载："内教坊，武德已来，置于禁中，以按习雅乐，以中官人充使。"[1] 唐玄宗开元二年（714）改组大乐署，形成四处外教坊和三处梨园，并亲自在梨园教授新曲。《新唐书·礼乐志》载："玄宗既知音律，又酷爱法曲，选坐部伎子弟三百教于梨园，声有误者，必觉而正之，号'皇帝梨园弟子'。"[2] 此后梨园和教坊地位日益显耀，是教授宫廷女伎歌舞的重要场所，实际上就是宫廷女子艺术学校。[3]

唐代民间乐舞教育亦成风气。如《北里志》所记伎坊严格训练伎女歌唱技艺曰："初教之歌令而责之甚急。微涉退怠，则鞭扑备至。"[4] 家伎则请乐舞师傅到家中调教，所用费用往往不菲。如崔颢《卢姬篇》云："卢

---

[1]《旧唐书》卷四三，第1854页。
[2]《新唐书》卷二二，第476页。
[3] 参看雷良波、陈凤阳、熊贤君《中国女子教育史》，武汉出版社1993年版，第85页。
[4]（唐）孙棨：《北里志》，《唐五代笔记小说大观》，第1404页。

姬少小魏王家,绿鬓红唇桃李花。……白玉栏干金作柱,楼上朝朝学歌舞。"① 王维《洛阳女儿行》云:"狂夫富贵在青春,意气骄奢剧季伦。自怜碧玉亲教舞,不惜珊瑚持与人。"② 司空曙《病中嫁女妓》云:"黄金用尽教歌舞。"③ 刘禹锡《泰娘歌并引》详细地记载了韦尚书家伎泰娘接受乐舞教育的过程,从中可见唐代民间女伎乐舞教育情形。

接受过正规乐舞教育、歌唱技艺精湛者在唐代比比皆是。如玄宗时期之念奴,"每啭声歌喉,则声出于朝霞之上,虽钟鼓笙竽嘈杂,而莫能遏"。④ 许和子"善歌,能变新声……喉啭一声,响传九陌"。⑤ 其他如"清紧如敲玉,深圆似转簧"(白居易《题周家歌者》)的周家歌者,"歌遏碧云天"(郑还古《赠柳氏妓》)的柳氏妓,"清歌一曲倒金壶"(郑谷《席上贻歌者》)的歌伎,等等,都有高超的歌唱才能。唐代女伎精湛的歌唱技艺,与她们所接受的艺术教育密不可分。

唐代女伎大多还接受过文学教育,有较高文学素养。除了像薛涛那样文学素养极高者外,大多数女伎也精通文辞。孙棨《北里志序》即称:"其中诸妓,多能谈吐,颇有知书言话者,自公卿以降,皆以表德呼之。其分别品流,衡尺人物,应对非次,良不可及。信可辍叔孙之朝,致杨秉之惑。比常闻蜀妓薛涛之才辩,必谓人过言,及睹北里二三子之徒,则薛涛远有惭德矣。"⑥ 从《北里志》中所记诸伎事迹看,孙棨所言委实不虚。如"楚儿,字润娘,素为三曲之尤,而辩慧,往往有诗句可称"。⑦ 福娘"谈论风雅,且有体裁。……本解梁人也,家与一乐工邻,少小常依其家学针线,诵歌诗"。⑧ 严令宾"事笔砚,有词句。见举人,尽礼祗奉,多乞歌诗,以为留赠,五彩笺多满箱箧。后疾病且甚,值春暮景色晴和,命侍女扶坐于砌前,顾落花而长叹数四,因索笔题诗云:'气余三五喘,花

---

① 《全唐诗》卷一三〇,第 1324 页。
② 《王维集校注》卷一,第 4 页。
③ 《全唐诗》卷二九二,第 3324 页。
④ (五代)王仁裕撰,丁如明点校:《开元天宝遗事十种》卷上,上海古籍出版社 1985 年版,第 75 页。
⑤ (唐)段安节撰,亓娟莉校注:《乐府杂录校注》,上海古籍出版社 2015 年版,第 50 页。
⑥ (唐)孙棨:《北里志》,《唐五代笔记小说大观》,第 1403 页。
⑦ 同上书,第 1405 页。
⑧ (唐)孙棨:《北里志》,《唐五代笔记小说大观》,第 1410—1411 页。

剩两三枝。话别一樽酒,相邀无后期。'"① 能与士人谈论,能作诗诵诗,说明她们具有较高的文化修养,不仅仅是精通乐舞而已。

在唐代,女伎所唱多是当代文人诗歌。《旧唐书·李贺传》载:"其乐府词数十篇,至于云韶乐工,无不讽诵。"② 同书《李益传》载:"每作一篇,为教坊乐人以赂求取,唱为供奉歌词。"③ 宫伎唱当代文人诗,商伎也是如此。如刘采春善唱《望夫歌》,"所唱一百二十首,皆当代才子所作"。④ 宋人王灼《碧鸡漫志》描述地方官伎唱元白等人诗歌情形曰:

> 白乐天守杭,元微之赠云:"休遣玲珑唱我诗,我诗多是别君辞。"自注云:"乐人商玲珑能歌,歌予数十诗。"乐天亦醉戏诸妓云:"席上争飞使君酒,歌中多唱舍人诗。"又闻歌妓唱前郡守严郎中诗云:"已留旧政布中和,又付新诗与艳歌。"元微之见人咏韩舍人新律诗,戏赠云:"轻新便妓唱,凝妙入僧禅。"⑤

商玲珑唱元稹诗,诸歌伎唱白居易、严郎中、韩愈诗,说明唐代歌伎演唱当代著名诗人佳篇颇为常见。所以王灼在列举上述例证后总结说:"以此知李唐伶伎,取当时名士诗句入歌曲,盖常俗也。"⑥

歌伎传唱从以下几个方面促进了唐诗发展:

首先,扩大了唐诗传播范围。歌伎传唱是诗歌价值实现的有效方式。徒诗是单纯的语言艺术,必须经过读者的理解和想象,才能达到感染人心的效果。因此,它对欣赏者有更高的要求,不仅要求欣赏者有文化,而且要有很强的感受力,所以在感人的深度和传播的广度上都有很大局限性。而被用于歌舞表演的诗歌则可以直接给观众以感官刺激,歌伎演唱时的声、乐、情、态作用于观众的听觉和视觉,可以很快引发观众的情感共

---

① (唐) 孙棨:《北里志》,《唐五代笔记小说大观》,第 1408 页。
② 《旧唐书》卷一三七,第 3772 页。
③ 同上书,第 3771 页。
④ (宋) 范摅:《云溪友议》卷下,中华书局 1959 年版,第 64 页。
⑤ (宋) 王灼撰,岳珍校正:《碧鸡漫志校正》卷一,人民文学出版社 2015 年版,第 19—20 页。
⑥ 同上书,第 20 页。

鸣，增强诗歌感染人心的力量，便于诗歌大面积传播。① 《碧鸡漫志》云："诗至于动天地，感鬼神，移风俗，何也。正谓播诸乐歌，有此效耳"，②说的正是这个意思。

歌伎传唱对欣赏者的文化素养要求不高，而且通过声情并茂的表演增加了诗歌的艺术魅力，大大增强了诗歌的可接受性。当诗歌与演唱相结合时，诗歌就像长了翅膀一样，可以超越社会等级、文化差别和地域限制，在整个社会的上层和下层文化空间以及地域空间自由传播。歌伎传唱使唐诗实现了超越时空的传播，从而被更多人所接受。元稹《酬乐天江楼夜吟稹诗因成三十韵》就写到诗歌一经歌伎演唱，很快传播开来的情形："妓乐当筵唱，儿童满巷传。改张思妇锦，腾跃贾人笺。"③ 在印刷术不很发达的情况下，很多诗歌正是因为歌伎传唱才得以广泛流传从而保存下来。任半塘《唐声诗》即称："当时诗人之作，每付歌喉，不仅吟讽而已。歌唱之效，足使诗篇之传播久而且远。歌唱之人，除歌童外，则多为妓女。"④歌伎传唱对唐诗繁荣发展的贡献正在于此。

其次，激发了诗人的创作热情。传唱使诗歌迅速进入接受者视野，很快被赋予价值判断，从而得到社会认可。诗人因此得以成名，确立其诗坛地位。钱穆谈及唐代诗学极盛背景时说："妓女歌唱可能是一大原因。唐代官私妓女均盛，凡公私宴集，恒有歌妓娱宾，所唱往往为诗篇，宾主即席吟诗，可能即付她们歌唱，被之管弦。歌妓唱诗，犹如今日大众传播之电台、电视台，以此播之四方，这样诗人易出名，人亦群趋为诗。"⑤王维、李益、白居易等很多诗人声名鹊起，都得益于歌伎传唱。明人胡震亨曾总结说："唐人诗谱入乐者，初盛王维为多，中晚李益、白居易为多。"⑥诗歌被广为传唱无疑会刺激诗人的创作热情。唐代诗人大量创作绝句，就与歌伎传唱有关。王灼《碧鸡漫志》云："唐时古意亦未全丧，《竹枝》《浪淘沙》《抛球乐》《杨柳枝》，乃诗中绝句，而定为歌曲。故李太白

---

① 参看吴相洲《唐代歌诗与诗歌》，北京大学出版社2000年版。
② 《碧鸡漫志校正》卷一，第2页。
③ 《元稹集》卷一三，第145页。
④ 任半塘：《唐声诗》上编，上海古籍出版社1982年版，第523页。
⑤ 严耕望：《钱宾四先生与我》，《治史三书》，上海人民出版社2016年版，第291页。
⑥ 《唐音癸签》卷二六，第275页。

《清平调》词三章皆绝句。元、白诸诗,亦为知音者协律作歌。"① 明王骥德《曲律》云:"唐之绝句,唐之曲也。"② 清人董文涣谈及唐代七言绝句时也说:"当世名家率多以此擅长,或一篇出,即传诵入口,上之流播宫廷,下之转述妇孺,由是声名大起,遂为终身之荣。实因唐人乐章,全用当时士人之诗,皆绝句也。"③ 诗歌被广泛传唱是诗人的荣耀,会大大激发他们的创作热情。

最后,促进了曲子词的形成。诗人所作诗多是齐言,歌者所唱歌词多是杂言,演唱过程中就产生了二次加工。因此一首好的音乐作品,诗人功劳居其半,歌者功劳居其半。吴相洲《中国诗歌通史·唐五代卷》在谈到词的起源时说:"这种新兴诗歌样式的出现,不是新兴音乐流行的产物,而是新兴诗歌创作方式的产物,即诗人歌诗创作方式从'选词以配乐'到'因声以度词'的转变促成了词的产生。"他进一步解释说:"在'选词以配乐'的情况下,诗人只管作诗,歌者只管唱歌,诗人不必按实际歌唱情况将诗写成长短句的形式。但随着诗人与艺人关系的逐渐密切,一些懂得音乐的诗人开始按照实际歌唱的句式写作歌词,即所谓'因声以度词',于是一种以'长短句'为特征的曲子词便应运而生了。"④ 因声度词的一个重要前提就是诗人和艺人密切合作,而合作的前提则是诗人懂得音乐,艺人懂得诗歌。诗人为了使自己创作的诗便于传唱,主动为歌伎撰写便于演唱之歌辞;歌伎为了使自己的歌唱受到欢迎,也主动要求著名诗人与之合作,这种合作是一种双向互动。所以,词体的产生不可低估歌伎的作用。

综上所述,唐代歌伎传唱对唐诗乃至唐代文学发展繁荣贡献巨大。之所以会有如此巨大的作用,缘于歌伎具备高超的演唱技艺和文化素养。演唱技艺的获得源于艺术教育,文化素养的获得源于文学教育。唐代乐舞教育使歌伎获得了演唱技艺,唐代文学教育使歌伎获得了文化知识,歌伎用表演传播唐诗,推动了唐诗的繁荣,甚至促进了词体的产生。

---

① 《碧鸡漫志校正》卷一,第19页。
② 《中国古典戏曲论著集成》第4册,中国戏剧出版社1959年版,第155页。
③ (清)董文涣:《声调四谱图说》卷末《七言绝句》,上海医学书局1927年版,第6页。
④ 吴相洲:《中国诗歌通史·唐五代卷》,人民文学出版社2012年版,第624—625页。

二 寡母教孤

有学者从母教角度出发强调女性教育的重要性时说:"一女不学,则一家之母无教,一家之母无教,则一家之子失教。"[1] 一代女性教育会实实在在地影响一代孩子的成长。唐代很多接受过教育的女性以其所学教育后代,最典型的现象就是寡母教孤。以下笔者将从唐代寡母教孤现象中寡母的受教育状况入手,探讨寡母受教育程度与教育孤子效果的关系,进而分析这样的教育对唐代文学所起的作用。

（一）寡母教孤的资料

唐代家庭教育重视母教,而母教中又有相当的数量属于寡母教孤类型。[2] 这一现象又与唐代女性接受教育有着密切联系。先来看一组寡母教孤资料:

初,播伯父元暧终于隰城丞,其妻济南林氏,丹阳太守洋之妹,有母仪令德,博涉五经,善属文,所为篇章,时人多讽咏之。元暧卒后,其子彦辅、彦国、彦伟、彦云及播兄据、总并早孤幼,悉为林氏所训导,以至成立,咸致文学之名。开元、天宝中二十年间,彦辅、据等七人并举进士,连中科名,衣冠荣之。（《旧唐书》卷一四六《薛播传》）

绅六岁而孤,母卢氏教以经义。绅形状眇小而精悍,能为歌诗。乡赋之年,讽诵多在人口。（《旧唐书》卷一七三《李绅传》）

若思孤,母褚氏亲自教训,遂以学行知名。（《旧唐书》卷一九〇《孙若思传》）

颜真卿字清臣,秘书监师古五世从孙。少孤,母殷躬加训导。既长,博学,工辞章,事亲孝。（《新唐书》卷一五三《颜真卿传》）

杨凭字虚受,一字嗣仁,虢州弘农人。少孤,其母训道有方。长善文辞,与弟凝、凌皆有名。大历中,踵擢进士第,时号"三杨"。（《新唐书》卷一六〇《杨凭传》）

仲郢字谕蒙。母韩,即皋女也,善训子,故仲郢幼嗜学,尝和熊胆

---

[1] 孙清如:《论女学》,《中国新女界杂志》1906年第2期。
[2] 此论题张国刚《唐代寡居妇女的生活世界》（《安徽师范大学学报》2007年第3期）有涉及,但张文论述重点不在此。李浩《唐代三大地域文学士族研究》（中华书局2008年版）有专章论述,可参看。

丸，使夜咀咽以助勤。长工文，著《尚书二十四司箴》，为韩愈咨赏。元和末，及进士第，为校书郎。(《新唐书》卷一六三《柳仲郢传》)

元稹字微之，河南河内人。六代祖岩，为隋兵部尚书。稹幼孤，母郑贤而文，亲授书传。九岁工属文，十五擢明经，判入等，补校书郎。元和元年举制科，对策第一，拜左拾遗。(《新唐书》卷一七四《元稹传》)

收七岁而孤，处丧若成人。母长孙亲授经，十三通大义。善属文，所赋辄就，吴人号神童。(《新唐书》卷一八四《杨收传》)

乾元初，李君参掾信安，遂终于位。夫人罢助祭之事，专以礼诗之学，训成诸孤。议者以鲁敬姜、辛宪英为比。(《全唐文》卷五二一梁肃《衢州司士参军李君夫人河南独孤氏墓志铭》)

夫人尧山之第二女，惠和孝慈，幼有令仪，长而温良，成而柔明。年若干，嫁赵郡李兼金，生四子而兼金卒。夫人内持正性，外示德礼，且以文行忠信，贻训诸子，家道以和。每言曰："敬姜大家，吾师也。"(《全唐文》卷五二一梁肃《德州安德县丞李君夫人梁氏墓志铭》)

初孩而孤，禀绛郡夫人之慈训，幼而岐嶷，聪敏冠常，始读《山栖志》，一览便诵。及长，博纬经史，尤善属词。年十八，进士高第，补宁州参军，转恒州司法。(《全唐文》卷二三八卢藏用《太子少傅苏瓌神道碑》)

妣太原白氏……又别驾府君即世，诸子尚幼，未就师学，夫人亲执诗书，昼夜教导，恂恂善诱，未尝以一箠一杖加之。十余年间，诸子皆以文学仕进，官至清近，实夫人慈训所致也。(《白居易集笺校》卷四六《襄州别驾府君事状》)

夫人明识茂行，光于闺门，姻族资其训式。有子德舆，七岁而孤，夫人茹未亡之哀，躬徙宅之教。故德舆也，十五文章知名，二十典秘书。(《全唐文》卷五二一梁肃《著作郎赠秘书少监权公夫人李氏墓志铭》)

及所天云丧，遂守志穷居。女尚未笄，男才志学。家悬半菽，门罕尺童。生人伶俜，备常之矣。夫人躬亲顾育，诱以义方。克乎成人，有声宗邑。……夫人少习诗礼，长闲音律。既阅道书，尤精释典。(《全唐文补遗》第二辑阙名《唐故处士张府君夫人梁氏墓志铭》)

夫人蓝田孕彩，蕙菀疏芳。宋㡓承规，班庭渐训。芙蓉在咒，盥沐见赏于诸姑；杨柳陈诗，辩对称奇于叔父。……一子孤幼，克闻诗礼。徙邻依学，孟轲之慈训及躬；捧檄迎门，毛义之欢容在养。(《全唐文补遗》

第二辑阙名《大周故慕容君妻张氏(顺)墓志铭》)

夫人始孀,年方三十,昼哭不绝,哀过乎礼。二子孩孺,皆自襁育,比逮成人,尤勤训导,兼父之敬,尽师之范,礼乐自取于家,名义不资于外。二子令誉,见称于时。(《唐代墓志汇编》开元050《唐故太府丞兼通事舍人左迁润州司士参军源府君夫人清河崔氏墓志铭并序》)

年洎数岁,即丁府君之忧,而太夫人鞠而育之,亲而教之,爰自孩□,以登成人。公乃学以聚之,问以辩之,故知类通达,强立而不反;及乎弱冠,擢以孝廉,于是君子知其大成矣。(《唐代墓志汇编》开元222《唐故太子舍人敬府君墓志铭并序》)

其殆庶几,则时领袖,少而孤露,母氏训育,在于幼齿,不溺小慈,每以诗书,亲承教导。则难兄难弟,元方季方,友于之情,忠义为美。(《唐代墓志汇编》开元462《唐故处士李公志石文并叙》)

夫人幼而敏晤,动识机微,气调精明,天与淑顺。七岁读女史,十一就妇功,岂织纴组训,不废事业,将前言往行,以成规矩。……及府君之没世也……而亲授诸子,夙兴不怠,能修业者存以燠休,未成功者先之夏楚。故累岁之后,登孝廉者数人,诗礼所至,比之严父矣。(《唐代墓志汇编》天宝197《大唐故监察御史赵郡李府君夫人博陵崔氏墓志铭并序》)

夫人权氏,屯田郎中崇基之孙,会稽令上相之女。生巽以顺,阖坤而静。少习诗礼,已婉于女仪;孀抚诸孤,更慈于母训。(《唐代墓志汇编》广德001《大唐京兆府美原县丞元府君墓志铭并序》)

夫人称未亡人凡四十三年,孀独洁立,训导诸孤,讫有成立,男有官,女有归,妇道母仪之事,光辉备矣。夫人聪慧明敏,尤精鲁宣父之经诰,善卫夫人之华翰,明左氏之传,贯迁固之书,下及诸史,无不该览,今古伦比,罕其朋俦。(《唐代墓志汇编》大中124《唐故荥阳郑夫人墓志》)

(夫人)绸缪箴诫,婉娩闺闱,仪静体闲,明诗习礼。……夫人上奉尊堂,下提孤幼,绝甘攻苦将卅年。(《唐代墓志汇编》咸亨081《大唐故度支郎中彭君夫人安定乡君侯氏墓志铭并序》)

自府君之丧,霜操弥洁,严抚孤幼,训以诗书,三徙求贤,六经润德。(《唐代墓志汇编续集》天宝067《大唐故昭武校尉行安定郡四门府别将焦府君墓志》)

(李)景让母郑氏,性严明,早寡,家贫,居于东都。诸子皆幼,母自教之。……三子景让、景温、景庄,皆举进士及第。(《资治通鉴》卷二四八"武宗会昌六年")

公有三子,曰平仲、平叔、平季。夫人陆氏,即国子司业、集贤殿学士善经之女,贤明有法度。初,公既没,诸子尚幼,夫人勤求衣食,亲执《诗》《书》,讽而导之,咸为令子。又常以公遗志择其子而付之,故平叔卒能振才业,致名位,追爵命,碣碑表,继父志,扬祖德,此诚孝子顺孙之道也,亦由夫人慈善教诱之德浸渍而成就之,不其然乎!(《白居易集笺校》卷四一《张公神道碑铭》)

君少丧父,受业母夫人。举进士第,佐江西使,有劳。(《韩愈全集校注》元和二年《唐故太原府参军事苗君墓志铭》)

(二)寡母受教育状况和施教成效考察

首先将以上文献所涉寡母受教育状况及对孤子的施教成效进行统计:

寡母	受教育状况	孤子	所授内容	施教成效
林氏	博涉五经,善属文,所为篇章,时人多讽咏之	(子)薛彦辅、薛彦国、薛彦伟、薛彦云;(侄)薛据、薛总、薛播	五经文学	七人并举进士
卢氏	通经义	李绅	经义	能为歌诗。乡赋之年,讽诵多在人口。及进士第
褚氏	通经义	孔若思	经义	以学行知名。及明经第
母殷氏		颜真卿	辞章	博学,工辞章。及进士第
母		杨凭、杨凝、杨凌	文辞	皆及进士第
韩氏		柳仲郢		工文,及进士第
郑氏	贤而文	元稹	书传	工属文,及明经第
长孙氏	通经义	杨收	经义	通经义,善属文。及进士第
独孤氏		李涛子	诗礼	
梁氏		李兼金子	文行忠信	
绛郡夫人		苏瓌		博纬经史,尤善属词。及进士第
白氏	通诗书	白幼文、白居易、白行简、金刚奴	诗书	诸子皆以文学仕进,官至清近

续表

寡母	受教育状况	孤子	所授内容	施教成效
李氏		权德舆		十五文章知名，二十典秘书
梁氏	少习诗礼，长闲音律。既阅道书，尤精释典	张氏子		
张顺	杨柳陈诗，辩对称奇于叔父	慕容氏子	诗礼	
崔氏		源惠津、源广津		
母		敬昭道		登孝廉
母	晓诗书	李知	诗书	
崔氏	七岁读女史	李宅心、李居中等	诗礼	登孝廉
权氏	少习诗礼	元日棣、元日启、元日用、元日涉	诗礼	四子皆有官
郑秀实	尤精鲁宣父之经诰，善卫夫人之华翰，明左氏之传，贯迁固之书，下及诸史，无不该览	李处仁、李郁、李崇、李敬思		男有官
侯氏	明诗习礼	彭同庆、彭同寿		二子皆有官
曹氏	晓诗书	焦庭晖、焦英秀	诗书	
郑氏		李景让、李景温、李景庄		皆及进士第
陆氏	贤明有法度，通诗书	张平仲、张平叔、张平季	诗书	及进士第
母	通诗书	苗蕃		及进士第

由于史传及碑志体例限制，我们对这些躬亲训导孤子的寡母们受教育情况所知较少。有些明确记载了她们接受教育的状况，有些只能从她们亲自执教训育孤子的事迹判断出她们的受教育情况。

根据前引文献及列表可知，在26个寡母教孤的案例中，接受过教育的寡母有17位，受教育状况记载不详的为9位。从教育效果看，及第或为官的孤子有19例，其他7例记载不详。在这19例及第或为官孤子中，母亲受过教育的有13位，其余6位受教育情况不详。据此可以看出以下几个问题：

其一，教育普及使唐代大部分女性有了受教育机会，教孤寡母大多数接受过良好教育。在26例当中，17例寡母受过教育。她们或通经义，或晓诗书，都表现出良好的文化素养。其中更不乏受教育程度极高者。如林氏"博涉五经，善属文，所为篇章，时人多讽咏之"。郑秀实"尤精鲁宣父之经诰，善卫夫人之华翰，明左氏之传，贯迁固之书，下及诸史，无不该览"。

其二，寡母教育孤子成效极为显著。科举作为仕进门径，是各类教育追求的核心目标，所谓"草泽望之起家，簪绂望之继世，孤寒失之，其族绥矣；世禄失之，其族绝矣"。①无论士族还是寒门，寡母教孤的目的不外乎此。在26个寡母教孤案例中，有19例中的孤子实现了寡母的教育目标。或及进士第，如薛彦辅兄弟七人等；或举明经，如孔若思、元稹；或察孝廉，如敬昭道及李宅心、李居中兄弟等；或登科情况未有详载，但却入仕为官。无论是登科第还是入仕途，都是实现了寡母的教育目的。据上表统计数据可知，唐代由寡母施教的孤子成才率高达73%。

其三，在这些成才孤子中，母亲接受过教育的，其子成才率更高。在成才的19例孤子中，其母接受过教育的就有13例；其余6例成才孤子，其母受教育情况记载不详。仅从数量上而言，前者成功率是后者两倍多。换言之，寡母自身接受过教育，更容易将孤子教育成才。

（三）寡母教孤之于文学作用的教育学分析

寡母教孤对唐代文学起到了哪些作用？以下笔者尝试从教育学角度对这一问题进行分析。

首先，母亲是孩子来到这个世界上最先接触到的人，孩子在幼年成长时期和母亲朝夕相处的时间最多，非常容易对母亲产生依赖和崇拜心理。而在孩子社会化过程中，最早、最直接的模仿对象也是母亲。母亲日常读书习字和言谈举止中表现出来的文学修养和气质很容易使孩子产生极大的好奇心和浓厚兴趣，从而成为他们模仿学习的对象。正如日本教育家井深大所说："母亲们，你们本身就是'教科书'啊！"②

---

① 《唐摭言校注》卷九，第180页。

② ［日］井深大撰：《怎样教育婴幼儿：从零岁开始的教育》，陈耐轩、骆为龙译，中国农业机械出版社1981年版，第46页。

英国诗人艾略特在《贴近妈妈的心灵》序言中写道："妈妈和孩子的关系是月亮和星星、树苗和土壤之间的亲合力。"① 这就是说，孩子对母亲文学才能和修养的崇拜就像星星仰慕月亮的光辉、树苗向往土壤的肥沃一样，激发起他们自己也想拥有这种能力的欲望。兴趣是最好的老师，母亲具备良好的文化素养本身就已经在不自觉中对孩子文学兴趣的养成起到了促进作用。如河中府宝鼎县令李府君夫人郑秀实就是这样一位文史造诣极高的母亲，她出生于高门著姓荥阳郑氏家族，自幼接受教育，其文化修养"今古伦比，罕其朋俦"，② 即使一般文士也难以企及。李府君去世后，郑氏守寡四十三年，教育四个孤子，四子都学有所成。勤加教导固然重要，但孤子们敬佩和仰慕母亲的高深学问，愿意听其教诲也很重要。

其次，母亲具备良好文学素养，也往往希望孩子能有较高文学修养并能借此置身通显。更为重要的是，在教育孩子学习的过程中，她们能以女性的细腻心思观察孩子，用正确方法给予引导，从而有效指导孩子的学习。嬉戏玩耍是孩子的天性，张夫人却能在孩子嬉戏时加以引导，最终使两个儿子都学有所成。（天宝058）《唐故左骁卫将军兼羽林将军独孤公夫人清河张氏墓志铭并序》载："夫人鞠育之下，曾是劬劳；嬉戏之间，用能率导。中从学官之舍，载成慈母之家。故其二子雅嗣前修，能读旧史，兄弟至睦，吏职尤精。"③ 此外，母亲受过良好教育，更善于发现孩子的长处，因材施教，从而收到良好的教育效果。

最后，寡母教孤的过程不仅是传授知识的过程，也是提高孤子智商和情商的过程。知识传授固然重要，提高孩子智商、情商更为重要。母亲在教子过程中的情感渗透更是直接影响了孩子的情商，进而影响到以"情"为主的文学创作才能的获得。孩子由母亲教养长大，对人生和情感的体验更为细腻，这对文学创作至关重要。对此，法国作家安德烈·莫罗阿在《论父母与子女》一文中说：

  对于婴孩，母亲无异神明，她是全能的。若是她自己哺育他的

---

① 转引自诗云《改造妈妈》，中国国际广播出版社2000年版，第3页。
② （大中124）《唐故荥阳郑夫人墓志》，《唐墓志汇编》，第2348页。
③ 《唐代墓志汇编续集》，第623页。

话，她是婴儿整个欢乐、整个生命的源泉。即使她只照顾他的话，她亦是减轻他的痛苦加增他的快乐的人。她是最高的托庇，是温暖，是柔和，是忍耐，是美。对于母亲那方面，孩子竟是上帝。……孩子呢？如果他有福分有一个真正女性的母亲，他亦会受了她的教诲，在生命初步即懂得何谓毫无保留而不求酬报的爱。从母爱之中，他幼年便知道人间并不完全是敌害的，也有温良的接待，也有随时准备着的温柔，也有可以完全信赖而永不有何要求的人。这样开始的人生是精神上的极大的优益。凡是乐观主义者，虽然经过失败与忧患，而自始至终抱着信赖人生的态度的人们，往往都是由一个温良的母亲教养起来的。①

安德烈·莫罗阿对母亲与孩子关系的分析在某种程度上说明了在母亲抚育下成长起来的孩子的情感特征，而这种情感特征恰恰是文学家应有的基本素养。母亲在给孩子传授文学知识过程中情感的投入和爱的灌注这种自然的母性行为本身就是在为塑造优秀文学家的情感品质奠定基础，在无形中为文学发展提供了助力。

寡母在失去丈夫之后，将全部情感都投注在孤子身上，为了抚育孤子牺牲了自己追求幸福生活的机会，是教子母亲中感情投入最多的一群人。正因如此，她们对孤子的教诲也最容易被接受，她们教子的成才率也往往最高。有学者称，寡母教孤现象中孤子成为文人，特别是作家的情况似乎更多一些。② 这一判断符合实际情况。在前引史料中，寡母教孤中成为著名文学家的就有李绅、元稹、白居易、白行简、权德舆等多人。

应该说，寡母教育孤子，教育行为本身倒不如情感感化效果强烈。爱是最好的教育方法，也是最容易取得成功的教育方法。德国教育家F. W. A. 福禄贝尔就说："教育无他，爱与榜样而已。"③ 母亲以较高的文史修养作为示范、悉心传授文化知识固然必不可少，但她们丧夫之后抚育

---

① [法]安德烈·莫罗阿撰：《人生五大问题》，傅雷译，巴蜀书社2018年版，第26—27页。
② 谢泳：《"寡母抚孤"现象对中国现代作家的影响》，《中国现代文学研究丛刊》1992年第3期。
③ 转引自谌勇、李晓平主编《国外教育名家成长经历》，内蒙古大学出版社2009年版，第181页。

孤子的艰辛和对孤子感情投入之深、期望之殷的感化作用则更为巨大。寡母生活中所有的不幸和艰辛都使孤子对寡母产生了一种无法取代的情感，并萌生了通过专心为学，进而求取功名以回报母亲在精神上所做出巨大牺牲的信念。在这样的信念驱使下，他们精研诗艺以求显达，寡母对文学发展、文化传承所做的贡献也由此得以显现。

第七章 唐代留学生教育与留学生的文学活动

唐代社会政治、经济、文化空前繁荣，对外交往十分频繁。周边各国纷纷遣使入朝，东至高丽、百济、新罗、日本，南至真腊，西至波斯、吐蕃，北至突厥、契丹，形成了"万国朝宗"的局面，唐太宗被尊称为"天可汗"。在全面的对外开放中，教育也是重要内容之一，在各国派遣的使者中，赴唐习业的留学生占有很大比重。他们学习唐朝的先进文化、政治制度、经济方式、经史典籍和诗赋创作，并与唐代诗人往来酬唱。他们归国后对推动本国社会发展、教育进步和汉文学繁荣也起到了积极促进作用。

在向唐朝派遣留学生的诸多国家中，有不少属于李唐藩属国，从严格意义上讲不应当算作留学生，加之很多国家向唐派遣留学生的史料已散佚难寻。因此，本章仅选取现存史料记载较为翔实且与唐代教育往来最为密切的新罗和日本两国为中心展开讨论，偶尔涉及其他国家。[①]

第一节 唐代教育的开放性与留学生教育管理制度

古代中国对外开放萌芽于商周，兴起于秦汉，盛行于隋唐，发展于宋元，动摇于明末，结束于清初。[②] 唐朝处于古代对外开放历史进程的中间时段，与两汉时期相比其对外开放较少政治色彩，与明清相比又更少保守

[①] 新罗曾一度以唐为宗主国，但近代关于唐代新罗留学生这一论题的研究者多将新罗视为外国，其他如渤海、大食、高丽、百济等也被视为外国，如严耕望、谢海平、党银平等学者的研究成果皆采用这一标准。本书亦循此例。

[②] 参看方亚光《唐朝对外开放初探》，黄山书社1998年版，第8页。

成分，是古代对外开放开展得最为壮观、最有成就的时期。唐代不同时期的开放盛况在诗人笔端都有生动描述，如云："百蛮奉遐赆，万国朝未央"（李世民《正日临朝》），"九天阊阖开宫殿，万国衣冠拜冕旒"（王维《和贾至舍人早朝大明宫之作》），"千官起居环佩合，万国会同车马奔"（白居易《江南遇天宝乐叟》），"大国礼乐备，万国朝正元"（王建《元日早朝》），"玉帛朝元万国来，鸡人晓唱五门开"（罗邺《岁仗》）。作为整个社会活动的重要组成部分，唐代教育也体现出了强烈的开放性特征。考察唐代教育开放性特征的形成背景、具体表现以及由此产生的特殊群体——留学生的教育状况，有助于深入了解唐代的教育文化，发现留学生与唐代文人的诗文交往带给唐人诗歌创作的新变化，也有助于认识留学生在东亚各国教育体制构建和汉文学发展中所起的独特作用。

一 唐代教育开放性特征形成的背景及表现

马克思、恩格斯说："各民族之间的相互关系取决于每一个民族的生产力、分工和内部交往的发展程度。"[①] 也就是说，在人类历史发展中，各个国家、各个民族之间的交往和开放程度，取决于一定历史时期内这个国家或民族的生产力发展水平。具体来说，不同历史阶段，政治环境的安定与动荡、社会经济的繁荣与衰退、交通条件的畅达与阻滞等因素，都可能直接或间接影响到对外交往与开放。作为唐代对外开放组成部分的教育开放，同样在上述几大背景之下展开。以下笔者就尝试从政治环境、经济基础和交通条件三个方面探析唐朝教育开放性特征形成的独特背景。

第一，政治环境。政治环境包括国际政治环境和国内政治环境。唐王朝两百多年历史进程主要处于公元 7 世纪至 9 世纪末这一时段。就国际政治环境而言，7 世纪至 9 世纪末处在世界历史的中世纪前期，封建制只存在于少数国家和地区，如中国和印度进入了封建制较为发达的阶段，而大多数国家和地区还处于封建制萌芽或形成阶段。由于封建制形成中各种势力的角逐，使得各国政局动荡不安，无论是政治、经济、文化，还是思想意识形态方面都较同时期的唐王朝落后。

[①] [德] 马克思、恩格斯：《德意志意识形态》，《马克思恩格斯选集》第一卷，中共中央马克思恩格斯列宁斯大林著作编译局编译，人民出版社 1995 年版，第 24 页。

这一时期，先后有法兰克王国、拜占廷帝国、阿拉伯帝国、印度、高丽、百济、新罗、日本、林邑、真腊等国。各国都与唐朝有经济文化往来，但与唐朝文化教育交流更为集中的还是东亚诸国。

公元 7 世纪至 9 世纪，朝鲜半岛经历了由"三国鼎立"到统一，再由统一到"三国鼎立"的过程。自汉以来，朝鲜半岛一直处于高句丽、百济、新罗三国分裂割据状态。公元五、六世纪初，高句丽与百济结盟攻打新罗。七世纪，唐高宗应新罗之请，出兵攻打百济，公元 660 年，百济被灭。公元 668 年，高句丽灭亡。公元 675 年，新罗统一了朝鲜半岛，结束了半岛"三国鼎立"时代。到九世纪，新罗中央权力衰落，社会动荡不安，地方割据称雄，农民起义遍及各地。其中北原（原州）梁吉起义、全州（完山州）甄萱起义、西南地区赤裤军起义，声势浩大。公元 900 年，甄萱建立后百济国，自封为王。公元 904 年，投靠梁吉起义军的新罗宪安王庶子弓裔建立后高句丽国。而新罗在赤裤军打击下，只剩东南一隅之地。这样，在九世纪初，朝鲜半岛上又出现了后高句丽、后百济、新罗"三国鼎立"的局面，再度陷入分裂之中。

公元 7 世纪至 9 世纪是日本历史发展上的一个重要阶段。这一时期日本完成了由奴隶制向封建制的过渡。日本文明虽然起源较早，但在大化改新之前的 4 世纪至 6 世纪，日本是一个部民制社会。部民制具有浓厚的奴隶制性质，在此基础上建立起来的大和国家，本质是奴隶制国家。七世纪初，随着大陆文化不断输入，日本生产力有所发展。但伴随着东亚政治形势变化，日本国内问题日趋复杂尖锐，以圣德太子为首的统治阶层试图通过移植中国封建文化来探索革新道路，却未能最终解决日益加深的社会危机。圣德太子去世后，苏我马子专擅国政，公开向天皇索取土地和部民。在这种形势下，以中大兄、中臣镰足为首，归国留学生为骨干的革新派于公元 645 年发动政变，拉开了大化革新的序幕。在日本进行艰苦卓绝革新的同时，唐朝的繁荣稳定使日本艳羡不已。大化革新后，日本开始全面学习唐朝制度，兴办学校教育、制定律令等，使日本走上了文明和文化快速发展的康庄大道。

在 7 世纪至 9 世纪时，东南亚地区的缅甸、泰国、越南、柬埔寨、老挝，有的属于唐朝地方政府，有的尚未形成国家，但大都受到了中国封建制的影响，开始跨入封建制门槛或处于封建制萌芽中。

总之，从当时世界政治格局上看，大唐政治稳定、经济繁荣、军事强大、文化发达，是最鼎盛的国家，令周边国家羡慕不已。正如英国学者韦尔斯所描述的那样："在整个第7、8、9世纪中，中国是世界上最安定最文明的国家……在这些世纪里，当欧洲和西亚羸弱的居民，不是住在陋室或有城垣的小城市里，就是住在凶残的盗贼堡垒中；而许许多多中国人，却在治理有序的、优美的、和蔼的环境中生活。当西方人的心灵为神学所缠迷而处于蒙昧黑暗之中，中国人的思想却是开放的、兼收并蓄而好探求的。"① 唐朝政治、经济、文化、教育的全面对外开放就是在这样的国际政治背景下展开的。

从唐朝教育开放性特征形成的国内政治环境背景来看。首先，唐朝结束了魏晋南北朝以来三百多年的分裂局面，它统一时间很长，许多少数民族在这一时期内得到了进一步融合。当然，唐朝也有各种矛盾发生，甚至出现了"安史之乱"这样大的乱局。但从整个政局来看，前期官僚系统完整，工作效率较高。后期出现藩镇割据，但藩镇表面上还服从朝廷，整体上看政权相对稳定。这种统一稳定的政治环境为教育对外开放提供了保障。

其次，开明而兼具雄才伟略的君主。唐朝统一稳定政治局面的形成与几代君主的励精图治密不可分。唐高祖、唐太宗、武则天、唐玄宗、唐宪宗等都对唐代社会发展和稳定做出了重大贡献。唐高祖虽然在位时间较短，但在政治、经济、军事、文化等方面建立起较为完善的制度体系，"武德之治"为唐王朝打下了坚实的政治、经济和军事基础。唐太宗开创的"贞观之治"使唐王朝登上了第一个繁荣的顶峰。合理而高效的行政机构、繁荣的经济、辽阔的国土、稳定的政治局面、纳谏爱民的和谐君臣关系，这都是自汉代全盛时期以来所没有过的兴盛景象。武则天当权前后五十年间，"生产发展了，土地开发了，人口增加了，疆土开扩了，文化提高了，和外国也有了广泛的交流。……可以这样说，没有武则天时代长期的巩固发展工作，开元的治世的局面是不可能出现的"。② 玄宗即位之初就采纳了姚崇的十条改革纲领，③ 对政治、经济、财政和兵制进行了一系

---

① [英]赫·乔·韦尔斯撰：《世界史纲：生物和人类的简明史》，吴文藻、谢冰心、费孝通译，人民出版社1982年版，第629页。
② 吴晗：《历史的真实与艺术的真实》，《戏剧报》1959年第20期。
③ 《新唐书·姚崇传》，《新唐书》卷一二四，第4383页。

列改革，使唐代社会到达了第二个繁荣高峰——"开元盛世"。在唐代中后期，宪宗是一位较有作为的皇帝，他采取果断措施戡平叛乱方镇，很大程度上恢复了朝廷权威，将两税法实施扩大到全国各地，使唐王朝在安史之乱后的一度低迷中实现了中兴。总之，政治上的稳定统一为教育开放提供了良好环境，而这种稳定局面的形成，与君主的励精图治是分不开的。

再次，系统完备的官僚机构和管理体制。唐朝建立了一整套完备齐整的官僚机构和管理体制。在中央，形成了以"三省六部"为主体的中枢决策机构。在地方，形成了道、州、县三级行政管理体制。对官吏管理，则形成了一套完备的品、阶、勋、爵制度和以科举取士为核心的选官制度。伴随着官制的定型和规范，负责外事管理的机构也渐趋完备，四方馆、鸿胪寺、礼宾院、互市监、市舶司、蕃长司是唐朝掌管外事的几个主要部门。其中，四方馆、鸿胪寺和礼宾院是外事接待机构，主要接待外国宾贡。互市监和市舶司是外贸管理机构，主要掌管西北边缘地区少数民族及外国商人的互市贸易，处理东南沿海港口城市的对外贸易事务。蕃长司是侨民管理机构，主要管理外国侨民。上述这些外事机构的正常运转为唐代对外开放的实施和教育开放性特征的形成提供了重要保证。①

最后，宽松友好的对外政策。唐人没有严苛的夷夏大防观念，对待周边民族和国家的政策宽松友好。早在高祖武德五年，就确定了"绥怀万国""方申辑睦，永敦聘好"② 的睦邻外交政策。此后的君主大都遵循这一政策，并适当补充完善。如唐太宗表示："夷狄亦人耳，其情与中夏不殊，人主患德泽不加，不必猜忌异类。盖德泽洽，则四夷可使如一家；猜忌多，则骨肉不免为仇敌。"③ "自古皆贵中华，贱夷、狄，朕独爱之如一。"④ 他积极发展同周边藩属及邻国的友好关系。唐高宗时也力主对邻国实行"抚育""柔服"⑤ 政策。唐玄宗更是"开怀纳戎，张袖延狄"，⑥

---

① 参看方亚光《唐代外事机构论考》，《中国史研究》1996年第2期。
② 《旧唐书·高丽传》，《旧唐书》卷一九九，第5320—5321页。
③ 《资治通鉴》卷一九七"太宗贞观十八年"，第6215页。
④ 《资治通鉴》卷一九八"太宗贞观二十一年"，第6247页。
⑤ 高宗：《分立弥射为兴昔亡可汗步真为继往绝可汗诏》，《全唐文》卷一二，第147页。
⑥ 元宗：《安置降蕃诏》，《全唐文》卷二七，第311页。

主张对邻国"润之以时雨,炤之以春阳,淳德以柔之,中孚以信之"。①唐朝还采取了一些具体方法去实施这些主张:一是设立羁縻,安排蕃人在朝廷或地方做官,与周边少数民族建立友好关系。② 二是对使者、留学生、学问僧、商人热情接待,妥善安排他们在唐期间的生活。如为赴唐使者提供生活物资保障,鸿胪寺每年从国库拨粮一万三千斛供招待外宾之用。③ 留学生在唐习业期间的食宿和四季时服由唐王朝负责,而且还尽力满足他们登第入仕的要求,专门设立宾贡科,以鼓励留学生的学习热情。④ 宾贡科及第的留学生,允许在唐为官。在这些友好宽松的对外政策和措施推动下,唐代教育的开放性特征得以形成。

第二,经济基础。经济繁荣是文化教育事业对外开放特征形成的重要因素。唐代是中国封建社会的鼎盛时期,特别是初盛唐经济十分繁荣。《资治通鉴》载:"天下大稔,流散者咸归乡里,斗米不过三、四钱,终岁断死刑才二十九人。东至于海,南极五岭,皆外户不闭,行旅不赍粮,取给于道路焉。"⑤《新唐书·食货志》亦载:"是时,海内富实,米斗之价钱十三,青、齐间斗才三钱,绢一匹钱二百。道路列肆,具酒食以待行人,店有驿驴,行千里不持尺兵。天下岁入之物,租钱二百余万缗,粟千九百八十余万斛,庸、调绢七百四十万匹,绵百八十余万屯,布千三十五万余端。"⑥ 农业生产稳定发展、手工业取得了很大进步、商品流通便利,呈现出一派繁荣景象。

唐代农业生产工具的改进和水利灌溉事业的发展,使得粮食产量有了很大提高,农业得到快速发展。用曲辕犁耕地,提高了耕种质量,用风筒车灌溉,提高了灌溉效率。据有学者统计,唐朝修筑河渠陂塘堤堰工程就达 269 处。⑦ 使用先进农具,兴修水利,保证了粮食产量的提高,促进了农业生产发展。粮食平均亩产量不少于一石,合今天 100 多斤。新开垦地

---

① 元宗:《放还诸蕃宿卫子弟诏》,《全唐文》卷二六,第 299 页。
② 《新唐书·地理志》,《新唐书》卷四三,第 1119 页。
③ 《唐会要·鸿胪寺》,《唐会要》卷六六,第 1151 页。
④ 详见本章第二节《唐代留学生与宾贡科》。
⑤ 《资治通鉴》卷一九三"太宗贞观四年",第 6085 页。
⑥ 《新唐书·食货志》,《新唐书》卷五一,第 1346 页。
⑦ 韩国磐:《隋唐五代史纲》,人民出版社 1979 年版,第 155 页。

和贫瘠地也有七八斗。而收成较好时亩产量可达两石，最高产量则达一锺，合今天660斤左右。① 即使就以平均亩产量一石多来说，也比汉代亩产量增加了50%。② 农业的发达，使得唐朝"人力有余，帑藏丰溢"。③

唐代无论是官营手工业还是民间手工业，生产技术都有显著提高。《旧唐书·韦坚传》所载从各地运往长安的物品，就有不少手工业制品："若广陵郡船，即于栿背上堆积广陵所出锦、镜、铜器、海味；丹阳郡船，即京口绫衫段；晋陵郡船，即折造官端绫绣；会稽郡船，即铜器、罗、吴绫、绛纱；南海郡船，即玳瑁、真珠、象牙、沉香；豫章郡船，即名瓷、酒器、茶釜、茶铛、茶碗；宣城郡船，即空青石、纸笔、黄连；始安郡船，即蕉葛、蚺蛇胆、翡翠。"④ 纺织业、印染业、造纸业、陶瓷业等在唐代都是比较发达的手工业。当时的纺织、漂染和刺绣分工非常细致，织衽之作有十，组绶之作有五，线之作有四。造纸业产区遍及全国各地，纸张种类繁多。⑤ 李肇《唐国史补》载："纸则有越之剡藤苔笺，蜀之麻面、屑末、滑石、金花、长麻、鱼子、十色笺，扬之六合笺，韶之竹笺，蒲之白薄、重抄，临川之滑薄。"⑥ 此外，唐代的冶铸业、金属加工业等手工业种类也都极为发达。

唐代的商业市场无论经营时间还是经营地域都较前代有所发展。其主要表现为：商业都市繁荣、夜市和草市兴起。唐朝长安、洛阳、扬州等地都是商业都市。长安是唐王朝的商业中心，是商贾和商品的集结地。长安的东、西两市商业都很发达。东市"街市内货财二百二十行，四面立邸，四方珍奇，皆所积集"。⑦ 西市"市内店肆如东市之制"。⑧ 洛阳是大运河枢纽，又是李唐陪都，具有得天独厚的商业和交通便利。武后时文士杨齐

---

① 胡戟：《唐代粮食亩产量——唐代农业经济述论之一》，《西北大学学报》1980年第3期。
② 侯外庐：《中国封建社会史论》，人民出版社1979年版，第174页。
③ 《通典》卷四〇，第1108页。
④ 《旧唐书》卷一〇五，第3222—3223页。
⑤ 据《唐六典》记载，唐朝各地贡纸者有杭州、婺州、衢州、越州、宣州、蒲州等。《唐六典》卷二〇，第546页。
⑥ 《唐国史补 因话录》卷下，第60页。
⑦ （清）徐松撰，李健超增订：《增订唐两京城坊考》卷三，三秦出版社2006年版，第127页。
⑧ 《增订唐两京城坊考》卷四，第231页。

哲描述洛阳的繁华说:"神都帑藏储粟,积年充实,淮海漕运,日夕流衍,地当六合之中,人悦四方之会。"①洛阳城中还有著名的南市、北市和西市。《河南志》载南市曰:"东西南北居二坊之地。其内一百二十行,三千余肆。四壁有四百余店,货贿山积。"②扬州地处"南北大冲,百货所集",③商业活动极为活跃,商品种类和规模都居唐朝前列。扬州的商业活动除白天以外,还在夜间进行,王建《夜看扬州市》云:"夜市千灯照碧云,高楼红袖客纷纷。如今不似时平日,犹自笙歌彻晓闻。"④李绅《宿扬州》亦云:"夜桥灯火连星汉,水郭帆樯近斗牛。"⑤唐代诗人的诗句鲜活地展示了扬州夜市的繁华景象。此外,杭州、成都等城市商业活动也很兴旺。⑥

唐代商业的繁荣还表现在草市的兴起。草市是在唐中叶以后大量出现的一种地方定期集市,它是相对于官方正式市场而言的,当集则满,不当集则虚,草市中有经常进行商业活动的固定店肆铺面以及一定数量的定居工商人户。⑦江淮草市、平水市、⑧鄂州汨口草市、⑨白洑南草市、⑩赤壁草市、彭州建德草市都是比较著名的草市。这些草市一般分布在水陆交通的津埠渡口,既是舟船停泊之所,又是水陆运输的枢纽,还是官家传驿所在地。因为行旅辐辏,商旅蚁聚,故唐人有"关必据险路,市必凭要津"⑪之语。杜牧《上李太尉论江贼书》谈到江淮一代大量存在的草市说:"(江贼)水劫不便,逢遇草市,泊舟津口,便行陆劫。白昼入市,杀人取财……凡江淮草市,尽近水际,富室大户,多居其间。自十五年

---

① 杨齐哲:《谏幸西京疏》,《全唐文》卷二六〇,第 2635 页。
② (清)徐松辑,高敏点校:《河南志》,中华书局 1994 年版,第 15 页。
③ 《唐会要》卷八六,第 1582 页。
④ 《全唐诗》卷三〇一,第 3430 页。
⑤ 《全唐诗》卷四八一,第 5470 页。
⑥ 李华:《杭州刺史厅壁记》,《全唐文》卷三一六,第 3205 页;卢求:《成都记序》,《全唐文》卷七四四,第 7702 页。
⑦ 牟发松:《唐代草市略论——以长江中游地区为重点》,《中国经济史研究》1989 年第 4 期。
⑧ 元稹《白氏长庆集序》称"予尝于平水市中",其下注曰:"平水,镜湖旁草市名。"《元稹集》卷一,第 555 页。
⑨ 杜牧:《为堂兄慥求沣州启》,《杜牧集系年校注》卷一六,第 1021 页。
⑩ 《太平广记》卷四三"卢山人",第 270 页。
⑪ 《旧唐书·崔融传》,《旧唐书》卷九四,第 2998 页。

来,江南江北,凡名草市,劫杀皆遍。只有三年再劫者,无有五年获安者。"① 大量草市的出现,是唐代地方商业活动兴盛的有力证明。

美国历史学家威尔·杜兰说:"唐朝国力鼎盛,举足轻重,当时中国在世界上的地位,可以和第二次世界大战后的美国相比。"② 经济繁荣,国力强盛,民族自信心便会随之增强。鲁迅就说:"汉唐虽然也有边患,但魄力究竟雄大,人民具有不至于为异族奴隶的自信心。"③ 有强大经济基础作为后盾的唐王朝,在文化教育上自然有足够的自信心实行对外开放政策。

第三,交通条件。在对外开放中,交通是否畅达便捷直接关系到文化教育开放性特征的形成。唐代无论是陆路交通还是水路交通、国内交通还是域外交通,乃至于交通工具都较前代有所发展和改善。据唐德宗时宰相贾耽所考,当时通往周边民族和域外的交通干道主要有七条:一曰营州入安东道,二曰登州海行入高丽、渤海道,三曰夏州塞外通大同、云中道,四曰中受降城入回鹘道,五曰安西入西域道,六曰安南通天竺道,七曰广州通海夷道。④ 这七条主要交通干道,几乎贯通了国内和异域外邦,极大地方便了人员往来。

唐王朝在国内也有纵横交错的交通路线并遍设驿所。据《唐六典》载:当时天下共设驿站1600多所。其中,水驿260所,陆驿1297所,水陆相兼86所。⑤《旧唐书·崔融传》载:"天下诸津,舟航所聚,旁通巴、汉,前指闽、越,七泽十薮,三江五湖,控引河洛,兼包淮海。弘舸巨舰,千轴万艘,交贸往还,昧旦永日。"⑥ 由众多的驿所和航线可见唐代境内交通的发达。

唐代造船业也十分发达,造船技术有很大提高。据1973年对江苏如皋出土的唐船分析,当时已采用了水密隔舱的先进技术,极大地提高了船

---

① 杜牧:《上李太尉论江贼书》,《杜牧集系年校注》卷一一,第826页。
② [美]威尔·杜兰撰:《世界文明史》第4册,台北幼狮翻译中心编译,幼狮文化事业公司1978年版,第79页。
③ 鲁迅:《看镜有感》,《鲁迅全集》第一卷,人民文学出版社2005年版,第209页。
④ 《新唐书》卷四三,第1146页。
⑤ 《唐六典》卷五,第163页。
⑥ 《旧唐书》卷九四,第2998页。

壳强度。舱壁和横梁结构精巧，还增加了桅帆数量，加快了航行速度，为长途、大规模河海运输提供了可能，也为各国留学生往还及唐朝文化使者出使提供了交通便利。

总之，唐王朝具有稳定的政治环境、雄厚的物质基础和便利的交通条件，有能力、有信心施行开放国策，这些都是唐代文化教育开放性特征形成的有力保障。

唐代文化教育的开放性主要表现在三个方面：

第一，接收留学生。唐朝学校教育体制完备，由国子监统领的中央官学有六学：国子学、太学、四门学、律学、书学和算学。门下省设弘文馆，东宫设崇文馆，称为"两馆"。中央六学中的前三学和两馆主要修习儒家经典和文史知识，后三学为专业性学校，分别修习律令、书法和算学知识。两馆主要接收皇族及勋贵子弟，与留学生关系不很紧密。而六学在招收国内学生的同时，也招收各国留学生。广泛接收留学生是唐代教育开放性的一大表征。

唐代招收留学生始自太宗贞观年间，其时新罗、高丽等国均遣子弟入学。《新唐书·儒学传》载："贞观六年……广学舍千二百区，三学益生员，并置书、算二学，皆有博士。大抵诸生员至三千二百。自玄武屯营飞骑，皆给博士受经，能通一经者，听入贡限。四方秀艾，挟策负素，坌集京师，文治煟然勃兴。于是新罗、高昌、百济、吐蕃、高丽等群酋长并遣子弟入学，鼓箧踵堂者，凡八千余人。纡侉袂，曳方履，间闾秩秩，虽三代之盛，所未闻也。"[①] 此外，日本、大食、渤海等国也都遣子弟入唐习业。此后的唐代君主也多奉行开放教育方针，对外藩及外邦来华学子予以接纳。开元三年（715）十二月，玄宗颁布《令蕃客国子监观礼教敕》云："夫国学者，立教之本……自戎夷纳款，日夕归朝，慕我华风，敦先儒礼。由是执干羽，常不讨而来宾；事于俎豆，庶既知而往学。"[②] 至德二载（757）四月八日，肃宗又于《搜访天下贤俊制》中敕曰："夫兹荐士，非止一举，永为恒典，有即登闻。"并令"宜宣示中外，令知朕意"。[③] 这更

---

① 《新唐书》卷一二三，第5635页。
② 《唐大诏令集》卷一二八，第689页。
③ 《唐大诏令集》卷一〇三，第523页。

加鼓励了留学生入唐习业和应试的热情。日本从贞观年间派遣留学生随遣唐使入唐习业,直至乾宁元年(894)正式停派的260年间,有二三百名学生、僧侣赴唐留学。① 而唐朝接受的新罗留学生就更多了,数量多达2000多名。② 大量招收留学生是唐代教育开放性特征的显著表现。

第二,有意识地吸纳国外先进知识。唐代官学的教学内容主要是儒家经典和文史典籍,在历法算学知识方面较为薄弱。而对印度、伊朗等国传入的先进的天文学、数学和医学知识的借鉴和吸纳,无疑丰富了唐代教育的内容。

唐代在司天台培养天文历法工作者,由博士带领学生在具体工作中进行教学。司天台学生分四个专业:司历、监候、灵台、漏刻。其中,司历专业的课程为《戊寅历》《麟德历》《神龙历》《大衍历》,学习和掌握历法推算。监候专业主要学习观察天文气象变化。灵台专业主要学习天文星象变化和占候。漏刻专业主要学习计时技术。③

天文历法需要数学计算。天竺人"善天文算历之术",④ 有不少印度天文历法学家参与了唐代修历工作。唐高宗时,官至太史的天竺人瞿昙罗上《经纬历法》九卷,与李淳风所作《麟德历》并行于世。⑤ 武则天时,瞿昙罗又作《光宅历》。瞿昙罗之子瞿昙悉达编译的《九执历》虽未被朝廷颁行,但在民间影响较大。而作为司天台学生的算学教材,由僧一行编纂的《大衍历》就曾参考《九执历》。印度的先进数学知识也通过赴唐天文历法学家带到了唐朝。瞿昙悉达编辑的《开元占经》中就含有印度数学数码、圆弧量法、弧的正弦等知识。印度佛经中关于度量衡的单位,如须臾、瞬息、弹指、刹那等名词,也被引入中国数学记数法。⑥

在唐代,印度、伊朗等国的先进医学知识也被吸纳了进来。印度医学书籍《龙树菩萨药方》《婆罗门药方》《西域名医所集药方》《婆罗门诸仙药方》等都于隋唐时期传入中国,白居易就曾阅读《龙树菩萨药方》(白

---

① 胡锡年:《唐代的日本留学生》,《陕西师范大学学报》1981年第1期。
② 严耕望:《唐史研究丛稿》,第441页。
③ 李国钧、王炳照:《中国教育制度通史》,第343页。
④ 《旧唐书·天竺传》,《旧唐书》卷一九八,第5307页。
⑤ 《唐会要》卷四二,第749页。
⑥ 钱宝琮:《中国数学史》,科学出版社1964年版,第10页。

第七章　唐代留学生教育与留学生的文学活动 | 389

居易《眼病二首》）。印度医者医术很受唐人推崇，刘禹锡曾请印度医者治疗眼疾，其《赠眼医婆罗门僧》云："三秋伤望远，终日泣途穷。两目今先暗，中年似老翁。看朱渐成碧，羞日不禁风。师有金篦术，如何为发蒙？"① 金篦术是佛门对金针拨障术的一种称呼，是印度传入中国的眼科手术，治疗白内障有立竿见影之效。唐人王焘《外台秘要》云："金篦决一针之后，豁然开云而是白日。"② 这种先进手术方法传入中国后，迅速被唐人接受。唐朝医学课程设置中只有医师科、针师科、按摩科、禁咒科和药园局五科，③ 而此类医学知识的传入，无疑丰富了唐代医学教育的内容。

第三，主动传播和弘扬唐代文化教育的成果和经验。文史典籍是唐代文化教育诞育的成果，每逢藩属及外邦求取典籍，唐王朝都毫不吝啬地赐予馈赠。有时甚至还派遣学问精博之士前往异邦宣扬大唐学术文化。如贞观二十二年（648），太宗将新撰《晋书》等典籍赐予新罗。④ 垂拱二年（686），"（新罗王）政明遣使来朝，因上表请《唐礼》一部并杂文章。则天令所司写《吉凶要礼》，并于《文馆词林》采其词涉规诫者，勒成五十卷以赐之"。⑤ 开元十九年（731），吐蕃求赐《毛诗》《礼记》《左传》《文选》四部典籍，玄宗与之。⑥ 开元二十六年（738），"渤海遣使求写《唐礼》及《三国志》《晋书》《三十六国春秋》，许之"。⑦

唐代也派遣学问精博之士前往异邦宣扬讲论大唐先进学术文化。武德七年（624），唐高祖遣使者及道士为高丽王和道俗等讲解《老子》，其王

---

① 《刘禹锡全集编年校注》卷一二，第 801 页。白居易也有相同患病经历，见其《眼病二首》，《白居易集笺校》卷二四，第 1671 页。
② （唐）王焘撰，高文铸校注：《外台秘要方》卷二一，华夏出版社 1993 年版，第 391 页。
③ 李国钧、王炳照：《中国教育制度通史》，第 342 页。
④ 《旧唐书·新罗传》，《旧唐书》卷一九九，第 5335 页。
⑤ 同上书，第 5336 页。
⑥ 《唐会要·蕃夷请经史》，《唐会要》卷三六，第 667 页。
⑦ 同上。关于是否应该赐赠外邦典籍在玄宗朝还曾引起激烈讨论。吐蕃金城公主请文籍四种，玄宗诏秘书写赐。秘书正字于休烈上疏反对道："戎狄，国之寇；经籍，国之典也。戎之生心，不可以无备。昔东平王求《史记》、诸子，汉不与之，以《史记》多兵谋，诸子杂诡术也。东平，汉之懿戚，尚不示征战之书，今西戎国之寇仇，安可贻以经典？"侍中裴光庭却认为："吐蕃不识礼经，孤背国恩，今求哀启颡，许其降附，渐以《诗》《书》，陶一声教，斯可致也。休烈但见情伪变诈于是乎生，不知忠信节义亦于是乎在。"讨论的结果是玄宗采纳了裴光庭的意见，由此足见唐代对文化教育的开放态度。此次讨论过程见《新唐书》卷一〇四，第 4007 页。

及道俗观听者数千人。① 开元二十五年（737），新罗圣德王兴光卒，唐"遣左赞善大夫邢璹摄鸿胪少卿，往新罗吊祭……璹将进发，上制诗序，太子以下及百僚咸赋诗以送之。上谓璹曰：'新罗号为君子之国，颇知书记，有类中华。以卿学术，善与讲论，故选使充此。到彼处宜阐扬经典，使知大国儒教之盛。'"② 派遣使者去异国宣扬大唐文教礼乐在唐人诗作中也有体现。如皇甫冉《送归中丞使新罗》云："异俗知文教，通儒有令名。还将大戴礼，方外授诸生。"③

二 唐代留学生教育管理制度

随着唐代与外邦教育交流的日益频繁，各国不断派遣留学生赴唐习业，唐代在接收和管理留学生方面也形成了较为完备的制度。

（一）入唐留学生的数量和食宿

一般而言，各国留学生在赴唐之前，须向唐廷告奏，提出官方申请，获准后方可入唐。留学生大多是随使节入唐，如新罗留学生多随朝贡使、庆贺使、谢恩使、贺正使入唐，直至唐末才有少数搭乘商船来华习业者，如崔致远。④ 日本则由于海程遥远等客观条件所限，留学生几乎全部是随遣唐使入唐。⑤

由于唐代文化教育的开放影响深远，使人们很容易产生错觉，认为各国派往大唐习业的留学生不受数量限制，其实并非如此。入唐留学生的数量，也有一定之规，并非所有来者都能被接纳。

首先，因为各国留学生大多在国子监六学馆中与中土学子一同习业，故其员额也有一定之规。在有唐近三百年间，两京六学馆生员数额虽时有变动却都有严格限制。太宗贞观年间，增置学员凡3200余人，加上藩属及外邦学子，总数达洋洋8000余人。⑥ 但这样的盛况，"至永淳以后，乃

---

① 《旧唐书·高丽传》，《旧唐书》卷一九九，第5320页。
② 同上书，第5337页。
③ 《全唐诗》卷二五〇，第2815页。
④ 党银平：《唐与新罗文化关系研究》，中华书局2007年版，第33页。
⑤ 胡锡年：《唐代的日本留学生》，《陕西师范大学学报》1981年第1期。
⑥ 《旧唐书·儒学传》，《旧唐书》卷一九八，第4941页。

第七章 唐代留学生教育与留学生的文学活动 | 391

废"。① 到元和二年（807），国子监奏报，两京诸馆学生，总数已减为650人：

> 两京诸馆学生，总六百五十员，请每馆定额如后：西监学生，总五百五十员。国子馆八十员，太学馆七十员，四门馆三百员，广文馆六十员，律馆二十员，书馆十员，算馆十员。……东都国子监，量置学生一百员。②

又据《旧唐书·职官志》：六学之中，国子学学生300人，太学学生500人，四门学学生500人，律学学生50人，书学学生30人，算学学生30人。③《新唐书》所载与之大致相同，唯四门学人数不同，为300人。前揭各种典籍所载数字差异，源于各自所据年代不同。但总的来说，国子监六学名额有限。在对学生员额有严格规定情况下，接收留学生的数量也自然会受到限制。

其次，国子监六学生员都由唐王朝提供食宿，留学生亦是如此。若不考虑员额限制，会给朝廷财政造成一定负担。尤其是唐朝后期，财政困难，连学馆房舍破损也无力修葺。④ 在这种情况下，本土学子需求尚难满足，更不可能对留学生员额无限度开放了。

那么各国每次派往唐朝的留学生人数究竟是多少呢？新罗每次赴唐留学生人数，崔致远在《遣宿卫学生首领等入朝状》中说"虽惭入洛之贤，不减浴沂之数"。⑤ "浴沂之数"按照《论语·先进》曾皙所言"莫春者，春服既成，冠者五六人，童子六七人，浴乎沂"，⑥ 似为六七人。有学者认为新罗每年向唐朝派遣十名公费留学生。⑦ 但从原始资料记载来看，好

---

① 《唐摭言校注》卷一，第12页。
② 《唐会要》卷六六，第1160页。
③ 《旧唐书》卷四四，第1890页。
④ 如元和十三年（818）、十四年（819），国子祭酒郑余庆曾两次建议从文武官员的薪俸中扣除十分之一，助修学馆。见《唐会要》卷六六，第1160页。
⑤ [朝鲜]崔致远：《孤云先生文集》卷一，成大庆：《崔文昌侯全集》，成均馆大学出版社1972年版，第57页。
⑥ 《论语注疏》卷一一，《十三经注疏》，第2500页。
⑦ 蒋菲菲、王小甫：《中韩关系史》（古代卷），社会科学文献出版社1998年版，第145页。

像并非恒为此数。据《渤海国志长编》，开元二年（714），新罗派往唐朝的留学生为 7 人。① 据《三国史记》，宝历元年（825），新罗所派赴唐留学生为 12 人。咸通十一年（870），新罗所派赴唐留学生为 3 人。又据《唐会要》"附学读书"记载："开成元年（836）六月，敕新罗宿卫生王子金义宗等，所请留住学生员，仰准旧例留二人"。② 开成二年（837）三月敕，"新罗学生内，许七人，准去年八月敕处分。余时十马畜粮料等，既非旧例，并勒还蕃"。③ 光启二年（886），新罗所派赴唐留学生为 8 人。④ 从开元二年至光启二年间，新罗派赴唐朝留学生为每次 2 人至 12 人不等。从余者"并勒还蕃"看，所派留学生若超过唐朝规定人数，会被遣退回国，不能进入国学。

再来看日本每次派往唐朝的留学生数量。如前所述，日本留学生都是随遣唐使一起赴唐。自公元 630 年日本第一次派遣唐使直到公元 894 年正式停派的近 260 多年间究竟有多少留学生？有学者认为遣唐使每次能携带的留学人员（包括留学生和学问僧）"恐怕不过十数人，至多不会超过二三十人"。⑤ 也有学者认为，每年随遣唐使入唐的留学人员只能是 10 余人，且引日本赴唐学问僧圆仁《入唐求法巡礼记》中所提到的同来留学生和学问僧恰好是 11 人为证。⑥ 二者相较，圆仁所说似更为可信。而且在这有限的留学人员中，"僧徒的人数，超过一般留学生的三倍半以上"。⑦ 再根据日本派遣留学生的次数和现存史料记载的留学生总数看，日本共派遣唐使 19 次，其中 3 次未能出发，1 次虽然出发，但只到朝鲜即返回。所以，真正抵达唐土的只有 15 次。在这 15 次中，有 3 次负有特殊使命：一次是公元 669 年以河内鲸为首的第 7 次遣唐使，目的是"贺平高丽"，借机恢复两国友好关系，是纯粹外交活动；一次是公元 759 年以高元度为首的第 12 次遣唐使，是为了迎回上届在归国途中遇难又重返中土的遣唐使藤原清

---

① 《渤海国志长编》卷一，第 41 页。
② 《唐会要》卷三六，第 779 页。
③ 同上书，第 668 页。
④ 崔致远：《遣宿卫学生首领等入朝状》，《孤云先生文集》卷一，《崔文昌侯全集》，第 56 页。
⑤ ［日］木宫泰彦撰：《日中文化交流史》，胡锡年译，商务印书馆 1980 年版，第 154 页。
⑥ ［日］森克己：《遣唐使》，至文堂 1966 年版，第 121 页。
⑦ 同上。

河，史载为"迎入唐大使使"；最后一次是公元 779 年以布势清直为首的第 16 次遣唐使，日本称之为"送唐客使"，是为了护送唐王朝派去的使者孙兴进等人回国。这 3 次出使性质特殊，未必携带留学生。所以真正派遣留学生的次数也就 12 次。目前能在各类史料中翻检到有姓名留存的留学人员共有 121 人。① 其中，留学生 20 多名，学问僧 90 多名。② 这样的留学生总量平均到十数次的派遣次数，每次所派留学生也不过 2 人到 3 人。与新罗赴唐留学生 2000 余人的总数和每次 2 人到 12 人相比，数量相差很多。因此，在日本留学生入唐习业过程中，也未曾发生留学生员额超出规定被退回的情况。据日本史料记载，遣唐使回国复命时多言入唐"所请并允"，如第 15 次遣唐判官小野石根回国报告即言"所请皆许"。③ 第 17 次遣唐使藤原葛野麻吕亦言"所请并允"。④ 其中应该包括安排留学生入学这项请求。

唐代留学生的留学费用，由唐王朝与生源国共同负担。其中，食宿和四季时服由唐王朝发放，购书和其他费用则由生源国出资。衣食住宿方面，唐王朝将留学生与中央官学的中土士子同等对待，由朝廷提供衣粮住宿。⑤ 如宝历元年（825），新罗派出金允夫、金立之、朴亮之等 12 名留学生入唐，宪德王金彦升呈《分别还蕃及应留宿卫奏》，希望"仍请配国子监习业，鸿胪寺给资粮"。⑥ 《唐会要》载，开成元年（836）六月敕：准新罗王子金义宗等二人入学，"衣粮准例支给"。⑦ 这些优惠的教育政策和生活条件对留学生有很大吸引力。唯一不同的是，外国留学生衣食住宿费用的支付机构与中土学子不同，中土学子食宿费用由国子监直接给予，留学生则由鸿胪寺供给。这种教育优惠政策，在安史之乱以后随着经济凋敝，有时也会出现供应困难的情况。如刘禹锡在《奏记丞相府论学事》中

---

① 数据据日本学者木宫泰彦所列《遣唐学生、学问僧一览表》统计。见《日中文化交流史》，第 126—149 页。
② 据日本学者森克己统计，日本遣唐留学生共 26 名，学问僧 92 名，则遣唐留学人员总数为 118 人，与木宫泰彦的统计基本相符。见[日]森克己《遣唐使》，第 121 页。
③ [日]藤原冬嗣等：《日本后纪》卷一二，经济杂志社 1897 年版，第 48 页。
④ 《日本后纪》卷一二，第 48 页。
⑤ 《唐会要·附学读书》，《唐会要》卷三六，第 668 页。
⑥ 《全唐文》卷一〇〇〇，第 10337 页。
⑦ 《唐会要》卷三六，第 779 页。

曾言："今之胶庠不闻弦歌，而室庐圮废，生徒衰少。非学官不欲振举也，病无资财以给其用。"① 公元804年随第10次遣唐使入唐的日本僧人空海在替同来留学生橘逸势所写的《为橘学生与本国使启》中就称："此国所给衣粮，仅以续命，不足束脩、读书之用。"② 新罗留学生崔致远也发出了"读书粮则难致"③ 的感慨。很显然，中唐以后朝廷财政困难给教育带来了很大冲击，支付留学生食宿费用有时会捉襟见肘，较难满足留学生的正常学习和生活需要。

唐代留学生购书及其他费用由生源国承担。《东史纲目》云："买书银贷则本国支给。"④ 新罗赐给赴唐留学生买书银约为300两。《三国史记》"景文王九年（869）"载：

> 又遣学生李同等三人，随进奉使金胤入唐习业，仍赐买书银三百两。⑤

文中言"仍赐"，可见300两的数额是新罗通常赐予留学生买书银的定量。日本在遣唐使启程前，也会为全体人员赏赐物品，留学生也有定例。据《延喜式》记载，其赏赐分别为：

> 入唐大使绝六十匹、绵一百五十屯、布一百五十端。副使绝四十匹、绵一百屯、布一百端。判官各绝十匹、绵六十屯、布四十端。录事各绝六匹、绵四十屯、布二十端。……请益生……各绝五匹、绵三十屯、布十六端。……留学生、学问僧各绝四十匹、绵一百屯、布八十端。还学僧绝二十匹、绵六十屯、布四十端。⑥

---

① 《刘禹锡全集编年校注》卷一六，第1071页。
② ［日］空海：《弘法大师空海全集》卷五，筑摩书房1984年版，第749页。
③ 崔致远：《与客将书》，［朝鲜］崔致远撰，党银平校注：《桂苑笔耕集校注》卷一九，中华书局2007年版，第693页。
④ ［朝鲜］安鼎福：《东史纲目》卷五，景仁文化社1987年版，第499页。
⑤ ［朝鲜］金富轼撰：《三国史记》卷一一，杨军校勘，吉林大学出版社2015年版，第156页。
⑥ ［日］藤原忠平等：《延喜式》卷三〇，经济杂志社1897年版，第876—877页。

给予留学生的赏赐仅次于大使和副使,在当时应是个不小的数目。从新罗和日本的情况推想,其他国家留学生赴唐习业,本国也应该会赐予一定数额的购书和生活费用。

  留学生获赐物品的用途,一是行束脩之礼。唐代学生在入学之前都要向先生纳献束脩,行拜师之礼,朝廷对此有详细规定。《唐会要》载:"初入学,皆行束脩之礼,礼于师。国子、太学,各绢三匹。四门学,绢二匹。俊士及律书算学,州县各绢一匹。皆有酒醢。"① 外国留学生自然也应遵照这一规定。《唐会要》载:"开元初,(日本国) 又遣使来朝,因请士授经。诏四门助教赵元默就鸿胪教之,乃遗元默阔幅布,以为束脩之礼。"② 可见,行束脩之礼的费用是留学生从本国所获资助的支出项之一。二是购买书籍或其他物品。采购书籍是遣唐使和留学生文化活动的重要内容。日本第2次遣唐使吉士长丹等因从唐朝带回很多"文书宝物"而得到天皇赏赐。③ 第8次遣唐使多治比县守"尽市文籍,泛海而还"。④ 唐人莫休符所撰《桂林山水记》中提到"新罗、日本前后遣使入贡,多求文成文集归本国"。⑤ 毋庸置疑,采购这些书籍需要较大开支。此外,购买其他物品也需要用度。如学问僧圆仁《入唐求法巡礼记》"开成二年四月"条记载,第13次遣唐使藤原常嗣的傔从白岛清岑、长岑及留学生等4人,在扬州市场上购买香药,遭到唐朝官员纠察,不得不舍下200多贯钱逃走。⑥ 三是用于人际交往。留学生与唐朝文士及周围人际关系的处理也需要一定支出,这也多出自本国的资助。李白就有一件日本留学生晁衡赠的日本裘,其《送王屋山人魏万还王屋》有句云:"身着日本裘,昂藏出风

---

① 《唐会要·学校》,《唐会要》卷三五,第634页。
② 《唐会要》卷一〇〇,第1792页。
③ [日] 舍人亲王等:《日本书纪》卷二五,经济杂志社1897年版,第456页。
④ 《旧唐书·日本传》,《旧唐书》卷一九九,第5341页。
⑤ (唐) 莫休符:《桂林风土记》,丛书集成初编,第3118册,中华书局1985年版,第17页。
⑥ 开元二年 (714) 唐王朝曾有一道诏令,禁止互市的商品有锦、绫、罗、縠、绣、织成绸绢丝、牦牛尾、真珠、金、铁等物品。见《唐会要》卷八六,第1581页。想必留学生所购买之香药应也是当时的违禁物品。唐王朝之所以有如此规定,当如《唐代的外来文明》中所称:"由于唐政府惟恐失去其应得的一份利润,所以外国人最想带回本国的那些货物,也恰恰正是唐朝的官吏最着意加以监视的货物。"见 [美] 爱德华·谢弗撰《唐代的外来文明》,吴玉贵译,陕西师范大学出版社2005年版,第24页。

尘。"诗下小注曰："裘则朝卿所赠，日本布为之。"① 晁衡赠予李白的日本裘当来自日本国赏赐给留学生定例中的布制成。

（二）留学生的习业场所和内容

唐代留学生主要由鸿胪寺负责接收和管理，他们入唐后会被安排进入国子监六学中，与中土学子一起修习经籍文史、算学、书学、律学等专门知识。唐中宗神龙元年（705）即下诏："吐蕃王及可汗子孙，欲习学经业，宜附国子学读书。"② 崔致远《遣宿卫学生首领等入朝状》亦云："新罗国当国，差遣宿卫学生首领，入朝请附国子监习业。"③ 新罗宪德王派出留学生后上书唐王朝："仍请配国子监习业。"④ 从这些记载可见，留学生进国子监习业是唐代定制。

唐代国子监有两处：一处位于西京长安，称西监。高宗龙朔二年（662）又于东都洛阳置国子监，称东监。国子监六学对学生入学资格都有严格限制，但留学生大多由各国从贵族子弟中选拔。如新罗初期渡唐留学生多是王族金氏子孙，新罗后期以六头品出身的贵族子孙为主。⑤ 日本留学生也多为中下层贵族子弟中的优秀者。⑥ 因此，留学生在进入国子监读书时一般不会受到身份限制。

唐朝东、西两监均接纳留学生。崔致远《遣宿卫学生首领等入朝状》载："是时登笈之子，分在两京，憧憧往来，多多益办，至今国子监内，独有新罗马道，在四门馆北廊中。"⑦ 新罗留学生不仅分布在两监，而且因为人数众多，在四门馆北廊中还专设马道以便出入。

从现有记载看，在太学习业的留学生较多。《东史纲目》载："新罗自事唐以后，常遣王子宿卫，又遣学生入太学习业。"⑧ 《新唐书·新罗

---

① 《全唐诗》卷一七五，第 1789 页。
② 《唐会要·附学读书》，《唐会要》卷三六，第 667 页。
③ 《孤云先生文集》卷一，《崔文昌侯全集》，第 56 页。
④ 《全唐文》卷一○○○，第 4593 页。
⑤ 李黄振：《崔致远生平事迹与汉诗创作研究》，博士学位论文，广西师范大学，2011 年，第 147 页。
⑥ 姚嶂剑：《遣唐使》，陕西人民出版社 1984 年版，第 26 页。
⑦ 《孤云先生文集》卷一，《崔文昌侯全集》，第 57 页。
⑧ 《东史纲目》卷五，第 499 页。

传》又载：玄宗开元年间，新罗"又遣子弟入太学学经术"。① 是为新罗留学生入太学习业之例证。《新唐书·渤海传》载："其王数遣诸生诣京师太学，习识古今制度，至是遂为海东盛国。"② 日本留学生晁衡也是在太学习业，储光羲《洛中贻朝校书衡朝即日本人也》云："伯鸾游太学。"③ 王维《送秘书晁监还日本国并序》也说他"名成太学"。④ 当然，国子监六学中其他各学馆也向留学生开放，留学生可以根据自身特长和留学目的进相应学馆习业。如日本留学生大和长冈擅长律令，橘逸势工书法，就可能在律学或书学等学馆学习，所憾史料缺乏难以确认。

唐代留学生既与中土学子一同于国子监六学习业，所习内容当为官学规定的课程。其中，国子学、太学和四门学所习课程相同，都为儒家经典：必修课为《论语》《孝经》，大经有《礼记》《左传》《春秋》，中经有《周礼》《仪礼》《毛诗》，小经有《尚书》《周易》《公羊传》《穀梁传》。

尽管规定如此，各国留学生在实际学习中还是有差异的。隋唐之世，日本脱离新石器时代不远，国家的首要政治任务是完成大一统，迅速建立和健全政府法令和典章制度。而唐王朝已步入封建社会，各项体制已成熟完备。因此，日本需要广泛吸取大唐文明进行自身建设。在这种情况下，日本派遣唐使和留学生赴唐的目的便十分明确：一方面是为了输入唐朝的文物制度，广泛吸取唐朝先进文化，在日本推广；另一方面是进行朝贡贸易。前一个目的比后一个目的更为重要，而这一艰巨任务便由留学生承担。⑤ 由这一目的出发，日本留学生都有明确分工，有意从不同方面吸取借鉴唐代的文明成果。如吉备真备"留学受业，研览经史，该涉众艺"。⑥ 大和长冈主要修习刑名之学。⑦ 此外，还广泛涉猎算术、天文、历法、音韵等知识。延喜十四年，三善清行给醍醐天皇所上《意见封事十二箇条》中曾说吉备真备回国后为大学寮学生传授五经、三史、明法、算术、音

---

① 《新唐书·新罗传》，《新唐书》卷一九九，第6204页。
② 《新唐书·渤海传》，《新唐书》卷二一九，第6182页。
③ 《全唐诗》卷一三八，第1405页。
④ 《王维集校注》，第317页。
⑤ 可参看［日］中村新太郎撰《日中两千年——人物往来与文化交流》，张柏霞译，吉林人民出版社1980年版，第52页。
⑥ ［日］菅野真道等：《续日本纪》卷三三，经济杂志社1897年版，第588页。
⑦ 《续日本纪》卷三〇，第516页。

韵、籀篆等知识。可见这些专门知识他在留唐期间都有研习。日本前期所派留学生在习业内容上还保留了一些个人兴趣的成分，后期所派留学生就完全是有意识地取李唐之长、补日本之短，进行有针对性的学习。日本后期所派留学生多为请益生和还学生，① 这些请益生和还学生留学目的很明确，其中有请益阴阳学的春苑宿祢玉成、② 请益医术的菅原梶成、③ 派出但不愿出行的历请益刀岐直雄贞等。④

同样是汲取唐朝先进文化，日本留学生的习业内容带有较强国家意志，新罗留学生则热衷于在唐登宾贡科。⑤ 为了求取功名，新罗留学生除了学习经史，还多修习诗文。如崔致远《新罗王与唐江西高大夫湘状》即称新罗留学生朴仁范留唐时"苦心为诗"。⑥ 崔致远本人更是"译殊方之语言，学圣代之章句"，⑦ 并撰有大量汉诗文，被誉为"东方文学之祖""汉诗学宗师"。新罗留学生与中土文士的频繁交往和诗歌唱和，也说明了他们对诗文学习内容的侧重。

（三）留学年限和归国程序

留学生在唐留学的具体年限虽然史籍并没有明确载录，但仍有一些零星记载可资判断。如《旧唐书·新罗传》载："质子及年满合归国学生等共一百五人，并放还。"⑧《新唐书·百济传》亦载："鸿胪寺籍质子及学生岁满者一百五人，皆还之。"⑨ 从"年满合归国学生"和"学生岁满者"可以看出，留学生在唐习业应该有居留时间限定。

如前所述，唐代留学生是在中央官学与中土士子一同习业，而唐代官学学生最长修业年限为九年，律生为六年。凡在规定时间内未能科举及第者，则"举而免之"。⑩ 照此看来，留学生在国子监学习年限应与中土士

---

① 请益生是指在某方面已有一定造诣，需要进一步请教的留学生。还学生指随遣唐使一同往还的短期留学生。还学生往往即请益生，只是根据请益时间长短有所区别而已。
② ［日］藤原良房等：《续日本后纪》卷一〇，经济杂志社1897年版，第290页。
③ ［日］藤原基经等：《文德实录》卷五，日本宽政八年刊本，第13页。
④ 《续日本后纪》卷八，第255页。
⑤ 详见本章第二节。
⑥ 《孤云先生文集》卷一，《崔文昌侯全集》，第64页。
⑦ 崔致远：《再献启》，《桂苑笔耕集校注》卷一七，第578页。
⑧ 《旧唐书·新罗传》，《旧唐书》卷一九九，第5339页。
⑨ 《新唐书·百济传》，《新唐书》卷二二〇，第6206页。
⑩ 《唐六典·国子监》，《唐六典》卷二一，第558页。

子大致相同。

先来看新罗。据《东史纲目》记载："新罗自事唐后，常遣王子宿卫，又遣学生入太学习业，十年限满还国，又遣他学生，入学者多至百余人。"① 明确称留学生赴唐习业年限为"十年"。而且崔致远在《遣宿卫学生首领等人入朝状》中也称："庇身于米廪之中，励志于稷山之下，学其四术，限以十冬。……千里之行，聚费犹劳于三月；十年为活，济穷惟仰于九天。"② "十年""十冬"都表明新罗留学生习业年限为十年。而崔致远赴唐前其父崔肩逸也有"十年不第进士，则勿谓吾儿"③ 的训诫，与《东史纲目》记载一致，则这一年限当是两国共同规定。

前揭唐代官学学生习业年限是九年，新罗留学生与之一同习业，年限应该一致，为何多出一年？首先，这十年之限应该包括了新罗留学生踏上唐土但尚未正式入学的时间和完成学业后安排行程归国的时间，真正入官学求学的时间当为九年。其次，新罗派遣留学生数量多、频率高，几乎年年都有留学生入唐。据党银平《新罗知名留唐进士简表》统计，咸通九年（868）崔致远入唐，咸通十年（869）李同入唐，大顺元年（890）崔承佑入唐，大顺二年（891）崔彦㧑入唐。④ 而这一统计结果还仅限于在唐及第者，如果加上未及第者，数量将更多。唐人张乔《送人及第归海东》云："自笑中华路，年年送远人。"⑤ "海东"是唐人对新罗的称呼，年年送别在唐及第归国的新罗友人，也说明每年都有新罗留学生入唐习业。

日本留学生的情况与新罗完全不同。一般来说，日本前期所派留学生在中土习业时间都比较长，动辄10余年或20余年。如留学生高向玄理于推古帝十六年随小野妹子入隋受学，留学33年，至舒明帝十二年方自唐还。随第8次遣唐使团于717年入唐的吉备真备，留学18年后随第9次遣唐使归国。同年入唐的大和长冈在唐留学亦达18年之久。而日本后期派遣的留学生居留中土时间都比较短，尤其是进入平安时代以后，留学生多是以某种特定目的前来请益深造的请益生或还学生，学习年限大都为二

---

① 《东史纲目》卷五，第499页。
② 《孤云先生文集》卷一，《崔文昌侯全集》，第57—59页。
③ 崔致远：《桂苑笔耕序》，《桂苑笔耕集校注》，第13页。
④ 党银平：《唐与新罗文化关系研究》，第76页。
⑤ 《全唐诗》卷六三九，第7327页。

三年。如橘逸势于804年随第10次遣唐使团入唐，3年后随第12次遣唐使团归国。838年随第13次遣唐使入唐的阴阳请益生春苑宿弥玉成、医学请益生菅原梶成，1年后即随本次遣唐使回国。

　　造成这种现象的原因有二：一是日本留学生全部是随遣唐使入唐，回国需等下一次遣唐使入唐才能随行。如前所述，日本派往大唐的遣唐使共有19次，真正抵达唐朝、携带留学生的遣唐使团只有12次。而这12次遣唐使之间相隔时间都比较久，少则10年，多则20多年。因此日本前期留学生居唐时间很长。二是唐代安史之乱以后，内有宦官专权，外有藩镇跋扈，边有回纥、吐蕃、南诏扰乱，国力衰弱。日本经过多年苦心学习，已经将唐朝文化精华大部分吸收，逐渐走出照搬"唐样"文化的阶段，开始有针对性地取长补短。① 尤其是平安朝以降，律令体制基本完成，盛唐文物制度亦多输入，故而遣唐使批次渐减，留学生留学年限渐短。②

　　唐代留学生完成学业后归国，也需遵循一定程序。先由本国向唐朝廷提出申请，奏明将要归国的留学生人数、姓名等事项，获得唐朝廷准许后始可随本国使节离开唐土。新罗留学生多是9年习业期满便被召回本国。崔致远代新罗真圣女王所撰《奏请宿卫学生还蕃状》记载了新罗留学生归国的详细程序：

　　　　新罗国当国，先具表奏宿卫习业学生四人，今录年限已满，伏请放还。谨录姓名，奏闻如后：金茂先、杨颖、崔涣、崔匡裕。……虽乖大成，辄具上请……伏乞睿慈，俯徇故事，特赐宣付属国所司，令准去文德元年放归，限满学生太学博士金绍游等例，勒金茂先等，并首领辈，随贺正使级餐金颖船次还蕃。③

从前述新罗几乎连年派遣留学生赴唐的情形来看，召回此前派出的到期留学生是为了更好地轮换循环，便于下一届留学生顺利赴唐。渤海国留学生

---

① 参看姚嶂剑《遣唐使》，第42页。
② 唐汝谦：《〈对唐朝的日本留学生〉一文的补充意见》，《陕西师范大学学报》1981年第4期。
③ 《孤云先生文集》卷一，《崔文昌侯全集》，第60—63页。

返国就是遵循此法。《册府元龟·外臣部》载："文宗太和七年春正月己亥，银青光禄大夫检校秘书监忽汗都督国王大彝震奏：'遣学士解楚卿、赵孝明、刘宝俊三人附谢恩使同中书右平章事高赏英赴上都学问。先遣学生李居正、朱承朝、高寿海等三人，事业稍成，请准例递乘归本国。'许之。"① 渤海国请求放还先遣留学生李居正、朱承朝、高寿海，其目的便是为了新遣留学生解楚卿、赵孝明、刘宝俊能轮流替换、顺利入唐习业。

日本留学生归国需待下一次遣唐使团抵唐方可随行，后期多为请益生和还学生自不待言，前期普遍居唐时间较长，留学年限并无一定之规。因此便以学业完成与否作为归国标准。《日本书纪》载：

> （推古天皇）卅一年，秋七月……是时，大唐学问者僧惠齐、惠光及医惠日、福因等，并从智洗尔等来之。于是，惠日等共奏闻曰："留于唐国学者，皆学以成业，应唤。"②

可见日本留学生学业完成后会被本国遣使召回。又，《册府元龟·外臣部》亦载："元和元年正月，日本国使判官高阶真人奏，前件学士等艺业稍成，愿归本国，使请与臣同共归国。从之。"③ 这也说明日本是以留学生学业完成与否来决定他们是否归国的。

但仅就归国程序而言，日本和新罗等国却是相同的，必须先上奏朝廷，获准后方可带留学生归国。若得不到唐朝准许，不能私自回国。如阿倍仲麻吕于公元716年随第8次遣唐使赴唐习业，完成学业后入仕唐朝。《旧唐书·日本传》谓其"慕中国之风，因留不去，改姓名为朝衡。仕历左补阙、仪王友。衡留京师五十年，好书籍，放归乡，逗留不去"。④ 实际上，阿倍仲麻吕并非"放归乡，逗留不去"，而是欲归国未获玄宗准许。据日本《国史》记载，开元二十一年（733），以多治比广成为首的第9次遣唐使赴唐，次年秋日启程归国时，阿倍仲麻吕以亲老请归，欲随遣唐使一起回国，但未获得玄宗准许。阿倍仲麻吕在归国未获批准的无限失望

---

① 《册府元龟》卷九九九，第11724页。
② 《日本书纪》卷二二，第391页。
③ 《册府元龟》卷九九九，第11560页。
④ 《旧唐书》卷一九九，第5341页。

中赋《归国定何年》诗云："慕义名空在，输忠孝不全。报恩无有日，归国定何年？"① 抒发了对大唐君主的忠与对父母的孝不能两全的苦闷和对归国的无限渴盼。尽管阿倍仲麻吕当时已在唐入仕，但其赴唐身份为留学生。这说明，获得唐朝准许是留学生归国程序中的重要一环，未获批准的留学生不能擅自离境。

第二节　唐代留学生与宾贡科

唐代不仅接收留学生，有成熟完备的留学生教育管理制度，而且还照顾到留学生对唐代科举的向往，特设宾贡科以满足留学生在唐及第的需求。关于唐代宾贡科，前人多有论述，但仍颇多争议之处。本节拟从"宾贡"一词意涵演变入手，解析目前学界关于唐代宾贡科有无的争端，进而考察唐代宾贡科及第留学生之去向。

一　"宾贡"意涵的演变

"宾贡"一词最早出自《周礼·天官·冢宰》："以九贡致邦国之用：一曰祀贡，二曰嫔贡，三曰器贡，四曰币贡，五曰材贡，六曰货贡，七曰服贡，八曰斿贡，九曰物贡。"注曰："嫔，古书作宾。……祀贡，牺牲包茅之属。嫔贡，丝枲。器贡，银铁石磬丹漆也。币贡，玉马皮帛也。材贡，㯉干栝柘柏筱簜也。货贡，金玉龟贝也。服贡，缔绤也。斿贡，燕好珠玑琅玕也。物贡，杂物鱼盐橘柚也。……此九贡皆是诸侯宾之所贡，不得特以一事为宾贡。"② 可见，"宾贡"的最早含义是诸侯国所纳贡品。这一含义经魏晋南北朝至唐一直沿用，《晋护羌校尉彭祈碑》云："君讳祈，字子互……迁西郡太守，至官未久，复临酒泉，远夷望风，襁负归命，白山丁令，率服宾贡。"③《梁书·陈庆之传》载："颢既得志，荒于酒色，

---

① 此诗见张步云《唐代中日往来诗辑注》，陕西人民出版社1984年版，第121页。《全唐诗补编》题作《思归》，末句作"归国定何年"。见《全唐诗补编》，第558页。
② 《周礼注疏》卷一，《十三经注疏》，第648页。
③ （清）严可均：《全上古三代秦汉三国六朝文·全晋文》卷一四六，中华书局1958年版，第4610—4611页。

乃日夜宴乐，不复视事，与安丰、临淮共立奸计，将背朝恩，绝宾贡之礼。"①《旧唐书·回纥传》载："于故单于台置燕然都护府统之，以导宾贡。"② 韩愈《后廿九日复上书》中称周公时"四海皆已无虞，九夷八蛮之在荒服之外者皆已宾贡"。③ 则至唐代仍然沿用"宾贡"纳贡献方物之意。

隋代创立科举制，诏令州县贡举贤才。州县在举荐贤才时常举行相应礼仪，这时，"宾贡"便有了另外一层含义，即地方贡荐人才时所行礼仪，称为宾贡之礼。《隋书·梁彦光传》载梁彦光为相州刺史时，"招致山东大儒，每乡立学，非圣哲之书不得教授。常以季月召集之，亲临策试。有勤学异等，聪令有闻者，升堂设馔，其余并坐廊下。有好诤讼，惰业无成者，坐之庭中，设以草具。及大成，当举行宾贡之礼，又于郊外祖道，并以财物资之。于是人皆克励，风俗大改"。④ "宾贡"的这种含义与《周礼》所载"宾兴"相同。《周礼·地官·大司徒》载："大司徒之职……以乡三物教万民，而宾兴之。"郑玄注曰："物，犹事也；兴，犹举也。民三事教成，乡大夫举其贤者能者，以饮酒之礼宾客之，既则献其书于王矣。"⑤ 可知，自隋以后"宾贡"一词就开始和科举制度联系起来。

唐代官学取得了很大发展，《新唐书·选举志》云："由学馆者曰生徒，由州县者曰乡贡。"⑥ 相较于官学生徒而言，地方乡贡为宾，故而唐代地方举荐士子进京应试亦称作宾贡。"宾贡"这种含义屡屡见诸唐人诗文，如权德舆《送裴秀才贡举》曰："宾贡年犹少，篇章艺已成。"⑦ 白居易《中和节颂》序亦称："贱臣居易忝濡文明之化，就宾贡之列。"⑧ 这种地方举荐士子进京应试的宾贡，所含科举类目极多。《唐六典》载："凡贡举人有博识高才，强学待问，无失俊选者，为秀才；通二经以上者，为明经；明闲时务，精熟一经者，为进士；通达律令者，为明法。其人正直

---

① 《梁书》卷三二，第462页。
② 《旧唐书》卷一九五，第5196页。
③ 《韩愈全集校注》，第1253页。
④ 《隋书》卷七三，第1675页。
⑤ 《周礼注疏》卷一〇，《十三经注疏》，第707页。
⑥ 《新唐书》卷四四，第1159页。
⑦ 《全唐诗》卷三二四，第3642页。
⑧ 《白居易集笺校》卷四六，第2814页。

清修,名行孝义,旌表门闾,堪理时务,亦随宾贡,为孝弟力田。"① 可知"宾贡"涵盖了秀才、明经、进士、明法等科,其他具备"正直清修,名行孝义,旌表门闾,堪理时务"的特殊品质人才也在宾贡之列。

唐代自太宗贞观年间开始接收留学生。② 这又给"宾贡"一词添加了新的内涵,指周边少数民族政权及外邦所贡留学生,即"宾庭所贡之士"之意。如玄宗《皇太子入学庆赐诏》云:"太学举贤,宾庭贡士。"③ 此后人们又以"宾贡"一词代指在唐留学生。

唐代科举取士登第者的荣耀,使留学生们艳羡不已,从而跃跃欲试地加入了科举应试的大军之中。严耕望在《新罗留学生与僧徒》一文中概括这种情况说:"唐代科举取士,登第者光宠殊异。外国学生之留唐习业者,亦自慕羡而愿就试,故唐政府特设宾贡科以待之。"④ 由于异域和外邦士子参加唐代科举,从而出现了特殊优待这些士子的宾贡科。唐代宾贡科始自唐穆宗长庆初年,首位登科者是新罗留学生金云卿。《东史纲目》载:"长庆初,金云卿始登宾贡科。"⑤ 此后,"宾贡"一词又成了宾贡科的简称。《新唐书·艺文志》载:"崔致远《四六》一卷,又《桂苑笔耕》二十卷。"注曰:"高丽人,宾贡及第,高骈淮南从事。"⑥《全唐文》崔彦㧑小传曰:"彦㧑初名慎之,本新罗庆州人,少能文。年十八游学入唐,宾贡及第。"⑦ 以上两处"宾贡"都是指宾贡科。又由于唐代宾贡科与本朝进士科等同视之,⑧ 因此宾贡科及第者常被称作"宾贡进士"。如《太平广记》"金可记"即云:"金可记,新罗人也,宾贡进士。"⑨

综上可见,"宾贡"一词自《周礼》中出现直至唐代,其意涵处于不断演变和丰富之中。在唐代,"宾贡"既指外邦纳贡献方物和地方荐举人

---

① 《唐六典》卷三〇,第 748 页。
② 《新唐书》卷一二三,第 5635 页。
③ 《全唐文》卷二八,第 317 页。
④ 《唐史研究丛稿》,第 432 页。
⑤ 《东史纲目》卷五,第 499 页。
⑥ 《新唐书》卷六〇,第 1617 页。
⑦ 《全唐文》卷一〇〇〇,第 11138 页。
⑧ 高明士:《宾贡科的起源与发展——兼论科举的起源与东亚士人共同出身之道》,《唐史论丛》第六辑,陕西人民出版社 1995 年版,第 96 页。
⑨ 《太平广记》卷五三,第 329 页。

才时所行礼仪，又指地方贡荐的士子。留学生出现以后，又指宾庭贡士，并且成为专为留学生设置的宾贡科的简称。

二 唐代宾贡科考论

唐代究竟有没有宾贡科？学界一直存在争议。主要观点有两种：一种认为唐代设有宾贡科；另一种认为唐代并无宾贡科，宾贡只是进士选士的一个来源。持前一观点的学者有严耕望、高明士、谢海平、陈尚胜、金台俊。严耕望认为外国留学生慕羡唐代科举登第者，所以唐王朝特设宾贡科。[①] 高明士认为宾贡科设立于隋文帝开皇七年（587），炀帝大业三年（607）改为进士科。晚唐穆宗长庆初（821）重设专供外国人报考的宾贡科，地位视同进士科。[②] 谢海平指出："唐中叶以后，蕃胡留学中国，参与贡举者甚众，因又有宾贡之设。宾贡之制，异于一般科目，其特色为'每自别试，附名榜尾'，盖以蕃胡之国学修养不及唐人，故命题、阅卷、放榜均不得与唐人同列也。"[③] 他又指出："因宾贡之试，乃视应试者不同之国籍作不同命题者也。"[④] 陈尚胜也说："这种宾贡科的考试命题、阅卷和录取放榜，皆单独进行，以免外国学生在与中国学生的考试竞争中都被淘汰。"[⑤] 朝鲜学者金台俊也认可唐代存在宾贡科的看法。[⑥] 持后一种观点的是党银平。他反对上述各家看法，认为所谓宾贡只是进士选士的一个来源，为宾庭所贡之士，唐代并不存在宾贡科。[⑦] 笔者认为唐代确实存在宾贡科，且宾贡科始自唐穆宗长庆初。以下就对这一问题再做申述，并对党先生论述中的几处疑点进行辨析。

最早记载唐代宾贡科的史料是高丽名士崔瀣在元顺帝元统元年所作《送奉使李中父还朝序》：

[①] 严耕望：《新罗留学生与僧徒》，《唐史研究丛稿》，第432页。
[②] 高明士：《宾贡科的起源与发展——兼论科举的起源与东亚士人共同出身之道》，《唐史论丛》第六辑，第71页。
[③] 谢海平：《唐代留华外国人生活考述》，台湾商务印书馆1978年版，第124页。
[④] 《唐代诗人与在华外国人之文字交》，第118页。
[⑤] 陈尚胜：《中韩交流三千年》，中华书局1997年版，第19页。
[⑥] ［朝鲜］金台俊撰：《朝鲜汉文学史》，张琏瑰译，社会科学文献出版社1996年版，第24页。
[⑦] 《唐与新罗文化关系研究》，第51页。

> 进士取人，本盛于唐，长庆初，有金云卿者，始以新罗宾贡，题名杜师礼榜，由此以至天祐初，凡登宾贡科者五十有八人，五代梁唐，又三十有二人。①

序中述及新罗在唐代以及五代梁唐宾贡科及第人数，说明唐五代确实存在宾贡科。而且宾贡科首位及第者金云卿的及第时间为长庆初，这是宾贡科在唐代设立时间的最早记载。崔瀣在《东人文序》中又说：

> 东方远自箕子始受封于周，人知有中国之尊。在昔新罗全盛时，恒遣子弟于唐，置宿卫院以肄业焉，故唐进士有宾贡科，榜无阙名。以逮神圣开国，三韩归一，衣冠典礼，实袭新罗之旧，传之十六七王，世修仁义，益慕华风。②

这条史料明确记载唐朝有宾贡科，而且宾贡科是唐进士选拔的一科。这说明唐朝宾贡科确实和进士科有些关联。但其间关联是什么？未见更为明确的史料记载。但据宾贡放榜与进士为同榜推测，③ 宾贡科当是专为外邦士子设置，及第者与中土士子登进士科等同。后代宾贡、进士连称，应是这个缘故。朝鲜安鼎福在《东史纲目》中亦称唐朝设有宾贡科，且详细列出新罗宾贡科及第者姓名：

> 长庆初，金云卿始登宾贡科。所谓宾贡科者，每自别试，附名榜尾。自云卿后至唐末，登科者五十八人，五代梁唐之际亦至三十二人。其表表知名者，有崔利贞、金淑贞、朴季业、金允夫、金立之、朴亮之、李同、崔霙、金茂先、杨颖、崔涣、崔匡裕、崔致远、崔慎之、金绍渤、朴仁范、金渥、崔承祐、金文蔚等，皆达于成材。而仁范以诗名，渥以礼称，致远、慎之、承祐，尤其著也。又有元杰、王巨仁、金垂训等，并以文章著名，而史佚不传云。④

---

① ［朝鲜］徐居正：《东文选》卷八四，民族文化刊行会1992年版，第346页。
② 《东文选》卷八四，第349页。
③ 详见下文论述。
④ 《东史纲目》卷五，第499页。

安鼎福历数新罗宾贡科及第者,说明唐代宾贡科确实存在。《渤海国志长编》载:"(高元固)于王玄锡(872—893)之世入唐应宾贡科试。"① 也说明唐代设有宾贡科。

《东史纲目》所载宾贡科"每自别试,附名榜尾"的特色也是学者争论的焦点之一。唐代有关宾贡科"别试"的史料只有一条,即陈黯《华心》所言大食士子李彦升应宾贡试之事:

大中初年,大梁连帅范阳公得大食人李彦升,荐于阙下。天子诏春司考其才,二年,以进士第名显,然常所宾贡者不得拟。②

大食人李彦升由宣武节度使卢钧举荐,经唐宣宗特许参加宾贡科考试,并受到优待。但从"然常所宾贡者不得拟"之语可知,这次"别试"在宾贡科考试中不具有普遍性。除此之外尚未发现宾贡科"每自别试"或者单独命题的记载,各国宾贡科及第者的诗文中也都未曾言及。但是,唐王朝在科举考试时对留学生有优待政策却是实情。如宾贡科及第者崔致远在谈及唐王朝科举考试对待异邦士子的政策时说:"春官历试,但务怀柔,此实修文德以来之,又乃不念旧恶之旨。"③ 他在《新罗王与唐江西高大夫湘状》中又说中书舍人高湘知贡举时曾"顾鸡林之士子"。④ "怀柔""眷顾"就是对外邦考生实行优待政策。

那么,这优待政策到底是什么?"每自别试"究竟是怎样一种情形?这些还需从唐代科举考试制度中去考察。唐代科举考试尚不糊名誊录,考生姓名和答卷公开。尽管有学者认为唐代科举试卷糊名,但程千帆认为两《唐书》所言糊名,"都属于吏部考试选人,而非属于礼部考试举子的事。……将礼部试终唐之世未尝糊名与吏部试在武后时一度糊名混为一谈,是不对的"。⑤ 当时盛行行卷之风,主考官在"未引试之前,其去

---

① 金毓黻:《渤海国志长编》卷一〇,社会科学战线杂志社1982年版,第226页。
② 《全唐文》卷七六七,第3539页。
③ 崔致远:《与礼部裴尚书瓒状》,《孤云先生文集》卷一,《崔文昌侯全集》,第66页。
④ 《孤云先生文集》卷一,《崔文昌侯全集》,第64页。
⑤ 程千帆:《唐朝进士行卷与文学》,上海古籍出版社1980年版,第3页。

取高下，固已定于胸中矣"。① 而宾贡科"每自别试"从字面上理解，好像是将宾贡科和进士科考试分开举行以示优待，然而细想就会发现没有这种必要。既然所有考生姓名及答卷都是公开的，则并无分开考试之必要，只需在阅卷时对留学生考生区别对待，将阅卷标准放宽，以示"怀柔""眷顾"即可。这应该就是所谓"每自别试"的真实情况。五代时对高丽考生应试宾贡科时实行宽松阅卷标准的例证正好可以印证这一推测。据《登科记考》，唐明宗天成五年（930）试后，经中书门下省核查，发现有诗赋不合格之及第者，明宗下诏将这些及第者黜落。但对同榜宾贡科及第者则另行对待，高丽宾贡"高策赋内于口字韵内使依字，疑其海外音讹，文意稍可"，仍予及第。"其郑朴赋内言肱股，诗中十千字犯韵，又言玉珠。其宾贡郑朴并令将来就试，亦放取解。"② 科举考试对诗赋用韵有严格要求，但对两个高丽考生的要求就宽松许多。郑朴试卷错误太多，实在无法放其及第，但还是给了机会，允许以后再考。高策赋"文意稍可"，用韵失误是海外音讹所致，故虽有错误仍放其及第。可见外国留学生应试宾贡科时确实受到了优待。五代科举制度紧承唐制，大成五年去唐并不远，由此便可逆推唐时情形。

再看"附名榜尾"。除前揭《送奉使李中父还朝序》和《东史纲目》的记载外，还有其他史料证明唐代宾贡科考试确实有这种放榜特征。如宾贡及第者崔致远在《长启》一文中即言："十年观国，本望止于榜尾科第。"③ 他在《谢探请料钱状》中又称："蓬飞万里，迷玉京之要路通津；桂折一名，作金榜之悬疣附赘。"④ "榜尾科第""金榜之悬疣附赘"都说明宾贡科及第者列名进士榜榜尾。

我们再从宋代宾贡科的存在及特征来印证唐代宾贡科"每自别试，附名榜尾"的特征。宋代科举紧承唐五代制度，宾贡科也被沿袭下来。《高丽史》载：

> 景宗元年，遣金行成如宋，入学国子监。二年，行成在宋登第。……

---

① 《容斋随笔》四笔卷五，第686页。
② 《登科记考补正》，第1088—1089页。
③ 《桂苑笔耕集校注》卷一八，第625页。
④ 同上书，第645页。

成宗五年,遣崔罕、王琳如宋入学。十一年,罕、琳登宾贡科,授秘书郎。①

这说明宋代仍有宾贡科。但宋代科举考试也发生了重大变化,其中最大的变化就是实行了殿试和糊名誊录制。糊名始自宋太宗淳化三年(992),誊录始自宋真宗景德二年(1005)。② 这样做就是为了考试公正,欧阳修《论逐路取人札子》云:"各糊名誊录而考之,使主司莫知为何方之人,谁人之子,不得有所憎爱薄厚于其间。"③ 在这种情况下,就有必要将宾贡科考试与中土进士考试区分开来了。《宋会要辑稿》载:

> 景祐元年四月三日,赐高丽宾贡进士康抚民同进士出身。(原注曰:召试舍人院,诗、论稍堪,故命之,仍附今年榜第五甲。)④

原注特别注明高丽士子康抚民的考试地点是"召试舍人院"。而这次考试,要是省试,中土士子应在礼部贡院考试,而非舍人院。要是殿试,所有士子都应在殿廷接受皇帝考试。殿试地点,宋太祖在讲武殿,宋太宗也在该殿,后改名崇政殿。南宋驻跸临安后在集英殿,没有史料证明曾在舍人院举行过殿试。⑤ 由此可见,康抚民召试舍人院显然就是"别试"。从"诗、论稍堪"便放及第,赐同进士出身来看,对他确实实行了优待政策,与中土士子标准不同。宋代进士分等,太宗分进士为三等,淳化三年(992)又分为五等。至仁宗天圣五年(1027)分六等,该年又分甲,其中第六等为第五甲。后又演变为五等,第一等即第一甲。后又定第一、二甲为"进士及第",第三甲为"进士出身",第四、五甲为"同进士出身"。⑥ 所以附榜于第五甲正是榜尾,康抚民及第之景祐元年(1034)在进士分甲后,

---

① (明)郑麟趾:《高丽史》卷七四,四库全书存目丛书,史部第161册,齐鲁书社1996年版,第28页。
② 祝尚书:《宋代科举与文学》,中华书局2008年版,第99—102页。
③ (宋)欧阳修:《欧阳修全集》卷一一三,中华书局2001年版,第1716页。
④ 《宋会要辑稿》,第5437页。
⑤ 《宋代科举与文学》,第214页。
⑥ 白寿彝:《中国通史》第七卷,上海人民出版社1997年版,第979页。

他被赐同进士出身，附第五甲符合当时科举制度规定。他在舍人院单独考试也与前揭崔瀣《送奉使李中父还朝序》和安鼎福《东史纲目》所载宾贡科"每自别试，附名榜尾"的特征完全相符。

通过上述分析可以得出这样的结论：唐代确实存在宾贡科，"每自别试"并非另行考试，而是阅卷时区别对待，放宽判卷标准。宋代科举仍设宾贡科，但因实行糊名誊录制度，故而单独举行考试。"附名榜尾"的放榜方式，唐宋没有变化。

以下再来分析前揭唐代不存在宾贡科的论述。有学者以《通典·选举典》《新唐书·选举志》《唐会要》等中国史料没有宾贡科记载为依据，认为唐代不存在宾贡科，所谓宾贡只是进士科考生来源之一，即宾庭所贡之士。外邦士子与中土士子同献束脩、互称同年，有相同座主，也有落第者，所以考试时不分彼此。细究起来这些观点都有问题。

首先，尽管不能否认唐代自太宗贞观年间召收留学生开始，宾贡有宾庭贡士之意，但也不能据此否认诸多域外文献中关于唐代宾贡科的记载。

其次，献束脩是隋唐时期每个入学者都要参加的教育仪式，即拜师之礼。上至皇太子，下至国学、州县学学子都要奉行，朝廷对此有详细规定。① 其重要性在于礼，在于尊师重道。留学生入唐习业，就是要学习大唐礼乐文化。崔致远代新罗国王所撰《遣宿卫学生首领等入朝状》云："窃以东人西学，惟礼与乐，至使攻文以余力。"② 所以同献束脩，同样行拜师礼，只能说明留学生在入学仪式上与中土士子相同，不能因此证明参加考试也相同。至于相同座主和与中土及第进士互称同年，也不能得出中外士子考试没有区别的结论。根据朝鲜文献记载，宾贡科放榜特点是"附名榜尾"，即与中土及第进士同放一榜，只是排名次序分为两种。留学生只要及第，就必然与中土及第者拥有相同座主，且与同榜中土进士互为同年。互称同年、有相同座主，非但不能证明宾贡科不存在，反而证明了朝鲜文献所载唐代宾贡科特征的真实性。至于外邦士子也有落第者，朝鲜文献所载宾贡科并未言及留学生应试必然登第，但凡考试就必然有考中者有落第者，也不能据此说明唐代没有宾贡科。

---

① 参看《大唐开元礼》卷五四、六九、七二；《通典》卷一一七"开元礼纂要十三"。
② 《孤云先生文集》卷一，《崔文昌侯全集》，第58页。

再次，假若留学生与中土士子在考试中同等对待，那么放榜时将宾贡进士附于榜尾，而不是以成绩高下与中土及第进士穿插排列，岂非歧视外邦？招收留学生并许其参加科举考试是唐朝"华夷一也"观念的体现，是团结外藩外邦的政治策略。若考试时将留学生与中土士子同等对待，而放榜时却将留学生及第者置于榜末，有悖于接收留学生的初衷。何况外邦士子非常重视放榜排名，并曾因放榜排名先后问题引发过多次争端。如渤海士子乌昭度和新罗士子李同、渤海士子乌光赞与新罗士子崔彦㧑的两次排名纠纷就极为突出。《渤海国志长编》载："乌昭度于王玄锡之世（872—893）入唐应宾贡试，与新罗宾贡李同同榜进士及第，名在其上。"① 此事引起新罗强烈不满，崔致远《新罗王与唐江西高大夫湘状》即言："靖恭崔侍郎放宾贡两人，以渤海乌昭度为首……既致四邻之讥，永贻一国之耻。"② 其《与礼部裴尚书瓒状》又云："至故靖恭崔侍郎主贡之年，宾荐及第者两人，以渤海乌昭度为上……车书纵贺其混同，冠履实惭于倒置。"③ 这次排名事件直至唐僖宗乾符元年（874），崔致远于礼部侍郎裴瓒掌贡举时一举及第且位列其他宾贡进士之首才得以结束。崔致远自云："幸将薄技，获厕诸生，先啖牛心，得为鸡口……实逢至公，得雪前耻。变化深资于一顾，光荣远播于三韩。"④ 此后高湘在乾符四年（877）知贡举时又擢新罗留学生朴仁范和金渥双双及第，⑤ 新罗感到莫大荣耀，排名风波才得以完全平息。另一次排名风波为乌昭度之子乌光赞与崔彦㧑之间的纷争。《渤海国志长编·乌昭度传》载："洎王玮瑎十三年，其子光赞亦入唐应宾贡试，礼部侍郎薛廷珪知贡举，光赞与新罗宾贡崔彦㧑同榜进士及第，而名在其下。值昭度奉使朝唐，表请曰：'臣昔年入朝登第，名在李同之上，今臣子光赞宜升彦㧑之上。'昭宗不许。"⑥《高丽史·崔彦㧑传》记载大致相同。可见外邦非常在乎放榜时的排名顺序，以至于排名居首，举国感佩，排名靠后，举国为耻。若在考试时将中土士子与留学生

---

① 《渤海国志长编》卷一〇，第 226 页。
② 《孤云先生文集》卷一，《崔文昌侯全集》，第 64 页。
③ 同上书，第 66 页。
④ 同上书，第 64 页。
⑤ 同上书，第 66 页。
⑥ 《渤海国志长编》卷一〇，第 226 页。

同等对待，放榜时却区别视之，岂不是有意挑起争端而与宾贡科设置初衷相违背？由此亦可反证唐朝宾贡科在考试时确实给予了外邦士子一定优待，故而"附名榜尾"的放榜方式才能被他们所接受并得以顺利实施。

三 唐代宾贡科及第留学生之去向

唐代留学生中新罗学生最多。有学者推测，从贞观十四年（640）至五代后梁太祖开平元年（907），新罗遣唐留学生有 200 人以上。[①] 但实际人数当远远高于此数。据《唐会要》载，仅开成二年（837），新罗留唐学生就已达 216 人。开成五年（840）四月，唐文宗一次放归新罗质子及留唐期满学生 105 人。[②] 以此推算，自太宗贞观十四年新罗始派留学生起，至五代中叶 300 年间，新罗留学生保守估计当有 2000 人。[③] 其宾贡科及第人数也较他国为多。据《东史纲目》记载，及第者自长庆初金云卿至唐末，共有 58 人，五代梁唐之际亦有 32 人。[④] 严耕望和高明士据现存史料已考出 23 人。而他国关于留学生及第的资料留存较少，仅有渤海国乌昭度、乌光赞、高原固以及大食国李彦升，未见日本宾贡科登第者的记载。[⑤] 因此，下文所论宾贡科及第者之去向即以新罗为中心。从现存文献记载

---

① 刘希为：《唐代新罗侨民在华社会活动的考述》，《中国史研究》1993 年第 3 期。
② 《唐会要》卷九五，第 1715 页。
③ 严耕望：《唐史研究丛稿》，第 441 页。
④ 《东史纲目》卷五，第 499 页。
⑤ 关于日本是否有在唐及第的宾贡科留学生，学者多有异议，由于现存史料中尚未发现直接材料可为佐证，故不少学者对此持保留态度。然而仍然有学者根据现存王维赠日本遣唐留学生阿倍仲麻吕的《送秘书晁监还日本国并序》中所言"名成太学，官至公卿"之语，认为一般所谓成名，就是及第的别称。见戴禾《唐朝来长安日本人的生活、活动和学习》，《陕西师范大学学报》1985 年第 1 期；也有学者以为"仲麻吕进入'太学'，完成了'国子学'的学业，通过科举考试，以优异成绩考中了进士，为日本在唐王朝考中的唯一进士"。见郗政民《日本遣唐留学生》，《西北大学学报》1981 年第 4 期；还有学者认为，虽然阿倍仲麻吕宾贡科及第的问题不能确定，但日本国有在唐朝参加宾贡进士考试的举子却是可以肯定的，其中很可能亦有题名金榜者。见杨希义《唐朝宾贡进士考》，《中国唐史学会论文集》，1993 年。高明士认为，唐朝宾贡科成立于唐穆宗长庆元年（821），日本第 16 次遣唐使团赴唐是在贞元二十年（804），第 17 次遣唐使团赴唐是在开成三年（838），日本要派遣留学生参加宾贡科考试，当以第 17 次遣唐使团来唐朝之可能性最大，但此次遣唐使团实际上为日本最后一次派遣到达中土者，其中可靠的 5 位留学生中，伴始满、长岑宿祢之目的不明，春苑袄玉成是专程请益阴阳学，菅原梶成是请益医学，伴须贺雄是唯一获准入长安的请益生，其目的不在长期留学，而只作短期的请益，故其当无意也不易在唐建立功名。见高明士《宾贡科的起源与发展——兼论科举的起源与东亚士人共同出身之道》，《唐史论丛》第六辑，第 96 页。

看，新罗宾贡科及第者去向大致有四：

一是归国。古代新罗实行骨品制，骨品制是根据先天血统规定人们在社会和政治方面的活动，是一种严格的身份制度。该制度在新罗法兴王（514—540年在位）七年行诸律令，共有八个等级，分别为圣骨、真骨、六头品到一头品六个头品。圣骨在王族中身份最高，有资格当王；真骨同属王族，但没有当王的资格。到真德女王（647—654年在位）之后，圣骨都被消灭。到太宗武烈王（654—661年在位）开始，真骨级别才能登上王位。真骨之下有六个身份阶层，大致可以分为上、下两个阶级。六头品、五头品、四头品是可以成为官僚的上层阶级；三头品、二头品、一头品是不能成为官僚的下层阶级，被称为平民或百姓。到兴德王（826—836年在位）九年又重新颁布法令，将原来八个等级的骨品制度整合成了真骨、六头品、五头品、四头品和百姓五个等级。骨品制度最重要的政治功能就是从身份上限制每一品级所能登上的最高官职和官阶。①

由于骨品制与官职挂钩，即使六头品也不能当上政府长官或主要军队指挥官，但他们属于中央集团贵族，可以获得赴唐留学机会。因此，新罗初期的赴唐留学生多是王族金氏子孙，到新罗后期以六头品出身为主。崔致远便是六头品出身。在唐代，很多新罗留学生宾贡及第后都选择了归国。唐代诗人有不少送别新罗宾贡科及第留学生归国的诗作，如杜荀鹤《送宾贡登第后归海东》云：“归捷中华第，登船鬓未丝。直应天上桂，别有海东枝。国界波穷处，乡心日出时。西风送君去，莫虑到家迟。”②贯休《送新罗人及第归》云：“捧桂香和紫禁烟，远乡程彻巨鳌边。莫言挂席飞连夜，见说无风即数年。衣上日光真是火，岛旁鱼骨大于船。到乡必遇来王使，与作唐书寄一篇。”③类似诗作还有张蠙《送友人及第归》等。

新罗留学生宾贡科及第回国后备受荣宠。朝鲜诗人金宗直《送金直长骏孙骥孙兄弟荣亲清道序》云：

---

① 参看李黄振《崔致远生平事迹与汉诗创作研究》，第146页。
② 《全唐诗》卷六九一，第7933页。
③ 《全唐诗》卷八三六，第9418页。

士君子之悦亲，不一其道，而科第其尤也。自唐宋以来，闳材硕德之人，奋起乡曲，表仪朝著，功名事业，震耀当时，垂于后世者，率由是途焉。当其褒衣博带，歌鹿鸣而来也，藐然山泽之一男子耳。及乎入试兰省，胪传螭阶，收声名于一日，荷恩宠于九重。异时为大夫，为公卿，因之以驯至，其父母之欢心忭舞，自庆其英豪俊杰，出于吾夫妇怀抱之中，此人情之所同者也。而况冠多士而大魁，联天伦而共甲，斯则中国之与吾东方前后所未闻，父母之喜悦，必出于寻常科第也万万，非但一家之庆，实一乡之荣也；非但一乡之荣，实一国之光华也。①

可见新罗十分看重科第，在唐及第不仅是一家之庆，一乡之荣，而且是一国之光。由此可以想见，那些宾贡科及第的留学生，归国后会受到很高礼遇。据《三国史记·新罗本纪》载：元圣王五年，新罗王以"子玉为杨根县小守，执事使毛肖驳言：'子玉不以文籍出身，不可委分忧之职。'侍中议云：'虽不以文籍出身，曾入大唐为学生，不亦可用耶？'王从之"。②子玉只因赴唐留学就得到如此优待，那在唐宾贡科及第后归国留学生的待遇就应该更加优渥了。有学者认为，"对于荣归故国的宾贡进士，新罗王廷常会授以朝中大吏、翰林学士或外交使节等重任，待遇往往优于国内的文人儒士"。③ 这大概是新罗留学生及第后首选归国的原因吧！

二是充使归国。唐朝选派使节，本应以本国人出任为原则。唐中宗景龙二年（708）诏曰："应差册立诸国使，并须选择汉官，不得差蕃官去。"④ 但这一诏令并未严格执行，反而出现很多例外。如日本留学生晁衡于天宝十二载归国时被玄宗封为唐使。新罗宿卫金思兰开元二十一年（733）回国，玄宗委以出疆之任。⑤ 僖宗时新罗留学生崔致远归国时也充任使节。

---

① ［朝鲜］金宗直：《佔毕斋集》卷一，《影印标点韩国文集丛刊》第12册，景仁文化社1988年版，第407页。
② 《三国史记》卷一〇，第135页。
③ 《唐与新罗文化关系研究》，第27页。
④ 《唐会要·主客员外郎》，《唐会要》卷五九，第1028页。
⑤ 《唐会要·新罗》，《唐会要》卷九五，第1712页。

一般而言，留学生熟悉本国政治文化，对唐代社会又有深入了解，加之熟悉汉语，① 宾贡科及第归国时便承担了使节任务。新罗宾贡及第者金夷吾就是一例。张乔《送宾贡金夷吾奉使归本国》云："渡海登仙籍，还家备汉仪。孤舟无岸泊，万里有星随。积水浮魂梦，流年半别离。东风未回日，音信杳难期。"② 诗题直言"奉使归本国"，诗中亦言"渡海登仙籍，还家备汉仪"，说明金夷吾是以宾贡科及第进士身份充当使节，担负大唐朝廷外交使命的。新罗另一位留学生金文蔚宾贡及第后归国也充当了使节。据《东史纲目》记载：孝恭王十年（906）"三月，前入唐及第金文蔚官至工部员外郎、沂王府谘议参军、充册命使而还"。③ 与金夷吾宾贡科及第后即充使归国不同，金文蔚宾贡科及第后先在唐为官，之后方充使回国。

三是在唐入仕从政。不少留学生宾贡及第后并不立即返回本国，而是在唐入仕从政，最具代表性的是崔致远。崔致远于唐懿宗咸通九年（868）十二岁时入唐求学，乾符元年（874）十八岁时宾贡及第，唐僖宗中和四年（884）二十八岁时离开唐土，留唐达十六年之久。在十八岁及第至二十八岁归国的十年间，曾担任溧水县尉，后入淮南节度使高骈幕为都统巡官，掌表状文告。经高骈表奏，除殿中侍御史，赐绯鱼袋。后四年，方归国。④ 新罗留学生金文蔚在唐代宾贡科及第后也曾入仕为官，官至工部员外郎、沂王府谘议参军。及第在唐入仕的新罗留学生还有金绍游。崔致远《奏请宿卫学生还蕃状》中提及金绍游回国事云："伏乞……准去文德元年（888）放归限满学生太学博士金绍游等例。"⑤ 至文德元年东归，金绍游在唐已官至太学博士，官阶正六品上。留学生及第后在唐入仕从政的原因很多，或艳羡唐朝的高度文明，或倾心于仕唐所获的待遇，或为以后归国入仕创造有利条件，或本国政治形势不利于自身发展，等等。

四是不愿入仕，终老唐土。宾贡科及第留学生也有不愿为官却眷恋唐

---

① 如金可记留唐时，就是"登唐科第语唐音"（章孝标《送金可纪归新罗》）。留唐学生朴处士也是"学得中华语"（顾非熊《送朴处士归新罗》）。
② 《全唐诗》卷六三八，第7305页。
③ 《东史纲目》卷五，第511页。
④ 徐有榘：《校印桂苑笔耕集序》，《桂苑笔耕集校注》，第5页。
⑤ 《孤云先生文集》卷一，《崔文昌侯全集》，第62页。

土、终老大唐者。《太平广记》所载新罗留学生金可记便是如此：

> 金可记，新罗人也，宾贡进士。性沉静好道，不尚华侈，或服气炼形，自以为乐。博学强记，属文清丽，美姿容，举动言谈，迥有中华之风。俄擢第，于终南山子午谷葺居，怀隐逸之趣。手植奇花异果极多，常焚香静坐，若有思念，又诵《道德》及诸仙经不辍。后三年，思归本国，航海而去。复来，衣道服，却入终南。务行阴德，人有所求，初无阻拒，精勤为事，人不可偕也。唐大中十一年十二月，忽上表言："臣奉玉皇诏，为英文台侍郎，明年二月二十五日当上升。"时宣宗极以为异，遣中使征入内，固辞不就。又求玉皇诏辞，以为别仙所掌，不留人间，遂赐宫女四人，香药金彩，又遣中使二人，专伏侍者。可记独居静室，宫女中使，多不接近。每夜，闻室内常有客谈笑声，中使窥窃之，但见仙官仙女，各坐龙凤之上，俨然相对，复有侍卫非少。而宫女中使，不敢辄惊。二月二十五日，春景妍媚，花卉烂漫，果有五云唳鹤，翔鸾白鹄，笙箫金石，羽盖琼轮，幡幢满空，仙伏极众，升天而去。朝列士庶，观者填隘山谷，莫不瞻礼叹异。①

记载中所言玉皇诏令、羽化升仙等属小说家夸饰之词，不可尽信，但金可记在唐宾贡科及第、归国复返且终老唐土则确有其事，章孝标《送金可纪归新罗》云："登唐科第语唐音，望日初生忆故林。"② 可见金可记确实在唐宾贡及第且曾回国。朝鲜文献《海东传道录》记载金可记入唐游学，得天师申元之援引，遇正阳真人钟离将军，授以道术，后留唐不返，故于长安。③ 可知其终老唐土，当非妄言。

从以上所述可以看出，唐王朝不仅允许留学生在唐及第，而且允许其及第后在唐为官，也可回归本国，甚至充任唐朝使者，愿意终老唐土者朝廷也不予干涉。由此足见唐代留学生管理制度既完备严整又灵活宽容。

---

① 《太平广记》卷五三，第329页。
② 《全唐诗》卷五〇六，第5753页。
③ ［朝鲜］韩无畏：《海东传道录》，普成文化社1998年版，第261—263页。

第三节　留学生与唐代文人的诗歌交往

留学生在唐期间与唐代文人大都有诗歌往来。《全唐诗》《夹注名贤十钞诗》《东文选》《千载佳句》等诗文集中收录了不少留学生与唐代文人的酬唱之作，生动展示了唐代留学生与文人之间的往来互动关系和诗文创作状况。日本学者山田孝雄说："当时遣唐之使、留学之生，与彼其墨客韵士，肩相比，臂相抵。"[①] 形象地描述出遣唐使、留学生与唐代文人之间的亲密交往和深挚情谊。

日本留学生与唐代文人交往最广泛且存诗最多者为晁衡，新罗留学生与唐代文人交往最广泛、存诗最多者为崔致远。以下讨论唐代留学生与文人诗歌交往，日本留学生以晁衡为主，兼及薛文学等人；新罗留学生以崔致远为主，兼及金立之等人。

一　晁衡等日本留学生与盛中唐文人的诗歌交往[②]

唐代的日本留学生中，晁衡学识渊博、才华出众，与当时著名诗人王维、李白、储光羲、包佶、赵骅等有很深的友谊。此外如金文学、薛文学等人也与唐代文人有诗歌往来。

晁衡与储光羲　晁衡于公元 717 年随日本第 8 次遣唐使团赴唐习业，入太学，学成后仕于唐。《旧唐书·日本传》载："慕中国之风，因留不去，改姓名为朝衡，仕历左补阙、仪王友。……上元中，擢衡为左散骑常侍、镇南都护。"[③] 晁衡任校书一事《旧唐书》未载，储光羲《洛中贻朝校书衡》可以补充这一经历。诗云：

---

① 转引自严绍璗《日本〈千载佳句〉白居易诗佚句辑稿》，《文史》第 23 辑，中华书局 1984 年版。

② "朝衡"日本名为阿倍仲麻吕，又称仲满。汉姓既作"朝"，《新唐书·日本传》说他"慕中国之风，因留不去，改姓名为朝衡"。"朝衡"又作"晁衡"，如王维有《送秘书晁监还日本国并序》、李白有《哭晁卿衡》等。盖当时"朝""晁"二字可互通混用，为求行文统一起见，本书一律用"晁衡"。

③ 《新唐书》卷一九九，第 5341 页。

　　　　万国朝天中，东隅道最长。朝生美无度，高驾仕春坊。出入蓬山里，逍遥伊水傍。伯鸾游太学，中夜一相望。落日悬高殿，秋风入洞房。屡言相去远，不觉生朝光。①

从诗中可知晁衡曾"仕春坊"。春坊指太子宫左春坊。结合诗题所称"晁校书"，可知晁衡曾任太子宫左春坊司经局校书，官阶正九品下。从"洛中""逍遥伊水傍"推知，其供职地点可能在洛阳。从"伯鸾游太学"可知其确于太学习业。有学者甚至以为晁衡与储光羲是太学同学，②这首诗说明晁衡与储光羲有亲密交往。诗中有"屡言相去远，不觉生朝光"句，有学者以为是晁衡常思归国。③有学者以为是朋友作竟夜之谈，时时感叹阔别很久，不觉天已大亮。认为晁衡当时刚刚踏上仕途，处在"云路鹏程"之开端，正"慕中国之风"，思归故里当是后来之事。④

晁衡与赵骅　晁衡在唐为官，"游官虽贵，心不忘归，每言乡国，心魂断绝"。⑤开元二十一年（733），以多治比广成为首的第9次日本遣唐使团来唐。次年秋日启程归国时，十八年前与晁衡同来之日本留学生吉备真备、大和长冈及学问僧玄昉等都要随同此次遣唐使团归国，晁衡意欲一同回国，但未获玄宗批准。他无限失望，作《归国定何年》诗。⑥晁衡请归未果，诗人赵骅已先作《送晁补阙归日本国》欲为其送别，诗云：

　　　　西掖承休浣，东隅返故林。来称郑子学，归是越人吟。马上秋郊远，舟中曙海阴。知君怀魏阙，万里独摇心。⑦

赵骅字云卿，邓州人，开元中举进士，与颜真卿、萧颖士等有交往。曾因

---

① 《全唐诗》卷一三八，第1405页。
② 武安隆又据北宋人邵思《姓解》推测，晁衡还出任过左拾遗，且晁衡担任此职应该在任校书以后、左补阙之前。见武安隆《遣唐使》，第99—100页。
③ 胡锡年：《隋唐时代中日关系中的二三事》，《陕西师大学报》1978年第3期。
④ 武安隆：《遣唐使》，第99页。
⑤ 《唐代中日往来诗辑注》，第121页。
⑥ 同上。
⑦ 《全唐诗》卷一二九，第1320页。

谄媚安禄山，被贬为晋江尉，德宗建中初为秘书监。有学者以为赵骅这首诗大概作于晁衡此次酝酿归国期间。① 所言甚是。

晁衡与王维　天宝十一载（752），以藤原清河为大使的日本第 11 次遣唐使团赴唐，次年使团归国时，晁衡又提出归国请求，玄宗许之，并任命晁衡为使者。得知晁衡获准归国的消息，唐代诗友们为他举行了盛大的送别宴会。王维写了《送秘书晁监还日本国并序》，序云：

舜觐群后，有苗不服，禹会诸侯，防风后至。动干戚之舞，兴斧钺之诛，乃贡九牧之金，始颁五瑞之玉。我开元天地大宝圣文神武应道皇帝，大道之行，先天布化，乾元广运，涵育无垠。若华为东道之标，戴胜为西门之侯，岂甘心于邛杖？非征贡于苞茅。亦由呼韩来朝，舍于蒲陶之馆；卑弥遣使，报以蛟龙之锦。牺牲玉帛，以将厚意；服食器用，不宝远物。百神受职，五老告期，况乎戴发含齿，得不稽颡屈膝？海东国日本为大，服圣人之训，有君子之风。正朔本乎夏时，衣裳同乎汉制。历岁方达，继旧好于行人；滔天无涯，贡方物于天子。司仪加等，位在王侯之先；掌次改观，不居蛮夷之邸。我无尔诈，尔无我虞。彼以好来，废关弛禁。上敷文教，虚至实归，故人民杂居，往来如市。晁司马结发游圣，负笈辞亲，问礼于老聃，学《诗》于子夏。鲁借车马，孔丘遂适于宗周；郑献缟衣，季札始通于上国。名成太学，官至客卿。必齐之姜，不归娶于高、国；在楚犹晋，亦何独于由余？游宦三年，愿以君羹遗母；不居一国，欲其昼锦还乡。庄舄既显而思归，关羽报恩而终去。于是稽首北阙，裹足东辕。篚命赐之衣，怀敬问之诏。金简玉字，传道经于绝域之人；方鼎彝樽，致分器于异姓之国。琅琊台上，回望龙门；碣石馆前，夐然鸟逝。鲸鱼喷浪，则万里倒回；鹢首乘云，则八风却走。扶桑若荠，郁岛如萍。沃白日而簸三山，浮苍天而吞九域。黄雀之风动地，黑蜃之气成云。森不知其所之，何相思之可寄？嘻！去帝乡之故旧，谒本朝之君臣。咏七子之诗、佩两国之印。布我王度，谕彼蕃臣。三寸犹在，乐毅辞燕而未老；十年在外，信陵归魏而逾尊。子其行乎！余赠

---

① 武安隆：《遣唐使》，第 100 页；谢海平：《唐代诗人与在华外国人之文字交》，第 67 页。

言者。①

诗序从开头至"得不稽颡屈膝"写唐朝国际交流盛况,歌颂唐朝对外开放政策。从"海东国日本为大"至"往来如市"写日本在唐人眼中之印象、地位以及中日交流状况。从"晁司马结发游圣"至"不归娶于高、国"写晁衡早年离日赴唐,在太学习业,学成后入仕唐廷并与唐朝女子结婚生活之经历。"游宦三年"至"关羽报恩而终去"言晁衡虽在唐为官,仕宦顺意,但仍惦念祖国,有归国报效的强烈愿望。"于是稽首北阙"至"致分器于异姓之国"写晁衡回国航海前的情景及肩负之重任。"鲸鱼喷浪"至"何相思之可寄"想象此次航海可能遇到的危险,表达对晁衡归国路途艰险的担忧及别后的思念。"嘻!去帝乡之故旧"至"信陵归魏而逾尊"表达他对晁衡即使年老归国也能有所作为的信心,并期待晁衡为唐朝与日本的交流继续做出贡献。从序文之详尽描写可见,王维对晁衡在唐生活的经历和心怀故国的心境都有清晰了解。序后诗极写大海的辽阔无垠和日本的邈远难即,描摹凶险海途借以表达海上航行的艰险和对晁衡安危的忧虑。设想晁衡战胜艰难险阻,平安回到祖国后,如何与自己互通音讯,从中可以真切体会到诗人的依依惜别之情。姚合称此诗及《送丘为下第》《观猎》三首,为"诗家射雕手,而以此篇为压卷"。② 王维是盛唐著名诗人,作诗复又写序,可见送别宴会之隆重和晁衡与唐代文人交谊之深厚。

晁衡感念诗友们深情,赋《衔命还国作》曰:

> 衔命将辞国,非才忝侍臣。天中恋明主,海外忆慈亲。伏奏违金阙,骖驂去玉津。蓬莱乡路远,若木故园林。西望怀恩日,东归感义辰。平生一宝剑,留赠结交人。③

诗中表达了他恋唐忆亲及临别赠友的复杂心情。"西望"与"东归"两词,生动地写出了诗人既留恋唐土又思念家乡的矛盾心境。用季札挂剑之

---

① 《王维集校注》卷四,第317—319页。
② 《全唐诗》卷一二七,第1289页。
③ 《全唐诗》卷七三二,第8375页。

典，表达了对友人的恋恋不舍。

晁衡与包佶　晁衡临行时送别的诗友还有包佶。包佶字贺正，润州人，天宝六载（747），进士及第。累官谏议大夫，坐善元载贬岭南。刘晏治财，奏起为汴东两税使。刘晏罢，以包佶为诸道盐铁轻货财物使。后任刑部侍郎，改秘书监，封丹阳郡公。包佶居官谨慎，有声望，与诗人刘长卿、窦叔向等友善。《唐才子传》称其"天才瞻逸，气宇清深，心醉古经，神和大雅，诗家老斫也"。① 包佶有《送日本国聘贺使晁巨卿东归》，诗云：

> 上才生下国，东海是西邻。九译蕃君使，千年圣主臣。野情偏得礼，木性本含真。锦帆乘风转，金装照地新。孤城开蜃阁，晓日上朱轮。早识来朝岁，涂山玉帛均。②

诗中称扬晁衡为"上才"，想象其回国后应深受欢迎。末二句"早识来朝岁，涂山玉帛均"，说明二人相识甚早，即晁衡初次来朝以玉帛修好那年便已相识。

晁衡与李白　李白与晁衡交谊很深。天宝十二载（753），晁衡获准随遣唐大使藤原清河所率使团东归，海上遭遇风暴，漂至安南，获救后辗转返唐，复为官。当时误传晁衡遇难身死，李白作《哭晁卿衡》以悼：

> 日本晁卿辞帝都，征帆一片绕蓬壶。明月不归沉碧海，白云愁色满苍梧。③

诗写晁衡辞别京城，船只绕过蓬莱，径直向东航行，却不幸遇难，如明月沉入碧海。诗人闻此噩耗，万分悲痛，顿感天空白云、苍梧山树也满布愁色。李白《送王屋山人魏万还王屋》有句云：

---

① 《唐才子传校笺》卷三，第463页。
② 《全唐诗》卷二〇五，第2142页。
③ 《李太白全集》卷二五，第1198页。

> 身着日本裘，昂藏出风尘。五月造我语，知非佁儗人。①

其中，"身着日本裘"句下李白自注曰："裘则朝卿所赠，日本布为之。"据此推测，晁衡与李白交情深厚且以日本裘相赠。

晁衡与徐凝　《全唐诗》有徐凝《送日本使还》，诗云：

> 绝国将无外，扶桑更有东。来朝逢圣日，归去及秋风。夜泛潮回际，晨征苍莽中。鲸波腾水府，蜃气壮仙宫。天眷何期远，王文久已同。相望杳不见，离恨托飞鸿。②

凝为睦州人，生卒年不详，但其与张祜（792？—853？）为净友，年岁相当，与白居易、元稹同时而稍晚，则其生活时代当为792—853年之间。③而晁衡离唐归国之年在天宝十二载（753），前后相差近40年，当不可能结识和送别晁衡。《文苑英华》卷二九七亦收此诗，作徐嶷诗。嶷，东海人，生卒年亦不详，肃宗时与诗僧灵一为友。代宗大历间在越州，与严维、鲍防等人联句，后编为《大历年浙东联唱集》。据贾晋华《〈大历年浙东联唱集〉考述》，此次联唱在代宗广德元年（763）至大历五年（770）间。④则徐嶷生活之年代与晁衡相同。此诗未言所送之人，有学者以为是送别晁衡。⑤笔者以为甚是。

金文学与沈颂　金文学本名及生平事迹不可考。晋至唐，太子及诸王府亦置文学。《新唐书·百官志》载："（文学）从八品上。掌以五经授诸生。县则州补，州则授于吏部。然无职事，衣冠耻之。"⑥金文学当即此类文职官员。⑦沈颂《送金文学还日东》曰：

---

① 《李太白全集》卷一六，第758页。
② 《全唐诗》卷四七四，第5374页。
③ 陈耀东：《桐庐诗人徐凝的成就》，《宁波大学学报》2011年第1期。
④ 《唐才子传校笺·补正》卷三，第135页。
⑤ 郑子瑜：《谈中日文人的赠答诗》，《北京大学学报》1991年第5期。
⑥ 《新唐书》卷四九，第1314页。
⑦ 有学者认为，金文学当为完成学业之留学生在唐朝任职"文学"者。谢海平：《唐代诗人与在华外国人之文字交》，第110页。

君家东海东,君去因秋风。漫漫指乡路,悠悠如梦中。烟雾积孤岛,波涛连太空。冒险当不惧,皇恩措尔躬。①

严耕望说:"唐人所谓日东多指日本而言,惟此金文学必新罗人无疑。"② 严先生未言判断依据。但日本学者木宫泰彦《日中文化交流史》将金文学列于《遣唐留学生、学问僧一览表》中,并引《异称日本传》曰:"金文学似即吉备真备。"③ 本文暂依木宫泰彦所论将金文学算作日本留学生。沈颂生平不详,《全唐诗》录其诗六首,这首《送金文学还日东》当是留学生金文学归国返乡之际沈颂的赠别之作。

薛文学与刘眘虚 薛文学生平事迹不详。明人唐汝询《唐诗解》推测其身份道:"疑薛文学乃夷人而入仕于唐者。"④ 有学者据刘眘虚《海上诗送薛文学归海东》推论称:"从这首诗的首句来看,薛文学应为日本人。"⑤ 据以上对金文学身份的考察可知,薛文学也应是留唐学生,完成学业后在唐朝任职"文学"。刘眘虚《海上诗送薛文学归海东》云:

何处归且远,送君东悠悠。沧溟千万里,日夜一孤舟。旷望绝国所,微茫天际愁。有时近仙境,不定若梦游。或见青色古,孤山百里秋。前心方杳眇,后路劳夷犹。离别惜吾道,风波敬皇休。春浮花气远,思逐海水流。日暮骊歌后,永怀空沧洲。⑥

刘眘虚,生年不详,字金乙,江东人。他姿容秀挺,八岁属文上书,召拜童子郎。开元十一年(723)举进士,天宝时任夏县令。刘眘虚虽有诗文盛名,却落拓不偶。诗作大半是赠友、写景之作,情怀幽深,寄兴高远,用语奇崛,唯气骨稍弱。殷璠《河岳英灵集》称:"眘虚诗,情幽兴远,思苦词奇,忽有所得,便惊众听。顷东南高唱者十数人,然声律婉态,无

---

① 《全唐诗》卷二〇二,第 2113 页。
② 严耕望:《新罗留唐学生与僧徒》,《唐史研究丛稿》,第 440 页。
③ 《日中文化交流史》,第 135 页。
④ (明)唐汝询选释,王振汉点校:《唐诗解》卷二,河北大学出版社 2010 年版,第 31 页。
⑤ 《唐代中日往来诗辑注》,第 4 页。
⑥ 《全唐诗》卷二五六,第 2869 页。

出其右。唯气骨不逮诸公。自永明以还，可杰立江表。"① 刘眘虚英年早逝，卒于天宝十二载（753）前，殷璠痛惜曰："惜其不永，天碎国宝。"② 这首《海上诗送薛文学归海东》应是薛文学离唐归国之际，刘眘虚送别所作，即如《唐诗解》所云："（薛文学）时将归国，而赠以诗，言海路极远，而居舟中所见之景恍惚无定，可谓危矣。然薛之意，不以路险为忧，而以离隔吾道为戚，虽风波之中，而不忘王命，其尊中国如此。故我感此春花芬馥，含情送君，别思随海水而无穷也。然骊驹一奏，会面无期，徒望此沧洲而怀想耳。"③ 有学者据此诗称送别地当在沧州。④

金吾侍御与许棠 金吾侍御生平事迹不详。有学者以为金吾侍御是因仰慕和归化中国而留学的日本人，仕唐名高位显。⑤ 许棠有《送金吾侍御奉使日东》，诗云：

> 还乡兼作使，到日倍荣亲。向化虽多国，如公有几人。孤山无返照，积水合苍旻。膝下知难住，金章已系身。⑥

许棠，字文化，宣州泾县人。苦心于诗文，性僻少合，久困场屋。咸通十二年（871）登进士第，授泾县尉，又尝为江宁丞。与喻坦之、张乔、郑谷、张蠙、剧燕、任涛、吴罕、周繇、李栖远并称"咸通十哲"。从诗中"还乡兼作使"句可知金吾侍御归国时被唐廷任命为使者，则此诗当是金吾侍御充使归国之际许棠所写赠别之作。

褚山人与贾岛 褚山人原名及生平事迹不详，有学者以为唐人称隐士为山人，山人当为文士之未出仕者。⑦ 日本学者木宫泰彦《日中文化交流史》"遣唐学生、学问僧一览表"将褚山人列为遣唐留学生，⑧ 则褚山人

---

① （唐）殷璠：《河岳英灵集》卷上，见傅璇琮、陈尚君、徐俊《唐人选唐诗新编》，中华书局2014年版，第186页。
② 同上书，第85页。
③ 《唐诗解》卷二，第31页。
④ 《唐代诗人与在华外国人之文字交》，第111页。
⑤ 《唐代中日往来诗辑注》，第80页。
⑥ 《全唐诗》卷六〇四，第6987页。
⑦ 《唐代诗人与在华外国人之文字交》，第113页。
⑧ 《日中文化交流史》，第135页。

当为入唐习业之日本留学生完成学业后未入仕者。贾岛《送褚山人归日本》云：

> 悬帆待秋水，去入杳冥间。东海几年别，中华此日还。岸遥生白发，波尽露青山。隔水相思在，无书也是闲。①

贾岛，字阆（浪）仙，范阳人。早年累举进士不第，出家为僧，法号无本。后经韩愈授文法，还俗举进士。这首诗写褚山人悬帆待归，急切回乡。诗中"岸遥生白发""隔水相思在"两句极言褚山人归国后诗人思念之苦，而"波尽露青山"又以"青山常在"比喻友谊长久，末句用对方"山人"志趣化解相思之苦。

朴山人与释无可　晚唐诗人释无可有《送朴山人归日本》云：

> 海霁晚帆开，应无乡信催。水从荒外积，人指日边回。望国乘风久，浮天绝岛来。倘因华夏使，书札转悠哉。②

释无可俗姓贾，为贾岛从弟，范阳人，居天仙寺。与贾岛、姚合、李贺、李洞等有诗往来。他外僧内学，"懒读经文""愿攻诗句"。③ 从这首诗可以看出，朴山人留学唐朝期间，曾与无可为诗友，故临别时无可以诗送之。朴山人原名及生平事迹不详，台湾学者谢海平和日本学者木宫泰彦均认为其为日本遣唐留学生。④ 据此，则此朴山人跟下文所考与尚颜交往之新罗朴山人并非同一人。

二　崔致远等新罗留学生与晚唐文人的诗歌交往

晚唐时新罗派遣学生赴唐留学最盛，仅长庆初至天祐初登宾贡科者就

---

① 《全唐诗》卷五七三，第6667页。
② 《全唐诗》卷八一三，第9150页。
③ 姚合《送无可上人游越》曰："懒读经文求作佛，愿攻诗句觅升仙。"《全唐诗》卷四九六，第5623页。
④ 《唐代诗人与在华外国人之文字交》，第76页；《日中文化交流史》，第135页。

多达58人。① 因此与新罗留学生交往者多为晚唐诗人,其中以崔致远与晚唐诗人交往最为广泛。党银平《唐与新罗文化关系研究》一书对新罗留学生及崔致远与晚唐诗人交往已有论列,此处仅就党书之未尽或疏漏处再做述补。

崔致远与田仁义　《千载佳句》下"游放部·春游类"有崔致远《成名后酬进士田仁义见赠》残句:

> 芳园醉散花盈袖,幽径盈归月在帷。②

田仁义生平事迹不详,两《唐书》无传。据崔致远诗题所言,田仁义是进士。从诗题中也可看出,崔致远及第后田仁义曾有诗相赠,惜诗今不存。

崔致远与李员外　《千载佳句》上"四时部·秋兴类"有崔致远《交州献留李员外》:"芙蓉零落秋池雨,杨柳萧疏晓岸风。"③ 又同书"人事部·闲适类"有崔致远《兖州留献李员外》:"神思只劳书卷上,年光任过酒杯中。"④《全唐诗逸》将此四句缀合,题为《兖州留献李员外》:

> 芙蓉零落秋池雨,杨柳萧疏晓岸风。神思只劳书卷上,年光任过酒杯中。⑤

李员外生平事迹不详,当为晚唐文士。诗题中"兖州",唐时领山东七县。《旧唐书·地理志》载:"武德五年,平徐圆朗,置兖州,领任城、瑕丘、平陆、龚丘、曲阜、邹、泗水七县。……天宝元年,改兖州为鲁郡。乾元元年,复为兖州。"⑥ 从崔致远行实看,他在归国前需在山东一带上船。

---

① 《东文选》卷八四,第346页。
② [日]大江维时编纂:《千载佳句》,宋红校订,上海古籍出版社2003年版,第129页;又见《全唐诗·全唐诗逸》卷中,第10193页。
③ 《千载佳句》,第21页。"交州"当为"兖州"。
④ 同上书,第68页。
⑤ 《全唐诗·全唐诗逸》卷中,第10193页。
⑥ 《旧唐书》卷三八,第1390页。

在山东等待上船期间，曾在当地游览，与作为新罗国入淮南使来唐并将与他结伴回国的新罗人金仁圭一起作文祭祀巘山之神，乞求神灵保佑他们平安渡海，他们还一起拜访山东境内寺庙并作诗唱和，现存有《和金员外赠巘山清上人》《将归海东巘山春望》《祭巘山神文》等诗文。① 据此推测，他的《兖州留献李员外》也应作于归国前逗留山东时写给李员外的留别之作。

崔致远与洛中友人 《全唐诗》有崔致远《留赠洛中友人》残句曰：

洛水波声新草树，嵩山云影旧楼台。②

《千载佳句》上"地理部·山水类"亦载。洛中友人所指不明，但崔致远于唐僖宗乾符元年（874）及第后至乾符三年（876）初被征选为江南道宣州溧水县尉期间曾浪迹于东都洛阳，③ 据此判断，他与洛中友人交往当在这一时期。这首赠诗应为崔致远离开洛阳或归国时留赠洛中友人而作。

崔致远与女道士 《桂苑笔耕集》有崔致远《留别女道士》，诗云：

每恨尘中厄宦途，数年深喜识麻姑。临行与为真心说，海水何时得尽枯。④

此诗作于崔致远归国途中的山阳、楚州一带，即今淮安一带。⑤ 从诗中"数年深喜识麻姑"句看，崔致远在华期间与这位女道士多有交往，诗人为交往数年之久而日渐深沉的情谊而"深喜"。能对女道士诉说"每恨尘中厄宦途"的心曲，可见这位女道士是他的知音。而唐代很多女道士能诗

---

① 巘山在今山东省即墨市东边海滨。杨庆华、[韩]李充阳选注：《中韩朝·唐代友好诗歌选粹》，中国书籍出版社2005年版，第291页。
② 《全唐诗·全唐诗逸》卷中，第10193页。
③ 党银平：《韩国汉文学之祖——崔致远》，《古典文学知识》2008年第2期。
④ 《桂苑笔耕集校注》卷二○，第751页。
⑤ 韦旭昇：《崔致远在中国》，见《韦旭昇文集》卷三，中央编译出版社2000年版，第645页。

善文，如诗人李冶、鱼玄机等，崔致远诗中这位女道士应该也是精通诗文者。从诗题中"留别"二字和诗中"临行与为真心说"一句来看，这首诗应是崔致远临行前写给女道士的赠别之作。

崔致远与无名友人　《桂苑笔耕集》有崔致远《和友人除夜见寄》：

> 与君相见且歌吟，莫恨流年挫壮心。幸得东风已迎路，好花时节到鸡林。①

该友人姓名行止无考。有学者以为从此诗在文集中的排列顺序及内容看，无疑是崔致远在山东一带等候天气转好，准备扬帆渡海归国时所写。② 从诗题"和友人除夜见寄"和"与君相见且歌吟"句看来，二人曾为诗友，常有诗歌唱和。

崔致远与于慎微　《孤云先生文集》有崔致远《长安旅舍与于慎微长官接邻》，诗云：

> 上国羁栖久，多惭万里人。那堪颜氏巷，得接孟家邻。守道惟稽古，交情岂惮贫。他乡少知己，莫厌访君频。③

于慎微生平事迹不详。从诗题中"长官"二字可知，于慎微或为唐王朝官员，又从诗中"颜氏巷""孟家邻"二典可知，于慎微当为品德高尚、精通诗文之人且与崔致远比邻而居。诗题标明地点是长安，崔致远留唐十六年中只有前六年在长安艰苦求学，二人交往当在这一时期。从诗中"少知己""访君频"看，崔致远在长安期间将于慎微视为知己，二人过从甚密。

崔致远与吴瞻　《孤云先生续集》有崔致远《辛丑年寄进士吴瞻》，诗云：

---

① 《桂苑笔耕集校注》卷二〇，第765页。
② 《崔致远在中国》，《韦旭昇文集》卷三，第643页。
③ 《崔文昌侯全集》，第28页。

危时端坐恨非夫,争奈生逢恶世途。尽爱春莺言语巧,却嫌秋隼性灵粗。迷津懒问从他笑,直道能行要自愚。壮志起来何处说,俗人相对不如无。①

吴瞻生平事迹不详,从诗题中可知吴瞻是进士。诗题中所云"辛丑年",当为唐僖宗广明二年(881),时崔致远在高骈幕,深受重用,七月作《剿黄巢檄》,名震朝野。此诗前四句暗指当时时事,敢于大胆议论敏感时政,可见他对吴瞻很信任,二人交情深厚。

朴山人与尚颜　尚颜,生卒年不详,汾州人,字茂圣,俗姓薛,与尚书薛能同族,出家荆门。与齐己、栖蟾、虚中等同时且互相酬唱,为著名诗僧。工五言诗,有集五卷,今存诗34首。尚颜《送朴山人归新罗》曰:

浩渺行无极,扬帆但信风。云山过海半,乡树入舟中。波定遥天出,沙平远岸穷。离心寄何处,目击曙霞东。②

这首赠别诗当作于朴山人即将启程回国之际。诗中描绘想象中的海上风光和历程,表达对友人的深厚情谊,语言精练,意境优美,情感真挚。朴山人具体姓名及生平事迹不详。此诗《全唐诗》卷五五六又作马戴诗,有学者认为"朴山人当文士之未出仕者。马戴与顾非熊善,为文字至交,疑此朴山人可能即为非熊文友朴处士也"。③ 又,《千载佳句》卷下"隐逸部·隐士类"有新罗人朴昂诗一联,④ 此朴昂或即朴山人。

金立之与青龙寺僧　新罗留学生在唐期间常游览寺院,多有佳作。如崔致远有《题润州慈和寺》、朴仁范有《题泾州龙朔寺》、朴寅亮有《题泗州龟山寺》等。徐居正《东人诗话》因此赞之曰:"方兴胜览,皆载之,吾东人之以诗,鸣于中国。自三君始,文章之足以华国

---

① 《崔文昌侯全集》,第 208 页。
② 《全唐诗》卷八四八,第 9603 页。
③ 谢海平:《唐代诗人与在华外国人之文字交》,第 113 页。
④ 朴昂《寻太一王山人路次云际寺》今存一联:"明主十征何谢病,烟霞不许作尧臣。"《千载佳句》,第 147 页。

如此。"① 在游览寺院，创作佳制的同时，他们也与高僧大德多有交游。而唐朝僧侣多善诗文，故而也留下了很多新罗留学生留赠唐朝僧人的诗作。《全唐诗逸》卷中存金立之《赠青龙寺僧》残句云：

绀殿雨晴松色冷，禅林风起竹声余。②

金立之生卒年不详，为敬宗宝历元年（825）赴唐宿卫习业的新罗留学生。③《东史纲目》卷五记载金立之为新罗留学生中在唐登科者，④ 严耕望以为其在唐登科时间当在文宗太和开成间。⑤ 金立之在唐留学期间其他事迹无考。青龙寺在长安新昌坊南门东，⑥ 从诗题可知金立之在长安留学期间曾游览此寺，与寺僧交往且以诗留赠。

金立之与无名僧人 《全唐诗逸》卷中另有金立之《赠僧》残句云：

更有闲宵清净境，曲江澄月对心虚。⑦

从末句"曲江"一词推测，这位僧人修行之寺亦在西京长安。这两句与前揭《赠青龙寺僧》残句都是通过对佛寺自然景色的描绘，表达诗人对忘却世俗、澄心静虑、在清净宁馨境界中生活的僧侣的崇敬。从频繁游寺和赠诗中也可看出，金立之乐与僧人往来并与他们交好。

三 留学生与唐代文人诗歌交往的文学史意义

留学生与唐代文人的诗歌交往不仅密切了唐王朝与周边国家的友好关系，而且对双方的诗歌创作也产生了积极作用。

留学生在唐代学习，获得诗歌创作才能，又与唐朝诗人往来，诗歌创

---

① [朝鲜] 徐居正：《东人诗话》卷上，蔡镇楚主编：《域外诗话珍本丛书》第 8 册，北京图书馆出版社 2006 年版，第 178 页。
② 《全唐诗·全唐诗逸》卷中，第 10194 页。
③ 《册府元龟》卷九九九，第 11560 页。
④ 《东史纲目》卷五，第 346 页。
⑤ 《新罗唐学生与僧徒》，《唐史研究丛稿》，第 433 页。
⑥ 李芳民：《唐五代佛寺辑考》，商务印书馆 2006 年版，第 26 页。
⑦ 《全唐诗·全唐诗逸》卷中，第 10194 页。

作有明显模仿倾向。兹以崔致远与罗隐诗歌创作的相似性为例来说明留学生与唐代诗人诗歌交往对留学生汉诗创作的影响。

　　罗隐与崔致远诗歌交往的记载见于《三国史记·崔致远传》："始西游时，与江东诗人罗隐相知。隐负才自高，不轻许可人，示致远所制歌诗五轴。"① 有学者考证二人初次交往在咸通九年（868）至乾符初年（874）间，即崔致远初抵唐土"观光六年"期间。② 罗隐生于大和七年（833），崔致远咸通九年（868）12 岁入唐时罗隐已 36 岁，比崔致远年长 24 岁。有学者以为，从二人年龄及诗坛地位看，崔致远应奉罗隐为师，得到了罗隐的指教，两人很可能是师生关系。③ 再结合罗隐为人"介僻寡合""恃才忽睨"④ 的个性和《三国史记》所载他品读崔致远所作歌诗五轴来看，二人应该有过较为密切的诗歌交往。再者，崔致远在唐好友顾云、张乔以及和崔致远有文字往来的郑畋、萧述和裴澈诸人都与罗隐交好，也可证明崔致远和罗隐之间有过密切的诗歌交往。⑤ 罗隐对崔致远诗歌创作有着重要影响，二人诗歌有很多相似点和相同点，从中可以看出崔致远曾有意取法借鉴罗隐诗。

　　首先，从诗歌体式上看，二人所作诗歌七律占绝大多数。罗隐现存 400 多首诗作，七言律诗 200 多首，约占总数的一半强。⑥ 崔致远汉诗文集《桂苑笔耕集》30 首诗中七言律诗就有 15 首，占总数的 50%。晚唐诗人普遍偏重七言近体，韦庄、韩偓、杜荀鹤、司空图、郑谷几位重要诗人皆是如此。晚唐诗坛这种偏重七言近体尤其是七言律诗的整体倾向在罗隐诗中表现得最为突出，现存罗隐七言律诗 200 多首，仅次于白居易七言律诗的 600 首，居全唐第二。因此，不能排除罗隐这种体裁偏好影响到崔致远创作时的体式选择。崔致远能开启新罗汉诗七言近体的先河，与其在唐学诗的环境和罗隐的影响有直接关系。

----

　　① 《三国史记》卷四六，第 656 页。
　　② 汪德振：《罗隐年谱》，商务印书馆 1937 年版，第 6 页。
　　③ 柳晟俊：《罗隐诗与新罗崔致远之关系》，《唐代文学研究》第十一辑，广西师范大学出版社 2006 年版，第 715—728 页。
　　④ 《唐才子传校笺》卷九，第 123—124 页。
　　⑤ 《罗隐诗与新罗崔致远诗之关系》，第 717 页。
　　⑥ 据雍文华校辑《罗隐集·甲乙集》（中华书局 1983 年版）中所收罗隐诗歌统计。

其次，从诗歌用韵方式上看，罗隐和崔致远的七言近体诗大都首句入韵。罗隐诗中首句入韵诗占很大部分。如《鹦鹉》："莫恨雕笼翠羽残，江南地暖陇西寒。劝君不用分明语，语得分明出转难。"① 首句就已入韵，韵为上平声"寒"部，韵脚字分别为残、寒、难。又如《偶题》："钟陵醉别十余春，重见云英掌上身。我未成名君未嫁，可能俱是不如人！"② 也是首句入韵，韵脚为上平声"真"部，整首诗韵脚分别为春、身、人。罗隐七言近体首句入韵者还有很多，如《雪》《黄河》《自遣》等。崔致远诗中也颇多此种用韵方式。如《留别女道士》："每恨尘中厄宦途，数年深喜识麻姑。临行与为真心说，海水何时得尽枯。"③ 诗首句入韵，韵是上平声"虞"部，韵脚字分别为途、姑、枯。再如《和友人除夜见寄》："与君相见且歌吟，莫恨流年挫壮心。幸得东风已迎路，花好时节到鸡林。"④ 也是首句入韵，韵为下平声"侵"部，韵脚字为吟、心、林。其《登润州慈和寺上房》《秋夜雨中》等诗用韵也是如此。这样的相同点说明崔致远曾细心琢磨并有意效法罗隐作诗的法度。

再次，诗歌风格相似。一般说来，每个诗人都有自己的主导性风格，此外又有多样性的艺术面向。罗隐诗的主导性风格是深沉雄博，⑤ 也有不少通俗晓畅、清新纤丽之作。这些通俗清丽之作，与崔致远诗风颇为相似。如宋人魏庆之《诗人玉屑》曾引罗隐《秋浦》为证来说明其风格之清新：

　　清新：野色寒来浅，人家乱后稀。⑥

---

① 《罗隐集·甲乙集》，第 46 页。
② 同上书，第 132 页。
③ 《桂苑笔耕集校注》卷二○，第 751 页。
④ 同上书，第 765 页。
⑤ 清人钱良择云："昭谏今体诗气雄调响，罕与为匹。"（清）钱良择：《唐音审体》卷一六，转引自陈伯海《唐诗汇评》第 6 册，上海古籍出版社 2015 年版，第 4239 页。洪亮吉《北江诗话》也说："七律至唐末造，惟罗昭谏最感慨苍凉，沉郁顿挫，实可以远绍浣花，近俪玉溪。盖由其人品之高，见地之卓，迥非他人所及。"（清）洪亮吉撰，陈迩冬校点：《北江诗话》卷六，人民文学出版社 1998 年版，第 99 页。
⑥ （宋）魏庆之：《诗人玉屑》卷三，上海古籍出版社 1959 年版，第 62 页。

罗隐《秋浦》原文如下：

> 晴川倚落晖，极目思依依。野色寒来浅，人家乱后稀。久游身不达，多病意长违。还有渔舟在，时时梦里归。①

诗用"思依依""时时"等浅显语汇表达秋日里的强烈思乡之情。兹崔致远《秋日再经盱眙县寄李长官》与之比较：

> 孤蓬再此接恩辉，吟对秋风恨有违。门柳已凋新岁叶，旅人犹着去年衣。路迷霄汉愁中老，家隔烟波梦里归。自笑身如春社燕，画梁高处又来飞。②

可以看出，罗隐《秋浦》与崔致远诗诗意相通，都在相同季节倾诉乡愁。出人头地的愿望、孤独失意的情怀，也颇为一致。两首诗都风格清新、情感深沉。

罗隐诗中有不少用白话浅语言情的通俗晓畅之作，崔致远汉诗中也有同类风格的篇章。如罗隐《自遣》云："得即高歌失即休，多愁多恨亦悠悠。今朝有酒今朝醉，明日愁来明日愁。"③用浅切通俗的语言，道出了诗人屡屡落第的失意和借酒浇愁的痛楚心境，风格晓畅又蕴含哲理。他如"耳边要静不得静，心里欲闲终未闲"（《寄右省王谏议》），"劝君不要分明语，语得分明出转难"（《鹦鹉》），风格都是如此。崔致远也有类似诗作。如《途中作》："东飘西移路歧尘，独策羸骖几苦辛。不是不知归去好，只缘归去又家贫。"④用"东飘西移""几苦辛"这样的口语感慨时光流逝、旅途艰难。诗人自乾符三年（876）往湖南拜见时任湖南观察使的座主裴瓒，其后又往长安参加吏部铨选，直至乾符四年（877）出任江南东道宣州溧水县尉，半年多的时间里，为求官奔走于各地，所以才有上述烦恼。"不是不知归去好，只缘归去又家贫"通俗似口语，将心中对"久客"厌倦而又无法摆脱的心情明白地表达了出来。此外如"自识君来几度

---

① 《罗隐集·甲乙集》，第155页。
② 《孤云先生文集》卷一，《崔文昌侯全集》，第29页。
③ 《罗隐集·甲乙集》，第45页。
④ 《孤云先生文集》卷一，《崔文昌侯全集》，第25页。

别,此回相别恨重重"(《送吴进士峦归江南》),"谁知天上曲,来向海边吹"(《旅游唐城赠先王乐官》)等诗都语言通俗浅近,诗风明白晓畅,与罗隐诗作风格有明显相通之处。

最后,直接借用诗句。崔致远有些诗作中甚至直接借用罗隐诗中语词。其中以对姑苏台的描写最为典型。《唐才子传》"罗隐"记载:"镠初授镇,命沈崧草表谢,盛言浙西富庶。隐曰:'今浙西焚荡之余,朝臣方切贿赂,表奏,将鹰犬我矣。'镠请隐更之,有云'天寒而麋鹿曾游,日暮而牛羊不下。'"① 而崔致远《姑苏台》残联亦有"荒台麋鹿游秋草,废院牛羊下夕阳"② 句。当然也可以说二诗皆用《诗经·王风·君子于役》中"日之夕矣,羊牛下来"之典,但罗诗的关键词语"麋鹿游""牛羊下"在崔诗中同时出现,不能不说是崔致远有意模仿罗隐的结果。再如罗隐《秋浦》中有"还有渔舟在,时时梦里归"句,崔致远直接借用"梦里归"三字,并袭罗诗意趣,作"家隔烟波梦里归"(《秋日再经盱眙县寄李长官》)。类似例证还有很多,说明崔致远的诗歌创作借鉴了罗隐诗中的很多语汇。

中土文人在与外邦士子交往过程中,也常虚心向他们学习,向他们求取文字,③ 借以了解异域风情。留学生带来的海上景观、航海经历、异域事物,开阔了唐代文人的视野,丰富了唐诗意象,充实了唐诗内容。这是留学生与唐代文人诗歌交往带给唐诗创作的新变化。

日本、新罗都与大唐隔海相望,留学生赴唐须经过较长时间的海上航行。新罗与大唐的通道既有陆路又有海路,陆路由营州出发,渡过辽水到安东都护府,再渡鸭绿江、清川江、大同江,最后到达新罗都城。海路则由登州入海至大同江或汉口江或临津江口之长口镇(穴口镇)。④ 由于陆

---

① 《唐才子传校笺》卷九,第 120 页。
② 《孤云先生文集》卷一,《崔文昌侯全集》,第 32 页。
③ 《东人文序》记载《东人文》(已佚)的编选缘起时就提到这点说:中土诗人在与韩邦士子相交接时,"间有求见东人文字者,予直以未有成书对。退而耻焉,于是始有撰类书之志。……起于新罗崔孤云,以至忠烈王时,凡名家者,得诗若干首,题曰五七;文若干首,题曰千百;骈俪之文若干首,题曰四六。总而题其目曰《东人之文》。……欲观东方作文体制,不可舍此而他求也"。"东文选"卷八四,第 349 页。说明中土诗人在与外邦士子交接的过程中有求取对方文字、虚心学习借鉴的举动。
④ 《新唐书·地理志》载:"一曰营州入安东道;二曰登州海行入高丽渤海道。"《新唐书》卷四三,第 1146 页。

路遥远，新罗留学生赴唐大多通过海路。若是顺风两三日便可到达，① 尽管路程较近但海上征程同样艰险异常，漂浮海上或葬身鱼腹事件时有发生。据《三国史记》记载，太和五年（831），入唐进奉使金能儒一行在完成使命返回新罗途中沉溺于海；咸通三年（862），入唐使阿飡富良一行遇风溺海而亡；景福二年（893），兵部侍郎金处诲入唐纳旌节也命丧海上。唐朝王文干于开成五年（840）奉使新罗，其归国后所述海上遭遇颇能说明新罗使者和留学生赴唐途中所历险难："王事斯毕，回橹累程，潮退反风，征帆阻驻，未达本国，恐惧在舟，夜耿耿而罔为，魂营营而至曙。呜呼！险阻艰难，备尝之矣。及其不测，妖怪竞生。波滉瀁而滔天，云暧𫰛而蔽日。"② 由于当时缺少航海知识，留学生赴唐途中随时都可能发生船毁人亡的悲剧。

日本至唐只能通过海路，航行时间最短七至九天，最长三十四天甚至两年。③ 不仅航行时间长，而且日本航海技术和造船技术更为落后，留学生航海赴唐是名副其实的冒险之旅，顺利渡航成功者为数甚少。《续日本纪》生动记载了第 10 次遣唐使及留学生遭遇海难的可怕经历：

> 九月三日，发自扬子江口，至苏州常熟县，候风。其第三船在海陵县，第四船在楚州盐城县，并未知发日。十一月五日，得信风，第一、第二船同发入海。比及海中，八日初更，风急波高，打破左右棚根，湖水满船，盖板举流，人物随漂，无遗夕撮米水。副使小野朝臣石根等三十八人、唐使赵宝英等二十五人，同时没入，不得相救。但臣一人潜行，着舳舰角，顾眄前后，生理绝路。十一日五更，帆樯倒于船底，断为两段。舳舻各去，未知所到。四十余人累居方丈之舳，举舳欲没。载缆抛柂，得少浮上，脱却衣裳，裸身悬坐。米水不入

---

① 《入唐求法巡礼行记》载："登州牟平县唐阳村之南边，去县百六十里，去州三百里，从此东有新罗国。得好风两三日得到新罗。"见[日]圆仁《入唐求法巡礼行记校注》卷一，白化文等校注，花山文艺出版社 1992 年版，第 150 页。
② （会昌 037）《大唐故中大夫行内侍省给事员外置同正员上柱国赠绯鱼袋王公墓志铭并序》，《唐代墓志汇编》，第 2237—2238 页。
③ 日本第 10 次遣唐使船为狂风所颠簸，在海上漂流了 34 天才漂抵福州一带。第 9 次遣唐使团的第二船就一度被吹回中国，再次出发抵达日本时，比第一船整整晚了两年。

口，已经六日。以十三日亥时，漂着肥后国天草郡西仲嶋。臣之再生，叡造所救。不任欢幸之至，谨奉表以闻。①

从中可知：副使小野石根等 60 余人刹那间被海水淹没，船从中间折为两段，40 多人为了减轻断裂船只负载重量而脱去衣物，裸身聚在船尾，6 天之间，不饮不食，一直漂流。按照日本遣唐使团人员构成，船上除大使、副使、判官、录事和翻译、水手、射手、工匠等人员以外，也有留学生。因为每次遣唐使归国时都要带回上次派遣的赴唐留学生。这次归国遇难遣唐使团成员中就有留学生船连夫子。② 这虽然是遣唐使团归国海程中的遭遇，但其实赴唐海途的惊险艰难与归途并无二致。

因为有遣唐使和留学生们这样的真实体验，日本诗人对大海和航海艰险的了解十分深切，涉及渡海赴唐的文学作品中，对海上航行和海上景观的描写都凶险骇人。如日本小说《宇津保物语》中描写的主人公清源俊荫，16 岁随遣唐使团前往唐朝，但在航海途中遭遇暴风，3 只船有 2 只遭到破坏，清源俊荫所乘船只幸而未沉，却漂到了波斯国，遭遇种种危险，23 年后才得以搭乘商船回到日本。这些情节正是留学生和遣唐使真实经历的写照。另一部小说《竹取物语》对航海凶险的描写也慑人心魄：

那船漂泊了很久，终于离开我们的日本国，飘向远方去了。有时风浪很大，那船似乎要沉没到海底去了。有时被风吹到了莫名其妙的国土，其中走出些鬼怪来，我几乎被他们杀死呢！有时完全失却方向，成了海中的迷途者。有时食物吃光了，竟拿草根来当饭吃。有时来了些非常可怕的东西，想把我们吞食。有时取海贝来充饥，苟全性命。有时生起病来，旅途无人救助，只得听天由命。这样地住在船中，听凭它漂流了五百天。③

小说虽有虚构成分，但航海经历却都以事实为依据，其中的风暴、漂流、

---

① 《续日本纪》卷三五，第 620 页。
② 武安隆：《遣唐使》，第 89 页。
③ [日] 佚名撰：《落洼物语》，丰子恺译，人民文学出版社 1984 年版，第 10 页。

饥饿、疾病都是遣唐使和留学生们所遭遇过的。可见，日本遣唐使和留学生们的亲身经历真切地反映在了日本小说中，也使日本文学作品描写的大海及航海呈现出凶险、艰难的特征。

与日本文学作品中对大海及航海的描述相比，唐人文学作品中的大海却是另一番景象。

首先，唐代诗人大都生活在大陆，大海是他们经验范围以外的事物，他们对大海的认知多通过前代典籍获得。而前代典籍中的大海都是遥远、美好、神秘的，多和逍遥自在、长生不死的神仙联系在一起。因此在唐诗中，大海往往与求仙、仙人、学仙等主题绾结在一起。

在唐前典籍中，多有海中仙岛及仙境的记载。如《列子·汤问》云：

> 其中有五山焉：一曰岱舆，二曰员峤，三曰方壶，四曰瀛洲，五曰蓬莱。其山高下周旋三万里，其顶平处九千里。山之中间相去七万里，以为邻居焉。其上台观皆金玉，其上禽兽皆纯缟，珠玕之树皆丛生，华实皆有滋味；食之皆不老不死。所居之人皆仙圣之种；一日一夕飞相往来者，不可数焉。而五山之根无所连著，常随潮波上下往还，不得暂峙焉。①

这五座神山都在海中，是仙人居住之所，不仅有仙人而且有长生不老之药。秦皇汉武都曾使人前往求取仙药。② 这些关于海中仙岛、仙人和仙药的记载及帝王遣使求取仙药的故事，为自幼便熟读典籍的唐代诗人所熟知，常用来作为诗歌素材。如张籍《求仙行》云："汉皇欲作飞仙子，年年采药东海里。蓬莱无路海无边，方士舟中相枕死。"③ 胡曾《咏史诗·东海》云："东巡玉辇委泉台，徐福楼船尚未回。自是祖龙先下世，不关

---

① 杨伯峻：《列子集释》卷五，中华书局1979年版，第152页。
② 《史记·封禅书》载："自威、宣、燕昭使人入海求蓬莱、方丈、瀛洲。此三神山者，其传在勃海中……盖尝有至者，诸仙人及不死之药皆在焉。"《史记》卷二八，第1369页。《史记·秦始皇本纪》亦载："齐人徐市等上书，言海中有三神山，名曰蓬莱、方丈、瀛洲，仙人居之。请得斋戒，与童男女求之。于是遣徐市发童男女数千人，入海求仙人。"《史记》卷六，第247页。《史记·孝武本纪》又载："（天子）遣方士入海求蓬莱安期生之属"。《史记》卷一二，第455页。
③ 《全唐诗》卷三八二，第4281页。

无路到蓬莱。"① 宋务光《海上作》云:"汉主探灵怪,秦王恣游陟。搜奇大壑东,竦望成山北。方术徒相误,蓬莱安可得。"② 这些有关大海的诗都是以秦皇、汉武遣人往海中蓬莱仙岛求取仙药故事为言说中心。在很多诗人笔下,凡是关涉仙人、求仙、学仙主题,必然会出现海中仙岛。如王绩《赠学仙者》云:"采药层城远,寻师海路赊。"③ 唐玄宗《送玄同真人李抱朴谒灊山仙祠》曰:"城阙天中近,蓬瀛海上遥。"④ 韦渠牟《步虚词十九首》其十八曰:"仍闻碧海上,更用玉为楼。"⑤ 在这些诗中,大海是仙境的代名词,是仙人、仙药、长生等美好事物的象征。

其次,唐代诗人描写海上景观呈现出模式化、标签化的倾向,但凡写到大海,必然要用到日、月、云霞、海波、海潮等自然意象和神话传说中的蛟龙等虚拟意象。

在有关大海的诗句中,日、月是常见意象。"玉蟾离海上"⑥ "日出扶桑头"⑦ 是典型的海、日、月意象的组合。唐人所写的海,总是云霞缭绕,宁静祥和的。如骆宾王《海曲书情》云"白云照春海",⑧ 宋之问《送武进郑明府》云"夏云海中出",⑨ 王建《鸡鸣曲》云"红霞生海腹"。⑩ 在唐代诗人笔下,大海浩波漫漫,画面开阔壮美,一片祥和。

除了这些自然意象常被用来描写大海外,在神秘的大海中还有传说中的龙宫,龙这一虚拟动物常与大海组成诗歌意象。如吉中孚《送归中丞使新罗册立吊祭》云:"气积鱼龙窟,涛翻水浪声。"⑪ 权德舆《古兴》云:"海底有龙珠,下隔万丈渊。"⑫ 牟融《寄周韶州》云:"海底骊龙不见珠。"⑬

---

① 《全唐诗》卷六四七,第 7423 页。
② 《全唐诗》卷一〇一,第 1078 页。
③ 《全唐诗》卷三七,第 483 页。
④ 《全唐诗》卷三,第 33 页。
⑤ 《全唐诗》卷三一四,第 3533 页。
⑥ 李白:《初月》,《李太白全集》卷三〇,第 1405 页。
⑦ 长孙佐辅:《楚州盐壖古墙望海》,《全唐诗》卷四六九,第 5336 页。
⑧ 《全唐诗》卷七九,第 853 页。
⑨ 《全唐诗》卷五二,第 638 页。
⑩ 《全唐诗》卷二九,第 419 页。
⑪ 《全唐诗》卷二九五,第 3352 页。
⑫ 《全唐诗》卷三二〇,第 3606 页。
⑬ 《全唐诗》卷四六七,第 5308 页。

长期生活在大陆上的唐代诗人,诗中但凡写到大海,上述几个固定意象就成了惯常用语,这些固定意象构建的大海也都是辽阔、平和而美丽的。

留学生赴唐改变了唐代诗人描写大海的固有模式,使他们从书本上得来的大海印象被彻底颠覆,诗歌创作中有关大海的描写从此发生了重大变化。这样的变化在与留学生有密切交往的唐人诗作中表现尤为显著。

第一,在与留学生密切交往并深切了解到大海变幻无常、满布惊涛骇浪的特征以及航海历程的艰难险恶之后,唐代诗人们一改以往模式化的日月升起、云霞缭绕、浩波漫漫、夜潮轻涌的辽阔、平和、唯美的大海描写,而变为竭尽所能地描摹大海的变幻莫测、难以掌控和不可捉摸,着力强调海上航行的艰险,诗歌中的描写更接近大海的真实面貌,读之震撼人心。如林宽《送人归日东》:

沧溟西畔望,一望一心摧。地即同正朔,天教阻往来。波翻夜作电,鲸吼昼为雷。门外人参径,到时花几开。①

诗为赠别新罗友人而作。第三联对大海的描写令人触目惊心:"电"极言大海波涛之急,"雷"极言波涛声音之大,如海底大鲸发出雷一般的吼声。前者描写海之形,后者描写海之声,全诗将海之险描摹得淋漓尽致。

再如王维送别晁衡的诗中描写航海之险难与大海之恐怖:

积水不可极,安知沧海东?九州何处所,万里若乘空。向国惟看日,归帆但信风。鳌身映天黑,鱼眼射波红。乡树扶桑外,主人孤岛中。别离方异域,音信若为通。②

诗中"鳌身映天黑,鱼眼射波红"两句描写最有特色:巨鳌身影映黑天空,大鱼眼睛迸射红光,黑影、红光、蓝天、碧波,构成一幅光怪陆离的阔大画面,神秘、奇诡又恐怖。这些描写也许有想象夸饰成分,但视距很

---

① 《全唐诗》卷六〇六,第 7001 页。谢海平认为:"唐人所称日东,多指日本,惟此诗称'地即同正朔',而邻邦之中,唯新罗至唐高宗以后奉唐为正朔,则此处日东当指新罗。又'门外人参径'句亦可为证。"见《唐代诗人与在华外国人之文字交》,第 127 页。
② 王维:《送秘书晁监还日本国》,《王维集校注》,第 319 页。

近，物象具体，和以往唐诗中那种印象式的大海大不相同。此外，再如沈颂《送金文学还日东》云："烟雾积孤岛，波涛连太空。"① 吴融《送僧归日本国》云："无风亦骇浪，未午已斜晖。"② 等等。可见唐代诗人对大海有了更具体、真切、全面的了解，而留学生应该是他们获得这些信息的重要来源。

总之，留学生与唐代诗人的交往使大多数诗人改变了以往凭借书本知识和想象描写大海的传统，转而描摹大海的凶险和变幻无常。通过与留学生的交往和交流，唐代诗人对大海的认知更贴近其本来面貌，描写更接近大海的真实样态。这无疑是唐代诗人与留学生交往使知识面得以扩充给诗歌创作带来的新变化。

第二，留学生带来的海外新事物丰富了唐人的诗歌意象。意象是构成诗歌的基本元素，承载着诗歌的时代文化信息，不同时代的文化特征都会或多或少折射到诗歌意象上。与唐代实行对外开放政策相对应，唐人可以很方便地从外来者那里了解新事物。提供新事物讯息的外来者中，留学生是掌握文化知识最多的人，所携信息更丰富、更准确，也更系统，讲述能力也最强。异域新事物通过留学生源源不断地进入唐代诗人的认知范围和语汇系统，并在诗歌创作中体现出来，于是他们的诗歌中涌现出了一批新意象，如日本裘、海藻、人参、金桃、红螺、水精，等等。

"日本裘"最早出现在李白诗中。李白《送王屋山人魏万还王屋》"身着日本裘"句下自注云："裘则朝卿所赠，日本布为之。"③ 日本留学生赴唐前日本国都会赐予一定数量的物品，获赐物品中就有日本布。据《延喜式》记载，留学生、学问僧各绢四十匹、绵一百屯、布八十端，④ 晁衡赠予李白的日本裘极有可能就是日本国赐予他的日本布制成。因此，李白称之为"日本裘"，并成为他诗歌中新的意象。

人参，是新罗名贵物产，随着赴唐留学生传入大唐。如新罗留学生崔致远在淮南节度使幕府时，就曾将新罗特产海东人参作为生辰贺礼赠

---

① 《全唐诗》卷二〇二，第 2113 页。
② 《全唐诗》卷二三七，第 2638 页。
③ 《李太白全集》卷一六，第 748 页。
④ 《延喜式》卷三〇，第 876—877 页。

予高骈。① 人参就借由留学生而被唐代诗人所了解并被转化为诗歌意象。章孝标《送金可纪归新罗》即云："想把文章合夷乐,蟠桃花里醉人参。"② 诗以蟠桃指代仙境,而以新罗名贵特产人参之醉拟人化地烘托仙境氛围。人参被唐代诗人们转化成诗歌意象,屡屡出现在和新罗有关的诗作中。如顾况《送从兄使新罗》云："鬓发成新髻,人参长旧苗。"③ 林宽《送人归日东》云："门外人参径,到时花几开。"④ 人参在这些诗作中不仅是崭新的意象,也是新罗国的符号。

海藻是大海中一种不开花、无果实、无种子的藻类,一般生长在低潮线以下浅海区域,即海洋与大陆的交接处。海藻具有抗癌、抗病毒、净化血液等功效,当时新罗海藻的药用价值已经被发掘出来,新罗留唐僧人就用海藻为唐人治病。但唐代诗人对这种海中植物却一无所知,借由新罗留唐僧人的传播才对其有所了解。张籍《赠海东僧》云："别家行万里,自说过扶余。学得中州语,能为外国书。与医收海藻,持咒取龙鱼。更问同来伴,天台几处居。"⑤ 这位与张籍有交往的海东僧人,既学会了中州语言,又能书写外国文字,极可能就是赴唐习业的学问僧。这位学问僧将海藻作为疗病药物使之为诗人张籍所知,张籍在送别他时将这种新物事写入诗中,变成了诗歌意象。

唐代留学生及赴唐使者与唐代诗人的密切交往还带来了其他很多新物事,如日本物产金桃、⑥ 异域矿产水精、⑦ 滨海物产红螺等,⑧ 这些新物事也都被唐代诗人转化为诗歌意象。由此可见,很多异域新事物通过留学生

---

① 崔致远:《桂苑笔耕集校注》卷一八,第651页。
② 《全唐诗》卷五〇六,第5753页。
③ 《全唐诗》卷二六六,第2958页。
④ 《全唐诗》卷六〇六,第7001页。
⑤ 《全唐诗》卷三八四,第4319页。
⑥ 唐朝诗人颜萱写给与之有密切交往的日本学问僧圆载的赠诗《送圆载上人》曰:"禅林几结金桃重,梵室重修铁瓦轻。"小注曰:"日本金桃,一实重一斤。"见《全唐诗》卷六三一,第7240页。
⑦ 日本学问僧圆仁在《入唐求法巡礼行记》中称他带入唐土赠人的物品有:"水精念珠两串,银装刀子六柄,班笔廿管,螺子三口。"可证水精、螺子也是由遣唐留学人员带入大唐的。见《入唐求法巡礼行记校注》卷一,第65页。
⑧ 许浑《送友人罢举归东海》云:"海风吹白鹤,沙日晒红螺。"《全唐诗》卷五三一,第6072页。

及赴唐使者而被唐人所熟知，并被加工成为诗歌意象，从而扩充了唐诗意象的范围。美国学者爱德华·谢弗《唐朝的外来文明》一书所载唐时传入的外来物品中，有不少在唐诗中可以看到，这些外来物品被唐人所了解并进入诗歌创作，赴唐留学生无疑是最重要的传播媒介。

留学生带来的异域新事物对唐人小说创作也产生了影响。

首先，异域民间传说的传入丰富了唐人小说的素材。如《酉阳杂俎》中就有一则以新罗民间故事为素材的小说：

> 新罗国有第一贵族金哥。其远祖名旁𠄢，有弟一人，甚有家财。其兄旁𠄢因分居，乞衣食。国人有与其隙地一亩，乃求蚕谷种于弟，弟蒸而与之，𠄢不知也。至蚕时，有一蚕生焉，目长寸余，居旬，大如牛，食数树叶不足。其弟知之，伺间，杀其蚕。经日，四方百里内蚕，飞集其家。国人谓之巨蚕，意其蚕之王也。四邻共缲之，不供。谷唯一茎植焉，其穗长尺余，旁𠄢常守之。忽为鸟所折，衔去。旁𠄢逐之，上山五六里，鸟入一石罅。日没径黑，旁𠄢因止石侧。至夜半月明，见群小儿，赤衣共戏。一小儿云："尔要何物？"一曰："要酒。"小儿露一金锥子，击石，酒及樽悉具。一曰："要食。"又击之，饼饵羹炙，罗于石上。良久，饮食而散，以金锥子插于石罅。旁𠄢大喜，取其锥而还。所欲随击而办，因是富侔国力，常以珠玑赡其弟。弟方始悔其前所欺蚕谷事，仍谓旁𠄢："试以蚕谷欺我，我或如兄得金锥也。"旁𠄢知其愚，谕之不及，乃如其言。弟蚕之，止得一蚕，如常蚕。谷种之，复一茎植焉。将熟，亦为鸟所衔。其弟大悦，随之入山。至鸟入处，遇群鬼，怒曰："是窃予金锥者！"乃执之，谓曰："尔欲为我筑糠三版乎？欲尔鼻长一丈乎？"其弟请筑糠三版。三日饥困不成，求哀于鬼，乃拔其鼻。鼻如象而归，国人怪而聚观之，惭恚而卒。其后，子孙戏击锥求狼粪，因雷震，锥失所在。[①]

小说完全采用新罗民间故事作为主要情节，这说明异域民间故事确实已经进入了唐人小说创作之中，成为小说的题材。这则新罗民间传说能传入唐

[①]《酉阳杂俎校笺》续集卷一，第 1469—1470 页。

土并被唐代小说家接受,成为艺术再创造的基本骨架,传播者发挥了关键作用。虽然没有直接资料证明是新罗留学生将本国民间传说带入中土,但留学生与唐代文人之间的密切交往使他们在很大程度上具备了这种传播媒介的功能,最起码不能排除留学生充当传播媒介的可能性。这些外国民间故事丰富了唐人小说创作的素材,拓展了唐人小说的表现范围。

其次,唐代文人将留学生的事迹作为小说创作素材。新罗留学生金可记即是一例。金可记于唐武宗会昌年间(841—846)入唐,他"博学强记,属文清丽。美姿容,举动言谈迥有中华之风"。又"沉静好道""服气炼形,自以为乐"。① 在唐宣宗大中初宾贡科及第后,不愿仕唐为官,入终南山子午谷隐居,三年后渡海归国,后复返唐土,终于长安。其事迹原原本本地被唐人采纳,作为小说创作的原型,小说见《续仙传》,后被收入《太平广记》卷五三,题作《金可记》。

留学生与唐代文人的交往不仅给他们各自的诗歌和小说创作带来了新变化,而且有些留学生的汉诗文也对后代中土文人的词作产生了影响。如崔致远《兖州留献李员外》云:"芙蓉零落秋池雨,杨柳萧疏晓岸风。"② 宋代词人柳永《雨霖铃》云:"今宵酒醒何处,杨柳岸、晓风残月。"③ 俞平伯《唐宋词选释》注解柳词列举两例:一是韩琮《露》中"晓风残月正潸然",一是魏承班《渔歌子》中"窗外晓莺残月"。④ 崔诗、韩诗、魏词都早于柳永,柳词后出,措语更佳。若是追溯这两句柳词的来源,韩琮和魏承班诗词中虽有"晓风""残月"两个意象,但没有涉及主句"杨柳岸",而崔致远诗却已具备,由此看来崔致远《兖州留献李员外》对柳永词影响更为直接。留学生的优秀诗文作品对唐及以后中土文人创作的影响由此可以想见,这不仅是他们汉诗文创作的成功,也是唐代留学生教育的成功。

第四节　唐代留学生群体的文化作用

留学生久居唐土,对唐朝的典章制度、文化教育、文学艺术有深切了

---

① 《太平广记》卷五三,第329页。
② 《全唐诗·全唐诗逸》卷中,第10193页。
③ 唐圭璋:《全宋词》第1册,中华书局1965年版,第21页。
④ 俞平伯:《唐宋词选释》卷中,人民文学出版社1979年版,第75页。

解。这些留学生归国后大多活跃于本国政治、教育、文学、艺术等领域，充当了传播和弘扬唐朝文明的使者。尤其是日本和新罗，留学生往来最为频繁，留学生归国后对唐朝文化传播和本国文化建设所起的作用也至为关键。王辑五《中国日本交通史》云："我国文化之东渡，以唐代为最盛。除派遣使臣外，更益以留学生与学问僧，以为文化上之直接移植者。……留学生在唐既久，因受唐人同化，其衣食住等皆与唐人相同，并信仰其宗教，学习其文化制度，一旦离唐归国，遂于不知不识之间，将唐之文物制度传入日本矣。"① 赵润济《韩国文学史》也说："这些留学生和宾贡诸子都是具有新知识的少壮青年，归国以后一般都能得要职，文坛领导之权即为这些新进把握。因此，唐朝繁荣发达的文化被大批地带入韩国，韩国文化也由此获得巨大繁荣。"② 留学生在本国文化建设中的作用涵盖了官制、礼制、田制、税制、刑律、教育、文学、史学、书法、音乐、建筑等各个领域，这里仅就教育和文学两个方面展开分析。

一　留学生群体对本国教育的贡献

留学生在唐期间，多于中央官学习业，对唐朝官学机构设置、教育思想、教育内容等都有深入了解，归国后成为移植唐朝教育体制的中坚力量。其贡献主要表现在以下几个方面：

第一，参与本国教育体制构建。在教育体制方面，日本和新罗仿效唐朝最彻底，成效最显著。"日本古代学制之创置，系实施全盘华化（或可谓为唐化）。"③ 新罗 "国学领导体制、学科设置、培养目标、教育内容，均在仿照唐朝的中央官学"。④

日本教育体制创始于公元 668 年颁布的《近江令》，到《净御原令》已初具雏形，后经过《大宝令》和《养老令》补正，教育格局遂告确立。日本教育体制主要分为中央官学和地方官学两级。中央官学又分为两大系统，一是中央直系官学，指大学寮。大学寮包括两科，分别为算科和明经科。明经科下又包含书科、音科，为学生教授汉籍读法和写法。一是中央

---

① 王辑五：《中国日本交通史》，上海书店 1984 年版，第 73 页。
② ［韩］赵润济撰：《韩国文学史》，张琏瑰译，社会科学文献出版社 1998 年版，第 48 页。
③ 高明士：《日本古代学制与唐制的比较研究》，学海出版社 1986 年版，第 260 页。
④ 毛礼锐：《中国教育通史》第二卷，山东教育出版社 1986 年版，第 552 页。

旁系官学,指东宫、亲王府、典药寮、阴阳寮。日本东宫和亲王府类同于唐朝的崇文馆和弘文馆,典药寮和阴阳寮与唐朝的太医署、太卜署、太史局所辖教育机构相同。典药寮主要科目为医科、针科、按摩科、咒禁科、药园科。阴阳寮主要科目为天文科、历科和阴阳科。地方官学也分为两大系统,一为地方直系官学,主要修习经学;一为地方旁系官学,主要修习医学。

日本官学学生入学资格有一定身份限制。其中,东宫和亲王府只允许皇太子和亲王子弟入读。大学寮中明经科学生应为五位以上官员孙、东西史部子、八位以上子和地方官学中通二经以上者。算科学生为八位以下官员子及庶人子。历科、天文科、阴阳科、医科、针科、按摩科、咒禁科、药园科学生以各相应科目世袭者之子及庶人子为之。地方官学学生以郡司子弟及庶人子弟为之。① 就整个中央官学和地方官学而言,除东宫和亲王府学生身份特殊外,大学寮在学生身份上仍然为中层以上官员子孙为主,庶民子弟大部分集中于各类实科教育当中。这种对学生入学身份的规定与唐朝大致相同。

学生所修课程,各专科都有相应修习科目,与唐朝各专科所修科目大致相同。明经科修习经书,在经书教材方面,日本为七经,与唐朝九经相较,少了《公羊》《穀梁》两传。直至八世纪以后,《公羊》《穀梁》才被采用为大学寮教材。② 七经也仿效唐制,分为大经、中经、小经三类:《礼记》《左传》为大经;《毛诗》《周礼》《仪礼》为中经;《周易》《尚书》为小经。以《孝经》和《论语》为必修课。各科课程没有规定单独的修习年限,但官学学生在读总年限规定一如唐制,为九年。学业考查也模仿唐制,分为旬考、岁考和毕业考。学生修完学业,可参加贡举,也可依荫入仕。

从以上对日本教育体制的概述中可以看出,无论官学体系、科目类别、学生身份规定,还是课程设置、学习内容、习业年限、毕业出路,日本学制几乎完全以唐制为样板。

新罗教育体制是在统一三国后模仿唐制建立的。神文王二年(682),

---

① 《日本古代学制与唐制的比较研究》,第76—77页。
② 同上书,第99页。

始置国学。① 新罗国学主要讲授儒家五经（《诗经》《书经》《礼经》《易经》《春秋》）和三史（《史记》《汉书》《后汉书》），并仿唐制规定了相应学制。景德王六年（747），改国学为太学监，置诸业博士、助教讲授儒学，并规定了教学内容。主要课程为《周易》《尚书》《毛诗》《礼记》《左传》《文选》，《论语》《孝经》为必修课，还增设了医学、算学、天文、漏刻博士。至此新罗学制臻于完备。

新罗还模仿唐代科举制，一改以往以弓箭选人之旧制，在元圣王四年（788）设立了"读书三品"制度，其具体内容为："读《春秋左氏传》，若《礼记》，若《文选》，而能通其义，兼明《论语》《孝经》者为上；读《曲礼》《论语》《孝经》者为中；读《曲礼》《孝经》者为下。若博通五经、三史、诸子百家书者，超擢用之。"② 这种以《文选》和儒家经典为考试内容，并按照成绩等级选择官吏的制度，进一步确立了文学和儒学在新罗教育中的主导地位。

总而言之，新罗官学机构、课程内容、专业设置，甚至以文学和儒学为主要内容的取士方法，皆是参照唐制而来。其中教授《文选》是新罗教育内容的一大特色。朝鲜学者金台俊说："在新罗人的教科书中，《文选》被视为第一必需，直至丽初，仍未脱此窠臼。"③ 唐代官学课程中虽没有正式列入这项内容，然而士子却无不视《文选》为应举宝典。新罗将《文选》设为官学课程，也有借以学习中国诗文的目的。

日本、新罗两国在将唐代教育体制移植到本国并逐渐构建出符合自身需要的教育体制过程中，留唐学生起到了主要作用。

各国向唐朝派遣留学生的目的就是系统学习并向本国输入唐朝先进文物制度。日本归国留学生惠日等曾向天皇奏称："大唐国者，法式备定，珍国也，常须达。"④ 在学习大唐文明方面，新罗也不落后。徐居正在《进〈东文选〉笺》中宣称："罗人入唐学，北方莫之或先。"⑤ 可知日本和新

---

① 转引自高明士《东亚教育圈形成史论》，上海古籍出版社2003年版，第214页。
② 《三国史记·新罗本纪》，《三国史记》卷一〇，第135页。
③ 《朝鲜汉文学史》，第8页。
④ 《日本书纪》卷二二，第391页。
⑤ 转引自谭家健《骈文在域外之传播研究（之三）——朝鲜王朝骈文述略》，陕西师范大学文学院编《长安学术》第八辑，商务印书馆2016年版，第3页。

罗都很重视学习大唐，留学生们抵达大唐所学除了书本知识以外，唐王朝完备而先进的教育体制应该也是他们学习和输入本国的重要内容。

各国留学生在唐习业都有期限，到期便被召回。推古天皇三十一年，惠日等奏曰："留于唐国学者，皆学以成业，应唤。"① 新罗以十年为留学期限，到期必须回国。这些学成留学生之所以被召唤回国，就是要其参与本国建设，将所学知识施用于本国，这是各国争相派遣留学生赴唐的初衷和最终目的。留学生在唐习业期间，分布于唐中央官学各学馆之中，身处其中时日既久，对唐朝官学教育体系设置及运作了然于胸。加之留学生归国后多被安排在教育文化系统内工作，承担教职，更便于他们参与本国教育体制建构，唐朝教育体制由此被留学生移植于海外的情况便可以想见。

第二，移植唐朝学礼——释奠礼。唐朝学校实行庙学制，② 庙学制的学礼，就是释奠礼。释奠礼最早见于《礼记·文王世子》："凡学，春官释奠于其先师，秋冬亦如之。凡始立学者，必释奠于先圣、先师。"郑玄注曰："释奠者，设荐馔酌奠而已。"③ 唐朝庙学释奠礼的祭拜对象，除先圣孔子、先师颜渊之外，贞观二十一年（647）又增列先儒左丘明等22人配享从祀，开元七、八年以后又增列"十哲"（十位孔子的及门弟子）预享，到开元二十年（732）制定《开元礼》时又增列72子从祀。总之，自贞观四年庙学制确定后，释奠礼的礼祭对象即确立为圣孔师颜，尽管以后从祀者不断增加，但孔子为先圣、颜渊为先师再未改变。唐朝庙学制及其释奠礼，也被东亚诸国所吸收，这是东亚教育圈构成的共同要素。唐朝教育的这些特点能远播东亚诸国，留学生传布之功不可忽视。

在日本，释奠礼最早见于大宝元年（701）。《续日本纪》"大宝元年二月"于"丁巳，释奠"下注曰："释奠之礼，于是始见矣。"④ 大宝二年

---

① 《日本书纪》卷二二，第391页。
② 所谓庙学制，指于学校内建置圣庙，并在圣庙内举行学礼。唐朝于贞观二年（628）诏令学校专祀孔、颜，以孔子为先圣，颜渊为先师。贞观四年（630）诏令全国州县官学建置孔庙，这一诏令将庙学制普遍推广于地方县学，庙学制由此定型。此后，孔庙与学校成为不可分割的部分遍及全国各地。高明士：《东亚教育圈形成史论》，第78页。
③ 《礼记正义》卷二〇，《十三经注疏》，第1405—1406页。
④ 《续日本纪》卷二，第14页。

(702），日本正式颁布并实施了《大宝令》，现存《令义解·学令》有其对释奠的明确规定："凡大学、国学，每年春秋二仲之月上丁，释奠于先圣孔宣父，其馔酒明衣所须，并用官物。"① 这一规定在养老二年（718）公布的《养老令·学令》中被完全继承下来。据《续日本纪》，景元元年（767）二月七日，天皇亲临释奠，并讲学论义。释奠礼能从唐土传入东瀛，和日本留学生有关，其中可确知姓名者为吉备真备和膳大丘。《续日本纪》记载："先是，大学释奠，其仪未备。大臣依稽礼典，器物始修，礼容可观。"② "大臣"指吉备真备。这条记载说明吉备真备对释奠礼在日本的完备起到过积极作用。日本大学寮释奠所用孔子像，就是吉备真备二度入唐时从大唐弘文馆带回，安置于太宰府学业院的。③《续日本纪》载：

> 大丘天平胜宝四年，随使入唐，闻先圣之遗风，览胶庠之余烈。国子监有两门，题曰："文宣王庙。"时有国子学生程贤，告大丘曰："今主上大崇儒范，追改为王。凤德之征，于今至矣。"然准旧典，犹称前号，诚恐乖崇德之情，失致敬之礼。大丘庸暗，闻斯行诸，敢陈管见，以请明断。敕号"文宣王"。④

唐朝将孔子尊称由孔宣父改为文宣王，在开元二十七年（739）。⑤ 膳大丘752年赴唐留学闻知这一变化归国后奏请天皇，由是日本亦尊孔宣父为文宣王。从日本史籍上述两条记载可见，确实是留学生将唐朝学校释奠礼移植到日本的。

唐朝释奠礼也被新罗留学生传入海东。新罗太宗王时就曾遣使赴唐观摩祭孔大礼，返回后令全国郡县照此施行。据《华东人物志》载，圣德王时弘儒侯建议："入使中国奉群圣贤画像，祭器典谟具来，立祠享之，立师国都，郡邑闾巷各授典籍而教养之，不才者归于农工商，才者选之，使

---

① ［日］清原夏野等：《令义解》卷三，经济杂志社1897年版，第119页。
② 《续日本纪》卷三三，第589页。
③ 刘晓峰：《尊师之礼"释奠"在日本——儒家思想影响日本的一个侧面》，《文史知识》2002年第6期。
④ 《续日本纪》卷二九，第495页。
⑤ 《旧唐书》卷二四，第920页。

之心通仪习。"① 圣德王十三年（714）即遣王子金守忠赴唐宿卫兼留学，十六年（717）归国时携回孔子十哲及七十二弟子画像置于太学。② 可知唐朝释奠礼确实借由留学生传入新罗。

　　留学生将唐朝释奠礼移植到本国意义十分重大，因为释奠礼本身就具有深刻的教育内涵：其一为尊师重道。其二为教育理想具象化。自孔子讲学以来，教育的终极目标和最终理想就是教导士子成为圣贤，这一理想通过圣贤留下来的经典和释奠礼仪具体化。释奠礼中的诸贤从祀制度，更使这一理想成为可以实现的目标。这一方面昭示天下士子，圣贤就在身旁，是真实存在于人间的理想形象，而非如西洋教育理想真善美等抽象概念。③ 另一方面是告诉士子，勤读圣贤书并效法其行为，将来就可配享庙庭，与圣贤同列。④ 其三，确立圣孔师颜的地位与唐王朝"尊圣崇儒"的教育思想互相呼应。唐王朝设学的宗旨是推行儒家德化教育，以培养儒家传统中具有忠君爱国品质的经世治国人才，释奠礼是唐王朝"尊圣崇儒"教育思想和以儒家理念培养人才的一种仪式化体现。释奠礼被日本和新罗等国接受，也就意味着他们认同并接受了释奠礼所蕴含的儒家教育思想。

　　第三，担任学官。遣唐留学生学成归国，往往担任本国学校讲席，将在唐土习得的各种先进文化知识传授给本国学子。如日本留学生吉备真备归国后在大学寮任教，向400余名学生传授三史、五经、刑名、算术、汉音、书法等知识。⑤ 专攻儒术的膳大丘，回国后任大学助教。⑥ 伊豫部家守在光仁朝随遣唐使到长安，学习经学及《切韵》《说文》《字林》，回国后在大学讲授《左氏》《公羊》《穀梁》三传，《公羊》《穀梁》之学由此传入日本。留学生藤原刷雄归国后担任大学头、图书寮、但马守等职，医学请益学生菅原梶成归国后为针博士。大历年间入唐学习阴阳术数的新罗留学生金岩回国后为司天大博士，为学子教授中国"阴阳家法"。⑦ 总之，

---

① 转引自李性雨《韩人学选》卷一，安国大田市市民文化社1990年版，第50页。
② 《三国史记·新罗本纪》，《三国史记》卷八，第115页。
③ ［日］多贺秋五郎：《唐朝教育史的研究——日本学校教育的源流》，不昧堂1953年版，第85页。
④ 高明士：《唐朝的释奠礼制及其在教育上的意义》，《大陆杂志》1980年第61卷第5期。
⑤ ［日］阿阇梨皇圆：《扶桑略记》卷六，经济杂志社1897年版，第558页。
⑥ 《续日本纪》卷二九，第495页。
⑦ 《三国史记·新罗本纪》，《三国史记》卷四三，第471页。

留学生们长期习染浸润于唐风之中，不仅自身饱受唐朝学术文化滋养，而且"所得学术归辄以教人"，使本国学子也得以接受先进文化教育，促进了本国教育发展，在海外形成了"以故人材蔚起"①的局面。

第四，携回教材。要借鉴唐朝教育经验，学校教育所用教材自然必不可少。《续日本纪》载："太宰府言，此府人物殷繁，天下之一都会也。子弟之徒，学者稍众，而府库但蓄五经，未有三史正本，涉猎之人，其道不广。伏乞，列代诸史，各给一本，传习管内，以兴学业。诏赐《史记》《汉书》《后汉书》《三国志》《晋书》各一部。"②可见五经在日本已被广泛学习。除使用唐朝经学教材外，日本官学中的算学教材《九章》《海岛》《周髀》《孙子》《缀术》也都与唐朝官学所用算学教材大致相同。③这些教材多是留学生、学问僧和遣唐使归国时携回，日本史籍中屡见遣唐人员归国"献书籍"的记载。如《日本史记》载："遣唐使小山上吉市长丹、小乙下吉士驹等，与百济、新罗送使共归，献书籍宝货。"④《续日本后纪》载："甲午，遣唐阴阳师兼阴阳请益正八位上春苑宿祢玉成，在唐间得《难义》一卷，令阴阳寮诸生传学。"⑤后者更是留学生从大唐携回教材以为本国教育之用的明证。新罗留学生归国时也带回了大量典籍，有学者述及这一问题时说："新罗留学生学成回国时，一般都会携回大量的汉文典籍，这使新罗逐渐变成了'文献之邦'，形成了较为发达的经学、佛学及其他文化门类，从而全面带动了新罗儒学的发展和文化教育的繁荣。"⑥留学生群体对本国儒学和教育事业发展做出了巨大贡献由此可见一斑。

二　留学生群体对本国汉文学发展的贡献

在留学生带动下，海外汉文学得以迅速发展。韩国学者洪瑀钦说："韩国文坛，从这个遣唐游学的时候，才能动地接受中国文学。所以，韩

---

① 黄遵宪：《日本国志》卷三二，上海古籍出版社2001年版，第1233页。
② 《续日本纪》卷三〇，第515页。
③ 《日本古代学制与唐制的比较研究》，第96页。
④ [日]德川光圀：《日本史记》卷九，安徽人民出版社2013年版，第69页。
⑤ 《续日本后纪》卷一〇，第290页。
⑥ 党银平：《唐与新罗文化关系研究》，第135页。

国文学史上，遣唐留学生的历史性意义是特别重要的。"① 日本学者绪方惟精也说："汉文学至奈良时代以来，至继续不断派遣唐使赴唐的仁明天皇前后为止，颇为隆盛。亦即由遣唐使及其随员，或入唐僧留学生等带至日本的唐文化，因朝廷及贵族的奖励学问，引起了汉文学的隆盛。"② 总的说来，遣唐使和留学生群体对本国汉文学发展和繁荣所起作用可以从两个方面来认识：一是留学生群体从唐朝携回大量诗文集，将最优秀、最新的诗文成果传播到本国，进一步激发了本国诗人汉诗文创作的热情，促使本国汉文学走向隆盛；二是留学生群体以自身杰出的汉诗文创作，带动本国汉文学的发展。这两方面作用简言之，就是传播和带动作用。以下就从这两个方面来具体分析日本和新罗留学生对于本国汉文学发展的贡献。

（一）日本留学生群体对本国汉文学发展的贡献

日本汉文学始于近江朝，大友皇子是日本汉诗作家第一人。奈良、平安两朝，日本汉文学迅猛发展。有日本学者认为遣唐使派遣、盛唐文化输入、输入文学作品是这一时期汉文学发展的三大原因。③ 这三大原因归结起来其实只有一点，即遣唐使与留学生输入的大唐文明和文学作品是这一时期日本汉文学兴盛的关键因素。

搜求并携归汉籍是日本赋予留学生和使者的正式使命，④ 遣唐使者和留学生、学问僧赴唐之前日本国都会赐予买书银，供他们购买汉籍之用，所以日本入唐留学生和使者都对搜罗书籍表现出极大热忱。如《旧唐书·日本传》载日本留学生和使者"所得锡赉，尽市文籍，泛海而还"。⑤ 日本留学生晁衡就"好书籍"。⑥ 在留学生等遣唐人员努力下，很多唐朝诗人作品在海外得以广泛流传。如白居易在《白氏长庆集后序》中说："集有五本……其日本、新罗诸国及两京人家传写者，不在此记。"⑦ 由此可

---

① （韩）洪瑀钦：《韩国文学接受中国文学影响的历史》，《吉林师范学院学报》1999年第2期。
② [日]绪方惟精撰：《日本汉文学史》，丁策译，正中书局1968年版，第58页。
③ 《日本汉文学史》，第25页。
④ 王勇：《遣唐使时代的"书籍之路"》，《甘肃社会科学》2008年第1期。
⑤ 《旧唐书》卷一九九，第5341页。
⑥ 同上。
⑦ 《白居易集笺校》外集卷下，第3916页。

知白居易诗集当时就已经传入日本。孟郊诗作也被传到海外，贾岛《哭孟郊》云："冢近登山道，诗随过海船。"① 遣唐留学生无疑是传播的重要力量。

日本遣唐留学生和使者在传播唐人诗文集方面的巨大贡献还可以用具体数字来说明。据《日本国见在书目录》统计，当时日本所藏汉文典籍中经部396部，3260卷；史部235部，3987卷；子部708部，5507卷；集部239部，4243卷。总计1578部，16997卷。这还仅仅是据冷然院火劫后遗存典籍编纂。在这些传入日本的汉籍中，唐诗因在当时具有崇高地位，成为留学生和使者搜罗的首要对象。别集就有：《张昌龄集》十卷、《东皋子集》五卷、《骆宾王集》十卷、《王勃集》三十卷、《新注王勃集》十四卷、《崔融集》十卷、《陈子昂集》十卷、《卢照邻集》二十卷、《太宗文皇帝集》三十卷、《上官仪集》三十卷、《杨炯集》三十卷、《许敬宗集》二十卷、《王昌龄集》一卷、《宋之问集》十卷、《张文成集》九卷、《李峤集》百二十卷、《刘希夷集私记》一卷、《贺兰遂集》二卷、《沈佺期集》十卷、《李白歌行集》三卷、《王维集》二十卷、《王涯集》一卷、《王梵志集》二卷、《徐彦伯集》二卷、《许敬宗集》八卷、《杜审言集》十卷、《白氏文集》七十卷、《元氏长庆集》二十五卷、《白氏长庆集》二十九卷。② 其他日本所藏稀见唐诗，也多由遣唐使和留学生携归，如《翰林学士集》《新撰类林抄》《赵志集》《唐诗卷》《唐人送别诗》等，不仅两《唐书》及宋代书目未见著录，更包括了众多《全唐诗》未收的散佚之作。③ 足见日本留学生在输入文学作品方面的巨大贡献。正是有了他们的努力，许多优秀的唐诗作品得以在日本广泛流播，供日本诗人学习借鉴，举凡贵族饮宴、迎送使节、诗人雅集均赋汉诗，一时蔚然成风。留学生和其他遣唐人员带回的诗文作品，甚至左右着日本诗坛风向，如白居易诗集通过留学生传至日本，就长期风靡于日本诗坛。

日本留学生群体对本国汉文学发展的作用除了促进汉诗发展之外，对汉文小说发展也贡献极大。这表现在两个方面：

---

① 《全唐诗》卷五七二，第6632页。
② ［日］藤原佐世：《日本国见在书目录》，日本古逸丛书本，第41—44页。
③ 蔡毅：《日本汉籍与唐诗研究》，见氏著《日本汉诗论稿》，中华书局2007年版，第176页。

一是通过携归唐人小说，为日本汉文小说创作提供了模仿蓝本，促进了日本"翻案"小说的诞生和发展。① 如唐人小说张鷟《游仙窟》与日本奈良朝汉文小说《浦岛子传》就是典型例证。②

	《游仙窟》	《浦岛子传》
地点	青壁万寻之下，碧潭千仞之上的一处神仙窟宅	蓬莱仙宫
人物	一名男子、十娘、五嫂等众仙女	灵龟所化少女、渔夫"浦岛子"
情节	男子与众仙女相逢于神仙窟宅，风流一宵，极尽欢乐	龟女与渔夫在仙宫之中"暂侍仙洞之霞筵，常尝灵药之露液，久游蓬壶之兰台，恣甘羽客之玉杯"
结局	男子恻怆而去，仙窟"声沉影灭"	渔夫厌倦思归，出境后，不知仙境之所在
背景	唐朝社会士大夫狎妓生活	贫困女性被迫卖淫现象

从表中所列两篇小说的基本结构来看，《浦岛子传》无论是构思还是情节发展顺序，都模仿了《游仙窟》。作者同样构筑了一个销魂摄魄的神仙世界，只是将名称换为蓬莱仙宫，女主人公由一群女子换为一个女子，结局影射日本贫女卖淫的社会现实，其他情节构思则完全相同。雷同之处如此之多使我们有理由相信《浦岛子传》作者在创作之前读过《游仙窟》。而且《游仙窟》问世于初唐后期，《浦岛子传》诞生于8世纪的奈良朝（710—794），③ 从时间上看，《游仙窟》完全有可能传到日本。有学者以为《游仙窟》传入日本最晚应在公元730年以前，④ 其传播者应该就是日本遣唐使者和留学生。《旧唐书·张荐传》载："（张荐祖）鷟下笔敏速，著述尤多，言颇诙谐。是时天下知名，无贤不肖，皆记诵其文。……新罗、日本东夷诸蕃，尤重其文，每遣使入朝，必出金贝以购

---

① 所谓"翻案"小说，是日本古代小说中的一个类型。它以中国小说作品为原型，取其主题、情节、人物和故事，换以日本的名称，重新编织成篇。这种翻案小说，在镰仓时代已经相当发达，一直沿袭到江户中期。参看严绍璗《日本古代小说的产生与中国文学的关联》，《国外文学》1982年第2期。

② （唐）张文成撰，李时人、詹绪左校注：《游仙窟校注》，中华书局2010年版。《浦岛子传》单篇已不传，今存从《丹后风土记》中辑出的佚文，载《日本群书类从·文笔部》。见严绍璗、[日]中西进《中日文化交流史大系·文学卷》，浙江人民出版社1996年版，第120页。

③ 据日本学者小中村清矩与青木正儿的考证，《浦岛子传》产生的时间比《万叶集》都要早。见小中村清矩《国文论纂·小说之部》、青木正儿《日本文学》。

④ 马兴国：《〈游仙窟〉在日本的流传及影响》，《日本研究》1987年第4期。

其文，其才名远播如此。"① 《浦岛子传》作为日本第一篇可以称之为"小说"的汉文作品，源于对唐代小说的模仿，这是日本"翻案"小说产生过程中的重要一环，而这一环出现的前提条件则是留学生带回的唐代同类小说。

二是将唐代民间传说带回日本，为日本汉文小说向物语类小说转变提供创作素材和情节原型。唐代藏民族传说《斑竹姑娘》和日本古代小说《竹取物语》就是一个明显例证。② 下面以故事主干情节求婚难题考验中求婚者、求婚难题、求婚者采用的欺骗手段为主要内容，来比较《斑竹姑娘》和《竹取物语》的相似程度。

顺序	内容\作品	《斑竹姑娘》	《竹取物语》
第一位	求婚者	土司之子	石作皇子
	求婚难题	去缅甸取打不碎的金钟	去天竺取菩萨的石钵
	欺骗手段	偷庙里的铜钟	偷庙里的钵
第二位	求婚者	商人之子	车持皇子
	求婚难题	取打不碎的玉树	取银根树上的白玉枝
	欺骗手段	让工匠伪造	让工匠伪造
第三位	求婚者	官家之子	右大臣阿部御主人
	求婚难题	取火鼠裘	取火鼠裘
	欺骗手段	在瓦砾中找到假货	在中国购得赝品
第四位	求婚者	骄傲自大的少年	大纳言大伴御行
	求婚难题	取燕子窝的金蛋	取龙颈上的五色珠
	欺骗手段	坐在桶里，让人把他吊上去掏	先派家臣找，后亲自出海寻找
第五位	求婚者	喜欢吹牛的少年	中纳言石上麻吕
	求婚难题	取龙颈下的分水珠	取燕子窝里的子安贝
	欺骗手段	先派人去找，后亲自出海寻找	坐在筐里，让人把他吊上去掏

从表中可以看出，除了部分内容略有不同外，故事情节几乎完全相

---

① 《旧唐书》卷一四九，第 4023 页。
② 《斑竹姑娘》见田海燕、邹燕《金玉凤凰》，少年儿童出版社 1992 年版，第 155 页；《竹取物语》见 ［日］无名氏撰《竹取物语图典》，唐月梅译，上海文化出版社 2019 年版。

同，甚至欺骗手段也惊人的相似。这说明，尽管两者远隔重洋，但《竹取物语》的主干情节"求婚与难题"与唐朝少数民族传说拥有同一个故事源头。而沟通这一源头的就是日本遣唐留学生。日本学者君岛久子指出，《竹取物语》就是从中国藏族民间故事《斑竹姑娘》取材而来。①日本学者冈村繁也指出，流传于唐五代时期四川地区的民间传说《斑竹姑娘》就是由留学生传到日本的。②从日本派遣留学生的实况和《竹取物语》创作时间判断，他们所言当符合事实。

首先，从日本派遣留学生情况来看，如前所述，日本共派遣使者和留学生19次，真正抵达唐土并携带留学生的为12次。这些留学生大都通晓经史，有较高的文学修养和文化吸收能力。他们侨居唐土，短则三五年，长则十几年，几乎完全融入唐人生活之中。木宫泰彦说："日本学生留唐即使是短暂的，也要按照唐朝的风俗习惯，在衣食住各方面和唐人一样生活，甚至连姓名也有不少改成唐人式的，其中还有人娶唐妇为妻，生儿育女的。"③在这个过程中，他们能近距离接触到唐人，了解到各地的传说故事和风土人情。这些完全唐人化了的日本留学生把所听到流传于唐土的民间传说《斑竹姑娘》带到了日本是完全有可能的。

其次，尽管《竹取物语》创作的具体时间迄今为止众说纷纭，但大体在弘仁年间（810—823）至天历年间（947—959）这一范围内，④处在日本大规模派遣留学生接近尾声的时候。其时间差恰好使留学生的传播成为可能。

综括上述两重因素推断，是留学生将唐代民间传说带到日本，日本作家以此为素材，创作了《竹取物语》。《竹取物语》是日本第一部用假名书写的古代小说，是日本汉文小说向假名物语类小说转变的标志，对其后古代小说乃至整个散文文学发展具有重大意义。唐代民间传说为这一转变提供了基本原型和素材，而留学生的传播流布之功，是这一转变必不可少的一环。

若从以自身创作带动本国汉文学发展作用而言，日本遣唐留学生也毫

---

① ［日］君岛久子：《金沙江の竹娘说话——チベット族の传承竹取物语》，《文学》，岩波书店1973年版。
② ［日］冈村繁：《中古文学と王朝文学》，汲古书院1987年版。
③ 《日中文化交流史》，第158页。
④ 《日本小说史》，第6页。

不逊色。他们在赴唐之前大都具备一定的汉文学修养,居唐期间与唐代诗人交往酬唱、切磋砥砺,使他们的汉诗文创作技艺得到了很大提高,晁衡、吉备真备、小野篁等都是日本文学史上著名的汉诗文作家。日本天皇称赞晁衡"词峰耸峻""唯有掞天之章,长传掷地之响"。① 《续日本纪》载吉备真备"研览经史,该涉众艺"。② 日本学者绪方惟精在《日本汉学史》中所列平安朝前期 15 位诗人中就有小野篁。③ 虽然这些留学生的汉诗文作品今多不存,④ 但日本史籍中这些记载当非虚言,他们通过自身创作对日本汉文学发展的推动由此也可以想见。

(二) 新罗留学生群体对本国汉文学发展的贡献

新罗留唐学生数量巨大,他们不仅带回了大量唐人诗文,而且以其自身的汉文学创作带动本国汉文学的发展繁荣。

新罗留学生主要通过两种方式搜罗唐人诗文:一是向唐王朝求赐。新罗自与唐王朝建立紧密文化联系之后,将提高本国汉文学发展作为努力方向,重视将唐人的优秀诗文作品引进国内。留学生和遣唐使者是这一任务的承担者。他们搜寻唐人诗文集的方法之一是奏报唐廷,求赐汉籍。如神文王六年(686),新罗"遣使入唐,奏请《礼记》并文章。则天令所司写《吉凶要礼》,并于《文馆词林》采其词涉规诫者,勒成五十卷,赐之"。⑤ 彼时唐王朝对其大国文化有着高度自信,对外邦学习大唐先进文化的热忱予以鼓励,使节和留学生求赐诗文,多能如愿获取。二是出资购买。新罗留学生赴唐时会获得本国提供的买书银三百两。《三国史记·新罗本纪》"景文王九年(869)"载:"又遣学生李同等三人,随进奉使金胤入唐习业,仍赐买书银三百两。"⑥《东史纲目》"真圣女王三年(889)"亦载:"买书银贷则本国支给。"⑦ 这些买书银主要供留学生在唐土购买典

---

① 《续日本后纪》卷五,第 219 页。
② 《续日本纪》卷三三,第 588 页。
③ 《日本汉文学史》,第 61 页。
④ 晁衡汉诗仅存《归国定何年》和《衔命使本国》2 首,见陈福康《关于晁衡的汉诗》,《上海大学学报》2008 年第 6 期。收录有自小野篁以下,从承和至延喜的诗人共二十卷,由大江维时所编的平安朝汉诗集《日观集》也已散佚。见《日本汉文学史》,第 64 页。
⑤ 《三国史记·新罗本纪》,《三国史记》卷八,第 109—110 页。
⑥ 《三国史记》卷一一,第 156 页。
⑦ 《东史纲目》卷五,第 499 页。

第七章 唐代留学生教育与留学生的文学活动 | 457

籍之用。他们利用买书银购买和携归的书籍除经史和佛教典籍外，主要是唐人诗文集。前引《旧唐书·张荐传》载新罗使者入朝常购张鷟文，① 而白居易诗集也早在其生前就已经传到了新罗。② 通过留学生群体和其他遣唐使者的努力，唐人诗文集在新罗得以广泛流布。宋人张端义《贵耳集》中的一段记载很能说明新罗至高丽王朝时期所获汉籍（包括唐人诗文集）情况：

> 宣和间，有奉使高丽者，其国异书甚富，自先秦以后，晋、唐、隋、梁之书皆有之，不知几千家几千集，盖不经兵火。今中秘所藏，未必如此旁搜而博蓄也。③

联系前述新罗 2000 余名赴唐留学生的总量和每年都有留学生派出的惯例可以想见，将数量如此之巨的唐人诗文集输入新罗，留学生必然发挥了关键作用。这些诗文集在新罗广泛流布，成为新罗朝野模仿效法的文学范本，从而激发新罗诗人汉诗文创作的热情，促进本国汉文学发展。

除了在传播和携归唐人诗文作品方面对本国汉文学有所助力之外，留学生群体还是汉诗文创作的主体。他们留唐期间和返归本国之后，创作了大量汉文诗赋及小说，是新罗汉文学的重要组成部分。

新罗留学生在留唐和归国之后创作的汉诗，现存者数量仍然可观，见于《千载佳句》《夹注名贤十抄诗》《桂苑笔耕集》《东文选》等诗文集中。新罗留学生所作汉诗主要是近体诗，其中又以七言诗为多。如《千载佳句》所选新罗留学生金立之、金可记、金云卿、崔致远汉诗都是七言诗。七言诗中又尤重律诗，如《夹注名贤十抄诗》中所选新罗留学生汉诗都是七律。崔致远《桂苑笔耕集》中30首汉诗，七律也占了一半。这与新罗大批留学生赴唐习业和归国时正处于晚唐末季（新罗末期高丽初期），而彼时中土诗坛正好在体式上偏重七言律诗有关。朝鲜诗人金宗直总结这一时期汉诗风潮时即云："罗季及丽初专习晚唐。"④ 新罗留学生的诗歌题

---

① 《旧唐书》卷一四九，第 4023 页。
② 白居易：《白氏长庆集后序》，《白居易集笺校》外集卷下，第 3916 页。
③ 上海古籍出版社编：《宋元笔记小说大观》，上海古籍出版社 2007 年版，第 4266 页。
④ 金宗直：《青丘风雅序》，[朝鲜] 金宗直：《青丘风雅》，以会文化社 2000 年版，第 1 页。

材丰富多样,涵盖了写景抒情、咏物言志、怀古咏史、赠别酬答等多项内容。

写景抒情诗通过描绘自然景色或山水名胜寄寓诗人情志,这类题材在新罗留学生汉诗中很常见。对于身处异国的留学生而言,诗中抒发最多的情感就是乡思。如崔致远《邮亭夜雨》:"旅馆穷秋雨,寒窗静夜灯。自怜愁里坐,真个定中僧。"① 诗写秋宿邮亭,在静夜、寒窗、孤灯下落寞寂寥的心情,游学异国的孤独感在下着秋雨的冷寂夜晚显得更加强烈。思乡是旅人的普遍心绪,身在异国的留学生,这种情感尤为浓烈。生活中细微景物的变化——落花、鸣蝉,都能勾起他们心中浓浓的乡愁。朴仁范《早秋书情》就是如此:"古槐花落早蝉鸣,却忆前年此日情。千绪旅愁因感起,几茎霜发为贫生。堪知折桂心还畅,直到逢秋梦不惊。每念受恩恩更重,欲将酬德杀身轻。"② 槐花飘落,秋蝉鸣叫,早秋景致的变化勾起了诗人漂泊异国的羁旅之愁,苦求功名而不得的烦恼更加重了思乡之情。新罗留学生对在唐登科及第怀有极大热情,落第的打击使长安花妍柳媚的春日美景在诗人眼中失去了颜色,明媚的春景甚至成了诗人怀念故国的引子。如崔匡裕《长安春日有感》:"麻衣难拂路歧尘,鬓改颜衰晓镜新。上国好花愁里艳,故国芳树梦中春。扁舟烟月思浮海,羸马关河倦问津。只为未酬萤雪志,绿杨莺语大伤神。"③ 春日的长安繁花斗艳,绿杨莺语的大好春光不仅没有使诗人落第的沮丧晦暗心情明亮起来,反而引起了诗人对故国春日的思念。

咏物言志诗是通过对所咏之物外形、特点、神韵、品格的描摹,寄托诗人的情志。新罗留学生也有不少此类佳作。如崔匡裕《鹭鸶》:"烟洲日暖隐蒲丛,闲刷霜丝伴钓翁。高迹不如丹顶鹤,疏情应及绀翎鸿。严光台畔苹花晓,范蠡舟边苇雪风。两处斜阳堪爱尔,双双零落断霞中。"④ 诗写鹭鸶隐蒲丛、伴钓翁的悠然闲静,又用严光垂钓和范蠡泛舟的典故突出鹭鸶宁静淡泊、心高情疏的品性,表达了诗人的向往之情。咏物言志诗

---

① 《孤云先生文集》卷一,《崔文昌侯全集》,第24页。
② [朝鲜]释子山夹注:《夹注名贤十抄诗》卷中,查屏球整理,上海古籍出版社2005年版,第113页。
③ 《夹注名贤十抄诗》卷下,第168页。
④ 同上书,第171—172页。

要能抓住所咏事物的本质特点，从中寄寓诗人的言外之意。如崔致远《石上矮树》："不材终得老烟霞，涧底何如在海涯。日引暮阴齐岛树，风敲夜子落潮沙。自能磐石根长固，岂恨凌云路尚赊。莫讶低颜无所愧，栋梁堪入晏婴家。"① 其《杜鹃》《山顶危石》、崔匡裕《题知己庭梅》等，也都是这类托物言志、兴寄高远之作。

怀古咏史诗借歌咏历史故事表达诗人的情志，或借古讽今，或感叹世事沧桑变化。新罗留学生怀古咏史之作多以中土历史、人物和古迹为歌咏对象。如朴仁范《马嵬怀古》："日旆云旗向锦城，侍臣相顾暗伤情。龙颜结恨频回首，玉貌催魂已隔生。自古暮山多惨色，到今流水有愁声。空余露失闲花在，犹似仙娥脸泪盈。"② 诗以马嵬兵变为咏写对象，回顾当时驾移锦城途中，六军不发，玄宗无奈赐死杨贵妃的故事，委婉地表达了对风物人事变迁的感伤和对李杨爱情悲剧的同情。其《九成宫怀古》云："忆昔文皇定鼎年，四方无事幸林泉。歌钟响彻烟霄外，羽卫光分草树前。玉树金阶青霭合，翠楼单槛白云连。追思冠剑桥山月，千古行人尽惨然。"③ 九成宫为隋唐时期行宫，位于陕西省麟游县。始建于隋文帝开皇十三年（593），初名仁寿宫，唐贞观五年（631）改称九成宫。诗人先从时隋文帝游幸九成宫时歌钟羽卫的昇平景象写起，再写眼前玉树金阶、翠楼单槛的行宫景观。同一座宫殿，朝代已然更替，人事亦已变换，一种深沉的古今兴衰之感蕴含其中。

留学生居唐习业期间，与唐代诗人多有酬唱，产生了很多赠别酬答诗。如朴仁范《江行呈张峻秀才》："兰桡晚泊荻花洲，露冷蛩声绕岸秋。潮落古滩沙觜没，日沉寒岛树容愁。风驱江上群飞燕，月送天涯独去舟。共厌羁离年已老，每言心事泪潸流。"④ 诗人于秋夜行于江上，触目的是落日、冷露、寒岛、愁树、孤舟等孤寂寒冷物象，在满目的萧条冷寂中向友人诉说心中的羁旅之愁。留学生崔承祐与晚唐诗人曹松交往甚密，曹松进士及第后入罗浮山，崔承祐作诗送之曰："雨晴云敛鹧鸪飞，岭峤临流话所思。厌次狂生须让赋，宣城太守敢言诗。休攀月桂凌天险，好把烟萝避世危。七十长溪

---

① 《桂苑笔耕集校注》卷二〇，第 763 页。
② 《夹注名贤十抄诗》卷中，第 113 页。
③ 同上书，第 118 页。
④ 同上书，第 112 页。

三洞里,他年名遂也相宜。"① 曹松性情朴野方直,不谙世事,拙于进宦,但苦极于诗,别有一种风味。② 崔承祐对曹诗的评价和对曹松的寄语,十分契合曹松的诗才和品性。这些赠别酬答诗作,是留学生在唐求学生活的映射,相互间的酬赠砥砺也是留学生获得汉诗创作才能的重要途径。

朝鲜学者金相勋在《我国汉诗的故事》一书中说:"新罗末期的留学生,学习掌握了中国盛唐和晚唐的娴熟作诗技巧,回国后根据我国实际情况加以灵活运用,修建了一座色彩斑斓的诗的花园。"③ 这是对新罗留学生之于本国汉诗贡献所作的切当评价。

新罗留学生与本国汉文小说发展也有密切关系。新罗较早的汉文小说是留学生金大问的《鸡林杂编》和崔致远的《新罗殊异传》,前者已经亡佚,后者仅存九篇。朝鲜学者金台俊对他们二人之于新罗汉文小说的贡献有精到论述:

> 金大问和崔致远都是赴唐留学生,金、崔看到的唐朝,正是中国文明最灿烂、汉民族感情生活最炽热也最具光彩的时期。正如唐代的艳情传奇是唐人生活的反映一样,它同唐诗一道是空前绝后的杰作。在代表唐罗两国的文豪金大问和崔致远眼中,新罗固有的丰富传说无一不是词苑中的好资料。虽然《杂编》和《殊异传》的内容不得其详,但显然反映了古代朝鲜人朴素的幻想和神奇怪异的传说……何况在当时自由奔放的思潮和百废待兴的氛围中,经没有成为汉字的傀儡,也没有受太多道佛拘束的伟大文豪之手,无拘无束地讲述怪力乱神,记录着道听途说,辑录乡土传说,试图与当时唐土鼎盛的小说抗衡。它们所拥有的价值之大不言而喻。④

金氏所论不仅充分肯定了新罗汉文小说在新罗汉文学史上的价值,而且道出了新罗汉文小说与新罗遣唐留学生的密切关系。可以说,是留学生接受的唐文化的浸润熏染和唐传奇的启示,才激发了他们创作汉文小说的愿

---

① 崔承祐:《送进士曹松入罗浮》,《夹注名贤十抄诗》卷下,第161页。
② 《唐才子传校笺》卷一〇,第421页。
③ [朝鲜]金相勋:《我国汉诗的故事》,朝鲜国立文艺出版社1961年版,第76页。
④ [朝鲜]金台俊:《朝鲜小说史》,全华民译,民族出版社2008年版,第16页。

望,并由此促成了新罗汉文小说的萌芽破土。

在留学生的参与带动下,新罗汉文学得以迅速发展,实现了从"国徒尚干戈战争,论诗作赋之士,寥寥不闻,人不知道德文章,走马控弦之辈,滔滔皆是"① 到"礼义国为最,诗书家所藏"② 的巨大转变。留学生群体对新罗汉文学的影响一直延续下来,到高丽建国初期,许多新罗留学生转事新朝,还继续在文坛发挥作用。新罗遣唐留学生崔彦㧑入仕新朝后,因精通文翰而官至大相、元凤大学士、翰林院令平章事,成为"罗丽学界桥梁的人物"。③ 崔致远"培养出来的那批饱学子弟生逢其时,欢喜雀跃,纷纷进京,竞诗斗词,文彩四溢"。④ 这些都说明新罗留学生群体在大唐接受的汉文学教育,不仅惠及新罗文坛,而且为后代汉文学发展打下了良好基础,唐代留学生教育对朝鲜半岛文学文化的沾溉滋养由此可见一斑。

---

① 《孤云先生事迹》,《崔文昌侯全集》,第446页。
② 崔致远:《谢嗣位表》,《孤云先生文集》卷一,《崔文昌侯全集》,第42页。
③ 金台俊:《韩国汉文学史》,第41页。
④ 赵润济:《韩国文学史》,第52页。

第八章　书院初兴与中晚唐士人转型及儒学复兴

书院是指以私人创建或主持为主，收藏一定数量的图书，聚徒讲学，重视读书自学，师生共同研讨，高于一般蒙学的特殊教育组织形式。① 它肇自唐，盛于宋，历元明清，至清末式微，垂千年之久。是融藏书、教育、学术研究为一体的文化教育机构，在中国古代教育史上占有光辉的一页。书院是中晚唐时期士子接受教育的重要途径，与中晚唐学术思想和儒学活动有着密切关系。五代书院较唐又有发展，故本章讨论亦予涉及。

第一节　书院起源名与实

书院出现于唐代已经无可置疑，但究竟出现在唐代哪个时期，却是一个问题。争议根本在于名实关系，有的有书院之名却无书院之实，有的有书院之实却无书院之名。因此要探讨书院起源，须从以下两个层面追溯：书院之名何时出现，作为教育机构的书院始于何时。

一　书院之名的出现

书院之名究竟出现于何时？袁枚《随园随笔》云："书院之名，起唐玄宗时，丽正书院、集贤书院皆建于朝省，为修书之地，非士子肄业之所也。"② 论者多引这段文字，认为玄宗时丽正书院和集贤书院为书院称名

---

① 王炳照：《中国古代书院》，中国国际广播出版社2009年版，第8页。
② （清）袁枚撰：《随园随笔》卷一四，王英志编纂校点：《袁枚全集新编》第13册，浙江古籍出版社2015年版，第275页。

之始。袁枚这段话有两层含义：第一，书院之名始于唐玄宗时丽正书院和集贤书院；① 第二，丽正书院和集贤书院是朝廷修书之地，而非士子肄业之所。关于第二点，下文有具体论述，此处先讨论第一点。丽正书院和集贤书院果为书院称名之始吗？事实并非如此。据《新唐书·百官志》，丽正书院设于玄宗开元六年（718）。② 然而此前唐代已有"书院"名称：

  瀛洲书院在（蓝田）县治南，唐学士李元通建。明弘治时知县任文献重修。（雍正《陕西通志》卷二七）
  李公书院在（临朐）县西南，唐李靖读书处。一云靖从太宗征间左，于此阅《司马兵法》。（嘉靖《青州府志》卷九）
  （张说）过满城，筑书院于花阳山，以为藏修之所，后人名其居曰相公堂。（弘治《保定郡志》卷一六）
  湖南攸邑，为地最僻，有司空山，去县四十五里……司空宅在山之西，去观一十里，今殿宇有像，坛井基图，宛然在焉。宅左有光石山书院，故基尚存。（《全唐文》卷三七一苏师道《司空山记》）

瀛洲书院建于高祖武德六年（623）之前，比丽正书院早近百年。③ 李公书院建于贞观二十三年（649）之前，比丽正书院早了近70年。④ 张说书院建于永昌元年（689）以前。⑤ 光石山书院具体创建年代无考，但应早于丽正、集贤书院。⑥ 可见早在丽正书院和集贤书院以"书院"命名之

---

① 丽正书院，也称丽正修书院，又称丽正殿书院。《新唐书·百官志》载：开元六年（718），乾元殿改称丽正修书院，专设检校官，改修书官为丽正殿直学士。开元十一年（723），置丽正院修书学士，又于广顺门外置书院。开元十二年（724），东都明福门外也置丽正书院。从记载可知，自开元六年至开元十二年（718—724），唐玄宗先后在乾元殿、光顺门外、明福门外三处置丽正书院，抄书、修书和校书。集贤书院又称集贤殿书院，乃是丽正书院于开元十三年（725）改换的新名称。《旧唐书·玄宗本纪》载：开元十三年（725）夏，改集仙殿为集贤殿，丽正书院改为集贤殿书院。
② 《新唐书·百官志》，《新唐书》卷四七，第1213页。
③ 邓洪波：《中国书院史》，东方出版社2004年版，第4页；邓洪波：《唐代地方书院考》，《教育评论》1990年第2期。
④ 邓洪波：《中国书院史》，第5页。
⑤ 同上。
⑥ 同上书，第4页。

前,"书院"一词早已出现了。若上述方志记载可信,则瀛洲书院是唐代书院称名之始。"书院"称名始自民间而非宫廷,先有地方"书院",才有皇家殿宇命名。经皇家命名后,"书院"一词又被广泛使用,朝廷官署、官员之家、普通文士之家都建有书院。

官署建有书院。舒元舆有《御史台新造中书院记》,说明御史台建有书院。刘禹锡《罢郡归洛途次山阳留辞郭中丞使君》云:"管弦正合看书院,语笑方酣各咏诗。"① 许浑《疾后与郡中群公宴李秀才》亦云:"书院欲开虫网户,讼庭犹掩雀罗门。"② 说明州郡衙署建有书院。

官员家中建有书院。王建有《杜中丞书院新移小竹》,证明杜中丞家中建有书院。贾岛《田将军书院》云:"满庭花木半新栽,石自平湖远岸来。笋迸邻家还长竹,地经山雨几层苔。井当深夜泉微上,阁入高秋户尽开。行背曲江谁到此,琴书锁著未朝回。"③ 姚合《题田将军宅》亦云:"焚香书院最风流,莎草缘墙绿藓秋。"④ 说明田将军家不仅建有书院而且颇为讲究。

普通文士家中也有书院。卢纶《宴赵氏昆季书院因与会文并率尔投赠》说明赵氏兄弟家中建有书院。李群玉《书院二小松》和曹唐《题子侄书院双松》中所言书院也应是普通文士家中之书院。

书院具有多种功能。李群玉《书院二小松》云:"一双幽色出凡尘,数粒秋烟二尺鳞。从此静窗闻细韵,琴声长伴读书人。"⑤ 说明书院可以读书。卢纶《宴赵氏昆季书院因与会文并率尔投赠》云:"诗礼挹余波,相欢在琢磨。琴尊方会集,珠玉忽骈罗。谢族风流盛,于门福庆多。花攒骐骥枥,锦绚凤凰窠。咏雪因饶妹,书经为爱鹅。仍闻广练被,更有远儒过。"⑥ 说明书院可以举行诗文聚会。从"书经为爱鹅"句看,似乎有书

---

① 《刘禹锡全集编年校注》卷六,第406页。
② 《全唐诗》卷五三五,第6107页。
③ 《全唐诗》卷五七四,第6686页。
④ 《全唐诗》卷四八八,第5679页。《增订注释全唐诗》疑田将军为田布,元和十三年拜左金吾将军,见《旧唐书·田弘正传》,姚合居魏州,与田布兄弟熟稔。贾岛《将军书院》中田将军不知是否与此人是同一人,暂且存疑。陈贻焮:《增订注释全唐诗》卷四八八,文化艺术出版社2001年版,第1001—1002页。
⑤ 《全唐诗》卷五七〇,第6614页。
⑥ 《全唐诗》卷二七九,第3171页。

法活动。从"更有远儒过"句看,似乎还有学术研讨。李中《石棋局献时宰》云:"公退启枰书院静,日斜收子竹阴移。"① 说明书院可以下棋。总之,中晚唐书院集藏书、读书、雅集、研讨、休闲等多种功能于一身,是文化活动的重要场所。

二 书院之实的肇端

广收图书、聚徒讲学是书院教育的本质特征,② 有图书又有教学活动才能称作书院,仅有聚书功能而无教学活动还不是真正意义上的书院。从教育史角度探讨书院起源,关键是弄清具有讲学性质的书院究竟起于何时。

关于书院的起源,学者多有讨论。有学者认为书院深受禅林影响,③ 有学者认为书院与东汉精舍颇有关联,④ 有学者认为书院源自丽正书院和集贤书院,⑤ 也有学者认为书院具有官府与民间两个源头,即源出于私人治学的书斋与官府整理典籍之衙门。⑥ 严耕望认为书院源于唐人习业山林寺院之风尚,⑦ 此说颇有见地,但严氏对此未作详细论述。笔者认同这一观点,认为书院乃是从山林寺院演化而来。以下试从广藏图书、聚徒讲学和设置地点三个方面对书院源于山林寺院之说再做申述。

首先,大凡教育之所,都要广搜典籍,以供学者博览。书院是读书人围绕图书开展文化教育的场所,广聚图书是书院所必需。正所谓"书院所以教士者,而书籍为教士之具,使有书院而无书,则士欲读不能,是书院徒有教士之名,已失教士之实。"⑧

---

① 《全唐诗》卷七四八,第 8524 页。
② 李国钧:《中国书院史》,湖南教育出版社 1994 年版,第 2 页。
③ 章柳泉:《中国书院史话——宋元明清书院的演变及其内容》,教育科学出版社 1981 年版,第 10 页。
④ 陈元晖、尹德新、王炳照:《中国古代的书院制度》,上海教育出版社 1981 年版,第 9 页。
⑤ 袁枚《随园随笔》卷一四有书之名起于丽正、集贤的记载。盛朗西和刘海峰均认为丽正书院和集贤书院即为书院的起源。参看盛朗西《中国书院制度》,上海中华书局 1934 年版,第 1 页;刘海峰《唐代集贤书院有教学活动》,《上海高教研究》1991 年第 2 期。
⑥ 邓洪波:《中国书院史》,第 49 页。
⑦ 严耕望:《唐人习业山林寺院之风尚》,《严耕望史学论文选集》,第 269 页。
⑧ 班子阁:《书院藏书考》,李希泌、张椒华:《中国古代藏书与近代图书馆史料(春秋至五四前后)》,中华书局 1982 年版,第 465—466 页。

唐代寺院是官府以外的又一藏书佳处，很多寺院都广藏图书。白居易就有意将文集藏于寺院，《白氏长庆集后序》云：

> 白氏前著《长庆集》五十卷，元微之为序。《后集》二十卷，自为序。今又《续后集》五卷，自为记。前后七十五卷，诗笔大小凡三千八百四十首。集有五本：一本在庐山东林寺经藏院，一本在苏州南禅寺经藏内，一本在东都胜善寺钵塔院律库楼，一本付侄龟郎，一本付外孙谈阁童。各藏于家，传于后。其日本、新罗诸国及两京人家传写者，不在此记。①

又据《东林寺白氏文集记》，白居易为江州司马时常与庐山长老批阅远大师与诸文士唱和集卷。② 寺院藏书"不借外客，不出寺门"，③ 这一制度保证了寺院藏书的恒久性。文人士大夫多乐于寄藏文集于寺院以求传之久远，这自然会使寺院藏书更为丰赡。

胡应麟《少室山房笔丛》称："雕本肇自隋时，行于唐世，扩于五代，精于宋人。"④ 唐代雕版印刷术逐渐成熟和盛行，刻印技术到咸通年间已经达到了很高水平。⑤ 这大幅度地降低了书籍成本，使书籍价格大大低于手工抄写。而且可以批量生产，使书籍的总量迅速增加，为民间和私家藏书创造了便利条件。因此，私家藏书于山林者颇多：

> 公涵毓淳粹，发焉英华，材膺间气，略不代出。天宝中，隐于岷山，垂廿年，笥书万卷，靡不习复。（《唐代墓志汇编》贞元034《唐故银青光禄大夫尚书兵部侍郎寿春郡开国公黎公墓志铭并序》）

> 天宝中，有赵生者，其先以文学显，生兄弟数人，俱以进士明经入仕。独生性鲁钝，虽读书，然不能分句详义，由是壮年尚不得为郡贡……生益惭且怒，后一日，弃其家遁去，隐晋阳山，葺茅为舍。生

---

① 《白居易集笺校》外集卷下，第3916页。
② 《白居易集笺校》卷七〇，第3768页。
③ 同上书，第3769页。
④ 《少室山房笔丛》卷四，第60页。
⑤ 魏隐儒：《中国古籍印刷史》，印刷工业出版社1988年版，第36页。

有书百余编，笈而至山中，昼习夜息，虽寒热切饥，食粟袭纻，不惮劳苦。(《太平广记》卷四一七"赵生")

脱禄不及厚孤弱，名不及善知友。匡庐之下，犹有田一成，耕牛两具，僮仆为相，杂书万卷，亦足以养高颐神。(《全唐文》卷二刘轲《与马植书》)

郑元素，华原人。少习《诗》《礼》。避乱南奔，隐居庐山青牛谷四十余年，樵苏不爨，弦歌自若。构一室于舍后，会集古书千余卷，遂终其身焉。(《十国春秋》卷二九《南唐十五·郑元素传》)

以上例证中，黎干习业于岷山，藏书至万卷；赵生习业于晋阳山，藏书百余编；刘轲、郑元素皆为隐居山林习业者，藏书或万卷，或千余卷，均颇为丰富，可见当时藏书山林风气之盛。山林寺院多藏书籍，与书院广聚图书的特征相吻合。这是书院由山林寺院转化而来的第一重证据。

其次，唐人习业山林寺院确实存在从师授学活动。例如：

(刘轲)涉浈江，浮沧溟，抵罗浮，始得师于寿春杨生。……迩来数年……元和初，方下罗浮。(《全唐文》卷七四二刘轲《与马植书》)

(韦丹)入紫阁山，事从父熊，通五经，登科。(《韩愈全集校注》元和六年《唐故江西观察使韦公墓志铭并序》)

蜀许寂少年栖四明山，学《易》于晋徵君。(《太平广记》卷一九六"许寂")

唐长兴三年，进士庞式，肄业于嵩阳观之侧，临水结庵以居。……庵内唯薛生，东郡人也，少年纯悫，师事庞式。(《太平广记》卷三一三"庞式")

(李端)少时居庐山，依皎然读书。(《唐才子传校笺》卷四"李端")

间丘方远字大方……年十六，精通《诗》《书》，学《易》于庐山陈元晤。(《云笈七签》卷一一三"间丘方远")

上述刘轲习业罗浮山师事寿春杨生、韦丹入紫阁山习业师事从父韦熊、许寂从学于晋徵君、薛生师事庞式、李端师从皎然、间丘方远师事陈元晤等事例表明，山林寺院确有师传生受的教学活动，士子习业山林寺院并非纯粹自学。到唐末五代，士子习业山林寺院亦多有师承，如刘洞、江为习业庐山师事陈贶，① 黄损、熊皎、虚中习业庐山师事陈沆，② 等等。可见唐五代人习业山林寺院从师授学乃普遍现象，这与书院聚徒授业的特点相契合，是为书院从山林寺院转化而来的第二重证据。

最后，书院选址往往择胜地，注重环境对士子的熏陶感染作用。徐锴为唐末陈氏东佳书院撰写的记文中就强调了这一点："然则稽合同异，别是与非者，地不如人。陶钧气质，渐润心灵者，人不若地。"③ 故而书院多选址于名山大川、风景秀美之处。如唐元和九年国子祭酒幸南容所建桂岩书院，其地"面凤岭，双岫出碧；背慈云，千岩竞秀……烟云吐纳，晦明变化，丹青莫状"，④ 风景秀美，胜似图画。建于长庆中的李渤书院，位于"山水之秀"⑤ 的德安县南史君山坞。五代太乙书院建于钟灵毓秀的嵩山，梧桐书院建于"嵯峨而风景特秀"⑥ 的梧桐山。可以看出，唐五代书院的建置地点都在山水秀美、环境怡人之地。而唐代士子习业之山林寺院，也大抵处在这些名山胜地，北方之嵩山、终南山、中条山、华山、泰山、长白山，南方之庐山、衡山、罗浮山、九华山，浙东之惠山、会稽山、青城山等，⑦ 皆人文蔚盛，环境幽雅。可见在地点选择上，书院也与山林寺院相似，是为书院从山林寺院转化而来的第三重证据。

综上所述，山林寺院藏书丰富、有广泛的授业活动，地处名山胜地，虽然不叫作书院，却具有书院的一切要件，说书院起源于山林寺院当无疑义。吕祖谦在《白鹿洞书院记》中言及宋初书院兴起时说："国初斯民新脱五季锋镝之厄，学者尚寡。海内向平，文风四起，儒先往往依山林、即闲旷以讲授，大师多至数千百人。"⑧ 宋初书院肇端于儒者讲学山林，以

---

① 《南唐十七·刘洞传》，《十国春秋》卷三一，第 448 页。
② （清）郑方坤：《五代诗话》卷三引《雅言杂载》，影印文渊阁四库全书，第 1486 册，台湾商务印书馆 1986 年版，第 559 页。
③ 《全唐文》卷八八八，第 9279 页。
④ 幸元龙：《桂岩书院记》，曾枣庄、刘琳主编：《全宋文》卷六九三二，第 303 册，上海辞书出版社、安徽教育出版社 2006 年版，第 408 页。
⑤ （同治）《德安县志》，转引自李才栋《江西古代书院研究》，江西教育出版社 1993 年版，第 21 页。
⑥ 转引自张亚群《中国教育活动通史》卷三，山东教育出版社 2017 年版，第 238 页。
⑦ 严耕望：《唐人习业山林寺院之风尚》，《严耕望史学论文选集》，第 264 页。
⑧ 吕祖谦：《白鹿洞书院记》，《全宋文》卷五八九〇，第 261 册，第 381 页。

此逆推，亦可反证唐五代书院亦源于山林寺院，且这种从山林寺院到书院的演变方式被宋代书院所承袭。

第二节　书院与中晚唐士人转型

书院究竟是什么性质的教育组织机构？这个问题向来颇有争议。有不少学者在论述书院办学性质时，往往将书院分为官办书院和民间书院两类。① 有学者以为书院一般情况下是私学，也有私办官助、民办公助的情况。② 也有学者以为书院是有别于官学和私学的另一种学校。③ 笔者认为，要判定书院性质，首先必须厘清官办、官学、民办、私学这些概念的含义。官办当指朝廷和官府所办学校，官员个人所办书院应归入民办书院之列。官学是指中央官学和地方各级官学。私学相对于官学而言，是指官学之外的所有学校。照此判断，书院当属私学。有学者还列出了几条判断官学的标准："一般要经礼部（或相应机构）具文，吏部（或相应机构）授官，户部拨款、工科建屋。在这种情况下学校的财产是官产，主持人是官吏。"④ 按照这些标准判断，大部分书院仍然属于私学。尽管在书院发展过程中，出现过由朝廷设官，奉文改制，由私学变为官学性质的书院，但都时间较短，数量较少，不具备普遍性。

弄清书院的私学性质以后，再来探讨在中晚唐从官学到私学变化这一背景下，书院兴起与士人身份转型的关系。

中唐以降，官学废坏，颓败景况时人多有描述。如李观《请修太学书》云：

> 具六馆之目，其曰国子、太学、四门、书、律、算等。今存者三，亡者三。亡者职由厥司，存者恐不逮修。奥人有弃本之议，群生有将压之虞，至有博士助教，锄犁其中，播五稼于三时，视辟雍如农郊，堂宇颓废，磊砢属联，终朝之雨，流潦下淳，既夕之天，列宿上

---

① 邓洪波：《中国书院史》，第50页。
② 王炳照：《中国古代书院》，第2页。
③ 陈古嘉、邓洪波：《中国书院制度研究》，浙江教育出版社1997年版，第55页。
④ 李才栋：《直面书院研究中的分歧与辨析》，《江西教育学院学报》2006年第4期。

罗,群生寂寥,攸处贸迁。①

舒元舆《问国学记》云:

> 元舆既求售艺于阙下,谓今之太学,犹古之太学,将欲观焉。以自为下士小儒,未尝睹天子庠序,欲往时,先三日斋沐而后行。行及门下,脱盖下车,循墙而趋,请于谒者曰:"吾欲观礼于太学,将每事问之于子可乎?"谒者许诺,遂前导之。初过于朱门,门阁沉沉。问,曰:"此鲁圣人之宫也。"遂拜之。次至于西,有高门,门中有厦屋。问之,曰:"此论堂也。"予愧非鸿学,方论,不敢入。导者曰:"此无人,乃虚堂尔。"予惑之,遂入,见庭广数亩,尽垦为圃矣,心益惑,复问导者曰:"此老圃所宅,子安得欺我耶?"导者曰:"此积年无儒论,故庭化为废地。久为官于此者圃之,非圃所宅也。"循廊升堂,堂中无机榻,有苔草没地。予立其上,凄惨满眼,大不称向之意。复为导者引,又至一门。问之,曰:"此国子馆也。"入其门,其庭其堂,如入论堂。俄又历至三馆门,问之,曰:"广文也,大学也,四门也。"入其门,其庭其堂如国子,其生徒去圣人之奥,如堂馆之芜。②

中唐以后官学颓坏由此可见一斑。中央官学尚且如此破败,地方官学便可想而知。按唐制,中央官学对生徒入学资格有严格规定,父祖官爵品级是重要衡量标准。文武三品以上子孙若从二品以上曾孙及勋官二品、县公、京官四品带三品勋封之子入国子学,五品以上子孙、职事官五品期亲若三品曾孙及勋官三品以上有封之子入太学,勋官三品以上无封、四品有封及文武七品以上子以及庶人之俊异者入四门学,八品以下子及庶人之通其学者入书学、律学和算学。③ 从官学生徒准入资格可以看出,唐代官学主要服务于世家大族子弟,教育中心聚于上层。而中唐以后官学颓坏必然促使

---

① 《全唐文》卷五三二,第5401页。
② 《全唐文》卷七二七,第7492页。
③ 《新唐书·选举志》,《新唐书》卷四四,第1159页。

教育发生两点变化：第一，私学教育兴起和教育中心下移；第二，世家大族子弟丧失了占据官学教育资源进而获取政治资源的优势。

官学鞠为茂草，庠序之教不修，士病无所于学，必然导致教育中心下移。当时星散于山林寺院的士子日渐众多。山林寺院广藏书籍，又不乏学问精深、德行高尚的僧人和士人为师，是求学士子的理想去处。朱熹《石鼓书院记》云："予惟前代庠序之教不修，士病无所于学，往往择胜地，立精舍，以为群居讲习之所，而为政者乃或就而褒表之，若此山，若岳麓，若白鹿洞之类是也。"① 中晚唐以降士子求学正是沿着这一轨迹：从官学到山林寺院，由山林寺院到书院。

学习环境的变化导致教学方式和教学内容发生了变化，进而导致士人自我身份认定的变化。美国学者包弼德对唐宋士人转型有精彩论述。他认为，士是中国社会的精英群体，他们有从政和治理天下的知识和技能。士的身份随时代变化而变化。在 7 世纪，士是勋旧士族精英群体；10 世纪至 11 世纪，士是官僚阶层；到南宋，士是地方精英。② 根据不同时期可以把士分为：唐代世家大族，北宋文官家族，南宋地方精英。士随着文化、出身、官位三种属性的转变而转变。③ 那么唐代的士因文化、出身、官位的变化导致了哪些变化呢？

唐朝开国之初存在各种士族：西北世家大族、汉化外来士族、胡汉混合士族。④ 唐初统治者通过控制官位、确立士族等级来控制和利用士族。太宗和高宗分别于贞观十二年（638）和显庆四年（659）修订《氏族志》。太宗朝修订名单中包括 293 个世家大族，分为九个等级，与九品官阶平行。⑤ 高宗朝品第照此标准排列，但同时规定"士卒以军功致位五品，豫士流"。⑥ 世家大族数量减为 235 个。玄宗时李林甫又把世家大族数量扩大到 398 个。朝廷序录士族，一方面维持了门阀制，承认了士族的特

---

① 朱熹：《石鼓书院记》，(明) 李安仁、王大韶、(清) 李扬华撰，邓洪波、刘文莉点校：《石鼓书院志》，岳麓书社 2009 年版，第 114 页。
② 《斯文：唐宋思想的转型》，第 4 页。
③ 同上书，第 36—37 页。
④ 《隋书》卷三三，第 990 页。
⑤ 《新唐书》卷九五，第 3841 页。
⑥ 《资治通鉴》卷二〇〇"高宗显庆四年"，第 6315 页。

殊社会地位；另一方面将功高权重者纳入士族序列，弱化了士族门第地位。这种对门第出身的弱化，已经奏响了中晚唐士人转型的先声。

唐代实行九品官阶制，士族九个等级与之相对应。九品中官员被称为流内官。流内官九个等级中又有三个不同群体：一是三品及其以上流内官，大约有200人，他们有权力荫庇子孙、曾孙担任九品官中的低级职位；二是四品及五品官员，大约有2000人，他们有权力荫庇子孙担任九品官中的低级职位；三是六品到九品官，大约有16000人，他们无权使子弟享有担任九品内官员的资格，但其子弟可以为八、九品官员做僚属，也可以成为皇帝或太子卫官，① 在这个位置上经过一个时期仕历之后便可入流。唐代行政体制并不局限于九品，还有高级吏职人员和那些被称为流外官的行政官员，以及低于流外官的番官群体。高级吏职人员和流外官都是正式选拔任职，有自己的品第体系，经过一段时间仕历，有资格转向流内官的低品级职位。这为那些不能通过门荫入流的品级较低的官员子弟，提供了一个进入朝廷和入流的机会。低于流外官的另一个群体是吏职人员，他们一般在州县任职，通常被称为番官。番官是流外官的一个主要来源，他们在地方上任职而且通晓文墨，其身份或者是显赫的地方家族，或者是地方士族，一些家族往往通过这种出仕方式进入官场。在8世纪30年代，直接包含在行政体制中的有37万人，其中7万人是真正意义上的官员，5万人是地位较低而希望进入九品者。而番官总数，几乎接近30万。② 这表明，朝廷也为地方家族提供进入仕途的机会。也就是说，唐代官僚体系既为士族子弟提供各类官职，也允许其他家族子弟通过某种途径为官。不管出身士族还是非士族，只要做了官就可以自命为士。士族出身者已经不再是可以称之为士的唯一条件，非士族子弟同样可以为官，同样可以自命为士。

门阀士族看重文化成就，但是他们不能阻止别人学习文化，以文化优势获取身份特权，而教育则是获得文化和官职的正规途径。有学者对开元二十五年（737）具备选官资格者的身份做过统计：各类有资格选官的人

---

① 见《斯文：唐宋思想的转型》，第45—46页。"卫官"《新唐书·选举志》称为"诸卫三卫监门直长"，包弼德将之统称为"卫官"，本节借用这一称谓。

② 《斯文：唐宋思想的转型》，第46—47页。

数总计 13.7 万，包括 1 万个品官之子，4 万卫官，8000 至 1.6 万文吏和武吏，还有 6 万多学生。① 这 6 万多名学生值得注意。尽管作为出仕方式而言，科举并不是一条便捷途径，② 但这些学生如果及第，便可以获得选官资格。即使不能及第，他们到了京城，在考试前为延誉而展示才华，其学问也得到了展示，引起了选官者和其他朝廷官员的注意，并与他们建立关系。而且，数量如此之多的候选学生本身就表明掌握文化知识已经具备了社会价值。于是人们开始重视拥有学问和才华者，而一定程度忽视其出身门第。③ 在开元元年（713）确立的士族里，那些拥有学术成就的家族也被包括了进来。这说明文化不再是世家大族的专利，任何一个掌握知识的人都可以成为士，而不必考虑其家庭背景，这就为士族以外出身者成为士创造了条件。④

安史之乱爆发直接促成了士的转型。安史之乱颠覆了原有政治秩序，权力、地位和社会财富开始重新分配组合。那些曾经使世家大族优越于旁人的属性，随着安禄山叛乱土崩瓦解，普通士子和地方家族的崛起势不可挡。士族原有的受教育特权因官学举办困难迅速衰亡，私学教育代之而起，更多普通士人得以享有受教育权利。书院作为高级阶段的私学教育形式，对士人思想品格塑造作用巨大。下面就通过考察唐五代书院，获取士人转型的种种镜像。

就笔者目力所及，唐五代书院见诸典籍者有 70 余所。具有教学活动的书院唐代有 3 所：桂岩书院、李渤书堂、东佳书院。⑤ 五代有 8 所：窦氏书院、太乙书院、龙门书院、梧桐书院、留张书院、匡山书院、华林书院和兴复唐代的东佳书院。

书院教育面向大众，学子不限身份，不拘地域籍贯，这使众多没有出

---

① 数据为黄清涟《唐代文官的选任》所统计，转引自《斯文：唐宋思想的转型》，第 48 页。
② 唐代最负盛名的进士科每年大约只录取 30 人。与其他出仕方式相比，科举并不是一条获得选官资格的便捷途径。
③ 这对认为门第才能使人拥有做官资格的看法是一个挑战。在玄宗朝，这甚至变成了党派之间的问题。参看葛晓音《盛唐"文儒"的形成和复古思潮的滥觞》，《诗国高潮与盛唐文化》，第 274—295 页。
④ 本节关于士人转型的论述，多参考《斯文：唐宋思想的转型》，特此说明。
⑤ 松洲书院虽以书院为名，但实为乡校。皇寮书院创办时间尚不能确定为唐为宋。参看邓洪波《中国书院史》，第 20—21 页。故而此处不将这两所书院计算在内，下文讨论也不予涉及。

身的学子拥有了受教育和掌握文化知识并进而成为士的机会。而上述 10 所有教学活动的书院创建时间和创建者身份更能说明问题：①

桂岩书院 唐宪宗朝国子祭酒幸南容元和九年（814）致仕后建。幸氏后裔幸元龙于南宋嘉定四年（1211）重建该书院并做《桂岩书院记》记其原委："桂岩书院在高安郡北六十里，唐国子祭酒幸南容公之旧址也。……白鹤峰耸于北，晋宋神仙所宅；幕山虎踞于南，实祭酒之故居。……昔尝卜此山开馆授业。有孙曰轼，以咸通七年中三史科，中和二年为太子校书郎，家徙于郡，而书院自是芜矣。"② 桂岩书院为幸南容致仕归家后所建，当属地方士人办学。

李渤书堂 李渤为江州刺史时所建，③ 属地方官办学，时在唐穆宗长庆年间。

东佳书院 唐大顺元年（890）义门陈氏创建，陈氏五世同居，财力丰厚，为当地大族，故而书楼堂庑宽敞，聚书丰富，且有学田二十顷以为膏火用度，④ 是地方家族办学。

窦氏书院 后周谏议大夫窦禹钧建。据范仲淹《窦谏议录》记载，窦禹钧于唐天祐末官幽州掾，唐亡，历仕各代，后周时官至太常太卿，以谏议大夫致仕。窦氏书院有书屋四十间，"聚书数千卷，礼文行之儒，延置师席。凡四方孤寒之士，贫无供须者，公咸为出之，无问识不识，有志于学者，听其自至"。⑤ 从书院规模之庞大和资金之丰足判断，窦氏书院为地方大族办学。

太乙书院 建于后周世宗显德二年（955），创建者不详。⑥

龙门书院 《宋史·张去华传》载："张去华字信臣，开封襄邑人。父谊，字希贾，好学，不事产业。既孤，诸父使督耕陇上，他日往视之，见阅书于树下，怒其不亲稼事，诟辱之。谊谓其兄曰：'若不就学于外，

---

① 东佳书院为唐代创办，五代复建，统计以 1 所计。
② 《全宋文》卷六九三二，第 303 册，第 408 页。
③ （清）于成龙：（康熙）《江西通志》卷二二，影印文渊阁四库全书，第 517 册，台湾商务印书馆 1986 年版，第 530 页。
④ 徐锴：《陈氏书堂记》，《全唐文》卷八八八，第 9279 页。
⑤ 范仲淹：《窦谏议录》，《全宋文》卷三八七，第 19 册，第 7—8 页。
⑥ 邓洪波：《中国书院史》，第 43 页。

素志无成矣。'遂潜诣洛阳龙门书院,与宗人沇、鸾、浞结友,故名闻都下。长兴中,和凝掌贡举,谊举进士,调补耀州团练推官。"① 可知龙门书院在洛阳。有学者据此记载推测,该书院在长兴四年(933)以前就已经存在,创建者不详。②

梧桐书院 梧桐书院建于南唐前期,创建者为南唐洪州奉新县人罗靖、罗简兄弟。③(康熙)《奉新县志·人物志》载:"二先生伯仲相师,以圣贤性理之学教授生徒","从游者担簦蹑屩,争师事之"。④ 宋嘉熙四年(1240),其裔孙罗伯虎重建该书院,宋人徐应云作《梧桐书院记》述其本末云:"五季时有中庸、诚前二先生,姓罗氏,仁节、仁俭其名也。先生兄弟筑精舍于山之阳,以义理之学授其徒。李氏有江南,国相郡守知其名,辟召莫能致,独以徐铉为知己者。著书十四卷,号《宗孟集》,没世肥遁,世论高之。"⑤ 从时人争师事之、国相郡守交相辟召以及与当时名士徐铉友善等事迹看,罗氏兄弟应为当地颇有名望之士人。故而梧桐书院当为地方士人办学。

留张书院 创建者张玉,为唐天复二年(902)进士,天祐元年(904)任九江观察使。唐亡,隐居不仕,后梁时创留张书院,讲学其间。⑥ 可见留张书院属于地方士人办学。

匡山书院 创建者罗韬为地方士人,(康熙)《江西通志》载:"匡山书院在泰和县东匡山下。南唐邑人罗韬隐居不仕,长兴间,以博学能文征授端明殿学士,以疾辞归,乃建匡山书院,聚徒讲学。"⑦

华林书院 建于南唐保大四年(946)以前,创建者胡珰。⑧ 其族累世而居,人口数百,为当地显族。《华林胡氏大成宗谱·华林祖居志》载:

---

① 《宋史》卷三〇六,第10107页。
② 邓洪波:《中国书院史》,第44页。
③ 同上书,第48页。
④ (清)黄虞再修,(清)闵钺纂:(康熙)《奉新县志》卷八,《上海图书馆藏稀见方志丛刊》第151册,国家图书馆出版社2011年版,第64页。
⑤ 徐应云:《梧桐书院记》,转引自邓洪波《中国书院史》,第45—46页。
⑥ 邓洪波:《中国书院史》,第44页。
⑦ (清)谢旻修:(雍正)《江西通志》卷二一,影印文渊阁四库全书,第513册,台湾商务印书馆1986年版,第702页。
⑧ 邓洪波:《中国书院史》,第48页。

"吾祖代有迁徙，非不蔓延天下而要其始乎？于新吴华林其最先也，稻田、招宾、塘溪、浮丘次之，勋勋卓业，久为洪州之望族。"①宋太宗雍熙二年（985），下诏旌表华林胡氏，胡氏家族和华林书院至此名噪一时。华林书院当属地方家族办学。

以上具有教育功能的 10 所书院，创建时间均在中唐至五代期间，与中晚唐士人转型时间相符。从创建者身份看，除了太乙书院和龙门书院创建者不详以外，其他 8 所书院或为地方士人所建，或为地方大族所建，或为地方官所建。属于地方士人所建者 4 所，分别为桂岩书院、梧桐书院、留张书院、匡山书院；属于地方大族所办者 3 所，分别为东佳书院、窦氏书院、华林书院；属于地方官所办者 1 所，为李渤书堂。地方士人和地方家族创办书院最多，在 8 所中占了 7 所。创建书院需要一定经济基础，中唐以降地方士人和地方家族普遍创办书院的事实表明，他们有经济力量，有教育资源，有进而获得政治地位的可能性，地方士人作为社会重要力量已经异军突起，逐渐取代原来唯有世家大族才可担当的士的身份，而唐五代书院恰好是折射这一时期士人转型的一面镜子。

第三节　书院与儒学复兴

书院肇端于山林寺院，习业山林寺院之风于中唐以后开始盛行，这一时期也正值唐代第二次儒学复兴。书院习业和授业士人与儒学复兴之间的关联很值得探讨。这既有助于展现唐代学术思想变动中的一些细节，也有助于了解书院教育在这一变动中所起的作用。

唐代出现过两次儒学复兴高潮。第一次在太宗贞观年间。当时李唐政权建立不久，隋弊未除，唐太宗听取魏徵等人建议，推行重儒政策，于是儒风大行。第二次是德宗贞元到宪宗元和年间。自安史之乱以后，藩镇割据，宦官专权，朋党相争，朝廷暗弱，政出多门。反叛藩镇割据地方，赋税不输中央，朝廷财政窘迫，致使官学不振。士人耻于从师，官学学风败坏。为了重建政治秩序，加强中央权威，亟须从儒家思想中寻找理论依据，于是儒学的价值被重新强调，儒学复兴思潮再度兴起。

---

①　转引自樊明芳《华林胡氏源流及其祖居考》，《江西方志》2006 年第 3 期。

第八章　书院初兴与中晚唐士人转型及儒学复兴 ｜ 477

在教育领域，重建师道，革除耻于相师问学的风气，是儒学复兴首先要解决的问题。随着官学衰落，漠视师道尊严，耻于相师风气盛行。吕温《与族兄皋请学春秋书》即云："魏晋之后，其风大坏，学者皆以不师为天纵，独学为生知，译疏翻音，执疑护失，率乃私意，攻乎异端。……其先进者，亦以教授为鄙，公卿大夫耻为人师，致使乡校之老人呼以先生，则勃然动色。痛乎风俗之移人也如是。"① 柳宗元《答韦中立论师道书》亦云："今之世，不闻有师，有辄哗笑之，以为狂人。独韩愈奋不顾流俗，犯笑侮，收召后学，作《师说》，因抗颜而为师。世果群怪聚骂……愈以是得狂名。"② 从吕温和柳宗元所论中可以看出当时师道沦丧、耻于从师学风之盛。

但这种现象在山林寺院中却有较大改观：

> 阳城字亢宗……家贫不能得书，乃求为集贤写书吏，窃官书读之，昼夜不出房，经六年，乃无所不通。既而隐于中条山，远近慕其德行，多从之学。（《旧唐书》卷一九二《阳城传》）
>
> 一公，郯中人。童子出家……隐麻源第三谷中，结茆读书。后白业精进，居若耶溪云门寺，从学者四方而至矣。（《唐才子传校笺》卷三"道人灵一"）
>
> 韦安之者，河阳人，时至阳翟，拟往少室寻师。至登封，逢一人，问欲何往，曰："吾姓张名道，家金乡，欲往少室山读书。"安之亦通姓字。所往一志，乃约为兄弟，安之年长，为兄。同入少室，师李潜。（《太平广记》卷三四七"韦安之"）
>
> 毛炳，洪州丰城人。好学，不能自给，因随里人入庐山，每为诸生曲讲，得钱即沽酒尽醉。（《十国春秋》卷二九《南唐十五·毛炳传》）
>
> 陈贶，闽人。性淡漠，孤贫力学，积书至数千卷。隐庐山几四十年……苦思于诗，得句未成章，已播远近。学者多师事之。（《十国春秋》卷二九《南唐十五·陈贶传》）

---

① 《全唐文》卷六二七，第6332—6333页。
② 《柳宗元集》卷三四，第871页。

可以看出，从中晚唐直至五代，尊师重学在山林寺院教育中普遍存在。有学者认为中唐儒学复兴的特点之一就是，一些在野的有政治抱负的儒士在山林寺院，以私人讲学形式，研讨、继承并弘扬着传统儒家文化。① 这一特点在上述诸例中得到了清晰展现。主讲者以学问、人格相感召，弘扬儒家文化；生徒自愿从师，自主择师，学习儒家文化。这种从师授学方式，既少地域限制，又无身份约束，更无制度管控，师生之间相互切磋，关系融洽和谐，有利于探讨真理。有学者说，书院不只是一种制度，它还意味着一种师弟子关系。② 在师道沦丧、耻于从师的社会风气下，很难想象会有严肃的学术传承。书院却依然保存着尊师重教传统，成为继承和弘扬儒学的主阵地。

中国自西汉中叶以下，儒家思想一直是士人阶层存在的思想基础。士人接受儒家教育，依循儒家主张，认为自身有责任和能力治理国家，整个社会也广泛接受这一点。安史之乱以后，很多人重新提倡儒学，儒学也成为了山林寺院的主要教育内容。姚合《送进士田卓入华山》云："何物随身去，六经与一琴。辞家计已久，入谷住应深。"③ 许彬《酬简寂熊尊师以赵员外庐山草堂见借》云："岂易投居止，庐山得此峰。……顾己恩难答，穷经业未慵。"④ 进士田卓前往华山习业所带书籍为"六经"，许彬于庐山习业亦以"穷经"为内容。《太平广记》"光化寺客"载："兖州徂徕山寺曰光化，客有习儒业者，坚志栖焉。"⑤ "习儒业"就是修习儒家经典。同书"封陟"载："宝历中，有封陟孝廉者，居于少室……志在典坟，僻于林薮。探义而星归腐草，阅经而月坠幽窗。"⑥ 明确记载封陟在少室山所学内容为经义。《旧五代史·晋书·高汉筠传》载："汉筠少好

---

① 有学者认为中唐后期的儒学复兴运动，表现出两个特点：第一，它不是依靠统治者自上而下的提倡，而是由一些具有忧患意识的在朝儒家士人通过谏议、论辩的方式自下而上地推动；第二，或者由一些有政治抱负却在野的儒家知识分子在山林寺院，以私人讲学的形式，研讨、继承并弘扬着传统的儒学文化。参看牛春生《唐代儒学盛衰概观》，《宁夏大学学报》1992年第4期。
② 赵园：《师道与师门——以明清之际为例》，《社会科学论坛》2005年第7期。
③ 《全唐诗》卷四九六，第5621页。
④ 《全唐诗》卷六七八，第7766页。
⑤ 《太平广记》卷四一七，第3394页。
⑥ 《太平广记》卷六八，第424页。

书传，尝诣长白山讲肆。"①"书传"亦指儒家经典。上述例证均表明，儒学复兴时期山林寺院教育正是以儒学为主要内容。

这一时期士人思想开始发生变化，不断有人要求改革时政民风，重振儒家之道。声势浩大的"古文运动"就出现在这一时期。古文诸子贬抑重骈偶讲声律的华美文风，使用古体作文。他们认为作文旨在阐明古道，探索儒家义理，以此继承儒家道统，发扬仁义道德，维护纲纪伦常。这一思潮到韩愈、柳宗元达到巅峰，为当时士人所广泛接受。写作古文、复兴古道，与中晚唐书院教育密不可分。中晚唐习业书院士人多有推崇古文、崇尚质朴文风以响应复古思潮者。权德舆《尚书司门员外郎仲君墓志铭》云："君讳子陵，字某。……君丱岁好古学，与同门生肄业于峨眉山下。采摭前载可以为文章枢要者，紬绎区别，凡数十万言。……修词甚博，推本六经。赋诗类事，往往有卓异不羁之韵。"②仲子陵习业于峨眉山，喜好古学，采摭古代文章枢要数十万言。他作文以六经为根本，修辞广博，赋诗类事，卓异不羁，与流行诗文风格大不相同。可见仲子陵习业山林寺院深受儒学复兴思潮影响。与吕温学于广陵灵岩寺的薛大信也是儒学复兴积极响应者。作为中唐儒学复兴运动的代表人物之一，吕温称薛大信为"可以发扬古训，论三代之文"的学友，足见薛大信与吕温志同道合，认同古文理念，响应复古思想。薛大信的文学创作无论是文风还是文体，都符合古文家创作要求，深得吕温赞赏。吕温《送薛大信归临晋序》云：

> 常见大信述作，必根乎六经，取《礼》之简，《乐》之易，《诗》之比兴，《书》之典刑，《春秋》之褒贬，《大易》之变化，错落混合，峥嵘特立。不离圣域，而逸轨绝尘。不易雅制，而瑰姿万变。有若云起日观，尽成丹霞。峰折灵掌，无非峻势。皆天光朗映，秀气孤拔，岂藻饰而削成者哉。③

吕温称赞薛大信的文章本于六经，行文错落混合，不加藻饰磨削，风格峻

---

① 《旧五代史·晋书》卷九四，第1253页。
② 《全唐文》卷五〇二，第5110页。
③ 《全唐文》卷六二八，第6334页。

峭孤拔。柳宗元《答韦中立论师道书》认为作文应该做到"本之《书》以求其质，本之《诗》以求其恒，本之《礼》以求其宜，本之《春秋》以求其断，本之《易》以求其动，此吾所以取道之原也。参之穀梁氏以厉其气，参之《孟》《荀》以畅其支，参之《庄》《老》以肆其端，参之《国语》以博其趣，参之《离骚》以致其幽，参之太史公以著其洁"。[①] 可见薛大信深受古文理念影响并将古文运动思想付诸创作实践，立意"根乎六经"，行文"峥嵘特立"，完全是韩柳古文理论的实践者。

儒学复兴意在为政治服务，寻找治世之道，解决当下各种问题。山林习业即以读经典、习古道为主要内容。符载习业山林一例尤值得注意。其《上西川韦令公书》云：

> 某顷不自揆，谬隐匡庐间。其所务者，不专文字，亦尝有意窥佐王治国之术，思树勋不朽之事。[②]

《上襄阳楚大夫书》亦云：

> 载顷与友生数人，隐居庐山。其所学者，不独文章名数而已，意根于皇极大中之道，用在于佐王治国之术。常欲致君于尧舜，驰俗于中古，此乃小子夙夜孜孜不息也。[③]

《荆州与杨衡说旧因送游南越序》又称：

> 载弱年与北海王简言、陇西李元象、洎中师高明会合于蜀，四人相依然约为友，遂同诣青城山，斩刈蒹苇，手树屋宇，俱务佐王之学。[④]

三篇文章中都强调自己习业山林志趣不在文字章句，而在于寻求佐王治国

---

① 《柳宗元集》卷三〇，第 873 页。
② 《全唐文》卷六八八，第 7047 页。
③ 同上书，第 7048 页。
④ 《全唐文》卷六九〇，第 7075 页。

之术。这正是儒学提倡者反复强调的思想。符载所言代表了儒学复兴时期士人的普遍认识，说明习业山林寺院者对儒学复兴精义有着深刻理解。

儒学复兴是要高扬儒家思想，继承儒家道统，发扬仁义道德，维护纲纪伦常。要学习儒家圣人流传下来的《诗》《书》《易》《礼》《春秋》等典籍而又不局限于章句，要领会儒家经典中蕴含的伦常道理，按照礼、乐、刑、政去规范社会秩序，使士、农、工、商各行其道，懂得君臣之义，父子之亲，师友之敬，夫妇之爱，维护国家统一，保持社会安定。为了实现这一目标，他们对经典做出了新的阐释。啖助、赵匡、陆质等人注疏《春秋》，舍传求经，以经驳传，力图通过对经典的全新阐释求得救世方略。赵匡云："礼典者，所以防乱耳。乱既作矣，则典礼未能治也。喻之一身，则养生之法，所以防病，不依其法，则病生矣。病既作矣，则养生之书不能治也，治之者，在针药耳。"① 这样的追求和实践在山林寺院习业士人中也有体现，于庐山习业的刘轲就很有代表性。刘轲《上座主书》云：

> 元和初，方结庐于庐山之阳……积书窗下，日与古人磨砻前心。岁月悠久，浸成书癖。故有《三传指要》十五卷、《十三代名臣议》十卷，《翼孟子》三卷。②

刘轲这三部著作具体内容不详，但刘轲另有《三传指要序》，从中可知该书大要：

> 轲尝病先儒各固所习，互相矛盾，学者准裁无所。岂先圣后经以辟后生者邪，抑守文持论败溃失据者之过邪？次又病今之学者，涉流而迷源，舍经以习传，摭直言而不知其所以言。此所谓去经纬而从组缋者矣。既传生于经，亦所以纬于经也。三家者，盖同门而异户，庸得不要其终以会其归乎！愚诚颛蒙，敢会三家必当之言，列于经下，撰成十五卷，目之曰《三传指要》。冀始涉者开卷有以见圣贤之心焉。

---

① 《春秋啖赵集传纂例》卷一，第383页。
② 《全唐文》卷七四二，第7673页。

俾《左氏》富而不诬,《公羊》裁而不俗,《穀梁》清而不短。幸是非殆乎息矣,庶儒道君子有以相期于孔氏之门。①

可见《三传指要》撰写初衷有二:一是先儒所传《春秋》经义各有所守,令学者无所适从;二是当世儒者解经舍经求传,舍本逐末。他作《三传指要》是舍传求经,抽绎《春秋》精义,以求孔子撰述本意。这种释经方式与春秋学派完全一致,说明刘轲高度认同儒学复兴思想。《十三代名臣议》赞美治世贤臣良将,肯定其为国举措,当今为臣者可以从中借鉴。《翼孟子》尤其具有思想史意义。中唐儒学复兴,孟子得到普遍关注,在儒家道统中地位大幅上升。因为孟子拒杨墨、卫儒道,所以刘轲写作《翼孟子》,旨在发挥孟子未尽之意,显然是受到了儒学复兴新思潮影响。

由符载、刘轲两人事例可见,研读儒家经典而不限于章句之学,自觉阐发儒家经典精义以求救世治乱者,在山林寺院习业者中当不在少数。这同时说明,中唐儒学复兴时期士人主体意识普遍增强,书院教育正好体现了这种意识。这种集学术研究与学术传承于一身的传统,被后来书院所继承。宋代以后书院教育与学术研究相即相随,为儒学人才的培养与学术的繁荣做出了重要贡献。

综括而言,中晚唐习业山林寺院的士人高度认同儒学复兴思潮,显示出儒学复兴潮流影响力量十分强大且在韩柳之后继续发展,有在朝堂呼吁者,有在书院响应者,儒家士人的拯时淑世精神就在这上下呼应中得以高扬。同时也说明,习业于书院的士人与时代新风气息息相关。宋人上承中唐儒学复兴余绪,以士之自觉、自重与自尊,形成了以心性为核心的新儒学高峰,而这些活动的主阵地就在书院。陈寅恪曾说唐史可分为前后两期,"前期结束南北朝相承之旧局面,后期开启赵宋以降之新局面,关于政治社会经济者如此,关于文化学术者亦莫不如此"。② 这一论断也适用于解释唐宋书院的承续关系。

---

① 《全唐文》卷七四二,第7778页。
② 陈寅恪:《论韩愈》,《金明馆丛稿初编》,上海古籍出版社1980年版,第296页。

主要参考文献

一 基本古籍

（唐）陆淳撰，吴人整理：《春秋集传纂例》，上海书店出版社2012年版。
（汉）董仲舒撰，朱方舟整理：《春秋繁露》，上海书店出版社2012年版。
（清）阮元：《十三经注疏》，中华书局1980年版。
（清）皮锡瑞撰，周予同注释：《经学历史》，中华书局2004年版。
（汉）司马迁：《史记》，中华书局1959年版。
（汉）班固：《汉书》，中华书局1962年版。
（南朝·宋）范晔撰，（唐）李贤注：《后汉书》，中华书局1965年版。
（晋）陈寿撰，（南朝·宋）裴松之注：《三国志》，中华书局1982年版。
（唐）房玄龄：《晋书》，中华书局1974年版。
（南朝·梁）沈约：《宋书》，中华书局1974年版。
（南朝·梁）萧子显：《南齐书》，中华书局1972年版。
（唐）姚思廉：《梁书》，中华书局1973年版。
（唐）姚思廉：《陈书》，中华书局1972年版。
（北齐）魏收：《魏书》，中华书局2003年版。
（唐）令狐德棻：《周书》，中华书局2003年版。
（唐）李延寿：《北史》，中华书局2003年版。
（唐）魏徵：《隋书》，中华书局1999年版。
（五代）刘昫：《旧唐书》，中华书局1975年版。
（宋）欧阳修、宋祁：《新唐书》，中华书局1975年版。
（宋）薛居正：《旧五代史》，中华书局2003年版。
（宋）欧阳修、徐无党：《新五代史》，中华书局1974年版。

（元）脱脱：《宋史》，中华书局 2004 年版。

（明）宋濂：《元史》，中华书局 1976 年版。

（清）傅维鳞：《明书》，商务印书馆 1936 年版。

（宋）司马光撰，（元）胡三省音注：《资治通鉴》，中华书局 1956 年版。

（明）郑麟趾：《高丽史》，四库全书存目丛书，史部第 161 册，齐鲁书社 1997 年版。

黄遵宪：《日本国志》，上海古籍出版社 2001 年版。

金毓黻：《渤海国志长编》，社会科学战线杂志社 1982 年版。

（唐）吴兢撰，谢保成点校：《贞观政要集校》，中华书局 2003 年版。

（宋）宋敏求：《唐大诏令集》，中华书局 2008 年版。

（汉）刘向撰，尚蕊、张佩芳编译：《古列女传》，哈尔滨出版社 2009 年版。

（元）辛文房撰，傅璇琮等校笺：《唐才子传校笺》，中华书局 1995 年版。

（清）吴任臣撰，徐敏霞、吴莹点校：《十国春秋》，中华书局 1983 年版。

（清）徐松撰，孟二冬补正：《登科记考补正》，北京燕山出版社 2003 年版。

（清）陈弘谋撰，苏丽娟点校：《五种遗规》，凤凰出版社 2016 年版。

（唐）李吉甫：《元和郡县图志》，中华书局 1983 年版。

（清）徐松撰，李健超增订：《增订唐两京城坊考》，三秦出版社 2006 年版。

（唐）李林甫撰，陈仲夫点校：《唐六典》，中华书局 1992 年版。

（唐）杜佑撰，王文锦等点校：《通典》，中华书局 1988 年版。

（宋）王溥：《唐会要》，上海古籍出版社 1991 年版。

（元）马端临：《文献通考》，中华书局 1986 年版。

（唐）长孙无忌等撰，刘俊文笺解：《唐律疏议笺解》，中华书局 1996 年版。

（宋）晁公武撰，孙猛校证：《郡斋读书志校证》，上海古籍出版社 1990 年版。

（宋）陈振孙撰，徐小蛮、顾美华点校：《直斋书录解题》，上海古籍出版社 1987 年版。

（明）祁承㸁撰，郑诚整理：《澹生堂读书记　澹生堂藏书目》，上海古籍出版社 2015 年版。

（清）钱曾：《钱遵王述古堂藏书目录》，四库全书存目丛书，史部第 277 册，齐鲁书社 1997 年版。

（清）徐乾学：《传是楼书目》，续修四库全书，第 920 册，上海古籍出版社 2002 年版。

（清）范邦甸：《天一阁书目》，上海古籍出版社 2010 年版。

（清）纪昀、陆锡熊、孙士毅等：《四库全书总目》，中华书局 1997 年版。

（清）杨守敬撰，张雷校点：《日本访书志》，辽宁教育出版社 2003 年版。

（宋）赵明诚：《金石录》，中华书局 1991 年版。

（清）章学诚撰，裴瑛校注：《文史通义校注》，中华书局 2004 年版。

陈鼓应：《老子注译及评介》，中华书局 2009 年版。

陈鼓应：《庄子今注今译》，中华书局 2009 年版。

杨伯峻：《列子集释》，中华书局 1979 年版。

（战国）韩非撰，陈奇猷校注：《韩非子新校注》，上海古籍出版社 2000 年版。

（唐）段安节撰，亓娟莉校注：《乐府杂录校注》，上海古籍出版社 2015 年版。

（南朝·梁）萧绎撰，许逸民校笺：《金楼子校笺》，中华书局 2011 年版。

（唐）李商隐：《义山杂纂》，岳麓书社 2005 年版。

（宋）洪迈撰，孔凡礼点校：《容斋随笔》，中华书局 2005 年版。

（宋）孙奕撰，侯体健、况正兵点校：《履斋示儿编》，中华书局 2014 年版。

（宋）罗大经撰，王瑞来点校：《鹤林玉露》，中华书局 1983 年版。

（明）胡应麟：《少室山房笔丛》，中华书局 1958 年版。

（唐）欧阳询撰，汪绍楹校：《艺文类聚》，上海古籍出版社 1999 年版。

（唐）徐坚：《初学记》，中华书局 1962 年版。

（唐）白居易：《白氏六帖事类集》，文物出版社 1987 年版。

（宋）王钦若：《册府元龟》，中华书局 1989 年版。

（清）陈梦雷：《古今图书集成》，中华书局 1986 年版。

（唐）武平一撰，陶敏辑校：《景龙文馆记》，中华书局 2015 年版。

（唐）张鷟撰，赵守俨点校：《朝野佥载》，中华书局 1979 年版。

（唐）李肇：《唐国史补 因话录》，上海古籍出版社 1979 年版。

（唐）崔令钦撰，任半塘笺订：《教坊记笺订》，中华书局 1982 年版。

（唐）刘肃撰，许德楠、李鼎霞点校：《大唐新语》，中华书局 1984 年版。

（五代）王定保撰，姜汉椿校注：《唐摭言校注》，上海社会科学院出版社 2003 年版。

（五代）王仁裕撰，丁如明点校：《开元天宝遗事十种》，上海古籍出版社1985年版。

（宋）王谠撰，周勋初校证：《唐语林校证》，中华书局1987年版。

（宋）孙光宪撰，贾二强点校：《北梦琐言》，中华书局2002年版。

（宋）王明清：《玉照新志》，商务印书馆1936年版。

（宋）王应麟撰，乐保群、田松青、吕宗力校点：《困学纪闻》，上海古籍出版社2008年版。

（宋）范摅：《云溪友议》，中华书局1959年版。

（元）陶宗仪：《南村辍耕录》，中华书局2004年版。

（宋）李昉：《太平广记》，中华书局1960年版。

上海古籍出版社编：《唐五代笔记小说大观》，上海古籍出版社2000年版。

上海古籍出版社编：《宋元笔记小说大观》，上海古籍出版社2007年版。

（唐）段成式撰，许逸民校笺：《酉阳杂俎校笺》，中华书局2015年版。

（宋）张君房撰，李永晟点校：《云笈七签》，中华书局2003年版。

（南朝·梁）萧统编，（唐）李善注：《文选》，中华书局1977年版。

（宋）李昉：《文苑英华》，中华书局1966年版。

（清）严可均：《全上古三代秦汉三国六朝文》，中华书局1985年版。

逯钦立：《先秦汉魏晋南北朝诗》，中华书局1983年版。

（清）彭定求：《全唐诗》，中华书局1960年版。

（清）董诰：《全唐文》，中华书局1983年版。

陈尚君：《全唐诗补编》，中华书局1992年版。

陈尚君：《全唐文补编》，中华书局2005年版。

吴钢：《全唐文补遗》（第一—八辑），三秦出版社1994—2005年版。

周绍良：《全唐文新编》，吉林文史出版社2000年版。

唐圭璋：《全宋词》，中华书局1965年版。

曾枣庄、刘琳：《全宋文》，上海辞书出版社、安徽教育出版社2006年版。

潘重规：《敦煌变文集新书》，文津出版社1994年版。

周绍良：《唐代墓志汇编》，上海古籍出版社1992年版。

周绍良、赵超：《唐代墓志汇编续集》，上海古籍出版社2001年版。

（晋）陆机撰，金涛声校点：《陆机集》，中华书局1982年版。

（唐）李峤撰，张庭芳注，胡志昂编：《日藏古抄本李峤咏物诗注》，上海古籍出版社 1998 年版。
（唐）王勃撰，（清）蒋清翊注：《王子安集注》，上海古籍出版社 1995 年版。
（唐）卢照邻撰，李云逸校注：《卢照邻集校注》，中华书局 1998 年版。
（唐）骆宾王撰，（清）陈熙晋笺注：《骆临海集笺注》，上海古籍出版社 1985 年版。
（唐）杨炯撰，祝尚书笺注：《杨炯集笺注》，中华书局 2016 年版。
（唐）陈子昂撰，彭庆生校注：《陈子昂集校注》，黄山书社 2015 年版。
（唐）李华：《李遐叔文集》，上海古籍出版社 1993 年版。
（唐）张说撰，熊飞校注：《张说集校注》，中华书局 2013 年版。
（唐）王维撰，陈铁民校注：《王维集校注》，中华书局 1997 年版。
（唐）李白撰，（清）王琦注：《李太白全集》，中华书局 1977 年版。
（唐）杜甫撰，（清）仇兆鳌注：《杜诗详注》，中华书局 1979 年版。
（唐）刘长卿撰，储仲君笺注：《刘长卿诗编年笺注》，中华书局 1996 年版。
（唐）韩愈撰，屈守元、常思春校注：《韩愈全集校注》，四川大学出版社 1996 年版。
（唐）孟郊撰，韩全欣校注：《孟郊集校注》，浙江古籍出版社 1995 年版。
（唐）柳宗元：《柳宗元集》，中华书局 1979 年版。
（唐）张籍撰，徐礼节、余恕诚校注：《张籍集系年校注》，中华书局 2011 年版。
（唐）刘禹锡撰，陶敏、陶红雨校注：《刘禹锡全集编年校注》，岳麓书社 2003 年版。
（唐）元稹撰，冀勤点校：《元稹集》，中华书局 2010 年版。
（唐）白居易撰，朱金城笺校：《白居易集笺校》，上海古籍出版社 1988 年版。
（唐）李贺撰，叶葱奇编订：《李贺诗集》，人民文学出版社 1959 年版。
（唐）李商隐撰，刘学锴、余恕诚集解：《李商隐诗歌集解》，中华书局 1998 年版。
（唐）李商隐撰，刘学锴、余恕诚校注：《李商隐文编年校注》，中华书局 2002 年版。
（唐）杜牧撰，吴在庆校注：《杜牧集系年校注》，中华书局 2008 年版。
（唐）温庭筠撰，曾益笺注：《温飞卿诗集笺注》，上海古籍出版社 1998

年版。

（唐）王梵志撰，项楚校注：《王梵志诗集校注》，上海古籍出版社 1991 年版。

（唐）韦庄撰，聂安福笺注：《韦庄集笺注》，上海古籍出版社 2002 年版。

（唐）罗隐撰，雍文华校辑：《罗隐集》，中华书局 1983 年版。

（唐）顾况撰，王启兴、张虹注：《顾况诗注》，上海古籍出版社 1994 年版。

（唐）李冶、薛涛、鱼玄机撰，陈文华点校：《唐女诗人集三种》，上海古籍出版社 1984 年版。

彭志宪、张燚：《鱼玄机诗编年译注》，新疆大学出版社 1994 年版。

（宋）欧阳修：《欧阳修全集》，中华书局 2001 年版。

（宋）刘克庄撰，辛更儒笺校：《刘克庄集笺校》，中华书局 2011 年版。

（清）储大文：《存砚楼二集》，上海古籍出版社 2010 年版。

（元）方回撰，李庆甲汇评：《瀛奎律髓汇评》，上海古籍出版社 2000 年版。

（宋）王灼撰，岳珍校正：《碧鸡漫志校正》，人民文学出版社 2015 年版。

（明）陆时雍选评，任文京、赵冬岚点校：《诗镜》，河北大学出版社 2010 年版。

范文澜：《文心雕龙注》，人民文学出版社 1958 年版。

（唐）皎然撰，李壮鹰校注：《诗式校注》，人民文学出版社 2003 年版。

（宋）欧阳修：《六一诗话》，人民文学出版社 1962 年版。

（宋）计有功：《唐诗纪事》，上海古籍出版社 2008 年版。

（宋）魏庆之：《诗人玉屑》，上海古籍出版社 1959 年版。

（宋）刘克庄：《后村诗话》，中华书局 1983 年版。

（明）胡震亨：《唐音癸签》，上海古籍出版社 1981 年版。

（明）唐汝询撰，王振汉点校：《唐诗解》，河北大学出版社 2010 年版。

（明）杨慎撰，王大厚笺证：《升庵诗话新笺证》，中华书局 2008 年版。

（清）洪亮吉撰，陈迩冬校点：《北江诗话》，人民文学出版社 1998 年版。

（清）赵翼撰，霍松林、胡主佑点校：《瓯北诗话》，人民文学出版社 2005 年版。

（清）叶燮撰，蒋寅笺注：《原诗笺注》，上海古籍出版社 2014 年版。

（清）刘熙载：《艺概》，上海古籍出版社 1978 年版。

（清）何文焕：《历代诗话》，中华书局 1981 年版。

丁福保：《清诗话》，上海古籍出版社1963年版。
郭绍虞编选，富寿荪点校：《清诗话续编》，上海古籍出版社1983年版。
蔡镇楚：《域外诗话珍本丛书》，北京图书馆出版社2006年版。
俄罗斯科学院东方研究所圣彼得堡分所、俄罗斯科学出版社东方文学部、上海古籍出版社编：《俄藏敦煌文献》，上海古籍出版社、俄罗斯科学出版社东方文学部1992—2001年版。
上海古籍出版社、法国国家图书馆编：《法藏敦煌西域文献》，上海古籍出版社1995—2005年版。
国家文物局古文献研究室、新疆维吾尔自治区博物馆、武汉大学历史系编：《吐鲁番出土文书》，文物出版社1981—1996年版。
段文杰：《甘肃藏敦煌文献》，甘肃人民出版社1999年版。

二　今人著述

安旗、薛天纬：《李白年谱》，齐鲁书社1982年版。
白寿彝：《中国通史》，上海人民出版社1997年版。
程千帆：《唐代进士行卷与文学》，上海古籍出版社1980年版。
陈寅恪：《金明馆丛稿初编》，上海古籍出版社1980年版。
陈帼眉、沈德立：《幼儿心理学》，河北人民出版社1979年版。
陈元晖、尹德新、王炳照：《中国古代的书院制度》，上海教育出版社1981年版。
陈伯海：《唐诗汇评》，浙江教育出版社1995年版。
陈古嘉、邓洪波：《中国书院制度研究》，浙江教育出版社1997年版。
陈尚胜：《中韩交流三千年》，中华书局1997年版。
陈飞：《唐代试策考述》，中华书局2002年版。
蔡毅：《日本汉诗论稿》，中华书局2007年版。
池小芳：《中国古代小学教育研究》，上海教育出版社1998年版。
邓小军：《唐代文学的文化精神》，文津出版社1993年版。
邓小南：《唐宋女性与社会》，上海辞书出版社2003年版。
邓洪波：《中国书院史》，东方出版中心2004年版。
党银平：《唐与新罗文化关系研究》，中华书局2007年版。
戴伟华：《唐方镇文职僚佐考》，广西师范大学出版社2007年版。

范文澜：《范文澜历史论文集》，中国社会科学出版社1979年版。

傅璇琮：《唐代科举与文学》，陕西人民出版社1986年版。

傅璇琮：《唐宋文史论丛及其他》，大象出版社2004年版。

方亚光：《唐代对外开放初探》，黄山书社1998年版。

高步瀛：《唐宋诗举要》，上海古籍出版社1959年版。

高明士：《日本古代学制与唐制的比较研究》，学海出版社1986年版。

高明士：《东亚教育圈形成史论》，上海古籍出版社2003年版。

葛兆光：《中国思想史》，复旦大学出版社2010年版。

葛晓音：《诗国高潮与盛唐文化》，北京大学出版社1998年版。

郭应德：《阿拉伯中古史简编》，北京大学出版社1987年版。

郭英德：《中国古代文学与教育关系之研究》，北京大学出版社2012年版。

顾明远：《民族文化传统与教育现代化》，北京师范大学出版社1998年版。

韩国磐：《隋唐五代史纲》，人民出版社1979年版。

侯外庐：《中国封建社会史论》，人民出版社1979年版。

蒋菲菲、王小甫：《中韩关系史》（古代卷），社会科学文献出版社1998年版。

贾晋华：《唐代集会总集与诗人群研究》，北京大学出版社2001年版。

李泽厚：《美的历程》，文物出版社1981年版。

李珠、皮明庥：《中外教论荟萃》，天津社会科学院出版社1989年版。

李国钧：《中国书院史》，湖南教育出版社1994年版。

李国钧、王炳照：《中国教育制度通史》，山东教育出版社2000年版。

李兆祥：《儒家教育思想研究》，中华书局2003年版。

李浩：《唐代关中士族与文学》，中国社会科学出版社2003年版。

李浩：《唐代三大地域士族与文学》，中华书局2008年版。

李剑萍、魏薇：《教育学导论》，人民出版社2006年版。

李芳民：《唐五代佛寺辑考》，商务印书馆2006年版。

罗宗强：《隋唐五代文学思想史》，中华书局2003年版。

吕思勉：《隋唐五代史》，上海古籍出版社2005年版。

乐黛云、陈珏：《北美中国古代文学研究名家十年文选》，江苏人民出版社1996年版。

骆鸿凯：《文选学》，中华书局1989年版。

梁乙真：《中国妇女文学史纲》，开明书店 1932 年版。
鲁迅：《鲁迅全集》，人民文学出版社 1973 年版。
骆祥发：《初唐四杰研究》，东方出版社 1993 年版。
雷良波、陈凤阳、熊贤君：《中国女子教育史》，武汉出版社 1993 年版。
刘国楠、王树英：《印度各邦历史文化》，中国社会科学出版社 1982 年版。
刘欣如：《印度古代社会史》，中国社会科学出版社 1990 年版。
刘海峰：《唐代教育与选举制度综论》，文津出版社 1991 年版。
刘海峰：《科举考试的教育视角》，湖北教育出版社 1996 年版。
马一浮：《复兴书院讲录》，江苏教育出版社 2005 年版。
蒙默编：《蒙文通文集》，巴蜀书社 2015 年版。
南京师范大学教育系编：《教育学》，人民教育出版社 1984 年版。
毛礼锐：《中国教育通史》，山东教育出版社 1986 年版。
毛汉光：《中国中古社会史论》，上海书店 2002 年版。
潘重规：《敦煌变文集新书》，文津出版社 1994 年版。
任半塘：《唐声诗》，上海古籍出版社 1982 年版。
盛朗西：《中国书院制度》，上海中华书局 1934 年版。
孙培青：《隋唐五代教育论著选》，人民教育出版社 1993 年版。
孙培青：《中国教育史》，华东师范大学出版社 2000 年版。
孙培青：《中国教育史研究·隋唐分卷》，华东师范大学出版社 2009 年版。
宋大川：《唐代教育体制研究》，山西教育出版社 1998 年版。
宋大川、王建军：《中国教育制度通史》，山东教育出版社 2000 年版。
诗云：《改造妈妈》，中国国际广播出版社 2000 年版。
田海燕、邹燕：《金玉凤凰》，少年儿童出版社 1992 年版。
武安隆：《遣唐使》，黑龙江人民出版社 1985 年版。
闻一多：《唐诗杂论》，上海古籍出版社 1998 年版。
吴相洲：《唐代歌诗与诗歌》，北京大学出版社 2000 年版。
吴相洲：《中唐诗文新变》，学苑出版社 2006 年版。
吴相洲：《中国诗歌通史·唐五代卷》，人民文学出版社 2012 年版。
王彦坤：《历代避讳字汇典》，中州古籍出版社 1997 年版。
王仲荦：《隋唐五代史》，上海人民出版社 1986 年版。
王辑五：《中国日本交通史》，上海书店 1984 年版。

王重民：《敦煌遗书论文集》，中华书局1984年版。
王重民：《敦煌古籍叙录》，中华书局2010年版。
王善迈：《教育经济学简明教程》，高等教育出版社2000年版。
王国维撰，彭林整理：《观堂集林》，河北教育出版社2003年版。
王勇：《中日汉籍交流史论》，杭州大学出版社1992年版。
王三庆：《敦煌类书》，丽文文化事业有限公司1993年版。
王炳照：《中国古代私学与近代私立学校研究》，山东教育出版社1997年版。
王书奴：《中国娼妓史》，团结出版社2004年版。
王新华：《避讳研究》，齐鲁书社2007年版。
王炳照：《中国古代书院》，中国国际广播出版社2009年版。
魏隐儒：《中国古籍印刷史》，印刷工业出版社1988年版。
韦旭昇：《韦旭昇文集》，中央编译出版社2000年版。
谢海平：《唐代留华外国人生活考述》，台湾商务印书馆1978年版。
谢海平：《唐代诗人与在华外国人之文字交》，文史哲出版社1981年版。
汪德振：《罗隐年谱》，商务印书馆1937年版。
向达：《唐代长安与西域文明》，河北教育出版社2001年版。
项楚：《敦煌诗歌导论》，巴蜀书社2001年版。
徐梓、王雪梅：《蒙学辑要》，山西教育出版社1992年版。
徐梓：《蒙学读物的历史透视》，湖北教育出版社1996年版。
徐复观：《两汉思想史》，华东师范大学出版社2001年版。
余嘉锡：《四库提要辨证》，中华书局1980年版。
喻岳衡：《传统蒙学丛书 龙文鞭影》，岳麓书社1986年版。
郁贤皓：《唐刺史考全编》，安徽大学出版社2000年版。
严耕望：《唐史研究丛稿》，香港新亚研究所1969年版。
严耕望：《严耕望史学论文选集》，中华书局2006年版。
严绍璗、[日]中西进：《中日文化交流史大系·文学卷》，浙江人民出版社1996年版。
叶国良：《石学续探》，台北大安出版社1999年版。
姚嶂剑：《遣唐使》，陕西人民出版社1984年版。
杨庆华、[韩]李充阳选注：《中韩朝·唐代友好诗歌选粹》，中国书籍出版社2005年版。

章柳泉：《中国书院史话——宋元明清书院的演变及其内容》，教育科学出版社 1981 年版。

周祖谟主编：《中国文学家大辞典》（唐五代卷），中华书局 1992 年版。

祝尚书：《宋代科举与文学》，中华书局 2008 年版。

张志公：《传统语文教育初探》，上海教育出版社 1962 年版。

张步云：《唐代中日往来诗辑注》，陕西人民出版社 1984 年版。

张绍勋：《中国印刷史话》，山东教育出版社 1991 年版。

张伯伟：《全唐五代诗格汇考》，凤凰出版社 2002 年版。

张宏生、张雁：《古代女诗人研究》，湖北教育出版社 2002 年版。

张宏生、于景祥：《中国历代唐诗书目提要》，辽海出版社 2015 年版。

张亚群：《中国教育活动通史》，山东教育出版社 2017 年版。

郑振铎：《插图本中国文学史》，人民文学出版社 1957 年版。

郑国铨、周文柏、陈传才：《文学理论》，中国人民大学出版社 1981 年版。

郑炳林：《敦煌地理文书汇辑校注》，甘肃教育出版社 1989 年版。

郑阿财、朱凤玉：《敦煌蒙书研究》，甘肃教育出版社 2002 年版。

郑阿财、朱凤玉：《开蒙养正——敦煌的学校教育》，甘肃教育出版社 2007 年版。

章太炎：《国学概论》，巴蜀书社 1987 年版。

章培恒、骆玉明：《中国文学史新著》，复旦大学出版社 2007 年版。

周凤五：《敦煌写本太公家教研究》，明文书局 1986 年版。

周丕显：《敦煌文献研究》，甘肃文化出版社 1995 年版。

周一良、赵和平：《唐五代书仪研究》，中国社会科学出版社 1995 年版。

周勋初：《唐人佚事汇编》，上海古籍出版社 2006 年版。

祝士媛：《儿童文学》，北京师范大学出版社 1988 年版。

赵和平：《敦煌写本书仪研究》，新文丰出版公司 1993 年版。

中央教育科学研究所编：《陶行知教育文选》，教育科学出版社 1981 年版。

三　外国著述

［英］崔瑞德：《剑桥中国隋唐史》，中国社会科学出版社 1990 年版。

［英］伯特兰·罗素：《幸福之路》，傅雷译，陕西师范大学出版社 2003 年版。

[美] 宇文所安撰:《初唐诗》,贾晋华译,广西人民出版社1987年版。

[美] 宇文所安撰:《盛唐诗》,贾晋华译,生活·读书·新知三联书店2004年版。

[美] 包弼德撰:《斯文:唐宋思想的转型》,刘宁译,江苏人民出版社2000年版。

[美] 罗伯特·斯莱文撰:《教育心理学:理论与实践》,姚海林等译,人民邮电出版社2004年版。

[美] 爱德华·谢弗撰:《唐代的外来文明》,吴玉贵译,陕西师范大学出版社2005年版。

[美] G. 阿姆斯特朗、肯奈斯·T. 汉森、汤姆·V. 赛威治撰:《教育学导论》,李长华、李剑、汤杰琴译,中国人民大学出版社2007年版。

[德] 黑格尔撰:《美学》,朱光潜译,商务印书馆1996年版。

[德] 马克斯·韦伯撰:《经济与社会》,林荣远译,商务印书馆1997年版。

[德] 马克斯·韦伯撰:《儒教与道教》,洪天富译,江苏人民出版社2008年版。

[德] 卡尔·威特撰:《卡尔·威特的教育》,柔依译,内蒙古人民出版社2008年版。

[法] 安德烈·莫罗阿撰:《人生五大问题》,傅雷译,巴蜀书社2018年版。

[苏] M. B. 加梅佐撰:《年龄和教育心理学》,戚长福译,人民教育出版社1988年版。

[希腊] 亚里斯多德、[罗马] 贺拉斯撰:《诗学 诗艺》,罗念生、杨周翰译,人民文学出版社1962年版。

[日] 舍人亲王等:《日本书纪》,经济杂志社1897年版。

[日] 藤原冬嗣等:《日本后纪》,经济杂志社1897年版。

[日] 菅野真道等:《续日本纪》,经济杂志社1897年版。

[日] 藤原忠平等:《延喜式》,经济杂志社1897年版。

[日] 清原夏野等:《令义解》,经济杂志社1897年版。

[日] 藤原基经等:《文德实录》,日本宽政八年刊本。

[日] 仁井田升撰:《唐令拾遗》,栗劲译,长春出版社1989年版。

[日] 绪方惟精撰:《日本汉文学史》,丁策译,正中书局1968年版。

[日] 木宫泰彦撰:《日中文化交流史》,胡锡年译,商务印书馆1980年版。

［日］空海：《弘法大师空海全集》，筑摩书房1984年版。

［日］大江维时编纂：《千载佳句》，宋红校订，上海古籍出版社2003年版。

［日］遍照金刚编撰：《文镜秘府论汇校汇考》，卢盛江校考，中华书局2006年版。

［日］藤原佐世：《日本国见在书目录》，古逸丛书本。

［日］井深大撰：《怎样教育婴幼儿：从零岁开始的教育》，陈耐轩、骆为龙译，中国农业机械出版社1981年版。

［日］中村新太郎撰：《日中两千年——人物往来与文化交流》，张柏霞译，吉林人民出版社1980年版。

［日］圆仁撰：《入唐求法巡礼行记校注》，白化文等校注，花山文艺出版社1992年版。

［日］森克己：《遣唐使》，至文堂1966年版。

［日］佚名撰：《落洼物语》，丰子恺译，人民文学出版社1984年版。

［日］无名氏撰：《竹取物语图典》，唐月梅译，上海文化出版社2019年版。

［朝鲜］安鼎福：《东史纲目》，景仁文化社1987年版。

［朝鲜］金富轼撰：《三国史记》，李军校勘，吉林大学出版社2015年版。

［朝鲜］徐居正：《东文选》，民族文化刊行会1992年版。

［朝鲜］许筠：《国朝诗删》，亚细亚文化社1980年版。

［朝鲜］释子山夹注：《夹注名贤十抄诗》，查屏球整理，上海古籍出版社2005年版。

［朝鲜］崔致远撰：《崔文昌侯全集》，成大庆编，成均馆大学出版社1972年版。

［朝鲜］崔致远撰，党银平校注：《桂苑笔耕集校注》，中华书局2007年版。

［朝鲜］金台俊撰：《朝鲜汉文学史》，张琏瑰译，社会科学文献出版社1996年版。

［朝鲜］金台俊撰：《朝鲜小说史》，全华民译，民族出版社2008年版。

四 硕博论文

戴军：《唐代寺院教育与文学》，博士学位论文，中国社会科学院，2003年。

韩宏韬：《〈毛诗正义〉研究》，博士学位论文，山东大学，2007年。

刘鹏：《〈昭明文选〉与初盛唐诗歌》，博士学位论文，中国社会科学院，

2010年。

李黄振：《崔致远生平事迹与汉诗创作研究》，博士学位论文，广西师范大学，2011年。

倪文波：《崔致远文学创作研究》，博士学位论文，中央民族大学，2006年。

宋社洪：《唐代士子的教育资源研究》，博士学位论文，华东师范大学，2009年。

童岳敏：《唐代的私学与文学》，博士学位论文，苏州大学，2007年。

王卓：《教育资源配置问题的理论研究——教育学的立场与观点》，博士学位论文，东北师范大学，2005年。

谢建忠：《〈毛诗〉及其经学阐释对唐诗的影响》，博士学位论文，首都师范大学，2006年。

杨金花：《〈毛诗正义〉研究》，博士学位论文，河北大学，2010年。

赵楠：《唐代的教育和教育诗》，博士学位论文，南京师范大学，2006年。

张永萍：《唐五代宋初敦煌教育初探》，硕士学位论文，西北师范大学，2006年。

五　期刊论文

陈尚君：《唐女诗人甄辨》，《文献》2010年第2期。

杜晓勤：《初唐四杰与儒、道思想》，《文学评论》1995年第5期。

戴禾：《唐代来长安日本人的生活、活动和学习》，《陕西师范大学学报》1985年第1期。

邓洪波：《唐代地方书院考》，《教育评论》1990年第2期。

党银平：《韩国汉文学之祖——崔致远》，《古典文学知识》2008年第2期。

方亚光：《唐代外事机构论考》，《中国史研究》1996年第2期。

傅璇琮：《寻根索源：〈蒙求〉流传与作者新考》，《寻根》2004年第6期。

高国藩：《敦煌写本〈太公家教〉初探》，《敦煌学辑刊》1984年第1期。

高明士：《唐代敦煌的教育》，《汉学研究》1986年第4卷第2期。

高明士：《唐朝的释奠礼制及其在教育上的意义》，《大陆杂志》1980年第61卷第5期。

郭长城：《敦煌本〈兔园策府〉叙录》，《敦煌学》1984年第8辑。

郭英德：《古代中国文学教育的基本特点》，《陕西师大学报》2006年第6期。

郭爱川：《写作个性化构思能力的培养与突破》，《教育理论与实践》2007年第12期。

胡锡年：《隋唐时代中日关系中的二三事》，《陕西师大学报》1978年第3期。

胡锡年：《唐代的日本留学生》，《陕西师大学报》1981年第1期。

胡旭、胡倩：《唐景龙修文馆学士及文学活动考论》，《文史哲》2017年第6期。

韩宗礼：《试论教育资源的效率》，《河北大学学报》1982年第4期。

康震：《唐代私学教育的文学性特征》，《陕西师范大学学报》2006年第6期。

林良：《论儿童文学的艺术价值》，《儿童读物研究》1965年第4期。

李正宇：《唐宋时代的敦煌学校》，《敦煌研究》1986年第1期。

李正宇：《敦煌学郎题记辑注》，《敦煌学辑刊》1987年第1期。

骆祥发：《初唐四杰年谱摘要》，《浙江师范大学学报》1989年第3期。

刘海峰：《唐代乡村学校与教育的普及》，《教育评论》1990年第2期。

刘海峰：《唐代的教育与选举制度》，《计算力学学报》2001年第1期。

刘晓峰：《尊师之礼"释奠"在日本——儒家思想影响日本的一个侧面》，《文史知识》2002年第6期。

刘希为：《唐代新罗侨民在华社会活动的考述》，《中国史研究》1993年第3期。

刘进宝：《敦煌本〈兔园策府·征东夷〉产生的历史背景》，《敦煌研究》1998年第1期。

李冬梅：《唐五代敦煌学校部分教学档案简介》，《敦煌学辑刊》1995年第2期。

卢盛江：《王昌龄〈诗格〉考》，《江西师范大学学报》2008年第2期。

马兴国：《〈游仙窟〉在日本的流传及影响》，《日本研究》1987年第4期。

牛春生：《唐代儒学盛衰概观》，《宁夏大学学报》1992年第4期。

屈直敏：《敦煌本〈兔园策府〉考辨》，《敦煌研究》2001年第3期。

唐雯：《〈蒙求〉作者新考》，《中国典籍与文化》2008年第3期。

宋社洪：《唐代乡学性质考论》，《社会科学战线》2008年第4期。

沙梅珍：《敦煌本〈类林〉的作者及成书年代》，《敦煌研究》2010年第2期。

孙晓晖：《唐代的卤簿鼓吹》，《黄钟》（武汉音乐学院学报）2001年第4期。

汪泛舟：《〈太公家教〉考补》，《兰州学刊》1986 年第 6 期。
王永兴：《唐灭高昌及置西州、庭州考论》，《北大史学》1994 年第 2 期。
万军杰：《试析唐代的乡里村学》，《史学月刊》2003 年第 5 期。
吾淳：《儒家伦理的精英定位》，《上海师范大学学报》2003 年第 3 期。
王勇：《遣唐使时代的书籍之路》，《甘肃社会科学》2008 年第 1 期。
徐复观：《儒家精神的基本性格及其限定与新生》，《民主评论》1952 年第 3 期。
郗政民：《日本遣唐留学生》，《西北大学学报》1981 年第 4 期。
熊承涤：《谈谈中国古代的儿童教材》，《课程·教材·教法》1984 年第 1 期。
谢泳：《"寡母抚孤"现象对中国现代作家的影响》，《中国现代文学研究丛刊》1992 年第 3 期。
严绍璗：《日本古代小说的产生与中国文学的关系》，《国外文学》1982 年第 2 期。
袁行霈：《百年徘徊——初唐诗歌的创作趋势》，《北京大学学报》1996 年第 6 期。
姚崇新：《唐代西州的官学——唐代西州的教育（之一）》，《新疆师范大学学报》2004 年第 1 期。
姚崇新：《唐代西州的私学与教材——唐代西州的教育之二》，《西域研究》2005 年第 1 期。
张海明：《关于初唐文学思想的几个问题》，《北京师范大学学报》2000 年第 2 期。
张振谦：《唐代三部类书对唐诗的影响》，《中华文化论坛》2008 年第 1 期。
张国刚：《唐代寡居妇女的生活世界》，《安徽师范大学学报》2007 年第 3 期。
张求会：《陈寅恪佚文〈敦煌本《太公家教》书后〉考释》，《历史研究》2004 年第 4 期。
赵园：《师道与师门——以明清之际为例》，《社会科学论坛》2005 年第 7 期。
赵国权、孟亚：《权力、教育与思想世界》，《河南大学学报》2005 年第 6 期。
周勋初：《李白"三拟"〈文选〉说阐微》，《郑州大学学报》2006 年第 1 期。
朱凤玉：《太公家教研究》，《汉学研究》1986 年第 4 卷第 2 期。

后　　记

本书是在我的博士学位论文基础上修改而成。

论文由卢师盛江教授悉心指引，始克成篇。大约于2010年动笔，草成于2012年。从题目选定、资料收集到架构安排，盛江师都给予了精心指点。盛江师对门弟子学业要求极严格，强调文献功底、理论把握与审美感悟相结合，注重会通与识力。我2009年入南开园随盛江师问学，盛江师即对我期许高远，其间不惮劳烦，频频督学，使我不敢有丝毫懈怠。盛江师的苦心孤诣，我自深有体会，而三年来对我的不断奖掖，又使我常常感到汗颜。侍读盛江师身边，学到的不仅有对学问的严谨和执着，还有对人与人之间情意的珍视和呵护。南开三年，在盛江师指导下撰写论文和筹办会议的默契以及学习生活中其他相处的点点滴滴，都将永存我心。

我的硕士导师是李浩教授。李浩师治学出入文史，识见多有人所不及处。我2006年投入李浩师门下，深知自己资质平庸，根基浅薄，既乏慧根，又无家学渊源，多年求师问学唯有下笨功夫。李浩师不嫌弃我驽钝，细心指拨，方使我蒙沌渐开，每有小进步即加以奖掖，是我走上学术道路的引路人。2009年我自西北大学硕士毕业，负笈北上，踏入南开园攻读博士学位。李浩师在繁忙的研究和工作同时，对我的学业和成长每每挂怀，时时垂问，扶植有加。古城西安与直沽津门遥遥千余公里的距离非但没使这份师生情谊淡漠，反倒日久弥深。

论文写作过程中，台湾大学文学院叶国良教授、首都师范大学文学院邓小军教授都曾将其大著赐赠，供我参考。清华大学中文系傅璇琮教授曾启发我从文人生活的角度做些探讨，复旦大学中文系陈尚君教授提供宾贡及诗人徐夤相关研究成果，中国社会科学院文学所陈铁民研究员指导的2003届博士生戴军，在其博士论文《唐代寺院教育与文学》前言中提及正在从事与我的论题相近的研究，我多次检索打问，都没有找到有关讯息，于是冒昧写信给陈先生，陈先生亲切致电告知相关情况。南开大学文学院罗宗强教授、中国社会科学院文学所刘跃进研究员也曾鼓励有加。南开大学文学院查洪德、孙克强、张毅、张峰屹诸教授提出过很多宝贵意见，对论文质量提高颇多指正。台湾政治大学中国文学系杨明璋教授，致力于敦煌学研究，知我手中敦煌文献不够齐备，慷慨复制赐赠他的珍藏。北京大学刘紫云博士、南京大学商海锋博士帮助复印邮寄韩国和日本文献。师姐白一瑾、师弟张培阳分别托人从中国社会科学院、厦门大学找寻所需资料。师兄杨伯、李超，与我切磋讨论，惠我良多。凡此高情雅意，谨致谢忱。

　　论文完成后，曾呈送武汉大学尚永亮教授、王兆鹏教授，西北大学李浩教授，首都师范大学左东岭教授、吴相洲教授，清华大学孙明君教授评议，又由左东岭教授担任答辩委员会主席，对拙文高度评价。尚永亮教授更是逢人说项、鼓励有加。2013年，论文参加南开大学优秀博士学位论文评选，适逢盛江师出差在外，不克与会，陈洪教授慨然惠允代行导师之职，在校学术委员会代为陈述。出版前修改过程中，吴相洲教授提出了不少切实可行的意见。首都师范大学文学院院长马自力教授对本书出版给予了大力支持。诸位前辈学者的推挽引掖，我将永志不忘。

　　本书修改过程中，福建工程学院薛学财教授多次慷慨惠赐文献，我的研究生周阳帮助核对引文。中国社会科学出版社郭晓鸿女士，为本书付梓屡与便利。这都是要特别感谢的！

　　我的父母和亲人，在我多年求学生活中给予了强大的物质和精神支持。《论语》云："父母在，不远游。"父母鬓角已生华发，而我却兀自漂泊游学，后又寓居京华，不能承欢膝下，每思及此，不禁泫然。我自知唯有不断努力，方能稍稍给他们些许慰藉。

　　谨为记。

郭　丽

2020年5月20日校毕于北京寓所